Psychologie der Rituale und Bräuche

Dieter Frey

Hrsg.

Psychologie der Rituale und Bräuche

30 Riten und Gebräuche wissenschaftlich analysiert und erklärt

Mit 35 Abbildungen

 Springer

Herausgeber
Dieter Frey
Department Psychologie
Ludwig-Maximilians-Universität
München
Deutschland

ISBN 978-3-662-56218-5   ISBN 978-3-662-56219-2 (eBook)
https://doi.org/10.1007/978-3-662-56219-2

Die Deutsche Nationalbibliothek verzeichnet diese Publikation in der Deutschen Nationalbibliografie;
detaillierte bibliografische Daten sind im Internet über http://dnb.d-nb.de abrufbar.

Umschlaggestaltung: deblik Berlin
Einbandabbildung: © sonnee101 / stock.adobe.com

Gedruckt auf säurefreiem und chlorfrei gebleichtem Papier

Springer ist ein Imprint der eingetragenen Gesellschaft Springer-Verlag GmbH, DE und ist ein Teil von
Springer Nature
Die Anschrift der Gesellschaft ist: Heidelberger Platz 3, 14197 Berlin, Germany

Dieses Buch widme ich meinen Kindern Lena, Johanna und Josef. Eine Vielzahl der hier behandelten Rituale haben wir gemeinsam erlebt und diskutiert, aber Gott sei Dank nicht alle Rituale durchlebt oder durchleben müssen.

Vorwort

Welchen Nutzen hat der psychologische Blick auf Rituale? Rituale regen dazu an, sich mit bestimmten Regelmäßigkeiten unseres Alltags auseinanderzusetzen. Diese bewusste Betrachtung der oft Jahrtausende alten gesellschaftlichen Muster kann eine Horizonterweiterung über das Urteilen, Denken und Verhalten von Menschen hervorrufen und wertvolle Implikationen für vielfältige Bereiche liefern: darunter Erziehung in Kindergärten und Schulen, Führung in Unternehmen und Politik. In der psychologischen Betrachtung von Ritualen und Bräuchen liegt viel ungenutztes Potenzial. Dieses Buch stellt einen ersten Versuch dar, dieses verborgene Wissen zu erschließen.

Die Bedeutung von Ritualen für unsere Lebensgewohnheiten, unsere Kultur, unser Zusammenleben kann dabei nicht hoch genug eingeschätzt werden. Die historischen Wurzeln vieler Rituale und Bräuche sind älter als die Geschichtsschreibung selbst, und doch beeinflussen sie auch heute noch die Menschen. Dieses Buch soll auch Anregungen und Hintergründe dazu liefern, warum sich ein Ritual nach wie vor erhalten hat oder im Laufe der Zeit aufgegeben oder modifiziert wurde.

Der Leser wird dazu eingeladen zu reflektieren, welche Rituale Einfluss auf ihn selbst und seine Umgebung haben. Das Buch soll einerseits als Nachschlagewerk, andererseits als Diskussionsgrundlage dienen. Vor allem in Diskussionen mit Menschen, die die Rituale auf ähnliche Weise teilen oder nicht teilen, gibt es Gelegenheit, neue Perspektiven kennenzulernen und über Ursachen, Konsequenzen und Implikationen der Rituale nachzudenken.

Wir wünschen Ihnen, dass Sie durch dieses Buch angeregt werden, die Rituale in Ihrer Umgebung aus einem etwas anderen Blickwinkel zu betrachten. Möglicherweise werden Sie sich auch mit Ritualen beschäftigen, die Sie selbst bisher nicht gekannt haben oder die für Sie nicht relevant waren. Und vielleicht bereitet es Ihnen auch so viel Freude wie uns, darüber zu reflektieren, wie sich Dinge basierend auf den rituellen Mustern vermutlich entwickeln werden.

Das vorliegende Werk ist Ergebnis eines Seminars zum Thema „Spezifische Vertiefung Sozialpsychologie". Das Seminar ist Teil des Masterstudiengangs für Wirtschafts-, Organisations- und Sozialpsychologie (WOS-Master) an der Ludwig-Maximilians-Universität München unter Leitung von Prof. Dr. F. Brodbeck, Prof. Dr. S. Diefenbach und Prof. Dr. D. Frey.

Der Vorteil dieses Seminars besteht darin, dass die Studierenden keine Seminararbeiten erstellen, die keinen weiteren Verwendungszweck finden. Sie produzieren vielmehr ein Werk, das idealerweise noch in 50 Jahren eine existenzielle Grundlage bietet, denn wir glauben, dass zur Verbindung von Ritualen und Psychologie viel elementares Wissen zusammengetragen wurde.

Im Gegensatz zu klassischen Lehrbüchern der Psychologie ist das vorliegende Werk weder abstrakt noch trocken, sondern es stellt das psychologische Wissen anhand konkreter Rituale lebendig dar. Wir haben bewusst keine zu strenge Vereinheitlichung der Beiträge gewählt, sondern der Vielfalt, die sich auch in den unterschiedlichsten internationalen Ritualen, thematischen Bezügen und kulturellen Einflüssen widerspiegelt, den Vorzug gegeben.

Das Seminar und die Erstellung der Buchbeiträge folgtem dem Ansatz der geteilten

Führung (engl. „shared leadership") bzw. dem Bottom-up-Ansatz. Geteilte Führung heißt, dass der Seminarleiter zwar die Rahmenbedingungen und das Seminarthema „Rituale" vorgab, sich aber in der weiteren Bearbeitung auf eine unterstützende fachliche Begleitung beschränkte, während die Teilnehmer selbst entschieden, wie sie sich dem Thema annähern. Die Studierenden hatten dadurch starken Einfluss auf die Wahl der konkreten Themen, auf die terminliche Gestaltung und weitere Aspekte des Seminars. Daneben entsprach das Seminar dem Bottom-up-Ansatz, denn es wurden zunächst weder Themen, noch Umfang und konkrete Inhalte der Seminarbeiträge und späteren Kapitel vorgegeben. In einem ersten Schritt wurde das gesamte Spektrum aller Rituale in mehreren Sitzungen gesammelt und zu jedem Ritual wurden Beispiele und entsprechende psychologische Erklärungen gesammelt. Erst dann wurden die Themen aufgeteilt, wobei auch hierbei die Präferenzen der Studierenden berücksichtigt wurden.

Auf diese Weise arbeiten die Studierenden nicht für den Seminarleiter, sondern haben daran teil, etwas Wertvolles zu schaffen, auch für sich selbst. Im Laufe des Seminars erhielten alle Studierenden auf ihre Entwürfe mehrmals Feedback vom Seminarleiter und anderen Studierenden. Dadurch war eine hohe Qualität gewährleistet sowie auch die Chance gegeben, dass die Arbeit publiziert wird und für viele Jahre aktuell bleibt.

Dieses Buch steht in einer guten Tradition nach den Werken *Psychologie der Werte*, *Psychologie der Sprichwörter* und *Psychologie der Märchen*, die ebenfalls mithilfe der genannten Ansätze entstanden sind. Es geht letztlich jeweils darum, Werte, Sprichwörter, Märchen oder Rituale aufzuarbeiten, die schon seit Hunderten von Jahren existiert haben und vermutlich auch noch in Hunderten von Jahren existieren werden. Die Kunst lag dabei jeweils darin, den psychologischen Hintergrund zu integrieren und aus dieser Verbindung Mehrwert für viele Bereiche der Gesellschaft zu schaffen.

Ich danke den Mitarbeiterinnen und Mitarbeitern an unserem Lehrstuhl, insbesondere Herrn Dipl.-Psych. Albrecht Schnabel, Frau Michaela Bölt und Frau Birgit Schuller für die Umsetzung dieses Projekts, sowie Katja Mayr, die dieses Projekt (auch als Studierende und gewählte Sprecherin des WOS-Masters) begleitet hat. Insbesondere Frau Dr. Johanna Graf hat mich und uns während des gesamten Semesters begleitet und uns wertvolle Hinweise gegeben. Mein Dank gilt ebenso den Mitarbeiterinnen und Mitarbeitern von Springer für die professionelle Begleitung des Buches, insbesondere Joachim Coch (Planung), Judith Danziger (Projektmanagement) und Stefanie Teichert (Lektorat).

Dieter Frey
München, im Oktober 2017

Über den Herausgeber

Kurzdarstellung

Dieter Frey ist Professor für Sozialpsychologie an der Ludwig-Maximilians-Universität München. Seine Forschungsinteressen liegen sowohl im Bereich der Grundlagenforschung (beispielsweise Dissonanztheorie, Kontrolltheorie oder die Theorie der gelernten Sorglosigkeit) als auch im Bereich der angewandten Forschung (beispielsweise Entstehung und Veränderung von Werten, Entstehung von Innovationen, Grundlagen und Faktoren professioneller Führung, Zivilcourage). Auch interessiert ihn die konkrete Umsetzung von Forschungsergebnissen in die Praxis.

Ausführlicher Biografietext

Dieter Frey studierte Sozialwissenschaften an der Universität Mannheim und der Universität Hamburg. Nach seiner Promotion und Habilitation in Mannheim, die unter anderem durch ein VW-Stipendium und ein DFG-Stipendium gefördert wurden, war er von 1978 bis 1993 Professor für Sozial- und Organisationspsychologie an der Universität Kiel. Dazwischen war er von 1988 bis 1990 Theodor-Heuss-Professor an der Graduate Faculty der New School for Social Research in New York. Seit 1993 ist Dieter Frey Professor für Sozialpsychologie an der Ludwig-Maximilians-Universität München. Zuvor hatte er Rufe nach Bochum, Bielefeld, Zürich, Hamburg und Heidelberg erhalten.

Er ist Leiter des LMU Centers for Leadership and People Management – eine Einrichtung der Exzellenzinitiative – und Mitglied in der Bayerischen Akademie der Wissenschaften. Von 2003 bis 2013 war er akademischer Leiter der Bayerischen EliteAkademie. Über mehrere Jahre war er Gutachter der Deutschen Forschungsgemeinschaft. 1998 wurde er zum Deutschen Psychologie Preisträger („Psychologe des Jahres") ernannt. 2011 hat die Zeitschrift *Personalmagazin* ihn zum „Praktischen Ethiker" und einem der führenden Köpfe im Personalbereich in Deutschland ausgezeichnet. Für seine Arbeiten, die für eine humanere Welt beitragen, wurde er 2016 von der Dr. Margrit Egnér-Stiftung der Universität Zürich ausgezeichnet.

Seine Forschungsgebiete liegen sowohl in der Grundlagenforschung (z. B. psychologische Theorien wie Dissonanztheorie, Kontrolltheorie, Theorie der gelernten Sorglosigkeit) als auch in der angewandten Forschung (z. B. Entstehung und Veränderung von Werten, Entstehung von Innovationen, Grundlagen und Faktoren professioneller Führung, Zivilcourage). Schließlich beschäftigt er sich auch mit der Anwendung von Forschung auf soziale und kommerzielle Organisationen.

Inhaltsverzeichnis

II   Rituale im Lebenszyklus

III   Individuelle Rituale

IV   Zwischenmenschliche Rituale

V   Konfliktbehaftete Gruppenrituale

Autorenverzeichnis

Anders, Laura
80333 München
E-Mail: anders.laura@web.de

Aßmann, Elena
80333 München
E-Mail: elena.assmann@gmail.com

Boecker, Sarah Alicia
80803 München
E-Mail: sarahaliciaboecker@gmail.com

Breuer, Kimberly
80796 München
E-Mail: kimberly.d.breuer@gmail.com

Candida, Filippo
81369 München
E-Mail: filippo.candida@gmail.com

Einwanger, Laura Marie
80796 München
E-Mail: l.einwanger@gmx.de

Fischer, Moritz Valentin
80804 München
E-Mail: valentin.fischer@campus.lmu.de

Fischer, Rebecca
80796 München
E-Mail: rebecca.a.fischer@gmx.de

Frey, Dieter Prof. Dr
Lehrstuhlinhaber Sozialpsychologie
LMU – Department Psychologie
Leopoldstr. 13
80802 München
E-Mail: dieter.frey@psy.lmu.de

Fuhrmann, Anna Maria
80801 München
E-Mail: anna.fuhrmann@campus.lmu.de

Grundler, Susanne
80802 München
E-Mail: susannegrundler@gmx.de

Hermida Carrillo, Alejandro
80337 München
E-Mail: alejandrohermidacar@gmail.com

Herzog, Marietta
80469 München
E-Mail: mariettaherzog@gmx.de

Hilbert, Corinna
80337 München
E-Mail: corinna.hilbert@web.de

Hilpert, Thomas
85414 Kirchdorf
E-Mail: tom.hilpert@t-online.de

Keller, Katalin
80687 München
E-Mail: katalin.keller@web.de

Kemmer, Carina
80802 München
E-Mail: carina.kemmer@web.de

Kiver, Benjamin
81739 München
E-Mail: ben2@gmx.de

Koch, Timo
80801 München
E-Mail: timoko92@gmail.com

Mann, Franziska
80796 München
E-Mail: franziska.mann@arcor.de

Mayr, Katja
80797 München
E-Mail: mayr.katja@t-online.de

Merk, Stephanie
87772 Pfaffenhausen
E-Mail: merk_stephanie@gmx.de

Penzkofer, Maximilian Josef
80807 München
E-Mail: maxpenzkofer@web.de

Pischel, Pauline Eva
80992 München
E-Mail: pauline.e.pischel@web.de

Prüßner, Birthe
80333 München
E-Mail: birthepruessner@aol.com

Ridder, Kathrin Verena
69151 Neckargemünd
E-Mail: kathrin.ridder@gmail.com

Ropeter, Fabienne
80649 München
E-Mail: fabienne.ropeter@gmail.com

Scholz, Anna-Maria
80799 München
E-Mail: scholz-annamaria@web.de

Spohr, Ricarda Victoria
80469 München
E-Mail: ricardaspohr@aol.com

Stockkamp, Mariella Theresa
80802 München
E-Mail: mariella@stockkamp.eu

Suchan, Susanna
80939 München
E-Mail: susannasuchan@web.de

Sust, Larissa
80797 München
E-Mail: l.sust@gmx.de

Einleitung: Psychologie der Rituale und Bräuche

Dieter Frey und Katja Mayr

© Springer-Verlag GmbH Deutschland, ein Teil von Springer Nature 2018
D. Frey (Hrsg.), *Psychologie der Rituale und Bräuche*,
https://doi.org/10.1007/978-3-662-56219-2_1

1

1.1 Für wen eignet sich dieses Buch?

Das Buch eignet sich für alle Personen, die im weitesten Sinne an Erziehung und Führung, am Kulturleben, an Geschichte, Soziologie, Politologie und insgesamt an unserer Gesellschaft interessiert sind.

Rituale sind für viele Berufsfelder geeignet, darunter beispielsweise die Erzieherinnen und Erzieher. Diese können die psychologischen Interpretationen verwenden, um sich selbst weiterzubilden und etwas über psychologische Theorien und Modelle zu lernen und ebenso für die Arbeit mit den Kindern. Gleiches gilt für die Eltern, die sich mit Ritualen beschäftigen und sich darüber mit den Kindern unterhalten wollen. Auch sie können die psychologischen Analysen als Background nutzen, um den Kindern eine Erklärung der Welt zu bieten.

Das Werk kann auch für Führungskräfte wichtige Implikationen liefern, da nicht nur in ihrem eigenen Leben, sondern auch im Leben ihrer Mitarbeiter Rituale eine wichtige Rolle spielen. Beispielsweise können schon die Art des Händeschüttelns und der Blickkontakt mit der Führungskraft Machtrituale sein, deren richtige Interpretation Führung erleichtern kann.

Das Werk ist ebenso für Studierende interessant, die sich im Rahmen ihres Studiums im weitesten Sinne mit Ritualen, Psychologie und mit gesellschaftlichen Phänomenen beschäftigen. Dieses Buch bietet insbesondere für Fächer der Sozialwissenschaften, also Soziologie, Psychologie, Politikwissenschaften, Ethnologie, Kulturwissenschaft, Ökonomie und Kommunikationswissenschaften, eine sinnvolle Ergänzung zu den Schwerpunkten und Inhalten der Studienfächer.

Für den Laien ist dieses Buch deshalb interessant, weil es nicht nur Rituale und deren Inhalte, Herkunft und Variationen innerhalb der Geschichte darstellt, sondern weil man sich als Leser mit der Psychologie aus einer ganz anderen Perspektive beschäftigen kann. Es ist auch für Psychologen selbst relevant, da viele Mosaiksteinchen der Psychologie angesprochen und integriert werden.

Gleichzeitig ist das Buch interessant für Menschen jeden Alters, die kein akademisches Interesse an diesem Thema haben, sondern einfach gerne etwas über Rituale erfahren und sich über diese eingehender informieren wollen. Diese Leser haben gleichzeitig die Chance zu erfahren, was hinter den Kulissen der Rituale steckt. Sie können mit diesem Buch ihren Horizont erweitern, die Rituale mit ganz anderen Augen sehen und erhalten einen Bezug zu psychologischen Theorien und Erkenntnissen.

Nicht zuletzt ist es auch aufschlussreich für Menschen, die neu in unserer Kultur sind, viele Rituale noch gar nicht kennen und etwas über Rituale im Allgemeinen und über unsere Kultur und Vergangenheit erfahren möchten.

Das Buch bietet also vielfältige Möglichkeiten des Lesens und ist an ein breites Publikum gerichtet. Vermutlich wird das Interesse abhängig von der Stimmung des Lesenden, von der jeweiligen Situation und vom Lebensabschnitt sein, in dem er sich befindet.

Die Hoffnung ist, dass wir in diesem Buch nicht nur analysieren, sondern die Leser zum Weiterfragen und Weiterdenken anregen. Wir möchten mit diesem Buch Neugierde wecken, weil gerade Rituale geeignet sind, ein tieferes Verständnis für Menschen und Menschlichkeit zu entwickeln, die weit über eine formelle Analyse von Ritualen hinausgeht.

1.2 Unter welchen Blickwinkeln kann das Buch genutzt werden?

Dieses Buch ist nicht nur für unterschiedliche Personengruppen interessant, sondern kann auch unter unterschiedlichen Blickwinkeln gelesen werden:

Interesse an Ritualen zur Auffrischung

Die Liebhaber von Ritalen bekommen eine kurze und prägnante Zusammenfassung von Ritualen aus 30 verschiedenen Kontexten, die möglicherweise viele Erinnerungen wecken werden. Für viele mag es ein Anreiz sein, diese

Zusammenfassungen zu lesen, weil sie Rituale mögen, in Erinnerungen schwelgen möchten und sie auch Kindern oder Enkeln vorlesen möchten.

Interesse am psychologischen Hintergrund von Ritualen Für den interessierten Laien ebenso wie für Personen mit Bezug zur Psychologie bietet dieses Buch die Möglichkeit, beliebte Rituale unter dem neuen Aspekt der psychologischen Perspektive zu lesen. Hier werden je nach Vorkenntnissen neue oder bereits bekannte psychologische Phänomene erklärt und zum vertrauten Ritual in Beziehung gesetzt. So lernt der Leser, viele Rituale, die er möglicherweise aus seiner Kindheit kennt, aus einem anderen Blickwinkel zu betrachten. Er kann die psychologische Sicht auf einzelne Handlungen, die bei Ritualen vollführt werden, besser verstehen.

Interesse für Psychologie unabhängig von Ritualen Gilt das Interesse mehr der Psychologie als den Ritualen, so hat der Leser den Vorteil, die vorgestellten Konzepte begreifen zu können, ohne sich erst in erklärende Beispiele eindenken zu müssen. Rituale sind oft wohlbekannt. Der Leser kann sich also ganz auf die Kombination und Wechselwirkung verschiedener Phänomene konzentrieren. Dadurch fällt es auch leichter, sich neues Wissen anzueignen.

Dieses Buch soll kein Buch sein, das von vorne nach hinten gelesen werden muss, es soll vielmehr zum Querlesen anregen. Jedes einzelne Kapitel kann unabhängig von den anderen gelesen werden. Daher sind alle Kapitel in etwa ähnlich aufgebaut, sofern die Vielfalt an Ritualen es zulässt. Nach einer Einleitung wird das jeweilige Ritual definiert und Beispiele der Umsetzung des Rituals aufgeführt. Dann werden vorrangig die jeweiligen Hintergründe erläutert und diese gegebenenfalls um philosophische und theologische, soziologische, politologische und historische Perspektiven ergänzt. Ähnliche Rituale werden voneinander abgegrenzt, um ein klares Verständnis des Rituals zu erreichen. Dann wird jeweils der psychologische Bezug hergestellt und psychologische Forschung zu den beschriebenen

Ritualen knapp dargestellt, beispielsweise auch, welche positiven und negativen Auswirkungen die Umsetzung des Rituals mit sich bringt. Dabei fließt ebenfalls eine kritische Haltung gegenüber den potenziell negativen Konsequenzen des Rituals ein. Den Abschluss bildet ein kurzes Fazit.

Die in diesem Buch dargestellten Rituale erheben keinerlei Anspruch auf Vollständigkeit. Es gibt unvorstellbar viele und vielfältige Rituale auf der ganzen Welt, die den Rahmen eines Buches bei Weitem sprengen würden. Vielmehr finden Sie eine Auswahl von Ritualen, die der Herausgeber dieses Buches sowie die Autoren der einzelnen Beiträge als zentral für unsere Zeit halten. Wir haben bewusst nicht nur Rituale aus Deutschland und Europa, sondern auch aus anderen Ländern und Kulturen ausgewählt. Der Fokus lag zudem auf Ritualen, anhand derer sich die dahinterliegenden psychologischen Wirkmechanismen besonders deutlich vermitteln lassen.

1.3 Allgemeines über Bräuche und Rituale

Jeder, der in unserer Kultur aufgewachsen ist, hat entweder selbst direkte Erfahrungen mit vielen dieser Rituale gemacht oder er hat in seiner Umgebung beobachtet, wie diese Rituale praktiziert wurden. Er hat zu fast jedem dieser Rituale eine Einstellung, schätzt sie beispielsweise als positiv oder negativ, als sinnvoll oder sinnlos ein.

Doch was genau ist ein Ritual? Laut Duden handelt es sich um ein „wiederholtes, immer gleichbleibendes, regelmäßiges Vorgehen nach einer festgelegten Ordnung". Rituale folgen also oft einem festen Ablaufmuster und aufeinander aufbauenden Verhaltenssequenzen. Riten sind wiederkehrende Ereignisse, welche einen entscheidenden Teil unseres Lebens ausmachen.

Verhaltensweisen können als Ritual bezeichnet werden, sobald sie zu bestimmten Anlässen stattfinden und eine Bedeutung aufweisen, die über die Handlung selbst hinausgeht (Schindler, 2004). Dabei gibt es unterschiedliche

1

Ritualrhythmen, z. B. einmalige oder auch tägliche Handlungen, die als Ritual betrachtet werden können (Schindler, 2004). Sie unterscheiden sich im Grad ihrer Bewusstheit: Sie können bewusst sein, aber auch nur teilbewusst oder unbewusst ablaufen (Turner, 1989).

Es gibt kaum einen Lebensbereich, in dem es keine Rituale gibt. Die meisten Rituale finden sich in verschiedenen Kulturen und Sprachen und bestehen teilweise seit mehr als 1.000 Jahren. Meistens haben diese Rituale im Jahreskalender eine bestimmte Bedeutung und werden immer an bestimmten Tagen im Jahr begangen oder dann, wenn ein bestimmtes Ereignis eintritt: Dieses Ereignis kann eine große Veränderung bedeuten wie eine Geburt oder kann ganz alltäglich sein wie bei Macht- oder Partnerschaftsritualen. Rituale werden über Generationen weitergegeben. Sie begegnen uns schon in unserer Kindheit. Viele von uns haben beispielsweise schöne Erinnerungen an das Verkleiden im Karneval oder das Suchen von Ostereiern. Dabei ist durchaus interessant, wie sich die Rituale im Laufe der Zeit verändert haben und inwieweit sie sich von Kultur zu Kultur und von Epoche zu Epoche unterscheiden. Sonnwendfeiern z. B. waren in Deutschland heidnische oder christliche Feiern, nationalsozialistische Großveranstaltungen oder einfach schöne Familienfeste, je nachdem, welche Epoche man betrachtet.

Rituale sind immer auch Spiegelbilder einer Kultur. Sie existieren innerhalb jeder Kultur sowie – teilweise in modifizierter Form – über Kulturgrenzen hinweg. Daneben gibt es kulturspezifische Rituale. Manche Rituale können im Lauf der Zeit auch an kultureller Aktualität verlieren und damit ihre Funktion einbüßen.

Die Entwicklung in den letzten Jahrhunderten ist von Ritual zu Ritual verschieden, was in den jeweiligen Kapiteln der Rituale verdeutlicht wird. Während manche Rituale in ihren Inhalten beständig sind, wandeln sich andere durch aktuelle Trends: Aus der christlichen Pilgerreise wird eine Reise zur Selbstfindung, aus dem traditionellen Fasten entwickeln sich neue Ernährungsformen und Konsumstile.

Historisch kann man in allen Gesellschaften eine Orientierung an Ritualen beobachten.

Die historische und interkulturelle Betrachtung macht deutlich, dass der Begriff des Rituals zunächst neutral aufzufassen ist. Auch in totalitären Regimes wie im Dritten Reich hat man sich an Werten und Ritualen orientiert, obwohl diese Werte und Rituale undemokratisch und moralisch verwerflich sind und waren. Interessanterweise gibt es jedoch einige allgemeine zeitlos anerkannte Rituale, die man in der Menschheitsgeschichte finden kann. Es zeigt sich beispielsweise, dass – vergleichbar mit den Grundwerten (Frey, 2016) – in den 5 Weltreligionen einige sehr ähnliche Rituale, z. B. bei Hochzeit und Tod, vertreten sind.

Wir wissen, dass je nach Kultur und Religion das Gewicht, das dem Einzelnen, der Gruppe, der Familie, dem Staat beigemessen wird, unterschiedlich ist. Zwischen individualistischen und kollektivistischen Kulturen gibt es Unterschiede. Beispielsweise stehen bei individualistischen Kulturen individuelle Selbstverwirklichung, Unabhängigkeit und Selbstständigkeit stark im Fokus. Bei kollektivistischen Kulturen spielt der Wert der engeren sozialen Einheit wie der Familie, Verwandtschaft oder Organisationseinheit, in der man arbeitet, eine zentrale Rolle.

Natürlich bestimmt oft auch die ökonomische und technische Entwicklung über Wertveränderungen, und damit über die Entwicklung der Rituale.

Unsere Welt befindet sich im Wandel, da die Globalisierung immer weiter voranschreitet und somit eine internationale Gemeinschaft entsteht. Zudem bringen Migranten und internationale Einflüsse Wertesysteme und Rituale anderer Kulturen und Religionen mit nach Deutschland. Und es ist deshalb nicht verwunderlich, dass ein und dasselbe Ritual je nach momentaner Kultur und kulturellem Hintergrund des Betrachters unterschiedlich interpretiert und gelebt wird.

Wenn wir an Riten denken, kommen uns meistens feierliche Initiationsriten in den Sinn. Feierliche Schwüre, Aufnahmen in geheime Zirkel, aber natürlich auch jede Art von Geburtsritual. Daneben gibt es Rituale, die mit Abschied verbunden sind wie Todesrituale oder Austritts- und Abschlussrituale. Manche Rituale sind Feierrituale, die durch die jeweilige Kultur und

Religion geprägt sind, wie Weihnachten oder Ostern und die sich in sehr ähnlicher Weise auch in Familien finden lassen. Andere sind Rituale des Lebenszyklus, die oft einen Rollenübergang markieren, z. B., Hochzeiten oder Jahrestage.

Da Rituale wiederkehrend auf gleiche Weise gefeiert werden, bewirken sie Stabilität und Struktur in unserem Verhalten. Auch in Gemeinschaften, Familien und Partnerschaften können Rituale Struktur, Stabilität (Schindler, 2004), Verlässlichkeit, Beständigkeit, Kontinuität und Zusammenhalt geben. Dies wird dadurch verstärkt, dass Rituale oftmals mit etwas Positivem verbunden sind, das Menschen zusammenbringt, beispielsweise beim gemeinsamen Feiern eines Festes wie Weihnachten.

Einige Rituale bereiten keine Freude, zumindest für die Allgemeinheit, z. B. Kriegsrituale, Rituale von Gruppierungen wie Gangs oder Todesrituale. Dabei gibt es durchaus Kulturen, bei denen dies der Fall sein kann.

Rituale können generell Risiken bergen: Zum Beispiel verlieren sie bei unterschiedlicher emotionaler Beteiligung bei der Ausführung des Rituals ihre tiefere Bedeutung und werden dann zu leeren Ritualen. Rituale können ebenfalls zu Konflikten führen, z. B. wenn sich Menschen innerhalb einer Familie uneinig sind, ob bestimmte Rituale befolgt werden sollten oder nicht. Wir wollen in diesem Buch auch beschreiben, welche Gefahren in ritualisierten Handlungen liegen können und, so möglich, Veränderungen der lieb gewonnenen Rituale durch neuere Entwicklungen thematisieren.

1.4 Faszination Rituale

Warum gehören Rituale zu den Episoden, die Alltag des Lebens werden? Weshalb versetzen sie uns meistens (wenngleich nicht immer) in eine positive Stimmung?

1. Rituale sprechen unterschiedliche Emotionen an wie Liebe, Hass, Freude, Trauer, Enttäuschung – je nachdem, was der Ausgangspunkt der Rituale ist. Meistens sind es Gegebenheiten wie Geburt und Tod, Hochzeit, Ostern und Weihnachten, mit denen jeder Mensch, zumindest in unserem Kulturkreis, vertraut ist. Das ist sowohl für Kinder wie auch für Erwachsene deshalb faszinierend, weil es besonders einfach und damit nachvollziehbar ist.

2. Rituale erinnern oft an die eigene Kindheit oder Vergangenheit und erzeugen – je nach persönlicher Erfahrung – aufgrund der damaligen Gefühlslage eine positive oder negative Stimmung. Je nachdem, ob man beispielsweise positive oder negative Erinnerungen an die Weihnachtsfeste in seiner Kindheit hat, erinnert man sich auch heute gerne oder weniger gerne daran. Eine positive Erinnerung bewirkt, dass man neugierig ist, den psychologischen Hintergrund vielleicht besser als bisher zu verstehen. Allerdings kann auch eine negative Erfahrung bewirken, dass man durch die Kenntnis des psychologischen Hintergrunds das Phänomen besser verstehen und erklären will.

3. Rituale stiften eine gemeinsame Identität. Sie stiften in gewisser Weise eine geteilte Identität und Wirklichkeit. Dieses geteilte Wissen – in der Psychologie spricht man von „shared cognition" – führt dazu, dass Menschen sich sofort vertraut fühlen, wenn man von bestimmten Ritualen wie Neujahr, Karneval usw. erzählt oder davon hört. Schön ist, dass dieses geteilte Wissen auch über Generationen hinweg präsent bleibt und somit Rituale auch einen Dialog zwischen Jung und Alt anstoßen können.

4. Rituale spiegeln Realitäten wider. Dabei ist es gleichgültig, ob diese vor 100, 300 Jahren oder vor noch längerer Zeit Wirklichkeit waren. Es sind Themen, die den Menschen bereits begegnet sind: Initiationsrituale in die Gemeinschaft der Erwachsenen, zwischenmenschliche Rituale wie Schenken oder Schuldbefreiung und viele mehr. Jeder Leser kann sich also in dem Ritual wiederfinden, egal ob er es selbst praktiziert hat oder nicht. Zu nahezu allen relevanten Alltagsthemen gibt es eine Reihe von Ritualen. Rituale haben meistens einen

Unterhaltungswert (zumindest die positiv orientierten), weil sie einen Wiedererkennungswert in der Realität haben.

5. Rituale sind auch dann interessant, wenn man persönlich keine Erfahrung damit gemacht oder sie bisher kaum gekannt hat. Es ist interessant, wie es früher war oder in anderen Kulturen ist und warum bestimmte Rituale aufrechterhalten wurden.

6. Rituale mögen Orientierung fürs Leben geben, teilweise bieten sie aber auch Fluchtmöglichkeiten (wie beispielsweise viele Karnevalsriten). Viele Rituale sind deshalb so populär und werden über Jahrhunderte von Generation zu Generation weitergegeben, weil sie Möglichkeiten zur Suche nach privater und sozialer Identität, nach Lebensweisheit, nach Orientierung für das eigene Leben und für das Gemeinschaftsleben bieten. Sie können in gewissen Situationen sogar eine Art Lebenshilfe sein. Sie zeigen immer wieder aufs Neue, dass Probleme – ganz gleich wie ausweglos sie scheinen – lösbar sind. Sie vermitteln Mut, Hoffnung und Lebensfreude oder spenden Trost. Rituale dienen somit teilweise auch der Persönlichkeitsentwicklung.

Viele Rituale sind mit Aberglauben verbunden. Oft glaubt man, dass das abergläubische Verhalten einen Beitrag zum Erfolg leisten kann. Interessanterweise kann die Zielerreichung dadurch wirklich leichter werden: Je mehr Menschen abergläubisch auf Glück vertrauen, desto eher sind sie auch optimistisch, hoffnungsvoll und zuversichtlich. Umso höher ist dann auch die eigene Selbstwirksamkeit, die zu besseren Leistungen führt. Ein Talisman kann beispielsweise tatsächlich helfen: Der Glaube an sein Zutun wird zur selbsterfüllenden Prophezeiung, und man hat durch den Talisman mehr Selbstwirksamkeit und engagiert sich intensiver.

Rituale sind immer auch auf psychologische Bedürfnisse zurückzuführen, die bei Erfüllung letztlich zur Erfüllung grundlegender „Urbedürfnisse" beitragen. Es geht letztlich, wie zuvor ausgeführt, um individuelle Sehnsüchte

von Menschen nach Sicherheit, Orientierung, Geborgenheit, Einordnung und sozialer Identität. Rituale erfüllen Funktionen, die im täglichen Umgang mit anderen Menschen relevant sind. Sie geben Kontrolle und liefern Erklärungen für bestimmte Situationen.

Die menschliche Psyche spielt eine wesentliche Rolle im Kontext von Ritualen. Die Kraft der eigenen Gedanken kann messbare Ergebnisse bewirken, weil sie zu anderem Verhalten führt. Ein Aberglaube kann zur selbsterfüllenden Prophezeiung werden, ein übersteigertes Schuldgefühl kann pathologische Rituale auslösen, ein falsches Bild von sich selbst kann zu pathologischem Fasten führen. Der Einfluss kann aber auch positiv sein: Das Schreiben eines Tagebuchs kann helfen, mit schlechten Situationen besser umzugehen und sich öfter an schöne Ereignisse zu erinnern.

Das zeigt, dass auch Wohlbefinden von einer psychischen Dimension abhängt, die es uns ermöglicht, persönlich Einfluss zu nehmen. So können wir selbst Verantwortung für unser Wohlbefinden übernehmen und beispielsweise mittels Ritualen einen Beitrag leisten zur Erhaltung unserer seelischen und körperlichen Gesundheit. Mithilfe von Gesundheitsritualen kann Komplexität schnell reduziert werden, weil sie einfache Daumenregeln anbieten: Einmal Sport pro Tag und mindestens 2 Liter Wasser sind gut für die Wiederherstellung und Prävention.

So erleichtern Rituale das Einhalten von gewissen Gewohnheiten. Rituale dienen ganz simpel der Entlastung des Gedächtnisses, indem nicht jedes Mal neu über Handlungen nachgedacht werden muss, sondern bestimmte ritualisierte Interaktionen (fast) automatisch ablaufen können. So dienen Rituale oft als Heuristik: Heuristiken sind Daumenregeln beziehungsweise kognitive Abkürzungen, um schneller und effizienter Entscheidungen bzw. Schlussfolgerungen treffen zu können. So werden Schlussfolgerungen beispielsweise auf der Basis leicht verfügbarer oder repräsentativer Informationen getroffen. Ein Beispiel hierfür ist, dass Personen die Wirksamkeit viel beworbener Gesundheitsrituale als wahrscheinlicher wahrnehmen, da die Gesundheitsrituale sowohl leicht aus dem Gedächtnis abgerufen werden können als auch repräsentativ für das Thema Gesundheit stehen.

Rituale im Allgemeinen können als Heuristiken und als soziale Faustregeln der kognitiven Erleichterung dienen. Sie machen die Erwartungen und Pflichten klarer, z. B. beim Eintritt in die Volljährigkeit (▶ Kap. 10). Der Vorteil bei der Nutzung von Heuristiken besteht in deren ressourcensparendem Charakter, der es erlaubt, Schlussfolgerungen auf der Basis weniger vorhandener Informationen zu treffen.

Die Gefahr von Heuristiken bzw. entsprechenden Ritualen ist, dass gerade in komplexen Situationen voreilige und verzerrte Schlüsse gezogen werden, da keine weiteren Informationen gesucht werden. So wird beispielsweise ein Tod durch Unfall von den meisten als wahrscheinlicher eingeschätzt als ein Tod durch Diabetes, weil man sich an mehr Beispiele für Unfalltode erinnert und diese präsenter in den Medien sind (▶ Kap. 19), obwohl dies objektiv betrachtet falsch ist. Ein Ritual als Heuristik kann also sowohl positive als auch negative Konsequenzen haben, abhängig von der Person und dem Kontext.

1.5 Faszination Psychologie

Welchen Mehrwert hat die Psychologie, wenn sie sich mit Ritualen beschäftigt? Mit Sicherheit werden viele psychologische Laien dieses Buch lesen. Daher wollen wir an dieser Stelle einige Einführungen zum Denken der Psychologie geben.

Psychologie ist die Wissenschaft des menschlichen Erlebens und Verhaltens und beschäftigt sich damit, inwieweit diese von der Person (genetisch und aufgrund ihrer Lebenserfahrung) und/oder von der Umwelt beeinflusst werden.

Psychologie ist eine Erfahrungswissenschaft: Es werden Theorien gebildet und durch empirische Forschung überprüft. Dadurch können psychologische Phänomene bestmöglich erklärbar gemacht werden. Beispiele: Wann sind Menschen motiviert? Wie entsteht innere

Kündigung? Wie entstehen psychosomatische Störungen? Wie kann man persönliche Zufriedenheit erreichen? Wann zeigen Menschen Konformität? Wann verweigern sie sich dieser Konformität? Welche Gruppen wählen Menschen als Bezugs- bzw. Vergleichsgruppen? Welche Sehnsüchte haben Menschen insgesamt? Diese psychologischen Fragestellungen sind auch Gegenstand vieler Rituale. Die Psychologie hat in ihrer Forschung und Theoriebildung demnach zahlreiche thematische Berührungspunkte mit Ritualen (Bierhoff u. Frey, 2006, 2011).

Auch wenn sich die moderne Psychologie nicht mehr mit der Seele beschäftigt, so beschäftigt sie sich doch mit dem Funktionieren und Nichtfunktionieren des Menschen, also mit seinem Erleben und Verhalten, seinen Emotionen, Gefühlen und Stimmungen, seinen Motivationen, seinem Lernen und Problemlösen oder seinem Gruppenverhalten (Frey u. Irle, 2002a–c).

Die wissenschaftliche Disziplin der Psychologie hat das Ziel, menschliches Erleben und Verhalten zu erklären, vorherzusagen und damit auch Veränderungspotenzial aufzuzeigen. Da der Mensch ein sehr komplexes Wesen ist, gibt es eine Vielzahl von Unterdisziplinen der Psychologie wie die allgemeine Psychologie, die sich mit allgemeinen Phänomenen des Erlebens und Verhaltens (Wahrnehmungs-, Gedächtnisprozesse, Prozesse des Lernens, Problemlösen, Emotion und Motivation) beschäftigt. Ein weiteres Beispiel ist die Persönlichkeitspsychologie, die individuelle Unterschiede des Menschen herausarbeitet wie Intelligenz, Ängstlichkeit oder Kreativität. Persönliche Entwicklungen finden sich als Themen in Ritualen wieder (beispielsweise Rituale zur Volljährigkeit; ▶ Kap. 10). Rituale vermitteln sehr oft eine Interpretation der Situation, sie geben eine private und soziale Identität. Natürlich spielt auch immer eine Rolle, was die Rituale mit den Menschen machen und was die Menschen mit den Ritualen machen.

In der psychologischen Deutung der Rituale werden zentrale Themen angesprochen wie soziale Wahrnehmung und Interaktion, Kommunikation, soziale Identität, Geborgenheit, Zufriedenheit und Glück. Ein großer Teil der

1

Rituale bezieht sich auf zwischenmenschliche Interaktionen, ein zentrales Thema der Sozialpsychologie. So hat sich Sozialpsychologie intensiv mit Gruppen beschäftigt und zudem damit, wie der Zusammenhalt und die Einstellung zur Gruppe erklärt, beschrieben und vorhergesagt werden kann. Auch soziales Urteilen und Empathie sind zentrale Themen sozialpsychologischer Forschung. „Sozial" meint in diesem Zusammenhang interaktiv und steht nicht für eine gesellschaftliche Wertung wie bei „Sozialarbeit" (Frey u. Bierhoff, 2011).

Die Entwicklungspsychologie untersucht, wie sich psychische Prozesse, also Emotionen, Kognitionen und Verhalten, über das Leben hinweg (von der Geburt über die Kindheit und Jugendzeit bis ins hohe Alter) entwickeln.

Die biologische oder Neuropsychologie versucht die biologischen, physiologischen und neuronalen Grundlagen aller wichtigen psychologischen Prozesse zu entdecken.

Die klinische Psychologie betrachtet Störungen von Menschen wie Ängste, Depressionen und untersucht, inwieweit man diese Störungen durch Therapien wie Psychoanalyse, Gesprächs- oder Verhaltenstherapie behandeln kann.

Die Arbeits-, Wirtschafts- und Organisationspsychologie beschäftigt sich mit menschlichen Phänomenen in sozialen und kommerziellen Organisationen wie Führung, Arbeitsmotivation oder Betriebsklima.

Schließlich betont die pädagogische Psychologie die Wichtigkeit von Lern- und Lehrprozessen und befasst sich u. a. damit, wie ein Stoff didaktisch und methodisch aufbereitet sein muss, damit der Lernende optimale Lernfortschritte erzielt.

Die Psychologie ist insgesamt immer bestrebt, Theorien und Modelle zu entwickeln, um menschliches Verhalten zu erklären, vorherzusagen und darüber hinaus zu beeinflussen. Im Laufe dieses Buches wird der Leser eine Vielzahl verschiedener Theorien, Modelle und Erkenntnisse kennenlernen (Hauser et al., 2016).

Man sollte gängigen Vorurteilen vorausgreifen: Psychologieexperten sind weder psychisch krank, noch haben sie ein „Röntgenauge". Sie laufen auch nicht durch die Welt, indem sie fortwährend zwischenmenschliches Verhalten analysieren – man muss sich in ihrer Nähe nicht unsicher fühlen. Die Hoffnung ist, dass Psychologieexperten Situationen von Menschen und Gruppen etwas differenzierter sehen und erkennen, dass das Verhalten stets sowohl von der Person und Persönlichkeit des Gegenübers sowie vom Akteur selbst abhängig ist. Vermutlich können ungeschulte Laien diese distanzierte Warte zumeist weniger gut einnehmen und passen Menschen bevorzugt ihrem eigenem Denkschema an, statt das des anderen aufzugreifen.

Gerade bei den Ritualen zeigt sich, dass der Mensch eingebettet ist in seine Kultur, Gesellschaft und Umgebung. Insofern spielen politische, wirtschaftliche und kulturelle Phänomene, d. h. die Tradition insgesamt, eine große Rolle und müssen bei der Interpretation von Verhalten berücksichtigt werden.

1.6   Rituale aus psychologischem Blickwinkel

Gerade weil die Ausübung von Ritualen vom Menschen selbst und seiner Zugehörigkeit zu sozialen Gruppen abhängt, liegt großes Potenzial in der psychologischen Deutung von Ritualen und ihren zugrunde liegenden Mechanismen. Man kann mithilfe der Psychologie auch infrage stellen, wie sehr ein bestimmtes Ritual dem Wohlbefinden, dem Lebensglück, der Lebenszufriedenheit dient, ob es Menschen glücklich oder unglücklich macht, die Identität fördert oder blockiert.

Die Herausforderung an die Psychologie im Umgang mit Ritualen besteht in Folgendem:

1. Gibt es zu jedem Ritual psychologisches Wissen oder sogar psychologische Theorien? Lohnt es sich, über Rituale zu forschen, zu denen es wenige psychologische Befunde gibt?
2. Bietet die Psychologie z. B. für konträre Rituale oder unterschiedliche Ausprägungen über die Beziehungen und Gültigkeit von Ritualen eine Antwort und ist sie der Laienpsychologie überlegen?

3. Natürlich können viele Rituale Ausgangspunkt für zukünftige Forschung sein. Inwieweit ist die Umsetzung der Rituale abhängig von Alter, Gesellschaftsschicht, Geschlecht, Persönlichkeit oder Bildungshintergrund?

Die Verbindung von Psychologie und Ritualen bietet nicht nur Potenzial für gewinnbringende Erkenntnisse verschiedener psychologischer Forschungsrichtungen, sondern auch für ein besseres und tieferes Verständnis von Ritualen, ihren Auswirkungen, Korrelaten und Funktionen. Diese Verbindung ist ein weitgehend unbetretenes Terrain, auf das mit dem vorliegenden Projekt ein erster Schritt gesetzt wurde.

Literatur

Bierhoff, H.-W., & Frey D. (Hrsg.). (2006). *Handbuch der Sozialpsychologie und Kommunikationspsychologie.* Göttingen: Hogrefe.

Bierhoff, H.-W., & Frey D. (Hrsg.). (2011). *Bachelorstudium Psychologie: Sozialpsychologie – Individuum und soziale Welt.* Göttingen: Hogrefe.

Frey, D. (Hrsg.) (2016). *Psychologie der Werte. Von Achtsamkeit bis Zivilcourage – Basiswissen aus Psychologie und Philosophie.* Berlin, Heidelberg: Springer.

Frey, D., & Bierhoff, H.-W. (Hrsg.). (2011). *Bachelorstudium Psychologie: Sozialpsychologie – Interaktion und Gruppe.* Göttingen: Hogrefe.

Frey, D., & Irle, M. (Hrsg.). (2002a). *Theorien der Sozialpsychologie. Band I: Kognitive Theorien* (2. Aufl.). Bern: Huber.

Frey, D., & Irle, M. (Hrsg.). (2002b). *Theorien der Sozialpsychologie. Band II: Gruppen-, Interaktions- und Lerntheorien* (2. Aufl.). Bern: Huber.

Frey, D., & Irle, M. (Hrsg.). (2002c). *Theorien der Sozialpsychologie. Band III: Motivations-, Selbst- und Informationsverarbeitungstheorien* (2. Aufl.). Bern: Huber.

Hauser, A., Frey, D., & Bierhoff, H.-W. (2016). Was die Psychologie im Innersten zusammenhält: Leben und Werk des Kurt Lewin. In: H.-W. Bierhoff, & D. Frey (Hrsg.), *Enzyklopädie der Psychologie - Sozialpsychologie. Band 1: Selbst und soziale Kognition* (S. 55–74). Göttingen: Hogrefe.

Schindler, M. (2004). *Heute schon geküsst? So bleibt Ihre Partnerschaft lebendig und stabil.* Freiburg: Velber.

Turner, V. (1989). *Das Ritual. Struktur und Antistruktur.* Frankfurt am Main: Campus.

Rituale im Jahresverlauf

Inhaltsverzeichnis

Silvester und Neujahr

Laura Anders

© Springer-Verlag GmbH Deutschland, ein Teil von Springer Nature 2018
D. Frey (Hrsg.), *Psychologie der Rituale und Bräuche*,
https://doi.org/10.1007/978-3-662-56219-2_2

2.1   Einleitung

An den dreitägigen Weihnachtsmarathon schließt sich kurze Zeit später die letzte große Feierlichkeit des Jahres an: Silvester. Während man mit Freunden oder Familie gemeinsam Käse auf Raclettepfännchen schmelzen lässt, läuft im Fernsehen „Dinner for One". Im Anschluss werden beim Bleigießen zahlreiche Spekulationen über die Zukunft angestellt und um Punkt Mitternacht stößt man dann auf das neue Jahr an. Doch woher kommt die Tradition, den Ausklang und Beginn eines Jahres zu feiern? Und wie können wir sichergehen, dass wir unsere Neujahrsvorsätze auch wirklich umsetzen? Sollten wir vielleicht wieder häufiger auf Glücksbringer setzen oder allein auf unser Durchhaltevermögen zählen? Diesen und weiteren Fragen widmet sich das folgende Kapitel.

2.2   Historischer Ursprung

Um die Herkunft und Entwicklung von Silvester und Neujahr zu verstehen, muss man zunächst einige Jahrhunderte in der Zeitgeschichte zurückgehen: Die Ursprünge für unser heutiges Silvesterfest reichen bis in die Römische Republik (ca. 509–27 v. Chr.) zurück. Damals wählte das römische Volk 2 Konsuln, die für das folgende Jahr das höchste zivile und militärische Amt in der Römischen Republik bekleideten. Im Jahr 153 v. Chr. wurde der Amtsantritt der Konsuln vom 1. März auf den 1. Januar verlegt und markierte so den Beginn des neuen Amtsjahres 2 Monate früher. Das von Julius Cäsar (100–44 v. Chr.) rund hundert Jahre später eingeführte Kalendersystem legte dann den 1. Januar als ersten Tag des neuen Kalenderjahres fest. Allerdings erwies sich Cäsars Kalenderreform als zum Teil problematisch: Beispielsweise verfehlte das kalendarische Datum nach einigen Jahrhunderten die Tagnachtgleiche im Frühling, das sog. Primaräquinoktium, um mehrere Tage. Der astronomische und kalendarische Frühlingsanfang klafften deshalb weit auseinander. Im 16. Jahrhundert erfolgte daher die Kalenderreform von Papst Gregor XIII., nach

dem das heutige Kalendersystem benannt ist und der u. a. das uns bekannte Schaltjahr einführte (Rüpke, 2006). Der nicht einheitlich festgelegte Neujahrstag wurde schließlich 1691 von Papst Innozenz XII. in römischer Tradition wieder auf den 1. Januar gelegt.

Die Namensgebung für den letzten Tag des Jahres hingegen geht auf Papst Silvester I. zurück, der am 31. Dezember 335 n. Chr. starb und 813 n. Chr. in den Heiligenkalender aufgenommen wurde. Silvesters Todesdatum wird ihm zu Ehren als Gedenktag gefeiert, sein Name hat sich so als Bezeichnung für diesen Tag etabliert.

Auch wenn die Festlegung des Neujahrstages eine kirchliche Entwicklung vermuten lässt, so sind die damit verbundenen Silvesterfeierlichkeiten vielmehr weltlicher Natur: Der 31. Dezember liegt in der Mitte der **12 Raunächte**, die dunkelsten und längsten Tage des Jahres. Ein bei den Germanen verbreiteter, heidnischer Volksglaube betraf ihren Gott Odin: Er soll bei der sog. „Wilden Jagd", begleitet von seinem Heer, das aus den Seelen frühzeitig oder gewaltvoll zu Tode gekommener Menschen besteht, unter allerlei Geheul und Geschrei durch den Nachthimmel fliegen (Endter, 1933). Daher versuchten die Germanen ihrerseits, durch Krach und Lärm diese bösen Geister zu vertreiben – ein Vorläufer unseres heutigen Feuerwerks.

Ein Blick auf andere Regionen der Welt verrät, dass der Jahreswechsel Ausdruck in verschiedensten Feierlichkeiten findet. So dauert das Neujahrsfest (auch **Frühlingsfest**) in China mehrere Tage an und beginnt am 2. Neumond nach der Wintersonnenwende: Das Datum variiert von Jahr zu Jahr, liegt aber immer zwischen dem 21. Januar und 21. Februar. Obwohl auch in China seit mehreren Jahrzehnten der gregorianische Kalender gilt, werden einige traditionelle Feiertage auf Grundlage des alten chinesischen Kalenders berechnet, sodass es zu dieser Abweichung kommt. Mit dem Neujahrsfest einher geht eine wahre Völkerwanderung, da man während der Feiertage seine Verwandten im ganzen Land besucht.

In Russland wiederum startet am 31. Dezember ein mehrtägiges Neujahrsfest, an das sich am

7. Januar das Weihnachtsfest anschließt. Väterchen Frost beschenkt dann die Kinder in der Neujahrsnacht – ganz ähnlich wie es der Weihnachtsmann bei uns am 24. Dezember tut.

So vielfältig die verschiedenen Formen der Silvester- und Neujahrsfeste auf der Welt auch sind, so soll das folgende Kapitel dennoch einen deutschen bzw. europäischen Fokus einnehmen und die psychologischen Hintergründe des hierzulande gefeierten Silvester- und Neujahrsfestes beleuchten.

2.3 Neujahrsvorsätze

Wenn die Weihnachtstage hinter und die letzten Tage des gegenwärtigen Jahres noch vor uns liegen, kehrt allmählich das Verantwortungsbewusstsein in unsere Köpfe zurück. Gab man sich Weihnachten noch gut gelaunt der Völlerei hin, holen einen das Pflichtgefühl und schlechte Gewissen allzu schnell wieder ein und scheinen in besonders ausgeprägter Form vorzuliegen: Viele Menschen nehmen den Beginn des kommenden Jahres zum Anlass, um Neujahrsvorsätze zu fassen oder sich die Erfüllung lang gehegter Wünsche oder nie vollbrachter Pläne vorzunehmen. Die Tage um den Jahreswechsel herum scheinen prädestiniert für den Startschuss: Nun ziehen die meisten Menschen Bilanz für das vergangene Jahr und bewerten ihre Erfolge und Leistungen, aber auch deren Kehrseiten.

Um dem Phänomen des Neujahrsvorsatzes genauer auf den Grund zu gehen, wenden wir uns zunächst der Frage zu, wieso ein solcher Wunsch nach Wandel, Erneuerung oder Umgestaltung überhaupt in unseren Köpfen entsteht.

2.3.1 Wieso fassen wir Neujahrsvorsätze?

Stellen wir uns einmal vor, unser Schwager verkündet an Silvester, dass er nun mit dem Rauchen aufhöre wolle, und wir selber fassen für das neue Jahr die Teilnahme an einem Marathon ins Auge. Diese Beispiele verdeutlichen, dass sich Neujahrsvorsätze meist auf einen bestimmten und konkreten Aspekt unserer eigenen Person beziehen, mit dem wir möglicherweise nicht ganz zufrieden sind und den wir daher ändern wollen.

Selbstbild

Der amerikanische Psychologe William James (1842–1910) beschäftigte sich um die Jahrhundertwende mit dem **Selbstkonzept**, das jeder Mensch von sich hat (James, 1890). Laut James ist das Selbst in die 2 Aspekte „I" und „Me" einteilbar. Im ersten Fall agiert die eigene Person als Subjekt und erzeugt individuelle Handlungen und spezifisches Wissen. Im zweiten Fall ist das Selbst als Objekt zu sehen. Dieser zeitlich recht stabile Anteil lässt sich als Selbstkonzept bezeichnen, ein Ordnungssystem, das das Wissen über die eigene Person verwaltet (vgl. Asendorpf u. Neyer, 2012), beispielsweise das Geschlecht, den eigenen Namen oder die Lieblingsfarbe. Unter das Selbstkonzept fällt demnach auch die Einschätzung, ob wir uns als eher sportlich oder unsportlich wahrnehmen oder das Lesen von Liebesromanen unser größtes Hobby ist. Geht mit der Einschätzung unseres Selbstkonzeptes eine Bewertung einher, so resultiert daraus der **Selbstwert**, unsere Einstellung gegenüber uns selbst. Wir können also unsere Unsportlichkeit kritisieren oder uns schämen, weil uns Liebesromane begeistern.

Allgemein haben Menschen ein starkes Bedürfnis nach einem positiven und hohen Selbstwert (Aronson et al., 2008), der durch die Wahrnehmung eigener Kompetenz und Zufriedenheit mit sich selbst gekennzeichnet ist. Ziehen wir nun am Jahresende Bilanz, müssen wir uns vielleicht eingestehen, dass wir in manchen Belangen nicht zufrieden sind mit dem, was wir in den letzten Monaten (nicht) geleistet haben. Das Streben nach einem positiven Selbstwert wird also von einem Vergleich des aktuellen, gegenwärtigen Selbst und des idealen Selbst sowie des aktuellen Selbst und des geforderten Selbst begleitet (◘ Abb. 2.1; Higgins, 1987). Das ideale Selbst repräsentiert die Attribute, die man entsprechend der eigenen Wünsche und Vorstellungen gerne

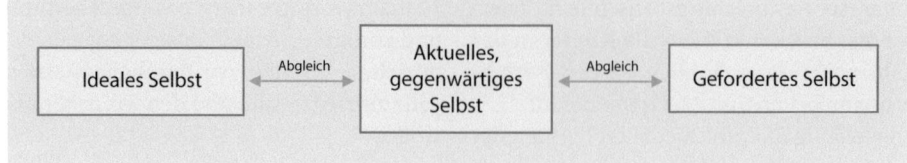

◼ Abb. 2.1 Schematische Darstellung der Vergleichsklassen der 3 Selbstdimensionen nach Higgins (1987)

besitzen würde, das geforderte Selbst die Attribute, die man gemäß sozialer Normen, Werte oder Erwartungen besitzen sollte. Wir prüfen also, ob unsere Ausdauerleistung beim Joggen (aktuell geht mir nach spätestens 5 km die Puste aus) mit unserem idealen Selbst (die Fähigkeit oder der Wunsch, an einem Marathon teilnehmen zu können) oder dem geforderten Selbst (mein Hausarzt sagt, dass für mein Alter eine höhere Ausdauerleistung angemessen sei) übereinstimmen. In dem Beispiel treten deutliche Diskrepanzen auf zwischen unserer derzeitigen Ausdauer und der Ausdauer, die wir gerne hätten oder die von anderen als angemessen oder gut bewertet wird. Nach Higgins (1987) führen Diskrepanzen zwischen aktuellem und idealem Selbst zu Enttäuschung, Unzufriedenheit oder Traurigkeit. Auf Diskrepanzen zwischen aktuellem und gefordertem Selbst folgen Gefühle von Angst, Gefahr oder Unruhe, da wir eine negative Bewertung durch andere erfahren.

Der Mensch, schon seit der Antike beschrieben als hedonistisch und nach Schmerzvermeidung strebend, wird versuchen, solche Spannungszustände zu vermeiden oder zu beseitigen. Entsprechend der Theorie der **kognitiven Dissonanz** (Festinger, 1962) könnten wir uns nun einfach sagen, dass Ausdauer überbewertet werde, und das Ungleichgewicht wieder ins Lot bringen, indem wir andersherum vorgehen und den idealen an den aktuellen Zustand anpassen. Dieser Effekt wird wahrscheinlich aber eher später bedeutsam, wenn uns allmählich bewusst wird, dass die Laufschuhe noch immer unberührt im Schrank stehen, und wir vor uns rechtfertigen wollen, dass uns der Marathon doch nicht so wichtig ist.

Ist der Vergleich mit dem aktuellen Selbst als Basis und dem idealen oder geforderten Selbst als Kriterium jedoch erst einmal negativ ausgefallen, richtet sich das Bestreben nach einer Diskrepanzauflösung bestenfalls proaktiv auf die Zukunft: Wir fassen Vorsätze und nehmen uns für das kommende Jahr neue oder noch nicht erreichte Ziele vor.

Selbstbild und sozialer Kontext

Higgins Taxonomie der verschiedenen Formen des Selbst hebt eine weitere für das Selbstbild relevante Facette hervor: Das Bedürfnis nach sozialem Anschluss und sozialer Anerkennung, dem **Zugehörigkeitsbedürfnis** („need to belong"; Baumeister u. Leary, 1995).

Nach Higgins (1987) haben auch dritte, von uns selber abweichende Personen eine Vorstellung von unserem aktuellen, idealen und geforderten Selbst. Dies nimmt im sozialen Miteinander entscheidenden Einfluss auf unsere Selbstwahrnehmung. Charles Cooley, ein amerikanischer Soziologe (1864–1929), prägte den Begriff des **Spiegelbildeffekts** („looking-glass self"; 1983): Unsere Annahmen, wie andere über uns denken oder was andere von uns halten, tragen zur Entwicklung unseres spezifischen Selbstkonzeptes bei. Eine positive Außenwahrnehmung der eigenen Person spielt eine wichtige Rolle für den Selbstwert. Wir wollen gemocht und anerkannt werden und sozialen Gruppen angehören. Aus diesem grundlegenden Bedürfnis kann jedoch der sog. Konformitätsdruck entstehen: Um nicht Gefahr zu laufen, aus einer Gruppe ausgeschlossen zu werden, passen Individuen ihre Verhaltens- oder Denkmuster an den auf gesellschaftlichen Werten und Erwartungen basierenden Gruppenstandard an. Im engeren Sinne bezieht sich ein Gruppenstandard auf kleinere Einheiten wie den Freundeskreis, die Arbeitsgruppe an der Universität oder die Kollegen in der eigenen Abteilung. Es ist jedoch anzunehmen, dass auch Normen und Erwartungen in kleineren Gruppen auf gesellschaftlich allgemeinerer Ebene geprägt werden. Dieser soziale Druck spiegelt sich ebenfalls in unseren Wünschen und Zielen für das neue Jahr wieder: Der jährlichen Umfrage der DAK-Gesundheit (2016) zufolge findet sich unter den genannten Neujahrsvorsätzen in regelmäßiger Wiederkehr der Wunsch nach mehr Sport (Platz 3), nach gesünderer Ernährung (Platz 5) und nach weniger Körpergewicht (Platz 6). Auch die Reduktion des Alkoholkonsums (Platz 10) sowie die Aufgabe des Rauchens (Platz 11) sind häufig genannte Vorsätze.

Stellt ein Individuum dann fest, dass beispielsweise seine Ernährung nicht dem gesellschaftlich geforderten Ideal entspricht, entsteht nicht nur die Diskrepanz zwischen Realität und eigenen Maßstäben (s. o.), sondern auch die Gefahr, ein Normabweichler zu sein und von der Gruppe ausgeschlossen zu werden. Um keine Verletzung des Zugehörigkeitsbedürfnisses zu riskieren, ist also eine Annäherung oder Anpassung an die Gruppennorm nötig. Andere können uns dabei wegweisend einen Spiegel vorhalten, beispielsweise weil sie selber als Vergleich dienen und als regelmäßige Salatverzehrer dem Ideal besser entsprechen oder uns verbal Hinweise auf Fehlverhalten geben.

Ein weiterer, sozial motivierter Mechanismus, der den Inhalt von Neujahrsvorsätzen beeinflusst, ist das sog. **Impression Management** (z. B. Schlenker, 1980), auch als Selbstdarstellung bezeichnet. Zum Impression Management gehört die bewusste, aber auch unbewusste Steuerung des Eindrucks, den eine Person auf andere macht – oder machen will. Das ausgewählte Ziel unterliegt also möglicherweise eindrucksverbessernden Absichten, und ein Vorsatz wird nur gefasst, um sprichwörtlich „Eindruck zu schinden". Wer bislang eher den All-inclusive-Urlaub im Luxushotel einem Abenteuertrip durch den Grand Canyon vorzog, kann das Bild, das andere von ihm haben, gezielt ändern, indem er laut verkündet, im nächsten Jahr eine Alpenüberquerung zu planen, um einmal „was Neues auszuprobieren". Außerdem setzt uns die öffentliche

Verkündung von Zielen unter Druck, den Worten auch wirklich Taten folgen zu lassen. Wir wollen schließlich nicht als Drückeberger gelten und so unserer Reputation und unserem Selbstwert schaden! Dabei kann allein das Fassen eines Vorsatzes schon selbstwerterhaltende Auswirkungen haben: Wir zeigen, dass wir eine Diskrepanz entdeckt haben und willig sind, diese zu beseitigen.

Doch obwohl Neujahrsvorsätze einen nicht zu vernachlässigenden Beitrag zu unserem Selbstverständnis bilden können, scheitern viele Menschen daran, ihre Pläne auch wirklich in die Tat umzusetzen – und andere wiederum nicht. Ursachen und Gründe für beide Fälle gibt es viele, die im Rahmen der **Motivationspsychologie** schon seit Beginn des 20. Jahrhunderts Gegenstand wissenschaftlicher Forschung sind. **Motivation** gilt in der Psychologie als „aktivierende Ausrichtung des momentanen Lebensvollzugs auf einen positiv bewerteten Zielzustand" (Rheinberg, 2008, S. 16). Dennoch genügt es oftmals nicht, bei der Vorstellung von sich selbst auf der Zielgeraden der Marathonstrecke positive Gefühle zu hegen. Wie können wir die Motivation für bestimmte Ziele aufrechterhalten, sodass wir diese trotz Hürden und Hindernissen erreichen?

2.3.2 Motivationspsychologische Erklärungsansätze für die missglückte oder erfolgreiche Zielrealisierung von Neujahrsvorsätzen

Während der Schwager am nächsten Weihnachtsfest stolz verkünden konnte, im vergangenen Jahr keinen Glimmstängel mehr angerührt zu haben, denkt der ein oder andere resigniert an die ambitioniert erstandenen Laufschuhe, die allmählich im Schrank verstauben. Allzu leicht erscheint es, das Scheitern oder Brillieren bloß der individuellen Willensstärke zuzuschreiben. Oftmals allerdings spielen weitere Faktoren eine entscheidende Rolle im Prozess der Zielrealisierung.

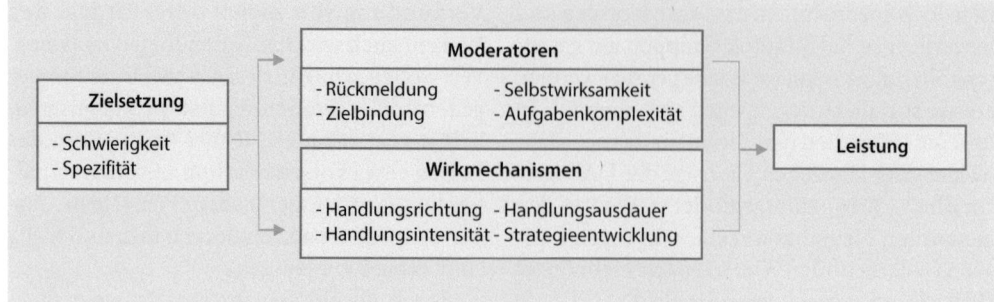

Abb. 2.2 Schematische Darstellung der Zielsetzungstheorie nach Nerdinger (2014, S. 434, nach Locke u. Latham, 1990, mit freundlicher Genehmigung von Edwin A. Locke und Gary Latham)

Merkmale erfolgreicher Zielrealisierung

Große wissenschaftliche Aufmerksamkeit erlangte die von Locke und Latham (1990) entwickelte **Theorie der Zielsetzung** (☐ Abb. 2.2), die zu erklären versucht, welche Merkmale von Zielen sowie von inneren und äußeren Bedingungen zu zufriedenstellenden Leistungen und Ergebnissen führen.

Laut Locke und Latham (1990) sind Ziele bewusst gefasste, auf die Zukunft bezogene Ideen sowie gewünschte Resultate von Handlungsverläufen (Nerdinger, 2014). Dabei beeinflussen besonders 2 Eigenschaften von Zielen das individuelle Leistungsniveau: Erstens resultieren schwierige und zugleich herausfordernde Ziele in besserer Leistung als mittelschwere oder leicht erreichbare Ziele. Zweitens führen präzise formulierte, spezifische Ziele zu besserer Leistung als vage und unklar formulierte Ziele (sog. „Do-your-best"-Ziele).

Natürlich ist gerade die Schwierigkeit von Zielen ein subjektives Maß. Das Ziel, in einigen Monaten einen Marathon mitzulaufen, kann für einen regelmäßigen Jogger eine erfüllbare Herausforderung darstellen. Für einen Sportmuffel hingegen ist ein baldiger Marathon möglicherweise ein unerreichbares und zu hoch gesetztes Ziel. Diese Unterscheidung impliziert eine Gefahr bei der Zielsetzung: Nur wer sein Ziel als herausfordernd und zugleich auch im Bereich des Möglichen wahrnimmt, wird sich dauerhaft bemühen, das Ziel zu erreichen. Andernfalls kann die ständige Erfahrung von Misserfolg

schnell dazu führen, dass man die Flinte ins Korn wirft und zugeben muss: Man hat sich überschätzt und wird das Ziel – zumindest im geplanten Zeitrahmen – nicht erreichen.

Paradoxerweise lässt sich oft beobachten, dass das Erleben von Misserfolg nicht unbedingt zur Anpassung des zu hohen Zieles an ein adäquateres führt, sondern oftmals zur direkten Aufgabe. Daher ist auch das Merkmal der Spezifität von großer Bedeutung für eine erfolgreiche Zielumsetzung. Viele Menschen neigen dazu, ihre Zukunftswünsche allgemein und vage zu formulieren. So bleibt unklar, wann das Kriterium für den gewünschten Erfolg erreicht wurde. Wann kann der Vorsatz, sportlicher zu werden, als erfüllt betrachtet werden? Wenn man nur noch die Treppe anstelle des Aufzugs nimmt? Oder wenn man den Marathon in weniger als 4 h absolviert? Nur mittels einer klaren Definition kann man genau festlegen, wann man welchen Zielzustand erreicht hat.

Dennoch ist es mit einer optimalen Zielformulierung meist nicht getan. Dies erkannten auch Locke und Latham und stellten im Prozess der Zielrealisierung die Bedeutsamkeit von 4 Moderatorvariablen heraus, die den Zusammenhang zwischen 2 Variablen beeinflussen. Zunächst ermöglicht eine konkrete Zielformulierung **Rückmeldung** über den Leistungsfortschritt. Diese kann als eine Art Gradmesser signalisieren, dass man „auf einem guten Weg" ist, aber auch, dass es Probleme bei der Zielerreichung gibt. Im letzteren Fall ist eine Leistungssteigerung zu erwarten, wenn die Person mit dem bisher Erreichten unzufrieden ist, das Ziel aber unbedingt erreichen will.

Außerdem gilt: Je stärker man sich seinem Ziel gegenüber verpflichtet fühlt, desto höher werden die Anstrengungen sein, das Ziel nicht aus den Augen zu verlieren, und desto niedriger das Risiko, vorzeitig aus Lustlosigkeit bei Rückschlägen aufzugeben. Die sog. **Zielbindung** steht zudem im Zusammenhang mit dem Selbstwert. Oftmals scheitern Neujahrsvorsätze, weil man sich nicht mit ihnen verbunden fühlt: Sie betreffen unser Streben nach Selbstwertsteigerung oder -erhalt nicht in dem erforderlichen Ausmaß, das uns dazu treibt, unseren Plan in die Tat umzusetzen – der Leidensdruck ist zu gering. Resultiert mein Wunsch nach Körpergewichtverlust eher aus leichter Eitelkeit als aus gesundheitlichen Beschwerden, werde ich wahrscheinlich doch öfter wieder nach der Schokolade im Supermarktregal greifen. Mein Vorsatz darf also nicht einfach nur ein „Nice-to-have"-Ziel sein, sondern muss für mich wirklich relevant sein. Andernfalls werden wir vielleicht nicht die Kraft aufbringen, gewohnte Verhaltensweisen zu durchbrechen (Frey, 2016).

Rückmeldung und Zielbindung sind gute Startbedingungen für einen Neujahrsvorsatz. Doch auch die **Selbstwirksamkeit** (Bandura, 1977), die eine Person in Bezug auf ihr Vorhaben empfindet, entscheidet mit darüber, ob man am Jahresende stolz eine Marathonurkunde präsentieren kann. Personen mit hoher Selbstwirksamkeit sind überzeugt davon, gewisse Herausforderungen und Hürden aus eigener Kraft erfolgreich meistern zu können. Habe ich in der Vergangenheit bereits einen Marathon durchgestanden, bin ich wahrscheinlich zuversichtlicher, diesen Erfolg erneut zu vollbringen. Die Selbstwirksamkeit kann so Einfluss auf den eigenen Anspruch an das Leistungsniveau eines Neujahrsvorsatzes nehmen und während der Zielrealisierung bei möglichen Rückschlägen oder Schwierigkeiten sicherstellen, dass man weiterhin an den Erfolg glaubt.

Zuletzt spielt auch die **Aufgabenkomplexität** eine Rolle für den Zusammenhang zwischen Zielsetzung und Zielrealisierung. Bei sehr komplexen Aufgaben müssen viele kognitive Ressourcen für die Koordination und Strategieentwicklung aufgewandt werden, die dann für die eigentliche Aufgabenbearbeitung fehlen. Hier lauert die Gefahr, sein Durchhaltevermögen zu überschätzen und Neujahrsvorsätze zu fassen, die zu komplex sind. Dies kann dazu führen, dass unsere Selbstwirksamkeit geschmälert wird, da das Ziel unrealistisch hoch über den bisherigen Leistungen liegt und noch dazu vage formuliert ist. Diesen Fallstrick kann man aber leicht umgehen. Viele unserer Wünsche und Träume sind allgemeine und große Oberziele mit einer hierarchisch geordneten Organisationsstruktur. Dies bedeutet, dass hinter Oberzielen in ihrer Spezifität zunehmende Unterziele liegen. Diese können konkret formuliert werden und ermöglichen die Unterteilung des Prozesses der Zielrealisierung in kleinere Schritte. ◘ Abb. 2.3 zeigt dies schematisch für das Oberziel, einen gesünderen Lebensstil zu verfolgen.

Der Zielfortschritt kann besser kontrolliert werden, da die Kriterien für die Zielerreichung spezifischer sind. Erfolgserlebnisse, die dann

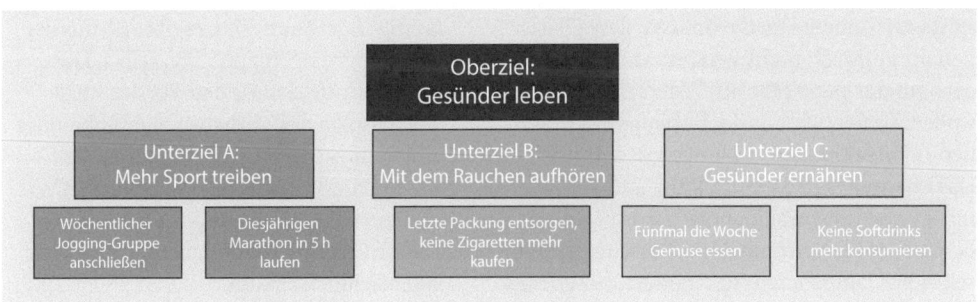

◘ Abb. 2.3   Hierarchische Struktur von Zielen

wieder die Selbstwirksamkeit und das Durchhaltevermögen stärken, treten daher mit höherer Wahrscheinlichkeit ein.

Doch wie wirken sich die von Locke und Latham (1990) vorgeschlagenen 2 Zielmerkmale und 4 Moderatorvariablen im konkreten Verhalten einer Person aus?

Zunächst bestimmten Ziele die Handlungsrichtung, indem der Aufmerksamkeitsfokus gesteuert wird. Wer gesünder leben möchte, wird Informationen zu Inhaltsstoffen oder Sportprogrammen womöglich aktiv suchen, irrelevante Informationen hingegen ausblenden. Des Weiteren passen Menschen ihre Anstrengung an die Aufgabenschwierigkeit an: Liegt das Ziel in einem **erreichbaren Maß über** den bislang gezeigten Leistungen, werden mehr Energien zur Zielerreichung aufgebracht.

Zuletzt erfordern herausfordernde Ziele oftmals die Entwicklung neuer Strategien, insbesondere wenn der Vorsatz ein völlig neues und komplexes Gebiet betrifft, wie der Umstieg auf vegetarische Ernährung. Liegen keine bereits gelernten und erprobten Vorgehensweisen vor, müssen neue Wege zur Erreichung des Zieles erschlossen werden.

Zusammenfassend kann man festhalten, dass sich aus den Forschungsergebnissen von Locke und Latham (1990) eine Vielzahl an Maßnahmen zur Leistungsförderung und Realisierung von Neujahrsvorsätzen ableiten lassen. Die Theorie der Zielsetzung kann einiges Licht auf die Frage werfen, welche Merkmale von Zielen und ihrer Umgebung Erfolg versprechend sind. Doch auch bei einer perfekten Zielformulierung und guten Bedingungen kommt es vor, dass wir vorzeitig aufgeben. Obwohl wir beispielsweise überzeugt davon sind, dass Fleischkonsum ethisch nicht vertretbar ist, und wir deshalb das neue Jahr als Vegetarier begehen wollen, treffen wir uns doch wieder mit Freunden im Steakhouse und langen ordentlich zu. Das Phänomen, dass Einstellung und Verhalten nicht unbedingt miteinander korrespondieren, beschäftigt die psychologische Forschung schon seit vielen Jahrzehnten (vgl. LaPiere, 1934). Eins ist nach heutigem Forschungsstand klar: Wer A sagt, muss noch lange nicht B sagen (oder machen).

Wo ein Wille, da ein Weg?

Bei der Vorhersage von Verhalten scheint die zugrunde liegende Einstellung die entscheidende Determinante zu sein. Wieso sollte ich mich, nachdem ich lange in der Schlange stand, schließlich für Vanilleeis entscheiden, obwohl ich Schokolade viel lieber mag? Dieses Beispiel mag einfach anmuten, verdeutlicht aber recht gut, welchen Einfluss Zeit zum Überlegen auf unser Verhalten hat. Laut der **Theorie des geplanten Verhaltens** (Ajzen, 1991) kann Verhalten unter der Bedingung, dass wir eine Entscheidung nicht spontan fällen müssen, von einem Faktor besonders gut vorhergesagt werden, nämlich der Verhaltensabsicht (**Intention**). Diese basiert wiederum auf folgenden 3 Faktoren:

1. Die möglichst spezifische Einstellung gegenüber dem konkreten Verhalten
2. Die subjektive Norm, also die eigene Einschätzung, wie andere, wichtige Personen das Verhalten bewerten würden
3. Die wahrgenommene Verhaltenskontrolle, also die Einschätzung, wie leicht oder schwer das Verhalten auszuführen ist

Beschäftigten sich Locke und Latham (1990) mit den Merkmalen und Konsequenzen von Zielen und förderlichen Umgebungsvariablen, so zielt die Theorie des geplanten Verhaltens vielmehr auf den ambitionierten Menschen selber ab:

1. Der wankelmütige Vegetarier aus obigem Beispiel wird vielleicht Fleischkonsum als ethisch verwerflich und umweltschädigend ansehen und dennoch den traditionellen Abend mit Freunden im Steakhouse als wichtig erachten.
2. Dass seine Freunde dem Fleischverzicht wenig zugewandt sind, ergibt sich aus der geschilderten Situation von selbst. Das soziale Umfeld muss den Vorsatz nicht teilen, sollte das Vorhaben aber unbedingt unterstützen und nicht stattdessen zu einem Hindernis werden (Frey, 2017).
3. Zudem fällt der Person aus dem Beispiel die Umstellung auf fleischlose Ernährung offensichtlich schwer.

Diese 3 Faktoren führen also dazu, dass ihre Einstellung, Fleischkonsum als negativ zu bewerten, nicht zu einer logisch erscheinenden Verhaltensanpassung führt, nämlich auf Fleischkonsum zu verzichten.

Betrachtet man Locke und Lathams sowie Azjens Forschungsergebnisse gemeinsam, wird deutlich: Der Wille allein scheint nicht immer entscheidend für eine Verhaltensänderung. Andere Bedingungen wie der Einfluss Dritter oder eine suboptimale Zielformulierung sind im Prozess der Zielrealisierung ebenso wichtig. Ob wir einen Neujahrsvorsatz nicht nur fassen, sondern auch konsequent umsetzen, hängt von einer Vielzahl von Einflüssen ab, von denen die Theorie der Zielsetzung und die Theorie des geplanten Verhaltens nur einen Ausschnitt an möglichen Erklärungen liefern. Dennoch verdeutlichen beide Theorien einige wesentliche Kernpunkte, die sich auch in anderen Forschungsansätzen der Persönlichkeits-, Sozial-, Arbeits- oder Motivationspsychologie wiederfinden.

Dennoch soll an dieser Stelle auch Erwähnung finden, dass viele Menschen die Idee der Neujahrsvorsätze ablehnen. Hauptargument ist meist, dass man seine Ziele oder Wünsche jederzeit und am besten sofort in die Tat umsetzen kann oder sollte.

Es stellt sich die Frage, ob wir oftmals mit zu hohen Erwartungen an den letzten Tag im Jahr herangehen und uns allzu gern dem Gefühl hingeben, alles sei möglich. Wen diese euphorische Gemütslage am Dreikönigstag noch nicht verlassen hat, kann sich glücklich schätzen, und er sollte versuchen, diese Motivation mit in die kommenden Wochen zu nehmen. Allen anderen sei mit den Worten von Hermann Adam von Kamp ans Herz gelegt (Buchner, 2004, S. 35):

》　Alles neu macht der Mai, macht die Seele
frisch und frei

2.4　Aberglaube an Silvester

Ein weiterer, weitverbreiteter Brauch an Silvester sind Glücksbringer, die wir unseren Freunden und Verwandten in den letzten Tagen des Jahres als Geschenk mitbringen. Pünktlich nach Weihnachten finden sich in den Blumengeschäften Glücksklee-Pflanzen dekoriert mit Pfeifenreiniger-Schornsteinfegern und in den Bäckereiauslagen stehen aneinandergereiht kleine Marzipanschweinchen (▶ Kap. 19). Wir wünschen anderen für das kommende Jahr Glück und drücken dies in der Gabe von bedeutungsvoll aufgeladenen Symbolen aus. Ähnlich halten es die Spanier: Wer es schafft, zu den 12 Glockenschlägen um Mitternacht jeweils eine Weintraube zu essen, soll in den kommenden 12 Monaten Glück haben. Und in Italien trägt man in der Silvesternacht rote Unterwäsche, um im kommenden Jahr vor allem in der Liebe Glück zu haben.

Doch welche kognitiven Mechanismen stecken hinter der Überzeugung, symbolische Handlungen oder Objekte, die in keinem logischen Zusammenhang zu einem bestimmten Ereignis stehen, könnten direkten Einfluss darauf haben, was uns im neuen Jahr widerfährt?

2.4.1　Abergläubische Rituale –
Schnee von heute?

Auch wenn wohl die wenigsten von uns heutzutage noch glauben, schwarze Katzen brächten Unheil, so ist Aberglaube noch immer verbreitet und psychologisches Interesse hierzu weit gestreut. Am bekanntesten dürfte der im klinischen Kontext relevante **Placeboeffekt** sein (▶ Kap. 16), und auch das **magische Denken**, das sich insbesondere bei Kindern zeigt (Resch et al., 1999), kommt wohl vielen bekannt vor. Dieser Begriff umschreibt die Annahme, eigene Gedanken, Aussagen oder Handlungen könnten Einfluss auf unabhängige Ereignisse nehmen, indem sie diese hervorrufen oder verhindern – obwohl es keinen logischen Zusammenhang gibt.

Auch bei Erwachsenen finden sich solche Verhaltensweisen, beispielsweise wenn die Ziehung der Lottozahlen durch ein Stoßgebet in die gewünschte Richtung gelenkt werden soll. Bisweilen neigen wir zu der Überzeugung, wir könnten das Schicksal beeinflussen, wenn wir nur fest genug daran glaubten. Gerade in Situationen von Unsicherheit, die außerhalb unserer eigenen Kontrolle liegen, z. B. bei der Ziehung der Lottozahlen, kann ein abergläubisches Ritual diesen Kontrollmangel kompensieren (Kay et al., 2009).

2.4.2 Glücksbringer – wirksame Begleiter für Neujahrsvorsätze?

Interessanterweise wird besonders im Bereich von Leistung und Zielerreichung auf abergläubische Rituale vertraut. In einer Studie von Hamerman und Morewedge (2015) zeigte sich, dass Menschen oft auf abergläubisches Verhalten zurückgreifen, um die Erreichung von Leistungszielen zu vereinfachen. Dies mag daran liegen, dass Leistungsziele vielen **externalen Faktoren** unterliegen und somit von einer Vielzahl äußerer Einflüsse abhängen. Hamerman und Morewedge (2015) mutmaßten daher, dass Menschen, die ein Leistungsziel vor Augen haben, eher zu der Annahme neigen, fremde Hilfe in Form von abergläubischem Verhalten könne einen Beitrag zum Erfolg leisten.

Psychologen der Universität Köln (Damisch et al., 2010) fanden zudem heraus, dass abergläubische Gedanken unter bestimmten Bedingungen direkt in eine Leistungssteigerung überführt werden konnten. Die bereits im Kontext der Neujahrsvorsätze so wichtige Selbstwirksamkeit spielte auch in diesem Zusammenhang eine wichtige und möglicherweise die entscheidende Rolle, denn Aberglaube an Glück und Selbstwirksamkeit stehen mit ganz ähnlichen Konzepten in Verbindung: mit Optimismus, Hoffnung und Zuversicht (Damisch et al., 2010). Das heißt, je stärker ein Mensch abergläubisch motiviert auf Glück vertraut, desto eher ist er auch optimistisch, hoffnungsvoll und zuversichtlich. Je höher diese Eigenschaften ausgeprägt sind, desto höher wird auch die eigene Selbstwirksamkeit ausfallen, die wiederum bessere Leistungen begünstigt (z. B. Stajkovic u. Luthans, 1998). Daher scheint es nicht verwunderlich, dass Aberglaube einen Beitrag zum Erfolg leisten kann.

Glücksbringer oder rituelle Verhaltensweisen können eine **selbsterfüllende Prophezeiung** (Merton, 1948) anstoßen: Glaubt man an die Kraft und den Einfluss des Talismans, verhält man sich automatisch selbstsicherer und geht seine Aufgabe mit mehr Mut und Zuversicht an. Das gesteigerte Maß an Selbstvertrauen führt dann im Umkehrschluss zu besserer Leistung.

Sollte Ihnen also ein Freund einen Neujahrsvorsatz anvertrauen, z. B. die Teilnahme an einem Marathon, schenken Sie ihm einen Glücksbringer zum Jahreswechsel – vielleicht fördern Sie damit seine Zuversicht und seinen Erfolg!

2.5 Feuerwerk

Eines der wohl hervorstechendsten Rituale an Silvester ist das Feuerwerk: Ab 23:59:50 Uhr wird der Countdown gezählt und um Mitternacht das neue Jahr mit einem bunten Lichtermeer am Winterhimmel begrüßt.

Der Ursprung der Pyrotechnik liegt vermutlich in China zu Zeiten der Song-Dynastie (960–1279 n.Chr.). Diese Zeit war geprägt durch ein beachtliches wirtschaftliches Wachstum, das mit einer gesellschaftlichen und intellektuellen Blütezeit einherging. Viele Entdeckungen und Erfindungen lassen sich auf diese Epoche zurückführen, darunter die Einführung des Papiergelds 1024, die Nutzung des Kompasses und Fortschritte in der Militärtechnik (Gernet, 1988). Das im chinesischen Kaiserreich entwickelte Schwarzpulver fand damals Anwendung als Treibladung in Schusswaffen und kam vermutlich gegen Ende des 13. Jahrhunderts über den Seeweg nach Europa. Heute wird es als Antriebsmittel für Feuerwerkskörper genutzt.

Wollten die Germanen noch Geister in der Silvesternacht vertreiben, so dient das Feuerwerk heute natürlich viel eher einem unterhaltenden Zweck. Aber auch ein weiterer Aspekt steckt hinter der Mitternachtsknallerei: Es schafft ein Gefühl der Verbundenheit und ist eine Ausdrucksmöglichkeit des Zugehörigkeitsbedürfnis (Baumeister u. Leary, 1995). Den Jahreswechsel nutzen wir als Symbol für gegenseitige Wertschätzung, indem wir ihn mit den Menschen verbringen, die uns am wichtigsten sind, seien es Freunde, Lebenspartner oder Familienmitglieder. Viele Menschen strömen zudem kurz vor Mitternacht auf die Straßen und begrüßen das neue Jahr gemeinsam vor der Haustür oder an öffentlichen Plätzen. Straßenbahnen und Taxis halten an und so mancher fällt auch schon einmal wildfremden Menschen in die Arme und wünscht ihnen ein frohes neues Jahr. In kaum einem anderen Moment kann man sich so gewiss sein, dass alle Menschen (zumindest die, die in der gleichen Zeitzone leben) gerade ähnliche Gedanken haben und das Gleiche tun: In den hell erleuchteten Nachthimmel schauen und hoffentlich zuversichtlich an all das denken, was das neue Jahr wohl bringen wird – vielleicht ja sogar an eine Teilnahmeurkunde, die die erfolgreiche Zielüberquerung nach einer Strecke von 42,195 km bescheinigt.

2.6 Fazit

Wie in diesem Kapitel deutlich wurde, finden sich hinter vielen Silvester- und Neujahrsritualen psychologische Erklärungsansätze. Oftmals verbergen sich hinter einfach anmutenden Neujahrsvorsätzen eingehende Reflexionen unserer eigenen Persönlichkeit, die nicht selten von gesellschaftlichen Erwartungen an den Einzelnen angetrieben werden. Der Weg von dem Feststellen einer Diskrepanz zur Zielsetzung scheint dabei ein leichterer als der von der Zielsetzung zur Realisierung des Zieles. Dieser zweite Prozess erfordert Durchhaltevermögen, und nicht immer gelingt es uns, unsere Motivation dauerhaft aufrechtzuerhalten. Dabei beeinflussen viele Faktoren, ob wir unser Ziel erreichen oder uns damit begnügen (müssen), es beim Neujahrsvorsatz zu belassen.

Für alle diejenigen, die sich auch in unserer technisierten und rationalen Welt dem Aberglauben nicht vollständig verwehren, kann ein Glücksbringer eine positive Wirkung auf dem Weg zur Zielrealisierung entfalten. Er kann auf unsere Selbstwirksamkeit unterstützende Auswirkungen haben und so auch unsere Leistung steigern.

Zuletzt sei betont, dass sich das Silvesterfest in die Reihe der Feiertage einreiht, die wir am liebsten mit unserer Familie und unseren Freunden verbringen, da sie uns ein kurzes Innehalten ermöglichen und wir uns der Gefühle von Zusammengehörigkeit und Verbundenheit bewusst werden können, die einen wichtigen Stellenwert im Leben der meisten Menschen einnehmen.

Literatur

Ajzen, I. (1991). The theory of planned behavior. *Organizational Behavior and Human Decision Processes* 50, 179–211.

Aronson, E., Wilson, T. D., & Akert, R. M. (2008). *Sozialpsychologie* (6. Aufl.). München: Pearson Deutschland.

Asendorpf, J. B., & Neyer, F. J. (2012). *Psychologie der Persönlichkeit* (5. Aufl.). Berlin, Heidelberg: Springer.

Baumeister, R. F., & Leary, M. R. (1995). The need to belong: desire for interpersonal attachments as a fundamental human motivation. *Psychological Bulletin* 117, 497–529.

Bandura, A. (1977). Self-Efficacy: Toward a unifying theory of behavioral change. *Psychological Review* 84, 191–215.

Buchner, G. (2004). *Schöne Lieder für Kinder*. Baden-Baden: Humboldt.

Cooley, C. H. (1983). *Human Nature and the Social Order*. New Brunswick, NJ: Transaction Publishers.

DAK-Gesundheit (2016). Gute Vorsätze 2017 – Jeder Fünfte will weniger online sein. Zuletzt aktualisiert: 19. Dezember 2016. https://www.dak.de/dak/bundes-themen/Gute_Vorsaetze_2017__Jeder_Fuenfte_will_weniger_online_sein-1864042.html. Zugegriffen: 27. November 2017.

Damisch, L., Stoberock, B., & Mussweiler, T. (2010). Keep your fingers crossed! How superstition improves performance. *Psychological Science* 21, 1014–1020.

Endter, A. (1933). Die Sage vom wilden Jäger und von der wilden Jagd. Studien über den deutschen Dämonenglauben. Dissertation. Frankfurt am Main: Johann Wolfgang Goethe-Universität.

Festinger, L. (1962). *A theory of cognitive dissonance*. Palo Alto, CA: Stanford University Press.

Frey, D. (2016). Gute Vorsätze im Büro: „Man muss das Hamsterrad anhalten". *FAZ*. Artikel vom 9. März 2013. http://www.faz.net/aktuell/beruf-chance/arbeitswelt/gute-vorsaetze-im-buero-man-muss-das-hamsterrad-anhalten-14104566.html. Zugegriffen: 27. November 2017.

Frey, D. (2017). Sein eigener Freund bleiben. Vorsätze zum Jahreswechsel. *Forschung & Lehre*. Artikel vom 1. Januar 2017. http://www.forschung-und-lehre.de/wordpress/?p=22736. Zugegriffen: 27. November 2017.

Gernet, J. (1988). *Die chinesische Welt: Die Geschichte Chinas von den Anfängen bis zur Jetztzeit*. Berlin: Suhrkamp.

Hamerman, E. J., & Morewedge, C. K. (2015). Reliance on luck identifying which achievement goals elicit superstitious behavior. *Personality and Social Psychology Bulletin* 41, 323–335.

Higgins, E. T. (1987). Self-discrepancy: a theory relating self and affect. *Psychological Review* 94, 319–340.

James, W. (1890). *The principles of psychology* (Vol. 1). Mineola, NY: Dover Publications.

Kay, A. C., Whitson, J. A., Gaucher, D., & Galinsky, A. D. (2009). Compensatory control: Achieving order through the mind, our institutions, and the heavens. *Current Directions in Psychological Science*, 18, 264–268.

LaPiere, R. T. (1934). Attitude versus action. *Social Forces* 13, 230–237.

Locke, E. A., & Latham, G. P. (1990). *A theory of goal setting and task performance*. Englewood Cliffs, NJ: Prentice-Hall.

Merton, R. K. (1948). The Self-Fulfilling Prophecy. *The Antioch Review* 8, 193–210.

Nerdinger, F. W. (2014). Arbeitsmotivation und Arbeitszufriedenheit. In: F. W. Nerdinger, G. Blickle, & N. Schaper (Hrsg.), *Arbeits- und Organisationspsychologie* (3. Aufl., S. 419–440). Berlin, Heidelberg: Springer.

Resch, F., Parzer, P., Brunner, R. M., Haffner, J., Koch, E., Oelkers, R., Schuch, B., & Strehlow, U. (1999). *Entwicklungspsychopathologie des Kindes-und Jugendalters*. Weinheim: Psychologie Verlags Union.

Rheinberg, F. (2008). *Motivation* (7. Aufl.). Stuttgart: Kohlhammer.

Rüpke, J. (2006). *Zeit und Fest: Eine Kulturgeschichte des Kalenders*. München: C. H. Beck.

Schlenker, B. R. (1980) *Impression management: the self-concept, social identity, and interpersonal relations*. Monterey, CA: Brooks/Cole.

Stajkovic, A. D., & Luthans, F. (1998). Self-efficacy and workrelated performance: A meta-analysis. *Psychological Bulletin* 124, 240–261.

Karneval und Maskenspiele

Maximilian Josef Penzkofer

© Springer-Verlag GmbH Deutschland, ein Teil von Springer Nature 2018
D. Frey (Hrsg.), *Psychologie der Rituale und Bräuche*,
https://doi.org/10.1007/978-3-662-56219-2_3

3.1 Einleitung

Dass jeder Mensch nur einmal lebt, ist wohl eine weitgehend offensichtliche und nur wenig aussagekräftige Volksweisheit. Doch umso spannender wird es, wenn man sich die damit einhergehenden Konsequenzen und zugrunde liegenden Motive bewusst macht: Die Sehnsucht nach dem zweiten, dem anderen Leben, das uns Möglichkeiten gibt, hinter die Fassade unserer eigenen Realität zu blicken. Hier tun sich Fragen auf wie: Wie wäre es, wenn ich ein anderer wäre oder würde? Wenn ich mich an Wegmarken meines Lebens anders entschieden hätte? Wenn ich in eine andere Familie, in einen anderen Stand, eine andere Religion, in eine andere Landschaft hineingeboren worden wäre (Oelsner, 2004)?

Es wäre schön, dem Menschen würde es offen stehen, diese Fragen einmal selbst zu erfahren, auf „Probe" zu leben, diesen „Wenn-dann-Konsequenzen" zu entfliehen. Jedoch obliegen diese Rahmenbedingungen nur dem Spiel. Beispielsweise als Spiel mit der Maske im Karneval (Oelsner, 2004;  Abb. 3.1). Dieses Spiel erstreckt sich auf viele verschiedene Kulturen und ihre Geschichte, da – ungeachtet der Herkunft – in jedem Menschen irgendwann einmal der Wunsch erwächst, aus seiner Rolle herauszutreten und eine zweite, alternative Realität zu erfahren, in der niemand sich für seine Sehnsüchte und ausgelebten Wünsche verantworten muss, da die Grenzen der gesellschaftlichen Konventionen im Zuge dieser Festivität extrem ausgeweitet werden.

Eines der hierzulande bedeutendsten Maskenspiele ist der Kölner Karneval. Erhard Bellermann (2003, S. 63) schrieb: „Wenn kein Fasching wär, wär mancher immer nur irgendwer." Und auch Goethe, Zeit seines Lebens ein Anhänger des Karnevals, rezitiert den Karneval in „Der Cölner Mummenschanz – Fastnacht 1825" als „Löblich wird ein tolles Streben, Wenn es kurz ist und mit Sinn" (zitiert nach Frohn, 1999, S. 5). So wie dieses Fest seit jeher die Literatur prägt, erweist es sich auch als große Bedeutung für das Individuum und ist für viele unverzichtbar.

Die Bedeutung dieses alten Festes der Ausgelassenheit als „Spiel mit der Maske" soll im Folgenden sowohl aus der traditionsreichen Perspektive als auch mit Blick auf die moderne Realität und die zugrunde liegenden psychologischen Phänomene genauer betrachtet werden, um etwas Klarheit in die Faszination zu bringen, die jedes Jahr aufs Neue viele Menschen mitreißt.

3.2 Historischer Ursprung und Entwicklung in der modernen Welt

Aber wo beginnt Karneval und wo hat dieses einzigartige, auf der ganzen Welt verbreitete Fest seinen Ursprung? Erste Überlieferungen zum Karneval als Festivitätskonzept sind fast

Abb. 3.1 Karneval (© Christian Schwier / stock.adobe.com)

so alt wie die ersten überlieferten Hochkulturen. Im Mesopotamien des 3. Jahrtausends v. Chr. besagen babylonische Aufzeichnungen, dass unter Priesterkönig Gudea ein 7 Tage und Nächte andauerndes Fest zu Ehren der Götterhochzeit im Frühling ausgetragen wurde. Rahmenbedingungen dieses antiken Festes sind wie folgt überliefert:

» Kein Getreide wird an diesen Tagen gemahlen. Die Sklavin ist der Herrin gleichgestellt und der Sklave an seines Herrn Seite. Die Mächtige und der Niedere sind gleichgeachtet. (unbekannter Autor, zitiert in Bordat, 2016, S. 1)

Bereits hier zeigen sich Parallelen zu heutigen Charakteristika des Karnevals, unter der Konvention von universeller Ebenbürtigkeit und Verantwortungslosigkeit (Mezger, 1991).

Bis in die Neuzeit ziehen sich derartige Feste durch alle Kulturen des Mittelmeerraumes über den Zeitstrahl der Menschheitsentwicklung hinweg: In Ägypten feierte man das ausgelassene Fest zu Ehren der Göttin Isis, und die Griechen veranstalteten selbiges für ihren Gott Dionysos und nannten es Apokries. Die größten Parallelen zeigen sich jedoch beim Fest der Saturnalien im alten Rom. Hier wurden für Umzüge große Schiffswagen farbenfroh verkleidet, Sklaven und Herren wagten manchmal einen Rollentausch, es wurde ausgiebig gefeiert, und alle kamen ungeachtet des Standes an einem Tisch zusammen und überschütteten sich mit kleinen Rosen, aus denen das heute bekannte Konfetti entstand (Mezger, 1991).

Das Karnevalsfest in den Zügen, wie wir es heute kennen, lässt sich bis ins frühe Mittelalter zurückführen, u. a. wegen der starken Prägung dieses Festes in seinen Regularien durch den latenten Einfluss der Religion des Christentums. Aber nicht nur im Mittelmeerraum zeigen sich Feste ähnlich dem heute bekannten Karneval. Die Kolonialisierung durch Christen im späten Mittelalter brachte den Karneval auch auf andere Kontinente wie Südamerika. Die größte Veranstaltung dieser Art findet jedes Jahr in Rio de Janeiro, Brasilien, statt.

Konventionen und Motive gleichen dem europäischen Fest, allerdings stehen – anders als z. B. in Köln – nicht nur Festumzüge, sondern nationale Volkstänze wie Samba im Vordergrund. Zugehörige Tanzschulen, sog. Escola de Samba, gelten als Hauptveranstalter des dortigen Karnevalsfestes.

So wie die Portugiesen den Karneval nach Brasilien brachten, haben ihn die Spanier z. B. nach Teneriffa gebracht. In unseren Breitengraden ist es zwar ein eher unbekanntes Fest, jedoch zählt das Karnevalsfest in Santa Cruz de Tenerife nach Expertenmeinung zu den authentischsten und schönsten der Welt. Sämtliche Bewohner der Insel sowie zahlreiche Besucher des Festlands strömen in die kleine Hauptstadt und feiern ein Fest, dass dem in Rio de Janeiro fast zum Verwechseln ähnelt und die universelle Bedeutung des Festes in verschiedensten Kulturen rund um den Globus unterstreicht. Folglich stellt sich also die Frage, was den Karneval eigentlich zu dem Fest macht, das seit Tausenden Jahren in der ganzen Welt seinen Mustern weitgehend treu bleibt und welche Motive dahinter stehen.

Ein großer Teil von Karnevalisten würde wohl auf die Frage, wie er denn den Karneval verbringe, mit „Tanzen, Betrinken und Kostümieren" antworten. Die zugrunde liegenden Motive identifizieren jedoch nur wenige, denn im Zentrum steht die Ausgelassenheit und nicht die Besinnung. Das war nicht immer so, und eine Betrachtung der Karnevalsgeschichte in Köln soll dies im Folgenden näher verdeutlichen. Besonders die enge Verbindung des Karnevalsfestes mit der Liturgie im Christentum gibt Anlass zum überschwänglichen Genuss. Zwar stellt das Karnevalsfest das letzte Fest vor Ostern dar und bietet damit noch einmal eine Gelegenheit, alle Bedürfnisse zu befriedigen, jedoch steht es damit eben auch direkt vor der 40-tägigen Fastenzeit, die zum Nachdenken anregen soll, und leitet damit einen Übergang zum Zyklus der Besinnung ein. Heutzutage wird der Rahmen der ursprünglichen Fastnacht als dreitägige Periode auf eine vielwöchige Session ausgeweitet und der zugrunde liegende Fokus verliert sich schnell.

Das Wort „Fastnacht" bzw. „Fasching" lässt sich auf das altdeutsche Wort „vastschank" zurückführen, was für den letzten Ausschank alkoholischer Getränke steht (Mezger, 2000). Der moderne Begriff Karneval hingegen stammt aus dem Lateinischen von „carnis levamen" und steht für die „Wegnahme des Fleisches" (Mezger, 2000). Damit ist im übertragenen Sinne auch der Verzicht auf das symbolische Fleisch – den Koitus – gemeint.

Radikale Veränderungen des alltäglichen Lebens und der früher strengen Gepflogenheiten im Kreise des Karnevals regten in der Folge alternative Sichtweisen auf die Gestaltung des Festes an. Eine moderne Umdeutung des Karnevals fand in den 1970er-Jahren mit dem Auftritt der Karnevalsband Bläck Fööss statt. Die bis dahin überwiegend noch niveauvoll zelebrierte Auslebung des Karnevals wurde von Beginn ihres ersten Auftritts an nach und nach umgeworfen. Lieder wie „Drink doch eine met", untermalt von einer Barfuß-Performanz, sorgten für einen Umschwung der Ideale der Karnevalszeit hin zu mehr Grenzenlosigkeit und Ausgelassenheit (Oelsner, 2004). Mit einer derartigen Imageveränderung einhergehend änderten sich natürlich auch nach und nach bestimmte vorzufindende Verhaltensweisen: So sind heute fast nur noch in geschlossenen Gesellschaften die traditionellen Barockgewänder üblich, und auf den Kölner Straßen herrschen Kostümierungen mit mehr individuellem und teils freizügigem Charakter vor.

Auch politische Statements wurden in dieser Zeit zu einem festen Bestandteil von Karnevalsumzügen oder Schauspielen. In Büttenreden, Spottliedern und auf den Motivwagen der Rosenmontagszüge werden Politiker zurechtgestutzt, getriezt, und das Volk tut seine Meinung zu jüngsten Vorkommnissen kund. Übernommen aus der Entwicklungszeit des heute bekannten Karnevals im frühen Mittelalter kann nun jeder die Rolle des Hofnarren übernehmen und einmal im Jahr ohne Rezension oder Angst vor Verurteilung ein politisches Statement setzen. Nicht zuletzt wurde der Karneval so auch ein Aufklärungsinstrument, das im deutschsprachigen Raum seinesgleichen sucht.

Was aber bedeutet diese Umdeutung der Ideale des Karnevals in Bezug auf die Motive, die die Teilnehmer prägen? Wie definieren sich inter- und intraindividuelle Phänomene, die hier in Massen auftreten? Diesen und weiteren Fragen soll im Folgenden auf den Grund gegangen werden.

3.3 Bedeutung für die kindliche Entwicklung

So wie es auf der Hand liegt, dass die verschiedenen Möglichkeiten und Gegebenheiten des Karnevals besonders für Erwachsene eine herausragende Rolle spielen, ist auch der Einfluss derselben auf die individuelle Entwicklung eines Menschen in jungen Jahren nicht zu unterschätzen. Vor allem in Kindesjahren bieten Faschingsfeste zahlreiche Möglichkeiten und Erfahrungsschätze, die die individuelle Entwicklung der Kinder unterstützen können.

Ein geläufiger Aspekt, dem wohl jedes Kind begegnet, ist das Kasperlspiel. Seit der Existenz von **Puppenspielen** zeichnen sich deren verschiedene Charaktere als für Kinder prägend in einem therapeutischen und magischen Horizont aus. Ein Grund ist mit Sicherheit, dass durch die leichte Übertragbarkeit auf reale Menschen viel Interpretationsspielraum in Bezug auf die Persönlichkeit, den Charakter und Verhaltensweisen existiert. So kann im therapeutischen Kontext eine bestimmte Wertvorstellung und Rollenassoziation gefördert werden (Sceno-Test; Brockmann u. Kirsch, 2015).

Diese therapeutischen Aspekte lassen sich in näherem Realitätsbezug auch auf Faschingsfeiern bei Kindern beobachten. Durch die erst schwach ausgeprägte Diskriminierung gelingt es Kindern oft noch besser, in verschiedene Rollen durch Verkleidung einzutauchen und diese auch wirklich als ihre eigenen anzunehmen. Diese Kostümierung macht sich auch der Kölner Kinder- und Jugendpsychologe Wolfgang Oelsner zunutze, indem er das **therapeutische Spiel** „Sei ein König" implementiert hat. Hier sollen Kinder durch Kostümierung in verschiedene Rollen eintauchen und dadurch in

Einzel- oder Gruppensitzungen Interaktionen oder Wertvorstellungen auf Basis ihrer Rolle erlernen. Gerade dieses Rollenspiel stößt bei Kindern auf viel Akzeptanz, da das Kostümieren generell ein sehr beliebtes Spiel darstellt. Die Rechtfertigung dieses Vorgehens wird gestützt durch die Tatsache, dass Kinder zur Integration dieser Erfahrungen in den Alltag neigen. Auch für die individuelle Entwicklung kann diese Art des „Spiels" zentrale Aspekte hervorheben, und es können sowohl einzelne Entwicklungsstufen (z. B. nach der Definition der Tiefenpsychologie) im Sinne Freuds als auch zusammenhängende psychologische Phänomene entdeckt werden (Oelsner, 2004).

- **Anknüpfende psychologische Erkenntnisse**

Das Spiel „Sei ein König" ist keineswegs ein einfach zu ergründendes therapeutisches Instrument, da es durch seine Rahmenbedingungen definiert wird. Entscheidend ist hierbei das Alter der teilnehmenden Kinder, deren Mentalisierungsfähigkeit in bestimmten Altersspannen grundlegend verschieden ausgeprägt ist.

So wird das psychologische Phänomen, das Kinder im Alter zwischen 1,5 und 4 Jahren bei einem Rollentausch erleben, als **psychisches Äquivalenz** bezeichnet. Hier werden Gedanken und die reale äußere Wirklichkeit nicht unterschieden (Wort = Gedanke = Realität; Taubner u. Sevecke, 2015). Demzufolge werden innere Zustände wie Gedanken, Wünsche und Ängste als real erfahren. In dieser Phase ist es für das Kind sehr leicht, seinen individuellen Horizont zu erweitern und seine Persönlichkeit facettenreicher zu gestalten. Da Kinder in dieser Entwicklungszeit stark durch dieses Phänomen geprägt werden, bietet der Fasching mit seinen vielfältigen Eindrücken sowohl eine Chance, den Erfahrungshorizont zu erweitern, aber auch das Risiko der Reizüberflutung, die zu vermeiden ist.

Je nach Entwicklungsstand des Kindes kann es in demselben Alter jedoch auch schon zu einem Wechsel hin zum **„Als-ob-Modus"** kommen, der in der Kinder- und Jugendpsychotherapie ein gern aufgegriffenes Phänomen darstellt. Hier verfügen Kinder bereits über die Möglichkeit, Gedanken, Ängste und Gefühle wie im Spiel voneinander zu trennen. In dieser Zwischenphase der Entwicklung kann das oben erwähnte Spiel seinen ersten horizonterweiternden Einsatz finden, um Kindern näherzubringen, dass vieles im Leben – so auch in der Faschingszeit und im Karneval – nur Schein ist. Dadurch kann dieser reflexive Modus durch Übertragung auf andere Lebensbereiche umgedeutet werden (Taubner u. Sevecke, 2015).

Ab dem 5. Lebensjahr beginnen Kinder in den **reflexiven Modus** zu wechseln. Der reflexive Modus integriert die vorher nebeneinander existierenden Modi. Er ermöglicht ein Nachdenken über das eigene Selbst und über das vermutete Innenleben anderer Menschen. Unterschiedliche Perspektiven werden anerkannt und falsche Überzeugungen bei sich und anderen mit einbezogen (Taubner u. Sevecke, 2015). Hier erlangt das Spiel „Sei ein König" und äquivalent dazu der Fasching für Kinder seine primäre Bedeutung. Es wird dem Kind möglich, unterschiedliche soziale Rollen zu erleben und in andere Lebensperspektiven einzutauchen, was in einer wesentlichen Bereicherung für die moralische und soziale Entwicklung von Kindern mündet.

Zusammengefasst bieten Faschings- bzw. Karnevalsfeste für Kinder jeden Alters eine Möglichkeit, außerhalb des alltäglichen Rahmens neue Eindrücke zu sammeln, und stellen deshalb eine großartige Erfahrung dar, die in der individuellen Entwicklung keines Kindes fehlen sollte.

3.4 Bedeutung im Erwachsenenleben für das Individuum

Diese außergewöhnliche, dem Alltag ferne Begegnung zeigt jedoch nicht nur aus der Perspektive von Kindern interessante psychologische Phänomene auf, sondern auch Erwachsene sehen sich mit den meisten Facetten beim Karneval konfrontiert. Denkt man an die ausschweifenden Feste oder Ballsaalveranstaltungen, die im modernen Karneval nicht wegzudenken sind, scheint es nur allzu logisch, dass auch

Erwachsene sich diesem Sog nicht ganz entziehen können und ihn – ganz im Gegenteil – sogar sehr begrüßen. Denn der Karneval steht vor allem dafür, hinter einer Maske zu verschwinden, ein anderer sein zu können und sich auch so zu fühlen. Erwachsene schätzen dies, da sie – zumindest für eine begrenzte Zeit – die Chance bekommen, in ihrem Leben einen anderen Pfad einzuschlagen und dies unter Bedingungen, in denen keiner verurteilt wird für das, was er darstellt, zu erleben. Der Pastor und Präsident der Kölschen Narrengilde Wolfgang Kestermann beschreibt es so:

» Aus meinem Beruf als Pastor weiß ich, wie viele Menschen heute unter ihren Sehnsüchten geradezu leiden. Sei es, weil der Anteil „Sucht" sie beherrscht, sei es, weil niemand ihr „Sehnen" erfüllt: anders sein zu dürfen, als allgemein erwartet, Gehör zu finden ohne sich marktschreierisch oder geschliffen artikulieren zu können. Angenommen zu sein ohne Vorbedingungen. (zitiert nach Oelsner, 2004, S. 7)

Inwiefern sich hier zugrunde liegende Motive oder Muster für dieses Verhalten ergeben, die sich anhand verschiedener psychologischer Betrachtungsweisen analysieren lassen, soll im Folgenden näher betrachtet werden.

■ **Anknüpfende psychologische Erkenntnisse**

Zum einen lässt sich dieses Phänomen aus der Perspektive der Tiefenpsychologie betrachten. Fritz Riemann beschreibt in seinem Werk *Grundformen der Angst* die scheinbar multidimensionale widersprüchliche individuelle Weltgestaltung, definiert durch Sehnsüchte, wie folgt:

» Einerseits streben wir nach einem Höchstmaß an Individualität und Unabhängigkeit. Andererseits wünschen wir die Nähe zu anderen, wollen lieben und geliebt werden. Diese Strebungen setzen komplementäre Ängste frei. (zitiert nach Heger, 2008, S. 172f.)

Verschiedene Gegensatzpaare wie der Zwiespalt zwischen Hass und Liebe oder – dem Karneval näherliegend – von Freude und Memento mori werden hier genannt, und Karneval kann eben hier als Medium dienen, diese Bipolarität von einer anderen Seite zu betrachten, um sich ein besseres Bild von sich selbst machen zu können (Heger, 2008).

Andererseits kann man natürlich auf viel spezifischere und individuellere Aspekte bei der intrinsischen Motivation von Erwachsenen stoßen. So kann der Karneval – ähnlich wie ein Urlaub – als Substitution zur Stressreduktion durch die Realitätsferne genutzt werden, ergänzt um den Faktor, dass man sein eigenes „Ich" hier komplett zurücklassen kann. Der Soziologe Theo Fransen betrachtet dieses Phänomen als eine „Ventilfunktion", die unabhängig von der Lebensrealität und dem herrschenden System gegeben ist (Ermann, 2004).

Ebenso kann aber auch eine Regression auf frühere individuelle Entwicklungsepisoden die Motivation sein, beispielsweise noch einmal jung zu sein und sich so zu verhalten, wie es das gewöhnliche Umfeld nicht zulassen würde (Ermann, 2004).

Wie hier erkenntlich, speist sich der Karneval aus vielschichtigen und variablen Sehnsüchten, die sowohl temporär als auch individuell wechseln und sich deshalb auch nur schwer für den Einzelnen bestimmen lassen. Daher kann es keine Definition eines „richtigen" Karnevals geben – die Individualität und scheinbare Regelfreiheit bestimmen die Umsetzung. Allein zwei Merkmale sind von definitorischem Charakter: Das Spiel muss zeitlich begrenzt sein, und es muss in einer Gemeinschaft gespielt werden, denn „Die Maske will dem Du begegnen" (Oelsner, 2004, S. 17). Folglich werden Gruppenprozesse im Karneval zu unverzichtbaren Aspekten.

3.5 Bedeutung für Gruppen, Vereine und interindividuelle Beziehungen

Mit seinen zahlreichen Festen und Veranstaltungen bietet der Karneval hinreichend Grund, sich zu fragen, welche Dynamik diese

Zusammenkünfte prägt. Zunächst sollte man jedoch zwischen interpersonellen Bekanntschaften und wirklichen Gruppenprozessen unterscheiden, wie sie z. B. in manchen Zünften oder Karnevalsvereinen vorherrschen. Der wohl bedeutendste Grund dafür ist, dass diesen Gruppendynamiken völlig unterschiedliche Prozesse zugrunde liegen.

Bei neuen Bekanntschaften im **interindividuellen Feld**, häufig in Form erotischer Annäherung, dominiert meist ein imposantes Auftreten. Untersuchungen zeigen nicht ohne Grund, dass auf männlicher Seite angesehene Berufe wie Pilot oder Arzt ganz oben in dem Ranking der Verkleidungen stehen. Hier zeigen sich individuelle Begierden mit dem Ziel, seine, um es nach Darwin auszudrücken, Fitness vor dem anderen Geschlecht unter Beweis zu stellen. Zugrunde liegen also hauptsächlich individuelle Aspekte, die jedoch von anderen bemerkt werden sollen.

Im Gegensatz dazu dominieren bei **Gruppenprozessen und Zunftzusammenkünften** ganz andere Faktoren, die jedoch ein nicht minder interessantes Feld der Psychologie betreffen. Auffällig ist, dass jede Stadt im Rheingebiet eine Art Rivalität zu anderen umliegenden Städten im Karnevalsgebiet auslebt, sei es durch eigene unverkennbare Ausrufe oder Umzüge, die von anderen differenzieren und sich z. B. durch möglichst prachtvolle Gestaltung abheben sollen. Beispielsweise steht in Köln unter dem Motto „Kölle alaaf" vor allem ein beispielloses Feiergemüt im Vordergrund, das jedes Jahr aufs Neue Zehntausende Menschen anzieht, um in Überschwänglichkeit die Tugend- und Sittenlosigkeit dieses Festes auszuleben. Im Gegensatz dazu definieren sich die Karnevalisten in Mainz, begleitet durch den Ausruf „Helau", durch stärkere Traditionsverbundenheit unter dem Motto des politisch-literarischen Sitzungskarnevals, der tendenziell zu ernsteren Themen ermahnen soll.

Ungeachtet dieser – manchmal auch nur feinen Nuancen – grenzt sich auf diese Art und Weise jede Stadt und jeder Verein von den anderen ab und verknüpft so die soziale Identität seiner Gruppe mit jedem einzelnen seiner Karnevalisten. Ist der Karneval doch allgemein eine Zeit der Gemeinsamkeit und allgemeinen Freude, richtet sich diese vor allem auf Mitglieder der eigenen Gruppe (sog. Ingroup), wobei derlei Rivalitäten zwar auch außerhalb des Karnevalskontextes vorliegen können, sich im Karneval jedoch nochmals verstärken. Demnach ist hier vor allem von einem moderierenden Wirkungszusammenhang auszugehen. Ausgedrückt wird dies häufig durch gruppeneigene Lieder oder individuelle Masken mit Vereinswappen.

Aber welche Prozesse liegen dieser temporären Treue und Rivalität zugrunde?

■ **Anknüpfende psychologische Erkenntnisse**

Es fließen auch hier bekannte psychologische Phänomene wie der soziale Vergleich oder die soziale Rolle mit ein und definieren die Interaktionen beim Karneval genauso wie in vergleichbaren Alltagsbedingungen. Spezifisch auf die Gruppe bezogen, gestaltet sich der Einfluss wie folgt.

Wie bereits angesprochen, ist die Sehnsucht nach Einzigartigkeit ein treibender Motivationsfaktor jedes Einzelnen beim Karneval, wie man unschwer jedes Jahr aufs Neue an den Kostümierungen erkennen kann. Andererseits soll diese Sehnsucht nicht dem **Zugehörigkeitsgefühl** zu einer Gemeinschaft im Weg stehen, die bekanntlich eine ausschlaggebende Komponente für das Wohlbefinden eines jeden Menschen ist; davon bleibt der Karneval natürlich nicht ausgenommen. Im Zuge dessen wollen sich die Teilnehmer des Karnevals auch in eine Rolle innerhalb der Gruppe einordnen können. Dies wird in der Psychologie als „need to belong" definiert, als das Ausmaß, in dem sich Individuen einer bestimmten Person oder einer Menge von Personen zugehörig fühlen (Bierhoff u. Frey, 2006).

Allerdings schafft dies allein noch keinen Gruppenkonsens und die teils sehr zugunsten der eigenen Gruppe orientierte Haltung während der Karnevalszeit. Denn haben sich erst einmal diverse Gruppen etabliert, neigen die Mitglieder einer Gruppe dazu, extremere Meinungen zu haben als ohne den Konsens der Gruppe. Dies geschieht in der Regel, um aufzufallen und auf sich aufmerksam zu machen. Dies wird in der Psychologie als **Gruppenpolarisierung** bezeichnet.

Nachdem eine polarisierende Meinungsbildung stattgefunden hat, zeichnen sich diese Gruppen im nächsten Schritt dadurch aus, dass sie dem Phänomen des **Gruppendenkens** („groupthink") unterliegen und in der Folge eine starke Kohärenz in Entscheidungen unter extremer Einstellung produzieren, die zur übermäßigen Sympathie mit der Eigengruppe („ingroup") führt und die Fremdgruppe („outgroup"), sprich andere Vereine oder Städte, herabsetzt (Bierhoff u. Frey, 2006).

Unterstützt wird dieses Konzept im Karneval zusätzlich von dem Phänomen der Anonymität. Durch das „Spiel mit der Maske" gelingt es jedem Gruppenmitglied, weitgehend unerkannt von Mitgliedern außenstehender Gruppen zu bleiben. Sie entziehen sich so persönlicher Kritik, was eine gewisse Meinungsextremisierung fördern kann.

3.6   Fazit

Sämtliche genannten Mechanismen wie Entwicklungsschritte, eigene Verwirklichung, die Flucht vor dem Alltag oder diverse Gruppenprozesse finden im Karneval eine gemeinsame Basis und bilden damit ein komplexes, aber auch faszinierendes Phänomen ab, in dem sich der Einzelne vielleicht auf den ersten Blick nur schwer zurechtfinden kann. Allerdings sprechen eben diese Elemente auch dafür, dass sich nicht nur die versteckten und kontrastierenden Anteile unserer Identität auf der Karnevalsbühne erproben. Wie auch der Soziologe und Fastnachtforscher Theo Fransen offenlegt, dient der Karneval nicht nur dem Ausbruch des „zweiten Ich" (Oelsner, 2004). Wobei damit nicht gemeint ist, nie Dagewesenes aus seinen Schranken zu befreien. Vielmehr offenbart sich der Karneval als Möglichkeit, unser eigenes „Ich" in anderen Grenzen zu erleben und seinen eigenen Horizont – ähnlich wie bei Kindern – um neue Aspekte zu erweitern, eine neue Ansicht auf das eigene Weltbild zu ermöglichen und sich die Frage zu stellen, ob man im Resümee das Leben führt, das man zu führen gewillt ist. Ungeachtet der Tatsache, dass Karneval sicher nicht bei jedem in höchster Beliebtheit

steht, kann er dennoch Möglichkeiten und Chancen für jeden bieten, die man nicht leichtfertig verstreichen lassen sollte. Denn in dem Maße, wie man sich dem Karneval und seinen Eigenheiten öffnet, gibt er es an neuen Erfahrungsaspekten für einen selbst und seine Umwelt auch wieder zurück.

Durch Anonymität und scheinbare Grenzenlosigkeit bietet der Karneval damit für jeden einen Raum, der den Karnevalisten nicht gegeben wird, sondern den sich diese selbst geben, um sich neu zu erleben, sich abzulenken und dem vielleicht tristen Alltag, in dem man gefangen ist, für eine kurze Zeitspanne zu entfliehen. Deshalb ist es falsch, nach dem „richtigen" Karneval zu fragen, da sich dieser aus individuell vielschichtigen und wechselnden Sehnsüchten speist.

Hierbei sollte jedoch nicht vergessen werden, dass dieses „Spiel mit der Maske" immer zwei Merkmale zu erfüllen hat, um für das Individuum eine positive Erfahrung zu bleiben: Das Spiel muss zeitlich begrenzt sein, und es muss in einer Gemeinschaft gespielt werden. So lässt sich aus den ausgelebten Sehnsüchten der größtmögliche Wert für die Zukunft schöpfen und die Gefahr ist gebannt, darin zu versinken und im Anschluss unglücklicher als zuvor zu sein, weil die Konfrontation mit dem Alltag einen zu harten Kontrast zu den Motiven im Karneval bildet (Oelsner, 2004).

In diesem Sinne: „Kölle alaaf!" und „Helau!"

Literatur

Bellermann, E. H. (2003). *Dümmer for One*. Norderstedt: Books on Demand.

Bierhoff, H. W., & Frey, D. (Hrsg.). (2006). *Handbuch der Sozialpsychologie und Kommunikationspsychologie*. Göttingen: Hogrefe.

Bordat, J. (2016). Die vergängliche Zeit der „verkehrten Welt". Die Tagespost. Artikel vom 05. Februar 2016. https://www.die-tagespost.de/feuilleton/Die-vergaengliche-Zeit-der-verkehrten-Welt;art310,166930. Zugegriffen: 27. November 2017.

Brockmann, J., & Kirsch, H. (2015). Mentalisieren in der Psychotherapie. *Psychotherapeutenjournal* 35(2),13–22.

Ermann, M. (2004). Die tiefenpsychologisch fundierte Methodik in der Praxis. *Forum der Psychoanalyse* 20(3),300–313.

Frohn, C. (1999). „Löblich wird ein tolle Streben, wenn es kurz ist und mit Sinn" – Karneval in Köln, Düsseldorf und Aachen. Bonn: Rheinische Friedrich-Wilhelms-Universität.

Heger, M. (2008). Fritz Riemann: Grundformen der Angst. In: A. Pritz (Hrsg.), *Einhundert Meisterwerke der Psychotherapie* (S. 172–173). Wien, New York: Springer.

Mezger, W. (1991). *Narrenidee und Fastnachtsbrauch. Studien zum Fortleben des Mittelalters in der europäischen Festkultur* (Bd. 15). Konstanz: Universitätsverlag Konstanz.

Mezger, W. (2000). Masken an Fastnacht, Fasching und Karneval. Zur Geschichte und Funktion von Vermummung und Verkleidung während der närrischen Tage. In: A. Schäfer, & M. Wimmer (Hrsg.), *Masken und Maskierungen* (S. 109–136). Wiesbaden: VS Verlag für Sozialwissenschaften.

Oelsner, W. (2004). *Fest der Sehnsüchte: warum Menschen Karneval brauchen; Psychologie, Kultur und Unkultur des Narrenfests* (5. Aufl.). Köln: Marzellen.

Taubner, S., & Sevecke, K. (2015). Kernmodell der Mentalisierungsbasierten Therapie. *Psychotherapeut* 60(2),169–184.

Valentinstag

Rebecca Fischer

© Springer-Verlag GmbH Deutschland, ein Teil von Springer Nature 2018
D. Frey (Hrsg.), *Psychologie der Rituale und Bräuche*,
https://doi.org/10.1007/978-3-662-56219-2_4

4.1   Einleitung

Fast überall auf der Welt wird am 14. Februar der Valentinstag gefeiert. Auch wenn seine Entstehungsgeschichte umstritten ist, hat sich der Tag der Liebenden doch mit eigenen Bräuchen und einer ganzen Geschenkindustrie etabliert. Beides wird von zahlreichen psychologischen Phänomenen geprägt, die jeden von uns betreffen können und den Valentinstag zu dem Fest machen, das wir heute kennen.

4.2   Bräuche am Valentinstag

4.2.1   Beschreibung

Jedes Jahr am 14. Februar wird rund um den Globus der Valentinstag gefeiert, der als Tag der Verliebten gilt. Dabei beschenken traditionell Männer ihre Frauen, Freundinnen oder Angebeteten mit Symbolen ihrer Liebe, mittlerweile verteilen aber oft auch Frauen Valentinstagsgeschenke an ihre Liebsten (Rugimbana et al., 2002). In Amerika sind es fast 90 % der Männer und ganze drei Viertel der Frauen, die diesem Brauch nachgehen (Close u. Zinkhan, 2009). In vielen Ländern ist zudem ein Trend dahingehend zu beobachten, neben dem Partner auch Freunde, Familienmitglieder, Kollegen und sogar Haustiere mit einem Präsent zu erfreuen (Cha, 2013; Stack, 2017).

Bei der Suche nach dem passenden Geschenk entscheiden sich die Deutschen am häufigsten für Blumen (Statista, 2017), insbesondere rote Rosen. Allerdings ist die Rose keineswegs die einzige Valentinsblume. So ist es in Peru beispielsweise üblich, stattdessen Orchideen zu verschenken. Ein anderer Klassiker ist das Candle-Light-Dinner, das 2017 etwa die Hälfte aller Deutschen verschenken wollte. Schokolade und Pralinen sind beinahe ebenso häufig das Präsent der Wahl (Statista, 2017). Zu den typischen Geschenken gehören weiterhin Schmuck, Stofftiere und -herzen, Dessous, Valentinskarten sowie romantische Unternehmungen und Wellnessurlaube (Close u. Zinkhan, 2009; ◘ Abb. 4.1). Zunehmender internationaler Beliebtheit erfreut sich seit einigen Jahren außerdem der Brauch, dass Paare am Valentinstag als Zeichen ihrer ewigen Liebe Vorhängeschlösser mit ihren Initialen oder einer Widmung an Brücken und Geländern anbringen.

In vielen Ländern existieren neben dem Valentinstag weitere Anlässe, um die Liebe und Partnerschaft zu feiern und sich zu beschenken. Dazu zählen beispielsweise das chinesische Qixi-Fest (Cang, 2007), der Dia dos Namorados in Brasilien und das israelische Tu B'Av-Fest, die alle im Sommer gefeiert werden, oder auch der südkoreanische Pepero Day im November (Chopik et al., 2014). All diesen Feierlichkeiten ist jedoch gemein, dass sie lediglich von regionaler oder nationaler Bedeutung sind, während der

◘ **Abb. 4.1** Typische Valentinstagsgeschenke (© Alexander Raths / stock.adobe.com)

Valentinstag sogar in noch mehr Ländern zelebriert wird als andere weitverbreitete Feste wie Vater- oder Muttertag (Rugimbana et al., 2002).

4.2.2 Entstehung

Wann und wo der Valentinstag, der übrigens bislang in keinem Land ein offizieller Feiertag ist, seinen Ursprung nahm, lässt sich nicht mit Sicherheit sagen. Allerdings gibt es einige Theorien zur Entstehung des Brauches, von denen die verbreitetsten hier Erwähnung finden sollen. Einer Umfrage zufolge glaubt gut die Hälfte der Deutschen, dass der Brauch auf einen christlichen Märtyrer mit dem entsprechenden Namen zurückzuführen ist (Statista, 2017), und tatsächlich beschäftigt sich die wohl populärste Geschichte rund um den Valentinstag mit der Person des heiligen Valentin oder besser gesagt mit einem von vermutlich mehreren Heiligen desselben Namens. So soll Valentin als Bischof von Terni im 3. Jahrhundert n. Chr. Paare christlich getraut haben – trotz Verbot des römischen Kaisers Claudius. Dieser ließ ihn daraufhin – angeblich an einem 14. Februar – enthaupten. Auch ein anderer St. Valentin könnte zur Brauchentstehung beigetragen haben, denn Valentin von Rom soll am selben Tag im Zuge der damaligen Christenverfolgung hingerichtet worden sein. Während seines vorausgehenden Gefängnisaufenthalts soll er zudem Liebesbriefe für die Tochter des Gefängniswärters verfasst und damit den Brauch begründet haben, Valentinskarten zu schreiben (Thiele-Dohrmann, 2004).

Diese Geschichten sind aber wohl eher als Legenden zu verstehen, ohne jeglichen Anspruch auf historische Richtigkeit. Dies zeigt sich schon darin, dass die beschriebenen Begebenheiten mitunter nur einem der beiden Heiligen zugeordnet werden und folglich keine Einigkeit über die klare Abgrenzung der Charaktere zueinander zu bestehen scheint. Auch wenn also unklar bleibt, um wen es sich bei St. Valentin eigentlich handelt, bedachte ihn Papst Gelasius Ende des 5. Jahrhunderts offiziell mit einem Namenstag am 14. Februar. Vermutlich war der neue christliche Feiertag dazu gedacht, das bislang in diesem Zeitraum stattfindende heidnische Lupercalia-Fest der Fruchtbarkeit und Liebe zu ersetzen. Dieses Ritual war im römischen Reich seit dem letzten Jahrtausend v. Chr. stets Mitte Februar mit einer Opfergabe zelebriert worden. Der Valentinstag bot nun die Möglichkeit, den Feierlichkeiten einen christlichen Rahmen zu geben und dennoch das zentrale Thema der Liebe – weniger das der Fruchtbarkeit – beizubehalten (Stack, 2017).

Andere Quellen vermuten hingegen, dass der Namenstag erst im 14. Jahrhundert durch den englischen Dichter Geoffrey Chaucer ein romantisches Fest wurde, der in seinem Werk *Das Parlament der Vögel* den Valentinstag erstmals als Tag der Liebe erwähnte. Während er zunächst nur bei Hofe zelebriert wurde, verbreitete sich der Valentinstag insbesondere in England rasch und fand sogar bei Dichtern wie Shakespeare Erwähnung. Von den britischen Inseln gelangte der Brauch dann durch die Kolonialisierung im 19. Jahrhundert nach Afrika, aber auch nach Australien, Südamerika und in die Vereinigten Staaten von Amerika. Von dort aus kam er im Laufe der letzten Jahrzehnte wieder zurück auf das europäische Festland (Thiele-Dohrmann, 2004), wo wir ihn heutzutage in der oben beschriebenen Form zu feiern pflegen.

4.2.3 Besonderheiten in Asien

Valentinstag

Aber nicht nur in der westlichen Welt wird der Valentinstag zelebriert, auch in anderen Regionen, insbesondere in Asien, hat das Ritual mittlerweile seinen festen Platz. Hierbei gibt es allerdings eine Besonderheit, denn dort sind es vor allem die Frauen, die die Männer beschenken und nicht umgekehrt (Minowa et al., 2010). Auch wenn heute alle Arten von Geschenken vorkommen, war und ist Schokolade hier doch der klassische Weg, seine Gefühle auszudrücken. Während anfangs nur der Liebste mit hochwertiger, selbst gemachter Valentinstagsschokolade (japanisch „honmei-choko") beglückt

4

wurde, entstand bald der Brauch, auch preiswertere sog. „Pflichtschokolade" an männliche Kollegen zu verteilen (japanisch „giri-choko"). Die Qualität der Schokolade verhält sich dabei oft proportional zur Zuneigung der Schenkenden. Seit Beginn des neuen Jahrtausends sind weitere Formen des Schokoladengeschenks aufgekommen. Dazu gehören Präsente für Freundinnen und für einen selbst. Ganz neu und noch nicht sehr verbreitet ist der Trend, dass auch von Männern Schokolade am Valentinstag verschenkt wird (Minowa et al., 2010).

In Südkorea bietet sich ein ähnliches Bild wie in Japan (Cha, 2013), während der Valentinstag in China bislang noch Paaren der Oberschicht vorbehalten ist, die ihn mit besonders exklusiven und extravaganten Geschenken und Unternehmungen zelebrieren. Da der Festtag hier oft dazu dient, seinen Status zu präsentieren, sind es hauptsächlich vermögende Geschäftsmänner, die ihren Reichtum zeigen, indem sie ihre Frauen mit teurem Schmuck oder Kreuzfahrten beschenken (Cang, 2007).

White Day und Black Day

Im Jahr 1980 wurde der sog. **White Day** am 14. März als Pendant zum Valentinstag von der japanischen Süßwarenindustrie eingeführt, um Männern die Gelegenheit zu geben, sich für ihre Valentinstagsgeschenke zu revanchieren. Der Name leitet sich davon ab, dass ursprünglich weiße Süßigkeiten, vor allem weiße Schokolade und Marshmallows, verschenkt wurden. Mittlerweile sind allerdings auch Kleidung, Accessoires, Schmuck oder ein romantisches Abendessen gängige Geschenke (Minowa et al., 2010). In Südkorea wird der White Day ebenfalls gefeiert, mit dem einzigen Unterschied, dass hier Chupa Chups das beliebteste Geschenk sind (Cha, 2013). Entsprechend erhalten Frauen hier oft hübsch arrangierte Sträuße aus Blumen und Lutschern.

In Südkorea gibt es am 14. April außerdem noch einen weiteren Festtag, der in Reaktion auf den Valentinstag entstanden ist, den sog. **Black Day**. An diesem ist es Brauch, dass diejenigen, die an den vorhergehenden Feiertagen nicht beschenkt wurden – also in erster Linie Singles – zum Trost Nudeln mit einer schwarzen Sojabohnenpaste essen gehen. Davon leitet sich auch der Name des Tages ab (Cha, 2013).

4.3   Psychologische Hintergründe

4.3.1   Positive Emotionen

In einer funktionierenden Beziehung kann der Valentinstag dazu beitragen, dass Personen mehr Einsatz in ihrer Partnerschaft zeigen und insgesamt zufriedener mit ihrer Beziehung sind. Denn der Festtag lenkt die Aufmerksamkeit verstärkt auf die guten Seiten der Partnerschaft und die damit verbundenen positiven Gefühle, die einem im Alltag oft gar nicht bewusst sind. Diese Achtsamkeit erleichtert es, die **Wertschätzung** und **Zuneigung**, die man für den Partner empfindet, wahrzunehmen und ihr oder ihm diese auch zu zeigen. Denkt man also am Valentinstag an den anderen und feiert die gegenseitige Liebe bewusst, kann sich das für beide vorteilhaft auf die Bewertung der Partnerschaft auswirken, was wiederum eine wichtige Grundlage für eine glückliche und langlebige Beziehung ist (Chopik et al., 2014).

Ein Valentinstagsbrauch eignet sich dabei besonders gut als Erinnerungsstütze: die **Grußkarte**. Interessanterweise unterscheiden sich die Geschlechter darin, welche Gefühle darin hauptsächlich Erwähnung finden. Frauen betonen Liebe und Treue stärker, umgekehrt drücken Männer häufiger Lob und ihre Hingabe aus. Dieser Umstand lässt sich auch evolutionär begründen. Denn um Überleben und Reproduktion zu gewährleisten, war Männern die sexuelle Treue ihrer Frauen besonders wichtig und Frauen vor allem die emotionale Hingabe ihres Mannes, also seine Versicherung, für sie und den Nachwuchs zu sorgen. Entsprechend werden in den Valentinstagskarten bevorzugt die jeweils passenden **Treueversprechen** gegeben (Gonzalez u. Koestner, 2006). Der Festtag ist also eine gute Gelegenheit, sich der eigenen Gefühle bewusst zu werden, sich der gegenseitigen Zuneigung zu versichern und die Beziehung damit zu festigen.

4.3.2 Symbolik

Die Farbe Rot

Klassische Valentinstagsdekoration besteht häufig aus Herzen in rosa und rot (Kayser et al., 2016; Waxman, 2017), und auch die traditionellen Geschenke stehen heute auf die eine oder andere Weise für Liebe und Romantik (Chopik et al., 2014). Die Farbe Rot ist aus psychologischer Sicht besonders interessant, denn sie erfüllt viele Funktionen und kann sowohl als **Warnsignal** abschrecken als auch – in diesem Kontext wohl interessanter – eine **anziehende Wirkung** auf potenzielle romantische Partner haben. So zeigen Studien, dass Männer Frauen, die rot tragen, attraktiver finden als Frauen, die es nicht tun. Allerdings gibt es diese förderlichen Effekte der roten Farbe nur dann, wenn die Frau auch vorher schon als eher attraktiv eingestuft wurde. Umgekehrt setzen Frauen, die einen attraktiven Mann treffen wollen, verstärkt auf Kleidung, Make-up und Accessoires in der Farbe Rot. Ist ihre männliche Verabredung hingegen nicht attraktiv, vermeiden sie rote Akzente im Vergleich zu ihrer Alltagsgarderobe sogar (Kayser et al., 2016). In Japan wird der Grad der Zuneigung auch gerne durch die Farbintensität der Geschenkverpackung ausgedrückt. Je lieber die Frau den Beschenkten mag, desto kräftiger fällt der Rosa- oder Rotton aus.

Befunde sprechen dafür, dass diese Farbassoziation mit **Attraktivität** evolutionsbiologisch begründet ist, da sie auf Fruchtbarkeit und körperliche Gesundheit hinweist. Zudem zeigt sich dieser Zusammenhang konsistent über viele Studien aus Europa, Afrika und Nordamerika hinweg, besitzt also eine gewisse Universalität, die nicht allein durch Sozialisation und Lernprozesse zu erklären ist. Dennoch unterstützen gesellschaftliche und kulturelle Aspekte diese Assoziation sicherlich (Kayser et al., 2016) – so wie die roten Rosen zum Valentinstag.

Das Herz und andere Symbole

Die meisten anderen Liebessymbole haben ihre Bedeutung hingegen allein im Zuge gesellschaftlicher Entwicklungen gewonnen. Die Herzform wurde beispielsweise ursprünglich rein dekorativ verwendet. Entscheidend dafür, dass das Herz zum Symbol der Liebe wurde, war vermutlich die Kombination romantischer Gedichte mit herzförmigen Ornamenten im 13. und 14. Jahrhundert, in Verbindung mit dem damals verbreiteten Glauben, dass das menschliche Herz auch der Sitz von Gefühlen und Erinnerungen sei (Waxman, 2017).

In neuerer Zeit sind es in erster Linie die Popkultur und die Werbeindustrie, die bestimmen, welche Symbolik einem Festtag oder einem Gefühl zugeordnet wird. Der Brauch, Liebesschlösser aufzuhängen, gewann z. B. besonders stark an Beliebtheit, nachdem er in einem erfolgreichen italienischen Liebesroman Erwähnung fand. Eine besonders geschickte Werbekampagne hingegen, ermöglichte es einem holländischen Unternehmen, Diamanten in ganz Europa als neues Zeichen der Liebe zu etablieren (Minowa et al., 2010) – man denke nur an den diamantenbesetzten Ehering.

4.3.3 Konsum

Verschwendung und Kommerz

Gemäß verschiedenen Umfragedaten finden 78 % der Deutschen den Valentinstag zu kommerziell und etwa 16 % halten ihn gar für eine Erfindung der Blumenindustrie (Statista, 2017). Das verwundert wenig, denn trotz seiner christlichen Wurzeln steht der Valentinstag heute ganz im Zeichen des Kommerz, und zwar sowohl in der westlichen Hemisphäre als auch im asiatischen Raum (Cha, 2013; Close u. Zinkhan, 2009; Minowa et al., 2010). Dabei nutzt der Einzelhandel den Festtag und sein romantisches Thema geschickt aus, um seine Umsätze zu maximieren, was aufseiten der Verbraucher mitunter zu exzessiven Konsumeskapaden führt (Close u. Zinkhan, 2009; Rugimbana et al., 2002). Der Valentinstag wird so zumindest in den Vereinigten Staaten alljährlich zum Milliardengeschäft (Stack, 2017), und auch in Deutschland winken am Valentinstag satte Gewinne für Floristen und angrenzende Branchen.

Das bleibt von den Verbrauchern natürlich nicht unbemerkt und hat zur Folge, dass sich in dem einen oder anderen Widerstand zu regen beginnt. Viele reflektieren ihr Konsumverhalten kritisch (Close u. Zinkhan, 2009) und entwickeln eine ablehnende Haltung gegenüber der Verschwendung und Kommerzialisierung (Cha, 2013; Minowa et al., 2010). Diese negative Einstellung allein führt allerdings nicht notwendigerweise dazu, dass die Valentinstagseinkäufe vermieden oder boykottiert werden, sondern die meisten Verbraucher konsumieren weiterhin (Close u. Zinkhan, 2009; Minowa et al., 2010).

Compliance und Konformität

Dies könnte u. a. einem gewissen sozialen Druck geschuldet sein, den Valentinstag so zu feiern, wie es die Werbung propagiert (Close u. Zinkhan, 2009). Denn in der Tat ist das Hauptmotiv von Männern, am Valentinstag etwas zu verschenken, ein Gefühl der Verpflichtung. Zum einen möchte man den gesellschaftlichen Erwartungen entsprechen, zum anderen will man seine Partnerin nicht enttäuschen oder ihr gar vermitteln, sie wäre es nicht wert (Rugimbana et al., 2002). So erstaunt es wenig, dass immerhin 58 % der Deutschen finden, es gibt einen gewissen Zwang, an dem Tag etwas Romantisches zu machen (Statista, 2017). Dieser wahrgenommene Druck kann dazu führen, dass Personen sich diesem – trotz ursprünglicher Ablehnung – fügen. Wenn man sich dieses äußeren Einflusses durch sein Umfeld bewusst ist, vermittelt man möglicherweise nur nach außen hin den gewünschten Eindruck und passt sein Verhalten an (**Compliance**; Cialdini u. Goldstein, 2004).

Darüber hinaus haben Menschen in der Regel aber das Bedürfnis, ihre Einstellungen und Handlungen in Einklang zu bringen, und so kann es dazu kommen, dass Personen nicht nur das Verhalten, sondern auch die Haltung ihrer Umgebung übernehmen. In diesem Fall ist die gesellschaftliche Einflussnahme nicht bewusst und basiert vor allem auf zwei Wünschen: Zum einen sind Menschen bestrebt, sich richtig zu verhalten, zum anderen wollen sie von ihren Mitmenschen akzeptiert werden. Diese informationalen und normativen Einflüsse führen dazu, dass man stärker auf andere als auf die eigenen Ansichten vertraut und sie schließlich übernimmt, was dann als **Konformität** bezeichnet wird (Cialdini u. Goldstein, 2004).

Widerstand und Alternative Konsumformen

Für die scheinbare Diskrepanz zwischen der negativen Einstellung der Verbraucher und ihrer Bereitschaft zu konsumieren könnte es aber auch eine ganz andere Erklärung geben. Konsumstile, deren Kerngedanke die Ablehnung bestimmter Marken, Produkte oder Geschäfte ist, können unter dem Begriff **Anti-Konsum** zusammengefasst werden. Dazu gehört aber nicht nur, bewusst weniger zu kaufen oder ganz zu verzichten – auch alternativer Konsum ist eine mögliche Ausprägung. Dabei geht es vor allem darum, dass Personen nicht mehr in den herkömmlichen Läden ihre üblichen Produkte kaufen, sondern alternative Konsumwege nutzen und entsprechend andere Güter kaufen als bisher (Chatzidakis u. Lee, 2012). So konsumieren die Verbraucher zwar weiterhin, aber zeigen durch die Art des Konsums trotzdem ihren Widerstand. Der Übergang von alternativem hin zu keinem Konsum gestaltet sich allerdings fließend. Beispielsweise legen viele Paare ein Preislimit für ihre Geschenke fest und schränken so bewusst ihre Konsummöglichkeiten ein. Andere beschenken ihren Partner statt mit einem gekauften mit einem selbst gemachten Präsent (Close u. Zinkhan, 2009), so wie es im Jahr 2017 19 % der Deutschen vorhatten (Statista, 2017). Wieder andere feiern den Valentinstag ganz ohne Geschenke und sparen ihr Geld stattdessen für andere Anlässe (Close u. Zinkhan, 2009).

Ebenso vielfältig wie die Formen des Anti-Konsums sind auch die Gründe, diesen Konsumstil zu praktizieren. Es kann sich dabei um ethische oder ökologische Bedenken handeln, z. B. durch Massenproduktion ausgebeutete Arbeiter oder durch Pestizide verseuchtes Grundwasser, aber es können auch ganz persönliche Beweggründe sein. Dazu gehören schlechte Erfahrungen mit unfreundlichen Verkäufern in überfüllten Geschäften ebenso wie die Wahrnehmung, dass man durch Konsum am Valentinstag nach außen hin Werte vermittelt, für die man nicht steht und die nicht zur eigenen Identität passen (Chatzidakis u. Lee, 2012). Beispielsweise sagen etwa 10 % der Deutschen, dass sie das Fest für reinen Kommerz halten und sich deshalb nicht daran beteiligen wollen (Statista, 2017). Eine wachsende Zahl von Verbrauchern sieht den übermäßigen Konsum auch als Quelle von Unzufriedenheit und verzichtet deshalb, um ein einfacheres, stressfreieres und damit besseres Leben führen zu können („voluntary simplicity"; Chatzidakis u. Lee, 2012; Close u. Zinkhan, 2009). Anderen wiederum fehlt bei gekauften Präsenten schlicht der symbolische Wert und sie suchen deshalb nach Alternativen, die ihnen bedeutungsvoller, einzigartiger und persönlicher erscheinen (Close u. Zinkhan, 2009).

Aber auch weniger kognitive Entscheidungen können ursächlich sein. Wenn sich Personen durch den impliziten Zwang zu kaufen und zu feiern in ihrer persönlichen Freiheit eingeschränkt fühlen, kann es zu **Reaktanz** kommen. Dies bedeutet, dass sie sich dem sozialen Druck nicht beugen, sondern stattdessen eine Abwehrhaltung einnehmen und absichtlich ein anderes Verhalten zeigen, als von ihnen erwartet wird. So versuchen sie, ihre Freiheit und ihren Handlungsspielraum zurückzuerlangen. Es handelt sich also weniger um eine bewusste Entscheidung, Widerstand zu leisten, wie beim Anti-Konsum, sondern eher um eine Art Trotzreaktion. Dennoch kann Reaktanz als Motivationsgrundlage dafür dienen, seinen Konsumstil zu ändern (Jonas et al., 2009).

4.3.4 Kulturelle Einflüsse

Widerstand kann sich also auf vielerlei Arten zeigen, und welche es ist, hängt von unterschiedlichen Faktoren ab. Aber nicht nur persönliche Werte, Normen und Einstellungen bestimmen unsere Haltung gegenüber dem Valentinstagskonsum, sondern auch der kulturelle Hintergrund kann eine Rolle dabei spielen. In der sozialpsychologischen Forschung werden verschiedene Kulturdimensionen untersucht. Die wohl prominenteste davon – mit den beiden Polen Individualismus und Kollektivismus –

beschreibt dabei im Wesentlichen, wie abhängig Personen von ihrem sozialen Umfeld sind. Kollektivistische Kulturkreise folgen beispielsweise stärker sozialen Normen und verhalten sich konformer als individualistische (Hamamura, 2012). Das könnte im internationalen Vergleich zu unterschiedlichen Ausprägungen des Widerstands der Verbraucher führen.

In einigen Ländern wie Indien oder Russland löst der Valentinstag aber auch eine ganz andere Art der Gegenwehr aus. Die Initiative geht hier vom Staat aus und ist im Wesentlichen durch die Angst vor dem Verlust der eigenen, nichtwestlichen Identität begründet (Minowa et al., 2010). Diese kulturell oder religiös bedingten Verbote, den Valentinstag zu feiern oder typische Geschenkartikel zu verkaufen, lassen in Indien einen Schwarzmarkt entstehen – die dortige Bevölkerung möchte also konsumieren und nicht verzichten (Close u. Zinkhan, 2009).

Das wirft natürlich die Frage auf, ob ein neuer Brauch die Kultur eines Landes verändern kann oder ob sich nicht vielmehr der Valentinstag an die Gepflogenheiten der hiesigen Kultur anpassen würde. In Japan beispielsweise wurde der Festtag übernommen, aber dennoch fanden die eigenen Normen und Werte Berücksichtigung, u. a. mit der umgekehrten Schenkrichtung oder der Möglichkeit zur Erwiderung des Geschenks am White Day (Minowa et al., 2010). Zwar können Modernisierung und westliche Einflüsse eine Veränderung mit sich bringen, aber wie diese letztlich aussieht, bestimmt maßgeblich das kulturelle Erbe einer Nation. Die Kultur kann folglich trotz neuer Bräuche erhalten bleiben, und durch die Anpassung der Rituale an die eigenen Werte kann die kulturelle Identität sogar weiter gefestigt werden (Hamamura, 2012).

4.3.5 Soziale Exklusion und Zugehörigkeitsbedürfnis

Da der Valentinstag in erster Linie Partnerschaft und Liebe feiert, ruft der Feiertag gerade bei Singles mitunter auch negative Emotionen hervor. In Deutschland fühlen sich beispielsweise 20 % der Alleinstehenden an diesem Tag besonders einsam (Statista, 2017). Diese wahrgenommene Ausgeschlossenheit oder auch **soziale Exklusion**, die man empfindet, wenn man nicht in den Kreis der glücklichen Pärchen gehört, kann dramatische Folgen haben. So belegen Studien, dass der erlebte psychologische Schmerz die gleichen Hirnareale aktiviert wie sein physiologisches Pendant. Folglich kann das Fehlen sozialer Verbundenheit nicht nur den Selbstwert und das Kontrollempfinden schmälern und vermehrt antisoziales und aggressives Verhalten hervorrufen, sondern auch zu körperlichen Beschwerden führen. Soziale Exklusion wird auch als sozialer Tod bezeichnet – nicht nur weil, evolutionär betrachtet, der Ausschluss aus einer Gruppe häufig einem Todesurteil gleichkam, sondern auch, weil dadurch die Angst vor und Gedanken an den Tod gefördert werden (Steele et al., 2015).

In dieses Bild passt auch eine britische Studie, die zeigt, dass es am Valentinstag mehr Selbstmordversuche als an normalen Werktagen gibt. Erste Hinweise deuten auf Beziehungsprobleme als Hauptauslöser hin, und betroffen sind dabei vor allem Jugendliche und junge Erwachsene (Davenport u. Birtle, 1990). Wenn bereits Beziehungsprobleme bestehen, ist die Wahrscheinlichkeit, dass es zu einer Trennung kommt, in den 2 Wochen rund um den Valentinstag tatsächlich fast um das Fünffache erhöht im Vergleich zum restlichen Jahr (Chopik et al., 2014). Der Valentinstag kann also nicht nur glückliche Partnerschaften festigen, sondern im negativen Extremfall labile Beziehungen zu einem vorzeitigen Ende bringen. Denn wenn die gegenseitige Wertschätzung fehlt oder die Liebe nicht ausreichend erwidert wird, zeigt sich der Kontrast zu den verliebten Paaren in der Werbung und auf den Straßen besonders deutlich. Enttäuschung und andere negative Gefühle sind notwendigerweise die Folge.

Aber auch Singles müssen den Tag nicht alleine und in schlechter Stimmung verbringen. Eine Möglichkeit ist es, eigene Valentinstagsrituale zu entwickeln und den Tag mit Freunden zu verbringen oder sich selbst zu beschenken (Close u. Zinkhan, 2009). In Südkorea gibt es ja bereits zum Trost für Alleinstehende mit dem Black Day einen eigenen Feiertag (Cha, 2013). Außerdem wird es – wie oben erwähnt – in zunehmendem Maße üblich, neben dem Partner auch andere Personen zu beschenken. Das erweitert zum einen die Möglichkeiten, den Valentinstag zu feiern und zum anderen bereichert es sein Bedeutungsspektrum über die romantische Liebe hinaus um Zuneigung und Wertschätzung. Insbesondere bietet sich dadurch ein Rahmen, um den Menschen, die einem nahestehen, das auch zu zeigen und die Freundschaft oder Familienbande dadurch zu festigen. Die generelle Pflege von Beziehungen rückt am Valentinstag also mehr und mehr in den Vordergrund (Stack, 2017), was wiederum unser fundamentales **Bedürfnis nach Zugehörigkeit** („need to belong") erfüllt und so dem Wohlbefinden aller zugutekommt (Steele et al., 2015).

4.4   Fazit

Der Valentinstag ist ein internationaler Festtag der Liebe, wenn auch mit regionalen Besonderheiten. Vom emotionalen Ausdruck in Grußkarten, über den Einsatz der Farbe Rot bis hin zum Konsumverhalten lassen sich dabei in praktisch jedem Aspekt des Brauches psychologische Hintergründe und Phänomene aufzeigen. Einige der hier vorgestellten Erkenntnisse können im persönlichen Alltag genutzt werden. Beispielsweise könnte die eine oder andere Frau in Zukunft bewusst etwas Rotes bei ihrer nächsten Verabredung tragen. Andere Studienbefunde wiederum zeigen, dass die Schattenseiten des Valentinstags – insbesondere Kommerz und Verschwendung – vom Verbraucher nicht einfach hingenommen, sondern aktiv und kreativ bekämpft werden.

Zu guter Letzt sollte das Kapitel auch dazu anregen, sich wieder stärker auf das zentrale Thema des Valentinstags, die Liebe, Zuneigung und Wertschätzung, zu besinnen. Denn ausgeweitet auf die Beziehung zu Freunden, Verwandten oder Kollegen bekommt so jeder die

Möglichkeit, den Tag nach seinen eigenen Vorstellungen zu gestalten und zu feiern. Dieser neue Trend steht exemplarisch für die Dynamik und Wandelbarkeit eines Festes, das seit vielen Hundert Jahren – vielleicht aber auch schon wesentlich länger – gefeiert wird und in der einen oder anderen Form sicher noch lange fortbesteht.

Literatur

Cang, A. (2007). China's rich spend big to celebrate Valentine's Day. Reuters. Artikel vom 11. Februar 2007. http://www.reuters.com/article/us-valentine-china-idUSSHA20817820070211. Zugegriffen: 27. November 2017.

Cha, F. (2013). In South Korea, Valentine's Day is all about the men. CNN travel. Artikel vom 14. Februar 2013. http://edition.cnn.com/2013/02/14/travel/valentines-day-south-korea/. Zugegriffen: 27. November 2017.

Chatzidakis, A., & Lee, M. S. W. (2012). Anti-Consumption as the study of reasons against. *Journal of Macromarketing* 33, 190–203.

Chopik, W. J., Wardecker, B. M., & Edelstein, R. S. (2014). Be Mine: Attachment avoidance predicts perceptions of relationship functioning on Valentine's Day. *Personality and Individual Differences* 63, 47–52.

Cialdini, R. B., & Goldstein, N. J. (2004). Social influence: Compliance and conformity. *Annual Review of Psychology* 55, 591–621.

Close, A. G., & Zinkhan, G. M. (2009). Market-resistance and Valentine's Day events. *Journal of Business Research* 62, 200–207.

Davenport, S. M., & Birtle, J. (1990). Association between parasuicide and Saint Valentine's Day. *British Medical Journal* 300, 783–784.

Gonzalez, A. Q., & Koestner, R. (2006) What Valentine announcements reveal about the romantic emotions of men and women. *Sex Roles* 55, 767–773.

Hamamura, T. (2012). Are cultures becoming individualistic? A cross-temporal comparison of individualism-collectivism in the United States and Japan. *Personality and Social Psychology Review* 16, 3–24.

Jonas, E., Graupmann, V., Kayser, D. N., Zanna, M., Traut-Mattausch, E., & Frey, D. (2009). Culture, self, and the emergence of reactance: Is there a "universal" freedom? *Journal of Experimental Social Psychology* 45, 1068–1080.

Kayser, D. N., Agthe, M., & Maner, J. K. (2016). Strategic sexual signals: Women's display versus avoidance of the color red depends on the attractiveness of an anticipated interaction partner. *Public Library of Science one* 11(3),1–11.

Minowa, Y., Khomenko, O., & Belk, R. W. (2010). Social change and gendered gift-giving rituals: A historical analysis of Valentine's Day in Japan. *Journal of Macromarketing* 31, 44–56.

Rugimbana, R., Donahay, B., Neal, C., & Polonsky, M. J. (2002). The role of social power relations in gift giving on Valentine's Day. *Journal of Consumer Behaviour* 3, 63–73.

Stack, L. (2017). Valentine's Day: Did it start as a Roman party or to celebrate an execution? *The New York Times*. Artikel vom 14. Februar 2017. https://www.nytimes.com/2017/02/14/style/valentines-day-facts-history.html?_r=1. Zugegriffen: 27. November 2017.

Statista. (2017). Statistiken zum Valentinstag. https://de.statista.com/statistik/suche/?q=valentinstag. Zugegriffen: 27. November 2017.

Steele, C., Kidd, D. C., & Castano, E. (2015). On social death: Ostracism and the accessibility of death thoughts. *Death Studies* 39, 19–23.

Thiele-Dohrmann, K. (2004). Wenn die Vögel Hochzeit machen: Geoffrey Chaucer und die Geschichte des Valentinstags. *Die Zeit*. Artikel vom 12. Februar 2004. http://www.zeit.de/2004/08/A-Valentin_n/komplettansicht. Zugegriffen: 27. November 2017.

Waxman, O. B. (2017). How the Valentine's Day heart got its shape. TIME History. Artikel vom 13. Februar 2017. http://time.com/4662675/valentines-day-heart-shape-origins/. Zugegriffen: 27. November 2017.

Ostern

Anna-Maria Scholz

© Springer-Verlag GmbH Deutschland, ein Teil von Springer Nature 2018
D. Frey (Hrsg.), *Psychologie der Rituale und Bräuche*,
https://doi.org/10.1007/978-3-662-56219-2_5

5

5.1 Einleitung

Sobald sich der Frühling ankündigt, wächst die Vorfreude der Kinder auf den Osterhasen und die Eiersuche (◘ Abb. 5.1). Die Häuser und Geschäfte werden österlich dekoriert, Eier bemalt und Vorbereitungen für das Fest mit der Familie getroffen.

Die größte Bedeutung hat das Osterfest dabei für die Christen, denn die Auferstehung Jesu Christi ist der Grund, weshalb wir Ostern feiern. Wenn sich aber Ostern im christlichen Glauben begründet, warum feiert die Mehrheit der Deutschen Ostern und nur etwa jeder Sechste besucht die Ostermesse (Schneider, 2016)? Warum gibt es den Osterhasen, der in keinerlei Verbindung zum religiösen Hintergrund des Osterfestes zu stehen scheint? An dieser Stelle wird deutlich, dass sich Osterbräuche nicht nur vor einem religiösen Hintergrund entwickelt haben, sondern auch psychologische Einflüsse und weitere Faktoren wie Marketing und Kommerzialisierung eine bedeutsame Rolle spielen.

Dieses Kapitel widmet sich daher der Frage nach dem Ursprung und der psychologischen Bedeutung von Ritualen und Bräuchen zu Ostern.

5.2 Ostern als christliches Fest

Ostern gilt als das bedeutendste Fest des Christentums (Becker-Huberti, 2001). Dabei muss jedoch unterschieden werden zwischen dem

◘ Abb. 5.1 Osterhase und Ostereier (© Kzenon / stock.adobe.com)

christlichen Ursprung des Osterfestes und der Herkunft des Wortes „Ostern", welche in der Literatur als weithin umstritten gilt (Udolph, 1999). Die noch heute weitverbreitete Auffassung, das Wort „Ostern" leite sich von einer germanischen Frühlingsgöttin mit dem Namen „Ostara" ab, kann jedoch als eindeutig widerlegt angesehen werden.

Der christliche Osterfestkreis beginnt mit dem Aschermittwoch und endet am Pfingstsonntag (Becker-Huberti, 2001). Der Tag, auf den das Osterfest fällt, wird mithilfe einer Formel des deutschen Mathematikers Carl Friedrich Gauß (1777–1855) berechnet. Am Datum des Osterfestes werden alle weiteren beweglichen Feiertage des Kirchenjahres ausgerichtet (Ronge, 2008).

5.2.1 Fastenzeit

Der Aschermittwoch läutet die 40-tägige Fastenzeit ein (Ronge, 2008). An diesem Tag wird zum Zeichen der Buße vom Priester ein Aschekreuz auf das Haupt der Gläubigen gestreut oder auf die Stirn gezeichnet, wovon sich ebenfalls der Name „Aschermittwoch" ableiten lässt.

Fasten

Das Fasten gehört seit Beginn an zum christlichen Brauchtum (Dirnbeck, 2003). In Anlehnung an die jüdische Praxis fasteten die Christen an 2 Tagen in der Woche: am Mittwoch, dem Tag, an dem Jesus gefangen genommen wurde, und am Freitag, dem Tag der Kreuzigung.

Die Fastenzeit vor Ostern wurde zur Vorbereitung auf das Leiden, Sterben und die Wiederauferstehung Jesu Christi eingeführt. Sie umfasst 40 Tage; die Sonntage ausgenommen, da im Christentum an jedem Sonntag die Auferstehung gefeiert wird (Moser, 2002; Ronge, 2008). Das Fasten dient der Reinigung und Besinnung, um sich auf die Auferstehung, den Höhepunkt des Osterfestkreises, einzustimmen. Früher waren in der Fastenzeit sowohl der Genuss des Fleisches endothermer Tiere (Säugetiere und Vögel) als auch tierischer Produkte wie Milch und Eier untersagt. Papst Julius III. erlaubte um das Jahr 1550 wieder den Verzehr von Milchprodukten und Eiern, und es wurden mit der Zeit immer mehr Abmilderungen und Ausnahmen gestattet.

Doch nicht nur im Christentum ist das Fasten ein fester Bestandteil des Glaubens, in allen Weltreligionen, über verschiedene Kulturkreise und Epochen hinweg wurde und wird gefastet (Dirnbeck, 2003). Die Motive können religiöser und spiritueller Natur sein, beispielsweise in der christlichen Fastenzeit zur Vorbereitung oder auch zur Reinigung wie im japanischen Schintoismus. Aber nicht jeder, der fastet, ist gleichzeitig religiös motiviert. Schönheit und Gesundheit sind weitere populäre Fastenmotive (▶ Kap. 14). Hierfür nutzen viele Menschen religiöse Fastenbräuche, ohne dabei den religiösen Sinn zu kennen oder zu reflektieren. Betrachtet man die Kehrseite der Motivation, so wird auch unfreiwillig, z. B. aus Nahrungsmittelnot gefastet oder aus reinem Fanatismus. Das Fasten selbst wird zudem als Druckmittel in Form von Folter oder Hungerstreiks eingesetzt.

Wie diese unterschiedlichen Motive bereits nahelegen, beinhaltet Fasten dabei immer auch eine psychologische Komponente. Die einen fasten aus dem Motiv der Freiheit heraus, weil sie selbst darüber bestimmen können. Dabei stellen sie sich ihren eigenen Schwächen und stärken damit ihr Selbstbewusstsein und ihre Selbstwirksamkeit. Andere wiederum fasten aus Angst oder Schuld. Um dieser Schuld zu entkommen, wurde insbesondere früher freiwillig gefastet, um Buße zu tun und Sühne zu leisten. Auch heute noch kann man das Fasten in diesem Zusammenhang als eine Art Selbstbestrafung betrachten, die zu Schuldbefreiung und reinem Gewissen führt.

Karwoche

Die Karwoche gilt als Höhepunkt der Fastenzeit. Kar leitet sich vom mittelhochdeutschen Wort „kar" und dem althochdeutschen „chara" ab und bedeutet Wehklage, Trauer (Becker-Huberti, 2001). In dieser Woche, zwischen Palmsonntag und Ostern, wird dem Leiden Jesu und der letzten Tage vor seinem Tod gedacht.

Am letzten Sonntag vor Ostern, dem **Palmsonntag**, beginnt die Karwoche, und es wird der Einzug Jesu auf einem Esel in Jerusalem gefeiert (Moser, 2002). Palmstöcke und -stangen werden angefertigt und bei Prozessionen Palmzweige getragen. Dieser Brauch geht auf das Johannesevangelium zurück:

> » Am Tag darauf hörte die Volksmenge, die sich zum Fest eingefunden hatte, Jesus komme nach Jerusalem. Da nahmen sie Palmzweige, zogen hinaus, um ihn zu empfangen […]. (Joh 12,12-13)

In nördlichen Gegenden dienen Weidenkätzchen und immergrüne Pflanzen wie Buchs als Ersatz, welche nach der Weihe in Haus und Stall als Heil- und Schutzmittel aufgestellt werden. Die Palmstöcke und -stangen gibt es in den verschiedensten Varianten: mit Äpfeln, Brezeln oder Eiern behängt und mit farbigem Kreppband verziert.

Der **Gründonnerstag** bedeutet das Abschiednehmen von Jesus (Ronge, 2008). An diesem Tag gedenken die Gläubigen dem Abendmahl, das Jesus mit seinen Jüngern vor seinem Todestag feierte. Der Name „Gründonnerstag" hat seinen Ursprung in verschiedenen Erklärungsansätzen. Zum einen rief Jesus auf dem Kreuzweg den klagenden jungen Frauen zu:

> » […] weinet nicht über mich, sondern weinet über euch selbst und über eure Kinder. […] Denn so man das tut am grünen Holz, was will am dürren werden? (Lk 23,28-31)

An diesem Donnerstag wurden auch die von der Kirche Ausgeschlossenen wieder in die Gemeinschaft aufgenommen. Zusammen mit den Getauften wurden sie „die Grünen" genannt und an diesem „Tag der Grünen" feierlich aus der Kirche entlassen. Dieser Name lässt sich bis auf das Jahr 1200 n. Chr. zurückführen.

Der **Karfreitag** ist der Todestag Jesu, an welchem er verhört, verurteilt und gekreuzigt wurde. Der Karfreitag ist zudem der einzige kirchlich verordnete Fastentag, an dem typischerweise Fisch gegessen wird. Der Fisch zählt zu einem der ältesten Symbole des Christentums, mit dem sich die Christen zur Zeit der Christenverfolgung untereinander zu erkennen gaben (Ronge, 2008). Am Karfreitag als stillem Feiertag wird nicht gefeiert, weshalb öffentliche Tanzveranstaltungen verboten sind. Es schweigen auch die Kirchenglocken und die Orgel. Die Glocken erklingen erst wieder zum Gloria in excelsis Deo in der Osternacht.

ℹ Regionalspezifische Bräuche
Karfreitagsratschen
Im Anschluss an die Trauermette werden anstelle der Glocken in manchen Gegenden die Karfreitagsratschen eingesetzt (Becker-Huberti, 2001). Dies sind hölzerne Klappern, die an die Zeit erinnern, als nur Schallbretter als akustisches Gestaltungsmittel verwendet wurden. Die Ratschen werden außerdem von den sog. Klapperjungen dazu verwendet, die Gläubigen am Gründonnerstag und Karfreitag zum Gottesdienst zu rufen.

Im Rahmen der Karwoche bestehen viele Bräuche, um die **Passionsgeschichte** nachzubilden: In Kreuzwegandachten wird der Leidensweg Jesu nachgegangen und an den 14 Stationen des Kreuzweges gebetet; in den Passionsspielen liegt der Wunsch begründet, die Leidensgeschichte Jesu Christi für die Gläubigen zu veranschaulichen und auf Passionsprozessionen werden Figuren getragen, die Szenen aus dem Neuen und Alten Testament darstellen (Becker-Huberti, 2001).

ℹ Länderspezifische Bräuche
Osterprozessionen auf Korsika
Auf Korsika sind insbesondere religiöse Bruderschaften an den Prozessionen in der heiligen Woche (Karwoche) beteiligt (Schenk, 2006). Sie ziehen vermummt als Büßer durch die Stadt, von Kirche zu Kirche, und verteilen die sog. Canistrelli, ein Gebäck mit Nüssen und Anis. Auf der bekanntesten Bußprozession, der „U Catenacciu", wird am Karfreitag eine

14 kg schwere Eisenkette und ein ca. 30 kg schweres Holzkreuz von einem barfüßigen, in roten Kleidern vermummten Büßer getragen.

Der **Karsamstag** dient als Gedenktag der Grabesruhe Jesu (Ronge, 2008). Er läutet mit der abendlichen Ostermesse das Osterfest ein.

5.2.2 Osterfest

In der **Osternacht** wird die Auferstehung Jesu Christi gefeiert, und es folgt die 50-tägige Osterzeit (Moser, 2002; Ronge, 2008). Zum liturgischen Brauchtum am Osterfest gehören der Gottesdienst der Osternacht, das Osterfeuer, die Osterkerze, die Speisenweihung und das Osterwasser. Das Osterfeuer und das Entzünden der Osterkerze an diesem Feuer stehen als Zeichen für den Auferstandenen, der in die Welt gekommen ist. Die Gläubigen bringen zur Ostermesse neben der Osterkerze auch einen Korb mit Osterspeisen mit, der meist gefüllt ist mit Brot, Eiern, Schinken, Salz und einem gebackenen Osterlamm. Diese geweihten Körbe verkünden damit das Ende der Fastenzeit.

Früher existierten nur 2 Tauftermine: zu Ostern und zu Pfingsten (Moser, 2002). Deshalb besteht zwischen der **Taufe** und dem Osterfest eine enge Verbindung. Es gibt verschiedene Taufriten: das Besprengen mit Wasser, das Eintauchen und das Übergießen. In der Osternacht selbst wird das Taufwasser erneuert und ebenso wie die Weihkörbe vom Priester geweiht. In der Ostermesse ist es Brauch, das Taufbekenntnis zu erneuern, während der Priester die Kirchenbesucher mit dem geweihten Taufwasser besprengt. Durch die Taufe wird der Gläubige ein offiziell anerkanntes Mitglied der christlichen Gemeinde. Durch das Taufbekenntnis in der Ostermesse wird diese Zugehörigkeit zur Gemeinschaft der Christen jedes Jahr erneuert und bestärkt.

Jesus ist noch am Tag seiner Auferstehung erst den Frauen, die das Grab aufsuchten, und später 2 Jüngern beim Gang nach Emmaus erschienen. Um diesem Ereignis zu gedenken, wurde der **Ostermontag** eingeführt.

Das Osterfest endet mit dem **Weißen Sonntag**, an welchem häufig die Erstkommunion gefeiert wird. Daher stammt auch der Name, denn die Täuflinge trugen an diesem Tag zum letzten Mal ihr weißes Taufkleid.

5.2.3 Zeit nach dem Osterfest

Auf den 40. Tag nach dem Ostersonntag fällt **Christi Himmelfahrt** (Moser, 2002). Jesus Christus fährt in den Himmel auf und beauftragt seine Jünger, seine Auferstehung zu verkünden. Zehn Tage später wird am **Pfingstsonntag** die Entsendung des Heiligen Geistes gefeiert, womit der Osterfestkreis endet.

5.3 Weitere Osterbräuche

5.3.1 Osterei

Etwa ab dem 7./8. Jahrhundert wurde das Ei als Speise in der Fastenzeit verboten (Moser, 2002). Die Eier, die während der Fastenzeit von den Hennen gelegt wurden, wurden hart gekocht, um sie haltbar zu machen. Somit gab es nach der 40-tägigen Fastenzeit einen Überschuss an Eiern, welche dann zur Ostermesse gebracht wurden. Mit der Eierweihe in der Ostermesse wird dieses Verbot wieder aufgehoben und das Ei zum geweihten und segenspendenden Gegenstand verwandelt. Um das Osterei als solches kenntlich zu machen, wurden die Eier eingefärbt. Die segenspendende Wirkung des Eies wurde früher zum Schutz von Haus und Hof und zur Ertragssteigerung genutzt.

> ❶ **Regionalspezifische Bräuche**
> **Osterbrunnen**
> Der Osterbrunnen in Franken ist ein Beispiel für einen der jüngsten Osterbräuche (Moser, 2002). Zu Ostern werden die Brunnen in Kleinstädten und Dörfern prachtvoll geschmückt; überwiegend mit gefärbten oder bemalten Eiern, die meist in Form einer Krone über dem Brunnen angeordnet werden.

Eine weitere Erklärung für diesen Brauch kann darauf zurückgeführt werden, dass geweihte Ostereier von Paten an ihre Schützlinge verschenkt wurden und später auch unter Jüngeren als Liebesgeschenk (Moser, 1993). Zu diesem Zweck wurden die Eier verziert und mit Wünschen und Versen beschrieben. Dies führte teils so weit, dass zwischen dem Bemalen des Ostereies und dem Osterfest keine Beziehung mehr bestand. Diese Art des Geschenkrituals und der damit einhergehende Bedeutungsverlust des Ostereies spiegelt sich in den heutzutage weitverbreiteten Schokoladen- und Dekorationseiern wider.

5.3.2 Osterhase

Der eierbringende und -legende Osterhase hat sich vor ungefähr eineinhalb Jahrhunderten in den Städten entwickelt (Moser, 2002; Ronge, 2008). Protestantische Familien lehnten die Eierweihe der katholischen Kirche ab. Eltern nutzten deshalb den Osterhasen als Erklärung dafür, woher die Eier zu Ostern kamen. Wie auch heute noch weitverbreitet, versteckten die Eltern die Eier für die Kinder. Konditoreien und Bäckereien, die zusätzlichen Absatz witterten, trugen maßgeblich zur Verbreitung und steigenden Bekanntheit des Osterhasen bei. Ebenso machten Kinderbücher und Postkarten mit Illustrationen des Osterhasen diesen über die Grenzen der protestantischen Städte hinaus populär.

5.4 Psychologische Bedeutung

Menschen weltweit nehmen an den zuvor beschriebenen Bräuchen und Ritualen zu Ostern teil. Sie tun dies nicht zwangsläufig aus religiöser Überzeugung. Einige von ihnen kennen nicht einmal den religiösen Hintergrund. Dennoch halten sie an den Bräuchen fest und tragen diese über Generationen hinweg weiter. Dieser Aspekt ist vor allem psychologisch interessant.

Wie die Prozessionen in Korsika sind viele Bräuche über regionale und Ländergrenzen hinweg bekannt, sie gehören gleichsam zu den Bewohnern, sind Teil ihres Lebens. Das religiöse Brauchtum ist dabei tief im Denken und Handeln der Menschen verankert und wird über die Jahrhunderte hinweg weitergetragen, sodass es mit der dortigen Kultur verschmolzen ist. Es ist so tief in uns verwurzelt, dass wir nicht mehr zwingend gläubig sein müssen, um die Bräuche und Rituale zu pflegen und an unsere Kinder weiterzugeben.

Die Bräuche und Feste zu Ostern werden zudem gemeinsam mit der Kirchengemeinde und Familie gefeiert. Aus diesem Grund definiert sich Ostern auch über den psychologischen Aspekt von Gruppen. Das betrifft sowohl gläubige Christen als auch Nichtgläubige, die aus Tradition am Osterbrauchtum festhalten. Indem der gesamte Osterfestkreis mit seinen Bräuchen und Ritualen in Gemeinschaft gefeiert wird, intensiviert das geteilte Brauchtum den Zusammenhalt und das Gefühl der **Zugehörigkeit zu einer Gruppe** – sei es die der Kirche oder die der Familie. Eine Gemeinschaft gibt Sicherheit und Schutz. Dieser materielle Nutzen ist einer der Gründe, warum Menschen verschiedenen Gruppen angehören. Ein weiterer wichtiger Aspekt ist der psychologische Nutzen, den uns ebenfalls das Osterfest bietet. Auf der einen Seite versteht man darunter das grundlegende Bedürfnis jedes Menschen nach Zugehörigkeit und Kontakt (Baumeister u. Leary, 1995). Man geht davon aus, dass dieses Bedürfnis dem materiellen Nutzen entsprungen ist, um in der Gruppe bessere Überlebenschancen zu haben. Auf der anderen Seite wird durch Gruppenzugehörigkeit unser Selbstbewusstsein gestärkt. Somit bietet Ostern jedem Einzelnen die Möglichkeit, mit den anderen Mitgliedern zu interagieren, sich nicht alleine, sondern einer Gruppe zugehörig zu fühlen und damit selbstbewusster zu werden.

Ein weiterer psychologischer Gruppeneffekt vor dem Hintergrund von Ostern bezieht sich auf die **Theorie der sozialen Identität**. Diese besagt, dass jeder Mensch sich nicht nur über individuelle Aspekte, sondern auch über die Zugehörigkeit zu Gruppen definiert (Tajfel u. Turner, 1986). Eine Person kann sich je nach Situation z. B. als Deutscher, Handwerker, Familienmitglied oder Christ betrachten. Deshalb ist der Osterfestkreis als wichtigstes Ereignis für jeden Christen somit auch ein Teil der eigenen Identität, der sog. sozialen Identität. Abgeleitet von der Theorie der sozialen Identität ist Ostern nicht nur ein Bestandteil des religiösen Glaubens, sondern auch ein Teil des Selbst. Daher ist es nicht verwunderlich, warum das Osterfest einen solch bedeutenden Platz im Jahresverlauf eines jeden Christen einnimmt. Darüber hinaus ist Ostern ein Fest der Familie, und wir definieren unser Selbst auch über die Zugehörigkeit zu unserer Familie. Wenn wir Ostern im Kreise der Familie feiern, wird insbesondere die Familie als soziale Identität betont.

Das sog. **Commitment** kann ebenfalls als psychologischer Einflussfaktor gesehen werden, der jedoch nur gläubige Christen betrifft. Wenn wir uns zum christlichen Glauben bekennen, so bezeugen wir damit automatisch auch unseren Glauben an das Leiden, den Tod und die Auferstehung Jesu. Dabei darf die Auferstehung nicht wortwörtlich genommen, sondern vielmehr in ihrer symbolischen Bedeutung verstanden werden. Menschen sind im Allgemeinen bestrebt konsistentes Verhalten zu zeigen, ganz nach dem Motto: „Wer A sagt, muss auch B sagen." Hinter diesem Prinzip steht das Streben nach Konsistenz, das Commitment (Cialdini, 2001). Hierbei ist es wichtig, dass wir uns aktiv, öffentlich und freiwillig zum Christentum bekennen und dies mit Anstrengung verbunden ist. Dies erfolgt, wenn wir z. B. den Sonntagsgottesdienst besuchen. Um herauszufinden, weshalb der Commitment-Effekt so wirksam ist, betrachtet man den eigenen Selbstwahrnehmungsprozess. Indem wir uns zu einer Religion bekennen, ändert sich in der Regel auch unser Selbstbild. Von da an werden wir aufgrund unseres Konsistenzstrebens versuchen, uns in Bezug auf dieses neue Selbstbild konsistent zu verhalten. Im Gegensatz zu Nichtgläubigen, die an Traditionen und kulturellen Werten festhalten, verstärkt das Commitment der gläubigen Christen das Festhalten an den religiösen Bräuchen und Ritualen zu Ostern.

In Gedenken an das Abendmahl Jesu am Gründonnerstag nehmen gläubige Christen selbst an diesem Mahl mit Jesus teil und sind somit vereint mit ihm und allen, die von diesem Brot essen. In der Liturgie zum Gründonnerstag wird mehrfach von der Liebe Jesu und der Liebe Gottes gesprochen. Diese Art der **sozio-emotionalen Unterstützung**, die jedem Gläubigen zeigt, dass er sowohl von Jesus und Gott, aber auch von der restlichen Gemeinde geliebt, geschätzt und umsorgt wird, ist besonders aus psychologischer Sicht interessant. Denn die psychologische Forschung hat gezeigt, dass sozioemotionale Unterstützung eine grundlegende Ressource bietet, um besser mit Stressoren umgehen zu können (Cohen u. Syme, 1985). Wir teilen unsere Identität mit der Gemeinschaft und empfinden somit Belastungen als weniger negativ, denn wir fühlen uns stärker unterstützt und sind deshalb überzeugt, Stress besser zu bewältigen. Zudem wird auch unsere **kollektive Selbstwirksamkeit** gesteigert, welche sich auf die Überzeugung stützt, gemeinsam etwas bewegen und handeln zu können (Bandura, 1997).

Unabhängig davon, ob wir an die Ostergeschichte glauben oder nicht, werden wir in Gedenken an den Tod Jesu an unsere eigene Sterblichkeit und an die Unausweichlichkeit des Todes erinnert. Dabei stellt sich die Frage, was das für uns Menschen psychologisch bedeutet. Gemäß der **Terror-Management-Theorie** nehmen wir die Konfrontation mit unserer eigenen Sterblichkeit als Bedrohung unseres Selbst wahr (Greenberg et al., 1997). Dabei spielen unser Streben nach Selbsterhaltung und unsere Angst vor Auslöschung eine weitere zentrale Rolle. Um dieser entstandenen Existenzangst entgegenzuwirken, postuliert die Terror-Management-Theorie 2 Wege: eine direkte Reaktion durch Verdrängung oder Rationalisierung sowie eine symbolische. Die symbolische Reaktion äußert sich darin, dass wir in unsere eigene Kultur investieren. Dies kann mitunter dadurch geschehen, dass wir uns mit einer religiösen Gruppe stärker identifizieren. Der christliche Glaube verleiht dem Leben Sinn, Struktur und Beständigkeit. Darüber hinaus erhalten wir

eine Erklärung zu Fragen, wie die Welt entstanden ist und was nach unserem Tod geschehen wird, also Fragen, auf die wir ansonsten keine oder nur teilweise eine Antwort geben könnten. Das Christentum bietet jedem seiner Anhänger eine Form des Weiterlebens nach dem Tod, wodurch der Einzelne vor der endgültigen Auslöschung bewahrt wird.

Mit dem Auffahren Jesu Christi in den Himmel wird den Christen einmal mehr vor Augen geführt, dass es ein Leben nach dem Tod gibt, einen Platz an Gottes Seite. Dies wirkt gegen die Angst eines finalen Todes, einer vollständigen Selbstauslöschung, welche im Rahmen Terror-Management-Theorie auftritt.

5.5 Bedeutungswandel in der Moderne

Wie auch Weihnachten hat das Osterfest an vielen Orten seine religiöse Bedeutung verloren. Wie bereits die Verbreitung des Osterhasen durch das Konditoreihandwerk und das Osterei aus Schokolade gezeigt haben, so wurde und wird das Osterfest und sein Brauchtum zur Absatzsteigerung genutzt. Wo früher nur geweihte Eier unter Liebenden verschenkt wurden, so werden heute nicht mehr nur Osternester mit Eiern und allerlei Süßigkeiten geschenkt, sondern auch Spielsachen und andere Konsumgüter. An dieser Stelle muss die zunehmende Kommerzialisierung religiöser Feste kritisch hinterfragt werden.

ℹ Länder- und regionalspezifische Bräuche

Eierlesen/Eierlaufen/Eierlage

In Süd- und Westdeutschland sowie in der Schweiz, Österreich und Frankreich ist das Eierlesen, auch Eierlaufen oder Eierlage genannt, am Ostermontag weitverbreitet (Moser, 2002). In diesem Spiel treten in der Regel 2 Parteien gegeneinander an: Der eine Spieler muss meist 100 Eier, die in einer Linie auf dem Boden liegen, aufsammeln und in eine Wanne oder einen Korb legen. Zur gleichen Zeit hat der Kontrahent die Aufgabe, zu einem vereinbarten Zielort zu laufen und wieder zurückzukommen. Der schnellere der beiden Wettstreiter hat das Spiel gewonnen.

Das Fasten im Sinne der Vorbereitung auf die Auferstehung hat heute ebenfalls seine christliche Tradition weitgehend verloren. Menschen fasten freiwillig oder aus gesundheitlichen Gründen. Überwiegend wird auf Alkohol und Süßigkeiten verzichtet. Durch den Verzicht stellt man sich seinen eigenen Schwächen, möchte neue Lebensqualität gewinnen und auf eine andere Art und Weise Freiheit erfahren (▶ Kap. 14).

Trotz des religiösen Bedeutungsverlustes haben sich verschieden Bräuche wie der Palmstock oder die Weihekörbe mit gefärbten Ostereiern erhalten. Auch viele Menschen, die nicht an Jesus oder die Auferstehung Jesu glauben, feiern den Osterfestkreis und besuchen die Ostermesse. Dabei stellt sich die Frage, aus welchem Grund Ostern gefeiert wird, wenn nicht aus religiöser Überzeugung heraus.

Auch an dieser Stelle ist das Osterbrauchtum eng mit der Psychologie verknüpft. Wie bereits die psychologische Bedeutung von Ostern gezeigt hat, sind Bräuche und Rituale zu Ostern meist tief in der jeweiligen Kultur verankert. Das Brauchtum hat sich über die Jahre hinweg zu einer Tradition gewandelt, für viele losgelöst von seinem religiösen Ursprung. Auf die Frage, weshalb solche Bräuche überhaupt überleben und an die nächsten Generationen weitergegeben werden, bietet die Lernpsychologie eine plausible Erklärung. Nach Skinner (1978) wird die Auftretenswahrscheinlichkeit von Verhalten erhöht, wenn dieses belohnt wird. Man nennt dies **operante Konditionierung**. Bandura (1977) postuliert darüber hinaus in seiner **Theorie des Modelllernens**, dass wir bestimmte Verhaltensweisen durch reine Beobachtung übernehmen. Beobachten wir außerdem die positiven Konsequenzen des Verhaltens, beispielsweise in Form einer Belohnung, so verstärkt dies unsere Imitation. Wir können folglich davon ausgehen, dass Kinder Bräuche und Rituale bei Erwachsenen und anderen Kindern

beobachten. Sie sehen, dass das Brauchtum mit positiven Emotionen, dem Gemeinschaftserleben in der Familie und vielleicht sogar Geschenken verbunden ist und ahmen dieses nach. Die positiven Konsequenzen, die Kinder dabei selbst erfahren, wenn sie z. B. gemeinsam mit ihrer Familie einen Palmstock binden, verstärken diesen Brauch zusätzlich. So werden Kinder selbst wieder zu Kulturträgern.

In einem nächsten Schritt wirkt ebenfalls ein psychologisches Phänomen: Wenn wir uns zum Christentum bekannt haben und uns offiziell als Christ bezeichnen, indem wir Kirchensteuer zahlen oder in Anträgen und Formularen unsere Religion angeben, so lösen Zweifel an der Auferstehung Christi bzw. am christlichen Glauben im Allgemeinen **kognitive Dissonanz** aus (Harmon-Jones u. Harmon-Jones, 2007). Unser Handeln, das öffentliche Bekenntnis zum Christentum und unsere Einstellung bzw. unsere Kognitionen stimmen nicht überein. Diesen inneren Konflikt möchten wir lösen und das dabei entstandene unangenehme Gefühl loswerden (Elliot u. Devine, 1994; Harmon-Jones, 2000). Wir streben folglich nach einer Dissonanzreduktion. Eine solche Dissonanzreduktion kann auf direktem Weg geschehen, indem wir trotz unserer fehlenden christlichen Überzeugung Ostern feiern und die Ostermesse besuchen, oder wir können die Situation so darstellen, als hätten wir keine andere Wahl gehabt (Festinger, 1962).

Eine weitere psychologische Erklärung dafür, dass wir religiöse Bräuche pflegen, obwohl wir nicht gläubig sind, liegt im **Konformitätsdruck**. Der Einfluss der Mehrheit und unser Bedürfnis nach Anerkennung und Zugehörigkeit darf auch im Fall von Ostern nicht unterschätzt werden. Der entscheidende Wirkmechanismus ist dabei der normative Einfluss, welcher dazu führt, dass wir uns der Mehrheit anschließen, um Ostern zu feiern oder die Ostermesse zu besuchen (Cialdini u. Trost, 1998; Deutsch u. Gerard, 1955). Dabei ändern sich jedoch nicht zwangsläufig auch unsere innere Einstellung und unser Glaube. Situative Normen führen dazu, dass wir unser Verhalten automatisch den Erwartungen anderer anpassen oder das tun, was in dieser Situation als angemessen gilt, ohne, dass uns dies bewusst wird. Andere, beispielsweise die eigenen Eltern, die zur Ostermesse gehen, können direkt Einfluss ausüben. Personen in unserer Umgebung, Bekannte und Freunde, die nicht wie die Familie physisch anwesend sind, haben ebenfalls Einfluss, den sog. symbolischen sozialen Einfluss (vgl. Fitzsimons u. Bargh, 2003; Shah, 2003).

5.6   Fazit

Ostern führt uns vor Augen, wie religiöser Glaube und psychologische Phänomene Hand in Hand gehen. Es wird deutlich, dass sich das Osterbrauchtum im Christentum und der biblischen Ostergeschichte begründet und auch heute noch ein wichtiger Bestandteil des christlichen Glaubens ist. Im Rahmen der Terror-Management-Theorie wird uns unsere eigene Vergänglichkeit bewusst. Die sozioemotionale Unterstützung durch die Liebe Gottes und die Glaubensgemeinschaft stärken unsere Belastbarkeit und Selbstwirksamkeit. Das Commitment, das wir dem Christentum entgegenbringen, verändert unser Selbstbild und bewirkt den Wunsch, sich nach diesem Selbstbild als Christ konsistent zu verhalten. Diese psychologischen Phänomene tragen dazu bei, dass Gläubige stärker in religiöse Bräuche und Rituale investieren. Österliche Bräuche und Rituale haben darüber hinaus sowohl für Gläubige als auch für Nichtgläubige eine psychologische Bedeutung gewonnen. Die Gemeinschaft der Familie und auch die der Gläubigen bieten uns Sicherheit und Schutz (materieller Nutzen) und ermöglichen Zugehörigkeit und Kontakt zu anderen Menschen (psychologischer Nutzen). Familie, Freunde und die Kirchengemeinschaft werden ebenfalls Teil unserer sozialen Identität, über die wir uns selbst definieren.

Auf diesen Überlegungen aufbauend sind Bräuche und Rituale zu Ostern über die Zeit hinweg mit unserer Kultur verschmolzen und zur Tradition geworden, welche wir durch operante Konditionierung und Modelllernen an unsere Nachkommen weitergeben.

Kommerzialisierung, Marketing und modernes Konsumdenken verfremden auf der einen Seite das religiöse Brauchtum, unterstützen aber auf der anderen Seite auch die Weiterführung der Tradition. Die Vermeidung kognitiver Dissonanz sowie der Konformitätsdruck bewirken, dass auch Nichtgläubige an religiösen Bräuchen festhalten. Unabhängig davon, ob wir an die Ostergeschichte glauben oder nicht, so wird Ostern fortbestehen als ein Fest der Besinnung und der Liebe, das in der Gemeinschaft mit der Familie und der christlichen Gemeinde gefeiert wird.

Literatur

Bandura, A. (1977). Self-efficacy: Toward a Unifying Theory of Behavioral Change. *Psychological Review* 84(2),191–215.

Bandura, A. (1997). *Self-efficacy: The exercise of control.* New York, NY: Freeman.

Baumeister, R. F., & Leary, M. R. (1995). The need to belong: desire for interpersonal attachments as a fundamental human motivation. *Psychological Bulletin*, 117(3),497–529.

Becker-Huberti, M. (2001). *Lexikon der Bräuche und Feste. 3000 Stichwörter mit Infos, Tipps und Hintergründen.* Freiburg, Basel, Wien: Herder.

Cialdini, R. B. (2001). *Influence: Science and practice.* Needham Heights, MA: Allyn & Bacon.

Cialdini, R. B., & Trost, M. R. (1998). Social influence: Social norms, conformity and compliance. *The Handbook of Social Psychology* 2, 151–192.

Cohen, S. E., & Syme, S. (1985). *Social support and health.* San Diego, CA: Academic Press.

Deutsch, M., & Gerard, H. B. (1955). A study of normative and informational social influences upon individual judgement. *Journal of Abnormal Psychology* 51(3),629–636.

Dirnbeck, J. (2003). *Das Buch vom Fasten. Wer verzichtet, hat mehr vom Leben.* München: Pattloch.

Elliot, A. J., & Devine, P. G. (1994). On the motivational nature of cognitive dissonance. *Journal of Personality and Social Psychology* 67(3),382–394.

Festinger, L. (1962). *A theory of cognitive dissonance.* Evanston, IL: Row, Peterson.

Fitzsimons, G. M., & Bargh, J. A. (2003). Thinking of you: Nonconscious pursuit of interpersonal goals associated with relationship partners. *Journal of Personality and Social Psychology* 84, 148–163.

Greenberg, J., Solomon, S., & Pyszczynski, T. (1997). Terror management theory of self-esteem and cultural worldviews: Empirical assessments and conceptual refinements. In: M. P. Zanna (Ed.), *Advances in Experimental Social Psychology* (29th ed., pp. 61–136). San Diego, CA: Academic Press.

Harmon-Jones, E. (2000). Cognitive dissonance and experienced negative affect: Evidence that dissonance increases experienced negative affect even in the absence of aversive consequences. *Personality and Social Psychology Bulletin* 26(12),1490–1501.

Harmon-Jones, E., & Harmon-Jones, C. (2007). Cognitive dissonance theory after 50 years of development. *Zeitschrift Für Sozialpsychologie* 38(1),7–16.

Moser, D.-R. (1993). *Bräuche und Feste im christlichen Jahresverlauf. Brauchformen der Gegenwart in kulturgeschichtlichen Zusammenhängen*. Graz, Wien, Köln: Verlag Styria.

Moser, D.-R. (2002). *Bräuche und Feste durch das ganze Jahr. Gepflogenheiten der Gegenwart in kulturgeschichtlichen Zusammenhängen*. Freiburg, Basel, Wien: Herder.

Ronge, H. (2008). *Alles über unser Jahr. Feste und Bräuche. Entstehung und Bedeutung*. Moers: Brendow.

Schenk, G. (2006). *Christliche Volksfeste in Europa. Prozessionen. Rituale. Volksschauspiele*. Innsbruck: Verlagsanstalt Tyrolia.

Schneider, P. (2016). Stell Dir vor, es ist Ostern und niemand geht hin. YouGov. Artikel vom 24. März 2016. https://yougov.de/news/2016/03/24/stell-dir-vor-es-ist-ostern-und-niemand-geht-hin/. Zugegriffen: 27. November 2017.

Shah, J. (2003). Automatic for the people: How representations of significant others implicitly affect goal pursuit. *Journal of Personality and Social Psychology* 84, 661–681.

Skinner, B. F. (1978). *Was ist Behaviorismus?* Reinbek bei Hamburg: Rowohlt.

Tajfel, H., & Turner, J. (1986). The Social Identity Theory of intergroup behavior. In S. Worchel, & W. G. Austin (Eds.), *Psychology of intergroup relations* (pp. 7–24). Chicago: Nelson-Hall.

Udolph, J. (1999). *Ostern. Geschichte eines Wortes*. Heidelberg: Universitätsverlag C. Winter.

5

Sonnwende und Sonnwendfeiern

Katja Mayr

© Springer-Verlag GmbH Deutschland, ein Teil von Springer Nature 2018
D. Frey (Hrsg.), *Psychologie der Rituale und Bräuche*,
https://doi.org/10.1007/978-3-662-56219-2_6

6.1 Einleitung

Stehen Sie auf der Sonnenseite des Lebens? Haben Sie Ihren Platz an der Sonne gefunden? Tragen Sie Sonne im Herzen? Was sich hier in der Sprache widerspiegelt, ist die essenzielle Bedeutung der Sonne für den Menschen.

Die Sonne ist etwa 150 Millionen Kilometer von uns entfernt, dennoch beeinflusst sie uns jeden Tag. Die Sonne formt durch ihre Anziehungskraft unser Sonnensystem um sich, dabei enthält sie selbst mehr als 99 % der Masse des Sonnensystems. Noch beeindruckender ist, dass sich allein in unserer Galaxie, der Milchstraße, Milliarden von weiteren Sternen befinden. Der Mensch ist winzig im Vergleich, das Leben nur ein Wimpernschlag. Ohne Sonne gäbe es kein Leben, daher ist die Faszination für die Sonne tief im Menschen verankert: Die Wurzeln von Ritualen und Festen anlässlich der Sonne lassen sich Tausende von Jahren zurückverfolgen.

In diesem Kapitel wird zunächst ein historischer und geografischer Überblick über Sonnenrituale und Sonnwendfeiern gegeben, danach wird auf deren psychologische Hintergründe eingegangen. Sie werden sehen, dass der heutige Mensch mehr von der Sonne beeinflusst wird, als man zunächst denken würde.

Anmerkung   Sofern nicht anders angegeben, basieren folgende Beschreibungen auf Internetquellen, da wissenschaftliche Quellen schwer zugänglich sind.

6.2 Historischer und geografischer Überblick

Aufgrund ihrer langen Geschichte sind die Beispiele so vielfältig und zahlreich, dass ein umfassender Überblick den Rahmen des Kapitels weit sprengen würde. Daher werden im Folgenden nur ausgewählte Beispiele beschrieben: Zunächst werden Beispiele für die Sonnenverehrung in der Frühzeit des Menschen, danach Rituale zur Sommer- und Wintersonnwende vorgestellt.

6.2.1 Verehrung der Sonne im Altertum

Die Verehrung der Sonne reicht weiter zurück als die Geschichtsschreibung selbst, wodurch sie teilweise fast mystischen Status erlangt. Das früheste bekannte Beispiel stammt aus der Jungsteinzeit: In Israel befinden sich die Ruinen des **Turms von Jericho**. Er wird auf 9000 v. Chr. datiert und ist damit eines der ältesten Steinbauwerke überhaupt, erbaut als der Mensch vom Jagen und Sammeln zu Ackerbau und Viehzucht überging. Der Turm und seine Treppe markieren genau den Ort, auf den der Schatten eines Berges bei der Sommersonnwende fällt. Nach der Interpretation mancher Forscher wurde der Turm als Symbol gegen die Dunkelheit selbst errichtet. Er sollte die Menschen vom Leben in der Siedlung überzeugen – selbst dann, wenn der Schatten des Berges nach der Sonnwende auf die Siedlung fällt, die Nächte länger werden und die vorab nomadisch lebenden Menschen lieber weitergezogen wären (Liran u. Barkai, 2011).

Ein weiterer Hinweis auf frühe Anbetung der Sonne sind die zahlreichen **Kreisgrabenanlagen** in Mitteleuropa (4800–4500 v. Chr.). Ihre Architektur orientiert sich oft an den Sonnwenden (Zotti u. Neubauer, 2016). Bei der Kreisgrabenanlage von Goseck in Sachsen-Anhalt markieren 2 Tore den Sonnenaufgang bzw. -untergang am Tag der Wintersonnwende zu Beginn des 5. Jahrtausends v. Chr. Beim bekannten **Stonehenge** in England (Abb. 6.1) wurde die Architektur ab 2600 v. Chr. so verändert, dass sich die Achsen des Bauwerks an den Sonnwenden orientieren. Der Zweck der uralten Bauwerke ist umstritten: Nachdem man den Lauf der Sonne jedoch anhand von Schatten wesentlich leichter hätte messen können, ist es wahrscheinlich, dass die Bauwerke für rituelle Sonnenfeiern genutzt wurden.

Die Faszination für die Sonne zeigt sich auch darin, dass die Sonne oft als **Gottheit** verehrt wurde. Die Ägypter verehrten den Sonnengott Ra als höchsten Gott. Weitere Beispiele finden sich im antiken Mesopotamien (Šamaš), bei den Azteken (Tonatiuh), den Inkas

▣ Abb. 6.1 Stonehenge
(© Lukassek / stock.adobe.com)

(Wiraqucha), den Kelten (Sulis), den Griechen und Römern (Helios, Sol, Mithras) und in der japanischen Religion Shintō (Amaterasu). Die Sonnengottheiten sind unterschiedlich stark personifiziert, haben verschiedene Geschlechter und sind oft die wichtigste Gottheit oder der Begründer des Göttergeschlechts – ebenso wie jegliches Leben auf der Erde durch die Sonne entstehen konnte.

Die folgenden Feste und Rituale aus neuerer Geschichte sind aufgrund der unterschiedlichen Bedeutung in Sommer- und Wintersonnwende aufgeteilt.

6.2.2 Rituale zur Sommersonnwende

Meist erreicht die Sonne am 21. Juni des Jahres ihren mittäglichen Höchststand über dem Horizont. Dieser Tag ist die Sommersonnwende, danach werden die Nächte länger. Die Sommersonnwende markiert auf der Nordhalbkugel der Erde das Ende des Frühlings und den Beginn des Sommers bzw. die Mitte des Sommerhalbjahres.

Die genannten archäologischen Funde sind ein Indiz dafür, dass das Fest seit Jahrtausenden gefeiert wird. Auch die germanischen, nordischen und keltischen Religionen sollen das Fest mit Dankes- und Freudenfeuern gefeiert haben.

Nach der Christianisierung versuchte die katholische Kirche vergebens, die heidnischen

Bräuche abzuschaffen. Daher legte sie im 5. Jahrhundert n. Chr. den Gedenktag der **Geburt von Johannes des Täufers** auf den Tag der Sonnwende. Johannes der Täufer gilt in der Bibel als entscheidender Vorläufer von Jesus, dessen Geburtstag nahezu zeitgleich zur Wintersonnwende gefeiert wird (▶ Kap. 7). Beide stehen in Zusammenhang mit der Lichtsymbolik der Sonnwenden:

» Es trat ein Mensch auf, der von Gott gesandt war; sein Name war Johannes. Er kam als Zeuge, um Zeugnis abzulegen für das Licht, damit alle durch ihn zum Glauben kommen. Er war nicht selbst das Licht, er sollte nur Zeugnis ablegen für das Licht. Das wahre Licht, das jeden Menschen erleuchtet, kam in die Welt. (Joh 1,6-9)

Der Johannistag wird traditionell mit vielen Bräuchen gefeiert, darunter die Johannisfeuer und -kräuter. Beides lässt den heidnischen Ursprung des Festes erkennen. Die Kräuter wurden im Haus aufgehängt und sollten das Böse fernhalten. Das Fest wurde während des Mittelalters in vielen Orten wegen der großen Feuergefahr untersagt, blieb jedoch dank seiner Beliebtheit bestehen.

Betrachten wir zunächst, wie sich die Feiern zur Sommersonnwende in Deutschland entwickelt haben, bevor wir zu Ritualen in anderen Ländern übergehen.

Das geschichtsträchtige Fest der Sonnwende wurde von den **Nationalsozialisten** instrumentalisiert. In vielen Orten feierte die Nationalsozialistische Deutsche Arbeiterpartei (NSDAP) Massenveranstaltungen mit Sonnwendfeuern und berief sich dabei auf ihre angeblich rein germanischen Wurzeln. Der nationalsozialistische Ministerpräsident Klagges sagte bei einer Sonnwendfeier im Jahr 1933:

» Wir wollen aus unserem übernommenen Erbgut heraus unser deutsches Leben wieder neu gestalten, frei von jeder fremden Beeinflussung, frei vor allen Dingen vom furchtbaren, zersetzenden Gift des internationalen Judaismus in jeder Form. Darum kehren wir zurück zum Altväterbrauch und zünden zur Zeit der Sonnwende die heiligen Feuer wieder an." (zitiert nach Kuessner, 2009, S. 1)

Ähnliche Feiern wurden auch zur Wintersonnwende abgehalten. Nach dem Zweiten Weltkrieg verschwanden die Feiern, nur die christlichen Johannifeuer blieben bestehen.

In der Zeit der Deutschen Demokratischen Republik (DDR) veranstalte der sozialistische Jugendverband **Freie Deutsche Jugend** (FDJ) ebenfalls Sonnwendfeiern. Im FDJ-Lied „Sonnwende" heißt es:

» Schichtet hohe Scheiterhaufen, schürt zur roten Brunst den Brand! […] Helft, dass es ein Feuer werde, drin der letzte Rest verglüht. Altes, Altes brich! Neuer Geist auf neuer Erde! Wohl, wem solcher Mai erblüht.

Heutzutage wird die Sommersonnwende in Deutschland immer noch von vielen gefeiert, auch wenn die Bedeutung zurückgegangen ist:

– Die Johannifeuer werden in traditionellen Regionen immer noch angezündet. In den Alpenregionen werden Feuerräder ins Tal gerollt und Fackeln im Kreis geschwenkt, um die Sonne zu symbolisieren.
– An den Externsteinen, einer Felsformation im Teutoburger Wald, an der seit der Steinzeit Menschen siedelten, treffen sich

spirituell veranlagte Menschen, Esoteriker und Neuheiden, um die Sonnwende zu feiern.

Leider kommt es auch immer wieder zu Feiern von Neonazis: 2006 wurden beispielsweise in Pretzien, Sachsen-Anhalt, eine US-Flagge und eine Ausgabe des *Tagebuchs der Anne Frank* verbrannt, das als wichtigstes literarisches Zeugnis eines Holocaust-Opfers gilt (Rink u. Schulz, 2007).

An vielen Orten werden die Feuer auch ohne religiösen oder ideologischen Bezug angezündet, als Familienfeier am längsten Tag des Jahres.

Die Sommersonnwende wird in vielen Ländern gefeiert, vor allem dort, wo der Unterschied zwischen Winter und Sommer besonders stark ist: In den skandinavischen Ländern und im Baltikum wird es im Sommer kaum dunkel, man spricht von den „Weißen Nächten".

In Schweden wird **Midsommar** gefeiert, das dort neben Weihnachten das größte Fest ist. Das Fest wird gemeinsam mit Verwandten und Freunden gefeiert, viele fahren auch zu den Feierlichkeiten aufs Land. Traditionell wird ein Baumstamm mit Blättern und Blumen geschmückt, später tanzt man um diese (wörtlich übersetzt) „Mittsommerstange", oft in Tracht. Der Brauch erinnert an das Maibaumaufstellen. Unverheiratete Mädchen legen in der Nacht der Sonnwende bestimmte Kräuter unter ihre Kissen, um vom zukünftigen Ehemann zu träumen.

Auch in Finnland werden Mittsommerstangen aufgestellt, zudem werden große Feuer angezündet. Es wird meist mit viel Alkohol gefeiert, immer beliebter werden Freiluftfestivals zur Zeit der Sonnwende. In Lettland werden Feuer angezündet und bestimmte Blumen und Gräser gepflückt, denen am Tag der Sonnwende mystische Kräfte zugeschrieben werden. Sogenannte „Johanniskinder" ziehen von Haus zu Haus, singen und wünschen Segen.

In Dänemark und Norwegen wird der Johannistag („**Sankt Hans**") gefeiert, indem Strohhexen verbrannt werden.

Auch im Süden Europas wird das Fest groß gefeiert: In Spanien heißt die Nacht **„Noche de San Juan"**. In Alicante werden Holzfiguren verbrannt, und es gibt ein mehrtägiges Fest mit Parade und Feuerwerk. In Málaga werden am Strand kleine Stoffpuppen verbrannt, so soll auch das Schlechte aus dem Vorjahr verbrennen. Außerdem ist es Brauch, sich im Meer zu baden, um Sünden vom Vorjahr abzuwaschen. Mehr zum Umgang mit Sünden erfahren Sie in ▶ Kap. 23 zur Schuldbefreiung.

Eine moderne Entwicklung ist die Sonnwendfeier in New York: Die Sonnwende ist für viele Völker ein Fest der Erneuerung von Körper und Geist. Zu diesem Anlass treffen sich jedes Jahr Tausende am Times Square, um gemeinsam mit Yoga Körper und Geist in Einklang zu bringen.

6.2.3 Rituale zur Wintersonnwende

Die Wintersonnwende ereignet sich auf der Nordhalbkugel der Erde meist am 21. Dezember. In vielen Kulturen wird gefeiert, dass die Sonne – oft in Form eines Gottes – in dieser längsten Nacht wiedergeboren wird.

Eines der ältesten noch gefeierten Feste zur Wintersonnwende ist die **Yalda-Nacht**, die hauptsächlich im Iran und in Zentralasien gefeiert wird. Sie war ursprünglich ein Brauch, um sich gegen das Böse zu schützen. Man versammelte sich in der längsten Nacht des Jahres mit seinen Freunden und Verwandten. In dieser Nacht sollen die Kräfte des Bösen und der Dämonen laut dem zoroastrischen Glauben, dem Menschen in Kleinasien seit 1800 v. Chr. folgen, besonders stark sein. Daraus entstand das heutige Familienfest. Traditionell werden Granatäpfel gegessen, und es werden Feuer entzündet, die Licht und Hoffnung repräsentieren. Der Zoroastrismus folgte im Iran auf einen älteren persischen Glauben, in dem der Sonnengott Mithra verehrt wurde. Die Römer und Griechen übernahmen diesen Brauch und verehrten ihrerseits den Gott **Sol Invictus Mithras** und feierten sein Fest ebenfalls zur Zeit der Wintersonnwende (erstmals erwähnt im Chronograph, einem römischen Kalender, aus dem Jahr 254 n. Chr.). Auch das Christentum wurde vom Mithras-Kult beeinflusst: Der syrisch-orthodoxe Schreiber Bar Salibi schrieb im 12. Jahrhundert n. Chr.:

>> Nach feierlichem Herkommen pflegten die Heiden am 25. Dec. das Geburtsfest des Sonnengottes (wörtlicher: das Fest des Aufgangs der Sonne) zu feiern und zur Erhöhung der Festlichkeit Lichter anzuzünden. An diesen festlichen Bräuchen liessen sie auch das Christenvolk theilnehmen. (zitiert nach Usener, 1905, S. 466)

Das Fest wurde bei den Christen sehr beliebt, weshalb die Kirche den **Geburtstag Christi** auf denselben Tag legte (Hijmans, 2003). Wie oben zur Sommersonnwende beschrieben, wird Jesus ebenfalls oft als Lichtgott gesehen.

Die Wintersonnwende wird rund um den Globus gefeiert. In der Punjab-Region von Indien feiern die Sikhs und Hindus mit dem **Lohri-Fest** das Ende des Winters mit Feuern.

In der japanischen Stadt Sakuragawa laufen zur Wintersonnwende Gläubige über brennende Kohlen, um für gute Gesundheit zu beten.

In Bolivien ist das Neujahrsfest der Aymara, einer indigenen Gruppe, ein nationaler Feiertag. Zu diesem **Willakatuti** genannten Fest feiern Tausende bei Minusgraden in den Anden mit Tänzen und Zeremonien. Kurz vor Sonnenaufgang strecken alle Besucher die Hände gen Himmel und warten, dass die ersten Sonnenstrahlen ihre Finger berühren. Eine symbolische Wiedergeburt durch die wärmenden Strahlen der Sonne.

In Peru wird nahe der Stadt Cusco das Sonnenfest **Inti Raymi** gefeiert. Es geht zurück auf ein altes Fest der Inka, die um die Wiederkehr der Sonne baten. In Cusco errichteten die Inka den Tempel für den Sonnengott, ihren wichtigsten Gott. Durch einen Spiegel am Dach des Tempels entzündeten die ersten Sonnenstrahlen nach der Sonnwende ein Feuer in einer Schale, welches danach in der ganzen Stadt weitergegeben wurde. Das Fest wurde 1572 durch die Spanier verboten, allerdings wird es seit 1944 wieder mehrtägig mit Märkten, Konzerten und Tänzen gefeiert. Den Höhepunkt bildet eine festliche Prozession mit rituellen Tänzen, bei der nachgestellt wird, wie ein Inka-Priester die Sonne anruft.

6.3 Psychologische Hintergründe

Es gibt vielzählige Beispiele für Sonnwendfeiern in verschiedenen Kulturen, in allen bekannten Zeiten. Doch warum wird die Sonnwende auch heute noch gefeiert?

6.3.1 Auswirkungen der Sonne auf den Menschen

In früheren Zeiten, ohne fortgeschrittene Technologien, war die Sonne entscheidend für das Leben und Überleben der Menschen. Zum Zeitpunkt der Sommersonnwende war die leichteste Zeit des Jahres: Es gab genug Licht und Nahrung. Die Wintersonnwende hingegen markierte wortwörtlich die dunkelste Zeit des Jahres, daher bittet man in den Feiern oft um neues Leben und Wiederauferstehung des Lichts. Obwohl die heutigen Menschen in den Industrieländern durch ihre Technologien und die Elektrifizierung weniger abhängig vom Rhythmus der Sonne sind, beeinflusst er uns immer noch. Dies gilt nicht nur für den Jahresrhythmus, sondern auch für den Tagesrhythmus von hell und dunkel.

Betrachten wir zunächst die neurobiologischen Grundlagen.

Neurobiologische Grundlagen

Nahezu alle Lebewesen haben einen inneren Rhythmus, der ihnen hilft, sich an den Tag-Nacht-Zyklus der Umwelt anzupassen: den **zirkadianen Rhythmus**.

Bei Menschen wird dieser Rhythmus von einem kleinen Kern im Gehirn, dem suprachiasmatischen Nukleus, gesteuert, der unterhalb der Sehnervenkreuzung liegt. Dieser Kern verarbeitet Informationen aus sog. Zeitgebern. Zeitgeber sind Signale dafür, welche Tageszeit gerade ist, vor allem ist dies natürlich das Licht. Mit seinem Tagesrhythmus synchronisiert der suprachiasmatische Nukleus wiederum verschiedene Körperfunktionen, z. B. die Funktion der Muskeln oder den Stoffwechsel der Knochen. Dieses System hat als Taktgeber für Jahrtausende gut funktioniert. Doch dadurch, dass der Mensch sich vom Licht der Sonne unabhängig macht, wird oft auch seine innere Uhr gestört. Sie erinnern sich an Ihren letzten Jetlag?

Elektrisches Licht kann den natürlichen Rhythmus stören und birgt damit ein Gesundheitsrisiko. Bei einer Studie an Mäusen, die 24 Wochen dauerhaftem Licht ausgesetzt wurden, fanden Forscher eine deutlich beeinträchtigte Muskel- und Knochenfunktion und ein höheres Risiko für Entzündungen (Lucassen et al., 2016). Bei Menschen sind derartige Versuche für Wissenschaftler nicht denkbar, die gefundenen Zusammenhänge unterstützen allerdings die Ergebnisse aus der Tierstudie: Menschen, die nachts viel Licht ausgesetzt sind, haben durchschnittlich eine niedrigere Schlafqualität, ein höheres Körpergewicht und ein höheres Vorkommen von Herz-Kreislauf-Erkrankungen. Bei Schichtarbeitenden wurden höhere Brustkrebsraten, häufigere Knochenfrakturen und ein erhöhtes Auftreten von Osteoporose gefunden (Lucassen et al., 2016). Diese Befunde sprechen dafür, nach Möglichkeit nicht zu weit vom natürlichen Sonnenrhythmus abzuweichen, an den sich der Mensch durch die Evolution seit Jahrtausenden angepasst hat.

Psychische Auswirkungen

Die Sonne hat noch weitere Auswirkungen auf unser **Wohlbefinden**. Schwarz und Clore (1983) beobachteten, dass Personen an Tagen mit Sonnenschein ihre allgemeine Lebenszufriedenheit allgemein höher einschätzten. Ein möglicher Grund dafür ist, dass man sich an Sonnentagen besser fühlt und durch die bessere Stimmung auch anderes positiver bewertet. Gleichzeitig gibt es einen Effekt, der dafür sorgt, dass man in guter Stimmung vermehrt positive Dinge wahrnimmt und negative eher ausblendet („mood congruence"; Isen et al., 1978). So nimmt man an Sonnentagen wahrscheinlich mehr Positives wahr.

Im psychiatrischen Bereich kann man von der **stimmungsaufhellenden Wirkung** Gebrauch machen: Bei jahreszeitabhängigen affektiven Störungen und bei anderen Depressionen kann eine Lichttherapie („bright-light therapy") Abhilfe schaffen. Gefördert werden diese Störungen u. a. durch einen Mangel des Neurotransmitters Serotonin, einem „Glückshormon", das in der dunklen Jahreszeit vermindert gebildet wird.

Jedoch muss an dieser Stelle auch gesagt werden, dass die **Selbstmordrate** im Frühjahr am höchsten ist, obwohl die Sonne nach den Wintermonaten wieder länger scheint. Die täglichen Sonnenstunden haben dabei auf die Selbstmordrate nur einen geringen positiven Einfluss (Seregi et al., 2017). Eine mögliche Erklärung kann sein, dass Serotonin, dessen Ausschüttung durch Sonnenlicht stimuliert wird, auch die Impulsivität und Aggressivität fördert, d. h., die Agitiertheit steigt und damit die Gefahr eines Suizids bei vorliegender Depression. Denkbar wäre zudem, dass es vermehrt zu Selbstmorden kommt, weil schlechtes Wetter oder Dunkelheit nicht mehr als vermeintliche Erklärungen herangezogen werden können, um eine dauerhafte Verstimmung zu begründen.

Auswirkungen auf das Verhalten

Neben der grundsätzlich positiven Wirkung auf die Stimmung hat Sonnenlicht auch Auswirkungen auf unser Verhalten. Beispielsweise ist man bei Sonne eher geneigt, mehr Trinkgeld zu geben (Rind, 1996). Weitere Beispiele sieht man im Internet: Wenn es regnet, gibt es mehr negative Beiträge im sozialen Netzwerk Twitter (Li et al., 2014). Manche wollen dem Regen zu Hause aber auch entfliehen, wodurch an Regentagen die Suchanfragen für Reisen nach Mallorca steigen (Rosselló u. Waqas, 2016).

Schon kleine Kinder werden durch das Wetter beeinflusst: Vorschulkinder zeigen laut den Kindergärtnern bei Sonnenschein weniger ängstliches oder aggressives Verhalten (Lagacé-Séguin u. d'Entremont, 2005). Diese Auswirkungen der Sonne scheinen vielen Kindern intuitiv klar zu sein: Sie malen auf ihre fröhlichen Bilder oft Sonnen.

Wie bereits eingangs erwähnt, findet sich dieser intuitive Zusammenhang in der Sprache wieder, z. B. in Aussagen wie „Du bist mein Sonnenschein" oder „Dir lacht die Sonne".

6.3.2 Gliederung des Jahres durch Sonnenzyklen

Die Sonne beeinflusst den Lebensrhythmus des Menschen sowohl jeden Tag als auch über den Jahresverlauf. Die Sonnwenden sind geeignete Zeitpunkte, um das Jahr in zwei **verständliche Kategorien** zu teilen: Sie stehen für die Mitte des Sommers und die Mitte des Winters.

In China wird das traditionelle Jahr in Yin und Yang geteilt: An der Wintersonnwende erreicht die negative Yin-Energie ihren Höhepunkt. An diesem Tag feiert man mit dem Dongzhi-Fest, dass danach der Einfluss der positiven Yang-Energie wieder steigt. Die Yang-Energie wiederum erreicht an der Sommersonnwende ihr Maximum. Mit der Einteilung in Yin (negativ) und Yang (positiv) drückt sich im Übrigen keine Wertigkeit im eigentlichen Sinne aus, da beide Polaritäten Teil einer höheren Ordnung sind und ein möglichst ausgeglichener Zustand zwischen ihnen als erstrebenswert gilt.

Diese Einteilung in bedeutungsvolle Abschnitte hilft den Menschen, den Jahresablauf verständlicher und „greifbarer" zu machen. Es ist ein Versuch, die mächtige Natur und den Lebensverlauf **kontrollierbar** erscheinen zu lassen und so die eigene Unsicherheit zu bewältigen. Dies lässt sich auch an den zahlreichen Bauernregeln für den Johannistag sehen („Vor dem Johannistag man Gerst und Hafer nicht loben mag"). Die Einteilungen und Regeln geben den Menschen das Gefühl der Kontrolle, was sogar wichtiger ist, als tatsächlich Kontrolle zu haben (Frey u. Jonas, 2002).

Ähnliche Wirkmechanismen gelten auch für Silvesterrituale, bei denen der Anfang bzw. das Ende eines Jahresabschnitts deutlich markiert wird: Statt mit Sonnwendfeuern geschieht dies hier mit Feuerwerk (▶ Kap. 2).

6.3.3 Faszination Sonnwendfeiern

Die Symbolik der Sonnwendfeiern verdeutlicht fundamentale Motive des Menschen: Hoffnung, Licht, Wärme, Überleben. Deswegen und auch wegen der uralten Ursprünge der Feste ist die Sonnwende für viele eine nahezu magische Nacht, in der man vom Alltag fern sein kann. Daher sind **Aberglauben** rund um die Sonnwendfeier zahlreich: Anhand des Johannistags versuchte man früher, das Wetter vorherzusagen. Der Rauch der Feuer sollte vor Krankheiten schützen oder sogar heilen. Auch der Asche wurden magische Kräfte zugeschrieben, beispielsweise Häuser zu schützen oder Ackerböden fruchtbar zu machen. In vielen Regionen springen einzelne Personen oder Paare über die Feuer, um in der Zukunft Glück zu haben. Auch bestimmten Kräutern oder Pflanzen werden am Johannistag besondere Kräfte zugeschrieben.

In manchen Kulturen wurde geglaubt, dass man mit den Feuern das Böse vertreiben kann. In einigen Regionen Deutschlands beginnen an der Wintersonnwende die Raunächte, denen früher viel mystische Bedeutung zugeschrieben wurde (▶ Kap. 2). Auch heutzutage finden in dieser Zeit im Alpenraum noch wilde Perchtenumzüge statt, bei denen man symbolisch versucht, mit schauerlichen Masken und Glocken die bösen Geister des Winters auszutreiben. Mehr zu den psychologischen Hintergründen von Aberglauben erfahren Sie in ▶ Kap. 19.

Verschiedene Subkulturen haben an den Sonnwendtagen ihre eigenen Bräuche und Feiern. Dementsprechend können die Mitglieder dieser Subkulturen bei den Feiern Gleichgesinnte treffen und wahrscheinlich auch Freunde wiedersehen. Das **Zugehörigkeitsbedürfnis** (Baumeister u. Leary, 1995) ist eines der wichtigsten Bedürfnisse für den Menschen. Wenn sich beispielsweise die Glaubensgemeinschaft der Neuheiden jedes Jahr bei den Externsteinen versammelt, kann sich ein einzelnes Mitglied der speziellen Gruppe voll akzeptiert fühlen. Man muss nicht fürchten, wegen seiner Einstellungen von der Gruppe abzuweichen oder dafür diskriminiert zu werden. Gleiches gilt leider auch für die Sonnwendfeiern der Neonazis. Bei den gemeinsamen Feiern können die **soziale Identität** und der Zusammenhalt der jeweiligen Gruppe gestärkt werden.

Alles in allem bietet der Tag einer Sonnwende als besonderes Naturereignis einen guten Anlass zum Feiern – sei es, um einen Hauch Magie im Alltag zu erleben, aus Tradition, aus (Aber-)Glauben oder um mit einer Gruppe Gleichgesinnter zusammenzukommen.

6.4 Bedeutung für die Gesellschaft

Im Folgenden wird beleuchtet, was man aus der langen Geschichte der Sonnenfeiern und aus den vielfältigen psychologischen Hintergründen als Gesellschaft lernen kann.

6.4.1 Kulturelle und religiöse Verbreitung

Es scheint den Menschen ein Bedürfnis zu sein, die Sonne zu feiern: Die Tradition der Rituale blieb über Jahrhunderte erhalten und verbreitete sich sogar über kulturelle und religiöse Grenzen hinweg. Der Zoroastrismus im Iran übernahm beispielsweise den älteren Sonnenkult, diesen übernahmen wiederum die Römer. Die Christen lehnten sich bei Johannistag und Weihnachten an ältere heidnische Feste an. Bemerkenswert ist auch die Ähnlichkeit der Feiern über verschiedene Kulturen hinweg: Beim Fest der Sonne und des Lichts feiern verschiedene Kulturen auf ähnliche Weise mit Familie und Freunden an großen Feuern.

Auch Verbote hindern Menschen nicht daran, die Sonnwenden zu feiern: Im Christentum wurden Sonnwendfeiern zunächst als heidnischer Brauch verboten. Im Mittelalter wurden sie wegen der Feuergefahr untersagt. In Bolivien wurden sie von den Spaniern verboten, um eine Kultur zu unterdrücken. Keines der Verbote war jedoch langfristig erfolgreich, der Wunsch nach den Sonnenfesten setzte sich durch.

Auch ideologische Bewegungen übernahmen die Sonnwendrituale, etwa im Nationalsozialismus und ehemaligen Regime der DDR. Doch was bedeutet das? Die Feiern an sich ähneln sich – vor welchem Hintergrund gefeiert wird, hängt jedoch von der jeweiligen Gruppe ab. Generell kann nicht verhindert werden, dass Riten übernommen werden. Damit ist es Aufgabe der Gesellschaft und jedes Einzelnen, zu entscheiden, welchen Subkulturen man Raum für Feiern gibt und welchen nicht: Die Subkultur der indigenen Bevölkerung Boliviens wird richtigerweise in der Ausübung ihrer Sonnwendriten durch einen Nationalfeiertag geschützt. In Deutschland hingegen sollte der Subkultur der Rechtsgesinnten keine Plattform für ihre Sonnwendfeiern gegeben werden, und wir alle sind aufgefordert, ihnen diesen Raum nicht zu gewähren.

6.4.2 Bedeutung für den Alltag

Obwohl die Sonnwendfeiern in vielen Kulturen zu den wichtigsten Festen zählen, haben sie in Deutschland für die breite Masse der Bevölkerung an Bedeutung verloren. Nichtsdestotrotz ist der Einfluss der Sonne selbst immer noch gravierend, trotz moderner Technologien und der Elektrifizierung.

Allein die **Freizeitgestaltung** unterscheidet sich stark zwischen Sommer und Winter bzw. zwischen Sonne und Regen: Je nach Wetter werden unterschiedliche Sportarten und Aktivitäten ausgeübt.

Auch die **Wirtschaft** wird stärker von der Sonne beeinflusst, als vielen bewusst ist: Neben der saisonalen Arbeitslosigkeit mancher Berufsgruppen unterscheidet sich auch das Kaufverhalten der Konsumenten. Es werden je nach Saison verschiedene Produkte erworben, und sogar das Wetter am jeweiligen Tag kann Einfluss darauf haben, ob beispielsweise Aktien gekauft werden (Hirshleifer u. Shumway, 2003).

Wie bereits geschildert, ist es oftmals ungesund, vom natürlichen Schlaf-Wach- bzw. Hell-dunkel-Rhythmus abzuweichen. Umso mehr fällt es auf, dass der **Schul- oder Arbeitsalltag** von vielen durch künstliches Licht bestimmt wird. Dies ist besonders kritisch in Ländern, in denen die Einwohner im Alltag zu wenig Sonne bekommen. Knapp 60 % der deutschen Erwachsenen leiden an Vitamin-D-Mangel, obwohl dieses für die Muskeln, das Immunsystem sowie für die Abwehr von Krankheiten wie multiple Sklerose, Herz-Kreislauf-Erkrankungen und manche Krebsarten wichtig ist (Hintzpeter et al., 2008). Angesichts dieser Erkenntnisse und der Auswirkungen von Sonnenlicht auf das Wohlbefinden und Verhalten sollten sich Schulen und Arbeitgeber Konzepte überlegen, wie genug Sonnenlicht, beispielsweise in Mittagspausen, gesammelt werden kann.

Dazu kommt, dass der natürliche **Tag-Nacht-Rhythmus** durch künstliches Licht und Termindruck gestört wird: Viele sind chronisch übermüdet. Die Menschen in den westlichen Ländern schlafen im Schnitt ungefähr eine Stunde weniger als noch vor 20 Jahren (Spork, 2010). Haben Sie am Wochenende das Bedürfnis auszuschlafen, um Schlaf nachzuholen? Das wäre ein Zeichen dafür, dass Sie unter der Woche zu wenig schlafen, was mit vielen gesundheitlichen Risiken verbunden ist. Dies ist auch ein Kostenfaktor für die Wirtschaft, denn nur wer ausgeschlafen ist, kann volle Leistung bringen. Jeder hat einen individuellen Schlafrhythmus, manche stehen ohne Probleme früher auf, andere müssten hingegen länger schlafen. Daher sollten auch Arbeitszeiten flexibler sein, um auf die individuellen Bedürfnisse zu passen. Schichtarbeit sollte nicht zuletzt wegen der gesundheitlichen Risiken nur stattfinden, wenn sie notwendig ist. Auch die Schule sollte später beginnen, damit Schüler im Winter nicht in finsterer Nacht geweckt werden müssen. Ein weiterer Dorn im Auge mancher Neurophysiologen ist die Umstellung der Uhr um eine Stunde auf die Sommerzeit – sie verschiebt den natürlichen Rhythmus vieler Menschen nach hinten und erschwert so das Einschlafen.

Neben den gesellschaftlichen Forderungen trägt auch hier jeder selbst die Verantwortung für die Entscheidung, inwieweit er sein Leben am natürlichen Rhythmus der Sonne orientieren will. Natürlich und bewusst mit der Sonne leben heißt jedoch nicht, wie im Mittelalter zu leben. Die Vereinbarkeit von Sonne und moderner Technologie zeigt sich beispielsweise in Solarenergie.

6.5   Fazit

Abschließend lässt sich sagen, dass der heutige Mensch stärker von der Sonne beeinflusst wird, als auf den ersten Blick ersichtlich ist. Viele Zusammenhänge – beispielsweise von Sonnenlicht und Wohlbefinden – sind uns jedoch intuitiv klar. Dies sieht man u. a. an der Tendenz, Urlaub im Süden zu machen, oder in der europäischen und amerikanischen Tendenz, in den Süden zu ziehen, und sei es nur als Alterswohnsitz.

Aufgrund des starken Einflusses der Sonne auf den Menschen und aufgrund weiterer psychologischer Mechanismen könnte es für viele Menschen ein entsprechend großes Bedürfnis sein, die Sonnwenden zu feiern. Der Turm von Jericho wurde ungefähr 9000 v. Chr. auf die Sommersonnwende ausgerichtet, und 11.000 Jahre später feiern Menschen die Sommersonnwende mit Yoga auf dem Time Square in New York. Mit welchen Ritualen wird wohl in Zukunft gefeiert werden? Der grundlegende Gedanke ist meist gleich, unabhängig von Kontinent oder Weltreligion. Die Wintersonnwende wird genutzt, um für Sonne und Licht zu beten: dem Ursprung allen Lebens, dem Mittelpunkt unseres Sonnensystems.

Literatur

Baumeister, R. F., & Leary, M. R. (1995). The need to belong: Desire for interpersonal attachments as a fundamental human motivation. *Psychological Bulletin* 117(3),497–529.

Frey, D., & Jonas, E. (2002). Die Theorie der kognizierten Kontrolle. In: D. Frey, & M. Irle (Hrsg.), *Theorien der Sozialpsychologie: Motivations-, Selbst- und Informationsverarbeitungstheorien* (Bd. III, S. 13–50). Bern: Huber.

Hijmans, S. (2003). Sol Invictus, the winter solstice, and the origins of Christmas. *Mouseion* 3(3),377–398.

Hintzpeter, B., Mensink, G. B. M., Thierfelder, W., Müller, M. J., & Scheidt-Nave, C. (2008). Vitamin D status and health correlates among German adults. *European Journal of Clinical Nutrition* 62, 1079–1089.

Hirshleifer, D., & Shumway, T. (2003). Good day sunshine: Stock returns and the weather. *Journal of Finance* 58(3),1009–1032.

Isen, A. M., Shalker, T. E., Clark, M., & Karp, L. (1978). Affect, accessibility of material in Memory, and behavior: A cognitive loop?. *Journal of Personality and Social Psychology* 36(1),1–12.

Kuessner, D. (2009). Dietrich Klagges. 1891–1971. Eine biographische Skizze. Stand: Januar 2009. http://bs.cyty.com/kirche-von-unten/archiv/gesch/Klagges.htm. Zugegriffen: 27. November 2017.

Lagacé-Séguin, D. G., & d'Entremont, M. R. L. (2005). Weathering the preschool environment: affect moderates the relations between meteorology and preschool behaviors. *Early Child Development and Care* 175(5),379–394.

Li, J., Wang, X., & Hovy, E. (2014). What a nasty day: Exploring mood-weather relationship from twitter. In: *Proceedings of the 23rd ACM International Conference on Conference on Information and Knowledge Management* (pp. 1309–1318). New York, NY: ACM.

Liran, R., & Barkai, R. (2011). Casting a shadow on Neolithic Jericho. *Antiquity* 85, 327.

Lucassen, E. A., Coomans, C. P., van Putten, M., de Kreij, S. R., van Genugten, J. H. L. T., Sutorius, R. P. M., de Rooij K. E. et al. (2016). Environmental 24-hr cycles are essential for health. *Current Biology* 26, 1–11.

Rind, B. (1996). Effect of beliefs about weather conditions on tipping. *Journal of Applied Social Psychology* 26(2),137–147.

Rink, T., & Schulz, D. (2007). Neun Monate für Bücherverbrennung. *Taz* 8221, 6.

Rosselló, J., & Waqas, A. (2016). The influence of weather on interest in a "sun, sea, and sand" tourist destination: The case of Majorca. *Weather, Climate, and Society* 8(2),193–203.

Schwarz, N., & Clore, G. L. (1983). Mood, misattribution, and judgments of well-being: Informative and directive functions of affective states. *Journal of Personality and Social Psychology* 45(3),513–523.

Seregi, B., Kapitány, B., Maróti-Agóts, Á., Rihmer, Z., Gonda, X., & Döme, P. (2017). Weak associations between the daily number of suicide cases and amount of daily sunlight. *Progress in Neuro-Psychopharmacology & Biological Psychiatry* 73(6),41–48.

Spork, P. (2010). Wir Unausgeschlafenen. *Die Zeit.* Artikel vom 28. Oktober 2010. http://www.zeit.de/2010/44/Schlafkultur/komplettansicht. Zugegriffen: 27. November 2017.

Usener, H. (1905). Sol Invictus. *Rheinisches Museum für Philologie* 60, 465–491.

Zotti, G., & Neubauer, W. (2016). Kreisgrabenanlagen: Expressions of power linked to the sky. In: M. A Rappenglück, B. Rappenglück, N. Campion, & F. Silva (Eds.), *Astronomy and power: how worlds are structured: proceedings of the SEAC 2010 conference*. Oxford: British Archaeological Reports Ltd. http://astrosim. univie.ac.at/media/Zotti-Neubauer_postReview_ gz_addWN_FINAL_prePrint-web.pdf. Zugegriffen: 27. November 2017.

Weihnachten

Marietta Herzog und Fabienne Ropeter

© Springer-Verlag GmbH Deutschland, ein Teil von Springer Nature 2018
D. Frey (Hrsg.), *Psychologie der Rituale und Bräuche*,
https://doi.org/10.1007/978-3-662-56219-2_7

7.1 Einleitung

> Schnee fällt seicht auf die vereisten Scheiben. Hinter dem beschlagenen Glas ist ein leises Knistern zu vernehmen, und Licht und Schatten tanzen durch den Raum. Überall flackern kleine Lichter und spiegeln sich in funkelnden, roten Kugeln und goldenen Sternen wider. Ein Geruch von Zimt und Orangen schwirrt durch die Luft und erfüllt den Raum mit Wärme. Helle Stimmen und sanfte Flötentöne klingen leise vor sich hin… „Stille Nacht, Heilige Nacht! Alles schläft, einsam wacht nur das traute hochheilige Paar". Plötzlich erklingt eine leise Glocke, und kleine Füße hüpfen aufgeregt in das Zimmer und suchen sich ihren Weg zu den in glitzerndem Papier verpackten und mit Schleifen verzierten Päckchen. Liebevoll beobachten die Eltern ihren Sohn unter dem funkelnden und von Schmuck beladenen Baum, als die kleinen Hände aufgeregt das Papier aufreißen. Glücklich und zufrieden sehen sie einander an, dankbar für die gemeinsame Zeit.

Vielleicht haben Sie bemerkt, welche Stimmung diese Geschichte bei Ihnen ausgelöst hat, und haben dabei auch an Ihr letztes Weihnachtsfest zurückgedacht? In diesem Kapitel wollen wir Ihnen nun erzählen, welche psychologischen Hintergründe sich in Bezug auf weihnachtliche Rituale und Bräuche finden lassen. Davor geben wir Ihnen noch einen kurzen Überblick über das Weihnachtsfest, dessen Ursprünge und Feierlichkeiten in Deutschland und anderen Kulturen.

7.2 Allgemeines zu Weihnachten

In diesem Abschnitt wollen wir Ihnen zunächst die geschichtlichen und religiösen Ursprünge und Hintergründe des Weihnachtsfestes vorstellen. Daneben gehen wir auf einige interessante Bräuche und Rituale anderer Kulturen ein.

7.2.1 Ursprung von Weihnachten

Gerade wer in Deutschland aufgewachsen ist, gehört mit großer Wahrscheinlichkeit zu den fast 2 Milliarden Christen weltweit, die jedes Jahr am 24. Dezember das Weihnachtsfest gemeinsam mit ihrer Familie feiern. Alljährlich wird dann im Rahmen dieses Familienfestes die Bescherung unter dem Christbaum abgehalten.

Der Ursprung des Festes ist dabei das Feiern der **Geburt Jesu Christi**, weshalb das Fest auch unter dem Namen „Christfest" bekannt ist. Der von der Kirche angenommene Geburtszeitpunkt und der dazugehörige kirchliche Feiertag wurden auf den 25. Dezember datiert. Allerdings wurde bereits früher in der Nacht vom 24. auf den 25. Dezember die Geburt Jesu mit einer Mitternachtsmesse gefeiert. Die ursprünglich zum Nikolaustag (6. Dezember) durchgeführte Bescherung wurde erst im 16. Jahrhundert Teil des Weihnachtsfestes und diente damals, der Überlieferung nach, Martin Luther dazu, die Aufmerksamkeit der Kinder auf Christus anstatt auf die Heiligenverehrung zu lenken (MDR, 2016). Der Brauch des geschmückten Weihnachtsbaumes wurde erst im 18. Jahrhundert beim Adel und später auch in der breiten Masse immer populärer (◘ Abb. 7.1).

Daneben wird noch ein weiterer Ursprung des Weihnachtsfestes vermutet: Die Feier des **„Sol Invictus"** (lat. für unbesiegter Sonnengott), dessen Geburt bereits vor der Geburt Jesu am Datum des

◘ **Abb. 7.1** Festlich geschmückter Weihnachtsbaum (© Christian Hillebrand / stock.adobe.com)

25. Dezembers gefeiert wurde. Dieser Tag wurde von den Christen als Feiertag übernommen, um anhand der Feierlichkeiten mehr Heiden für das Christentum zu gewinnen (SRF, 2012).

Allgemein lässt sich sagen, dass Weihnachten heutzutage das wichtigste Fest der Familie im ganzen Jahr ist, das von Christen und Nichtchristen begangen wird.

7.2.2 Weihnachten in anderen Kulturen

Weihnachten wird an sehr vielen Orten der Welt gefeiert und ist je nach Kultur durch unterschiedliche Bräuche und Rituale geprägt. Insbesondere die Religion hat einen großen Einfluss darauf, ob Weihnachten in einer Kultur gefeiert wird oder nicht. So besteht das Weihnachtsfest zumeist in Kulturen mit dem Christentum als Hauptreligion, also in der Mehrzahl der westlichen Länder. Im Judentum, Hinduismus, Buddhismus und Islam hingegen wird Weihnachten nicht gefeiert. Ein drastisches Beispiel dabei ist Somalia. Hier wurde im Jahr 2015 das Feiern von Weihnachten sogar landesweit von der Regierung, aufgrund der Verletzung der Religion des streng muslimischen Landes, verboten (Spiegel online, 2015).

Aber auch innerhalb der westlichen Länder, die aufgrund ihrer christlichen Orientierung Weihnachten feiern, gibt es große Unterschiede bei den Festlichkeiten. So wird z. B. in den Niederlanden nicht der Heilige Abend, sondern der Nikolaustag (6. Dezember) gefeiert. Wie auch in Deutschland lassen Kinder dort am Vorabend des Feiertages ihre Schuhe draußen stehen, damit „Sinterklaas" diese bis zum Morgen mit Süßigkeiten füllen kann. Geschenke gibt es somit zum Nikolaustag, wohingegen der 25. Dezember eher ein religiöses Ereignis ist. In Spanien sind es der Tradition gemäß die Heiligen Drei Könige, die den Kindern am 6. Januar die Weihnachtsgeschenke bringen; unartige Kinder bekommen anstatt von Geschenken nur Kohlestücke. In Spanien sind Weihnachtsbäume eher selten in Haushalten anzutreffen, meist werden stattdessen Krippen aufgestellt (interessanterweise gibt es sogar einen Tag der Scherze am 28. Dezember – „Día de los Inocentes" genannt – der

vergleichbar mit dem deutschen 1. April ist). Ähnlich wie in Spanien wird auch in Russland Weihnachten erst im neuen Jahr, am 7. Januar, gefeiert. Hier ist es, wie in vielen osteuropäischen Ländern mit orthodoxer Religion, Väterchen Frost, der zusammen mit seiner Enkelin, dem Schneemädchen, die Geschenke bringt.

Trotz der Unterschiede in der Art des Feierns von Weihnachten sowie der dazugehörigen Hintergründe wird Weihnachten in einem Großteil der Welt gefeiert und steht zumeist als Fest der Liebe für gemeinsam verbrachte Zeit mit der Familie und Freunden sowie für den Wert der Nächstenliebe.

Auch wenn vielen von uns bekannt ist, warum und wie in der eigenen oder auch in fremden Kulturen Weihnachten gefeiert wird, ist den wenigsten bewusst, wie viel Psychologie hinter den weihnachtlichen Bräuchen steckt.

7.3 Weihnachtliche Bräuche, Rituale und deren psychologischer Hintergrund

7.3.1 Der Christbaum

Schon Goethe schwärmte im 18. Jahrhundert von der „Tanne im Lichterglanz", und auch heute noch stehen 24 bis 25 Millionen Weihnachtsbäume jährlich in deutschen Wohnzimmern. In Deutschland wird der Weihnachtsbaum, der oftmals auch Christbaum genannt wird, zumeist gemeinsam mit der Familie am 24. Dezember besorgt und geschmückt. Jedoch gibt es diesen Brauch nicht überall auf der Welt. So werden, wie zuvor erwähnt, z. B. in Spanien eher Krippen aufgestellt und in Australien sogar Palmen geschmückt.

Berichte über das Schmücken von Weihnachtsbäumen reichen teilweise bis ins 16. Jahrhundert zurück. Einen tatsächlichen Ursprung hat der Brauch des Weihnachtsbaumes dabei nicht, jedoch ist das Schmücken von Bäumen auch in vielen anderen Kulturen zu finden. So wurden beispielsweise schon bei den Römern Lorbeer- und Tannenzweige angebracht, um sich beim Jahreswechsel vor bösen Geistern und Krankheit zu schützen (Schutzgemeinschaft Deutscher Wald, 2016). Zudem lassen sich weitere Feste finden, bei welchen das Schmücken eines Baumes üblich ist (z. B. der Maibaum zum 1. Mai). Spezifisch für den Weihnachtsbaum ist dabei, dass es sich um eine immergrüne Pflanze (Tannenbaum) handelt, welche für Lebenskraft und Ausdauer steht.

Während sich früher nur der Adel einen Weihnachtsbaum leisten konnte, ist dieser heute für 80 % der Deutschen das gängigste Symbol für Weihnachten und löst bei vielen ein wohliges Gefühl aus (Ehrenstein, 2006).

Klassische Lerntheorien der Psychologie wie die **klassische Konditionierung** können uns diesen Effekt erklären. Die klassische Konditionierung besagt, dass das wiederholte Erleben eines Reizes, der z. B. in Zusammenhang mit einer bestimmten Situation immer wieder eine spezifische emotionale Reaktion hervorruft, dazu führt, dass dieser Reiz irgendwann alleine ausreicht, um die Reaktion hervorzurufen (Pavlov, 2003). So kann bereits das Sehen eines bzw. der Gedanke an einen Weihnachtsbaum ein Gefühl von Wärme und Nähe zur Familie beim Betrachter erwecken. Diese gelernte, feste Assoziation von Weihnachten mit dem geschmückten Christbaum am Heiligen Abend zeigt uns somit die Langfristigkeit von Erfahrungen, die wir in unserem Leben sammeln. Die Erinnerungen an Weihnachten in unserer Kindheit und an die gemeinsame Zeit mit der Familie sind außerdem durch damit verbundene, je nach persönlichen Erfahrungen stark positive oder auch negative Emotionen, geprägt.

7.3.2 Weihnachtsdekoration: Stroh, Glas und neue Trends

In der Weihnachtszeit glitzert und funkelt es überall. Kaufhäuser, Wohnungen und auch öffentliche Orte wie Marktplätze und ganze Straßen werden zur Weihnachtszeit passend dekoriert.

Weihnachtsdekoration und Christbaumschmuck

Die wichtigste Dekoration findet sich dabei am prägnantesten Symbol Weihnachtens, dem Christbaum. Neben der gängigen Weihnachtsbeleuchtung durch Kerzen, Lichterketten und andere Lichtsymbole (s. u.) werden auch verschiedenste andere Objekte am Weihnachtsbaum angebracht, die für die Weihnachtszeit stehen sollen. Wohingegen dies früher meist Süßigkeiten, Nüsse und Äpfel waren, sind es heute eher Kugeln, Sterne, Engelsfiguren, Weihnachtsmänner oder verzierendes Lametta. Auch die Materialien der Christbaumdekoration haben sich in den letzten Jahrhunderten von der Verwendung versilberter oder vergoldeter naturalistischer Materialien (z. B. Nüsse) über Stroh hinweg zu gläsernem Weihnachtsschmuck gewandelt.

Der Christbaumschmuck wurde früher meist vollständig eigens von der Familie hergestellt. Dieser Brauch wurde durch die industrielle Herstellung traditioneller und damals neuer gläserner Dekorationen allmählich abgelöst. Heutzutage werden diverse Arten von Dekorationen gemeinsam verwendet, dazu gehören auch ungewöhnliche Figuren, z. B. Panzer oder Handys. Unter anderem durch den Vergleich zwischen dem früheren gemeinschaftlichen Basteln von Weihnachtsschmuck innerhalb der Familie unter Verwendung naturalistischer Materialien und dem heutigen jährlichen Einkauf industriell hergestellter Massenware lässt sich deutlich eine Kommerzialisierung des Weihnachtsfestes erkennen.

Einfluss auf den Selbstwert

Im Vergleich zur früher eher bescheidenen gemeinschaftlichen Vorbereitung auf Weihnachten innerhalb der Familie steht für uns heutzutage vor allem das Kaufen und Besitzen im Fokus – ein Trend, der insbesondere in den Vereinigten Staaten von Amerika zu finden ist. Im weltweit größten Weihnachtsgeschäft kaufen dabei alleine am Wochenende nach Thanksgiving bereits 50.000 Menschen auf einer Verkaufsfläche von fünfeinhalb Fußballfeldern massenweise Weihnachtsdekoration ein (Bronner's Christmas Wonderland, 2015). Diese Zahl verdeutlicht das Ausmaß des Kaufexzesses in Vorbereitung auf das Weihnachtsfest, dem sich manche Familien hingeben. Mit den gekauften Waren werden Vorgärten, Häuserfassaden und Wohnzimmer über alle Maßen geschmückt und beleuchtet, sodass manche davon schon einmal zur Touristenattraktion der Stadt werden können. Es entsteht ein regelrechter Wettbewerb um den schönsten Baum auf sozialen Medien, den am hellsten funkelnden Vorgarten der Nachbarschaft und die am schrillsten dekorierte Häuserfassade.

Da es uns Menschen ein grundlegendes Bedürfnis ist, uns ein möglichst umfassendes Bild unserer Umwelt und somit auch von uns selbst zu machen, vergleichen wir uns laut der **Theorie des sozialen Vergleichs** (Festinger, 1954) fortwährend mit anderen. Dabei fragen sich die Menschen zu Weihnachten: Wer hat eigentlich die schönste Dekoration und wer den tollsten Baum? Am meisten Informationen zieht man aus dem Vergleich mit einer Person, die einem selbst eher ähnelt, somit also häufig mit den eigenen Nachbarn oder Personen, die einen ähnlichen sozialen Status und ein vergleichbares Umfeld besitzen. Allgemein vermutet dabei jede Familie, am meisten Arbeit und Aufwand in die eigene Dekoration investiert zu haben, da Menschen generell dazu tendieren, sich in dem eigenen Können und Wissen zu überschätzen. In Bezug auf Fertigkeiten wird dies als **Above-Average-Effekt** (Brown, 1986) bzw. in Bezug auf Wissen als **Overconfidence-Bias** (Kahneman u. Tversky, 1979) bezeichnet. Auch wird der eigene Weihnachtsschmuck als schöner und wertvoller bewertet, und man würde ihn meist nur ungern mit einem der Nachbarn tauschen, selbst wenn dieser identisch wäre. Woran liegt das? Nach dem **Besitztumseffekt** (Endowment-Effekt; Thaler, 1980) bewerten wir unsere eigenen Besitztümer höher als die anderer oder als noch zum Verkauf stehende Objekte, selbst wenn es sich um exakt die gleichen Objekte handelt. So würde man für den bereits erworbenen Weihnachtsschmuck an der eigenen Hausfassade auch mehr bezahlen als für einen identischen, der zum Verkauf steht. Diese psychologischen Phänomene sind den meisten von uns nicht bewusst.

Sollte nun aber doch der Nachbar den schöneren Weihnachtsbaum haben, beziehen wir dies gerne auf externe Einflüsse, also z. B. darauf, dass dieser bereits ausverkauften Weihnachtsschmuck benutzt hat, den wir uns gar nicht mehr hätten kaufen können. Mit dieser **selbstwertdienlichen Verzerrung** schützen wir unseren Selbstwert und behalten ein positives Bild von uns selbst und unseren Fertigkeiten (Weiner, 1985).

Unseren Selbstwert erhalten wir zur Weihnachtszeit zudem anderweitig aufrecht. So besinnt man sich zur Weihnachtszeit allgemein und insbesondere beim Anblick des üppig geschmückten Weihnachtsbaumes auch darauf, wie gut es einem (in Deutschland) geht. Es findet also unbewusst ein weiterer Vergleich statt: ein **abwärtsgerichteter Vergleich** mit denjenigen, die sich solche Dekorationen oder einen Weihnachtsbaum nicht leisten können, d. h. denjenigen, denen es schlechter geht als einem selbst. Dieser im Englischen auch „downward social comparison" genannte Vergleich kann zusätzlich für Wohlbefinden und eine positive Bewertung unseres Selbst sorgen (Festinger, 1954). Wobei hier anzumerken ist, dass bei vielen Personen beim Bewusstwerden solcher Vergleiche auch unbehagliche Gefühle aufkommen, z. B. Mitleid oder Schuld. Gerade durch die heutige Kommerzialisierung und die wachsende Lücke zwischen Arm und Reich werden solche Vergleiche immer relevanter.

Bei allem Kommerz und der übermäßigen Zurschaustellung von Besitz muss allerdings berücksichtigt werden, dass sich hinter bestimmtem Weihnachtsschmuck symbolisch weitere Bedeutungen verbergen, die wiederum psychologische Bedürfnisse ansprechen. Darunter fallen insbesondere Sterne und Kerzen, auf welche im folgenden Abschnitt eingegangen wird.

7.3.3 Licht in der Weihnachtszeit

Aus religiöser Sicht spielt das Symbol des Lichtes bereits seit den Anfängen der christlichen Weihnachtsfeierlichkeiten eine zentrale Rolle. Laut christlichem Glauben war Jesus, dessen Geburt an Weihnachten gefeiert wird, als **„Licht der Welt"** (Johannes 8, 12) dazu auserwählt, die Menschen von ihren Sünden zu befreien

(Johannes 11, 25-26). Dementsprechend besteht eine Verbindung zwischen dem Symbol des Lichtes und den christlichen Werten der Hoffnung, Erlösung und Besinnung. Dabei spiegelt sich die große Bedeutung dieses Symbols auch in zahlreichen Traditionen und Ritualen des Weihnachtsfestes wider.

Seinen Ursprung hat das Symbol des Lichtes bereits in heidnischen Bräuchen. So dienten beispielsweise Kerzen den Heiden dazu, Licht in die Dunkelheit der Feierlichkeiten der Wintersonnwende zu bringen, wobei dieses Fest als Vorläufer des christlichen Weihnachtsfestes angesehen wird. Dabei verwendete man eine große Kerze, die sog. „Julkerze", die am Tag der Wintersonnwende, dem 21. Dezember, entzündet wurde und dann für die darauffolgenden 12 Festtage brannte (▶ Kap. 6).

Das Licht wird in der Weihnachtszeit vor allem durch Kerzen, aber auch Sterne versinnbildlicht. **Kerzen** finden sich als wesentliches Element von Adventskränzen und geschmückten Tannenbäumen wieder, während **Sterne** oftmals als Tannenbaumspitze oder zum Schmücken des Hauses zu Weihnachten eingesetzt werden. Das Verwenden des Symbols des Lichtes zur Weihnachtszeit ist ein kulturübergreifendes Kennzeichen dieses Festes. Es findet sich in nahezu allen Weihnachtsfeierlichkeiten dieser Welt und ist beispielsweise auch das zentrale Element des indischen Lichterfestes „Diwali", was als hinduistisches Pendant zum Weihnachtsfest betrachtet wird. Das Symbol des Lichtes ist, ebenfalls kulturübergreifend, mit einem Gefühl von Wärme, vor allem aber auch mit einem Gefühl der **Vorfreude** verbunden. Diese Vorfreude wird oft – ähnlich wie beim Christbaum – durch Kindheitserinnerungen an das Glück zu Weihnachten und die Freude beim Auspacken der Geschenke bestimmt. In Bezug auf die Vorfreude symbolisieren die vier Kerzen auf dem Adventskranz die Zeit, die es noch zu warten gilt, bevor der Heilige Abend gekommen ist. Die vier Adventskerzen werden typischerweise jeweils an einem der vier Adventssonntage vor Weihnachten entzündet. Die Bedeutung der Kerzen als Zeichen des „Erwartens" von Weihnachten wird zudem dadurch unterstrichen, dass Advent

auf das lateinische Wort „adventus" zurückgeht und somit so viel wie „Ankunft" bedeutet. Der weihnachtliche Brauch der vier Adventskerzen wird heutzutage oftmals auch als Anlass genutzt, um die bevorstehenden Feiertage mit der Familie und Freunden als einen „Lichtblick" und in diesem Sinne auch als eine Zeit der Besinnung im eigenen (stressigen) Alltag zu sehen.

Während Kerzen in der Weihnachtszeit vor allem Wärme und Freude symbolisieren, lässt sich bei den **Sternen** als Sinnbild von weihnachtlichem Licht erneut ein religiöser Ursprung finden. Denn es ist der Stern von Bethlehem, der in der Bibel den Heiligen Drei Königen den Weg zu Jesus Christus leuchtet und somit überhaupt erst ermöglicht (Matthäus 2, 1-12). Das Symbol des Sterns wirkt hierbei also nicht nur als Lichtbringer, sondern auch als Wegweiser und symbolisiert somit in doppelter Form ein Zeichen der Hoffnung. Ebenso findet sich das Symbol des Sterns in zahlreichen evangelischen Kirchenliedern wieder, die mit der Weihnachtszeit und dem Feiern des Heiligen Abends verbunden sind (z. B. „Stern über Bethlehem", „Ein Stern ist uns erschienen").

Auch heutzutage wird die Weihnachtsbaumspitze üblicherweise mit einem Stern geschmückt, was verdeutlicht, dass der religiöse Ursprung des Weihnachtsfestes weiterhin Ausdruck in unseren Traditionen und Gebräuchen findet. Ebenso lässt sich festhalten, dass es für den Symbolcharakter des Lichtes keine Rolle spielt, ob die heutzutage verwendeten Kerzen aus Wachs bestehen oder strombetrieben sind. Vielmehr unterstreicht dies, dass Tradition und Innovation im Rahmen des Weihnachtsfestes vereinbar sind.

7.3.4 Geschenke in der Weihnachtszeit

Die Gabe von Geschenken ist für die meisten Menschen ein fester ritueller Bestandteil ihres Weihnachtsfestes – unabhängig davon, in welchem Teil der Welt und zu welchem Datum Weihnachten gefeiert wird (ZDF heute, 2016). Deswegen werden die Geschenke in den Wochen und Tagen davor, unter mehr oder minder stressigen Bedingungen, für die Liebsten besorgt und dann ebenfalls, mehr oder weniger liebevoll, eingepackt. Die Verteilung der Geschenke erfolgt dann meistens im Rahmen einer mittäglichen oder abendlichen Bescherung.

Die Tradition des gegenseitigen Beschenkens an christlichen Feiertagen ist nicht, wie oft angenommen, auf die biblische Geschichte der Gaben der Heiligen Drei Könige zur Geburt Jesu Christi (Matthäus 2, 1-12) zurückzuführen, sondern war bereits in den Jahrhunderten vor seiner Geburt eine weitverbreitete Praktik. So wurden im Rom Caesars (ca. 46 v. Chr.) zu Beginn eines neuen Jahres die Beamten von der Bevölkerung mit Speisen und Wein beschenkt, und auch im vorchristlichem Brauchtum des Festes der Wintersonnwende wurden Gaben von den Menschen dargebracht, um Dämonen fernzuhalten oder den Wetter- und Erntegott gütig zu stimmen (Hijmans, 2003).

Dass heutzutage die Bescherung erst am 24. Dezember und nicht schon am Nikolaustag (6. Dezember) durchgeführt wird, verdanken wir – wie eingangs erwähnt – der Reformation der evangelischen Kirche im 16. Jahrhundert (▸ Abschn. 7.2).

Weihnachtsgeschenke zur Belohnung/Bestrafung

So weit wie die Tradition des Beschenkens an Weihnachten zurückreicht, so groß ist auch ihr Einfluss auf das heutige Weihnachtsfest, insbesondere wenn man das Brauchtum aus einer psychologischen Betrachtungsweise heraus beurteilt. Denn die Vergabe von Geschenken an Weihnachten kann nicht nur dazu genutzt werden, anderen eine Freude zu machen, sondern im gleichen Zug – beim Ausbleiben oder der Zurücknahme von Geschenken – auch als ein Mechanismus der Bestrafung.

Dabei erscheint das Wirken von Geschenken in diesem Sinne vor allem für familiäre und partnerschaftliche Beziehungen als relevant und ist dabei auf eines der ältesten und wichtigsten Konzepte der Psychologie bezogen: die **operante Konditionierung** (Skinner, 1953), auch Belohnungs-/Bestrafungslernen genannt. Diese

ist nicht mit der klassischen Konditionierung zu verwechseln, die bereits oben zur Bedeutung des Christbaumes beleuchtet wurde. Die operante Konditionierung besagt, dass ein bestimmtes Verhalten durch einen darauf folgenden positiven Reiz verstärkt werden kann und somit in Zukunft häufiger gezeigt wird (= Belohnungslernen). Ebenso wird davon ausgegangen, dass ein Verhalten in der Zukunft dann seltener auftritt, wenn das gezeigte Verhalten mit einem unangenehmen Reiz bzw. dem Entzug eines angenehmen Reizes gekoppelt wird (= Bestrafungslernen). Die Gabe bzw. der Entzug von Geschenken zum Weihnachtsfest wirken folglich entweder als positiver oder negativer Verstärker für das im Voraus gezeigte Verhalten. Ein Beispiel dafür wäre das Belohnen eines Kindes für sehr gute Schulnoten (= gewünschtes Verhalten) durch die Gabe von Geschenken zu Weihnachten (= positive Verstärkung).

Der weihnachtliche Brauch des gegenseitigen Beschenkens ist somit ein Beispiel dafür, wie die zwischenmenschlichen Beziehungen in der Weihnachtszeit durch für diese Zeit typische Rituale beeinflusst werden. Denn seien wir ganz ehrlich, wer von uns hat in seinem Leben noch nie an Weihnachten die Frage beantworten müssen: „Bist du denn auch brav gewesen?"

Fairness und Reziprozität

Weitere psychologische Konzepte, die in Bezug auf Geschenke zu Weihnachten berücksichtigt werden sollten, sind Fairness und Reziprozität.

Dabei werden hinsichtlich **Fairness** verschiedene Arten, die distributive, prozedurale, informationale und interaktionale Fairness, unterschieden (Colquitt, 2001). Für den Kontext des Schenkens sind dabei insbesondere die distributive und die interaktionale Fairness zu betrachten. Während die distributive Fairness eine faire Verteilung von Ressourcen beinhaltet, bezieht sich die interaktionale Fairness darauf, dass ein gleicher und wertschätzender Umgang mit allen Beteiligten erfolgt. So ist davon auszugehen, dass die Gabe von Geschenken an Weihnachten dann als besonders fair empfunden wird und im Folgeschluss zu weniger Stress und mehr Zufriedenheit bei dem Beschenkten führt, wenn diese beiden Fairnessarten berücksichtigt werden. In Bezug auf die distributive Fairness sollte dabei vorrangig das mit ihr verbundene **Gleichheitsprinzip** (= alle Mitglieder einer Gruppe bekommen gleich viel; Colquitt, 2001) angewendet werden, sodass beispielsweise Neid oder auch Rivalitäten zwischen Geschwistern oder das Gefühl in einer Partnerschaft, zu wenig „beschenkt" worden zu sein, vermieden werden. Ein wertschätzender Umgang bei der Vergabe und auch beim Aussuchen der Geschenke, im Sinne der interaktionalen Fairness, unterstützt diese Bemühungen zudem.

Das Prinzip der **Reziprozität**, auch Gesetz der Gegenseitigkeit genannt, beschreibt Handlungsweisen, die von einer Person in der Hoffnung ausgeführt werden, dass einem der Gegenüber mit demselben Verhalten begegnet wird (Petermann, 2012). Dabei unterliegt reziproken Handlungen oft das soziale Motiv der Wiedergutmachung. Die Gabe von Geschenken an Weihnachten kann also auch dazu genutzt werden, um möglicherweise im eigenen oder familiären Umfeld vorliegende Streitigkeiten zu klären, und ist dabei, im Sinne der Reziprozität, durch die Hoffnung geprägt, dass der „Beschenkte" das Geschenk erwidert bzw. als Zeichen der Wiedergutmachung annimmt.

Dass sich Enttäuschungen bezüglich Weihnachtsgeschenken auch bei der Berücksichtigung dieser psychologischen Konzepte nie ganz vermeiden lassen, ist klar. Um solchen Enttäuschungen am besten vorzubeugen, sollte vor allem der Aspekt der **Wertschätzung** wieder mehr in den Vordergrund rücken. Man sollte sich also bewusst machen, dass Geschenke zu Weihnachten nicht bezüglich ihres Wertes oder ihrer Anzahl zu Freude beim Beschenkten führen, sondern insbesondere dann, wenn Mühe und Überlegungen auf der Seite des Schenkenden erkennbar sind. Somit sollten gerade die allseits bekannten „Socken zu Weihnachten" tunlichst vermieden werden.

Der weihnachtliche Brauch der Gabe von Geschenken hat eine sehr lange historische Tradition und steht dabei zusätzlich mit einigen zentralen Konzepten der Sozialpsychologie in Verbindung. Insbesondere sein Einfluss auf das menschliche Miteinander zur Weihnachtszeit sollte uns bewusst sein, damit wir diesen steuern können und somit sicherstellen, dass das Ritual des Schenkens an Weihnachten vorrangig durch Freude und Wertschätzung geprägt ist.

7.3.5 Weihnachten als Familienfest

Wenn man Sie fragen würde, mit wem Sie dieses Jahr Weihnachten verbringen werden, was werden Sie vermutlich antworten? Richtig, mit der Familie. Auch wenn Weihnachten ursprünglich ein religiös geprägtes Fest war, hat es sich im Laufe der letzten Jahrhunderte hauptsächlich zu einem Familienfest entwickelt – einem der wichtigsten Familienfeste des Jahres. Über die Jahre hinweg haben sich dabei mehr und mehr Bräuche und Rituale angesammelt, die speziell auf die Familie bezogen sind.

Familienbräuche zu Weihnachten

Zusätzlich zur Bescherung (s.o.) gibt es weitere, speziell die Familie betreffende Rituale und Bräuche zu Weihnachten. Es wird zusammen gesungen und womöglich besucht man gemeinsam die Christmette am 24. Dezember. Manche Familien gehen am Heiligen Abend vor der Bescherung auch auf den Friedhof zu den Gräbern ihrer Angehörigen, um diesen zu gedenken.

Außerdem gibt es im Rahmen der Weihnachtsfeiertage meist gemeinsam mit der Familie ein großes Weihnachtsessen. Im Vergleich zu früher, als am 24. Dezember zumeist kleine Kartoffel- oder Fischgerichte üblich waren, gibt es heute keine festen Essensregeln mehr. Viele Familien essen traditionsgemäß Würste und Kartoffelsalat am Heiligen Abend, andere dagegen halten ein großes Festmahl ab. Ein traditionelles Festmahl zu Weihnachten, das zunächst nur den „besser Betuchten" am 24. Dezember vergönnt war, ist der Verzehr eines Gänsebratens nach der Messe am Abend.

Allgemein haben sich die Weihnachtszeit und ebenso die Vorweihnachtszeit im Gegensatz zum zuvor üblichen Fasten vor

Weihnachten, zu einer Zeit des „Essens" entwickelt. Dabei sind Kaufhäuser und Kühlschränke meist gut gefüllt mit Lebkuchen, Spekulatius und süßem Weihnachtsgebäck, z. B. selbst gebackenen Plätzchen.

Von Weihnachtsessen und Diäten

Ein jeder, der schon einmal versucht hat, zu dieser Zeit eine Diät zu machen, hat sicherlich seine **Fähigkeit zur Selbstkontrolle** ausgiebig trainiert. Sollte man nun aber doch das eine oder andere Mal bei den leckeren Weihnachtssüßigkeiten zugreifen, entsteht eine sog. **kognitive Dissonanz**. Diese beschreibt eine Abweichung des aktuellen Verhaltens von dem Verhalten, das wir eigentlich zeigen wollten, also z. B. den Verzicht auf Süßes. Durch diese Abweichung entstehen unangenehme Gefühle – man fühlt sich schuldig und schlecht – und das umso mehr, je weniger man die Abweichung rechtfertigen kann.

Doch was hilft? Man kann sich einerseits vorlügen, dass die Weihnachtsplätzchen eigentlich gar nicht so viele Kalorien haben (d. h. seine Kognitionen verändern), oder sich auch vor Augen führen, dass die enthaltene Milch durchaus gesundes Kalzium beinhaltet (d. h. konsonante Elemente addieren). Deutlich sinnvoller und zudem besser für unsere Gesundheit und wahrgenommene **Selbstwirksamkeit**, also die Überzeugung, vorgenommene Handlungen auch erfolgreich ausführen zu können, ist es aber, den weihnachtlichen Süßigkeiten zu widerstehen.

Dabei kann die Familie hilfreich sein, mit der man die Weihnachtstage gemeinsam verbringt. So hilft uns – der Theorie der **sozialen Unterstützung** (Jones u. Jetten, 2011) folgend – die Anwesenheit nahestehender Personen dabei, unangenehme Situationen (z. B. Diäten) länger durchzuhalten und uns schneller wieder davon zu erholen.

Weihnachten und Zugehörigkeitsgefühle

Wer aber gehört zum engeren Kreis der Familie und wird letzten Endes zum Weihnachtsfest eingeladen? Das **Bedürfnis nach Zugehörigkeit** („need to belong"; Baumeister u. Leary, 1995), d. h. der Wunsch nach häufigen, affektiv positiven Interaktionen mit anderen Personen, ist eines der essenziellen Bedürfnisse von Menschen und dient aus evolutionärer Perspektive sogar dem Überleben.

Allerdings kann es auch innerhalb von Familien zu Konflikten kommen, die sogar zum Ausschluss einzelner Mitglieder aus den alljährlichen Feierlichkeiten führt. So finden z. B. ein Drittel aller Scheidungsanträge nach den Weihnachtsfeiertagen ihren Weg zum Anwalt (Jimenez, 2014). Während Beziehungsprobleme im Alltag noch mit viel Geschäftigkeit und durch das Arbeitsleben weitgehend im Hintergrund stehen können, treten diese aufgrund des emotionalen Aspektes der Feierlichkeit und den damit verbundenen Erwartungen, der vielleicht bereits ungewohnten Nähe zum Partner sowie der oft fehlenden Möglichkeit und/oder Zeit, Missverständnisse während der Feierlichkeiten aufzuarbeiten, offen zutage.

Eine Trennung bzw. Scheidung hat Folgen für die gesamte Familienstruktur und führt insbesondere bei den Eltern und den von der Scheidung betroffenen Kindern zu Problemen. Eltern nehmen sich dann nicht mehr als Einheit wahr, sondern eher als **Eigen-** („ingroup") und **Fremdgruppe** („outgroup"), d. h. (familien-)zugehörig oder ausgeschlossen. Das kann so weit führen, dass sie sich gegenseitig schlecht machen. Dahinter steht die menschliche Tendenz, als nicht zugehörig empfundene Personen (d. h. Mitglieder der Fremdgruppe) abzuwerten, um sich besser zu fühlen.

Womöglich ist ein Elternteil durch eine Trennung nun aus der Familie ausgeschlossen und muss Weihnachten im nächsten Jahr alleine verbringen. Weihnachten alleine? Das ist für viele Menschen tatsächlich Realität. Allgemein führt eine **Deprivation des Zugehörigkeitsbedürfnisses** oft zu Einsamkeit und einem Gefühl von Sinnlosigkeit bis hin zu Depressionen, zur verschlechterten Selbstregulation und einem geschwächten Immunsystem (Baumeister et al., 2005). Dass deshalb jedoch zu bzw. nach Weihnachten auch die Suizidrate drastisch ansteigt, ist ein Mythos (Gaschke, 2015). Dennoch berichten Psychiatrien von steigenden

Zahlen an selbstmordgefährdeten Neuzugängen nach den Weihnachtsfeiertagen (Müller, 2016).

In Deutschland feiern 16,4 Millionen Singles jährlich Weihnachten ohne Partner. Diverse Klubs und Restaurants greifen dies auf und laden zu Heiligabend in ihre Räumlichkeiten mit verschiedensten Veranstaltungen ein.

Dies verdeutlicht eindrucksvoll, wie essenziell das Gefühl von Zugehörigkeit und das Vorhandensein vertrauter und geliebter Personen in der Weihnachtszeit sind. Dieses Bedürfnis wird in der Weihnachtszeit daher gezielt von der Werbeindustrie aufgegriffen und als Strategie zum Marketing verwendet, wie z. B. ein kontrovers diskutierter Werbespot einer großen Lebensmittelkette aus dem Jahr 2015 zeigt: In diesem täuscht ein alternder, einsamer Vater seinen Kindern den eigenen Tod vor, damit diese zum Weihnachtsfest mit seinen Enkelkindern zu Besuch kommen. Die Taktik des Vaters geht auf, und am Ende des Spots wird dann gemeinsam und glücklich Weihnachten gefeiert – selbstredend mit den beworbenen Produkten.

Abschließend bleibt festzuhalten, dass Weihnachten trotz all dem Stress, der mit dieser Zeit verbunden sein kann, für die meisten von uns das Fest der Liebe bleibt.

7.4   Weihnachten im Wandel der Zeit und in der Zukunft

Weihnachten wird seit dem 4. Jahrhundert nach Christus gefeiert und ist bzw. war somit den Neuerungen sowie dem Zeitgeist verschiedenster Generationen und Jahrhunderte ausgesetzt. Somit unterlag und unterliegt es auch heute noch einem Prozess kontinuierlicher Veränderungen. Zumeist betreffen diese Veränderungen jedoch nicht die Bedeutung, die das Weihnachtsfest für uns Menschen besitzt. Denn auch heutzutage nutzen die meisten Menschen die Weihnachtstage dazu, um Zeit mit der Familie oder Freunden zu verbringen, und oftmals bemerkt man, dass man in der Weihnachtszeit versöhnlicher auf Situationen im Alltag reagiert, eben weil Weihnachten ist. In diesem Sinne äußerte sich auch Dr. Sabine Wienker-Piepho (Volkskunde,

Universität Jena), die davon überzeugt ist, dass Weihnachten auch noch in 100 Jahren ähnliche Gefühle in uns Menschen wecken wird wie heute (Handy, 2016).

Die Veränderungen des Weihnachtsfestes über die Zeit hinweg sind somit in erster Linie auf die Rituale bezogen, die die Feierlichkeiten prägen. So gab es bei unseren Ururgroßeltern den Weihnachtsmann noch nicht, und auch der üppig geschmückte Weihnachtsbaum stellt eine relativ neue Tradition dar.

Die heutige Realität von Weihnachten scheint dadurch geprägt zu sein, dass das Weihnachtsfest trotz der starken Veränderungen über die Jahrhunderte hinweg, ein Fest der **Nächstenliebe** geblieben ist. Dabei erscheint die Stabilität der mit Weihnachten verbundenen menschlichen Gefühle und Werte auch aus psychologischer Sicht begründet und sinnvoll. So wird Weihnachten zwar in verschiedenen Ländern der Welt unterschiedlich gefeiert (▶ Abschn. 7.2), symbolisiert aber doch kulturübergreifend die christlichen Werte der Hoffnung, Besinnung und Nächstenliebe. Was nun also macht die Kultur bzw. die zugrunde liegenden Werte der Rituale des Weihnachtsfestes aus und inwiefern stellen diese sicher, dass die mit Weihnachten verbundenen Gefühle über die Zeit hinweg stabil bleiben?

Kultur gibt den Menschen einen Orientierungsrahmen für ihr Verhalten in bestimmten Situationen (Thomas, 2003) und wird vor allem durch immaterielle Phänomene wie Werte, Symbole und Geschichten geprägt. Somit ist auch das Weihnachtsfest mit seinen Ritualen sowie seiner zugeschriebenen normativen, gesellschaftlichen sowie individuellen Bedeutung ganz klar durch Kultur geprägt. Dabei beinhaltet Kultur stets auch ein **kulturelles Wissen** (d. h. das Wissen über einen bestimmten Kulturaspekt), die als ein über die Zeit stabiles Konstrukt zu betrachten ist (Bohinc, 2003). Die Wissenskultur über Weihnachten wird uns bereits in der frühen Kindheit und über unser gesamtes Erwachsenenleben durch stets wiederkehrende Bräuche und Rituale vermittelt. Die Vermittlung erfolgt nicht nur über das beobachtbare Verhalten der Familienmitglieder, sondern auch über die Kommunikation und den Austausch. Das über Weihnachten vorhandene Wissen wird also innerhalb von Kulturen, Gruppen und Familien geteilt, zugänglich gemacht und weitergegeben. Die grundlegenden Werte des Weihnachtsfestes sowie dessen Kultur bleiben somit erhalten.

Betrachtet man das Weihnachtsfest als ein Fest der Veränderungen, stellt sich in der heutigen globalisierten und schnell veränderlichen Welt die Frage, wie wohl das Weihnachtsfest in 10 Jahren aussehen wird? Wird Weihnachten im Jahre 2030 vielleicht nur noch mit einem projizierten Weihnachtsbaum stattfinden? All diese rein hypothetisch aufgestellten Veränderungen scheinen in der heutigen Zeit durchaus denkbar und werden auch schon in den ersten Stadien vorgestellt und getestet. So wurde im Dezember 2016 in Berlin ein **„Weihnachtsabend der Zukunft"** mithilfe des ersten digitalen Spiegels der Welt – „Dirror" – inszeniert. Dabei ermöglicht es der „Dirror" beispielsweise, einen interaktiven Adventskalender zu erstellen, der sich durch Tippen auf dem spiegelbaren Touchscreen öffnen lässt. Der „Dirror" fungiert dabei als ein Beispiel dafür, dass „[e]in digitales Weihnachtsfest verbunden mit Tradition und Harmonie […] keine Fantasie [ist], sondern heute schon Realität" (UmweltDialog, 2016, S. 1).

Es bleibt also spannend, sich vorzustellen, durch welche innovativen Rituale und Bräuche das Weihnachtsfest in 10, 50 oder 100 Jahren geprägt sein könnte. Gleichzeitig besitzt diese Vorstellung aber auch eine gewisse Vorhersagbarkeit, da die grundsätzlichen Werte des Weihnachtsfestes, auch in den Zeiten der Digitalisierung, nicht gefährdet oder veränderlich zu sein scheinen. Es kann also angenommen werden, dass das Weihnachtsfest auch für kommende Generationen ein Fest der Nächstenliebe bleiben wird.

7.5   Fazit

Dieses Kapitel über das Weihnachtsfest und seine Bräuche verdeutlicht, wie viel Psychologie hinter den Traditionen des Festes steckt. Dabei ist es insbesondere interessant, dass fast alle weihnachtlichen Rituale – sei es der Christbaum, die Dekoration, das Licht oder auch die Geschenke – unser Erleben und Verhalten sowie das menschliche Miteinander zur Weihnachtszeit beeinflussen. In diesem Kapitel haben wir zudem gelernt, dass wir selbst etwas dafür tun können, das Weihnachtsfest für uns und unsere Familien zu einem schönen Erlebnis zu machen. Dabei ist davon auszugehen, dass das Weihnachtsfest trotz der kulturellen, religiösen und generationsbedingten Unterschiede auch noch in künftigen Jahrhunderten durch Wertschätzung, Familie und Nächstenliebe bestimmt sein wird.

Literatur

Baumeister, R. F., & Leary, M. R. (1995). The need to belong: desire for interpersonal attachments as a fundamental human motivation. *Psychological Bulletin* 117(3), 497–529.

Baumeister, R. F., DeWall, C. N., Ciarocco, N. J., & Twenge, J. M. (2005). Social exclusion impairs self-regulation. *Journal of Personality and Social Psychology* 88(4), 589–604.

Bohinc, T. (2003). Wissenskultur: Begriff und Bedeutung. In: U. Reimers, S. Staab, & G. Stumme (Hrsg.), *WM 2003: Professionelles Wissensmanagement – Erfahrungen und Visionen, Gesellschaft für Informatik. Beiträge der 2. Konferenz Professionelles Wissensmanagement – Erfahrungen und Visionen* (S. 371–380). Bonn: Gesellschaft für Informatik.

Bronner's Christmas Wonderland (2015). History of Bronners: Decorating hearts and homes with peace and love since 1945. Artikel vom 8. Mai 2015. https://www.bronners.com/topic/history-of-bronners.do?sortby=ourPicks&refType=&from=fn. Zugegriffen: 27. November 2017.

Brown, J. D. (1986). Evaluations of self and others: Self-enhancement biases in social judgments. *Social Cognition* 4, 353–376.

Colquitt, J. A. (2001). On the dimensionality of organizational justice: a construct validation of a measure. *Journal of Applied Psychology* 86(3), 386–400.

Ehrenstein, C. (2006). Woher kommt eigentlich der Christbaum? Welt N24. Artikel vom 23. Dezember 2006. https://www.welt.de/print-welt/article704503/Woher-kommt-eigentlich-der-Christbaum.html. Zugegriffen: 27. November 2017.

Festinger, L. (1954). A theory of social comparison processes. *Human Relations* 7(2), 117–140.

Gaschke, S. (2015). *Einsamkeit ist der Preis der modernen Gesellschaft.* Welt N24. Artikel vom 08. Dezember 2015. https://www.welt.de/politik/deutschland/

article149649324/Einsamkeit-ist-der-Preis-der-modernen-Gesellschaft.html. Zugegriffen: 27. November 2017.

Handy, K. (2016). Blick in die Zukunft: Wie wird Weihnachten in 100 Jahren? MDR Kinder. Artikel vom 05. Dezember 2016. http://www.mdr.de/figarino/radio/weihnachten-zukunft-figarino100.html. Zugegriffen: 27. November 2017.

Hijmans, S. (2003). Sol Invictus, the winter solstice, and the origins of Christmas. *Mouseion* 3(3),377–398.

Jimenez, F. (2014). Wann sich Menschen entscheiden den Partner zu verlassen. Welt N24. Artikel vom 03. August 2014. https://www.welt.de/gesundheit/psychologie/article130829107/Wann-sich-Menschen-entscheiden-den-Partner-zu-verlassen.html. Zugegriffen: 27. November 2017.

Jones, J. M., & Jetten, J. (2011). Recovering from strain and enduring pain: Multiple group memberships promote resilience in the face of physical challenges. *Social Psychological and Personality Science* 2(3),239–244.

Kahneman, D., & Tversky, A. (1979). Prospect theory: An analysis of decision under risk. *Econometrica: Journal of the Econometric Society* 47(2) 263–291.

Mitteldeutscher Rundfunk (MDR). (2016). Martin Luther und die Weihnachtszeit. Programmvorschau vom 22. Dezember 2016. http://www.mdr.de/reformation500/weihnachtsserie-luther-uebersicht-refjahr-100.html. Zugegriffen: 27. November 2017.

Müller, M. (2016). Einsamkeit, Depression: Wenn Weihnachten auf die Psyche schlägt. *Berliner Zeitung*. Artikel vom 20. Dezember 2016. http://www.berliner-zeitung.de/gesundheit/wenn-weihnachten-auf-die-psyche-schlaegt-sote-1556322. Zugegriffen: 27. November 2017.

Petermann, F. (2012). *Psychologie des Vertrauens*. Göttingen: Hogrefe.

Schutzgemeinschaft Deutscher Wald (2016). Weihnachtsbaum in Zahlen und Fakten. Artikel vom 15. Dezember 2016. http://www.sdw.de/waldwissen/weihnachtsbaum. Zugegriffen: 27. November 2017.

Schweizer Radio und Fernsehen (SRF). (2012). Wo liegt der Ursprung von Weihnachten? Artikel vom 24. Dezember 2012. http://www.srf.ch/sendungen/einstein/einstein/wo-liegt-der-ursprung-von-weihnachten. Zugegriffen: 27. November 2017.

Skinner, B. F. (1953). *Science and human behavior*. New York: Simon & Schuster.

Spiegel online (2015). *Somalia verbietet Weihnachten*. Spiegel online. Pressemeldung vom 23. Dezember 2015. http://www.spiegel.de/politik/ausland/somalia-verbietet-weihnachten-a-1069417.html. Zugegriffen: 27. November 2017.

Thaler, R. (1980). Toward a positive theory of consumer choice. *Journal of Economic Behavior & Organization* 1(1),39–60.

Thomas, A. (2003). Psychologie interkulturellen Lernens und Handelns. In: A. Thomas (Hrsg.), *Kulturvergleichende Psychologie* (S. 433–483). Göttingen: Hogrefe.

Pavlov, I. P. (2003). *Conditioned reflexes*. Mineola, NY: Dover Publications Inc.

UmweltDialog (2016). So sieht das Weihnachten der Zukunft aus. Pressemitteilung vom 08. Dezember 2016. http://umweltdialog.de/de/politik/gesellschaft/2016/So-sieht-Weihnachten-der-Zukunft-aus.php. Zugegriffen: 27. November 2017.

Weiner, B. (1985). An attributional theory of achievement motivation and emotion. *Psychological Review* 92(4),548–573.

ZDF heute (2016). Weihnachtsgeschenke für Kinder: „Oft ein Kampf um die Herzen der Kinder". Marcel Burkhardt im Interview mit André Frank Zimpel. http://www.heute.de/kinder-zu-weihnachten-nicht-mit-geschenken-ueberhaeufen-raet-andre-frank-zimpel-im-heute.de-interview-46066472.html. Zugegriffen: 14. März 2017.

Rituale im Lebenszyklus

Inhaltsverzeichnis

Rituale zur Geburt

Thomas Hilpert

© Springer-Verlag GmbH Deutschland, ein Teil von Springer Nature 2018
D. Frey (Hrsg.), *Psychologie der Rituale und Bräuche*,
https://doi.org/10.1007/978-3-662-56219-2_8

8.1   Einleitung

In der Mongolei wird der Bauch einer werdenden Mutter mit einer mumifizierten Bärentatze massiert, in der Hoffnung die Kraft des Bären möge auf die Gebärende übergehen. In Indien werden die Tiere freigelassen. In Zentralafrika bekommt das Neugeborene zum Schutz vor bösen Geistern ein Armband aus den Kleidern der Eltern. Und auf Hawaii kamen früher 48 trommelnde Häuptlinge zur Geburt eines Kindes zusammen. Von der Mongolei über Indien und Zentralafrika bis nach Hawaii – die Rituale, Bräuche und Traditionen vor, während und nach einer Geburt könnten oft unterschiedlicher nicht sein. Einige dieser Rituale sind Hunderte von Jahren alt, andere dagegen sind erst vor vergleichsweise kurzer Zeit entstanden. Einige werden nur noch vereinzelt oder gar nicht mehr ausgeführt, wieder andere erfreuen sich großer Beliebtheit und sind weltweit verbreitet.

Die Relevanz dieser Art von Ritualen ist nicht zuletzt der Tatsache geschuldet, dass überall auf der Welt Kinder geboren werden. In Deutschland waren es im Jahr 2015 737.375 bei einer durchschnittlichen Geburtenziffer von 1,5 Kindern je Frau (Destatis, 2016) bzw. einer Geburtenrate von 8,47 Lebendgeborenen bezogen auf 1.000 Einwohner (CIA, 2016). Obwohl sich damit der leichte Anstieg der Vorjahre fortsetzt, liegt die Rate der Geburten in Deutschland immer noch deutlich hinter der anderer Nationen: Deutschland belegt weltweit den 217. von 226 Plätzen. Zum Vergleich: Frankreich schneidet bedeutend besser ab und belegt Platz 161. Auf den ersten 10 Plätzen dieser Rangliste finden sich ausschließlich afrikanische Länder. Spitzenreiter ist dabei die Republik Niger mit einer Geburtenrate von knapp 44,80 Lebendgeborenen auf 1.000 Einwohner. An dieser Stelle sei angemerkt, dass sich Frauen in Afrika mehrheitlich weniger Kinder wünschen. Doch insbesondere unzureichende Verhütungsmethoden verhindern eine Normalisierung der Geburtenrate.

Im Folgenden soll die Geburt aus einer psychologischen Perspektive beleuchtet werden. Zunächst wird der Frage nachgegangen, was Menschen dazu bewegt, Kinder zu bekommen. Im Anschluss daran soll die bunte Vielfalt der Rituale zur Geburt mit den dahinterstehenden psychologischen Phänomenen erörtert werden. Nach der Vorstellung zukünftiger Herausforderungen im Zusammenhang mit der Geburt wird schließlich ein abschließendes Fazit gezogen.

8.2   Warum Menschen Kinder bekommen

Die Geburt ist eine natürliche biologische Notwendigkeit, sichert sie doch die Nachkommenschaft der Eltern und damit letztlich die Existenz der Menschheit. So ist von einem evolutionären Standpunkt die **Reproduktion** als ureigene Begründung der Geburt zu sehen. Doch darf bezweifelt werden, dass allein damit die Funktion der Geburt bzw. des Kinderkriegens hinreichend erklärt ist. Verschiedene Erklärungsmuster können hierzu herangezogen werden, die für bestimmte Gruppen oder Zeiten Gültigkeit besitzen bzw. besaßen.

So wird durch die Geburt eines Kindes beispielsweise dem **Bedürfnis nach Zugehörigkeit** („need to belong"; Baumeister u. Leary, 1995) Ausdruck verliehen. Das Bedürfnis nach Anschluss, nach vertrauten Beziehungen wird gestärkt. Ebenso kann argumentiert werden, dass gemäß der Bedürfnispyramide von Maslow (1943) das oberste und chronologisch letzte zu erfüllende Bedürfnis, die Selbstverwirklichung, für manche Eltern eine Rolle spielt.

Eng damit verbunden sind auch das Konzept der **Selbstwerterhöhung** sowie der oftmals mit einem Kind einhergehende Gewinn an **sozialem Status**, d. h. der sozial-normative Nutzen. Kinder zu haben gilt in manchen Kulturen als Zeichen von Wohlstand, denn Kinder zu ernähren und großzuziehen bedeutet in aller Regel eine nicht unerhebliche finanzielle Belastung. Eine grobe Schätzung der Kosten für ein Kind in Deutschland von der Geburt bis zur Volljährigkeit beläuft sich auf ca. 130.000 Euro – einen möglichen Verdienstausfall nicht einberechnet (Destatis, 2014).

In der Vergangenheit noch stärker ausgeprägt, aber auch heutzutage nicht zu vernachlässigen, ist die Erwartung des eigenen Nachwuchses gleichsam als „Lebensversicherung". So soll das Kind im Alter die Eltern versorgen – wodurch dem psychologischen Prinzip der **Reziprozität** Rechnung getragen wird. Dieses beschreibt ein tief im Menschen verwurzeltes Gefühl für Gegenseitigkeit im sozialen Austausch, für Geben und Nehmen. Denn ebenso wie die Eltern in der Kindheit für das Kind sorgen, kann dieses die Vorleistung der Eltern in gewisser Weise zurückgeben.

Darüber hinaus kann das Kinderkriegen innerhalb der **Terror-Management-Theorie** (Greenberg et al., 1986) als Reaktion auf die Bewusstmachung der eigenen Sterblichkeit gedeutet werden, die zu Angstzuständen („terror") führen kann. Diese Theorie behandelt Bewältigungsstrategien im Angesicht der Tatsache und Einsicht, dass der Mensch sich dem Tod nicht entziehen kann. Eine Mutmaßung ist nun, dass die Eltern über ihr Kind in gewisser Weise weiterleben wollen – sowohl über die Weitergabe ihrer Gene als auch durch das Andenken ihrer Kinder und der weiteren Nachkommen.

Damit verbunden kann nicht zuletzt auch die Existenzanalyse nach Viktor Frankl Mitte des 20. Jahrhunderts herangezogen werden, die das Streben des Menschen nach **Sinn** im Leben als zentralen Motivator propagiert (Kriz, 2014). Insofern kann behauptet werden, dass das Neugeborene durch seine Existenz Sinn für die sich kümmernden Eltern stiftet.

In Anbetracht der genannten Vielfalt potenzieller Erklärungsansätze der Geburt aus Sicht der Eltern wird ersichtlich, dass mehrere Faktoren und Gründe zusammenspielen können und die Entscheidung für ein Kind sehr individuell zustande kommt.

8.3 Rituale zur Geburt in Deutschland und in anderen Ländern

Die Bandbreite an Ritualen zur Geburt in Deutschland, aber auch in anderen Ländern und Kulturen, soll nun im Detail dargestellt werden. Darüber hinaus soll für ausgewählte Bräuche

gezeigt, welche Fülle an psychologischem Hintergrund bei genauerer Betrachtung auch hier zu finden ist.

Anmerkung Alle im Folgenden genannten Rituale basieren auf persönlichen Erfahrungen des Autoren sowie Internetquellen, da einschlägige wissenschaftliche Quellen schwer zugänglich sind.

8.3.1 Rituale in Deutschland

Vorangestellt sei, dass die Traditionen zur Geburt in Deutschland im Allgemeinen rückläufig und zum Teil regional spezifisch sind. Bei einem vor allem in bayerischen Raum bekanntem Brauch beispielsweise stellen Freunde oder die Verwandtschaft ein mit leeren Blechdosen verziertes **Schild „Zur Bix'n-Macherei"** vor dem Haus oder der Wohnung der Eltern auf. Es soll darauf hinweisen, dass ein Mädchen – auf bayerisch auch „Bix'n" genannt – geboren wurde. Historisch wird dies damit begründet, dass dadurch die Nachbarn zur Geldspende angeregt werden. Denn Frauen war es zur Entstehung des Brauches noch untersagt, außerhalb des Haushalts zu arbeiten. Und der Brautvater kam traditionell für die hohen Kosten der Hochzeit der Tochter auf. Gerne wird auch heute noch eine **Erinnerungskiste** an das Kind übergeben, die zu dessen 18. Geburtstag oder auch bei der Geburt des ersten Enkelkindes weitergegeben wird. Diese Kiste enthält erinnerungsträchtige Dinge, meist bis zum Ende des ersten Lebensjahres, z. B. Ultraschallfotos, Kleidungsstücke oder auch den ersten Schnuller. Viele dieser Dinge könnten auch die **Wäscheleine** schmücken, die Nahestehende der jungen Eltern vor deren Haus aufhängen, um zu zeigen, dass hier ein Kind geboren wurde.

Drei weitere typische Rituale aus Deutschland sollen nun herausgegriffen und eingehender untersucht werden.

Vom Storch, der die Kinder bringt

Ein für Deutschland exemplarischer Brauch ist das Aufstellen einer meist hölzernen Storchfigur gut sichtbar vor dem Haus oder auf dem Dach.

Warum handelt es sich ausgerechnet um einen Storch? Dies geschieht vor dem Hintergrund, dass in der Vergangenheit der Storch tatsächlich des Öfteren einen Nistplatz unter dem Dach erhalten hatte. Der Legende nach brachte der Storch nun aus Dankbarkeit dafür den Eltern ein Kind (◘ Abb. 8.1). Hinzugefügt sei, dass dieses Ritual qua Ursprung seinen Schwerpunkt im ländlichen Raum hat, jedoch aufgrund der Weitergabe über Generationen hinweg auch in Städten angewandt wird, wo keine Störche zu finden sind.

Das Aufstellen eines Storches stellt zuvorderst ein Symbol dar, es soll ebenso wie die bereits genannte Wäscheleine demonstrieren: Hier wurde ein Kind geboren. Insofern besitzt die Storchfigur Informationscharakter für Außenstehende. Wenngleich von untergeordneter Bedeutung, kann dabei auch eine Verbindung mit einem bereits genannten möglichen Grund für eine Geburt hergestellt werden: ein Kind als Gradmesser des **sozialen Status** einer Familie. Durch die Figur wird demnach dieser „neue" Status vermittelt.

◘ **Abb. 8.1**   Storch, der ein Kind bringt (© stefankr77 / stock.adobe.com)

Was die Legende zum Storch anbelangt, kann auf das bereits erwähnte **Prinzip der Reziprozität** verwiesen werden (▶ Abschn. 8.2). Dadurch, dass die Eltern dem Storch einen Nistplatz geben, stoßen sie den Mechanismus des gegenseitigen Austausches an. Und der Storch revanchiert sich auf seine Weise, indem er das Baby bringt – zumindest dem überlieferten Glauben nach.

Das Pflanzen eines Baumes

Ein weiteres Ritual nach der Geburt stellt das Pflanzen eines Baumes dar, meist durch den Vater. Die dahinterstehende, kindbezogene Symbolik verweist auf **Leben, Fruchtbarkeit und Wachstum**. Der Tradition nach wird bei Mädchen ein Birnenbaum, bei Jungen ein Apfelbaum gepflanzt. Als Nebeneffekt trägt der Baum in etwa zur Zeit der Einschulung des Kindes erstmals Früchte.

Auch dieses Ritual kann als Symbol verstanden werden. So stehen die Attribute eines eingepflanzten Baumes im Einklang mit denen des Neugeborenen. Abgesehen von Themen wie Leben, Wachstum und Gedeihen verdient z. B. auch die Metapher des **Säens und Erntens** besondere Beachtung. Denn sie trifft zum einen auf die Eltern zu, setzt man die Ernte hier mit dem Kind gleich, aber auch auf das Kind selbst, das im Laufe seines Lebens wächst, sich entwickelt und schließlich die Früchte der Arbeit ernten kann. Weiter sei hier auf das Bild des **Stammbaumes** verwiesen. Dergestalt soll der gepflanzte Baum auch auf die Herkunft, die buchstäblich gewordene Abstammung des Kindes hinweisen und womöglich dazu dienen, sich dieser Wurzeln bewusst zu sein. Es steht zu vermuten, dass dieser Gedanke – ob bewusst oder unbewusst – einen nicht unerheblichen Einfluss ausübt.

Passend dazu weist C. G. Jung (1954) als Wegbereiter der analytischen Psychologie dem „Baum" als **Archetypen** eine besondere Rolle zu, die hier nicht weiter vertieft werden soll. Archetypen sind grob umrissen „dem kollektiven Unbewussten zugehörige Grundstrukturen menschlicher Vorstellungs- und Handlungsmuster", reflektieren dabei oft menschliche Ur-Erfahrungen und haben religiös-transzendenten bzw. mystischen Ursprung und Charakter. Die schon angeklungene innewohnende Symbolik wird hierdurch weiter unterstützt.

Erwähnenswert ist an dieser Stelle nochmals die **Terror-Management-Theorie** (▶ Abschn. 8.2). Auf die Bewusstwerdung der eigenen Sterblichkeit reagieren die Eltern möglicherweise nicht nur mit einem Nachkommen, sondern zugleich mit einem Baum, der in aller Regel das eigene sowie das Dasein des Nachkommen überdauert.

Und schließlich ist auch hier wieder die Nähe zur Natur festzuhalten. So kann der Baum als dankbares, **reziprokes Geschenk** der Eltern auf das von der Natur geschenkte Kind gedeutet werden.

Taufe

Auch die Taufe kann den Ritualen zur Geburt zugeordnet werden. Durch dieses christliche Sakrament wird das Kind in die **Glaubensgemeinschaft** aufgenommen, meist innerhalb der ersten Lebensmonate. In der Regel kommt die gesamte Verwandtschaft zusammen, wenn die Zeremonie durch den Priester vollzogen wird. Dabei wird das Kind von einem Taufpaten gehalten, wenn Taufwasser aus dem Taufbecken über seine Stirn gegossen wird bzw. es alternativ auch in Wasser untergetaucht wird. Dieser Taufpate – oft auch eine Patentante oder eine Patenonkel – wird sorgfältig ausgewählt und hat auch im weiteren Lebensverlauf eine besondere Beziehung zum Täufling, z. B. mit Geschenken zum Geburtstag oder zu Weihnachten, aber auch bei weiteren Sakramenten wie der Firmung. Interessanterweise werden erst seit dem 6. Jahrhundert nach Christus Neugeborene getauft, zuvor waren Erwachsenentaufen die Regel.

Für das Ritual der Taufe erscheinen mehrere psychologische Facetten von Bedeutung. Zum einen markiert die Taufe die Aufnahme in die christliche Gemeinschaft und könnte deshalb ebenso gut als Initiationsritus klassifiziert werden. Insbesondere die **Theorie der sozialen Identität** (Tajfel u. Turner, 1986) stößt in die Richtung des Rituals. Nach dieser Theorie wird durch die Zugehörigkeit zu einer Gruppe (Ingroup) soziale Identität gestiftet.

Charakteristisch ist dabei, die eigene Gruppe im Vergleich mit einer anderen relevanten Gruppe (Outgroup) positiver zu bewerten und sich von der anderen Gruppe abzugrenzen. Indem die Familie und die Gemeinschaft zum Taufritual zusammenkommen, wird dem Wunsch Ausdruck verliehen, dass der Täufling von nun an ein Teil der Gemeinschaft ist und dazugehört. Im weiteren Lebensverlauf soll das Kind von dieser positiven sozialen Identität profitieren.

Die Bindung zur eigenen Gruppe wird durch das Glaubensbekenntnis positiv beeinflusst, stellt es doch eine Art öffentlichen Bekenntnisses (**Commitment**) dar. Hinzugefügt sei hier, dass dieses Bekenntnis in den ersten Lebensmonaten des Kindes stellvertretend durch die Eltern gegeben wird, zumindest in der katholischen Kirche. Auf evangelischer Seite ist die bewusste Entscheidung des Täuflings und damit das aktive Commitment verbreiteter.

Zum anderen ist der Aspekt der Reinigung anzuführen. Als „unschuldige Reinheit" bezeichnet und durch ein weißes Kleid des Kindes nach außen gekehrt wird der Täufling durch das geheiligte Wasser von der Schuld befreit. Augenscheinlich spielt hier die Psychologie der Farben eine Rolle sowie abermals die symbolisch Funktion von Wasser als nicht nur äußerliche Reinigung.

8.3.2 Rituale in anderen Ländern

Bei der Betrachtung anderer Länder und Kulturen wird endgültig augenscheinlich, welche Vielfalt innerhalb der Rituale zur Geburt zu finden ist. Und wie Rituale aus anderen Ländern auch mit deutschen Ritualen korrespondieren.

So lohnt hinsichtlich der Storchfigur der Blick in das antike Griechenland. Dort wurde bei der Geburt eines Jungen ein Olivenkranz, der eines Mädchens ein Wollknäuel an der Haustür befestigt. Von der Information für Außenstehende abgesehen sollte so auch begünstigt werden, dass die Jungen tapfere Krieger oder erfolgreiche Sportler/Künstler werden und die Mädchen ihren häuslichen Verpflichtungen gewissenhaft nachgehen.

Was das Pflanzen eines Baumes anbelangt, findet man im Oman die Parallele, dass dort der Schössling einer Dattelpalme, der von einer anderen Palme abgehauen wurde, zur Geburt eingepflanzt wird. Dieser soll als Lebensversicherung dienen, wofür er mit einer dem Menschen ähnlichen Lebensdauer prädestiniert ist.

Zur christlichen Taufe ist festzuhalten, dass eine Reihe vergleichbarer Rituale existierten bzw. bis heute existieren. So lassen sich in nahezu jeder Religion bestimmte **Initiationsriten** ausmachen. Bereits im Griechenland der Antike wurde am 5. Tag nach der Geburt die sog. Amphidromia gefeiert, um das Neugeborene in die Familiengemeinschaft aufzunehmen. Hier wurden Säuglinge auch in Öl gebadet, um sie zu stärken. Die Spartaner sollen dafür sogar Alkohol verwendet haben. In Japan werden Kinder noch heute am zehnten Tag nach der Geburt in die Gemeinschaft des engsten Familienkreises aufgenommen und im Shinto-Tempel gesegnet.

Vergleichbar mit der Erinnerungskiste aus Deutschland wird in Japan die Nabelschnur in einer speziell gefertigten Box aufbewahrt, um eine **positive Mutter-Kind-Beziehung** zu sichern. Eine positive Mutter-Kind-Beziehung ist auch das Ziel der Munddusche, bei der die Mutter Wasser in ihrem Mund erwärmt und damit das Kind wäscht. Dies wird von bestimmten Stämmen in Ozeanien, Indonesien, Afrika und Brasilien berichtet.

Ritualmäßig wird bis heute noch in vielen Ländern darauf geachtet, Fenster, Türen und andere Dinge zu öffnen bzw. zu schließen. So glaubt man in Indien daran, dass die Geburt schneller und leichter verläuft, wenn die Mutter ihre Haare offen trägt, Schmuck ablegt, die Kleidung lockert, die Türen geöffnet sind und sogar – wie eingangs erwähnt – die Tiere freigelassen werden. Ähnliches trifft auf China zu. Und ist in der Türkei der Mann bei der Geburt anwesend, dann oft mit offenen Schnürsenkeln und offenem Hemd. Die Wurzeln dieser Praktik des Öffnens gehen bis in die Antike zurück: Schon bei den alten Griechen wurde der Raum aus ähnlichen Gründen auf Knoten überprüft. Auch in

Ägypten löste man Knoten wie in den Haaren erst, wenn die Geburt unmittelbar anstand, um das ungeborene Kind nicht zuvor zu verlieren. Demgegenüber legt man z. B. in Mexiko Wert darauf, Fenster und Türen zu schließen, in dem Glauben, damit böse Geister fernzuhalten. So scheiden sich im wahrsten Sinne des Wortes die Geister, wenn es um die Frage „offen oder geschlossen" geht.

Um die Säuglinge vor bösen Geistern zu beschützen, gab es u. a. im alten Ägypten wie im untergegangenen Römischen Reich besondere **Schutzamulette**. Noch heute gibt es zu eben jenem Zweck z. B. in Zentralafrika die Tradition, aus den Kleidern der Eltern ein Armband zu fertigen, und in Algerien wird das erste Kleidungsstück nach der Geburt in das Kopfkissen eingenäht.

Auch **Wärme** ist in manchen Ländern von großer Bedeutung. Sie soll zum einen ebenso Geister vertreiben, aber auch die Mutter bei Kräften halten. Dies wird bei den Kanuri in Nigeria dadurch gewährleistet, während der Wehen mehrmals heiß zu baden. Und in den peruanischen Anden trinkt die Gebärende zu diesem Zweck eine heiße Mischung aus Gewürzen, Getreide und Alkohol. Eine ähnliche Strategie wird beispielsweise in China sowie im Niger mit einem besonderen Kräutertrank und in Guatemala mit einer in Bier gekochten Zwiebel verfolgt. Beides soll die Geburt erleichtern.

Ein weitverbreitetes Muster ist bezüglich der sozialen Norm für den **Umgang mit Geburtsschmerz** zu beobachten, die im Buddhismus sogar als Bestrafung für Sünden in einem früheren Leben gesehen werden. Für Asien exemplarisch gilt in Japan eine möglichst leise Geburt als erstrebenswert. Dies korrespondiert mit dem Glauben, dass die Geburt einen Test darstelle, um auf die kommenden Aufgaben als Mutter vorzubereiten. In Thailand wird angenommen, dass die Mutter ein freches und ungehorsames Kind bekommt, sollte sie ihrem Schmerz Ausdruck verleihen und schreien. Auch in der arabischen Welt wird Selbstbeherrschung gefordert, wofür werdende Mütter in Marokko auf ihre Haare und in Ägypten auf ein Tuch zwischen den Zähnen beißen. Jedoch besteht wohl in Schwarzafrika der größte Druck, den Schmerz zu beherrschen, beschmutzt man doch andernfalls die Ehre der Familie. Nicht zuletzt stehen Schreie hier auch im Verdacht, böse Geister heraufzubeschwören.

Böse Geister sind auch in Brasilien involviert. Denn eine Eigenheit bei Ritualen traditionalistisch orientierter Stämme in Brasilien besteht darin, dass sich der zukünftige Vater nicht mehr anstrengen darf. Dahinter steht der Glaube, so den Groll böser Geister auf den Vater anstatt das Kind zu ziehen. Weiter soll der Vater seine Gedanken auf das Kind fokussieren. Dadurch soll die Energie vom Vater auf das Kind übertragen und das Kind so gestärkt werden.

Dies kann wie viele andere Rituale in den Bereich des **Aberglaubens** und der **Parapsychologie** eingeordnet werden. Letztere bezeichnet einen umstrittenen Zweig der Psychologie, der sich mit übernatürlichen, sinnlich nicht fassbaren Phänomenen beschäftigt. Demgemäß existiert bis zum heutigen Zeitpunkt keine allgemein anerkannte wissenschaftliche Evidenz, die Anhaltspunkte für die Funktionalität dieser Bräuche liefert.

Was außerdem die angesprochenen traditionellen Stämme Brasiliens betrifft, fügt sich der Vater selbst blutige Wunden zu. Damit soll die Verbundenheit zur Frau gezeigt und gleichsam der Geburtsschmerz geteilt werden. Auch wenn dies nicht mit wissenschaftlichen Erkenntnissen belegt ist, besteht Grund zur Vermutung, dass damit tatsächlich die Verbundenheit zur Mutter gestärkt wird. Als potenzielles psychologisches Erklärungsmodell aus der Neuropsychologie können hierbei **Spiegelneuronen** (Rizzolatti, 2008) herangezogen werden. Spiegelneuronen sind Nervenzellen, die beim Betrachter einer Handlung, hier des Vaters, das gleiche Aktivitätsmuster verursachen wie bei dem Ausführenden, hier der Mutter. Die Frage, ob neben motorischen Handlungen auch emotionale Vorgänge und damit Empathie darunter subsumiert werden können, bleibt eine Herausforderung für die Wissenschaft. Neben den Spiegelneuronen verdient das **Couvade-Syndrom** Beachtung,

demzufolge Männer Schwangerschaftssymptome, z. B. einen anwachsenden Bauch oder Erbrechen zeigen (Storey et al., 2000). Der bislang unbestätigten Hypothese nach wird durch den „Sympathieschmerz" väterliche Fürsorge in Gang gesetzt.

Eine weitere Facette von Geburtsritualen wird bei den Inuit offenbar, die heute vorrangig im arktischen Kanada und in Grönland beheimatet sind. Dort nimmt der Mann traditionell eine zentrale Rolle bei der Geburt wahr. Zum einen gräbt er vorbereitend eigens eine Höhle aus, in der das Kind geboren wird. Das eigentliche Wohnhaus, das Iglu, ist als Geburtsstätte tabu. Darüber hinaus schützt der Vater die Mutter während der Geburt, indem er stützend hinter ihr sitzt, und drückt auf den Bauch, um die Geburt zu erleichtern. Ist das Neugeborene schließlich auf der Welt, obliegt es dem Vater, die Nabelschnur zu durchtrennen und die Plazenta den Tieren als Nahrung zu geben. Diese zentrale Rolle des Vaters spiegelt auch den Trend in Deutschland wider, den Vater in die Geburt einzubeziehen, angefangen bei der bloßen Anwesenheit im Kreißsaal. Dies steht im Gegensatz zur Antike, besonders im Römischen Reich, als der Vater angesichts der hohen Kindersterblichkeit erst nachdem das Kind die medizinischen Tests überstanden hatte, Kontakt zum Kind aufnahm und es als das seine anerkannte.

Abschließend sei noch auf die relativ neue Tradition der sog. **Babypartys** („baby showers") aus den Vereinigten Staaten hingewiesen, die mittlerweile auch in anderen Ländern und in Deutschland Einzug hält. Dort kommen ein paar Wochen vor der geplanten Geburt vorrangig weibliche Freunde und Verwandte der Mutter zusammen, um ihr mit passenden Geschenken eine Freude zu bereiten und Spiele rund um das Thema Baby zu spielen. Ursprünglich dazu gedacht, die werdende Mutter auf ihre Rolle vorzubereiten, steht doch auch im Vordergrund, der Mutter zu gratulieren, sie zu bestärken, ihr ein Stück weit die Aufregung zu nehmen und nicht zuletzt die Eingebundenheit in eine Gemeinschaft zu demonstrieren, auf deren Netz sich die Mutter verlassen kann.

Hier wird stellvertretend deutlich, dass sich die Gründe für die Entstehung von Ritualen sehr von den Gründen unterscheiden können, warum sie heute noch angewandt werden. Sie werden über Generationen, teils über Jahrtausende hinweg, weitergegeben und dabei oft abgewandelt. Insofern ist es nur folgerichtig, dass dabei die ursprünglichen Gründe in den Hintergrund treten und pragmatischeren Aspekten weichen.

8.4   Herausforderungen angesichts der Geburt eines Kindes

Die Psychologie vermag nicht nur, Rituale bis zu einem gewissen Umfang zu erklären, sondern auch darüber hinaus einige weiterführende Beiträge zu leisten, die im Zusammenhang mit der Geburt stehen. Dabei können grob folgende Wirkbereiche unterschieden werden: das Kind, die Eltern bzw. die Partnerschaft sowie die Gesellschaft. Diese Bereiche werden im Folgenden angerissen und sollen zur weiteren Vertiefung anregen.

8.4.1   Frühkindliche Prägung von Kindern

Was das Kind betrifft, ist es allgemein ein offenes Geheimnis, dass Erziehung und Prägung wesentliche Determinanten für das Leben eines Kindes darstellen. Daher ist das Feld der **Entwicklungspsychologie** von herausragender Bedeutung. Unter anderem erscheint das Wissen um positive sowie negative Einflüsse während der Schwangerschaft ertragreich.

Ebenso können **Bindungstheorien** wie diejenige von Bowlby (1969) hilfreich sein, weisen sie doch auf das erste Lebensjahr als besonders kritische Periode für den Bindungsaufbau hin. Die verschiedenen Bindungstypen zu kennen, die richtigen Maßnahmen abzuleiten und anzuwenden, kann äußerst positive entwicklungspsychologische Auswirkungen für das Kind nach sich ziehen, z. B. auf kognitiver, sozialer und körperlicher Ebene.

8.4.2   Eltern und Partnerschaft

Im Hinblick auf die Eltern und deren Partnerschaft lohnt der Blick auf das Maß der **Zufriedenheit** – bezogen auf die Partnerschaft, aber auch allgemein auf das Leben.

Weitverbreitet ist die Annahme, mit der Geburt eines Kindes stiegen die Zufriedenheit und das empfundene Glück der Eltern. Die psychologische Forschung legt jedoch nahe, dass eine Depression bzw. depressive Symptome sowohl während der Schwangerschaft als auch ganz besonders postnatal auftreten können. Dies betrifft Mütter wie Vater gleichermaßen (Gawlik et al., 2014; Reck et al., 2008). So werden bei jedem 12. Vater in Deutschland starke depressive Symptome nach der Geburt ihres Kindes festgestellt. Eine Überblicksstudie (Paulson u. Bazemore, 2010) geht sogar von einem Anteil von 10 % aus. Negative Einflussgrößen scheinen hierbei pränatale Sorgen über die Geburt an sich, Sorgen um die Zukunft sowie die Unzufriedenheit mit der Partnerschaft zu sein.

Als eine von vielen Gegenmaßnahmen betonen Forscher die **Bedeutung sozialer Unterstützung** insbesondere der Mutter (Razurel u. Kaiser, 2015), wie sie auch durch die genannten Babypartys geleistet werden kann (▶ Abschn. 8.3).

8.4.3   Gesellschaftliche Ebene

Nicht zuletzt kann auf der Gesellschaftsebene angesetzt werden. Wie einleitend deutlich wurde, divergiert die Geburtenrate international sehr stark. Sowohl eine sehr hohe als auch eine sehr niedrige Geburtenrate können sehr schnell zu Herausforderungen führen.

Länder wie Japan und Deutschland kämpfen angesichts niedriger Geburtenraten mit dem demografischen Wandel. In vielen afrikanischen Ländern mit hohen Geburtenraten ergeben sich anders gelagerte Schwierigkeiten, z. B. die Verschärfung der Ernährungsproblematik. So sollte es im Interesse aller sein, die Geburtenraten wohldosiert zu harmonisieren – womit nicht die berüchtigte Ein-Kind-Politik Chinas beschworen werden soll.

Beitrag und Aufgabe der Psychologie kann es z. B. mit Bezug auf Deutschland sein, die **Vereinbarkeit von Beruf und Familie** weiter voranzutreiben. So kann Deutschland durchaus vom eingangs erwähnten Frankreich lernen: Gefordert sind eine günstigere Kultur und Struktur, was die Vereinbarkeit von Beruf und Familie anbelangt – eine Kultur, in der Mütter nicht als Rabenmüttern angesehen werden, wenn sie nach der Geburt wieder frühzeitig arbeiten gehen. Strukturell geht es darum, mit der Politik und Wirtschaft die dafür nötige flächendeckende Infrastruktur zu schaffen – z. B. mit tatsächlicher Ganztagsbetreuung von Kindertagesstätten über Betriebskindergärten bis hin zu den Schulen. Die Entscheidung, ein in Kind zu bekommen, sollte nicht an fehlenden bzw. nicht gewünschten Betreuungsmöglichkeiten oder Elternzeitmodellen scheitern. Eine noch engere Zusammenarbeit und Verschränkung von Wirtschaft und Politik ist in diesem Fall wünschenswert.

8.5 Fazit

Zusammenfassend kann festgehalten werden, dass die Psychologie einiges beitragen kann, wenn es um die Betrachtung der Gründe für die Geburt eines Kindes oder der damit verbundenen Rituale geht. So sind abseits des Reproduktionsgedankens noch weitere Erklärungen denkbar, warum sich Menschen dazu entscheiden, ein Kind zu bekommen. Um die Geburt herum existieren dabei international zahlreiche und zum Teil sehr exotische Rituale. Ein näherer Blick auf ausgewählte Rituale lässt erkennen, dass die dahinterstehenden Motive und psychologischen Erklärungen sehr unterschiedlich ausfallen können.

Die Gründe für eine Geburt sind ebenso wie die dazugehörigen Rituale in einem bestimmten Umfang dynamisch, im stetigen Wandel begriffen und immer auch Zeugen ihrer Zeit. Insofern ist davon auszugehen, dass auch dieses Lebensphänomen von weiteren Entwicklungen nicht unberührt bleiben wird. Eine Vielzahl weitreichender und tief greifender Veränderungen bei zunehmend größeren technischen

Möglichkeiten bezüglich des Kinderkriegens ist bereits jetzt Realität: Hierzu gehören das (zum Teil vom Arbeitgeber geförderte) Einfrieren von Eizellen, Samenspenden, Leihmutterschaften sowie die Präimplantations- (PID) und Pränataldiagnostik (PND). Mit den Gegebenheiten und Möglichkeiten umzugehen, wird eine spannende Herausforderung bleiben. Doch werden Rituale auf absehbare Zeit ein treuer Begleiter dieser Veränderungen sein – gerade wenn es um die Geburt geht.

Literatur

Baumeister, R. F., & Leary, M. R. (1995). The need to belong: Desire for interpersonal attachments as a fundamental human motivation. *Psychological Bulletin* 117(3),497–529.

Bowlby, J. (1969). *Attachment and loss. Vol. 1: Attachment.* New York: Basic Books.

Central Intelligence Agency (CIA) (Ed.). (2016). The World Factbook. Washington, DC: Central Intelligence Agency. https://www.cia.gov/library/publications/the-world-factbook/index.html. Zugegriffen: 27. November 2017.

Gawlik, S., Muller, M., Hoffmann, L., Dienes, A., Wallwiener, M., Sohn, C., Schlehe, B., & Reck, C. (2014). Prevalence of paternal perinatal depressiveness and its link to partnership satisfaction and birth concerns. *Archives of Women's Mental Health* 17(1),49–56.

Greenberg, J., Pyszczynski, T., & Solomon, S. (1986). The causes and consequences of the need for self-esteem: A terror management theory. In: R. E. Baumeister (Hrsg.), *Public self and private self* (pp. 189–212). New York: Springer.

Jung, C. G. (1954) Der philosophische Baum. In: C. G. Jung (Hrsg.), *Studien über alchemistische Vorstellungen* (S. 304–482). Olten: Walter.

Kriz, J. (2014). *Grundkonzepte der Psychotherapie.* Weinheim: Beltz.

Maslow, A. H. (1943). A theory of human motivation. *Psychological Review* 50(4),370–396.

Paulson, J. F., & Bazemore, S. D. (2010). Prenatal and postpartum depression in fathers and its association with maternal depression: A meta-analysis. *Journal Of The American Medical Association* 303(19),1961–1969.

Razurel C., & Kaiser, B. (2015). The role of satisfaction with social support on the psychological health of primiparous mothers in the perinatal period. *Women & Health* 55(2),167–186.

Reck, C., Struben, K., Backenstrass, M., Stefenelli, U., Reinig, K., Fuchs, T., & Mundt, C. (2008). Prevalence, onset and comorbidity of postpartum anxiety and depressive disorders. *Acta Psychiatrica Scandinavica* 118(6),459–468.

Rizzolatti, G. (2008). *Mirrors in the brain: How our minds share actions and emotions*. Oxford: Oxford University Press.

Statistisches Bundesamt (Destatis) (Hrsg.). (2014). *Konsumausgaben von Familien für Kinder: Berechnungen auf der Grundlage der Einkommens- und Verbrauchsstichprobe 2008*. Wiesbaden: Statistisches Bundesamt. https://www.destatis.de/DE/Publikationen/Thematisch/EinkommenKonsumLebensbedingungen/Konsumausgaben/KonsumausgabenFamilienKinder5632202089004.pdf?__blob=publicationFile. Zugegriffen: 27. November 2017.

Statistisches Bundesamt (Destatis) (Hrsg.). (2016). Die Statistik der Geburten. https://www.destatis.de/DE/ZahlenFakten/GesellschaftStaat/Bevoelkerung/Geburten/Aktuell.html. Zugegriffen: 27. November 2017.

Storey, A. E., Walsh, C. J., Quinton, R. L., & Wynne-Edwards, K. E. (2000). Hormonal correlates of paternal responsiveness in new and expectant fathers. *Evolution And Human Behavior* 21(2),79–95.

Tajfel, H., & Turner, J. C. (1986). The social identity theory of intergroup behavior. In: S. Worchel, & W. G. Austin (Eds.), *Psychology of intergroup relations* (pp. 7–24). Chicago: Nelson-Hall.

8

Rituale in der Kindheit

Birthe Prüßner

© Springer-Verlag GmbH Deutschland, ein Teil von Springer Nature 2018
D. Frey (Hrsg.), *Psychologie der Rituale und Bräuche*,
https://doi.org/10.1007/978-3-662-56219-2_9

9.1   Einleitung

Folgender Aussage des österreichischen Schriftstellers Karl Emil Franzos (1965, S. 1) werden vermutlich die meisten zustimmen:

> » Die Eindrücke der Kindheit wurzeln am tiefsten.

In diesem Kapitel möchte ich Sie zu einer Reise in die Vergangenheit einladen – in Ihre Kindheit. Es werden ausgewählte Rituale der Kindheit, also wiederkehrende Ereignisse, welche einen entscheidenden Teil der Eindrücke dieses Lebensabschnittes ausmachen, genauer betrachtet. In einem nächsten Schritt soll auf die Frage eingegangen werden, warum es die Rituale der Kindheit aus psychologischer Sicht gibt. Die beschriebenen Rituale dieses Kapitels sind als ein Ideal zu verstehen, das der Mehrheit der Menschen als Orientierung dient. Jedoch gibt es eine Vielzahl von Lebensentwürfen und es wäre utopisch anzunehmen, dass alle Rituale in beschriebener Form durchgeführt werden können. Diese kritische Sichtweise soll in einer abschließenden Betrachtung diskutiert werden.

9.2   Kindheit im Wandel der Zeit

Wie definiert man eigentlich, was ein Kind ist? Die deutsche Gesetzgebung beruft sich auf das Lebensalter: „Im Sinne dieses Gesetzes sind Kinder Personen, die noch nicht 14 Jahre alt sind" (Jugendschutzgesetz, § 1, Abs. 1; BMJV, 2002).

In der Psychologie versteht man unter dem Begriff Kind eine „Person während der Entwicklungsspanne um die Geburt (perinatal) bis zum Beginn der Erwachsenenreife (Pubertät)" (Häcker u. Stapf, 2009, S. 507). Die Kindheit wird als ein Prozess betrachtet, welcher von vielen verschiedenen Variablen wie Kultur, Problemen, Aufgaben, Struktur oder auch Zukunftsorientierung des Kindes determiniert wird (Häcker u. Stapf, 2009).

9.2.1   Geschichtliche Entwicklung

Betrachtet man die Geschichte der Kindheit, so ist allein schon im westeuropäischen Raum eine stetige Entwicklung und Veränderung des Begriffes zu beobachten. Über die letzten Jahrhunderte hinweg wurde in der Gesellschaft das Wort Kind mit ganz unterschiedlichen Assoziationen verbunden.

In der **griechischen Antike** wurde die Kindheit vor allem biologisch definiert. Man nahm an, dass sie mit der Geschlechtsreife endete. Kinder wurden an Erwachsenen gemessen und ihre mangelnden Fähigkeiten in Sprache, kulturellem Wissen oder auch körperlicher Geschicklichkeit negativ ausgelegt. Ziel und gesellschaftliches Ideal war der voll ausgereifte Erwachsene (Müller, 1990).

Auch im **Römischen Reich** war der Stellenwert der Kindheit nicht sehr hoch. Kinder galten häufig als kleine Erwachsene. Die Mädchen wurden darauf vorbereitet Ehefrau und Mutter zu sein. Eine Heirat war im Alter von 14 Jahren üblich und galt als Eintritt in das Erwachsenenleben. Für die Jungen wurde die Ehe erst in einem höheren Alter relevant. Für sie stand zunächst die Vorbereitung auf zukünftige Positionen im Militär oder auch in öffentlichen Ämtern im Fokus. Jedoch waren die Möglichkeiten schichtabhängig. Ein politisches Amt erreichten nur Kinder aus wohlhabenden Familien (Eisenmenger, 2017).

Im **Mittelalter** stand nicht die Kindheit im Vordergrund, sondern eher das zukunftsorientierte Entwicklungsziel, also das, was durch Erziehung aus dem Kind geformt werden sollte. Bereits im Alter von 7 Jahren wurden die Kinder in das Arbeitsleben eingeführt. Von nun an galt es, den Lebensunterhalt zu verdienen und die Familie zu unterstützen. Wie schon im Römischen Reich war es auch im Mittelalter die Aufgabe der Mädchen, im elterlichen Haushalt zu helfen und sich auf die Rolle der Ehefrau und Mutter vorzubereiten. Für die Jungen begann mit 7 Jahren die Ausbildung. Schon jetzt entschied sich, ob ein weltlicher oder kirchlicher Werdegang eingeschlagen werden sollte (Arnold, 1986).

Auch noch zu Zeiten der **Industrialisierung** mussten Kinder zum Familieneinkommen beitragen (Lampert u. Althammer, 2007). Der meist knappe Lohn des Vaters reichte nur in den wenigsten Fällen zur Versorgung der Familie. Die Kinderarbeit nahm eine neue Form an, da die Kinder nun nicht mehr unter der Obhut ihrer Eltern arbeiteten, sondern von fremden Fabrikarbeitern zu strenger Disziplin angeleitet wurden. Zudem zeichnete sich der Arbeitszwang für Kinder zu Zeiten der Industrialisierung durch die Anpassung an die Arbeitszeiten der Erwachsenen aus. So arbeiteten Mitte des 19. Jahrhunderts in Preußen ca. 32.000 Kinder jeden Tag bis zu 14 Stunden. Schon früh, ab dem 8. Lebensjahr, begann für die Kinder die Verpflichtung zu arbeiten. Typisch waren Tätigkeiten in der Textilindustrie oder auch im Bergbau. Trotz der Einführung der allgemeinen Schulpflicht in Preußen im Jahre 1825 war die Möglichkeit eines beruflichen und sozialen Aufstiegs noch lange Zeit nur Kindern aus wohlhabenden Familien vergönnt (Lampert u. Althammer, 2007).

Im deutschen Sprachraum stand bis in die 1950er-Jahre der materielle Wert von Kindern im Fokus (Roux, 1998). Kinder sollten Geld für die Familie verdienen und den Eltern als Altersvorsorge und später zur Pflege dienen.

9.2.2 Aktuelle Situation

Aufgrund familienstruktureller und demografischer Veränderungen kam es seit den 1950er-Jahren in vielen Ländern zu einem Wandel des Stellenwertes von Kindern. Durch die steigende finanzielle Sicherheit bekamen Kinder in den meisten Industrieländern einen **immateriellen Wert**. Bis heute dienen sie der Verwirklichung der Eltern, geben ihnen Sinn und Erfüllung (Schütze, 1988).

Betrachtet man hingegen andere Kulturräume und vor allem Entwicklungsländer, so sind einige Unterschiede festzustellen. Themen wie Armut und Existenzsorgen stehen im Mittelpunkt. Kinder haben dort noch immer einen materiellen Wert und werden daher schon früh eingebunden, die Familie finanziell zu unterstützen oder im Haushalt zu helfen. **Kinderarbeit** ist somit kein Begriff der Vergangenheit, sondern bis heute hoch aktuell. Noch im Jahre 2012 waren es 168 Millionen Kinder, also 11 % der 5- bis 17-Jährigen weltweit, die unter den Belastungen von Kinderarbeit leiden mussten (Diallo et al., 2013). Am stärksten ist Kinderarbeit in asiatisch-pazifischen Regionen vertreten, hier waren es im Jahre 2012 77,7 Millionen Kinder, die arbeiten mussten. Doch auch die Verbreitung in Afrika südlich der Sahara mit 59 Millionen und in Lateinamerika sowie der Karibik mit 12,5 Millionen arbeitenden Kindern zeigt die nach wie vor kritische Lage. Im Nahen Osten und Nordafrika ist eines von 12 Kindern zur Kinderarbeit gezwungen. Die Kinder werden vor allem in der Landwirtschaft eingesetzt (58,6 % der Kinderarbeit). Zudem arbeiten 32,3 % der Kinder als Dienstleister und 7,2 % sind in der Industrie angestellt (Diallo et al, 2013).

Um einen inhaltlichen Schwerpunkt setzen zu können, sollen in diesem Kapitel vor allem die Rituale der Kindheit im westeuropäischen Raum und in den Industrieländern im Vordergrund stehen.

9.3 Beschreibung verschiedener Rituale

Betrachtet man den Wandel des Stellenwertes von Kindern in der Gesellschaft über die letzten Jahrhunderte, so wird deutlich, dass trotz aller Veränderungen die Familie ein konstanter und entscheidender Faktor in der Kindheit ist. Rituale in der Kindheit sind stets mit der Familie verknüpft. Aus diesem Grund soll in dem vorliegenden Kapitel keine Trennung von Kindheits- und Familienritualen vorgenommen werden. Jedoch wird stets die Rolle des Kindes in den Mittelpunkt gerückt und erläutert.

Des Weiteren ist zu betonen, dass kein Anspruch auf Vollständigkeit aller Rituale der Kindheit erhoben wird. Diese Darstellung konzentriert sich auf die Rituale in der Kindheit, welche trotz des Wertewandels schon über Generationen Bestand haben. Zudem sollen die alltäglichen Rituale der Kindheit beschrieben werden. Rituale zu Festlichkeiten im Jahresverlauf wie zu Geburtstagen (▶ Kap. 21), zu Ostern (▶ Kap. 5) oder auch zu Weihnachten (▶ Kap. 7) werden in den verwiesenen Kapiteln behandelt.

Der Bedarf an alltäglichen Ritualen in der Kindheit ist dringender denn je. Dies ist der Schnelllebigkeit der heutigen Zeit geschuldet. Die Kindheit als entscheidende Phase einer gesunden Entwicklung des Menschen bedarf Ruhepausen und Raum für Lernen und Entfaltung. Die Rituale können in einer tobenden Welt mit unzähligen, auf die Kinder einströmenden Umweltreizen genau dieses Bedürfnis befriedigen (Cavelius, 2009).

9.3.1 Spielrituale

Bis zu ihrem 7. Lebensjahr spielen Kinder ca. 15.000 Stunden (Stöcklin-Meier, 2010). Kinder haben schon immer gespielt. Bereits aus der Steinzeit gibt es Nachweise über Spielzeug wie aus Ton gebildete Puppen (Schmitz, 2017). 200 v. Chr., im alten Ägypten, gab es bereits aus Holz geschnitzte Tierfiguren oder Puppen aus Stoff. Auch Rollenspiele waren sowohl bei den kleinen Griechen als auch Römern sehr beliebt: Mädchen haben mit Miniaturgeschirr und Puppen Mutter gespielt, Jungen spielten mit Schwertern Soldaten (Schmitz, 2017).

Es zeigt sich, dass das Spielen schon immer ein wichtiger Bestandteil der Kindheit war. Somit ist es nicht verwunderlich, dass sich im Spiel viele Rituale entwickelt haben. Häufig ist das Merkmal des **Wiederholens** zu beobachten, so z. B. bei den Klatschspielen, in denen immer wieder die gleichen Reime gesungen und die gleichen Klatschbewegungen parallel durchgeführt und wiederholt werden müssen. Sehr bekannt ist folgender Reim:

>» Beim Müller hat's gebrannt – brannt – brannt. Da bin ich schnell gerannt – rannt – rannt. Da kam ein Polizist – zist – zist, der schrieb mich auf die List – List – List. Die List fiel in den Dreck – Dreck – Dreck, da war mein Name weg – weg – weg.
> (Stöcklin-Meier, 2010, S. 139)

Ein weiteres wichtiges Spielritual sind die **Spielregeln**. Ohne sie gäbe es keine Orientierung und Struktur und somit wäre ein gemeinschaftliches Spielen nicht möglich. Wichtig ist, dass man sich an die Regeln hält und nicht schummelt – wer dies jedoch wiederholt ignoriert, läuft Gefahr, dass die anderen Kinder ein gemeinsames Spielen ablehnen. Eine wichtige Spielregel, welche das Ende des Spielens signalisiert, ist das Aufräumen.

Heutzutage hat sich für viele Kinder auch das Fernsehen oder Computerspielen zu einem Ritual entwickelt. So schauen manche Kinder jeden Abend das Sandmännchen oder spielen jeden Tag nach der Schule ein bestimmtes Computerspiel.

9.3.2 Speiserituale

Nahrung ist ein Grundbedürfnis und hat somit seit jeher eine große Bedeutung für den Menschen. Auch die mit dem Essen stets verbundenen Speiserituale haben ihre Wurzeln bereits in der griechischen Antike und dem alten Rom.

Die **Abfolge von Speisen** über den Tag folgt einem festen, ritualisierten Ablauf. Schon im Römischen Reich gliederte man die täglichen Speisen in „ientaculum" (Frühstück), „cena" (Mittagessen) und „vesperna" (Abendessen). Auch innerhalb dieser Mahlzeiten gab es bereits vor Jahrhunderten eine feste Abfolge: „promulsis" (Vorspeise), „primae mensae" (Hauptgang) und „secundae mensae" (Nachspeise; Eisenmenger, 2007).

Neben der festen Abfolge kennzeichnen auch sog. **Vorbereitungsrituale** die Mahlzeiten. Zum Beispiel besteht in vielen Familien das Ritual, dass die Kinder den Tisch decken.

Häufig werden auch vor dem Beginn des Essens Tischsprüche aufgesagt, z. B. „Piep, piep, piep, wir haben uns alle lieb" (Grässer & Hovermann, 2015, S.57).

Auch die **Tischregeln**, welche die Einhaltung der Tischmanieren gewähren sollen, gehören zu den Speiseritualen. Schon im alten Rom gab es wichtige Regeln bei Tisch – so z. B. die von den Griechen übernommene Regel, dass Männer am Tisch liegen. Später galt dies auch für Frauen und Kinder (Eisenmenger, 2007). Ein Beispiel aus der heutigen Zeit ist, dass viele Familien eine feste Sitzordnung am Tisch haben, welche sogar und oft unbewusst eingehalten wird, wenn auswärts gespeist wird. Benimmregeln am Tisch, wie die Gabel in der linken, das Messer in der rechten Hand zu halten, nicht mit vollem Mund zu sprechen oder erst zu beginnen, wenn jeder am Tisch sein Essen hat, und erst aufzustehen, wenn alle fertig gegessen haben, sind ritualisierte Verhaltensweisen.

Zuletzt ist noch die soziale Komponente der Speiserituale zu betrachten. Auch diese besteht schon seit Jahrhunderten. So war bereits im alten Rom das Abendessen ein Zeitpunkt für geselliges Beisammensein mit der Familie und den Freunden (Eisenmenger, 2007). Auch heute noch gelten Speisen als ritualisierte Zeiten des Zusammenseins. Hierbei haben sich typische Gespräche und Fragen entwickelt, z. B. die Frage: „Wie war es im Kindergarten?" bzw. „Wie war es in der Schule?", welche dem Kind die Chance bietet, über Erlebtes zu sprechen.

9.3.3 Einschlafrituale

Die Einschlafrituale gehören zu den ersten Ritualen, die Kinder erlernen (Cavelius, 2009). Sie laufen in einer immer gleichen Reihenfolge ab und sind ein fester Bestandteil jedes Abends (Schurian-Bremecker, 2008).

Ein wichtiges Einschlafritual ist das **Vorlesen**. Kinderbücher gibt es im deutschsprachigen Raum nachweislich seit dem 16. Jahrhundert. Anfangs wurden sie vor allem zu didaktischen Zwecken verwendet, doch schnell wurden sie auch zur Unterhaltung umfunktioniert (Schurian-Bremecker, 2008). Das abendliche Vorlesen durch die Eltern ist eine schöne Erinnerung, die die meisten an ihre Kindheit haben. Von Bilderbüchern für die ganz Kleinen, über Kurzgeschichten bis hin zu längeren Geschichten, die über mehrere Abende gelesen werden, für die Älteren – das Spektrum ist breit gefächert. Die wohlige Atmosphäre, die entspannende Wirkung, welche die vertraute Stimme der Eltern bewirkt, oder auch das meist mit dem Vorlesen verbundene Kuscheln haben alle gemein.

Ein weiteres wichtiges Einschlafritual ist das **Singen**. „Schlaf', Kindlein, schlaf'!", so beginnt eines der bekanntesten Schlaflieder für Kinder. Es lockt vermutlich bei jedem eine bestimmte Erinnerung aus der Kindheit hervor – sei es an die Mutter, die am Bett gesungen hat, oder auch das gemeinsame Singen am Abend. Das Gutenachtlied weist eine lange Historie auf. Im deutschsprachigen Raum lässt es sich bis ins späte Mittelalter zurückverfolgen (Schurian-Bremecker, 2008). Dieses Ritual erfreut sich bis heute großer Beliebtheit und Popularität und wird auch in anderen Kulturen vollzogen.

Für viele Kinder gehört auch ein **bestimmter Gegenstand** zu den Einschlafritualen. Ob der Teddy, die Schmusedecke oder ein besonderes Kissen – die meisten Kinder besitzen einen bestimmten Gegenstand, ohne den Schlafen für sie unmöglich scheint. Ist das Kuscheltier beim Zu-Bett-Gehen nicht an gewohntem Platz, kann das schnell zu einer Katastrophe für die Kleinen und folglich auch für die Eltern werden.

Zuletzt ist noch das Ritual des Sich-Weigerns zu nennen: „Ich will aber noch nicht schlafen!", „Ich bin noch gar nicht müde!", „Nur noch 5 Minuten!" Diese und viele weitere Sätze fallen in dem ritualisierten Machtkampf, um noch nicht ins Bett zu müssen. Vermutlich schmunzeln die meisten bei dieser Erinnerung und können die kindlichen Gefühle nur noch schwer nachvollziehen. Doch der Unmut über das frühe zu Bett gehen, kann für die Kinder und ihre Eltern zur abendlichen Geduldsprobe werden.

9.4   Psychologische Hintergründe

Trotz der breiten Fächerung und der augenscheinlich großen Unterschiede zwischen den verschiedenen Ritualen sind die psychologischen Beweggründe bei vielen Ritualen der Kindheit sehr ähnlich oder überschneiden sich sogar.

9.4.1   Bedürfnis nach Sicherheit und Zugehörigkeit

Laut dem Humanisten Maslow (1968) gibt es bestimmte Grundbedürfnisse des Menschen, die in einer hierarchischen Beziehung zueinander stehen und in einer bestimmten Reihenfolge, bei der niedrigsten beginnend, befriedigt werden sollten. Die Basis der Bedürfnispyramide von Maslow (◘ Abb. 9.1) bilden die physiologischen Bedürfnisse wie das Bedürfnis nach Essen, Trinken oder Schlaf. Sind diese Bedürfnisse gestillt, strebt der Mensch zudem nach Sicherheit, also der Freiheit von äußerer Bedrohung. Darauf folgen die sozialen Bedürfnisse wie Liebe und Zugehörigkeit. Die genannten Bedürfnisse werden auch Defizitbedürfnisse genannt, da durch ihren Mangel physische oder psychische Krankheiten auftreten können (Reichardt, 2008). Sie bilden die Basis für Wachstum und ermöglichen, dass Bedürfnisse nach Wertschätzung und zuletzt das Streben nach Selbstverwirklichung in den Fokus rücken können.

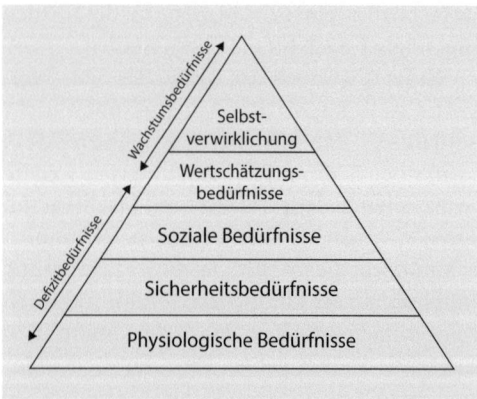

◘ **Abb. 9.1**   Bedürfnispyramide nach Maslow (1943, this material is in the public domain)

Die beschriebenen Rituale der Kindheit lassen sich auf die Erfüllung der Defizitbedürfnisse zurückführen. Aus diesem Grund wird im Folgenden auf die Wachstumsbedürfnisse nicht weiter eingegangen.

Bedürfnis nach Sicherheit

Die beschriebenen Einschlaf-, Speise- und Spielrituale haben die Gemeinsamkeit einer immer gleichbleibenden Struktur. Durch den sich wiederholenden Ablauf geben sie ein allgemeines Rahmenmodell des Alltags vor. Laut Maslow (1968) haben Menschen ein Grundbedürfnis nach Sicherheit.

Eine vorhersagbare, festgelegte, immer wiederkehrende Abfolge wie beim Speiseritual kann diese Sicherheit bieten und als Gegenpol zu Angst wirken (Korczak, 1995). Durch die Vorbereitungsrituale weiß das Kind, dass es bald Essen gibt, und kann sich aus einer aktiven Stimmung leichter auf eine ruhigere Atmosphäre und das Zur-Ruhe-Kommen beim Essen einstellen.

Dieses Phänomen ist auch bei den Einschlafritualen zu beobachten. Die Ritualabfolge beim Zu-Bett-Gehen nimmt dem Kind Ängste und Gefühle der Unruhe. Sie hilft ihm, zur Ruhe zu kommen, und erleichtert den Wechsel vom Zustand der Wachheit hin zu einer Atmosphäre der Entspannung. Außerdem gibt die Abfolge den Kindern eine Art Zeitplan vor, und sie können sich daran orientieren und absehen, wie nahe der Zeitpunkt des Einschlafens rückt (Langlotz u. Bingel, 2008). Die beruhigende und angstlösende Wirkung der Einschlafrituale wird durch das Ritual des Vorsingens nochmals verstärkt. Es konnte herausgefunden werden, dass Musik einen positiven Effekt auf Emotionen hat und Angst mildert. Nicht ohne Grund gilt Musik als eines der häufigsten Hilfsmittel, um das Schlafen zu fördern. Entspannung mit Musik hat nachweislich einen moderierenden Effekt auf die Schlafqualität und verbessert diese signifikant (De Niet et al., 2009). Aber nicht nur in Situationen vor dem Einschlafen wirkt Musik entspannend. Sie kann in allen Situationen zu einer Auflockerung und Entspannung der Atmosphäre beisteuern. Dies erklärt die wichtige Rolle, die Musik in der Kindheit spielt.

Auch das Vorhandensein von Regeln haben die verschiedenen Rituale gemein. An diesen können sich die Kinder orientieren und Halt im Alltag finden. Struktur durch Regeln und Grenzen ist ungemein wichtig für die gesunde Entwicklung von Kindern. Sie bietet Sicherheit und gibt den Kindern gleichzeitig einen festgelegten Freiraum zur Entwicklung (Cavelius, 2009).

Schneewind (2012) spricht von **Freiheit in Grenzen**. Darunter fasst er folgende Punkte:

- Zum einen sollen Eltern dem Entwicklungsstand der Kinder angepasste Grenzen setzen und die Einhaltung kontrollieren. Gleichzeitig sollen sie jedoch ihre Kinder fordern, ihnen etwas zutrauen und somit die Entwicklung fördern.
- Des Weiteren betont er die Wichtigkeit der elterlichen Wertschätzung, also einen respektvollen, unterstützenden Umgang mit den Kindern.
- Zuletzt sollen die Eltern die Eigenständigkeit ihrer Kinder gewähren und auch fördern. Hierbei ist es wichtig, dass Eltern kompromissbereit sind und die Bedürfnisse sowie Ansichten ihrer Kinder ernst nehmen.

Dieser letzte Punkt ist sehr wichtig, da Kinder Grenzen auch immer wieder ausloten. So lernen sie Schritt für Schritt, sich von den Eltern zu lösen. Erziehung ist also das ständige Anpassen der Grenzen an den jeweiligen Entwicklungsstand des Kindes. Dies ist auch ein psychologischer Erklärungsansatz für das allabendliche Machtritual beim Einschlafen. Die Kinder versuchen, sich gegen die Grenze durchzusetzen, diese um „5 Minuten" zu verschieben. Jedoch liegt es im Ermessen der Eltern zu entscheiden, ob ihre Kinder für die Erweiterung der Grenze schon bereit sind.

Bedürfnis nach Zugehörigkeit

Ist das Bedürfnis nach Sicherheit befriedigt, so tritt das auf der Hierarchie nächsthöhere Bedürfnis in den Vordergrund. Dies ist das Bedürfnis nach Zugehörigkeit und Liebe. Nach Baumeister und Leary (1995) zeichnet sich das Bedürfnis nach Zugehörigkeit (**„need to belong"**) durch den Drang aus, stabile und starke interpersonelle Beziehungen zu bilden. Der Zustand der Zugehörigkeit hat dabei viele positive Effekte auf die kognitive Leistung sowie auf emotionale Muster (z. B. können Personen besser mit Stress umgehen). Mangelnde Zugehörigkeit hingegen führt häufig zu Krankheit und negativen Effekten auf das Wohlbefinden (Baumeister u. Leary, 1995).

In den beschriebenen Ritualen der Kindheit ist das Streben nach Zugehörigkeit immer wieder zu erkennen, so z. B. bei den Einschlafritualen das Kuscheln während des Vorlesens oder Singens. Auch das obligatorische Kuscheltier zeichnet sich durch ein Streben nach Liebe und Zugehörigkeit aus. Eine genauere psychologische Erklärung zu diesem Ritual bieten Freud (1968) und Winnicott (1987; vgl. hierzu Schurian-Bremecker, 2008). Das Kuscheltier stellt laut ihnen ein **Übergangsobjekt** dar. Wenn Mutter und Vater in der Nacht nicht bei dem Kind sind, ist der Gegenstand ein beschützendes Ersatzobjekt. Je älter die Kinder werden, desto mehr steigt die Fähigkeit, auch ohne das Übergangsobjekt schlafen zu können. Doch bis das Kind zu diesem Schritt bereit ist, soll ihm das Objekt das Gefühl vermitteln, dass es nicht alleine ist und ein Wohlgefühl bewirken (Schurian-Bremecker, 2008).

Auch bei den Speiseritualen ist das Streben nach Zugehörigkeit und Liebe entscheidend. Das Zusammensein bewirkt bei einer wertschätzenden und harmonischen Atmosphäre eine Stärkung der Eltern-Kind-Beziehung, ein Gefühl der Zugehörigkeit und Familienverbundenheit. Das ritualisierte Zusammensein kann die Kommunikation innerhalb der Familie verbessern und sogar zu einem Leistungsanstieg der Kinder in der Schule führen (Cavelius, 2009; Hamilton u. Hamilton Wilson, 2009).

9.4.2 Sozialisation durch Rituale

Eine letzte Gemeinsamkeit der verschiedenen Rituale der Kindheit ist, dass sie alle zu dem Prozess der Sozialisation beitragen. Sozialisation bezeichnet „die Anpassung (das

Hineinwachsen) des Individuums, vor allem des Kindes in die ‚Normen' der Gesellschaft" (Häcker u. Stapf, 2009, S. 928). Sie ist eine Voraussetzung für das friedliche Zusammenleben innerhalb einer Gemeinschaft und ein wichtiger Grundstein für eine gesunde Entwicklung des Kindes. Die ritualisierten Regeln zeigen dem Kind, dass es nicht nur auf seine eigenen Bedürfnisse eingehen darf, sondern auch Rücksicht auf andere nehmen muss (Cavelius, 2009).

Das Erlernen der verschiedenen Regeln der Spiel- und Speiserituale ist ein wichtiger Schritt zur Sozialisierung. Die Kinder beobachten, wie sich Eltern, Geschwister und auch Freunde an diese Regeln halten, und schauen sich das gezeigte Verhalten ab und verinnerlichen es. Dieser Prozess wird auch **Lernen am Modell** genannt (Bandura, 1965). Durch die Lieder und das Vorlesen bei den Einschlafritualen werden zudem Werte und Normen vermittelt. Die Kinder lernen, wie ihre Vorbilder handeln würden, und ahmen dieses Verhalten im realen Leben nach. Auch durch Fernsehen kann der Prozess Lernen am Modell vollzogen werden.

Ein weiteres Prinzip, nach dem die Regeln gelernt werden können, ist das der operanten Konditionierung (**Belohnungs- und Bestrafungslernen**; Skinner, 1938). Dies geschieht entweder durch Belohnung bei Einhaltung der Regeln oder auch durch Bestrafung bei Missachtung der Regeln. Die Belohnung kann in Form positiver Verstärkung (z. B. ein Lob der Mutter, weil sich das Kind an die Tischregeln gehalten hat) oder negativer Verstärkung (z. B. muss das Kind ausnahmsweise nicht beim Tischdecken helfen) auftreten. Die Bestrafung kann auch positiv sein (z. B. Eltern, die ihr Kind ermahnen, weil es Tischmanieren nicht einhält) oder negativ (z. B. wird dem Kind der Ball weggenommen, da es nach dem Spielen nicht aufgeräumt hat).

Vorteilhafter ist es eine Belohnung anstelle einer Bestrafung als Erziehungsmaßnahme zu wählen. Zudem kann man statt einer Bestrafung versuchen, den Kindern zu erklären, warum manche Standards der Gesellschaft eingehalten werden müssen. Für ein zielführendes Gespräch ist eine wertschätzende Atmosphäre

wichtig. Das Bedürfnis nach **Wertschätzung** der Kinder kann so erfüllt werden und als Basis für einen nächsten Schritt in Richtung Wachstum und Selbstverwirklichung dienen.

9.5 Kritische Betrachtung der Kindheit in Zeiten des Umbruchs

Die genannten Rituale der Kindheit sind der Lebenssituation der jeweiligen Familien und Kinder anzupassen. Die Beschreibungen liefern ein sehr harmonisches Bild, stimmen jedoch nicht mit dem tatsächlichen Alltag der meisten Menschen überein. Es müssen auch Aspekte wie Scheidung, Berufstätigkeit der Eltern, Krankheit im Elternhaus oder auch Kinderarmut betrachtet werden. Sind solche Ereignisse mit den Ritualen der Kindheit vereinbar?

Viele Ehen werden geschieden, allein im Jahr 2015 waren es in Deutschland 40,81 % (Statista, 2016). Dies ist jedoch nicht nur in Deutschland zu beobachten. Jedes Jahr werden in der Europäischen Union eine Million Ehen geschieden. Das klassische Familienmodell **Mutter, Vater und Kind**, welches den Rahmen für eine Vielzahl der Rituale der Kindheit bildet, ist für immer weniger Kinder Realität.

Auch die Annahme, dass zumindest ein Elternteil tagsüber zu Hause ist und die Kinder betreut, ist veraltet. So geht der Trend dahin, dass beide Eltern berufstätig sind und Kinder den Tag in einer Kindertagesstätte oder der Schulbetreuung verbringen. Diese Veränderungen bedeuten jedoch nicht, dass die Rituale der Kindheit nicht umgesetzt werden können, sondern dass es mehr Flexibilität bedarf. So entwickelt es sich z. B. zur Aufgabe der Betreuenden, bei den Kindern auf das Erlernen und Einhalten bestimmter Rituale zu achten. Des Weiteren kann es sich z. B. als schwierig erweisen, jeden Tag ein Familienessen zu organisieren. Allerdings könnte man planen, gemeinsame Mahlzeiten an Wochenenden umzusetzen.

Doch was passiert bei gravierenderen Veränderungen wie Krankheit in der Familie oder Armut durch Arbeitslosigkeit? Auch hier wäre es falsch, die Rituale der Kindheit als fest durchzuführende Regeln zu verstehen. Schließlich sollen die Rituale den Kindern und Familien das Leben erleichtern und als eine Art Orientierung dienen. Eine Möglichkeit wäre es, neue Rituale innerhalb der Familie einzuführen: So könnte etwa beim Tod eines Familienmitgliedes das sich monatlich wiederholende Ritual, das Grab zu besuchen, etabliert werden. Hierdurch kann den Kindern in einer Phase des Umbruchs Halt gegeben werden.

Die Rituale sollten also nicht als Zwang gesehen werden, sondern nur in dem Rahmen durchgeführt werden, in dem sie einen positiven Effekt für die Kinder und Familien haben.

9.6   Fazit

Es konnte gezeigt werden, dass Rituale in der Kindheit weitverbreitet sind. Sie dienen dazu, den Kindern Struktur und Sicherheit zu geben und sie erfüllen das Bedürfnis nach Zugehörigkeit. So bieten sie eine wichtige Basis für Entwicklung und Wachstum. Zudem sind Rituale ein bedeutendes Mittel, um Kindern das Hineinwachsen in die Gesellschaft zu ermöglichen und den Prozess der Sozialisation zu erleichtern.

Die Rituale der Kindheit binden zumeist die gesamte Familie mit ein. Die Lebensentwürfe und Familienmodelle befinden sich in stetigem Wandel. Zwar haben die beschriebenen Rituale der Kindheit schon Jahrhunderte lang Bestand, doch müssen sie immer der jeweiligen Situation angepasst werden. Somit dienen die Rituale der Kindheit als Orientierung, sind jedoch nicht als festgeschriebene Regeln zu betrachten.

Literatur

Arnold, K. (1986). Kindheit im europäischen Mittelalter. In: J. Martin, & A. Nitschke (Hrsg.), *Zur Sozialgeschichte der Kindheit* (S. 443–467). Freiburg: Karl Alber.

Bandura, A. (1965). Influence of model's reinforcement contingencies on the acquisition of initiative responses. *Journal of Personality and Social Psychology* 1, 589–593.

Baumeister, R. F., & Leary, M. R. (1995). The need to belong: Desire for interpersonal attachments as a fundamental human motivation. *Psychological Bulletin* 117(3), 497–529.

Cavelius, A. (2009). *Rituale für Kinder in Reimen, Liedern und Fingerspielen*. München: Bassermann.

De Niet, G., Tiemens, B., Lendermeijer, B., & Hutschemaekers, G. (2009). Review Paper: Music-assisted relaxation to improve sleep quality: meta-analysis. *Journal of Advanced Nursing* 1, 1356–1364.

Diallo, Y., Etienne, A., & Mehran, F. (2013). *Global child labour trends 2008 to 2012*. Geneva: International Labour Organization, International Programme on the Elimination of Child Labour (IPEC).

Eisenmenger, U. (2017). Der römische Mensch, ein paar Einblicke. http://www.seniorarchaeologie.at/?page_id=195. Zugegriffen: 27. November 2017.

Eisenmenger, U. (2007). Römische Tischkultur – Sozialhistorische, kulturelle und wirtschaftliche Aspekte. Beitrag vom 15. März 2007. http://www.seniorarchaeologie.at/?page_id=219. Zugegriffen: 27. November 2017.

Freud, A. (1968). *Wege und Irrwege in der Kinderentwicklung*. Bern: Huber

Franzos, K. E. (1965). *Das Kind der Sühne. Erzählungen* (2. Aufl.). Berlin: Der Morgen. http://gutenberg.spiegel.de/buch/-2730/1. Zugegriffen: 27. November 2017.

Grässer, M., & Hovermann, E. (2015). *Kinder brauchen Rituale: So unterstützen Sie Ihr Kind in der Entwicklung. Stressfrei durch den Familien-Alltag*. Empfohlen von: Akademie für Kindergarten, Kita und Hort. Hannover: Schlütersche.

Hamilton, S. K., & Hamilton Wilson, J. (2009). Family mealtimes. Worth the effort? *Infant, Child & Adolescent Nutrition* 12, 346–350.

Häcker, H. O., & Stapf, K. H. (2009). *Dorsch Psychologisches Wörterbuch*. Bern: Springer.

Bundesministerium der Justiz und für Verbraucherschutz (BMJV). (2002). Jugendschutzgesetz (JuSchG). Ausfertigungsdatum: 23. Juli 2002. Zuletzt geändert am 10. März 2017. https://www.gesetze-im-internet.de/juschg/BJNR273000002.html. Zugegriffen: 27. November 2017.

Korczak, D. (1995). *Lebensqualität-Atlas. Umwelt, Kultur, Wohlstand, Versorgung, Sicherheit und Gesundheit in Deutschland*. Opladen: Westdeutscher Verlag.

Lampert, H., & Althammer, J. (2007). *Lehrbuch der Sozialpolitik*. Berlin, Heidelberg: Springer.

Langlotz, C., & Bingel, B. (2008). *Kinder lieben Rituale. Kinder im Alltag mit Ritualen unterstützen und begleiten*. Münster: Ökotopia.

Maslow, A. H. (1943). A theory of human motivation. *Psychological Review* 50(4), 370–396.

Maslow, A. H. (1968). *Toward a psychology of being* (2nd ed.). New York: Van Nostrand.

Müller, C. (1990). *Kindheit und Jugend in der griechischen Frühzeit. Eine Studie zur pädagogischen Bedeutung von Riten und Kulten*. Gießen: Focus.

Reichardt, T. (2008). *Bedürfnisorientierte Marktstruktur-analyse für technische Innovationen*. Wiesbaden: Springer Gabler.

Roux, S. (1998). Veränderte Kindheit – andere Kinder – andere Räume – andere Möglichkeiten. In: M. R. Textor (Hrsg.), *Das Kita-Handbuch*. Würzburg: Institut für Pädagogik und Zukunftsforschung (IPZF). http://www.kindergartenpaedagogik.de/940.html. Zugegriffen: 27. November 2017.

Schmitz, A. (2017). Gamification: Wie der Spieltrieb uns packt. Planet Wissen. Südwestrundfunk (SWR). Sendung vom 15. Mai 2017. http://www.planet-wissen.de/gesellschaft/spiele_und_spielzeug/geschichte_des_spielzeugs/index.html. Zugegriffen: 27. November 2017.

Schneewind, K. A. (2012). „Freiheit in Grenzen": Konzeption und Wirksamkeit einer DVD zur Stärkung von Elternkompetenzen für Eltern von Grundschulkindern. *Bildung und Erziehung* 65(4),409–425.

Schütze, Y. (1988). Zur Veränderung im Eltern-Kind-Verhältnis seit der Nachkriegszeit. In: R. Nave-Herz (Hrsg.), *Wandel und Kontinuität der Familie in der Bundesrepublik Deutschland* (S. 95–114). Stuttgart: Enke.

Schurian-Bremecker, C. (2008). *Kindliche Einschlafrituale im Kontext sozialer und kultureller Heterogenität*. Kassel: University Press.

Skinner, B. F. (1938). *The behavior of organisms*. New York: Appleton-Century-Crofts.

Statista (2016). Scheidungsquote in Deutschland von 1960 bis 2015. https://de.statista.com/statistik/daten/studie/76211/umfrage/scheidungsquote-von1960-bis-2008/. Zugegriffen: 27. November 2017.

Stöcklin-Meier, S. (2010). *Spiel: Sprache des Herzens. Wie wir Kindern eine rieche Kindheit schenken*. München: Kösel.

Winnicott, D. W. (1973) *Vom Spiel zur Kreativität*. Stuttgart: Klett.

9

Rituale zur Volljährigkeit

Stephanie Merk

© Springer-Verlag GmbH Deutschland, ein Teil von Springer Nature 2018
D. Frey (Hrsg.), *Psychologie der Rituale und Bräuche*,
https://doi.org/10.1007/978-3-662-56219-2_10

10.1 Einleitung

Obwohl man dem Begriff der Volljährigkeit sehr häufig begegnet, ist man sich kaum über dessen Definition bewusst: „Volljährig" impliziert laut Duden online (2017b), „so alt [zu sein], wie es für die Mündigkeit erforderlich ist". Während „mündig" wiederum bedeutet, dass man „nach Erreichung eines bestimmten Alters gesetzlich zur Vornahme von Rechtshandlungen berechtigt" ist bzw. „als erwachsener Mensch zu eigenem Urteil [und] selbstständiger Entscheidung befähigt" gilt (Duden online, 2017a).

In fast ganz Europa erreicht man mit dem 18. Lebensjahr die Volljährigkeit – das war aber nicht immer so: Erst seit 1975 liegt das Volljährigkeitsalter bei 18 Jahren, zuvor galt man in der Bundesrepublik Deutschland (BRD) ab 21 Jahren als erwachsen. In der DDR erreichte man die Volljährigkeit dagegen längst mit 18. Damals beschloss schließlich der Bundestag der BRD auf Druck der jugendlichen Protestbewegungen der 1960er-Jahre, das Volljährigkeitsalter herabzusetzen, und brachte damit bereits 18-Jährige in den Genuss zahlreicher Veränderungen: Von nun an dürfen diese über ein eigenes Vermögen verfügen, Verträge schließen, den Wohnort frei bestimmen und gelten als voll geschäftsfähig. Darüber hinaus erlangen sie das aktive Wahlrecht, dürfen heiraten, hochprozentigen Alkohol und Tabakwaren kaufen und konsumieren sowie am Glücksspiel teilnehmen und allein Auto fahren (Goege, 2014).

Zu den wenigen europäischen Ausnahmen zählt Schottland, wo man bereits mit dem 16. Lebensjahr als volljährig gilt, und Österreich, wo das Volljährigkeitsalter zwar auch bei 18 Jahren liegt, aber das aktive Wahlrecht unabhängig davon schon mit 16 Jahren wahrgenommen werden kann (Paradisi-Redaktion, 2011).

Bei einem globalen Blick nehmen die Abweichungen zwischen den einzelnen Gesetzeslagen zu. Das unterstreicht das Beispiel der Vereinigten Staaten: Dort kann jeder Bundesstaat die Aspekte der Volljährigkeit selbst regeln. Während man in Mississippi erst mit 21 Jahren als volljährig gilt, liegt die Altersgrenze in Ohio bei 18 Jahren. Es gibt viele weitere Länder, die

Heranwachsenden die gesetzliche Volljährigkeit erst mit 21 Jahren zusprechen (z. B. Argentinien und Singapur; Paradisi-Redaktion, 2011).

Unabhängig von Land und Alter ist der Eintritt in die Volljährigkeit selbstverständlich ein besonderer Anlass, gebührend zu feiern. Dazu veranstalten die Initianden oft ein großes Fest mit allen Verwandten und Freunden, bekommen ein Auto, eine Reise oder Ähnliches geschenkt, was meist in keinem Verhältnis zu den Geschenken an anderen Geburtstagen steht. Als Initianden gelten Personen, die in etwas eingeweiht werden – im Beispiel der Volljährigkeit ist das der Kreis der Erwachsenen. In Europa entspricht die Feier der Volljährigkeit stark den individuellen Vorstellungen des Geburtstagskindes und variiert daher stark. Erinnern Sie sich denn noch daran, wie Sie gefeiert haben? Demgegenüber gibt es in zahlreichen anderen Ländern der Erde ein festes Ritual, um den Eintritt in die Volljährigkeit zu zelebrieren.

In diesem Kapitel werden zunächst verschiedene Rituale zur Volljährigkeit vorgestellt, die rund um die Welt vollzogen werden. Die zentrale Verbindung zwischen den verschiedenen Ritualen ist deren psychologische Bedeutung, auf die im Anschluss eingegangen wird. Abschließend sollen ein kritischer Blick und eine praxisnahe Perspektive das Bild von Volljährigkeitsritualen abrunden.

10.2 Kategorisierung und Beschreibung

Die Volljährigkeitsrituale, die man rund um den Erdball entdecken kann, lassen sich religiösem oder kulturellem Ursprung zuordnen. Obwohl es daher große Unterschiede gibt, wie die Initianden diesen einmaligen Tag feiern, ist es sicherlich für alle ein wichtiger Scheideweg im Leben.

Anmerkung   Die aufgeführten Volljährigkeitsrituale stellen eine repräsentative Auswahl dar, und deren Beschreibungen basieren vorwiegend auf Internetquellen, da entsprechende wissenschaftliche Literatur wenig zugänglich ist. An dieser Stelle wird bewusst darauf verzichtet, alle verwendeten Quellen aufzuzählen. Stattdessen ist der Leser ermuntert, bei Interesse selbst weitergehend zu recherchieren.

10.2.1 Rituale mit religiösem Ursprung

Beispiele für religiös begründete Rituale sind:
- Die **Bar Mitzwa** für jüdische Jungen (13 Jahre) bzw. die **Bat Mitzwa** für jüdische Mädchen (12 Jahre): Förmlicher Synagogengottesdienst und Feier der religiösen Mündigkeit, welche mit zukünftigen Gebetsprivilegien und -pflichten einhergeht und den Initianden zu einem vollwertigen Mitglied der Glaubensgemeinschaft macht.
- Die **Guan-Li-Zeremonie** für chinesische Jungen (20 Jahre) bzw. die **Ji-Li-Zeremonie** für chinesische Mädchen (15 Jahre) der konfuzianistischen Han-Dynastie: Festakt zur Feier der gesetzlichen Bevollmächtigung, sexuellen Reife und sozialen Verantwortung, bei der das Haar des Initianden zu einem Knoten gebunden wird – verbunden mit dem Auftrag, sich nun wie ein Erwachsener zu verhalten. Bei Frauen wird das Haar mit einer speziellen Haarnadel befestigt (Haarnadel-Zeremonie).
- Das **Shinbyu-Ritual** des Theravada-Volks im Buddhismus (vor dem 20. Lebensjahr): Nach einem wochenlangen Klosteraufenthalt, bei dem der Heranwachsende mit dem buddhistischen Mönchsleben vertraut gemacht wird, muss er sich zwischen dem normalen Leben und dem Leben als Mönch entscheiden und gilt ab diesem Zeitpunkt als erwachsen.

Diesen Ritualen ist gemeinsam, dass sie eine religiöse Grundlage für weitreichende gesellschaftliche Veränderungen bieten. Veranschaulichend kann man dazu im Judentum beobachten, dass der Initiand nach seiner Bar Mitzwa, bei der die Bereitschaft zur religiösen Mündigkeit öffentlich unter Beweis gestellt wird, von diesem Zeitpunkt an die Gesetze der Thora zu ehren und verantwortungsvolle Gebetsprivilegien einzuhalten hat.

Im weiteren Verlauf wird darauf verzichtet, stets die männliche und weibliche Bezeichnung eines Rituals zu nennen, sondern die männliche Form gilt stellvertretend für beide Zeremonien.

10.2.2 Rituale mit kulturellem Ursprung

Volljährigkeitsrituale können demgegenüber auch kulturell begründet sein:
- Die amische Tradition des **Rumspringa** (nach dem 16. Lebensjahr): Zeitraum, in dem die Jugendlichen die Welt außerhalb der Glaubensgemeinschaft erkunden können. Danach ist eine Entscheidung für oder gegen ein Leben in der Gemeinschaft zu treffen – fällt die Wahl auf die Gemeinde, wird der Jugendliche nach dem Rumspringa durch die Taufe zu einem vollwertigen Mitglied.
- Die **Quinceañera** in Mittel- und Südamerika (15 Jahre): Veranstaltung eines großen Festes, das den Übergang vom Mädchen zur Frau feiert. Dabei wird viel Wert auf das Auftreten des Geburtstagskindes gelegt (Kleid, Frisur etc.).
- Die **Tradition des Sateré-Mawé-Stammes** im brasilianischen Amazonasgebiet: Das Ritual dient dem Beweis der Reife und Stärke junger Männer, indem diese für einige Minuten einen Handschuh mit eingeflochtenen, gefährlichen Ameisen tragen und die dadurch verursachten Schmerzen (sowie Desorientierung, Halluzination etc.) aushalten müssen.
- Der gesetzliche Feiertag **Seijin-no-Hi** in Japan (20 Jahre): Bei einer großen, öffentlichen Zeremonie ehrt der Bürgermeister der Stadt alle Jugendlichen, die im letzten Jahr volljährig wurden und seitdem rechtliche Bevollmächtigung genießen. Anschließend feiern die Initianden im Kreis ihrer Familie und Freunden ein großes Fest.

- Die **Debut-Feier** auf den Philippinen (18 Jahre): Ein Fest zur Volljährigkeit des philippinischen Mädchens, bei dem die zentrale Zahl 18 durch verschiedene Bestandteile symbolisiert wird (z. B. 18 Männer, die im Leben des Mädchens eine wichtige Rolle spielten, repräsentiert durch 18 Rosen).
- Das **Land-Diving** auf Vanuatu: Der männliche Initiand springt kopfüber von einem hohen Turm, während ihn nur eine Kletterpflanze am Knöchel hält (◘ Abb. 10.1).
- Der **Sweet 16** in Nordamerika (16 Jahre): Weniger ritualisiert feiert der Initiand eine extravagante Party, in deren Mittelpunkt der Erwerb der Fahrerlaubnis steht.

An dieser Stelle wird deutlich, dass sich die kulturellen Rituale zum Teil sehr stark unterscheiden. Während Initianden einigen Traditionen freudig und erwartungsvoll entgegenblicken können, müssen z. B. Jugendliche des Stammes der Sateré-Mawé oder auf Vanuatu größere Hürden überwinden.

10.2.3 Wichtige Gemeinsamkeiten der Rituale

Obgleich es sich um religiös oder kulturell begründete Traditionen handelt, gibt es einige Besonderheiten, die mehrere der aufgeführten Rituale gemeinsam haben. Dazu zählen **symbolische Übergaben**, die den Initianden in die Volljährigkeit entlassen. Die väterliche Lobpreisung des Jugendlichen am Ende des Gottesdienstes zur Bar Mitzwa kann hier als religiöses Beispiel herangezogen werden. Als kulturelles Beispiel dient zum einen das Land-Diving auf Vanuatu: Während dem Sprung hält die Mutter einen geliebten Gegenstand aus der Kindheit des Jungen in die Höhe. Dieser wird danach weggeworfen als Symbol des Übergangs ins Erwachsenenleben. Dieser Schritt wird im Vergleich dazu beim philippinischen Debut durch einen abschließenden Vater-Tochter-Tanz verkörpert.

Darüber hinaus beschäftigen sich die meisten Volljährigkeitsrituale mit der **Darlegung der Pflichten und Verantwortlichkeiten**, die von nun an auf den Jugendlichen zukommen. In diesem Zusammenhang wird auch die persönliche und sexuelle Reife thematisiert, die im zukünftigen Entwicklungsstadium erreicht werden soll. Ausgedrückt wird dieser Gedanke durch den Haarknoten beim chinesischen Guan-Li, durch die Taufe in der amischen Gemeinde oder durch die Rede des Bürgermeisters am Seijin-no-Hi in Japan. Ein etwas schauderhaftes Beispiel zur Reifeprüfung stellt die Tradition des Stammes der Sateré-Mawé dar, bei der die Schmerzen, die durch die Ameisenstiche verursacht werden, möglichst ausdruckslos und ruhig ertragen werden sollen.

◘ **Abb. 10.1**   Junger Mann beim Land-Diving auf Vanuatu (© Michael Runkel / robertharding / picture alliance)

Verbunden mit den Rechten und Pflichten kommt auch der **Freiheit** eine große Bedeutung zu, die mit der Volljährigkeit einhergeht. Der Heranwachsende ist von nun an von zahlreichen rechtlichen und gesellschaftlichen Einschränkungen entbunden und kann sich frei entfalten. Das Rumspringa der amischen Glaubensgemeinschaft stellt ein passendes Beispiel für den Ausdruck dieser Freiheit dar, denn dabei dürfen die Jugendlichen nach Erreichen ihres 16. Lebensjahres erst einmal alles ausprobieren, was ihnen bis dahin verweigert war.

Außerdem wird der Scheideweg der Volljährigkeit bei vielen Ritualen von einer **bewussten Entscheidung** des Initianden begleitet. So muss der Buddhist des Theravada-Volks nach dem rituellen Klosteraufenthalt zwischen seinem gewohnten Alltag oder einem Leben als geweihter Mönch wählen. Auch die Amischen müssen sich nach dem Rumspringa zwischen einem Leben in der Glaubensgemeinschaft oder in der modernen Welt entscheiden.

Vor allem ist aber das gemeinsame **Feiern und Tanzen** mit Freunden und der Familie zu Ehren des Jugendlichen kennzeichnend für den Eintritt in die Volljährigkeit. Bei dieser Gelegenheit spielen auch besondere Geschenke für den Initianden sowie spezielle Kleidung oder Schmuck eigens für diesen Ehrentag eine wichtige Rolle.

10.2.4 Ausgewählte Unterschiede zwischen den Ritualen

Über alle Rituale hinweg betrachtet zeigt sich, dass das **Alter**, in welchem sie vollzogen werden, stark variiert. Zurückzuführen ist dies auf die global unterschiedlichen Regelungen der Volljährigkeit (▶ Abschn. 10.1). So feiern beispielsweise jüdische Mädchen bereits mit 12 Jahren ihre Bat Mitzwa, wohingegen in Japan die Jugendlichen erst mit 20 Jahren ihr Volljährigkeitsritual vollziehen. Andere Rituale wie das Land-Diving auf Vanuatu sind wiederum nicht an ein festes Alter gebunden. Gleichermaßen ist auch die **Dauer** des Rituals sehr verschieden

und kann von wenigen Stunden wie beim Sweet 16 bis zu mehreren Monaten (Shinbyu-Ritual des buddhistischen Theravada-Volks) reichen.

Weiterhin unterscheiden sich die **gesetzlichen Bestimmungen**, die den Initianden im Zuge seiner Volljährigkeit betreffen. Während man beim nordamerikanischen Sweet 16 vor allem das Erlangen der Fahrerlaubnis feiert und die vollkommene gesetzliche Volljährigkeit erst später erreicht wird, ist die jüdische Bar Mitzwa an keinerlei gesetzliche Berechtigungen gebunden. Dagegen fallen beispielsweise beim japanischen Seijin-no-Hi und beim philippinischen Debut die Zeremonie und die rechtliche Volljährigkeit zeitlich zusammen.

10.3 Psychologische Hintergründe

Neben all der Heterogenität der Volljährigkeitsrituale ist ihnen gemeinsam, dass sie eine elementare, psychologische Bedeutung für die „neuen Erwachsenen", aber auch für die gesamte Gemeinschaft haben.

10.3.1 Individuelle Perspektive

Kontrolltheorie und psychologische Reaktanz

Sind Sie ein „Kontrollfreak"? Oder lassen Sie auch gerne einmal etwas auf sich zukommen? Die Wissenschaft nimmt an, dass Menschen ein grundlegendes Verlangen nach Autonomie und Kompetenz haben und danach streben, Kontrolle zu besitzen (Kontrollmotiv). Untersuchungen haben gezeigt, dass die Erfüllung dieser Bedürfnisse die Leistung, Motivation und das Wohlbefinden des Menschen steigern. Im Gegensatz dazu kann Kontrollverlust zu gravierenden psychischen Problemen führen und das Wohlbefinden beeinträchtigen. Aber was ist Kontrolle überhaupt? Menschen nehmen Kontrolle wahr, wenn sie überzeugt sind, gewünschte Ereignisse herbeiführen und unerwünschte Ereignisse vermeiden zu können. Die **Theorie der kognizierten Kontrolle** integriert diese

Definition und argumentiert, dass sich das Ausmaß von Kontrollempfinden aus der wahrgenommenen Erklärbarkeit, Vorhersehbarkeit und Beeinflussbarkeit von Ereignissen zusammensetzt (Fritsche et al., 2011).

Mit Erreichen der Volljährigkeit wird dem Initianden Autonomie und Beeinflussbarkeit geschenkt, denn er hat die Freiheit, die ihm von nun an zugesprochenen Rechte innerhalb eines gewissen Spielraums nach seinen Vorstellungen auszuleben. Dieses „Geschenk" steigert das Kontrollempfinden und führt schließlich zu einer belastbareren psychischen und physischen Gesundheit des Initianden. Vor allem aber trägt die wahrgenommene Kontrolle auch zu einer erhöhten **Selbstwirksamkeit** bei. Damit ist gemeint, dass eine Person einschätzt, bestimmte Handlungen ausführen zu können, die zum Erreichen eines gewünschten Ergebnisses notwendig sind (Fritsche et al., 2011). Der Volljährige glaubt also demnach, die Rechte, die er erhält, wahrnehmen sowie die Verantwortung, die er ab diesem Alter tragen muss, auch übernehmen zu können.

Kontrollverlust bedeutet nicht nur eine Gefährdung des individuellen Wohlbefindens, sondern löst auch eine motivationale Erregung aus, die als **psychologische Reaktanz** bezeichnet wird. Die gleichnamige Theorie schreibt Menschen die Motivation zu, im Fall von bedrohter oder eingeschränkter Handlungsfreiheit den ursprünglichen Zustand wiederherzustellen (Fritsche et al., 2011). Erwachsene sind dementsprechend bestrebt, die erlangte Freiheit als Chance zu ergreifen und die neuen Handlungsspielräume auszunutzen. Sie kommen in den Genuss, ihr Leben selbstbestimmt zu gestalten, und werden ihnen dabei Steine in den Weg gelegt, widersetzen sich Volljährige mit dem Ziel, ihre Autonomie und Freiheit zurückzugewinnen.

Was bedeutet das jetzt für die Volljährigkeitsrituale? Diese erfüllen auch zentrale Bestandteile des Kontrollkonzeptes: Vorhersehbarkeit, Beeinflussbarkeit, Erklärbarkeit, Autonomie und Kompetenz. Außerdem wird die Selbstwirksamkeit der Initianden gestärkt, indem sie sich beispielsweise bei der Sataré-Mawé-Tradition

oder bei der Bar Mitzwa schwierigen Reifeprüfungen unterziehen müssen.

Rollenübernahme

Die Redewendung, „eine Rolle zu spielen", findet in vielerlei Kontext Anwendung im Alltag: So kann es „eine Rolle spielen", welche Kleidung man trägt oder welche Uhrzeit ist. Eine Person kann aber auch „eine Rolle einnehmen" oder „in einer Rolle aufgehen". Die „Gesamtheit der normativen Erwartungen, die an eine bestimmte soziale Position geknüpft sind", gilt als soziale Rolle (Fetchenhauer, 2011, S. 211). Nach diesem Verständnis werden jeder Rolle sowohl einige Verpflichtungen als auch Freiräume zugewiesen, die eine individuelle Gestaltung zulassen. Je nach Lebenssituation hat ein Individuum eine andere soziale Rolle zu erfüllen, denn jeder Mensch hält multiple Rollen inne. Außerdem verändern sich die zu erfüllenden sozialen Rollen im Laufe des Lebens: Es kommen neue hinzu und andere heben sich wiederum auf (Fetchenhauer, 2011; Gollwitzer u. Schmitt, 2009).

Dies gilt ebenfalls für die Volljährigkeit, denn an diesem besonderen Zeitpunkt lässt man die Rolle des Kindes hinter sich und übernimmt die des Erwachsenen. Das Verhalten eines Individuums wird nicht nur durch dessen Persönlichkeit und Biografie geprägt, sondern auch durch die einzunehmende Rolle. Aufgrund dessen, dass jede Rolle unterschiedliche Erwartungen und Pflichten mit sich bringt, stehen Heranwachsende vor der Herausforderung, mit der Übernahme der Erwachsenenrolle auch den entsprechenden Ansprüchen gerecht zu werden. Während ein Kind die Anweisungen der Eltern befolgen und eine gewisse Fürsorgebedürftigkeit ausstrahlen soll, wird von einem Erwachsenen erwartet, selbstständig und verantwortungsbewusst aufzutreten sowie eine Autoritätsperson für andere darzustellen. Rituale dokumentieren diesen Rollenwechsel, indem sie sich der teilweise widersprüchlichen Erwartungen annehmen und einen reibungslosen Übergang symbolisch unterstützen, beispielsweise in Form des abschließenden Vater-Tochter-Tanzes beim philippinischen Debut, oder sachlich und formell wie durch die Rede des Bürgermeisters am Seijin-no-Hi.

10.3.2 Kollektive Perspektive

Soziale Identität

Rituale der Volljährigkeit werden stets im Beisammensein mit relevanten **sozialen Gruppen** vollzogen – das können der enge Kreis der Familie, die ganze Gemeinde oder sogar die Öffentlichkeit sein. Sie unterstützen das Bewusstsein, dieser Gruppe anzugehören, und fördern die Entwicklung einer positiven sozialen Identität, indem die Zugehörigkeit als affektiv angenehm bewertet wird. Die gemeinsame Feier im vertrauten Kreis trägt außerdem dazu bei, die Stabilität der Gemeinschaft und insbesondere der Familie zu stärken. Schon allein die Vorbereitung setzt starken Zusammenhalt der Familienmitglieder voraus, und während des Rituals selbst festigen geteilte Emotionen die familiäre Verbundenheit. Im weiteren Sinn schafft die Volljährigkeit auch eine neue soziale Identität, weil die Initianden in den Kreis der Erwachsenen aufgenommen werden und diesem gegenüber Gefühle der Zugehörigkeit entwickeln. In diesem Sinne trägt der Vollzug des Rituals dazu bei, die essenziellen Sehnsüchte des Menschen nach Zugehörigkeit, Integration und gemeinsamen emotionalen Erfahrungen zu erfüllen (Blumenkrantz, 2016).

Grundsätzlich setzt sich die soziale Identität eines Individuums aus verschiedenen Komponenten zusammen:

- Dies ist zum einen die kognitive Komponente, die das Wissen repräsentiert, einer oder mehrerer sozialer Gruppen anzugehören bzw. nicht anzugehören.
- Zum anderen wird die evaluative Komponente, die diese Zugehörigkeit bewertet, betrachtet.
- Zuletzt spielt die emotionale Komponente, also die Gefühle rund um die Gruppenzugehörigkeit, eine wichtige Rolle.

Jedes Individuum hat multiple soziale Identitäten und strebt grundsätzlich danach, positive soziale Identitäten aufzubauen, welche sich förderlich auf die Selbstwerteinschätzung auswirken (Gollwitzer u. Schmitt, 2009).

Soziale Vergleichsprozesse und normativer Einfluss

Die **Theorie des sozialen Vergleichs** von Festinger spielt bei der Wirksamkeit von Volljährigkeitsritualen eine wichtige Rolle. Der Theorie zufolge neigen Menschen dazu, ihre Meinungen mit denen anderer zu vergleichen – meistens mit Personen, die Teil der eigenen sozialen Gruppe sind – und deren Überzeugungen als zutreffend anzusehen und zu übernehmen. Soziale Vergleiche dienen nicht nur zur Selbsterkenntnis, sondern auch zur Bewertung der persönlichen Leistungen sowie zur Einschätzung und Definition der eigenen Fähigkeiten. Sie sind vor allem in Situationen präsent, die neuartig, mehrdeutig oder objektiv unklar sind (Jonas et al., 2007).

In diesem Sinne vergleichen sich Jugendliche sowohl während der Vorbereitungsphase als auch beim Vollzug des Rituals mit Gleichgesinnten und streben dabei an, ein positives Selbstwertgefühl zu entwickeln. Des Weiteren tragen die beschriebenen Volljährigkeitsrituale mehrheitlich die Eigenschaften der Neuartigkeit, Unklarheit und Mehrdeutigkeit. Daher ist davon auszugehen, dass sich Initianden mit anderen vergleichen, ihre persönlichen Fähigkeiten dementsprechend abschätzen, um schließlich ihr Verhalten daran zu orientieren.

Der Einfluss anderer ist bei Volljährigkeitsritualen auch in normativer Richtung, also in Form von gesellschaftlichem Druck spürbar, weil davon auszugehen ist, dass Initianden der Tradition u. a. auch deshalb folgen, um ihr Bedürfnis nach sozialer Zustimmung und Harmonie zu erfüllen. Vor allem in öffentlichen Situationen – dazu zählt der Vollzug der Rituale – hat der **normative Einfluss** große Auswirkungen. In diesem Sinne verhält man sich erwartungskonform, um soziale Bestrafung oder Ablehnung zu vermeiden. Gleichzeitig hemmt der normative Einfluss die Infragestellung bestehender Rituale und stellt dagegen die Aufrechterhaltung positiver Beziehungen in den Vordergrund (Aronson et al., 2008; Jonas et al., 2007). Veranschaulichen lassen sich die normativen Zusammenhänge beispielhaft im Rahmen der Sataré-Mawé-Tradition: Für den Jungen ist es unmöglich, sich dem

Ritual zu entziehen, weil ihm sonst die Männlichkeit abgesprochen, er daraufhin keine Partnerin finden und ihm kein Respekt der anderen Stammesmitglieder gebühren würde.

Unter einem positiven Blickwinkel sichert der normative Druck dem Initianden aber auch **soziale Anerkennung**. Beispielsweise kann man damit rechnen, dass Anstrengungen im Vorfeld, z. B. bei der Bar Mitzwa oder auch während des Rituals selbst wie bei der Reifeprüfung der Sataré-Mawé, belohnt werden, indem zu Ehren des Initianden ein großes Fest gefeiert wird, er großzügig beschenkt wird und er die Bewunderung anderer genießt. Diese Beeinflussbarkeit, Vorhersehbarkeit und Erklärbarkeit der Reaktion anderer steigert wiederum das Kontrollempfinden des Initianden (vgl. soziale Identität).

10.4 Kritische Sichtweise

Auch wenn der Eintritt in die Volljährigkeit grundsätzlich ein freudiges Ereignis ist, gibt es doch einige Aspekte in Bezug auf die vorgestellten Rituale, die mit einem kritischen Auge zu betrachten sind.

Bei einem **ethischen Blick** auf einzelne Traditionen tritt ein deutlicher Widerspruch zwischen der Altersgrenze der Volljährigkeit bzw. den damit verbundenen Rechten und der tatsächlichen Reife des Initianden auf. Beispielsweise kann man in der nordamerikanischen Kultur einen zweifelnden Blick darauf werfen, dass Jugendliche bereits ab 16 Jahren die alleinige Fahrerlaubnis erhalten. Sind sie sich den damit verbundenen Gefahren überhaupt schon bewusst? Im weiteren Sinne stellt sich hier die grundsätzliche Frage, ob der richtige Zeitpunkt der Mündigkeit an einem bestimmten Alter festgemacht werden kann. Die ethische Kritik kann ferner bei allen Volljährigkeitsritualen angebracht werden, die eine Gefährdung für den Initianden bedeuten. Dazu zählt das Land-Diving, bei dem schwere Unfälle riskiert werden, oder die Sataré-Mawé-Tradition, bei der der Jugendliche physisches Leid ertragen muss.

Weiterhin sind die Konsequenzen, die mit dem jeweiligen Volljährigkeitsritual einhergehen, nicht ausschließlich positiver Natur. Das Ritual kann auch eine **Belastung** und einen **Stressfaktor** für den Initianden darstellen. So durchlebt dieser im Zusammenhang mit seiner Volljährigkeit emotionale Höhen und Tiefen – von Vorfreude und Enthusiasmus, über Nervosität bis hin zu großer Angst. Diese Ambivalenz zwischen Freude und Furcht muss der Heranwachsende erst einmal verarbeiten, um sich überhaupt für den Vollzug des Rituals bereit zu fühlen. Belastung kann außerdem dadurch verursacht werden, dass der Initiand durch das Ritual sozialem Druck ausgesetzt ist. Sei es der Wunsch, mit der eigenen Sweet-16-Feier die Freunde zu übertrumpfen, bei der Tradition der Sataré-Mawé das ausdruckslosere Gesicht zu zeigen oder bei der Quinceañera das schönere Kleid zu tragen – Wettbewerb unter den Initianden spielt eine wichtige Rolle. Dabei besteht die Gefahr, dass der ursprüngliche Hintergrund des Rituals in Vergessenheit gerät.

Die Idealvorstellung, dass ein Volljährigkeitsritual im **Prozess der Selbstfindung und Selbstständigkeitsentwicklung** unterstützt, kann nicht durch alle vorgestellten Rituale erfüllt werden. Anschaulich wird diese Diskrepanz im Zusammenhang mit dem Land-Diving auf Vanuatu, denn bei dieser Tradition geht es im Grunde um die Segnung des Bodens und damit verbunden um die Sicherung der Ernte. In dieses Ereignis werden Jugendliche, die den Eintritt in die Volljährigkeit symbolisch vollziehen, beinahe nebensächlich einbezogen. Der Sprung von einem meterhohen Turm, gehalten von einer Kletterpflanze, steigert vielleicht den Mut des Initianden, trägt aber kaum zur Selbsterkenntnis bei.

Abschließend ist darauf hinzuweisen, dass auch die Volljährigkeit dem **gesellschaftlichen Wandel** unterliegt. Abgesehen davon, dass sich das Volljährigkeitsalter und die damit zugestandenen Rechte verändern, entwickeln sich auch die Erwartungen gegenüber Volljährigen weiter (▶ Abschn. 10.1): Früher war mit der Volljährigkeit auch der Auszug von Zuhause und die finanzielle Unabhängigkeit von den Eltern verbunden. Heutzutage sind diese Stationen des Lebens nahezu unabhängig voneinander. Wie es wohl sein wird, wenn die eigenen Kinder oder Enkel ihre Volljährigkeit feiern?

10.5 Praktische Relevanz

Die praktische Bedeutung der Volljährigkeit kann jeder Initiand im Alltag spüren, da er entweder mit zahlreichen gesetzlichen Neuerungen (Wahlrecht, legale Drogen, Fahrerlaubnis etc.) konfrontiert ist, veränderte Verantwortlichkeiten und Pflichten zu erfüllen hat (z. B. Judentum) oder eine Entscheidung treffen muss, die sein weiteres Leben beeinflusst (Rumspringa und Shinbyu Ritual). Rituale können an dieser Stelle einen hilfreichen **Anhaltspunkt** liefern, wie mit diesen Veränderungen umgegangen werden soll, und den Heranwachsenden dadurch entlasten.

Nicht nur für den Jugendlichen ändert sich mit der Volljährigkeit seine Lebensführung, sondern auch für dessen Erziehungspersonen. Die Eltern haben von nun an nur noch eingeschränkt Kontrolle über ihr Kind, müssen es eigenständige Entscheidungen treffen oder sogar von zu Hause weggehen lassen. Die Rituale unterstützen diese **Ablösung** symbolisch und verringern dadurch sowohl die **Trennungsängste** der Eltern als auch der Kinder.

Volljährigkeitsrituale und Rituale im Allgemeinen können als **Heuristiken**, also als soziale Faustregeln, der kognitiven Erleichterung dienen. Sie machen die Erwartungen und Pflichten, die auf den Initianden zukommen, transparent, sind über lange Zeit hinweg relativ konstant und liefern eine gemeinsame Grundlage für alle Initianden einer Gemeinschaft oder einer Kultur. In Bezug auf Volljährigkeit gilt es z. B. als selbstverständlich, dass Erwachsene alle Rechte innehalten, als Autoritätspersonen anzusehen sind und in förmlichen Interaktionen zunächst gesiezt werden. Diese normativen Umgangsformen geben Sicherheit für das soziale Miteinander.

10.6 Fazit

Die Faszination für die Rituale und Perspektiven der Volljährigkeit besteht in deren Vielfältigkeit. Nicht nur das jeweilige Lebensalter und die gesetzlichen Veränderungen, sondern vor allem auch der Ablauf und Hintergrund der Rituale zur Feier der Volljährigkeit unterscheiden sich zwischen und innerhalb von Kulturen und Religionen. Trotz dieser Heterogenität lassen sich die verschiedenen Traditionen durch gemeinsame psychologische Mechanismen wieder zusammenführen. Diese Vielfältigkeit trägt schließlich dazu bei, dass wir unseren eigenen Eintritt in die Volljährigkeit stets als einzigartiges Lebensereignis in Erinnerung behalten werden.

Literatur

Aronson, E., Wilson, T. D., & Akert, R. M. (2008). *Sozialpsychologie* (6. Aufl.). München: Pearson Studium.

Blumenkrantz, D. G. (2016). *Coming of age the RITE way: Youth & community development through rites of passage*. New York: Oxford University Press.

Duden online. (2017a). Mündig. http://www.duden.de/rechtschreibung/muendig. Zugegriffen: 27. November 2017.

Duden online. (2017b). Volljährig. http://www.duden.de/rechtschreibung/volljaehrig. Zugegriffen: 27. November 2017.

Fetchenhauer, D. (2011). Die Gesellschaft in uns: Wie soziale Normen, soziale Rollen und sozialer Status unser Verhalten beeinflussen. In: D. Frey, & H.-W. Bierhoff (Hrsg.), *Sozialpsychologie – Interaktion und Gruppe* (S. 201–219). Hogrefe: Göttingen.

Fritsche, I., Jonas, E., Traut-Mattausch, E., & Frey, D. (2011). Das Streben nach Kontrolle: Menschen zwischen Freiheit und Hilflosigkeit. In: H.-W. Bierhoff, & D. Frey (Hrsg.), *Sozialpsychologie – Individuum und soziale Welt* (S. 85–110). Hogrefe: Göttingen.

Goege, H. (2014). Erwachsen mit 18. Vor 40 Jahren wurde die Volljährigkeit neu geregelt. Deutschlandfunk. Artikel vom 22. März 2014. http://www.deutschlandfunk.de/erwachsen-mit-18-vor-40-jahren-wurde-dievolljaehrigkeit.871.de.html?dram:article_id=280812. Zugegriffen: 27. November 2017.

Gollwitzer, M., & Schmitt, M. (2009). *Sozialpsychologie kompakt*. Weinheim: Beltz.

Jonas, K., Stroebe, W., & Hewstone, M. (2007). *Sozialpsychologie* (5. Aufl.). Berlin, Heidelberg: Springer.

Paradisi-Redaktion. (2011). Die Volljährigkeit in Deutschland und anderen Ländern. Artikel vom 21. Juni 2011. http://www.paradisi.de/Freizeit_und_Erholung/Gesellschaft/Volljaehrigkeit/Artikel/15642.php. Zugegriffen: 27. November 2017.

Hochzeiten

Susanna Suchan

© Springer-Verlag GmbH Deutschland, ein Teil von Springer Nature 2018
D. Frey (Hrsg.), *Psychologie der Rituale und Bräuche*,
https://doi.org/10.1007/978-3-662-56219-2_11

11.1 Einleitung

Die Hochzeit ist in vielen Kulturen eines der wichtigsten, wenn nicht gar das wichtigste Übergangsritual des Lebens. Sie hat rechtliche, religiöse, finanzielle sowie soziale Bedeutung und setzt sich aus vielen rituellen Handlungen zusammen. Dabei ist davon auszugehen, dass Ehen ursprünglich aus pragmatischen Gründen entstanden sind. So wurden die meisten Ehen von den Eltern arrangiert, um wirtschaftliche Gemeinschaften zu stärken.

11.2 Beschreibung und geschichtliche Entwicklung

11.2.1 Historische Entwicklung

Im frühen **Mittelalter** zahlte der Bräutigam eine Ablöse an die Sippe der Braut, später als eine Art Witwenversicherung an die Braut selbst. Die Brautübergabe an den Bräutigam fand im Elternhaus der Braut statt. Sie erfolgte in Anwesenheit von geladenen Verwandten, Freunden und Bekannten der beiden Sippen durch den Muntwalt, der eine feierliche Rede hielt. Die Braut trug hierbei ein dunkles, festliches Kleid, das auch an anderen besonderen Anlässen wie Taufen und Beerdigungen Verwendung fand. Im Rahmen der Trauung wurden regional übliche Trauformeln, beispielsweise die Schwäbische Trauformel, vorgetragen. Ebenso erfolgte eine Übergabe von Gegenständen, die die familienrechtliche Schutzgewalt (Munt) verkörperten. Dies konnte ein Speer, Schwert, Hut oder Mantel sein. Anschließend nahm der Bräutigam die Hände der Braut und trat ihr symbolisch auf den Fuß. Es folgte der Brautlauf von Braut und Bräutigam, dem sich die geladenen Gäste als Hochzeitszug anschlossen. Er führte in das Haus des Bräutigams, das nun zum ersten gemeinsamen Heim des neuen Ehepaars wurde. Erst nach der Hochzeit erfolgte unter Zeugen die Beschreitung des Ehebettes. Am nächsten Morgen übergab der Bräutigam der Braut ein Geschenk, die sog. Morgengabe. Die Hochzeit stellte somit den Übergang ins Erwachsenenalter

dar und war mit der Gründung eines eigenen Haushalts verbunden.

Die **Kirche** hatte zunächst nichts mit der Hochzeit zu tun, es handelte sich um eine rein weltliche Angelegenheit. Die ersten Belege, dass sich Paare zunehmend auch den kirchlichen Segen einholten, finden sich um das Jahr 800. Allmählich setzte sich eine auf Konsens beruhende monogame Ehe durch. Es entstand eine Hochzeitsliturgie mit Ja-Wort und Trauzeugen statt Sippenvormund. Die katholische Kirche dehnte ihre Macht in den folgenden Jahrhunderten weiter aus und beschloss im Jahr 1225, dass eine Trauung nur noch durch einen Priester zustande kommen durfte.

Die Hochzeitsrituale unterschieden sich regional noch stark voneinander. Während in Brandenburg die Anzahl der Hochzeitsgäste im **16. Jahrhundert** gesetzlich auf 80 beschränkt wurde, wurde auf eine traditionelle Bauernhochzeit im Alten Land das ganze Dorf eingeladen. Ein Hochzeitslader zog von Hof zu Hof und lud in althergebrachter Spruchform zur Hochzeitfeier ein. Da kein Hochzeitspaar ausreichend Löffel besaß, brachte jeder Gast einen eigenen Hochzeitslöffel mit, welcher besonders schön gearbeitet war und nur an Hochzeiten verwendet wurde. Serviert wurde eine Hochzeitssuppe mit Gemüse und Rindfleisch.

Im **18. Jahrhundert** kam mit dem aufstrebenden Bürgertum die romantische Vorstellung der Ehe auf. Zarte, weiße Brautkleider wurden modern. Getragen wurde die weiße Brautmode jedoch zunächst nur von der Oberschicht, die sich ein Kleid für den einmaligen Gebrauch leisten konnte. Ebenso brach die Französische Revolution die Vormachtstellung der Kirche. Von nun an musste die zivilrechtliche Trauung vor der kirchlichen Trauung stattfinden. Seit 1876 ist in Deutschland ein staatlich bestellter Standesbeamter für die Beurkundung der Eheschließung verantwortlich.

11.2.2 Moderne Hochzeiten

Heutzutage heiratet in Deutschland nur noch jedes 4. Paar kirchlich (Bohnenkamp, 2015). Das Brautpaar ist im Durchschnitt über 30 Jahre alt (Destatis, 2016) und vor der Trauung bereits knapp 5 Jahre zusammen (Brandt, 2014). Für die Meisten steht bei der Hochzeit das Liebesversprechen vor Zeugen im Vordergrund (64 %; *Chrismon*, 2014). Doch obwohl sich die Gründe für eine Hochzeit im Laufe der Geschichte stark verändert haben, halten die meisten Paare noch heute an traditionellen Hochzeitsritualen fest.

Das Bild der modernen Traumhochzeit wird zudem von Hollywoodproduktionen und anderen Medien geprägt, die das lukrative Thema häufig aufgreifen. Dabei erregen besonders die Hochzeiten von Prominenten weltweit Aufmerksamkeit. Dies führt dazu, dass sich regionale Bräuche über die Ländergrenzen hinweg verbreiten. So wurde beispielsweise der englische Brauch als Braut etwas Neues, etwas Altes, etwas Blaues, etwas Geliehenes und einen Glückscent im Schuh zu tragen durch Lady Dianas Hochzeit im Jahr 1981 international beliebt. Das Alte bzw. Neue stehen dabei für den vergangenen bzw. beginnenden Lebensabschnitt, das Geliehene symbolisiert stabile Freundschaften, das Blaue symbolisiert Treue, und der Glückscent gilt als Zeichen für ein finanziell sorgenfreies Leben.

Andere Bräuche werden fortgeführt und verbreitet, um an schwierige Zeiten in der Vergangenheit zu erinnern. So springen viele afroamerikanische Paare noch heute über einen Besen. Es wird angenommen, dass das Ritual auf der Redewendung „Marrying over the Broomstick" basiert, welche eine Hochzeitszeremonie mit fragwürdiger Validität beschreibt. Das Ritual, sprichwörtlich über einen Besen zu springen, verbreitete sich in den Zeiten der Sklaverei, als es Sklaven verboten war, zu heiraten. Afroamerikanische Pärchen nutzten das Ritual, um öffentlich zu bekunden, dass sie (wenn auch nicht rechtlich) den Bund der Ehe eingehen wollten.

Auf der anderen Seite gibt es Traditionen, die nur ein kleiner Teil der Bevölkerung erhaltenswert findet, was in der Zukunft wahrscheinlich zu einem Aussterben der betroffenen Traditionen führen wird. Sehr unbeliebt ist beispielsweise die Brautentführung, die im Mittelalter entstand und auf das vermeintliche Recht der Obrigkeit auf die erste Nacht mit der Braut

zurückgeht. Die Braut wird am Hochzeitstag in einem unbeobachteten Moment in eine Kneipe „entführt" und muss vom Bräutigam gefunden und ausgelöst werden. Dies kann einige Zeit in Anspruch nehmen, während der die Hochzeitsgäste auf die Rückkehr des Brautpaares warten müssen.

11.3 Hochzeitsrituale und ihre psychologischen Hintergründe

Während sich eine deutsche Hochzeit meist auf nur einen Tag beschränkt, dauert eine indische Hochzeit im Durchschnitt 3 Tage. Vergleicht man deutsche Hochzeiten und deren Rituale mit denen aus anderen Ländern, so lassen sich trotzdem gemeinsame psychologische Hintergründe finden. Im Folgenden werden diese gemeinsamen psychologischen Hintergründe beleuchtet und jeweils relevante Hochzeitsrituale aus unterschiedlichen Kulturen und Zeiten vorgestellt.

11.3.1 Soziale Symbolfunktion

Kulturübergreifend ist die Hochzeit eine **öffentliche Bekundung einer Eheschließung**, die meist im Kreise der Familie und Freunde begangen wird. Dabei hat die Hochzeit abhängig von der Kultur eine mehr oder weniger starke repräsentative Bedeutung. Während eine deutsche Hochzeit im Jahr 2013 meist zwischen 21 und 50 Gäste zu verzeichnen hatte (Brandt, 2014), besteht die Hochzeitsgesellschaft in den Vereinigten Staaten von Amerika durchschnittlich aus 141 Gästen (XO Group Inc., 2017), und in Indien sind 300 bis 1.000 Gäste keine Seltenheit. Die Hochzeit gilt in Indien als Highlight des Lebens und ist gleichzeitig ein Statussymbol. So stellt die Hochzeit den Wohlstand der Familien dar und hat damit eine besondere gesellschaftliche Relevanz. Um große und prunkvolle Hochzeiten finanzieren zu können, sparen indische Familien daher lange im Vorfeld.

In Deutschland werden Zeitungsannonce geschaltet oder soziale Medien genutzt, um die

Eheschließung an die breitere Öffentlichkeit zu tragen. Zudem nimmt die Frau häufig den Familiennamen ihres Mannes an und trägt damit ihren veränderten Familienstatus nach außen.

Die soziale Symbolfunktion drückt sich auch in der langen und verbreiteten Tradition der **Eheringe** aus. Denn der Ring offenbart auch unbekannten Personen, dass das Gegenüber bereits vergeben ist. Getragen werden Eheringe traditionell am Ringfinger der linken Hand, da man früher annahm, dass von dort eine Vene direkt zum Herzen verläuft. Ihre Form symbolisiert Perfektion und die Unendlichkeit der Bindung. Sie sind ein Symbol für die Liebe, Treue und das Commitment der Ehe, das man stets bei sich tragen kann.

11.3.2 Embodiment

Dabei könnte das ständige Tragen eines Ringes auch unbewusst Einfluss auf das Ehepaar nehmen. Denn überträgt man **Gedanken auf ein Objekt**, so nimmt die Behandlung dieses Objekts Einfluss auf unsere Gedanken. Dies wird unter dem Begriff „Embodiment" zusammengefasst. Überträgt man auf den Ehering am Hochzeitstag positive Gedanken über die Beziehung, so könnte sich das Tragen des Eherings folglich positiv auf Beurteilungen und Entscheidungen im Alltag auswirken.

Die folgende Studie verdeutlicht das Wechselspiel zwischen Körper und Psyche (Briñol et al., 2013). Zunächst wurden alle Probanden gebeten, ihre positiven bzw. negativen Gedanken bezüglich eines Themas niederzuschreiben. Anschließend sollten sie den Zettel entweder zerreißen und in einem Papierkorb werfen oder den Zettel behalten und auf Schreibfehler prüfen. Probanden, welche die Repräsentationen ihrer Gedanken physisch in den Papierkorb geworfen hatten, ließen diese im Anschluss weniger in eine Beurteilung des Themas einfließen als Probanden, welche ihre Zettel behalten hatten. Probanden, die den Zettel in ihre Hosentasche gesteckt hatten, ließen ihre Gedanken besonders stark in die Beurteilung einfließen.

Eine andere Studie zeigte, dass Händewaschen Bedenken über vergangene Entscheidungen „wegwaschen" kann (Lee u. Schwarz, 2010). Die Ergebnisse legen nahe, dass durch physische Waschungen psychologische Spuren der Vergangenheit bereinigt werden können. Die Personen sind sich dem Einfluss der Waschungen jedoch nicht bewusst und bestreiten diesen sogar. Trotzdem sind **rituelle Waschungen** in vielen Ländern vor und während der Hochzeit verbreitet. So nehmen beispielsweise marokkanische Frauen zur spirituellen Reinigung vor der Trauung ein Milchbad. Auch Waschungen der Hände oder Füße sind in verschiedenen Ländern üblich, um emotionale Blockaden zu lösen und die Ehe unbelastet zu beginnen.

11.3.3 Übergang zwischen zwei Lebensabschnitten

Des Weiteren bildet die Hochzeit den Übergang zwischen zwei Lebensabschnitten, was sich in mehreren Ritualen erkennen lässt. So waren schon im antiken Griechenland erste Formen des **Junggesellenabschieds** vor der Hochzeit üblich. Während zunächst nur Bräutigame im Kreise männlicher Freunde und Verwandte ein letztes Mal das Junggesellendasein zelebrierten, wurden später auch Junggesellinnenabschiede populär. In England, Irland, den Vereinigten Staaten und Deutschland verlaufen die Abschiede ähnlich. Übliche Elemente sind ein hoher Alkoholkonsum, sexuelle Themen und Anspielungen sowie eine geschlechtshomogene Gästeliste (Montemurro, 2006). Die Abschiede beinhalten häufig einen Straßenzug, bei dem die Gruppe um die Häuser zieht und der Junggeselle/die Junggesellin verschiedene Aufgaben lösen muss. Dabei tragen die Gruppenmitglieder oft einheitliche T-Shirts oder andere Erkennungszeichen, was zu einer Stärkung des Gruppengefühls beiträgt (Zimbardo, 1969). Während sich der Abschied in Deutschland meist auf einen Tag beschränkt, sind in England mehrtägige Abschiede nicht ungewöhnlich. Doch auch in Deutschland ist ein Trend zu ausgiebigeren Abschieden mit zunehmenden Programmpunkten erkennbar.

Einen besonderen Stellenwert bei der Hochzeit hat die Loslösung der Braut von ihren Eltern. So übergibt der **Brautvater** seine Tochter noch heute vor dem Altar symbolisch an den Bräutigam. Im Rahmen einer hinduistischen Hochzeit findet sogar eine eigene Zeremonie („Kanyadaan") zur Übergabe der Braut statt. Im Rahmen dieser Zeremonie verspricht der Bräutigam dem Brautvater, dass er für ein moralisches, wohlhabendes und mit Liebe erfülltes Leben seiner Tochter sorgen wird. Traditionell wurde von der Braut erwartet, dass sie nach der Hochzeit den Kontakt mit ihren Verwandten abbricht. Auch in Kenia zeigt sich die Loslösung von den Eltern in einem besonderen Ritual. Der Brautvater spuckt seine Tochter nach der Hochzeitzeremonie an und manifestiert mit dieser Geste die neu gewonnene Distanz zwischen ihnen. Das Schicksal soll künftig nicht durch eine zu umsorgende Behandlung des frisch verheirateten Paares herausgefordert werden. Die abwertende Geste könnte dabei laut der Theorie zur kognitiven Dissonanz (s. u.) tatsächlich die Einstellung und dadurch das künftige Verhalten des Vaters gegenüber seiner Tochter beeinflussen.

Hierzulande ist es nach der Trauungszeremonie Brauch, dass das frisch vermählte Pärchen durch ein **Tor** in den neuen Lebensabschnitt schreitet, welches bei Feuerwehrleuten beispielsweise aus einem Feuerwehrschlauch gebildet wird. Ebenso trägt der Bräutigam die Braut über die Schwelle in einen neuen Lebensabschnitt und schützt sie dadurch zudem vor bösen Geistern (s. u.).

11.3.4　Vertreibung böser Geister

Der Brauch, die Braut über die Türschwelle zu tragen, beruht insbesondere auf der Vorstellung, dass unter der Schwelle boshafte Kobolde hausen und die Füße eine besonders angreifbare Körperregion sind. Die Angst vor bösen Geistern spiegelt sich in vielen Hochzeitsbräuchen wider. So tragen Bräute in Norwegen Kronen mit kleinen, klimpernden Anhängern, um böse Geister zu vertreiben. Damit böse Feen sie nicht mitreißen, versuchen irische Bräute beim Hochzeitstanz mit beiden Füßen auf dem Boden zu bleiben. Und in Schweden besteht der traditionelle Brautstrauß nicht aus duftenden Blumen, sondern aus unangenehm riechenden Gräsern, um Braut und Brautjungfern vor Trollen zu schützen.

Die Angst vor bösen Geistern stand dabei möglicherweise stellvertretend für die Zweifel und Ängste von Braut und Bräutigam, denen insbesondere in der früheren Zeit mit dem Übergang in eine neue Lebensphase und einen anderen gesellschaftlichen Stand große Veränderungen bevorstanden. Die Rituale galten als **Schutz- und Segensritual** und gaben Halt.

Ein bekanntes deutsches Beispiel ist der **Polterabend**, der traditionell am Vorabend zur Hochzeit im Elternhaus der Braut stattfindet. Erste Belege finden sich für das Jahr 1840. Damals trafen sich Nachbarn, um Fichtenkränze zu binden und das Haus der Braut mit Girlanden zu schmücken. Freunde und Bekannte zerschlugen Tongut zu Scherben, welche Glück und Wohlstand bringen sollten. Der dabei entstehende Lärm sollte böse Geister vertreiben. Am nächsten Morgen gegen 4 Uhr früh begann das „Brautwecken" mit Böllerschüssen, Geschrei und Blasmusik. Dieses ist besonders im Alpenraum noch heute beliebt.

11.3.5　Blick in die Zukunft

Des Weiteren gibt es eine Reihe von Hochzeitsbräuchen, von denen man sich erhofft, zukünftige Ereignisse voraussagen zu können. Dies kann das Gefühl von Ungewissheit reduzieren, welches beim Menschen mitunter mehr Stress verursacht als die Gewissheit, dass ein negatives Ereignis eintreten wird. In Studien konnte beispielsweise gezeigt werden, dass die Ungewissheit, einen leichten Stromschlag zu erhalten, stärkeren Stress verursacht als die Gewissheit, dass man einen leichten Stromschlag erhalten wird (De Berker et al., 2016; Monat et al., 1972).

Um zukünftige Ereignisse voraussagen zu können, wird auf verschiedene Rituale zurückgegriffen. In vielen Ländern ist es beispielsweise Tradition, den Brautstrauß zu werfen, um die nächste Braut ausfindig zu machen.

In Finnland platziert die Schwiegermutter oder Patentante der Braut einen Porzellanteller auf dem Kopf der Braut. Anschließend tanzt das Brautpaar den Hochzeitstanz. Wenn der Teller herunterfällt und zerbricht, sammeln die Gäste die Bruchstücke auf. Die Anzahl der Bruchstücke zeigt, wie viele Kinder das Brautpaar bekommen wird.

Ein ähnliches Ritual findet sich in Italien. Dort zerschlägt das frisch verheiratete Paar eine Vase oder ein Glas. Die Anzahl der Bruchstücke symbolisiert die Anzahl ihrer bevorstehenden glücklichen Ehejahre.

11.3.6 Rollenverteilung

Ein weiteres Thema, auf das in verschiedenen Ritualen angespielt wird, ist die künftige Rollenverteilung zwischen Braut und Bräutigam. In Russland gilt derjenige als Familienoberhaupt, der den größeren Biss vom „Karavaya", einem Hochzeitsgebäck, nimmt. In Deutschland wird darauf geachtet, wer beim Anschneiden der Hochzeitstorte die Hand oben hat, und auf türkischen Hochzeiten versucht die Braut, dem Bräutigam auf den großen Zeh zu treten.

Eine detaillierte Beschreibung des Rollenverständnisses findet sich im „Saptapadi", dem wichtigsten Ritual einer hinduistischen Hochzeitszeremonie. Es besteht aus jeweils 7 Gelöbnissen der Braut und des Bräutigams (online unter: http://www.culturalindia.net/weddings/wedding-traditions/seven-vows.html). Die Gelöbnisse beschreiben u. a. den künftigen Verantwortungsbereich der Braut, zu dem beispielsweise die Essenszubereitung, die Vermögensverwaltung und die Entscheidungen im Haushalt gehören. Zum künftigen Verantwortungsbereich des Bräutigams zählen hingegen beispielsweise das Verdienen des Lebensunterhalts und die Repräsentation der Familie nach außen.

11.3.7 Vermittlung sozialer Werte

Neben dem Rollenverständnis beinhaltet das Saptapadi-Ritual auch Wertvorstellungen. Braut und Bräutigam geloben sich u. a. Respekt, Vertrauen, Hilfsbereitschaft, Kooperation, Hingabe, Unterstützung, Treue und Freundschaft. Wie das Saptapadi-Ritual zeigt, führt eine Hochzeit somit auch zur Verinnerlichung von sozialen Normen, Rollen sowie Wertvorstellungen. Eine Hochzeit unterstützt auf diese Weise die Sozialisation wichtiger **Werte der Gemeinschaft**. Sie gibt Handlungsorientierungen vor, die als Wegweiser für das künftige individuelle Verhalten dienen.

Dabei werden Werte in vielen anderen Hochzeitsritualen auch nonverbal propagiert, so wird der hohe Stellenwert von älteren Familienmitgliedern in einer Tradition aus Äthiopien deutlich. Während der Hochzeitszeremonie küsst das Brautpaar die Knie ihrer Großeltern. Die öffentliche Respektbekundung im Rahmen einer solchen Feier zeigt der Hochzeitsgesellschaft die Bedeutung von älteren Familienmitgliedern für die Gemeinschaft und führt dazu, dass ihnen auch außerhalb von Hochzeiten mehr Respekt entgegengebracht wird.

In Polen würdigen frisch verheiratete Pärchen die Tapferkeit und Opferbereitschaft ihrer Soldaten, indem sie am Grabmal des unbekannten Soldaten Blumen niederlegen und Hochzeitsfotos machen. Das Ansehen von Soldaten in der Gesellschaft und die Einstellung zu Werten wie Tapferkeit und Opferbereitschaft werden auf diese Weise gefestigt.

In anderen Kulturen nehmen hingegen Werte wie Ausdauer und Aufmerksamkeit einen besonderen Stellenwert in der Gesellschaft ein. Dies spiegelt sich auch in den kulturspezifischen Hochzeitsritualen wider. Ein Ritual aus Indien unterstreicht den Stellenwert von Ausdauer und Aufmerksamkeit, indem der Bräutigam die Buchstaben seines Namens in der aufwendigen Henna-Bemalung der Braut finden muss.

Hinter einem deutschen Brauch verbergen sich die Tugenden der Voraussicht und Sparsamkeit. So soll die künftige Braut schon in der Kindheit beginnen, Pfennige/Cent-Münzen zu sammeln, um mit diesen später ihre Brautschuhe bezahlen zu können. Den Kindern wird auf diese Weise schon früh nahegelegt, weitsichtig zu denken und zu handeln. Aber auch Werte wie Achtsamkeit, Respekt und Treue finden sich im hierzulande klassischen Eheversprechen:

» Ich nehme dich an als meinen Mann/meine
Frau. Ich will dich lieben, achten und ehren
alle Tage meines Lebens, in guten und in
bösen Tagen, in Gesundheit und Krankheit.
Trage diesen Ring als Zeichen unserer Liebe
und Treue.

11.3.8 Festigung der Bindung

Das Eheversprechen unterstreicht außerdem die
Beständigkeit der Bindung zwischen dem Brautpaar („alle Tage meines Lebens"). Hier spiegelt
sich das **Bedürfnis nach Zugehörigkeit** („need
to belong"), der tief verwurzelte Wunsch nach
einer starken, stabilen zwischenmenschlichen
Beziehung, wider (Baumeister u. Leary, 1995).
Rund ein Viertel der deutschen Brautpaare
nennt als wichtigen Grund für ihre Hochzeit die
Annahme, dass man sich nach einer Hochzeit
nicht so leicht trenne (*Chrismon*, 2014).

Aufwand und Wertschätzung

Einen Beitrag zur Festigung der Bindung könnte
dabei die hohe Investition an Zeit, Energie und
Geld in die Planung und Umsetzung einer
Hochzeit leisten. So konnten bereits zahlreiche
Studien zeigen, dass hohe Investitionen zu einer
Aufwandsrechtfertigung führen („effort justification"; Festinger, 1957). So werden beispielsweise Gruppen von neuen Mitgliedern als attraktiver beschrieben, wenn sie zur Aufnahme in die
Gruppe eine unangenehme Initiation durchlaufen mussten (Aronson u. Mills, 1959). Denn
passen unsere Handlungen (z. B. Mutproben)
nicht mit unseren Einstellungen (z. B. Attraktivität einer Gruppe) zusammen, entsteht ein
unangenehmes Gefühl **kognitiver Dissonanz**.
Dieser Konflikt wird gelöst, indem die Gruppe
unbewusst aufgewertet wird, um unsere Handlung zu rechtfertigen. In gleicher Weise könnte
die hohe Investition in eine Hochzeit zu einer
Aufwertung der Beziehung führen.

In vielen Kulturen wird das Investment für
den Bräutigam noch erhöht, indem dieser die
Braut vor der Hochzeit erst bei ihren Freunden
und Verwandten „freikaufen" muss. In Russland erfolgt der Freikauf beispielsweise durch

Geschenke oder beschämende Tanz- und
Gesangseinlagen. In China muss sich der Bräutigam in einer Serie von Aufgaben beweisen und
den Brautjungfern anschließend Umschläge
voller Geld aushändigen.

Auf türkischen Hochzeiten drückt der Bräutigam seine Wertschätzung der Braut auf eine
andere Weise aus. Dort ist es Brauch, dass die
Braut für ihren künftigen Mann einen speziellen Kaffee zubereitet. Dieser wird beispielsweise
mit Salz, Pfeffer und Zitrone „verfeinert" und
muss anschließend anstandslos vom Bräutigam
getrunken werden.

Commitment

Im Rahmen alter keltischer, hinduistischer
und ägyptischer Rituale werden die Hände von
Braut und Bräutigam zusammengebunden,
um ihr Commitment und ihren neuen Bund
zu demonstrieren. Ähnliche Riten finden sich
auch in anderen Kulturen. So wird das Brautpaar
in Mexiko, auf den Philippinen und in Spanien
nach dem Eheversprechen durch Rosenkränze
oder ein Blumenband in Form einer Acht miteinander verbunden. Während des Saptapadi-
Rituals einer hinduistischen Hochzeit wird die
Kleidung des Brautpaares verknotet. In der grie-
chisch-orthodoxen Kultur werden die Kronen
von Braut und Bräutigam durch ein Band verbunden, um ihre neue Einheit zu symbolisieren.
Nach irischer Tradition knüpft das Brautpaar
einen Seemannsknoten, der unter Druck fester
wird, statt kaputtzugehen, und für die Stärke
ihrer Bindung steht.

Bei einer kirchlichen Hochzeit sind die
Trau- bzw. Ehevorbereitungsgespräche fester
Bestandteil der Hochzeitsvorbereitungen. Eine
Studie zeigte bereits die positiven Auswirkungen von Ehevorbereitungsgesprächen auf das
Commitment künftiger Ehepaare (Burgoyne
et al., 2010). Im Rahmen der Ehevorbereitung
wurden die Verlobten zunächst gebeten, unabhängig voneinander einen Fragebogen zu verschiedenen Lebensaspekten wie Kommunikation, Erwartungen der Eltern und Traditionen,
Finanzen, Religion, Kinder, Freizeit, Haus-
haltsaufgaben usw. auszufüllen. Anschließend
wurden die Paare in einem Feedbackgespräch

auf mögliche Konfliktbereiche aufmerksam gemacht. Es handelte sich dabei häufig um Konfliktfelder, die vorher noch nie offen thematisiert wurden. Den Paaren wurde die Möglichkeit gegeben ihre Gefühle und Ansichten in einem sicheren Rahmen zu äußern und Einigungsansätze zu finden. Die Paare, die an einem Ehevorbereitungsgespräch teilgenommen hatten, wiesen nach ihrem ersten Ehejahr ein höheres Maß an Commitment auf als die Paare, die an keinem Ehevorbereitungsgespräch teilgenommen hatten. Folglich kann es Paaren helfen, wenn sie auf mögliche Konfliktbereiche vorbereitet werden und ihnen verdeutlicht wird, dass sich die Stabilität einer Beziehung darin zeigt, wie man mit Konflikten umgeht. Es wäre daher wünschenswert, wenn sich Ehevorbereitungsgespräche künftig als fester Bestandteil auch der standesamtlichen Hochzeiten etablieren würden.

Verheiratete Paare weisen in der Tat ein höheres Commitment auf als unverheiratet zusammenlebende Paare, die bereits ebenso lange zusammen sind (Stanley et al., 2002). Ein hohes Commitment gilt dabei neben Kommunikation und einem gut funktionierenden Konfliktmanagement, als Fundament einer erfolgreichen Ehe (Stanley et al., 2002).

Kooperation

Andere Traditionen sollen die Kooperation des Brautpaares testen und fördern. So ist es etwa verbreitet, am Polterabend gemeinsam die Scherben aufzukehren, während der Zeremonie aus einem Hochzeitsbecher zu trinken oder nach der Trauung mit vereinten Kräften einen Baumstamm zu zersägen (■ Abb. 11.1). Gesägt wird traditionell mit einer Schrotsäge, bei der man abwechselnd ziehen muss, um sie nicht zu verkannten. Dies soll die gleichberechtigte, gemeinsame Arbeit und das Gleichgewicht zwischen Aktivwerden und Ruhenlassen symbolisieren.

Regional ist es ebenfalls üblich gemeinsam, einen Baum auf einer Hochzeitsallee zu pflanzen, der wie die Beziehung und Liebe des Brautpaares über die folgenden Jahre wachsen und stärker werden soll. So wie der Baum jeden Sturm unbeschadet übersteht, soll auch die Beziehung beständig sein. Dafür soll das Paar den Baum wie auch die Beziehung pflegen.

Auch die gemeinsamen Flitterwochen können zu einer Festigung der Bindung führen. Eine besondere Form der Flitterwochen findet sich dabei beim Volk der Tidong aus Borneo. Dort verbringt das Brautpaar die ersten 3 Tage ihrer Ehe alleine in ihrem neuen Heim und darf dabei nicht auf die Toilette gehen. Dieses Ritual soll das frisch vermählte Ehepaar auf die gemeinsamen **Herausforderungen der Ehe** vorbereiten. Ein weiterer Brauch, der auf die Unwägbarkeiten des gemeinsamen Lebens vorbereiten soll, kommt aus Schottland. Dort findet vor der Hochzeit das „Schwärzen der Braut" (heutzutage auch des Bräutigams) statt. Diese werden mit faulen Eiern, Fischsoße, saurer Milch, Teer, Ruß,

■ **Abb. 11.1** Brautpaar zersägt einen Baumstamm (© genotar1 / stock.adobe.com)

Mehl, Federn oder anderen möglichst schwarzen oder übel riechenden Substanzen beschmiert. Anschließend werden sie der Öffentlichkeit präsentiert.

Trotz der Vielzahl bindungsstärkender Rituale liegt die Scheidungsquote in Deutschland bei rund 40 % (Statista, 2017) und ist damit nicht zu vernachlässigen, da Scheidungen, insbesondere für gemeinsame Kinder, einen erheblichen Stressfaktor darstellen können. Eine Hilfestellung könnten beispielsweise Konfliktmediation oder Kommunikationstrainings bieten, um an die ursprüngliche Verbundenheit anzuknüpfen. Dazu tragen ebenfalls die Feierlichkeiten an den folgenden Hochzeitstagen wie die papierne Hochzeit nach 1 Jahr, die hölzerne Hochzeit nach 5 Jahren, die Silberne Hochzeit nach 25 Jahren oder die Goldene Hochzeit nach 50 Jahren Ehe bei.

11.4   Fazit

Zusammenfassend lässt sich feststellen, dass die Hochzeit kulturübergreifend ein bedeutsames Übergangsritual darstellt. Während früher meist pragmatische Gründe zu einer Hochzeit führten, steht heutzutage in vielen Ländern das Liebesversprechen vor Zeugen im Fokus. Dabei hat die Hochzeit in manchen Ländern eine besonders starke soziale Symbolfunktion.

In den Medien wird die Hochzeit heutzutage häufig als der „schönste Tag im Leben der Braut" propagiert, was mit entsprechend hohen Erwartungen einhergeht. Mit Hochzeiten wird in Deutschland ein Jahresumsatz von rund 5 Milliarden Euro gemacht. Es gibt spezialisierte Fotografen, Floristen, Bands, Konditoren, Hochzeitsplaner, Fachzeitschriften etc. Dabei nimmt das Marketing mehr und mehr Einfluss auf die Wünsche und Vorstellungen von Brautpaaren, wie der Diamantenproduzent De Beers unter Beweis gestellt hat. Seine geschickte Marketingstrategie führte dazu, dass sich der Diamant als Symbol der Liebe etablierte.

Besinnt man sich jedoch auf die wesentlichen Aspekte einer Hochzeit, so ebnen deren Rituale den Übergang zwischen zwei Lebensabschnitten und geben Halt in einer Zeit, die von Ungewissheit geprägt ist. Außerdem tragen sie zur Vermittlung sozialer Werte bei und übernehmen somit eine wichtige Funktion in unserer Gesellschaft. Des Weiteren führen sie zu einer Festigung der Bindung des Brautpaares, indem sie den Stellenwert von gegenseitiger Wertschätzung, Zugehörigkeit und Kooperation unterstreichen.

Literatur

Aronson, E., & Mills, J. (1959). The effect of severity of initiation on liking for a group. *The Journal of Abnormal and Social Psychology* 59(2), 177–181.

Baumeister, R. F., & Leary, M. R. (1995). The need to belong: desire for interpersonal attachments as a fundamental human motivation. *Psychological Bulletin* 117(3), 497–529.

Bohnenkamp, R. (2015). *Sich trauen: Recht, Steuern, Finanzen. Was sich durch die Heirat alles ändert*. Berlin: Stiftung Warentest.

Briñol, P., Gascó, M., Petty, R. E., & Horcajo, J. (2013). Treating thoughts as material objects can increase or decrease their impact on evaluation. *Psychological Science* 24(1), 41–47.

Brandt, M. (2014). Hochzeit in Deutschland. Statista. Infografik vom 17. September 2014. https://de.statista.com/infografik/2728/daten-und-fakten-zum-thema-hochzeit-in-deutschland/. Zugegriffen: 27. November 2017.

Burgoyne, C. B., Reibstein, J., Edmunds, A. M., & Routh, D. A. (2010). Marital commitment, money and marriage preparation: What changes after the wedding?. *Journal of Community & Applied Social Psychology* 20(5), 390–403.

Chrismon (2014). Was sind für Sie gute Gründe zu heiraten? EMNID-Institut im Auftrag von chrismon. Repräsentative Umfrage (1010 Befragte). http://chrismon.evangelisch.de/umfragen/2014/was-sind-fuer-sie-gute-gruende-zu-heiraten. Zugegriffen: 27. November 2017.

De Berker, A. O., Rutledge, R. B., Mathys, C., Marshall, L., Cross, G. F., Dolan, R. J., & Bestmann, S. (2016). Computations of uncertainty mediate acute stress responses in humans. *Nature Communications* 7, 10996.

Festinger, L. (1957) *Cognitive dissonance*. Stanford, CA: Stanford University Press.

Lee, S. W., & Schwarz, N. (2010). Washing away postdecisional dissonance. *Science* 323, 709–714.

Monat, A., Averill, J. R., & Lazarus, R. S. (1972). Anticipatory stress and coping reactions under various conditions of uncertainty. *Journal of Personality and Social Psychology* 24(2), 237–253.

Montemurro, B. (2006). *Something old, something bold*. Chapel Hill: Rutgers University Press.

Stanley, S. M., Markman, H. J., & Whitton, S. W. (2002). Communication, conflict, and commitment: Insights on the foundations of relationship success from a national survey. *Family Process* 41(4), 659–675.

Statista (2017). Scheidungsquote in Deutschland von 1960 bis 2015. https://de.statista.com/statistik/daten/studie/76211/umfrage/scheidungsquote-von-1960-bis-2008/. Zugegriffen: 27. November 2017.

Statistisches Bundesamt (Destatis). (2016). Eheschließungen, Ehescheidungen, Lebenspartnerschaften. Stand: 15. Juli 2016. https://www.destatis.de/DE/ZahlenFakten/GesellschaftStaat/Bevoelkerung/EhenLebenspartnerschaften/EhenLebenspartnerschaften.html. Zugegriffen: 27. November 2017.

XO Group Inc. (2017). Cost of US weddings reaches new high as couples spend more per guest to create an unforgettable experience, according to The Knot 2016 Real Weddings Study. Pressemitteilung vom 02. Februar 2017. http://xogroupinc.com/press-releases/theknot2016realweddings_costofweddingsus/. Zugegriffen: 27. November 2017.

Zimbardo, P. G. (1969). The human choice: Individuation, reason, and order versus deindividuation, impulse, and chaos. In: W. J. Arnold & D. Levine (Eds.), *Nebraska symposium on motivation* (pp. 237–307). Lincoln: University of Nebraska press.

11

Rituale zum Tod

Alejandro Hermida Carrillo, Moritz Valentin Fischer, Katja Mayr, Maximilian Josef Penzkofer, Anna Maria Fuhrmann, Thomas Hilpert und Laura Anders

© Springer-Verlag GmbH Deutschland, ein Teil von Springer Nature 2018
D. Frey (Hrsg.), *Psychologie der Rituale und Bräuche*,
https://doi.org/10.1007/978-3-662-56219-2_12

12.1 Einleitung

> » Der Tod hat seinen tragischen Himmel verlassen und ist zum lyrischen Kern des Menschen geworden: seine unsichtbare Wahrheit, sein sichtbares Geheimnis.
> (Foucault, 1993, S. 183)

Allein die Geburt und der Tod waren für die Menschheit schon immer von absoluter Gewissheit. Daher ist es nicht verwunderlich, dass neben Geburtsbräuchen (▶ Kap. 8) insbesondere auch Rituale, die im Zusammenhang mit dem Verlust von Menschen stehen, bis zu den Anfängen der Menschheit zurückzuverfolgen sind. Von den Neandertalern, die bereits vor mehr als 50.000 Jahren ihre Verstorbenen in Höhlen bestatteten, über die alten Ägypter, die ihre Pharaonen mumifizierten und in einer prachtvollen Grabstätte zur Ruhe betteten, bis hin zu modernen Trends unserer Zeit wie Baum- oder Weltraumbestattungen: Jede Kultur, die diesen Planeten jemals bevölkerte, hat entsprechend ihrer eigenen Werte eine Reihe an Ritualen für die verschiedenen Stufen im Sterbeprozess entwickelt.

Dieses Kapitel betrachtet die Entwicklung und Bedeutung solcher Todesrituale aus einer psychologischen Perspektive. Die ausgewählten Bräuche und psychologischen Phänomene können angesichts der vielfältigen und reichhaltigen Geschichte der Menschheit nicht vollständig sein. Vielmehr wollen wir einen Überblick zu Todesritualen und deren psychologischen Wirkmechanismen geben und laden Sie dazu ein, die dargestellten Inhalte während des Lesens kritisch zu hinterfragen und eigene Schlussfolgerungen zu entwickeln.

12.2 Interpretationen des Todes

Im alltäglichen Sprachgebrauch liegen die Begriffe „Sterben" und „Tod" durchaus nah beisammen, bei näherer Betrachtung handelt es sich jedoch um 2 sehr unterschiedliche Konzepte. Als **Sterben** bezeichnet man den Prozess des Übergangs vom Leben in den Tod, bei dem die Lebensfunktionen der betreffenden Person kontinuierlich abnehmen. Bei einem sehr abrupt eintretenden Tod, z. B. bei Verkehrsunfällen oder plötzlichem Herztod, ist die Sterbephase sehr kurz, bei anderen Todesursachen wie Krebs oder Altersschwäche kann der Sterbeprozess hingegen mehrere Jahre andauern. Insbesondere hierbei setzt sich der Betroffene meist intensiv mit dem Sterben auseinander und durchlebt dabei verschiedene Phasen (▶ Abschn. 12.3). Der **Tod** hingegen beschreibt den Zustand, der im Anschluss an den Sterbeprozess eintritt und in dem die Lebensfunktionen der betreffenden Person weitgehend oder vollständig erloschen sind.

Es herrscht allerdings kein universeller Konsens darüber, was „tot sein" wirklich bedeutet oder wann genau der Tod eintritt. Die Ansichten hierzu variieren je nach kulturellen oder religiösen Wertvorstellungen. Obwohl jede Religion Anspruch auf ein eigenes Repertoire an Bedeutungen und Ritualen bezüglich des Todes erhebt, so stimmen doch die meisten von ihnen mit der Idee überein, dass es mehr gibt, als nur unser physisches, materielles Dasein:

- Einige Religionen, beispielsweise der **Hinduismus**, vertreten die Glaubensansicht, dass Leben und Tod Teile eines Kreislaufs sind: Die Taten, die wir während eines Lebens vollbringen – positive wie negative – beeinflussen unser nächstes Leben nach der Wiedergeburt (Thrane, 2010).
- **Christen** und **Muslime** wiederum verstehen den Tod als ein einmaliges Lebensereignis. Um nach dem Ableben in den Himmel zu kommen, spielen lebensleitende Grundhaltungen wie Liebe zu Gott oder Demut eine zentrale Rolle für die Gläubigen dieser beiden Religionen.
- Auch im **Judentum** nimmt die Bedeutung einer rechtschaffenen Lebensführung einen hohen Stellenwert ein, allerdings wird hier nicht klar spezifiziert, wie das Leben nach dem Tod aussieht. Auch wenn die meisten Juden überzeugt sind, dass das Leben nach dem Tod in seiner spirituellen Bedeutung interpretiert werden muss, glauben andere an die Existenz eines physischen Lebens nach dem Tod.

12

- Weitere religiöse Gruppen wie bestimmte Glaubensrichtungen innerhalb des **Buddhismus** glauben an die Koexistenz von Tod und Leben. Die Verstorbenen leben als Seelen mit eigenen Emotionen und Charaktereigenschaften weiter und beeinflussen das Dasein der Lebenden. Um sie friedlich zu stimmen und unter ihrem Schutz zu stehen, werden ihnen Respekt und Opfergaben entgegengebracht (Obayashi, 1992).

Mit der fortschreitenden Rationalisierung und Intellektualisierung westlicher Gesellschaften und dem Rückgang des Glaubens an geheimnisvolle Mächte, die Max Weber (1919) treffend als „Entzauberung der Welt" beschreibt, mehrten sich technische und nichtreligiöse Auffassungen über den Tod. Sie beruhen meist auf medizinischen Definitionen des Todes, jedoch lassen auch diese Ansätze einen gewissen Deutungsspielraum, beispielsweise hinsichtlich des Todeszeitpunktes, zu. Viele Jahre lang bezogen sich gesetzliche und medizinische Bestimmung des Todeszeitpunktes einer Person auf die Überprüfung des Pulses sowie des Ausbleibens von Atmung und Herzschlag. Durch den medizinischen Fortschritt wurde diese Definition um den Hirntod erweitert, der über das Versagen neurologischer Funktionen spezifiziert wird (Shemie et al., 2014).

Beim Betrachten dieser verschiedenen Annäherungsweisen an das Konzept „Tod" wird deutlich, dass eine große Bandbreite an Todesritualen und -bräuchen besteht, die den spezifischen Blickwinkel einer jeden Kultur begleitet.

12.3 Psychologische Konzepte und Theorien

» The idea of Death, the fear of it, haunts the human animal like nothing else; it is a mainspring of human activity – activity designed largely to avoid the fatality of Death, to overcome it by denying in some way that it is the final destiny for man. (Becker, 1973, S. xvii)

12.3.1 Angst vor dem Tod und vor dem Sterben

Wie zuvor beschrieben wird zwischen dem Zustand des Todes und dem Prozess des Sterbens unterschieden. Eine empirische Studie von Cicirelli (1999), in der fast 400 ältere Personen befragt wurden, konnte zeigen, dass die Angst vor dem Sterben, insbesondere vor einem lang andauernden, schmerzhaften Sterbeprozess, deutlich größer war als die Angst vor dem Tod, d. h. die Angst vor der Nichtexistenz oder einem ungewissen Leben nach dem Tod. Diese Erkenntnis ist dahingehend bedeutsam, als dass die Angst vor einem schmerzhaften Tod durch die Möglichkeiten moderner Palliativmedizin heute möglicherweise durch gute Aufklärung seitens der Ärzte, Pfleger und Seelsorger gemildert werden kann.

Die Angst vor dem Tod kann hingegen durch religiösen Glauben gelindert werden, beispielsweise durch den Glauben an ein Leben nach dem Tod. Parsuram und Sharma (1992) befragten Hindus, Muslime und Christen hinsichtlich ihrer Angst vor dem Tod. Die Ergebnisse zeigten, dass Hindus, die einen starken Glauben an das Leben nach dem Tod haben, weniger Angst vor dem Tod hatten als Muslime und Christen.

12.3.2 Modell der fünf Sterbephasen

Elisabeth Kübler-Ross, eine Pionierin der modernen Sterbeforschung, differenziert im Modell der 5 Sterbephasen aus dem Jahr 1969 genauer, welche psychischen Vorgänge in einem sterbenden Menschen vorgehen:

1. In der 1. Phase der **aktiven Verweigerung** kennzeichnet sich das Verhalten des Betroffenen vor allem durch Nichtakzeptanz der Diagnose und das Schmieden von weiteren Zukunftsplänen. Jedoch ist dem Sterbenden die Todesnähe oft bereits bewusst.
2. So bewegt sich die Person von der eher passiven 1 Phase im nächsten Schritt in eine **aggressive Phase**. Hier stellt sich der

Patient oft die Frage: „Warum ich?", und reagiert mangels einer Antwort auf die Frage oft aufgebracht und wütend auf sein näheres Umfeld.

3. Nachdem diese irrationalen Phasen überwunden wurden, tritt die Phase des Verhandelns oder der **partiellen Annahme** ein, in der zwar das eigene Schicksal angenommen wird, jedoch auch versucht wird, mit Ärzten oder transzendenten Erscheinungen über den eigenen Tod zu verhandeln. Hier sollten Angehörige besonders darauf achten, keine falschen Hoffnungen zu wecken, wohl aber die Wünsche des Betroffenen zuzulassen.

4. Die 4. Phase, die **depressive Annahme**, ist gekennzeichnet durch eine hoffnungslose innere Leere, Sinnlosigkeitsgefühle und Lebensüberdruss. Diese Phase ist sehr reflexiv und mit Verlustverarbeitung sowie zahlreichen Erinnerungen verbunden – ein Funken Hoffnung bleibt jedoch auch in dieser Phase erhalten.

5. Anschließend an diese Phase folgt die **bewusste Zustimmung**. In dieser letzten Phase wird das Schicksal angenommen, Gefühle flachen ab und langsam gleitet der Betroffene im übertragenen Sinne „ins Licht". Er isoliert sich von seinem Umfeld und bewegt sich von einer äußeren in eine innere Welt.

12.3.3 Terror-Management-Theorie

Zweifelsohne gibt es im Leben jedes Menschen Ereignisse, die eine tief gehende Reflexion über die eigene Endlichkeit auslösen, z. B. der Tod eines nahestehenden Menschen oder eine eigene schwere Erkrankung. Solomon et al. (1991) postulierten in ihrer Terror-Management-Theorie, dass sich jeder Mensch in einem Konflikt aus dem Wunsch zu Leben und der Angst vor dem Tod befindet. Bei Menschen, die über den eigenen Tod reflektieren, entsteht Angst, die die Autoren als „inneren Terror" bezeichnen. Dabei nehmen die Wissenschaftler an, dass es zwei Möglichkeiten gibt, diese Angst zu verringern: Einerseits

sind Menschen, die mit dem eigenen Tod konfrontiert werden, eher bestrebt, die Normen und Werte ihrer eigenen Kultur zu bewahren. Die eigene Kultur bietet Stabilität und Sinn und zeigt Wege auf, wie man selbst überdauern kann – durch seine unsterbliche Seele, durch sein überdauerndes Vermächtnis oder beides, je nach Kultur. Andererseits streben Menschen, die über den eigenen Tod reflektieren, nach Selbstwert, um sich selbst zu bestätigen, dass sie ein „wertvolles Mitglied eines sinnvollen Universums" sind. Anderen Menschen zu helfen oder sich einer guten Sache zu widmen, kann beispielsweise den Selbstwert erhöhen.

Nach Hofstede et al. (2010) ist ein wichtiges Unterscheidungsmerkmal zwischen Kulturen die Dimension Kollektivismus versus Individualismus. **Kollektivistische Kulturen**, beispielsweise in Ländern wie Südkorea, Pakistan oder Ecuador, stellen eher die Gemeinschaft der Menschen in den Vordergrund, weswegen auch der Selbstwert relational ist, d. h., aus unseren Beziehungen zu anderen bedeutsamen Personen entspringt. Auch im Angesicht des Todes ist es in kollektivistischen Kulturen üblich, Handlungen auszuführen, die die ganze Gemeinschaft einbeziehen und das Gruppenzugehörigkeitsgefühl verbessern, wie seinen Verwandten zu helfen oder religiöse Aufgaben zu erfüllen.

Individualistische Kulturen, z. B. in Ländern wie den Vereinigten Staaten von Amerika, Kanada oder Großbritannien, stellen die individuellen Prioritäten der Menschen in den Vordergrund und betonen, dass sich der Selbstwert vor allem auf die individuelle Wahrnehmung eigener Talente und Fähigkeiten bezieht (Du et al., 2013). Daher üben sterbende Menschen in individualistischen Kulturen neben Gruppenritualen vermehrt individuelle Rituale aus, wie sich durch den Konsum von Gütern vom Tod abzulenken und selbst zu bestätigen. Diese Tendenz, das Konzept „Tod" zu tabuisieren, nimmt in westlichen Kulturen derzeit eher zu. Früher hingegen war die Beschäftigung mit dem Tod bereits dadurch gegeben, dass der Lebensstandard und die medizinische Versorgung deutlich schlechter waren (Peacock, 2014). Der Tod hat sich seitdem langsam und einhergehend mit

12

der Verbesserung des Lebensstandards zu einem Konzept gewandelt, das in westlichen Kulturen öffentlich kaum erwähnt oder diskutiert wird. So zeigt eine Studie aus Großbritannien, dass nur ca. 20 % der britischen Erwachsenen jemals die Vorstellungen und Wünsche bezüglich des eigenen Todes mit anderen diskutiert haben (Dying Matters, 2014).

12.3.4 Psychologische Modelle der Trauer

> Leid kommt, wenn es eintrifft, in nichts dem gleich, was wir erwarten. […] Leid ist anders, Leid kennt keinen Abstand. Leid kommt in Wellen, in Anfällen, in plötzlichen Befürchtungen, die die Knie weich machen, die Augen blind und den Alltag auslöschen. (Didion, 2014, S. 32f.)

Keine andere Emotion ist so untrennbar mit dem Tod einer nahestehenden Person verbunden wie Trauer. Unter Trauer versteht man „seelischen Schmerz über einen Verlust oder ein Unglück" (Duden online, 2017). Dieses Gefühl ist womöglich eines der stärksten: Nach der mit dem Nobelpreis ausgezeichneten **neuen Erwartungstheorie** (Prospect-Theorie) von Kahneman und Tversky (1979) nehmen Menschen Verluste stärker wahr als Gewinne derselben Größe.

Es gibt zahlreiche Modelle, die die Entstehung von Trauer erklären, z. B. das **Modell der Bindungstheorie** (Bowlby, 1980). Das Modell beschreibt die Erfahrungen eines Kindes, welches von der Mutter getrennt wird. Die erste Reaktion ist meist Protest, gefolgt von permanenten Versuchen, den Verlust zu leugnen. Anschließend stellen sich Verzweiflung und Besorgnis ein, bevor schlussendlich eine emotionale Distanzierung stattfindet. Beim Verlust einer geliebten Person durch Tod lassen sich ähnliche Reaktionen finden, denn auch hier gibt es eine Form der Trennung und es ist erforderlich, seine Bindung zum Gestorbenen an die neuen Gegebenheiten anzupassen.

Die Gefühle und Rituale beim Tod einer nahestehenden Person unterscheiden sich je nach Situation. Nach dem **Vier-Komponenten-Modell** der Trauer (Bonanno u. Kaltman, 1999) können 4 Aspekte erklären, in welcher Weise Trauer empfunden wird:

- Die 1. Komponente ist dabei der Kontext, in dem der Verlust auftrat: Trat der Tod sehr plötzlich ein oder langsam und graduell? Haben die Hinterbliebenen den Tod erwartet oder traf er sie völlig unvorbereitet? Die Forschung hat gezeigt, dass der meist unerwartet eintretende Tod eines jungen Erwachsenen zu Trauer der Hinterbliebenen führt, die bis zu 5 oder 10 Jahre nach dem Tod andauern kann (Derman, 2000). In fast jeder Kultur wird der Tod eines Kindes als besonders traumatisches Ereignis betrachtet (Lobar et al., 2006).
- Die 2. Komponente, die Bedeutung des Verlusts, bezieht sich darauf, welche Rolle der oder die Verstorbene im Alltag der Hinterbliebenen gespielt hat: je wichtiger die Rolle, desto intensiver die Trauer.
- Die 3. Komponente des Modells ist die Veränderung der Gedanken hinsichtlich der Beziehung mit dem Verstorbenen, die über die Zeit hinweg geschieht. Nach dem Tod eines nahestehenden Menschen beginnen dessen Angehörige und Freunde, sich schrittweise an ein Leben ohne die verstorbene Person zu gewöhnen, indem bisherige Rollen angepasst werden.
- Die 4. und letzte Komponente ist der individuelle Umgang mit der empfundenen Trauer. Einigen Menschen kann es helfen, über den Verlust zu sprechen, während andere Menschen sich eher angenehme, ablenkende Aktivitäten suchen. Diese spezifischen Strategien sind in besonderem Maße vom kulturellen Hintergrund des Menschen abhängig. In der mexikanischen Kultur ist es z. B. sozial akzeptiert, Witze über die verstorbene Person zu machen, um sich so von der eigenen Trauer zu lösen. In vielen anderen Kulturen wäre diese Strategie hingegen ungewöhnlich, wenn nicht sogar unangebracht, dafür wären andere Verhaltensweisen, z. B. einen lustigen Film zu schauen oder in eine Comedy-Veranstaltung zu gehen, akzeptierter.

Rosenblatt et al. (1976) haben kulturvergleichend untersucht, welche Rituale die Dauer und Intensität der wahrgenommenen Trauer mildern können. Dabei fand er heraus, dass in Gesellschaften, in denen umfangreiche **Beerdigungszeremonien** abgehalten werden, lange Trauerphasen seltener auftraten als in Gesellschaften ohne solche Zeremonien. Die Beerdigung scheint somit eine wichtige Rolle in der Trauerbewältigung zu spielen, weil sie den Hinterbliebenen hilft, diese abzuschließen.

Fast 40 Jahre später wurden diese Ergebnisse durch eine Studie ergänzt (Norton u. Gino, 2014), die zeigte, dass auch **individuelle Rituale**, z. B. das Lieblingslied der verstorbenen Person anzuhören, einen trauermildernden Effekt auf die Hinterbliebenen haben kann. Diese Studie zeigt, welch große Bedeutung Trauerrituale und eine aktive Auseinandersetzung mit dem Tod und der entstehenden Trauer haben. Das ist vor allem für die meisten westlichen Gesellschaften bedeutsam, in denen der Tod eher tabuisiert wird (Kalish u. Reynolds, 1981).

12.4 Kategorisierung und Beschreibung

Nachdem wichtige psychologische Mechanismen geschildert wurden, welche die Ausübung und Verbreitung von Todesritualen beeinflussen, kommen wir nun zu den Ritualen selbst. Im Folgenden werden kulturübergreifend spezifische Rituale aufgegriffen, um die unterschiedlichen Auffassungen über den Tod zu verdeutlichen. Der Fokus liegt hierbei auf Ritualen, die bis heute praktiziert werden.

Anmerkung   Die im Folgenden vorgestellten Rituale sind vorwiegend Internetquellen entnommen, die nicht im Verzeichnis geführt sind.

12.4.1 Rituale vor dem Tod

Menschen vollführen während ihres Lebens zahlreiche Handlungen, um die Angst vor dem Tod zu verringern. Religionen geben meist ausführlich vor, wie diese Rituale ablaufen sollen. Durch diese genauen Anweisungen sollen sich die Mitglieder der jeweiligen Religion trotz der Unvorhersagbarkeit des Lebens sicher fühlen. Menschen besuchen die Kirche, folgen den Geboten der Religion und zeigen spezifische Handlungen der Ehrfurcht wie das Pilgern nach Mekka im Islam, die Verbreitung des Evangeliums im Christentum und das Sammeln von Karma durch gute Taten im Hinduismus.

Auch nichtreligiöse Gesellschaften haben Rituale entwickelt, ein Weiterbestehen in der Welt zu gewährleisten, nachdem Körper und Seele gegangen sind. Die meisten dieser Rituale sind durch den Grundgedanken geprägt, etwas von sich zu hinterlassen. Manche Menschen schreiben Testamente, um sicherzustellen, dass ihre wertvollen Besitztümer in den Händen ausgewählter Bekannter und Verwandter sicher sind. Andere verfassen Patientenverfügungen mit Bestimmungen zur Organspende, sodass sie in dem Wissen sterben, dass der Verlust ihres Lebens kranken Menschen helfen kann. Viele spenden zudem für wohltätige Zwecke oder führen selbstlose Handlungen aus – alles mit dem unterbewussten Ziel, ihren Status in der Gemeinschaft auch über den Tod hinaus zu sichern.

12.4.2 Rituale des Übergangs

Wenn der Zeitpunkt des Todes näher rückt, wird der Wunsch nach einem guten Tod zunehmend wichtig für die Menschen. Darunter verstehen viele Menschen einen Tod, bei dem einerseits die Familie genug Zeit hat, sich auf die Veränderung der Rollen nach dem Tod vorzubereiten. Andererseits sollte auch der Sterbende genug Zeit haben, seine offenen Angelegenheiten abzuschließen und sich zu verabschieden.

In den meisten Religionen ist es Brauch, dass der religiöse Anführer einen Sterbenden an dessen Totenbett aufsucht, wo sich auch der engste Kreis von Familie und Freunden versammelt, um sich zu verabschieden. Dieser Brauch variiert von Religion zu Religion, entsprechend den spezifischen

Glaubensgrundsätzen. Im Islam wird ein Sterbender so platziert, dass er in Richtung Mekka blickt, und es wird aus dem Koran vorgelesen. Bei traditionellen Katholiken wird die letzte Salbung oder Ölung praktiziert. Dabei salbt ein Priester die Stirn des Sterbenden, während er dafür betet, dass der Gläubige angesichts des Todes weder verzweifelt noch den Glauben an Gottes Gnade verliert. Ein außergewöhnliches Ritual des Übergangs findet sich in Ostindien: Dort glauben Menschen, dass es gute und schlechte Zeitpunkte gibt, um zu sterben. Die Familien suchen Rat bei einem Priester, der anhand eines speziellen Textes bestimmt, ob die Familie mit den wichtigen Zeremonien fortfahren soll oder ob es ein schlechter Zeitpunkt ist, um zu sterben, und man dementsprechend versuchen sollte, das Leben des Sterbenden zu verlängern. Ein Tod in einer ungeeigneten Zeit könnte nach dortigem Glauben zu weiteren Todesfällen führen.

Auch nichtgläubige Menschen führen Rituale durch, bei denen sich Familie und Freunde beim Sterbenden versammeln, um zu trauern und sich gegenseitig Beistand zu leisten. Obwohl diese Rituale keinen religiösen Hintergrund haben, betonen auch sie die Wichtigkeit, sich im Angesicht des Todes mit seinen Liebsten zu umgeben.

12.4.3 Rituale nach dem Tod

Die schiere Anzahl der weltweiten Rituale und Zeremonien nach dem Tod ist überwältigend, und die Darstellungen von tiefer Trauer und Schmerz erinnern uns an die eigene Verletzlichkeit und Menschlichkeit. Es gibt starke Unterschiede darin, wann der **Ausdruck der Trauer** sozial akzeptiert ist.

Die meisten Kulturen unterstützen Weinen der Hinterbliebenen als gesunden Mechanismus zur Bewältigung von Trauer. Die kulturellen Unterschiede liegen im angemessenen Zeitpunkt des Weinens oder der Ansicht, wer weinen soll. Für traditionelle Chinesen ist es beispielsweise üblich, dass Frauen bei Beerdigungen laut klagen, während Männer schweigen. Dasselbe

gilt bei lateinamerikanischen Beerdigungen, bei welchen der Mann entsprechend des männlichen Selbstverständnisses stoisch und ruhig bleibt – im Gegensatz zu den Frauen, die als emotionale Wesen gelten und entsprechende Gefühle zeigen können.

In der taiwanesischen Kultur wird hingegen von den Witwen erwartet, dass sie stark bleiben und nicht vor dem Ehemann weinen, welcher gerade verstorben ist. Ihnen ist erst danach erlaubt, ihre Trauer offen auszudrücken. Ein extremeres Beispiel findet sich auf Bali: Dort werden Zeichen des Schmerzes über einen Tod stark unterdrückt. Es ist dort sogar erwünscht, über den Todesfall zu lachen.

Beerdigungen und Prozessionen

Beerdigungen können den Trauerprozess für die Hinterbliebenen erleichtern. In viele Religionen werden Beerdigungsprozessionen abgehalten, bei denen der Körper des Verstorbenen begleitet von den Angehörigen zum Friedhof oder zur letzten Ruhestätte getragen wird. Die Prozession findet statt, nachdem um den Toten getrauert wurde – entweder in dessen Haus oder an einem heiligen Ort der betreffenden Religion.

Auch bei diesem Ritual gibt es religiöse und kulturelle Besonderheiten: Im Hinduismus wird von Männern erwartet, sich vor der Prozession Haupthaar und Bart abzurasieren. Die Prozession wird vom Ältesten geleitet, der eine Feuerschale trägt, mit der anschließend ein Scheiterhaufen entzündet wird, um den Körper einzuäschern. Im Christentum wird die Prozession vom Priester angeführt, während die Trauernden religiöse Lieder singen und beten. Auf dem Friedhof angekommen wird oft vom Priester oder einem Angehörigen eine Grabrede gehalten, in der der Tote gelobt wird.

In manchen Ländern, z. B. den Vereinigten Staaten von Amerika, wird die Trauerfeier in absoluter Stille abgehalten. Für einige Kulturen ist die Anzahl der klagenden Personen bei einer Beerdigung von großer Bedeutung. In Taiwan und Kasachstan werden professionelle Klagende angeheuert, um die Trauer der Familie zu zeigen und, in manchen Fällen, auch den Status der Familie.

Trauerfeiern

In manchen Kulturen ist der Tod ein Anlass zu feiern. Beispielsweise in Tana Toraja in Indonesien sieht ein Ritual vor, dass die Familie ein großes und kostspieliges Fest für das gesamte Dorf organisiert. Während die Familie Geld für die Beerdigung sammelt, bewahrt sie den Leichnam auf und behandelt ihn als lebende Person, die „krank" sei. Dieser Leichnam wird symbolisch gefüttert und sogar spazieren getragen.

Bei den Ifugao auf den Philippinen wird der Leichnam 8 Tage lang auf einem sog. Todesstuhl zur Schau gestellt. Dieser Stuhl befindet sich vor dem Haus des Verstorbenen und ermöglicht es den Leuten aus der Nachbarschaft, den Toten zu besuchen und ihm die Ehre zu erweisen. Es ist dabei üblich, dass die Familie des Verstorbenen gemeinsam mit den Besuchern Alkohol trinkt, was in größeren Feiern münden kann.

Diese Art informeller Feier findet sich auch bei den Beerdigungen der Zapotec in Mexiko. Hier spielt zur Prozession eine Band religiöse Lieder, während die Familie und Angehörige zu ihrem Wehklagen das mexikanische Getränk Mezcal zu sich nehmen. Ist der Friedhof erreicht, kommt es zum eigentlichen Fest, das mehrere Stunden dauert. Eine Abwandlung dieser feierlichen Beerdigungsprozession ist die Kult gewordene Jazz-Beerdigung aus New Orleans, bei der die Menschen zu herzerweichenden Klängen einer Band frenetisch tanzen und so die Feierlichkeit vervollständigen.

Andere festliche Rituale werden nicht unmittelbar nach dem Tod praktiziert, sondern auf regelmäßiger Basis als kulturelle Feierlichkeit. Beim mexikanischen Fest „Dìa de los Muertos", dem Tag der Toten, werden auf Altären vor dem Haus des Verstorbenen Fotos sowie Lieblingsessen und Süßigkeiten zur Schau gestellt. Der Verstorbene soll sich an dem speziellen Tag daran erfreuen, wenn er zurückkehrt, um die Welt der Lebenden zu besuchen.

Die „Famadihana" auf Madagaskar ist ein weiteres Ritual aus dieser Kategorie, bei dem die Familie anlässlich einer gemeinschaftlichen Feier die Körper ihrer verstorbenen Verwandten ausgräbt, um deren Kleidung zu wechseln und sie zu parfümieren.

Opferrituale

In manchen Kulturen ist es Brauch, dass nach dem Tod eines Menschen die nahen Verwandten ein Opfer darbringen. Von Frauen des Dani-Stammes in Papua-Neuguinea wurde bis vor einiger Zeit erwartet, dass sie sich jedes Mal einen Finger verstümmeln, wenn ein männlicher Verwandter stirbt. Dieses Ritual wurde vor einigen Jahren verboten, doch man sieht noch die Narben, die dieses Ritual hinterlassen hat.

Ein weiteres verbotenes Opferritual ist das Sutee-Ritual des Hinduismus, das in Indien noch bis vor kurzer Zeit illegal ausgeführt wurde. Dabei sollte eine Witwe freiwillig einwilligen, neben dem Leichnam ihres Ehemannes bei lebendigem Leibe verbrannt zu werden. Dadurch erlangte sie dem Glauben nach einen gottähnlichen Status innerhalb der Gemeinschaft (◘ Abb. 12.1).

Verzehr des Toten

Die Art und Weise, mit der Kulturen dem Wunsch des Toten nach einer Form des Weiterlebens in ihrer Gemeinschaft Ausdruck verleihen, ist sehr unterschiedlich. Der Verzehr von Toten ein sehr spezieller Fall, bei dem die Lebenden tatsächlich die Überreste des Verstorbenen zu diesem Zweck einnehmen.

Die Mitglieder des Yanomami-Stammes in Venezuela beispielsweise sammeln die Asche und die Knochen der verbrannten Überreste des Verstorbenen und bereiten damit eine Suppe zu. Diese wird in der Folge von den Familienmitgliedern und manchmal von der gesamten Gemeinschaft verzehrt. Mitglieder dieses Stammes glauben daran, dass ohne dieses Ritual der Tote keinen Frieden finde.

Ähnliches ließ sich auch bei den Todesritualen der Fore in Papua-Neuguinea bis in die 1950er-Jahre beobachten, bis sie aufgrund der damit verbundenen gesundheitlichen Probleme verboten wurden. Die Männer des Stammes nahmen das Fleisch des Toten zu sich, während die Frauen und Kinder das Gehirn aßen. Dies sollte die Kinder mit besonderen Fähigkeiten und der angestammten Kraft des Verstorbenen ausstatten sowie der Seele des Verstorbenen dabei helfen, das Land der Toten zu erreichen.

◘ **Abb. 12.1**   Einäscherungszeremonie in Varanasi in Indien (© diy13 / stock.adobe.com)

12.5   Fazit

Dieses Kapitel hat Einblicke gegeben, wie verschiedene Kulturen versuchen, mit Ritualen das unausweichliche Ende des menschlichen Lebens erträglich zu machen und in das Leben zu integrieren. Todesrituale werden seit vielen Tausend Jahren praktiziert und existieren in vielen verschiedenen Facetten. Manche davon sind aus westlicher Sicht bizarr, von anderen Ritualen können wir etwas lernen. Viele der Rituale stehen für eine bewusste Auseinandersetzung mit dem eigenen Tod oder mit der Trauer über den Verlust einer geliebten Person.

Die Konfrontation mit der menschlichen Sterblichkeit wird in manchen westlichen Ländern zunehmend vermieden, obwohl sie in vielen Fällen förderlich sein kann. Nur wer den eigenen Tod nicht verdrängt, kann, wenn es so weit ist, seine offenen Angelegenheiten regeln, Frieden schließen und seine Selbstwirksamkeit im Angesicht des Todes bewahren. Auch als Angehöriger kann es helfen, mit einer Beerdigung ein bewusstes Zeichen des Abschieds zu setzen oder dem Verstorbenen durch individuelle Rituale wie dem Hören von gemeinsamen Liedern zu gedenken (Norton u. Gino, 2014).

Dass eine solche Vielzahl an Todesritualen durch die Zeit fortbesteht, heißt auch, dass es verschiedene Wege gibt, den Tod zu verarbeiten. Die dargestellten Rituale und Perspektiven können Implikationen für den Einzelnen beinhalten und eine Reflexion darüber anregen, was ein lebenswertes Leben eigentlich ist und wie wir uns das Ende des eigenen Lebens vorstellen. Wissenschaftliche Studien können nur abbilden, welcher Weg für die Mehrheit der Personen positiv sein kann – für den einzelnen Menschen muss dies nicht zwingend gelten. Wichtig ist vielmehr, dass wir die individuellen Ausdrucksweisen der Todesangst und Trauer ohne Voreingenommenheit respektieren.

Dies gilt umso mehr in unserer Zeit: Durch die Integration von Menschen mit unterschiedlichen Hintergründen in einer vernetzten Welt sind vielfältige Rituale bekannt. Dieses wechselseitige Verständnis für die divergierenden kulturellen Konzepte von Leben, Tod und Trauer ist hilfreich, damit niemandem die schwierige Zeit des Trauerns oder sogar des Sterbens erschwert wird.

Literatur

Becker, E. (1973). *The denial of death*. New York: Simon & Schuster.

Bonanno, G. A., & Kaltman, S. (1999). Toward an integrative perspective on bereavement. *Psychological Bulletin* 125(6), 760–776.

Bowlby, J. (1980). *Attachment and loss. Vol. 3: loss; sadness and depression*. New York: Basic Books.

Cicirelli, V. G. (1999). Personality and demographic factors in older adults' fear of death. *The Gerontologist* 39(5), 569–579.

Derman, D. S. (2000). Grief and attachment in young widowhood. *Dissertation Abstracts International Section A: Humanities and Social Sciences* 60(7-A), 2383.

Didion, J. (2007). *Das Jahr magischen Denkens*. Berlin: List.

Du, H., Jonas, E., Klackl, J., Agroskin, D., Hui, E. K., & Ma, L. (2013). Cultural influences on terror management: Independent and interdependent self-esteem as anxiety buffers. *Journal of Experimental Social Psychology* 49(6), 1002–1011.

Duden online. (2017). Trauer, die. http://www.duden.de/rechtschreibung/Trauer. Zugegriffen: 27. November 2017.

Dying Matters. (2014). Millions leaving it too late to discuss dying wishes. Beitrag vom 12. Mai 2014. http://www.dyingmatters.org/news/millions-leaving-it-too-late-discuss-dying-wishes. Zugegriffen: 27. November 2017.

Foucault, M. (1993). *Die Geburt der Klinik. Eine Archäologie des ärztlichen Blicks*. Frankfurt am Main: Fischer Taschenbuch.

Hofstede, G., Hofstede, G. J., & Minkov, M. (2010). *Cultures and organizations: Software of the mind* (3rd ed.). New York: McGraw-Hill.

Kahneman, D., & Tversky, A. (1979). Prospect theory: An analysis of decision under risk. *Econometrica: Journal of the Econometric Society* 21, 263–291.

Kalish, R. A., & Reynolds, D. K. (1981). *Death and ethnicity: A psychocultural study*. Farmingdale, NY: Baywood.

Kübler-Ross, E. (1969). *On death and dying*. New York: Macmillan.

Lobar, S. L., Youngblut, J. M., & Brooten, D. (2006). Cross-cultural beliefs, ceremonies, and rituals surrounding death of a loved one. *Pediatric Nursing* 32(1), 44.

Norton, M. I., & Gino, F. (2014). Rituals alleviate grieving for loved ones, lovers, and lotteries. *Journal of Experimental Psychology: General* 143(1), 266–272.

Obayashi, H. (Ed.). (1992). *Death and afterlife: perspectives of world religions*. New York: Greenwood Press.

Parsuram, A., & Sharma, M. (1992). Functional relevance in belief in life-after-death. *Journal of Personality & Clinical Studies* 8(1-2), 97–100.

Peacock, L. (2014). The real reasons why death is still so hard to talk about with your loved ones. *The Telegraph*. Artikel vom 13. Mai 2014. http://www.telegraph.co.uk/women/womens-life/10825710/The-real-reasons-why-death-is-still-so-taboo-hard-to-talk-about-with-your-loved-ones.html. Zugegriffen: 27. November 2017.

Rosenblatt, P. C., Walsh, R. P., & Jackson, D. A. (1976). *Grief and mourning in cross-cultural perspective*. New Haven, CT: Human Relations Area Files Press.

Shemie, S. D., Hornby, L., Baker, A., Teitelbaum, J., Torrance, S., Young, K., Capron, A. M., Bernat, J. L., & Noel, L. (2014). International guideline development for the determination of death. *Intensive Care Medicine* 40(6), 788–797.

Solomon, S., Greenberg, J., & Pyszczynski, T. (1991). A terror management theory of social behavior: The psychological functions of self-esteem and cultural worldviews. *Advances in Experimental Social Psychology* 23, 93–159.

Thrane, S. (2010). Hindu end of life: Death, dying, suffering, and karma. *Journal of Hospice & Palliative Nursing* 12(6), 337–342.

Weber, M. (1919). *Wissenschaft als Beruf*. München, Leipzig: Duncker & Humblot.

12

Individuelle Rituale

Inhaltsverzeichnis

Pilgern

Susanne Grundler

© Springer-Verlag GmbH Deutschland, ein Teil von Springer Nature 2018
D. Frey (Hrsg.), *Psychologie der Rituale und Bräuche*,
https://doi.org/10.1007/978-3-662-56219-2_13

13.1 Einleitung

Pilgern als Ritual der Selbsterfahrung erlangte in den letzten Jahren zunehmende Aufmerksamkeit. Nicht nur prominente Pilger wie Paulo Coelho, Frank Elsner, Jenna Bush oder Shirley MacLaine und deren mediale Beachtung wie in Hape Kerkelings Bestsellerroman (Kerkeling, 2010) machen dies deutlich, sondern auch die offensichtlich stärkere Orientierung von Menschen nach spiritueller Erfahrung wird am Interesse an entsprechenden Inhalten vermehrt sichtbar.

Was fasziniert Menschen an der Erfahrung des Pilgerns, die trotz Anstrengung und körperlicher Belastung positive Erlebnisse verspricht? Aus welchen Gründen pilgern Menschen überhaupt an diverse Orte und was versuchen sie, dort zu finden? Welche Auswirkungen hat das auf die Physis und Psyche? Diese Fragen zum Ritual des Pilgerns werden im folgenden Buchkapitel genauer betrachtet.

Zuerst aber sollte Pilgern von ähnlichen Phänomenen wie Wandern und religiöser Wallfahrt abgegrenzt werden: Während Wanderer auf (Mehr-)Tagestouren von ca. 13–15 Kilometer in durchschnittlich 4 Stunden pro Tag unterwegs sind und den Fokus auf Freude, Naturerlebnis, sportliche Betätigung, Genuss und Einkehr auf Hütten setzen, sind Pilger für wesentlich längere Zeiträume auf dem Weg. Sie bestreiten ein tägliches Pensum von mehr als 20 Kilometern, verlassen für geraume Zeit den Alltag und gewohnten Lebensstil und nehmen durch beschwerliches Gepäck und reduzierten Lebensstandard Strapazen auf sich (Brämer, 2010). Zudem gehen Wanderer ihren Weg überwiegend in Gruppen, wohingegen Pilger den Weg zumeist allein beginnen und sich erst im späteren Verlauf der Reise in Gruppen zusammenfinden (Brämer, 2005). Durch diese Faktoren wird deutlich, dass sich Pilgern auf eine andere Art des Fortbewegens bezieht.

Oft jedoch wird Pilgern mit dem Wallfahren synonym verwendet. Zwar ähneln sich die Definitionen, sodass der Begriff von „Wallfahrt" in der Literatur nicht grundsätzlich anders Verwendung findet, jedoch liegt hierbei meist eine kürzere Wegdistanz und ein ausgeprägterer Zielfokus vor als beim Pilgern. Der Pilger lässt sich stärker auf die Erfahrung des „Unterwegs-seins" ein, welches beim Wallfahrer weniger Beachtung findet (Haab, 1998).

Woher stammt nun der Brauch des Weitwanderns zu bedeutsamen Zielorten?

13.2 Entstehung und Geschichte

Schon seit der Antike gab es überlieferte Orte, die Menschen in besonderen Situationen oder zu bestimmten Zeitpunkten aufsuchten, um dort persönliche Ziele zu erreichen. Menschen errichteten Tempel oder außergewöhnliche Bauten zur Verehrung der griechischen Götter: Epidauros ist die bedeutsamste antike Pilgerstätte, an der zu Ehren des Heilgottes Asklepios diverse Tempel und Gebäude errichtet wurden, denen die United Nations Educational, Scientific and Cultural Organization (UNESCO) im Jahr 1988 den Titel Weltkulturerbe verliehen hat. Auch das Orakel von Delphi veranlasste Menschen aus ihren Heimatorten aufzubrechen, um die Orakelweissagungen zu erfahren. Die Gottheiten wurden, wie später auch in anderen Religionen, gezielt an Orten mit besonderen Eigenschaften wie Lage, Ausrichtung oder Symbolcharakter aufgesucht. Der Felsendom in Jerusalem beherbergt derweil sogar alle 3 monotheistischen Weltreligionen an einem Ort und dient bis heute Muslimen, Juden und Christen als religiöses Ziel.

Als ersten Pilger im weitesten Sinne wird Abraham anerkannt, der sich nach dem Ruf Gottes mit seiner Familie auf den Weg machte (Heiser u. Kurrat, 2014). In Zusammenhang mit Jesus Wirken, Tod und Auferstehung wird biblisch ebenfalls von diversen christlichen Pilgerströmen berichtet. In der Spätantike und dem Mittelalter entstanden im Christentum die bis heute bekannten Pilgerwege.

Eine der frühesten Dokumentationen weist der Weg von Bordeaux nach Jerusalem (333 n.Chr.) auf. Später kam der Frankenweg („via francigena") von England oder Frankreich nach Rom hinzu, welcher zur Ehrung der

Apostel Petrus und Paulus entstand. Im Mittelalter wurde der Jakobsweg (auch Camino, span. „der Weg") begründet, der zum Grab des Apostels Jakob nach Santiago de Compostela in Nordspanien führt. Durch eine bestehende Infrastruktur durch Klöster und Herbergen ergab sich in damals kürzester Zeit der äußerst bekannte Pilgerpfad. Auch die Wege der Kreuzzüge des Christentums wurden zu damaliger Zeit als Pilgerreisen verstanden (Johannsen u. Riechmann, 2007).

Im Mittelalter erfuhr das Pilgertum einen ersten Höhepunkt: Pilgern galt als Ritual der Dankbarkeit, Buße, Heilung und sogar als Strafbefreiung nach Gesetzesverstößen. Dies führte zu einem „beruflichen Pilgern", welches durch „Leihpilger" entstand: Wohlhabende Christen und Fürsten leisteten sich Leihpilger, die für sie die Strapazen in Kauf nahmen, um die Reise nicht selbst unternehmen zu müssen, und um dennoch dieselbe Form des Schulderlasses vor Gott zu erhalten. Zur Zeit Luthers und der Reformation im 16. Jahrhundert wurde das Pilgern allerdings zunehmend negativ bewertet (Johannsen u. Riechmann, 2007): Das Überhandnehmen von Aberglaube und Ablass im Pilgertum führte zur Abwertung und im protestantischen Norwegen gar zum Verbot des Pilgerns mit Androhung der Todesstrafe.

In der Neuzeit hielten aber auch Christen wieder am Wallfahren fest. Die Marienwallfahrtsorte Lourdes (Frankreich) und Fátima (Portugal) kamen als Hauptzielorte Europas hinzu – genauso wie unzählige weitere Orte von mehr oder weniger großer Bedeutung.

Während sich in dieser Zeit auch schon das individuelle (nicht zwangsläufig religiöse) Pilgern in Europa entwickelte, etablierten sich in allen Weltreligionen und auf allen Kontinenten unzählige Pilgerorte. Schon weit vor dem Christentum verbreiteten buddhistische Mönche beispielsweise die Lehren Buddhas von Indien nach China.

Heute finden sich christliche Pilgerstätten neben denen anderer Weltreligionen auch in Asien, Afrika und Amerika. Der Jakobsweg als einer der weltweit wohl populärsten Orte wurde vor allem in den letzten Dekaden wiederentdeckt und wächst seitdem zunehmend an Bedeutung und Frequentierung (◘ Abb. 13.1).

13.3 Formen des Pilgerns

13.3.1 Religiöses Pilgern

Wie sich geschichtlich abzeichnet, sind die Pilgerziele meist als heilige Stätten einer Glaubensrichtung entstanden. Somit stehen diese Orte in Zusammenhang mit Wundern, Tod, Geburt, Gräbern oder besonderen Gegenständen und Ereignissen einer Person oder Gottheit. Dadurch erhalten sie Symbol- und Wundercharakter und tragen eine transzendente

◘ **Abb. 13.1**   Pilger auf dem Jakobsweg (© Gerhard Reus / Fotolia)

Bedeutung für die Reisenden. Meist sind sie mit außergewöhnlichen landschaftlichen Gegebenheiten wie Bergen, Brunnen oder Quellen verbunden, an denen Heiligtümer errichtet wurden. Je nach Bedeutung des jeweiligen Ortes werden diverse, aber über die Religionen hinweg ähnliche Motive verfolgt: Buße, Danksagung, Bitten um Heilung, Gebet, Pflichterfüllung, Hoffnungsspende und Beistand sind nur einige davon. Obwohl sich die Motive über die Religionen hinweg sehr ähnlich darstellen, variieren sie in ihrer jeweiligen Gewichtung. Dies lässt sich bei der differenzierten Betrachtung der Weltreligionen erkennen.

Eine der 5 Säulen des Islams stellt die **Pilgerreise nach Mekka** – die sogenannte „Haddsch"- dar. Als zentraler Beweis der eigenen Gläubigkeit soll jeder Muslim mindestens einmal im Leben nach Mekka reisen. Dieser Ort gilt als Opferstätte Abrahams, der seinen Sohn Ismael für seinen Gott opferte. Während der Muslim zahlreiche Regeln und Rituale des Koran bezüglich Kleidung, Ernährung, Hygiene und Enthaltsamkeit befolgt, erfährt er die Reise nach Mekka selbst. Ziel ist es, den quaderförmigen Bau („Kaaba") zu besuchen, ihm möglichst nahe zu kommen und ihn bestenfalls zu berühren. Bei jährlich 2,5 Millionen Besuchern an wenigen bestimmten Tagen im Jahr ist der Besuch dieser Stätte allerdings eine Herausforderung für jeden, der das Vorhaben unternimmt (Warfield et al., 2014).

Der für das Judentum zentrale Ort ist Jerusalem. Obwohl auch Muslime und Christen diesen Ort als Pilgerziel ansehen, ist Jerusalem mit der **Klagemauer** die Heilige Stadt der Gläubigen. Juden werden in der Tora angewiesen, 3 Mal im Jahr die Stadt zu Fuß zu bereisen. Hier finden sie sich an der Klagemauer ein, um ihre Wünsche und Bitten auf Zetteln zwischen den Mauersteinen anzubringen. Während hier der Fokus auf männliche Juden gerichtet ist, reisen Jüdinnen zum **Grab von Rachel**, der Frau Jakobs. Frauen pilgern zu dieser Stätte, um Hilfe für ihre spezifischen Sorgen und Nöte zu erbitten. Damit gehört der Pilgerort zu den 3 heiligsten Stätten der Juden (Warfield et al., 2014).

Neben Jerusalem gelten für die Christen Santiago und Rom als zentrale Pilgerstätten. Der **Petersdom** in Rom, der auf Petrus Grab erbaut wurde, symbolisiert heute noch das Zentrum des katholischen Glaubens und sorgt für unzählige Besucher der Wirkungsstätte des Papstes, vor allem in den heiligen Jahren.

Die polytheistischen Religionen unterscheiden sich insofern von den monotheistischen Religionen, als dass hier weitaus mehr Pilgerstätten existieren. Die Vielzahl an Gottheiten ermöglichte die Entstehung diverser Pilgerorte mit unterschiedlicher Bedeutung.

Buddhisten umrunden beispielsweise den Berg **Kailash**, um Sündenerlass zu erhalten – mindestens einmal, aber bestenfalls 108 Mal. Zudem finden sich schier unzählige Stätten in Verbindung mit dem Wirken Buddhas und seinen Mönchen in Nepal und Indien.

Der Hinduismus weist die größte Anzahl an heiligen Orten aller Religionen auf. Viele davon (wie auch Varanasi als einer der bekanntesten Pilgerorte in Indien) sind mit dem Fluss **Ganges** verbunden, der nach dem Namen „Ganga" (Göttin der Reinheit) durch Waschung oder Bad Reinheit für Hindus verspricht. Darüber hinaus gibt es natürlich noch die heiligsten Orte zur Anbetung der zentralen Götter Shiva, Rama, Krishna etc. (Tworuschka u. Tworuschka, 2006).

Aus diesen Beschreibungen lässt sich bereits die Vielfalt des religiösen Pilgertums erkennen. Es wird deutlich, dass die Reise untrennbar mit dem jeweiligen Glauben und dadurch mit seinen spezifischen Zielen verbunden ist. Ob Heilung, Buße, Reinheit oder Schulderlass – die Gemeinsamkeiten sind über die vermeintlich tief greifenden Unterschiede in der Ausführung spezifischer Riten klar erkennbar.

13.3.2 Nichtreligiöses Pilgern

Neben aller Religiosität ist auch die Existenz nichtreligiösen Pilgerns offensichtlich. Während schon in der Romantik Anhänger von bildenden Künstlern zu ihren Idolen reisten (z. B. Ingres in Paris oder Thorvaldsen in Kopenhagen), wird auch in der Neuzeit der Begriff des Pilgerns für populäre säkulare Ziele verwendet (Schnell u. Pali, 2013): Demnach „pilgern" Besucher zu

Prominenten, Kriegsschauplätzen und besonderen Orten wie Ground Zero, die spirituell aufgeladen werden.

Nach Davidson und Gitlitz (2002) kann man erstes rein säkulares Pilgern an den Reisen im 19. Jahrhundert erkennen, als Menschen „Naturwunder" wie den Yellowstone-Nationalpark oder die Niagara-Fälle in den USA bereisten, um die Schönheit der Naturgegebenheiten zu erfahren.

Neben der Verehrung von Personen oder Naturstätten ist nichtreligiöses Pilgern aber meist mit anderen Motiven verbunden. Heute weisen sie oft eine innere Suche oder Frage nach Sinnhaftigkeit auf, die Menschen in ihrem Alltag nicht beantworten können (Brämer, 2005).

13.3.3 Moderne Pilger

Wie sieht nun der heutige, eher westlich geprägte Pilger aus? Obwohl quantitative Auswertungen und Studienbefunde zu übergreifenden Pilgerreisen gering sind, lassen sich zumindest bezüglich des Jakobsweges einige Ergebnisse analysieren. Hier zeigen Studien, dass der heutige Camino-Pilger überdurchschnittlich gebildet ist (80 % mit Abitur oder höherem Bildungsabschluss), grundsätzlich nicht besonders sportlich oder wanderaffin ist und im jungen und mittleren Erwachsenenalter pilgert. Die zentralen Motive umfassen die Suche nach Sinn oder sich selbst, psychische Regeneration und innere Klärung, wohingegen religiöse Gründe für die Reise klar zweit- bzw. drittrangig werden (Brämer, 2005). Ein ähnliches Bild zeigt Haab (2000) auf: Der Großteil der Camino-Pilger ist zwar christlich sozialisiert, praktiziert jedoch die Religion nicht (mehr) oder fühlt sich gar keiner Religion zugehörig.

Während früher hauptsächlich kirchlich organisierte Reisegruppen Pilgerfahrten unternahmen, sind die heutigen Reisen weitaus diverser: Von Studienreisen mit Fokus auf Land und Leute über Reisen zur spirituellen Selbstfindung oder körperlichen Betätigung finden sich nun auch Interessenten an einem günstigen Urlaub mit besonderem „Flair" (Gamper u. Reuter,

2012). Gerade die Heterogenität der Motivlage wird in Studien als besonderes Merkmal heutiger Pilger hervorgehoben. Daher scheint es nicht überraschend, dass die Motive einer Pilgerreise zum Hauptthema diverser Abhandlungen in Forschung und Medien wurden.

Neuere Entwicklungen zeigen zudem, dass nicht nur zahlreiche neue Wege begründet werden, die häufig auch säkularisiert sind. Auch der enorme Anstieg der Pilgerzahlen in den letzten Jahrzehnten schürt die Aufmerksamkeit weiter. Zudem übersteigt die Zahl der (nach dem Antwortschema des Pilgerbüros in Santiago de Compostela) „religiösen oder anderen" Gründe für die Pilgerreise seit 2004 die klar „religiös" eingestufte Gruppe der Camino-Pilger (Brämer, 2010).

Warum pilgern Menschen also zu den vorgestellten Stätten? Was sind, neben den offenkundigen und formulierten Motiven, die zugrunde liegenden tieferen Mechanismen, die die Menschen antreiben? Aus der Psychologie sind hier verschiedene Konstrukte und Theorien bekannt, die einen Einfluss auf die Pilger nehmen können.

13.4 Psychologische Hintergründe

13.4.1 Symbolsprache und Gruppenzugehörigkeit

Pilger tragen eine Vielzahl von **Symbolen** auf ihrem Weg. Sei es durch die Vorschrift zur Kleidung der Muslime während der Haddsch mit weißen Tüchern oder die Muschel als optisches Zeichen der Camino-Pilger am Rucksack: Durch viele Bräuche zeigt sich, dass die Pilger eine spezifische Symbolik nutzen, um sich als solche zu kennzeichnen.

Diese Symbolsprache dient natürlich einem unmittelbaren Verständnis unter den Gleichgesinnten, die die Gemeinsamkeit der Reise optisch verdeutlicht und eine Interaktionsbasis schafft. So wird aus dem „einsamen" Pilger, der allein den Weg beginnt, schnell ein Teil einer Gruppe, die zusammen weiterreist. Dieser Zusammenschluss zu Gruppen ergibt sich auf dem Weg oft automatisch, da die Tagesrouten parallel gelaufen werden und viele Reisende gleichzeitig die jeweiligen Etappenziele erreichen (Gamper u. Reuter, 2012).

Darüber hinaus ist aus der Sozialpsychologie eine Vielzahl von Konstrukten bekannt, die die Gruppenzugehörigkeit von Menschen beschreiben. Tajfel und Turner (1979) postulieren in ihrer **Theorie zur sozialen Identität**, dass Menschen sich mit der Gruppe, der sie angehören (der sog. „ingroup"), identifizieren und auf dieser Basis auch ihr Selbst bewerten. Damit fungiert die Gruppe als zentrales soziales Element, welches durch Zugehörigkeit positive Effekte für die Mitglieder schafft.

Beispielsweise werden die Kooperationsbereitschaft, Sympathie und Vertrautheit gestärkt – was im Falle des Pilgerns wichtige soziale Unterstützung auf den körperlich belastenden Wegpassagen bedeutet. Gemeinsame Rituale auf dem Weg wie Gebete, Hygiene und gemeinsames Essen vertiefen zudem die Zusammengehörigkeit. So bietet die Gruppe nicht nur einen rein praktischen Vorteil, sie kann dem Pilger darüber hinaus ein nahezu familiäres Umfeld bieten. Viele Pilger berichten noch lange nach ihrer Reise über die zentrale Erfahrung und Prägung durch die Gemeinschaft (Murken u. Dambacher, 2010). Nicht zuletzt, weil sie die Auseinandersetzung mit eigenen Werten und Zielen fördert: „Warum pilgerst du?", dient daher als tägliches Initiationsritual für neue Bekanntschaften (Gamper u. Reuter, 2012). Die Beschäftigung mit der Antwort auf diese Frage löst damit unweigerlich den Fokus auf das Selbst aus.

13.4.2 Selbsterfahrung und Introspektion

Wie bereits dargestellt, beginnen viele Pilger ihre Reise (zumindest im Fall des Jakobsweges) ohne große körperliche Vorbereitung. Sie sind nicht überdurchschnittlich sportlich und haben daher kein Training für den teils sehr fordernden Weg. Schon zu Beginn überschreiten einige Wanderer daher ihre körperlichen Grenzen und erfahren schmerzlich, wo ihr Wille die körperlichen Voraussetzungen übersteigt.

Gamper und Reuter (2012) beobachten, dass gerade in der westlichen Industriegesellschaft meist das Primat des Geistes herrscht, wodurch körperliche Signale überhört und nicht geschätzt werden. Durch diese Bedingung lernen die Pilger erst im Verlauf der Reise, die Signale zu lesen und zu achten, da die eigene Leiblichkeit zu jedem Zeitpunkt Grenzen vorgibt. Sie beobachten zudem, dass die erste Krise hierbei die Auseinandersetzung mit dem Selbst fördert: Durch das Einlegen von Pausen und den Fokus auf den Körper reflektieren Pilger ihr Handeln und gelangen so zur Introspektion.

Dieser Prozess wird in der Sozialpsychologie in der **Theorie der Selbstaufmerksamkeit** (Duval u. Wicklund, 1972) genauer beschrieben: Eine Person richtet ihre Aufmerksamkeit auf sich selbst und kann so von außen die eigenen Stimmungen, Affekte, Einstellungen und Ziele erkennen. Bei diesem Vorgang werden Diskrepanzen zwischen Absichten oder Werten und dem tatsächlichen Verhalten erkannt, woraus häufig eine Verhaltensänderung oder Uminterpretation von Situationen resultiert (Wicklund u. Frey, 1993). Während des Wanderns kann ein Pilger entsprechend im Zustand gesteigerter Selbstaufmerksamkeit eigenes Handeln hinterfragen und neue Perspektiven finden.

Brämer (2010) stellt zudem fest, dass die heutige westliche Lebenswelt eine hohe Komplexität aufweist. Konsum- und Medienalltag erlauben wenig Rückzug, da Menschen automatisch mit Informationen und komplexen Entscheidungen konfrontiert sind. Im Gegensatz hierzu ermöglicht das Pilgern eine Klarheit, da es überschaubare Entscheidungen gibt, einfache Handlungsmuster wiederholt werden, und die Natur eine vorhersehbare Taktung vorgibt. Der Pilger hat ein klares Ziel vor Augen und kann die Konsequenzen seiner Entscheidungen weitgehend vorhersehen.

Durch diese reduzierte Komplexität seiner Umwelt erlangt der Pilger neue Handlungsfähigkeit und Kompetenz. Er kann sich wieder auf sich selbst verlassen und gewinnt **Selbstwirksamkeit** – also den Glauben an die Wirksamkeit eigener Handlungen und Entscheidungen (Bandura, 1997). Unter diesen Umständen gehen Personen ausdauernder mit Herausforderungen um und erreichen ihre Ziele erfolgreicher (Aronson et al., 2014). Der Pilger gewinnt auf seiner Reise somit neue Handlungskompetenz und die Möglichkeit zur Selbsterfahrung.

13.4.3 Krisen im Lebensweg

Im Vergleich zur Durchschnittsgesellschaft haben Pilger signifikant häufiger Sinn- und Lebenskrisen vor dem Antritt der Reise erlebt (Schnell u. Pali, 2013). Diese werden zum ersten Anstoß für das Pilgern, wodurch die Reise eine Art selbstauferlegte Intervention symbolisiert. Daher kann Pilgern zu den Initiations- oder Übergangsriten gezählt werden, die Lebensabschnitte markieren und Übergang oder Transformation einläuten.

Doch ebenso häufig wird die Krise als wichtiger Teil der Reise selbst beschrieben, den die Pilger durchleben. Haab (2000) beschreibt die Pilgererfahrung in 3 Phasen:

- Der Beginn dient der Sozialisation als Pilger, da der Reisende sich nicht von vornherein als solcher identifiziert.
- Im Anschluss durchlebt der Pilger die Herausforderungen der Reise, welche die Basis für spirituelle Öffnung und Transzendenz bieten.
- Zuletzt werden in der Heimkehr die Erlebnisse und Erfahrungen in den Alltag integriert, wobei die meisten Pilger beschreiben, nicht mehr als dieselben Personen zurückzukehren. Hier wird deutlich, dass ein grundlegender Wandel stattfindet, der in den gestellten Herausforderungen begründet liegt.

Murken und Dambacher (2010) stellen ähnlich fest, dass die Krise auf dem Weg das Mittel für die Entwicklung ist, und diese gerade in einsamen Landschaften Prüfungen auferlegt. Das Gehen trotz körperlicher Erschöpfung betont die persönlichen Lebensfragen, ebenso die Auseinandersetzung mit Stärken und Schwächen, Zielen und Werten. Diese werden der bewussten Wahrnehmung zugänglich und müssen

verarbeitet werden. Dementsprechend berichten viele Pilger, sich auf ihrem Weg „individuellen Entwicklungsaufgaben" zu stellen. Werden diese gemeistert, zeigten Schnell und Pali (2013) eine deutliche Erleichterung der zuvor erlebten Sinnkrise der Pilger auf.

13.4.4 Distanz zum Alltag

Die ganzheitlichen Erfahrungen, die dem Pilger auf seiner Reise zuteilwerden, wären unter alltäglichen Umständen nicht möglich. Gerade in der dynamischen westlichen Konsumgesellschaft sind Informationsflut, Leistungsdruck und Materialismus zunehmende Einflussfaktoren. Der alltäglichen Übersättigung zu entfliehen, ist folglich ein häufiges Anliegen von Menschen, wenn sie Entschleunigung in ihrer Freizeit suchen.

Dass Distanz bzw. **„detachment"** (Ablösung) von beruflichen Stressoren positive Effekte für die Psyche Berufstätiger hat, wurde bereits mehrfach nachgewiesen (Fritz et al., 2010; Sonnentag et al., 2010). Ob durch Meditation, Sport, Naturerlebnisse oder Reisen – der Trend zur Distanzierung und Entschleunigung ist in den letzten Jahren deutlich gewachsen. Auch das langsame Reisen ist hier eingeschlossen, wodurch sich der bereits erwähnte Boom der Pilgerreisen teils erklären lässt (▶ Abschn. 13.3). Die Flucht aus der komplexen Anforderungswelt der digitalen Lebensumgebung bietet die ersehnte Reduktion.

So suchen Pilger oft den starken Kontrast zum Alltag, indem sie nicht einfach eine Urlaubsreise vornehmen, sondern bewusst aus dem gesamten Lebensumfeld aussteigen und sich anderen Erfahrungen aussetzen. Die Pilgerreise erzeugt damit einen deutlichen Unterschied zum alltäglichen Leben (Murken u. Dambacher, 2012) und eröffnet für viele Menschen eine Sensations- und Abenteueraura. Roloff (2008) beschreibt zudem einen in den letzten Jahren parallel festzustellenden Trend von Marathonteilnahmen: Menschen suchen offensichtlich vermehrt nach einer Herausforderung, die mit körperlicher und psychischer Belastung einen klaren Gegensatz zum Alltag darstellt.

Auch die Reduktion von Besitz bietet einen Kontrast zur materialistischen Konsumgesellschaft. In den letzten Jahren formt sich ein Trend zum **minimalistischen Leben** (Hummel, 2016): Menschen verkaufen Möbel, Autos und verringern ihren materiellen Lebensstandard, um mehr Raum für die persönlichen Erfahrungen zu schaffen – sowohl gegenständlich als auch geistig. Die psychologische Forschung weist in dieselbe Richtung: Diverse Studien zeigen, dass Investitionen in Erlebnisse und Erfahrungen mehr Zufriedenheit und Glück schaffen als materielle Ausgaben (Gilovich et al., 2015).

Auch der Pilger reduziert für einen begrenzten Zeitraum seinen materiellen Besitz, um die Last des Gepäcks möglichst gering zu halten. Doch der Gedanke des Loslassens oder des **Ablegens von Last** wird auf dem gesamten Weg nach Santiago de Compostela deutlich: Pilger sollen von zu Hause mitgebrachte Steine an einem bestimmten Ort niederlegen, um symbolisch eine Last loszuwerden, die den weiteren Lebensweg nicht mehr erschweren soll (Haab, 2000). Durch die Reise wird somit geistig und materiell Raum geschaffen, um sich zu öffnen und neue Eindrücke aufzunehmen.

13.4.5 Transzendenz und Naturerlebnis

Erst durch die Transzendenz hebt sich die Pilgerreise konzeptionell von klassischem Tourismus ab (Murken u. Dambacher, 2012). Dies bedeutet, dass die **spirituelle Erfahrung** für Pilger zentral ist, unabhängig davon, ob religiöse Spiritualität oder geistige Transzendenz ohne religiöse Wurzel gesucht wird.

Jedoch zeichnet sich in den letzten Jahren ein Anstieg nichtreligiöser Motive für die Pilgerreise ab. Eine Schweizer Umfrage ergab nach Brämer (2010), dass Menschen als Ort der spirituellen Erfahrung zu 40 % die Natur aufsuchen und nur zu 20 % die Kirche. Es liegt also unabhängig von der Religionszugehörigkeit ein starkes Streben nach Transzendenz vor, welche nach allgemeinem Verständnis offensichtlich in der Natur gefunden werden kann.

Ähnlich beschreibt Haab (2000), dass das Gehen über weite, unendlich scheinende Landstriche der Meseta (spanisches Hochland) eine Härteprobe darstellt, welche viele Camino-Pilger fast verzweifeln lässt. Das Verlieren der Perspektive in der monotonen Landschaft, in deren Hitze scheinbar kein Vorankommen ist, führt zu einer Art Reinigung oder Katharsis von allen Belanglosigkeiten, die man bis dato mit sich trug. Nach dieser Phase führt die Wegstrecke über 2 Gebirgspässe, bei deren Überquerung die meisten spirituellen Erfahrungen des gesamten Jakobsweges berichtet werden.

Die Monotonie des Gehens erzeugt eine Reduktion der Sinne auf den Weg, welche von Pilgern als eine Art Meditation erlebt wird (Gamper u. Reuter, 2012). Die **„gehende Meditation"** wird nicht ohne Grund in Achtsamkeitsübungen mit der klassischen (sitzenden) Variante abgewechselt. Sie hat nachweislich positive Auswirkungen auf das Stresserleben, Wohlbefinden und führt zu befreitem Denken (Goodman u. Schorling, 2012; Keinänen, 2016). Auch Slavin (2003) beschreibt das Gehen als zentralen Aspekt einer Pilgerreise, da durch Rhythmus und Synchronizität mit sich und anderen Pilgern eine Verbindung zwischen Körper, Geist und Umwelt geschaffen wird. Diese Verbindung wird tief spirituell wahrgenommen und birgt das Gefühl einer höheren ganzheitlichen Kraft.

Es wird deutlich, dass die Erlebnisse der Pilger auch ohne religiöse Motivation von einer tiefen spirituellen Erfahrung geprägt werden, die allein aufgrund des Bestreitens eines Pilgerweges entstehen kann.

13.5 Bewertung des Pilgerns in heutiger Form

Während der traditionelle Pilger auf der Reise seinen Glauben vertiefen oder offen bezeugen will, sucht der heutige Pilger nach Spiritualität. Dabei wird klar, dass der enorme Anstieg der Pilgerzahlen aus kirchlicher Sicht nicht positiv als neuer „Religionsboom" bewertet werden kann, sondern als Negativtrend. Gamper und

Reuter (2012) beschreiben dies als „Krise statt Konjunktur": Die Religion wird unverbindlich und flüchtig, während sie eigenständig an die individuellen Bedürfnisse angepasst und eine autonome Glaubensvorstellung erzeugt wird.

Die Entwicklung zeichnet sich deutlich bei der Pilgerreise nach Santiago de Compostela ab. Der Weg ist mittlerweile zu einem überkonfessionellen Pilgerpfad geworden, der sich mit seiner massentouristischen Infrastruktur immer weiter kommerzialisiert. Über Equipment, Reiseführer, Reiseberichte oder Symbole (Muscheln, Wanderstock und -hut), aber vor allem Übernachtungen und Souvenirs erleben inzwischen auch wirtschaftlich schwache Regionen einen Aufschwung. Dass dies auch negative Folgen wie Wasserknappheit in den heißen, hochfrequentierten Sommermonaten und Müllprobleme in Herbergsorten mit sich bringt, ist nicht verwunderlich. Jedoch macht die touristische Erschließung den Weg auch für schwächere Pilger möglich, die auf Fahrrad, Auto oder Bus umsteigen können.

Trotz des Bedeutungsverlusts der Kirche versucht Santiago de Compostela das Primat der Religion hochzuhalten. Wenn ein Pilger die begehrte „Compostela", also die Pilgerurkunde, erhalten möchte, so muss er im Fragebogen des Pilgerbüros mindestens „religiöse und andere" Motive für die Reise angeben, selbst wenn diese nicht wirklich vorliegen (bzw. sie „kulturell, nicht religiös" sind; Brämer, 2010). So weist das Pilgerbüro weiterhin einen verhältnismäßig hohen Anteil religiöser Beweggründe für das Pilgern aus.

Trotz der kritischen Betrachtung im Hinblick auf die Verwaschung der Religion in Bezug auf den Jakobsweg gibt es nachweislich positive Effekte des Pilgerns. Soziale Gruppenveranstaltungen wie die Reise zu einer indischen Pilgerstätte können zwar kurzfristige Gesundheitsrisiken bergen, haben aber längerfristig einen anhaltend positiven Effekt auf das körperliche Wohlbefinden (Tewari et al., 2012). Auch in dem Marienwallfahrtsort Lourdes in Frankreich wurde kurz- und langfristig eine signifikante Besserung von Angstzuständen und Depressionen psychisch kranker Pilger beobachtet (Morris, 1982). Die positiven

therapeutischen Eigenschaften (Warfield et al., 2014) einer Pilgerreise wurden also schon mehrfach beobachtet.

13.6   Fazit

Die Motive für eine Pilgerreise sind äußerst heterogen: Man reist zur Buße, Reinigung, Hoffnungsspende, Danksagung, Pflichterfüllung oder individuellen Sinnsuche. Dabei ist allerdings sichtbar, dass eine Trennung zwischen religiösen und nichtreligiösen Beweggründen für eine Pilgerreise vollzogen werden kann. Zwar gibt es weiterhin eindeutig religiöse Stätten (z. B. Mekka), jedoch werden gerade aus der westlichen Welt Reisen zu Glaubensorten unternommen, bei denen ein individuelles (nichtreligiöses) Ziel verfolgt wird. So können Pilgerpfade zum Mittel für Selbsterfahrung, Krisenbewältigung oder Transformation des Einzelnen werden.

Insgesamt ist also ein tief greifender Wandel des Pilgertums (in der westlichen Welt) erkennbar. Während die Kirche als Institution vermehrt in den Hintergrund rückt, wird die individuelle Grenzerfahrung einer Pilgerreise mehr und mehr zum Trend. Die heutige Konsumgesellschaft als Basis für diese Entwicklungen wird wohl auch in den nächsten Jahren nicht an Dynamik und Intensität verlieren. Daher ist zu erwarten, dass die Anzahl der Angebote für Pilgern, aber auch Meditation, Achtsamkeit und Spiritualität weiterhin steigen wird. Aufgrund der beschriebenen positiven Auswirkungen dieser Form der Selbsterfahrung auf Körper und Geist kann die Entwicklung durchaus positiv gewertet werden. Daher werden wir nun wohl häufiger zu hören bekommen: „Ich bin dann mal weg" (Kerkeling, 2010).

Literatur

Aronson, E., Wilson, T. D., & Akert, R. M. (2014). *Sozialpsychologie* (8. Aufl.). München: Pearson.
Bandura, A. (1997). *Self-efficacy: The exercise of control.* New York: Freeman.
Brämer, R. (2005). Was unterscheidet Pilger und Wanderer? Sonderauswertung der Profilstudie Wandern

'04. http://www.wanderforschung.de/WF/pilgern/pilgern-173.html. Zugegriffen: 27. November 2017.

Brämer, R. (2010). Heile Welt zu Fuß: Empirische Befunde zum spirituellen Charakter von Pilgern und Wandern. In: H. Hopfinger, H. Pechlander, S. Schön, & C. Antz (Hrsg.), *Kulturfaktor Spiritualität und Tourismus: Sinnorientierung als Strategie für Destinationen* (S. 47–58). Berlin: Erich Schmidt.

Davidson, L. K., & Gitlitz, D. M. (2002). *Pilgrimage from the Ganges to Graceland: An encyclopedia*. Santa Barbara: ABC-CLIO, Inc.

Duval, S., & Wicklund, R. A. (1972). *A theory of objective self-awareness*. New York: Adacemic Press.

Fritz, C., Yankelevich, M., Zarubin, A., & Barger, P. (2010). Happy, healthy, and productive: the role of detachment from work during nonwork time. *Journal of Applied Psychology* 95(5), 977.

Gamper, M., & Reuter, J. (2012). Sinnsuche per pedes: Pilgern als körperliche Herausforderung und spirituelle Erfahrung. *Sozialwissenschaften & Berufspraxis* 35(1), 30–47.

Gilovich, T., Kumar, A., & Jampol, L. (2015). A wonderful life: Experiential consumption and the pursuit of happiness. *Journal of Consumer Psychology* 25(1), 152–165.

Goodman, M. J., & Schorling, J. B. (2012). A mindfulness course decreases burnout and improves well-being among healthcare providers. *The International Journal of Psychiatry in Medicine* 43(2), 119–128.

Haab, B. (1998). *Weg und Wandlung. Zur Spiritualität heutiger Jakobspilger und -pilgerinnen*. Freiburg: Universitätsverlag.

Haab, B. (2000). Pilgerfahrt – Weg und Begegnung. *Archiv für Religionspsychologie* 23, 144–163.

Heiser, P., & Kurrat, C. (Hrsg.). (2014). *Pilgern gestern und heute. Soziologische Beiträge zur religiösen Praxis auf dem Jakobsweg* (2. Aufl.). Münster: LIT Verlag.

Hummel, K. (2016). Minimalismus – Nichts mehr zu verlieren. *Frankfurter Allgemeine Zeitung*. Artikel vom 06. Januar 2016. http://www.faz.net/aktuell/stil/leib-seele/ein-neuer-lebensstil-erwaechst-der-minimalismus-13994513.html. Zugegriffen: 27. November 2017.

Johannsen, F., & Riechmann, J. (2007). Pilgerreisen – Touristischer Trend auf alten Pfaden. *Unimagazin Hannover* 1/2, 42–45.

Keinänen, M. (2016). Taking your mind for a walk: A qualitative investigation of walking and thinking among nine Norwegian academics. *Higher Education* 71(4), 593–605.

Kerkeling, H. (2010). *Ich bin dann mal weg: meine Reise auf dem Jakobsweg*. München: Piper.

Morris, P. A. (1982). The effect of pilgrimage on anxiety, depression and religious attitude. *Psychological Medicine* 12(02), 291–294.

Murken, S., & Dambacher, F. (2010). Religion, Freizeit und Tourismus. „Ich bin dann mal weg":

Religionspsychologische Überlegungen zur gegenwärtigen Popularität von Pilgerreisen. *Psychologie in Österreich* 30(1), 6–12.

Roloff, E. K. (2008). Pilgern in neuer Auflage. Notizen zu einem Phänomen zwischen Tradition und Medienboom. *Communicatio Socialis* 41(2), 192–198.

Schnell, T., & Pali, S. (2013). Pilgrimage today: The meaning-making potential of ritual. *Mental Health, Religion & Culture* 16(9), 887–902.

Slavin, S. (2003). Walking as spiritual practice: the pilgrimage to Santiago de Compostela. *Body & Society* 9(3), 1–18.

Sonnentag, S., Binnewies, C., & Mojza, E. J. (2010). Staying well and engaged when demands are high: the role of psychological detachment. *Journal of Applied Psychology* 95(5), 965–976.

Tajfel, H., & Turner, J. C. (1979). An integrative theory of intergroup conflict. In: W. G. Austin, & S. Worchel (Eds.), *The social psychology of intergroup relations* (pp. 33–47). Monterey: Brooks/Cole.

Tewari, S., Khan, S., Hopkins, N., Srinivasan, N., & Reicher, S. (2012). Participation in mass gatherings can benefit well-being: Longitudinal and control data from a North Indian Hindu pilgrimage event. *Public Library of Science one* 7(10): e47291.

Tworuschka, M., & Tworuschka, U. (2006). *Die Welt der Religionen: Geschichte, Glaubenssätze, Gegenwart*. Gütersloh, München: wissenmedia.

Warfield, H. A., Baker, S. B., & Foxx, S. B. P. (2014). The therapeutic value of pilgrimage: A grounded theory study. *Mental Health, Religion & Culture* 17(8), 860–875.

Wicklund, R. A., & Frey, D. (1993). Die Theorie der Selbstaufmerksamkeit. In: D. Frey, & M. Irle (Hrsg.), *Theorien der Sozialpsychologie, Band I: Kognitive Theorien* (S. 155–173). Bern: Huber.

13

Fastenrituale

Pauline Eva Pischel

© Springer-Verlag GmbH Deutschland, ein Teil von Springer Nature 2018
D. Frey (Hrsg.), *Psychologie der Rituale und Bräuche*,
https://doi.org/10.1007/978-3-662-56219-2_14

14.1   Einleitung

Das Verb „fasten" kommt ursprünglich vom mittelhochdeutschen Wort „vasten" und hängt zusammen mit dem Adjektiv „fest", welches seinen Ursprung im mittelhochdeutschen Wort „veste" und den althochdeutschen Wörtern „fest, fasti" findet. Ursprünglich bedeutete das Verb „fasten" vermutlich, an den Geboten des Fastens festzuhalten (Duden online, 2017b). Fasten wird beschrieben als „sich für eine bestimmte Zeit ganz oder teilweise der Nahrung [zu] enthalten oder auf den Genuss bestimmter Speisen [zu] verzichten" (Duden online, 2017a).

Evolutionär betrachtet ist das Überleben aus gespeicherter Nahrung ein wichtiges und notwendiges physiologisches Grundprinzip. Im Gegensatz zu heute war Nahrung in früherer Zeit nicht kontinuierlich verfügbar. Heutzutage setzt der Mensch die Fähigkeit zum Fasten sogar freiwillig ein. Grundsätzlich wird zwischen therapeutischem Heilfasten und dem kultischen, religiösen Fasten unterschieden (Stange u. Leitzmann, 2018).

14.2   Formen des Fastens

14.2.1   Religiöses Fasten

Fasten wird häufig zunächst mit Religion, Glaube und Frömmigkeit in Verbindung gebracht. Fasten aus religiösen Gründet bedeutet aber mehr als nur der Verzicht aufgrund gottesfürchtigen Gehorsams. In der **christlichen Fastenzeit** von Aschermittwoch bis zur Osternacht heißt Fasten, Buße zu tun, sich zu besinnen, nach innen zu gehen, den Kontakt zu Gott zu suchen. Es ist ein nonverbales Gespräch mit Gott, eine Art Gebet, in dem das sich Dürsten und Hungern nach Gott zum Ausdruck gebracht wird. Beten, Fasten und anderen Geben sind die 3 Dinge, die Christen in der Fastenzeit mit auf den Weg gegeben werden. Im Christentum ist die Fastenzeit eine Vorbereitung auf Ostern und eine Erinnerung an die 40 Tage, die auch Jesus fastend und im Gebet in der Wüste verbracht hat. Dabei geht es zudem darum, das Leiden und Sterben Christi in der Karwoche auf indirektem Wege mitzuempfinden (APG, 2015). Anders als im muslimischen Glauben wird das Fasten im Christentum nicht explizit eingefordert oder die Art und Weise der Ausführung vorgeschrieben.

Im **Islam** ist das Fasten eine im Koran religiös verankerte Pflicht und stellt eine der 5 Säulen des muslimischen Glaubens dar. Im 9. Monat des islamischen Kalenders, dem Monat Ramadan, wurde nach islamischen Glauben der Koran herabgesandt. Das Fasten in dieser Zeit soll die eigene Beschränkung bewusst werden lassen. Da sich der islamische Kalender nach dem Mond richtet, verschieben sich die Monate, wodurch auch der Monat Ramadan zu unterschiedlichen Jahreszeiten stattfindet. Während dem Ramadan dürfen zwischen Anbruch der Morgendämmerung und Sonnenuntergang dem Körper keinerlei Speisen oder Getränke zugeführt, kein Geschlechtsverkehr mit dem Ehepartner ausgeführt oder geraucht werden. Fasten dient dabei der Selbstdisziplin und Beherrschung, festigt das Gottesbewusstsein, dient dem Ziel, Gottes Wohlgefallen zu erwerben, und reinigt Körper und Seele (Wehr, 2002).

Im **Judentum** gibt es mehrere Fasttage. Dem Neujahrstag („Rosch ha Schana"), welcher im Herbst gefeiert wird, folgen 10 Bußtage, die mit dem Tag des „Jom Kippur" (Versöhnungstag) abschließen. Der „Jom Kippur" ist einer der feierlichsten Tage im jüdischen Jahr und zugleich strenger Fastentag. Er ist ein Tag des Gebetes und der Versöhnung, an dem es um die Bewusstmachung der eigenen Verfehlungen geht. Gott wird darum gebeten, diese zu vergeben und einen Neubeginn zu ermöglichen. An diesem Tag darf nicht gegessen, getrunken, gearbeitet, geraucht, sich gewaschen oder rasiert werden. Weiße Kleidung steht für Reinheit, und auch die Synagoge bleibt die ganze Nacht geöffnet (Dorn, 2016).

Im **Hinduismus** hingegen sind keine Fastenzeiten oder -rituale vorgeschrieben. Das Fasten dient hier der Buße, der Reinigung der Seele, der Ehrung einer Gottheit oder der Bitte um Segen. Die Art und Weise sowie Dauer des Fastens kann dabei individuell bestimmt werden (Klöcker u. Tworuschka, 2005).

Auch im **Buddhismus** gibt es keine einheitlichen Fastentage. Häufig wird gefastet, um sich voll und ganz auf die Meditation konzentrieren zu können, den Körper von innen zu reinigen und sich von unnötigen Gedanken zu befreien. Dabei geht es um die Reduktion und nicht den vollständigen Verzicht auf Nahrung. Weder mit einem übersättigten noch mit einem hungrigen Magen kann gut meditiert werden, weshalb viele buddhistische Mönche nach dem Mittag nichts mehr verzehren. In der 3-monatigen Regenzeit Vassa (Juli bis Oktober) ziehen sich die Mönche für 30 Tage zurück, um noch intensiver zu meditieren und zu fasten. In dieser Zeit verzichten sie auch auf die sonst üblichen Wanderungen, was zusätzlich den praktischen Hintergrund hat, dass die Saat nicht zertrampelt wird, welche in dieser Zeit auf den Feldern sprießt (Klöcker u. Tworuschka, 2005).

14.2.2 Therapeutisches Fasten

Die Wurzeln des medizinisch-therapeutischen Fastens gehen weit zurück. Schon Hippokrates (um 460–370 v. Chr.) und Galenus (um 129–216 n. Chr.) beschreiben dessen heilende Wirkung. Im Mittelalter jedoch war der gesundheitliche Nutzen von Fasten lange in Vergessenheit geraten. Erst im 19. Jahrhundert erlebte das **heilwirksame Fasten** wieder einen Aufschwung, und besonders in Deutschland prägte der Arzt Dr. Otto Buchinger mit seinem Buch *Das Heilfasten* (1935 in 1. Aufl. erschienen) den Begriff des ganzheitlich verstandenen Fastens (Stange u. Leitzmann, 2018).

Viele Krankheiten weisen Assoziationen zur Ernährung auf und sind weit verbreitet, beispielsweise Herz-Kreislauf-Erkrankungen, welche eine der Haupttodesursachen in westlichen Industrieländern darstellen, hinzu kommen Übergewichtigkeit und Diabetes mellitus Typ 2 (Stange u. Leitzmann, 2018). Mit diesen gehen außerdem hohe Kosten für das Gesundheitswesen und die Volkswirtschaft einher. Nachgewiesen ist der positive Effekt von Fasten beispielsweise bei der Behandlung von Bluthochdruck (Goldhamer et al., 2002). Es wird außerdem vermutet, dass Fasten einen positiven Effekt auf das Gehirn hat. In Tierstudien verringerte Fasten die Anfälligkeit für neurodegenerative Erkrankungen wie Alzheimer oder Parkinson (Mattson, 2015). Darüber hinaus zeigte sich im Tiermodell, dass das Fasten Krebszellen schrumpfen lässt und die Nebenwirkungen einer Chemotherapie reduziert (Lee et al., 2012).

Allgemein gestaltet sich die Recherche zu wissenschaftlich fundierten Erkenntnissen über die Fastenwirkung jedoch schwierig. Für die Lebensmittel- und Pharmaindustrie bedeutet Fasten finanzielle Einbußen. Wer fastet, konsumiert nicht viel, und das Fasten als kostenlose (präventive) Maßnahme im Gegensatz zu teuren Medikamenten unterstützt zwar die Gesundheit der Menschen, der Verdienst bleibt jedoch aus. Daher fällt das Interesse, Forschungsgelder für umfassende Studien bereitzustellen, eher gering aus.

Neben der therapeutischen Wirkung von Fasten zur medizinischen Behandlung von chronischen Krankheiten lässt sich in der heutigen Zeit ein Trend in Richtung **Fasten für gesunde Menschen**, im Sinne einer eigenverantwortlichen, gesunden Ernährung bzw. als präventive Maßnahme erkennen (Stange u. Leitzmann, 2018). Beim Fasten geht es nicht nur darum, den Körper, sondern auch den Geist und die Seele zu reinigen. Der Fokus richtet sich wieder auf die eigene Person, die eigene Wahrnehmung, das Körpergefühl und die begleitenden Emotionen.

Dabei spielt auch das Thema der **Achtsamkeit** eine Rolle. Achtsamkeit stellt „eine besondere Form der Aufmerksamkeitslenkung dar, wobei die Aufmerksamkeit absichtsvoll, nicht wertend und auf das bewusste Erleben des aktuellen Augenblicks gerichtet ist" (Wittchen u. Hoyer, 2011, S. 908). Das Thema Achtsamkeit, als emotionsregulatorische Technik, welche im Zusammenhang steht mit der Verbesserung von psychischen und somatischen Krankheiten, hat auch in den letzten Jahren an Wert gewonnen (Michalak et al., 2012).

Für eine bestimmte Zeit auf Schokolade, Alkohol, Fleisch oder andere Lebensmittel zu verzichten, kann durchaus sinnvoll sein, da hierdurch das Ess- und Konsumverhalten hinterfragt und insgesamt zu einem gesünderen

Lebensstil angeregt wird. Radikales Fasten hingegen kann schädlich sein, da es zu einem extremen Eiweißmangel führen kann. Eiweiß ist beispielsweise wichtig für die Funktionsfähigkeit des Herzens. Herzrhythmusstörungen und im schlimmsten Fall der Tod können die Folge sein, weshalb bei vollständigem Nahrungsverzicht die Einholung einer ärztlichen Meinung sowie Begleitung empfehlenswert ist (Wechsler et al., 1996).

Fasten, um langfristig abzunehmen, ist nicht sinnvoll, denn der Körper holt sich durch Stoffwechselumstellungen die aufgezehrten Reserven nach der Fastenzeit wieder zurück, wodurch es zum klassischen Jo-Jo-Effekt kommen kann, d. h. einer nachfolgenden Gewichtszunahme, die über dem Ausgangsgewicht liegt. Zwar kann Fasten den ersten Schritt zum Abnehmen darstellen, Erfolg versprechend ist jedoch nur eine langfristige Ernährungsumstellung (Johnstone, 2015).

14.2.3 Pathologisches Fasten

In der klinischen Psychologie stehen pathologische Verhaltensmuster im Mittelpunkt. Auch das Thema Fasten ist im Kontext von **Essstörungen** von Bedeutung. Ein gezügeltes Essverhalten wie beim Fasten, aber auch viele andere Symptome von Essstörungen, beispielsweise Unzufriedenheit mit dem eigenen Körper, der Figur oder dem Gewicht bis hin zur Körperschemastörung sowie Essanfälle, sind in der Normalbevölkerung weit verbreitet (Wittchen u. Hoyer, 2011). Von einer der 3 Hauptformen von Essstörungen, Anorexie, Bulimie oder Binge-Eating-Störung, sind nach einer repräsentativen Studie 1,4 % der Frauen und 0,5 % der Männer in Deutschland betroffen (Jacobi et al., 2014).

Die Risikofaktoren von Essstörungen sind vielfältig und komplex. Neben genetischen Faktoren, demografischen Variablen und Persönlichkeitseigenschaften, spielen auch frühere Lebenserfahrungen und Faktoren des sozialen Umfeldes eine Rolle (Wittchen u. Hoyer, 2011).

Fasten kommt in den Krankheitsbildern der Essstörungen verschiedene Rollen zu. Bei der Anorexie steht ein extremer Gewichtsverlust im Vordergrund, welcher durch Fasten bzw. eine extreme Reduktion der Nahrungszufuhr erreicht wird. Im Störungsbild der Bulimie, welche von regelmäßigen Essanfällen und anschließenden Gegenmaßnahmen wie Erbrechen gekennzeichnet ist, stellt das Fasten eine solche kompensatorische Gegenmaßnahme dar.

14.2.4 Moderne Formen des Verzichts

In der heutigen Zeit ist Fasten jedoch nicht mehr nur auf Lebensmittel beschränkt. Der Verzicht, sei es nun auf Nahrungsmittel, Smartphone, TV oder allgemeinen Konsum, ist auch zum Lifestyle-Element geworden. Egal ob Heilfasten oder Abnehmkur, Veggie oder Veganer, Fasten aus Protest oder dem Wunsch nach Selbstoptimierung, „Lifestyle of Health and Sustainability" (LOHAS) oder „Lifestyle of Voluntary Simplicity" (LOVOS), „Anti-Consumption" oder intelligenter Konsum, die Gründe und Anlässe für den Verzicht sind vielfältig. Bewusster Verzicht scheint „in" zu sein und wird auch gern über soziale Medien mit der Außenwelt geteilt.

Im Folgenden soll nun geklärt werden, welche psychologischen Theorien und Mechanismen dem Fasten zugrunde liegen könnten.

14.3 Psychologische Hintergründe und Theorien

14.3.1 Neurobiologische Psychologie

» Die Erfahrung des Fastens führt zu einem Erleben, das nicht identisch mit Hungern ist, sondern mit Sattsein durch Versorgung aus körpereigenen Nahrungsdepots. […] Somit kann das Erlebnis des Fastens überzeugend sein und zur Wiederholung ermutigen. (Lützner, 2018, S. 170)

Nach den anfänglichen Tagen im Stimmungstief mit Hungergefühl und Müdigkeit berichten viele Menschen von einem **stimmungsaufhellenden Effekt** des Fastens. Grund dafür sind jede Menge Botenstoffe, die der Körper beim Fasten ausschüttet wie Endorphine, Dopamin und Serotonin. Manche vermuten dahinter eine Art evolutionär bedingten Motivationsmechanismus des Körpers, welcher bei Nahrungsknappheit bewirkt, dass man sich nicht mit schlechter Laune zurückzieht und im schlimmsten Fall verhungert, sondern sich „beschwingt" auf die Nahrungssuche begibt (Schnurr, 2010).

14.3.2 Lern- und Kontrolltheorien

Drei grundlegende Motive, welche einen Einfluss auf das menschliche Erleben und Verhalten haben, sind ein positives Selbstbild aufrechtzuerhalten, ein subjektiv sinnvolles und korrektes Bild von der Umwelt zu erlangen und das Bedürfnis nach Kontrolle (Aronson et al., 2014).

Der Mensch strebt allgemein nach einem **positiven Selbstbild**. Bei Unzufriedenheit mit dem eigenen Selbst, kann der Wunsch nach Veränderung entstehen und das Bestreben, diesen aversiven Zustand der Unzufriedenheit wieder zu beseitigen. Die Ursachen für Unzufriedenheit können vielfältig sein, beispielsweise aufgrund der Verfehlung bestimmter Ziele, der Entdeckung von Defiziten oder dem konstanten Streben nach einem Ideal. Wie kann jedoch daraus die Idee zu Fasten hervorgehen, vor allem heutzutage bei einem Überangebot an Lebensmitteln?

Eine Möglichkeit ist natürlich, dass eine rein zufällige, kurzzeitige Nahrungsdeprivation im Alltag für die persönliche Entdeckung von Fasten und seine positiven Auswirkungen verantwortlich ist. Die **Theorie des sozialen Lernens** bietet jedoch auch einen Erklärungsansatz (Bandura, 1977b). Sie besagt, dass Verhalten vor allem durch Beobachtung und Imitation anderer Personen erlernt wird. So können beispielsweise auch der Wunsch und der Entschluss zu fasten durch die Beobachtung anderer Menschen und deren positiven Berichte über die Fastenauswirkungen auf Körper und Seele entstehen.

Fasten bedeutet, persönliche **Kontrolle** über das eigene Leben und Verhalten zu haben. Dabei wird in der Sozialpsychologie zwischen internaler und externaler Kontrollüberzeugung unterschieden (Rotter, 1966). Internale Kontrolle bezeichnet die Überzeugung, dass sowohl positive als auch negative Ereignisse kontrolliert werden können und diese als Konsequenz des eigenen Verhaltens wahrgenommen werden. Das Fasten kann ein solches Gefühl der internalen Kontrolle erzeugen indem wahrgenommen wird, dass das eigene Wohlbefinden selbst beeinflusst werden kann. Die positiven Auswirkungen, beispielsweise ein Stimmungshoch, körperliche Gesundheit oder das Gefühl, mit Gott verbunden zu sein, können internal auf das eigene Verhalten und die eigene Willensstärke attribuiert werden. Externale Kontrolle liegt hingegen vor, wenn ein Ereignis unabhängig vom eigenen Verhalten wahrgenommen wird, d. h., auf eine andere Person, auf die Situation oder auf einen Zufall attribuiert werden kann.

Die **Selbstwirksamkeit** (Bandura, 1977a) ist auch ein Teil der internalen Kontrollüberzeugung. Selbstwirksamkeit beschreibt die Überzeugung, im Bereich der eigenen Fähigkeiten und Möglichkeiten ein gewünschtes Ergebnis durch eine ganz bestimmte Handlung herbeiführen zu können. Im Unterschied dazu ist die internale Kontrollüberzeugung diffuser, da sie die Überzeugung beinhaltet, ein bestimmtes Ergebnis auf irgendeine Art und Weise zu bewirken. Studien belegen, dass der Glaube an die eigene Kompetenz, d. h. die Selbstwirksamkeitserwartung, eine wichtige Voraussetzung für Erfolg ist (Blittner et al., 1978). Menschen mit einer niedrigen Selbstwirksamkeitserwartung geben schneller auf, wohingegen Mensch mit einer hohen Selbstwirksamkeitserwartung mehr Ausdauer haben und sich höhere Ziele setzen (Cervone u. Peake, 1978; Litt, 1988). Auch beim Fasten spielt Ausdauer eine wichtige Rolle. Die Selbstwirksamkeit und das Erleben von Erfolgen sind außerdem mit einem positiveren Selbstbild assoziiert. Wer ein Ziel, z. B. über mehrere Wochen keine Süßigkeiten mehr zu essen, durch eigene Kraft und Anstrengung erreicht hat, ist zufrieden mit sich selbst, sieht sich in einem positiven Licht und fühlt sich wohl.

Auch die **Selbstregulation**, d. h. die Fähigkeit, eigene Impulse zu kontrollieren und Belohnungen aufzuschieben, ist zentral beim Fasten. Dabei ist Selbstregulation die Ursache und die Konsequenz von Fasten zugleich. Das Fastenbestreben beinhaltet den Wunsch, sich selbst zu kontrollieren und zu regulieren, gleichzeitig schult es genau diese Fähigkeiten. Selbstregulation erfordert viel Aufmerksamkeit und Energie. Die eigene Selbstregulation auf einem hohen Level konstant aufrechtzuerhalten, ist jedoch kaum möglich. Selbstregulation ist eine limitierte Ressource und verhält sich ähnlich wie ein Muskel. Nach starker Beanspruchung ist sie erschöpft und braucht Erholungsphasen. Das vorübergehende Absinken der selbstregulatorischen Fähigkeit nach dauerhaftem Fastenbestreben kann auch ein Grund für einen Fastenbruch sein. Mit Hinblick auf diesen natürlichen Mechanismus, aber auch die Regenerationsfähigkeit der Selbstkontrolle sollte demnach ein kurzweiliger Fastenbruch nicht entmutigen. Darüber hinaus kann Selbstregulation auch durch wiederholte Übung trainiert und gesteigert werden (Baumeister et al., 2007).

14.3.3 Motivationstheorien

Neben der Ausdauer spielt beim Fasten auch die Motivation eine wichtige Rolle. Was motiviert den einzelnen, das Fasten beizubehalten?

Die **Selbstdeterminationstheorie** (Ryan u. Deci, 2008) ist eine Motivationstheorie, die beschreibt, welche motivationalen Gründe es für Selbstregulation gibt. Durch äußeren Druck motivierte Selbstregulation ist belastend und anstrengend. Selbstregulation ist dagegen effektiver und ausdauernder, wenn ein freier Entschluss zur Selbstregulation stattgefunden hat (Jonas et al., 2014). Demnach wäre auch eine freiwillige Entscheidung zu Fasten der Motivation und Ausdauer dienlich.

Hier kommen auch die Begriffe der intrinsischen und extrinsischen **Motivation** ins Spiel, welche sich aus der Determinationstheorie ableiten lassen. Intrinsisch motivierte Personen führen eine Tätigkeit um ihrer selbst willen aus,

weil sie Spaß macht und sinnvoll erscheint. Extrinsische Motivation liegt hingegen vor, wenn eine Handlung im Hinblick auf eine Belohnung ausgeübt wird oder zur Vermeidung einer Bestrafung. Beim Fasten wäre dies der Fall, wenn beispielsweise aus religiösen oder gesundheitlichen Gründen eine Pflicht zu fasten bestünde. Studien zeigen, dass der innere Antrieb bei intrinsischer Motivation langfristiger angelegt ist als bei der extrinsischen Motivation. Eine Kombination aus beiden scheint jedoch auch vielversprechend (Cerasoli et al., 2014).

Weiterführend beinhalten **Erwartung-mal-Wert-Theorien** bestimmte Bewertungsprozesse und besagen, dass die Motivation, ein bestimmtes Verhalten auszuführen, von der subjektiven Erwartung, durch ein bestimmtes Verhalten ein bestimmtes Ergebnis zu erzielen, und von der Wertigkeit dieses Ergebnisses abhängig ist (Nerdinger et al., 2014). Beim Fasten würde beispielsweise erwartet, durch den bewussten Verzicht die Gesundheit zu verbessern, zufriedener zu sein, die Verbindung zu Gott wahrzunehmen oder eine religiöse Pflicht zu erfüllen. Diese Ergebnisse haben eine besonders hohe Wertigkeit und beeinflussen die Fastenmotivation.

Des Weiteren gibt auch die **Zielsetzungstheorie** Empfehlungen für eine Motivationsstrategie (Locke u. Latham, 1991). Das Festlegen von hohen und sehr spezifischen Zielen hat einen positiven Einfluss auf die Leistung. Zielsetzungen steuern die Aufmerksamkeit, mobilisieren Energie, erhöhen die Ausdauer und fördern die Entwicklung von Strategien (Myers, 2014). So wäre es beispielsweise vor allem auch beim gesundheitsbedingten Fasten motivationsfördernd, sich konkrete Ziele zu setzen.

14.3.4 Theorien über das Selbst

Zeitweiliges Fasten und bewusster Verzicht werden immer mehr zum Trend und Lifestyle-Element. Das Teilen der eigenen Lebensweise und Erfahrungen scheint dabei ein wichtiger Bestandteil zu sein. Zahlreiche Online-Blogs, YouTube, Facebook, Instagram oder Twitter werden dafür genutzt, Überzeugungen,

Besonderheiten und Ausschnitte aus dem eigenen Leben schriftlich oder bildlich festzuhalten. Ob der bewusste Verzicht, sei es nun auf Lebenszeit oder für einen bestimmten Zeitraum, öffentlich geteilt wird oder nicht, er wird zum festen Bestandteil des Lebens und kann damit auch ein **Teil des Selbstkonzeptes** werden. Das Selbstkonzept beschreibt das Wissen über die eigene Person, das Gefühl für die eigene Identität, wer wir sind und was der Inhalt unseres Selbst ist (Aronson et al., 2014).

Fasten kann auch eine Art **Selbstdarstellung** sein: sowohl eine Strategie, um zu beeinflussen, was andere von uns denken, als auch ein Versuch, sich so zu präsentieren, wie man sein will, z. B. als jemand, der sein Leben unter Kontrolle hat. Eine Form der Selbstdarstellung, in welche auch das Fasten eingeordnet werden kann, ist die **Exemplifizierung** (Jones u. Pittman, 1982). Dabei geht es darum, mit gutem Beispiel voranzugehen und Vorreiter zu sein, um damit zwar auf eine gewisse Art leidend, dafür aber engagiert und wertvoll durch andere wahrgenommen zu werden. Bei anderen kann dies ein Gefühl der Schuld und Beschämung hervorrufen. Selbstdarstellung dient der Selbstaufwertung und trägt ebenfalls zu einem positiven Selbstbild bei. Studien belegen, dass Tendenzen zur Selbstaufwertung sowohl mit seelischer als auch körperlicher Gesundheit einhergehen (Taylor et al., 2000).

Damit in Verbindung stehen auch personalisierte **Repräsentationen des eigenen Selbst** in der Zukunft, welche „possible selves" genannt werden (Cross u. Markus, 1991, S. 230). Es geht darum, wie der Einzelne sich selbst in der Zukunft sieht und sehen möchte, sozusagen Visionen und Träume des eigenen Ich. Dazu gehören beispielsweise Ausformungen wie das erfolgreiche Selbst, das disziplinierte, gesunde, fastende, religiöse, kontrollierte oder bewunderte Selbst, aber auch Befürchtungen eines erfolglosen, unkontrollierten, einsamen oder gescheiterten Selbst. Diese negativen und stark aversiven Selbste wirken motivierend auf die eigene Person, indem sie dazu führen, konkrete positive Ziele festzulegen und auch die nötige Tatkraft für deren Erreichung aufzubringen (Myers, 2014).

Besonders beim religiösen Fasten, bei welchem die religiöse Glaubensgruppe von zentraler Bedeutung ist, spielt auch die **soziale Identität** eine Rolle. Diese beschreibt den Teil des Selbstkonzeptes, welcher durch die Zugehörigkeit zu einer bestimmten Gruppe bestimmt wird (Tajfel u. Turner, 1979). Personen streben nach einem positiven Selbstbild und folglich nach einer positiven sozialen Identität, welche durch die Mitgliedschaft zu einer beispielsweise religiösen Gruppe bestimmt wird.

Darüber hinaus zeigt sich in Gruppen ein **normativer sozialer Einfluss** auf den Einzelnen. Menschen neigen dazu ihr Verhalten und Denken der Gruppe anzupassen. Dieser Einfluss zur Konformität ergibt sich aus dem Wunsch einer Person, Zustimmung zu erhalten und Ablehnung durch andere zu vermeiden (Myers, 2014). Der Einzelne orientiert sich an allgemein gültigen Regeln für anerkanntes und erwartetes Verhalten. Auch beim religiösen Fasten kann es darum gehen, den Normen der Glaubensgruppe gerecht zu werden. Die Gruppe erhält außerdem eine instrumentelle Bedeutung, wenn der Einzelne von den gemeinsamen Gruppenzielen, beispielsweise das Fastenziel, profitiert. Des Weiteren können die eigenen Fähigkeiten mit denen anderer Gruppenmitglieder verglichen sowie die eigenen Meinungen und Normen durch andere validiert werden.

Fasten als gemeinsames Ziel sowie gegenseitiger Vergleich und Bestärkung in der Gruppe kann motivierend wirken. So kann beispielsweise aber auch der individuelle Verzicht, z. B. auf tierische Produkte als Veganer, durch die allgemeine **Gruppenzugehörigkeit** zur veganen Bevölkerung und deren Werte und Normen beeinflusst werden.

Darüber hinaus bestimmen auch kulturell beeinflusste Wertvorstellungen, wie sozialer Einfluss bewertet wird. Westeuropäer und die meisten Menschen aus englischsprachigen Ländern beurteilen Individualismus höher als Gehorsam und Konformität. Wohingegen Gruppennormen für Menschen aus Asien, Afrika und Lateinamerika eine wichtige Rolle spielen (Myers, 2014). In westlichen Kulturen geht es verstärkt darum, die Individualität zu wahren, sich bewusst von anderen abzugrenzen (**inde-pendentes Selbst**), einzigartig zu sein, dies offen zu kommunizieren und von anderen für sein Durchhaltevermögen bewundert zu werden. Auch dies können Motive für das Fasten sein, unabhängig davon, ob dies den Verzicht auf bestimmte Lebensmittel, das Smartphone oder das Ausüben eines bestimmten von Verzicht geprägten Lebensstils beinhaltet. Im Gegensatz dazu spielt im ostasiatischen Raum das **inter-dependente Selbst** meist eine größere Rolle, welches die Zugehörigkeit und Verbindung zu anderen hervorhebt und das Selbst durch Beziehungen zu anderen Personen beschreibt (Markus u. Kitayama, 1991). Hier ist die Zuge-hörigkeit zu einer Fastengruppe von höherer Bedeutung als die Abgrenzung von anderen durch das Fasten.

14.4   Fazit

Eine Umfrage ergab 2012, dass 34 % der Befrag-ten aus religiösen und 38 % aus gesundheitli-chen Gründen Fasten sowie 47 % der Deutschen Fasten, um sich zu disziplinieren (Statista, 2017). Unabhängig davon, ob aus religiösen oder indi-viduellen Gründen gefastet wird, zeigt sich im Hinblick auf die grundlegenden menschlichen Motive, dass das Fasten auf das Motiv, ein posi-tives Selbstbild aufrechtzuerhalten, sowie das Bedürfnis nach Kontrolle zurückgeführt werden kann. Wer selbst schon einmal Verzicht geübt hat, weiß, wie schwierig es sein kann. Doch wer Erfolg hatte, kennt das gute Gefühl und weiß, von welch enormer Wichtigkeit das Fasten für die eigene Person werden kann. Durch die zent-rale Stellung des Verzichts in der Zeit des Fastens wird dieser zu einem wichtigen Bestandteil im Leben und möglicherweise sogar ein (vorüber-gehender) Teil des eigenen Selbstkonzeptes.

Fasten ist schwer und kann noch schwerer sein, wenn nicht auf freiwilliger Basis gefastet wird, sondern dies aus gesundheitlichen oder religiösen Gründen getan werden muss. Wie bei allem spielt auch das richtige Maß beim Fasten eine entscheidende Rolle. Extreme sind mit medizinischem Rat zu überdenken, und in

Anbetracht der Nähe zu pathologischen Fas-tenformen sollten die eigenen Ziele, aber auch Grenzen genau bekannt sein.

Unter den richtigen Rahmenbedingungen kann Fasten jedoch viel Gutes bewirken. Neben den positiven körperlichen Konsequenzen schenkt Fasten Selbstwirksamkeit, Selbstbestim-mung und Kontrolle und fordert bzw. fördert die Selbstregulation. Es lenkt die Aufmerksamkeit auf die eigene Person und die eigenen Bedürf-nisse, sensibilisiert und kann vielleicht sogar ein Anstoß für ganz andere, größere Veränderungen im Leben sein.

Literatur

Allgemeine gemeinnützige Programmgesellschaft mbH (APG). (2015). Die Fastenzeit: 40 Tage ohne. Inter-netportal der katholischen Kirche in Deutschland. Beitrag vom 01. Februar 2015. http://www.katho-lisch.de/glaube/unser-kirchenjahr/40-tage-ohne. Zugegriffen: 27. November 2017.

Aronson, E., Wilson, T. D., & Akert, R. M. (2014). *Sozialpsy-chologie* (8. Aufl.). München: Pearson.

Bandura, A. (1977a). Self-efficacy: Toward a unifying theory of behavioral change. *Psychological Review* 84, 191–215.

Bandura, A. (1977b). *Social learning theory*. Englewood Cliffs, NJ: Prentice Hall.

Baumeister, R. F., Vohs, K. D., & Tice, D. M. (2007). The strength model of self-control. *Current Directions in Psychological Science* 16(6), 351–355.

Blittner, M., Goldberg, J., & Merbaum, M. (1978). Cogni-tive self-control factors in the reduction of smoking behavior. *Behavior Therapy* 9(4), 553–561.

Cerasoli, C. P., Nicklin, J. M., & Ford, M. T. (2014). Intrinsic motivation and extrinsic incentives jointly predict performance: A 40-year meta-analysis. *Psychological Bulletin* 140(4), 980–1008.

Cervone, D., & Peake, P. K. (1986). Anchoring, efficacy, and action: The influence of judgmental heuristics on self-efficacy judgments and behavior. *Journal of Personality and Social Psychology* 50(3), 492.

Cross, S., & Markus, H. (1991). Possible selves across the life span. *Human Development* 34(4), 230–255.

Dorn, K. (2016). *Basiswissen Theologie: Das Judentum*. Paderborn: Ferdinand Schöningh.

Duden online (2017a). Sprachwissen: Fastenzeit. http://www.duden.de/sprachwissen/sprachratgeber/fas-tenzeit. Zugegriffen: 27. November 2017.

Duden online (2017b). Bedeutungsübersicht: fasten. http://www.duden.de/rechtschreibung/fasten. Zugegriffen: 27. November 2017.

Goldhamer, A. C., Lisle, D. J., Sultana, P., Anderson, S. V., Parpia, B., Hughes, B., & Campbell, T. C. (2002). Medically supervised water-only fasting in the treatment of borderline hypertension. *The Journal of Alternative & Complementary Medicine* 8(5),643–650.

Jacobi, F., Höfler, M., Strehle, J., Mack, S., Gerschler, A., Scholl, L., Busch, M. A., et al. (2014). Psychische Störungen in der Allgemeinbevölkerung. *Der Nervenarzt* 85(1), 77–87.

Johnstone, A. (2015). Fasting for weight loss: an effective strategy or latest dieting trend? *International Journal of Obesity* 39(5), 727–733.

Jonas, K., Hewstone, M., & Stroebe, W. (Hrsg.). (2014). *Sozialpsychologie* (6. Aufl.). Berlin, Heidelberg: Springer.

Jones, E. E., & Pittman, T. S. (1982). Toward a general theory of strategic self-presentation. *Psychological Perspectives on the Self* 1, 231–262.

Klöcker, M., & Tworuschka, U. (2005). *Ethik der Weltreligionen. Ein Handbuch*. Darmstadt: Wissenschaftliche Buchgesellschaft.

Lee, C., Raffaghello, L., Brandhorst, S., Safdie, F. M., Bianchi, G., Martin-Montalvo, A., Pistoia, V., et al. (2012). Fasting cycles retard growth of tumors and sensitize a range of cancer cell types to chemotherapy. *Science Translational Medicine* 4(124),124ra27–124ra27.

Litt, M. D. (1988). Self-efficacy and perceived control: cognitive mediators of pain tolerance. *Journal of Personality and Social Psychology* 54(1), 149.

Locke, E. A., & Latham, G. P. (1991). Self-regulation through goal setting. *Organizational Behavior and Human Decision Processes* 50, 212–247.

Lützner, H. (2018). Fasten als Erlebnis, medizinische Prävention und Therapie – Grundlagen und Methodik. In: R. Stange, & C. Leitzmann (Hrsg.), *Ernährung und Fasten als Therapie* (2. Aufl., S. 169–180). Berlin, Heidelberg: Springer.

Markus, H., & Kitayama, S. (1991). Culture and the self: Implications for cognition, emotion, and motivation. *Psychological Review* 98, 224–253.

Mattson, M. P. (2015). Lifelong brain health is a lifelong challenge: from evolutionary principles to empirical evidence. *Ageing Research Reviews* 20, 37–45.

Michalak, J., Heidenreich, T., & Williams, J. M. G. (2012). *Achtsamkeit*. Göttingen: Hogrefe.

Myers, D. G. (2014). *Psychologie* (3. Aufl.). Berlin, Heidelberg: Springer.

Nerdinger, F. W., Blickle, G., & Schaper, N. (2014). *Arbeits- und Organisationspsychologie* (3. Aufl.). Berlin, Heidelberg: Springer.

Rotter, J. B. (1966). Generalized expectancies for internal versus external control of reinforcement. *Psychological Monographs: General and Applied* 80(1), 1–28.

Ryan, R. M., & Deci, E. L. (2008). From ego depletion to vitality: Theory and findings concerning the facilitation of energy available to the self. *Social and Personality Psychology Compass* 2, 702–717.

Schnurr, E. M. (2010). Iss dich glücklich. Zeit online. Artikel vom 03. August 2010. http://www.zeit.de/zeitwissen/2010/05/Iss-dich-gluecklich. Zugegriffen: 27. November 2017.

Stange, R., & Leitzmann, C. (2018). *Ernährung und Fasten als Therapie* (2. Aufl.). Berlin, Heidelberg: Springer.

Statista (2017). Weshalb fasten sie? (Deutschland 2012). https://de.statista.com/statistik/daten/studie/219219/umfrage/gruende-beim-fasten-mitzumachen/. Zugegriffen: 27. November 2017.

Tajfel, H., & Turner, J. C. (1979). An integrative theory of intergroup conflict. *The Social Psychology of Intergroup Relations* 33(47), 74.

Taylor, S. E., Kemeny, M. E., Reed, G. M., Bower, J. E., & Gruenewald, T. L. (2000). Psychological resources, positive illusions, and health. *American Psychologist* 55(1), 99.

Wechsler, J. G., Schusdziarra, V., Hauner, H., & Gries, F. A. (1996). Therapie der Adipositas. *Deutsches Ärzteblatt* 93, A2214–A2218.

Wehr, G. (2002). *Die sieben Weltreligionen*. München: Hugendubel.

Wittchen, H. U., & Hoyer, J. (2011). *Klinische Psychologie & Psychotherapie* (2. Aufl.). Berlin, Heidelberg: Springer.

Rauschrituale

Laura Marie Einwanger

© Springer-Verlag GmbH Deutschland, ein Teil von Springer Nature 2018
D. Frey (Hrsg.), *Psychologie der Rituale und Bräuche*,
https://doi.org/10.1007/978-3-662-56219-2_15

15.1 Einleitung

Wer an Rauschrituale denkt, sieht sich möglicherweise bereits tief im peruanischen Urwald sitzen – neben sich einen Schamanen, der mithilfe von Ayahuasca Gottheiten heraufbeschwört und das Tor zu einer anderen Welt öffnet. Oder darf es ein Kaktus sein? Weiter im Norden praktiziert die Native American Church, die heute größte Glaubensgemeinschaft der nordamerikanischen Indianer, ihre spirituellen Rituale mithilfe des Peyote-Kaktus, der die psychoaktive Droge Meskalin enthält (Feest, 1998). Wer es noch exotischer mag, kann in Sibirien den Urin eines Schamanen trinken, der vorher Fliegenpilze verspeist hat. Warum der Umweg über den Urin fragen Sie sich? Körperliche Abbauprozesse filtern giftige Bestandteile des Pilzes heraus und ermöglichen ein Rauscherlebnis ohne unangenehme Nebenwirkungen (Bauer et al., 2000) – ein wahrer Akt der Selbstlosigkeit also.

Zurück in den peruanischen Urwald: Vielleicht haben Sie bereits von Ayahuasca gehört und sich gefragt, worum es sich handelt? Ayahuasca ist ein bitter schmeckender Pflanzentrank, der aus einer Lianenart gewonnen wird. Diese im Amazonasbecken beheimatete Pflanze wird von Einheimischen auch „Liane der Toten" oder „Liane der Geister" genannt, und zwar nicht zu Unrecht, denn die Einnahme von Ayahuasca führt zu starken Halluzinationen bis hin zu Nahtoderfahrungen. Die indigenen Völker Lateinamerikas verwenden das Mittel seit jeher für Rituale der Heilung, Wahrsagerei und zur Kontaktaufnahme mit der spirituellen Welt (Eigner u. Scholz, 1985). Angeleitet werden solche Zeremonien meist von einem erfahrenen Schamanen. Von Zeit zu Zeit ebenfalls mit dabei sind europäische Reisende, die den weiten Weg gekommen sind, um an dem Spektakel teilzuhaben.

Doch es muss nicht immer der exklusive Ayahuasca-Trip sein, um den sich ein fragwürdiger Tourismus von Selbsterfahrung und Nervenkitzel entwickelt hat. Rausch in seinen zahlreichen Facetten ist auch Bestandteil des alltäglichen Lebens. Lassen Sie nicht auch gerne einmal einen harten Arbeitstag mit einem Feierabendbier ausklingen? Oder haben Sie bei einem Besuch des Oktoberfestes schon einmal zu tief in den Maßkrug geblickt? Falls ja, ist dies keineswegs ungewöhnlich. Geburtstagsfeiern, Junggesellenabschiede, Männer- und Mädelsabende – viele alltägliche Aktivitäten sind bei genauerer Betrachtung durch den Genuss von berauschenden Substanzen ritualisiert. Besonders eine Substanz ist dabei allgegenwärtig und wird deshalb im Folgenden näher betrachtet: **Alkohol**.

Weniger spektakulär als der Trank einer Dschungelliane und doch nicht minder gefährlich ist Alkohol die Volksdroge Nummer 1. Als legales Genussmittel ist er in jedem Supermarkt erhältlich und ein vergleichsweise billiges Rauschmittel. Alkoholische Getränke wie Bier oder Wein sind Bestandteil eines fast jeden Haushaltes. Auch von den Getränkekarten der Restaurants sind sie nicht wegzudenken. Lokalitäten wie Bars oder Klubs werden überhaupt erst aufgesucht, um alkoholhaltige Drinks zu genießen. Und auch bei der Zubereitung von Speisen wird gerne zu einer verfeinernden Alkoholnote gegriffen.

Wie alltäglich der Konsum von Alkohol tatsächlich ist, zeigen Zahlen der Deutschen Hauptstelle für Suchtfragen (DHS): 90 % der Deutschen trinken Alkohol (DHS, 2017a). Mit einem jährlichen Pro-Kopf-Konsum von 9,6 Litern reinem Alkohol gehört Deutschland sogar zu den Hochkonsumländern. Die Bundeszentrale für gesundheitliche Aufklärung (BZgA) warnt davor, dass rund 7,4 Millionen Menschen in Deutschland die Volksdroge in gesundheitlich riskanter Form verwenden, jeder 7. Erwachsene gilt sogar als alkoholabhängig (BZgA, 2017b).

Doch woher weiß man, ob der eigene Konsum noch im Normalbereich liegt? **Alkoholmissbrauch und -abhängigkeit** werden über klinische Klassifikationssysteme wie das International Classification of Diseases (ICD) der Weltgesundheitsorganisation (WHO) definiert. Ein schädlicher Gebrauch von Alkohol liegt dann vor, wenn der Substanzgebrauch nachweislich zu körperlichen oder psychischen Schäden sowie der Beeinträchtigung zwischenmenschlicher Beziehungen geführt hat. Dabei

15

muss das schädigende Gebrauchsmuster seit mindestens einem Monat oder wiederholt innerhalb der letzten 12 Monate vorliegen. Als abhängig gilt, wer im selben Zeitrahmen 3 oder mehr der folgenden Symptome aufweist: starken Konsumwunsch oder -zwang, verminderte Kontrollfähigkeit bezüglich des Konsums, körperliche Entzugserscheinungen, Substanztoleranz, Vernachlässigung anderer Aktivitäten oder das Aufrechterhalten des Konsums trotz eindeutiger körperlicher oder psychischer Beeinträchtigungen (Batra et al., 2016).

15.2 Rauschmittel Alkohol

15.2.1 Alkoholkonsum zu damaliger Zeit

Die berauschende Wirkung alkoholischer Getränke ist keineswegs eine Entdeckung unserer Zeit. Alkohol zählt neben Cannabis zu den ältesten Rauschmitteln der Menschheit. Während schon Jesus der Überlieferung nach Wasser in Wein verwandelte, griffen Normalsterbliche in prähistorischen Zeiten auf Wildhefen zurück, um alkoholische Getränke wie Bier und Wein herzustellen (Dubach, 2009). Gesellschaftsfähig wurde das Rauschmittel jedoch schon in der Antike. Man veranstaltete sog. Trinkgelage, bei denen Menschen mit dem Ziel zusammenkamen, um sich in Gesellschaft anderer dem ausgiebigen Konsum von Alkohol hinzugeben.

Bei den Griechen waren diese Festivitäten ausschließlich Männern vorbehalten. Die Gelage fanden im Anschluss an Festmähler statt und dienten dazu, guten Geistern Trankopfer darzubringen. Getrunken wurde Wein in allen Variationen. Dieser war mit einem Alkoholgehalt von 15–16 % wesentlich stärker als heute üblich, wurde jedoch mit Wasser gemischt (Schwaner, 2001). Jedes Gelage hatte einen Vorsteher, welcher Herr über die Art und Menge des Getränks sowie die Art und Weise des Trinkens war. Trunkenheit war das explizite Ziel mancher dieser Gelage. Für die nötige Unterhaltung sorgten künstlerische Darbietungen von Sklaven und Gauklern. Auch ist das Trinkspiel „Kottabos" überliefert, bei dem es darum ging, aus einer liegenden Position heraus ein Gefäß mit einem Schluck Wein in möglichst hohem Bogen in eine andere Schale zu schleudern, ohne dabei etwas zu vergießen (Sartoris, 1893). Wer diese Gelage nicht bis zum Ende durchhielt und einschlief, wurde verhöhnt und mit Wein begossen. Einen Kuchen erhielt hingegen derjenige, der am meisten vertrug.

Auch die Römer fanden nach der Übernahme griechischer Sitten Gefallen am ritualisierten Trinken. Ganz dem Vorbild folgend wurde auch hier teilweise um der Götter und teilweise um des Trinkens willen systematisch Alkohol konsumiert. Im Gegensatz zu griechischen Gelagen waren manchmal auch Frauen zugelassen. Das besondere Trinkspiel „ad numerum bibere" sah vor, so viele Becher zu leeren, wie der Name des Gastgebers Buchstaben trägt. Zusätzlich wurden pikante Leckerbissen gereicht, um den Durst der Gäste anzuregen. Der Überlieferung nach waren es schließlich die Decemviri, die dem beliebten Brauch ein jähes Ende bereiteten: Das Trinken in der Runde pflegte vor allem beim Leichenschmaus derart auszuarten, dass sich diese Sonderkommission aus 10 bevollmächtigten Männern gezwungen sah, es durch besondere Gesetze zu verbieten.

Doch auch dieses offizielle Verbot konnte der Tradition der Trinkgelage nicht den Garaus machen. Im Mittelalter hatten sich bereits zahlreiche Variationen wie Willkommens-, Ehren-, Rund-, Kundschafts- und Freundschaftstrunk etabliert. Anstelle der griechischen Vorsteher waren Fürsten gerückt, welche die Trinkordnung bestimmten. Wie schon bei den Griechen galt auch hier: Ein Narr war, wer sich der Sitte des Trinkens entzog.

ⓘ Relativ spät entstand der Begriff „Rausch", wie wir ihn heute kennen. Das aus dem Mittelhochdeutschen stammende Wort bedeutete ursprünglich „ungestüme Bewegung", „Anlauf". Erst im 16. Jahrhundert entstand die sprachliche Verbindung zur „Trunkenheit" (Köbler, 1995).

Im 15. und 16. Jahrhundert wurden an den Höfen weiterhin prachtvolle und verschwenderische Trinkfeste veranstaltet. Hier floss der Wein in so großen Mengen, dass am Ende alle Gäste berauscht waren. Besonders die Universität Tübingen machte sich mit ausufernden studentischen Zechgelagen einen zweifelhaften Ruf. Bis hin zur frühen Neuzeit waren Trinkgelage in allen gesellschaftlichen Schichten verbreitet.

Erst gegen Ende des 17. Jahrhunderts kamen sie langsam aus der Mode. Durch die Übernahme höfischer Sitten war das systematische Trinken in der Gruppe nicht mehr die bevorzugte Form der Geselligkeit: Die bis dahin so beliebten Alkoholexzesse wurden nach und nach durch gepflegten Tee- und Kaffeekonsum ersetzt. Verstärkt wurde dieser Trend durch eine im 19. Jahrhundert entstehende und zunehmend verachtende Haltung gegenüber dem Rausch. Auch die psychiatrischen Wissenschaften hatten sich weiterentwickelt. Das übermäßige Trinken von Alkohol wurde zunehmend als psychiatrische und medizinische Erkrankung betrachtet (Blätter, 2005).

ℹ️ Der weltbekannte Wolfgang Amadeus Mozart war nicht nur ein begnadeter Komponist. Er nahm ebenso leidenschaftlich an Trinkgelagen teil und gab aktuellen Nachforschungen zufolge bis zu 17 % seines für damalige Verhältnisse extrem hohen Jahresgehalts (etwa 150.000 Euro) für Alkoholeskapaden aus (*Die Presse*, 2010).
Auch Johann Wolfgang von Goethe würde heute wohl als Alkoholiker gelten. Er soll bis zu 3 Flaschen Wein pro Tag geleert haben (Tratscbke, 1975).

15.2.2　Alkohol und Religion

Ob und wie viel Alkohol getrunken wird, kann auch von religiösen Einflussfaktoren bestimmt werden. In manchen Religionen ist der Konsum von Alkohol untersagt. Der Islam beispielsweise verbietet seinen Anhängern den Genuss von Alkohol. Grund dafür ist die berauschende Wirkung der Substanz, die vom Beten und

anderen wichtigen Aufgaben abhalten kann. Im Buddhismus ist der Konsum von Alkohol nicht per se verboten. Da er jedoch andere, durchaus verpönte Verhaltensweisen wie Lügen oder sexuelles Fehlverhalten begünstigen kann, wird dem Gläubigen ein bedachter Konsum nahegelegt. Auch im Hinduismus ist der Konsum von Alkohol nicht gänzlich untersagt. Dies bedeutet jedoch keineswegs, dass er gutgeheißen wird. Alkohol gilt als unrein und beeinträchtigt somit die hinduistische Frömmigkeit. Wer nicht auf ihn verzichten kann oder möchte, muss bestimmten Regeln folgen, um trotz des sündhaften Wunsches nicht gegen das Gesetz Gottes zu verstoßen (Wachsmann, 2017).

Während viele Religionen also die Wirkung von Alkohol verteufeln und ihn bewusst verbieten, wurde in christlichen Klöstern seit jeher Bier gebraut. Das Kloster Weltenburg gilt als die älteste Klosterbrauerei der Welt. Seit 1050 n. Chr. ist die Bierherstellung in Betrieb und wurde seitdem nur während der Säkularisation zwischen 1803 und 1846 unterbrochen (Klosterbrauerei Weltenburg GmbH, 2017). Doch wie kam der Mönch auf den Geschmack? Man geht davon aus, dass das Bierbrauen aus einem Selbstversorgergedanken heraus entstand. Aufgrund der Nahrhaftigkeit und der langen Kochzeit galt Bier als unbedenkliches Getränk, das anfangs ausschließlich für den Eigenbedarf produziert wurde. Erst später wurde es an Pilger und Menschen der Umgebung verkauft. Ein weiterer Vorteil: Durch die flüssige Konsistenz war Bier ebenso in der Fastenzeit zugelassen („Flüssiges bricht das Fasten nicht"). Eine konkrete Vorgabe, wie viel Bier erlaubt war, gab es wohl nicht – vermutlich nicht ohne Hintergedanken formulierte der heilige Benedikt eine vage Richtlinie für den täglichen Bierkonsum seiner Mönche: „Der eine so, der andere so" (Neuscheler, 2016).

15.2.3　Heute übliche Trinkrituale

Die Vorliebe des Menschen für das ritualisierte Trinken von Alkohol ist bis heute erhalten geblieben. Rund um den Zyklus des menschlichen Lebens finden sich ausreichend Anlässe,

um sich in geselliger Runde zu betrinken (⬛ Abb. 15.1). Bei genauerer Betrachtung sind einige dieser Rituale nicht allzu weit entfernt von den einstigen Trinkgelagen unserer Vorfahren. Die im Folgenden beschriebenen Rituale beziehen sich vor allem auf den Raum Deutschland. Sie lassen sich daher am ehesten auf Europa bzw. die westliche Kultur verallgemeinern.

Beginn des Zyklus

Die erste Gelegenheit für einen Umtrunk bietet sich bereits bei der Entstehung neuen Lebens. Die Geburt eines Kindes wird in ganz Deutschland mit einem **„Babybier"** gefeiert, welches regional auch als „Babypinkeln" oder „Kindl-Bier" bekannt ist. Es kommen Familie, Freunde und Nachbarn zusammen, um auf das Neugeborene anzustoßen. Der Brauch soll dem Kind beim Wasserlassen helfen.

Gerade aber, wenn der Vater alleine mit seinen Freunden feiert, während sich Mutter und Kind noch im Krankenhaus befinden, endet das Fest nicht selten im Rausch. Jeder darauf folgende Geburtstag des Kindes gibt erneut Anlass, um im Kreis von Familie und Freunden mit Alkohol auf dessen Wohlergehen anzustoßen. Bemerkenswert dabei ist, dass so ein jährliches Ritual beginnt, welches ein ganzes Leben lang fortwährt. Spätestens im Jugendalter wird aus dem Substitut Orangensaft ein echtes Glas Sekt, und das Geburtstagskind macht zum ersten Mal eigene Erfahrungen mit der berauschenden Substanz.

Kindsein – Erwachsenwerden

Gerade die Lebensspanne der Adoleszenz, welche den Übergang vom Kindsein hin zum Erwachsenwerden einleitet, ist oftmals von einer intensiven Auseinandersetzung mit der Substanz Alkohol geprägt. Zwei Drittel der 12- bis 17-Jährigen in Deutschland haben schon einmal Alkohol getrunken. Der Erstkonsum tritt in dieser Altersgruppe im Schnitt mit 13,8 Jahren auf. Bei den 16- bis 17-Jährigen liegt die Quote derer, die schon einmal Alkohol getrunken haben, sogar bei über 90 % (DHS, 2016).

In den letzten Jahren ist auch der gefährliche Trend des **„Komatrinkens"** bei Jugendlichen entstanden. Bei dem auch als „Binge-Drinking" bekannten Phänomen werden große Mengen Alkohol in kurzer Zeit konsumiert, sodass nicht selten Bewusstlosigkeit oder im schlimmsten Fall eine Alkoholvergiftung eintritt.

ⓘ Rauschtrinken („Binge-Drinking") bezeichnet per Definition den Konsum von 5 oder mehr Standardgläsern Alkohol. Rund 13 % der 12- bis 17-Jährigen in Deutschland geben an, im letzten Monat mindestens einmal diese Grenze erreicht zu haben (DHS, 2016).

Die Zahl der Alkoholvergiftungen bei Kindern und Jugendlichen war in den Jahren 2013 und 2014 zwar wieder rückläufig, befand sich jedoch immer noch auf einem doppelt so hohen Niveau wie im Jahr 2000. Im Jahr 2014 mussten immerhin 22.628 Jugendliche wegen einer akuten Alkoholvergiftung im Krankenhaus behandelt werden (DHS, 2016).

In Österreich zum Unwort des Jahres 2007 gewählt, ist nicht gänzlich geklärt, ob es sich beim „Komasaufen" tatsächlich um ein Phänomen der Neuzeit handelt. Der auf Wechsler (1994) zurückgehende Begriff des „Binge-Drinking" wurde bereits vor der Jahrtausendwende geprägt und bezog sich damals auf College-Studenten in den Vereinigten Staaten.

Ob neu oder nicht – befeuert wurde die aktuelle Welle des Komatrinkens im deutschen Raum sicherlich auch durch die Popularität von „Flatratepartys". Bei diesen speziellen

Veranstaltungen können die Gäste für einen Pauschalbetrag beliebig viel Alkohol konsumieren. Die meist billige Qualität der Getränke trägt dazu bei, dass der Rauschzustand einfach und kostengünstig erreicht wird. Einem ähnlichen Zweck dienend und genauso populär bei Jugendlichen ist das „Vortrinken". Bei diesem Ritual trifft man sich im Vorfeld einer Veranstaltung zu Hause, um sich kostengünstig mit selbst gekauftem Alkohol in Stimmung zu bringen. Um den Vorgang zu beschleunigen, gibt es wie schon bei den Griechen und Römern Trinkspiele.

Weil Jugendliche oft mehrmals pro Woche Party machen und immer mehr Taschengeld zur Verfügung haben, sind sie auch im Marketing eine relevante Zielgruppe. „Alkopops" sind speziell für Jugendliche konzipierte Mischgetränke, die neben Alkohol einen extrem hohen Zuckergehalt aufweisen. Sie sind vor allem deshalb gefährlich, weil ihr harmloser Geschmack den wahren Alkoholgehalt verschleiert und einen übermäßigen Konsum fördert. Seit dem 1. Juli 2004 gibt es deshalb eine Sondersteuer auf Alkopops, um der Gefahr für jugendliche Konsumenten entgegenzuwirken.

Auch Reiseveranstalter haben das Rauschpotenzial der jungen Heranwachsenden entdeckt und bieten spezielle Partyreisen für sie an. Besonders berüchtigte Reiseziele sind dabei der Strandabschnitt „Ballermann" in Palma de Mallorca sowie der Goldstrand in Bulgarien. In den dortigen, speziell auf Touristen ausgelegten Klubs sind Komatrinken und Flatrateparties noch immer Gang und Gäbe.

Studium

Mit dem Studium folgt ein weiterer Lebensabschnitt, der oftmals von ausgiebigem Alkoholkonsum geprägt ist. Die Veranstaltung von Erstsemesterpartys, bei denen ebenfalls kostengünstig Alkohol verkauft wird, ist ein fakultätsübergreifendes Ritual und endet nicht selten im Rausch. Halbjährliche Partys von Studierenden der Sport, Medizin und Betriebswirtschaftslehre runden das Semesterangebot ab.

Auch im Rahmen von Studentenverbindungen ist der Konsum von Alkohol stark ritualisiert. Als „Bierjunge" oder **„Bierduell"** wird ein Wettkampf bezeichnet, bei dem 2 Kontrahenten ein Bier auf Zeit leeren müssen. Die Mannschaftsversion des Bierjungen wird als „Stafette" bezeichnet. Im Zeitalter der Telekommunikation werden diese Duelle zwischen Verbindungen auch über Online-Übertragungsdienste ausgetragen.

Ein weiteres Rauschphänomen, das durch die Bräuche der Studentenverbindungen inspiriert wurde, ist das Online-Trinkspiel **„Biernominierung"**. Es besteht darin einen halben Liter Bier in einem Zug zu leeren und davon ein Video in ein soziales Netzwerk zu stellen. Bei erfolgreicher Absolvierung der Aufgabe darf man 3 weitere Personen nominieren. Schafft man es nicht, schuldet man der Person, die einen nominiert hat, einen Kasten Bier.

Erwachsenenleben

Die Gründung einer eigenen Familie ist ein nächster Schritt im Leben eines Menschen. Wer sich zur Heirat entschließt, auf den wartet schon das nächste Rauschritual. **Junggesellenabschiede** werden von Frauen und Männern gleichermaßen genutzt, um ein letztes Mal vor der Hochzeit ausgiebig zu feiern (▶ Kap. 11). Das bedeutet oftmals, im Kreis der engsten Freunde bis zum Rausch zu trinken. Wer hat nicht schon einmal in der Innenstadt eine vermeintliche Braut mit Bauchladen entdeckt? Besonders unter Frauen ist der Verkauf von Alkohol an Passanten im Rahmen des Abschiedes eine gängige Tradition.

So wie der Alkohol Bestandteil der Vorbereitung auf die Hochzeit ist, so darf er auch am großen Tag selbst nicht fehlen. Denn was wäre eine Hochzeitsfeier ohne berauschte Gäste? Der Brauch des **„Brautstehlens"**, bei dem die Braut entführt und vom Bräutigam wieder zurückerlangt werden muss, schafft Abhilfe (▶ Kap. 11). Durch Schunkel- und Trinklieder wird die gesamte Hochzeitsgesellschaft gezielt dazu animiert, in kurzer Zeit viel Alkohol zu trinken.

Folgt später die Geburt eines eigenen Kindes, beginnt der Zyklus der Rauschrituale erneut. Zugleich kommen durch diesen Lebensabschnitt neue Bräuche hinzu. So kann der Mann zum ersten Mal selbst den **Vatertag** feiern. Viele Männer nutzen diese Gelegenheit dazu, um in

Gesellschaft befreundeter Väter einen Ausflug zu unternehmen. Nicht selten enden diese Männerausflüge mit einem Rausch. Doch nicht nur an solchen besonderen Tagen gibt es Anlässe, um sich in guter Gesellschaft zu betrinken. Eine Auszeit von den alltäglichen Strapazen des Elterndaseins versprechen Männer- und Mädelsabende. Obwohl sie nicht immer im Rausch enden, gehört Bier zu einem Männerabend wie Sekt oder Wein zum weiblichen Pendant.

ℹ️ Konsumierten noch vor 100 Jahren Männer mehr als doppelt so viel Alkohol wie Frauen, holt das weibliche Geschlecht in den letzten Jahren den Vorsprung auf. Für die Jahrgänge 1991 bis 2000 liegt das Verhältnis von Männern zu Frauen bei lediglich 1,2 zu 1. Besonders junge Frauen sind dabei als Zielgruppe betroffen. Diese Entwicklung ist besonders gefährlich, weil durch Alkohol Leber, Gehirn, Herz und Kreislauf bei Frauen früher und stärker geschädigt werden als bei Männern und auch die Krebsgefahr schneller ansteigt (Bartens, 2016).

Ende des Zyklus

So begleitet und gestaltet die Substanz Alkohol unseren Alltag Jahr für Jahr. Doch wie sieht es im hohen Alter aus? Meine Großmütter lehrten mich, dass im Eisbecher der Marillenlikör nie fehlen darf und ein warmes Bier gegen Einschlafprobleme hilft. Mein Großvater Josef ging nie ohne ein Glas Kirschlikör zu Bett. Handelt es sich bei solchen Gepflogenheiten schon um ein Rauschritual? Eindeutiger wird es bei Opa August. Er war sonntags immer beim **„Frühschoppen"**. Bei dieser Variante des Stammtisches kommt man in vertrauter Runde zusammen, um speziell am Sonntagmorgen (ausgiebig) Bier zu trinken. Besonders bei Männern ist der Alkoholkonsum im Alter verbreitet. Eine Studie des Robert Koch-Institutes warnt, dass rund 35 % der Männer und 18 % der Frauen im Altern von 65 bis 79 Jahren Alkohol in riskanter und gesundheitsschädlicher Weise konsumieren. Auch müssen immer mehr ältere Menschen wegen Alkoholmissbrauch stationär behandelt werden (BZgA, 2017a).

Einen letzten guten Grund zum Trinken liefert die Endstation des Lebenszyklus. Der **„Leichenschmaus"** bezeichnet eine gemeinschaftliche Speise der Trauergäste nach der Beerdigung eines verstorbenen Menschen. Diese Sitte ist weltweit verbreitet und schon zu vorgeschichtlicher Zeit überliefert (Engels, 1998). Da zum Essen auch alkoholische Getränke gereicht werden, ist anzunehmen, dass nicht nur bei den Römern der ein oder andere Schmaus im Rausch ausartete.

Neben diesen Rauschritualen des Alltags, welche nur einen Ausschnitt der in Deutschland existierenden Bräuche abbilden, kommen je nach Jahreszeit und Region weitere Festivitäten hinzu. Ob Fasching, Frühlingsfeste, Sommerfeste, Weinfeste, Volksfeste – sie alle bieten die Gelegenheit, sich in Gesellschaft anderer durch Trinken zu berauschen. Die Anlässe, Alkohol zu konsumieren, sind dabei so alt wie der Mensch selbst und gehen anscheinend nie aus.

15.3 Psychologische Hintergründe

Die kurze Reise durch die Rauschrituale der damaligen und heutigen Zeit zeigt, dass der Rausch allgegenwärtig ist und alle Generationen, Lebenslagen und gesellschaftlichen Schichten durchzieht. Auffällig dabei ist, dass in den beschriebenen Phänomenen der westlichen Welt, insbesondere in Deutschland, Alkohol stets im Mittelpunkt steht.

Bevor also die zugrunde liegenden psychologischen Phänomene der Berauschung näher betrachtet werden, lohnt sich ein Blick auf die Substanz selbst. Warum ist Alkohol das Mittel zur Wahl für den alltäglichen Rausch? Worin liegt der Reiz dieser Substanz?

15.3.1 Wie Alkohol berauscht

Zunächst gibt es pragmatische Gründe für die Beliebtheit von Alkohol. Es handelt sich um ein legales Rauschmittel, welches einfach und kostengünstig zu beschaffen ist. Betitelt als Genuss- und Nahrungsmittel handelt es sich jedoch keineswegs um ein harmloses Getränk. Alkohol ist ein starkes Zellgift mit hohem Suchtpotenzial. Es gelangt schnell in den Blutkreislauf und breitet sich dann im Körper aus. Im Gehirn verändert es die Informationsverarbeitung zwischen Nervenzellen, wodurch die Leistungsfähigkeit vermindert wird. So werden bereits ab einer Blutalkoholkonzentration von 0,2 ‰ Entfernungen falsch eingeschätzt, das Blickfeld verkleinert sich und die Konzentration sinkt. Auch kann es zu motorischen Störungen kommen.

Auf psychischer Ebene haben geringe Mengen Alkohol meist eine entspannende und stimmungsaufhellende Wirkung. Angstgefühle werden verringert. Beim Konsum großer Mengen Alkohol zeigen sich jedoch negative Effekte: Das Urteilsvermögen und die Kritikfähigkeit sinken, während die Risikobereitschaft steigt. Auch der anfangs stimmungsaufhellende Effekt kann in gesteigerte Gereiztheit und Aggression umschlagen (BZgA, 2017c).

Die Frage, ab wann sich negative Effekte zeigen, kann nicht pauschal beantwortet werden. Neben dem Geschlecht und der körperlichen Verfassung haben die Alkoholmenge, Persönlichkeitsfaktoren und die eigene Befindlichkeit („Set") sowie äußere Faktoren („Setting") einen Einfluss auf die Wirkweise des Alkohols (Suchthilfe Wien gGmbH, 2016).

Negative Effekte nach Promillezahl (Suchthilfe Wien gGmbH, 2016)

- 0,2–1,2 ‰: Enthemmung, Selbstüberschätzung, Unterschätzung von Gefahren, Impulsivität, Aggressivität, Verantwortungslosigkeit, Koordinations- und Reaktionsstörungen
- 1,3–3 ‰: starke Koordinationsschwierigkeiten, starke Herabsetzung von Reaktionsfähigkeit und Aufmerksamkeit, visuelle und sprachliche Störungen, Übelkeit
- ab 3 ‰: Unterkühlung, Überhitzung, Tiefschlaf
- ab 4 ‰: komatöse Zustände bis hin zum Tod

15.3.2 Gruppenkontext

Welche psychologischen Erklärungen könnten nun dem ritualisierten Genuss von Alkohol zugrunde liegen?

Betrachtet man die historische Entwicklung der Rauschrituale, ist ein Aspekt besonders auffällig: Trinkgelage fanden immer in Gruppen statt. Schon bei den Griechen wurden diejenigen Personen, die beim Trinken nicht mithalten konnten, verspottet und ausgegrenzt. Ein erster Grund für die Teilnahme an Trinkritualen ist somit das psychologische Motiv der Zugehörigkeit. Die **Zugehörigkeit zu einer Gruppe** („need to belong") ist ein grundlegendes menschliches Bedürfnis und evolutionär adaptiv. Gruppen bieten Schutz und Sicherheit für das Individuum und erleichtern die Fortpflanzung. Außerdem fördern sie die soziale Unterstützung, den Austausch und Vergleich. Die Zugehörigkeit zu einer Gruppe trägt auch zu der Ausbildung einer sozialen Identität und eines positiven Selbstwertes bei (Baumeister u. Leary, 1995).

Soziale Exklusion hingegen, also der Ausschluss aus einer sozialen Gruppe, kann zu einer Reihe negativer Folgeerscheinungen führen wie Einsamkeit, Trauer und Depression. Auch finden sich Hinweise auf eine verzerrte Zeitwahrnehmung, eine Beeinträchtigung des logischen Denkens und der Selbstregulation und das Gefühl von Kontrollverlust (Baumeister et al., 2005). Studien belegen, dass das Erleben sozialer Ausgrenzung dieselben Gehirnareale aktiviert, die auch bei der Erfahrung physischer Schmerzen aktiv sind (Eisenberger et al., 2003).

Durch die Zugehörigkeit zu einem Trinkritual, bei dem diejenigen ausgegrenzt werden, die nicht genug trinken können oder wollen, entstehen auch Eigen- und Fremdgruppenprozesse. Dieses psychologische Phänomen geht auf die **Theorie der sozialen Identität** zurück (Tajfel u. Turner, 2004). Individuen streben nach einer positiven Selbsteinschätzung, welche zum Teil durch die soziale Identität gebildet wird. Diese wiederum besteht aus der Mitgliedschaft in verschiedenen Gruppen und ihrer Bewertung. Um eine positive soziale Identität zu erhalten, vergleichen sich Gruppen mit relevanten anderen Gruppen, also

Fremdgruppen („outgroups"). Besonders durch die Abwertung anderer Gruppen wird die eigene Gruppe („ingroup"), aufgewertet und der Selbstwert gestärkt. Gerade für Jugendliche, die noch mit der Ausbildung einer eigenen sozialen Identität beschäftigt sind, entsteht ein starker Konformitätsdruck bezüglich der Eigengruppe. Trinkt die Mehrheit der vergleichsrelevanten Jugendlichen Alkohol, wird der Großteil es ihnen gleichtun – aus Angst davor, ausgegrenzt zu werden.

Ein weiteres Motiv, das Gruppen zum rituellen Konsum von Alkohol bewegen könnte, ist die **Auflehnung** gegen gesellschaftliche Normen. Gerade Jugendliche durchleben häufig Phasen der bewussten Abgrenzung und des Protests gegen gesellschaftliche Standards. Durch Aktionen wie das „Komatrinken" werden diese massiv verletzt. Doch nicht nur gegen die Gesellschaft als solches wird rebelliert, auch gegen die Werte des Elternhauses. Dies wäre ein weiterer Erklärungspunkt, warum für Heranwachsende der Konsum von Alkohol eine so zentrale Rolle spielt.

Dem entgegen steht die Betrachtungsweise, dass das Trinken selbst einer gesellschaftlichen Norm entspricht. Dadurch dass es, wie bereits geschildert, zu so zahlreichen Anlässen praktiziert wird und das Leben eines Menschen von klein auf begleitet, kann es als essenzieller Bestandteil der westlichen Kultur betrachtet werden. Klassische Lerntheorien wie das **Modelllernen** besagen, dass allein durch die Beobachtung eines modellhaften Verhaltens Lernprozesse stattfinden (Bandura u. McDonald, 1963). Wird der Konsum von Alkohol als alltäglich betrachtet und mit Spaß assoziiert, ist es wenig verwunderlich, dass Kinder das Verhalten der Erwachsenen kollektiv imitieren. Ein Extremfall liegt vor, wenn die Eltern alkoholabhängig sind. Etwa ein Drittel aller Kinder alkoholkranker Eltern wird später selbst abhängig, wie eine Langzeitstudie zeigt (Kutz, 2017).

ⓘ Bei einem Drittel der Gewalttaten, die der Polizei bekannt werden, ist Alkohol im Spiel. Eine besondere Risikogruppe stellen dabei 18- bis 24-jährige Männer dar, die sich in Gesellschaft anderer alkoholisierter Personen befinden.

Auch innerhalb von Partnerschaften trinken 51 % der Männer, die gegenüber ihrer Partnerin körperlich und/oder sexuell gewalttätig sind, zu viel Alkohol. Bei Fällen von sexueller und sehr schwerer körperlicher Gewalt sind sogar zwei Drittel der männlichen Täter stark alkoholisiert (DHS, 2017b; Özsöz, 2014).

Jedoch hat Alkohol nicht nur negative Auswirkungen. Bezieht man die positiven Effekte von (geringen Mengen) Alkohol, beispielsweise auf die Stimmung, mit ein, so ist auch der Spaßfaktor des Trinkens nicht außer Acht zu lassen. Es bereitet Menschen schlichtweg Freude, mit anderen ausgelassen zu feiern. Jedoch kann sich gerade in Gruppen eine negative Dynamik entwickeln. Weil Alkohol in großen Mengen zu gesteigerter Aggression und Risikobereitschaft führen kann, ist die Gefahr von Straf- und Gewalttaten erhöht. Dazu trägt das Phänomen der **Verantwortungsdiffusion** bei: Risikobereitschaft kann speziell in der Gruppe steigen, weil sich mögliche negative Konsequenzen der Handlungen auf alle verteilen und daher als weniger gravierend eingeschätzt werden (Darley u. Latané, 1968).

Gruppenzugehörigkeit und soziale Identität, die Abgrenzung von gesellschaftlichen Normen und die stimmungsaufhellende Wirkung von Alkohol können somit Gründe sein, warum das ritualisierte Trinken in Gruppen in unserer Gesellschaft so populär ist.

15.3.3 Individuelle Ebene

Jedoch ist das Trinken von Alkohol nicht immer nur durch den Gruppenkontext begründbar. Jedes Individuum trifft für sich die Entscheidung, Alkohol zu konsumieren – was manchmal auch im Geheimen passiert. Welche Beweggründe gibt es also auf individueller Ebene für den Rausch?

Orientiert man sich erneut am Zyklus des Lebens entspricht der erstmalige Alkoholkonsum oftmals einer Art **Selbstinitiierung**. Das erste Glas Alkohol markiert den Übergang vom Kind zum Erwachsenen und kann auch eine Abgrenzung vom Elternhaus bedeuten.

Letzteres ist vor allem dann der Fall, wenn Eltern ihren heranwachsenden Kindern den Konsum von Alkohol verbieten und diese nur heimlich trinken können. Gerade Jugendliche, die soziale Ängste verspüren und sich in der Gruppe eher schüchtern verhalten, nutzen Alkohol auch als Weg der Selbstoptimierung. Umgangssprachlich als „Mut antrinken" bekannt, verhilft die enthemmende Wirkung von Alkohol oftmals zu einem lockeren und coolen Umgang mit Altersgenossen. Dies kann erneut das Motiv der Gruppenzugehörigkeit stimulieren und die Anerkennung durch andere erhöhen.

Im Erwachsenenalter wird Alkohol oft als Mittel zur **Stressreduktion** verwendet. Vor allem beruflich erfolgreiche Menschen trinken vermehrt Alkohol, um sich von den Strapazen eines harten Arbeitstages zu erholen – obwohl sie sich dank ihrer eher überdurchschnittlichen Bildung durchaus über die negativen Folgen bewusst sind (*Human Capital Care*, 2015). Auch das Erleben negativer Gefühle kann den Griff zur Flasche begünstigen. Trinken dient dann als **Coping**, also eine Art Bewältigungsstrategie für den Alltag. Im schlimmsten Fall begründet sich der Konsum von Alkohol durch den Wunsch, der Realität zu entfliehen. Einschneidende negative Erlebnisse wie die Trennung von einem Partner oder der Verlust des Arbeitsplatzes können denkbare Auslöser für eine Alkoholproblematik sein.

Wie bereits erwähnt ist der **Missbrauch von Alkohol** auch im hohen Alter ein großes Problem. Alten Menschen fehlt oft ein stabiles soziales Umfeld, weil Freunde bereits gestorben sind oder die verbleibende Familie keine Zeit hat. Auch mangelt es ihnen an einem geregelten Tagesablauf, da sie meist nicht mehr berufstätig sind. Alkohol wird dann dazu verwendet, der Realität zu entfliehen und die Einsamkeit zu betäuben. Auch körperliche Schmerzen können Senioren dazu bewegen, zu viel zu trinken.

15.4   Fazit

So witzig das Trinken in geselliger Runde manchmal auch sein mag – so bedenklich ist die kollektive Akzeptanz des Zellgiftes Alkohol als alltägliches Genuss- und Rauschmittel in unserer westlichen Kultur. Die extreme rituelle Verankerung führt dazu, dass der Brauch des Trinkens von Generation zu Generation weitergegeben wird und in naher Zukunft wohl nicht abreißen wird. Insbesondere Jugendliche sind dabei besonders gefährdet, weil sie von klein auf lernen, dass Alkohol nun einmal dazu gehört und dazu führen kann, von anderen akzeptiert zu werden. Auch dürfen nicht die 1,8 Millionen Menschen in Deutschland außer Acht gelassen werden, die Alkohol abhängig und krank gemacht hat. Zwischen 27 und 40 Milliarden Euro sozialer Kosten entstehen durch unsere vermeintlich lustigen Rauschrituale (Kerler u. Lünenschloß, 2016). Bessere Präventionsmaßnahmen im Kindes- und Jugendalter sowie vermehrte Anlaufstellen für Betroffene sind ein erster Schritt in die richtige Richtung. Auch sollten wirtschaftliche Interessen nicht die Einschränkung von Alkoholkonsum durch steuerliche Maßnahmen behindern.

Es bleibt die Frage, ob unsere Geburtstagsfeiern, Junggesellenabschiede, Männer- und Mädelsabende wirklich nur halb so schön wären ohne die Gesellschaft von Alkohol. Wer mit den richtigen Leuten beisammen ist und feiert, sollte sich auch ohne übermäßigen Alkoholgenuss wie im Rausch fühlen – vor Lachen und Freude.

Tipps für einen gesundheitlich unbedenklichen Alkoholgenuss:
- Männer: nicht mehr als 2 Gläser Alkohol pro Tag
- Frauen: nicht mehr als 1 Glas Alkohol pro Tag
- Für beide Geschlechter gilt: an mindestens 2 Tagen pro Woche ganz auf Alkohol verzichten

Ist ihr Alkoholkonsum außer Kontrolle geraten? Sprechen Sie in einem ersten Schritt mit einer Vertrauensperson! Selbsthilfegruppen finden Sie unter https://www.nakos.de/. Eine kostenlose und anonyme Erstberatung erhalten Sie außerdem bei der Telefonseelsorge unter 0800/1110111.

Literatur

Bandura, A., & McDonald, F. J. (1963). Influence of social reinforcement and the behavior of models in shaping children's moral judgment. *The Journal of Abnormal and Social Psychology* 67(3), 274–281.

Bartens, W. (2016). Frauen trinken fast so viel Alkohol wie Männer. *Süddeutsche Zeitung*. Artikel vom 26. Oktober 2016. http://www.sueddeutsche.de/gesundheit/alkoholkonsum-frauen-trinken-fast-so-viel-alkohol-wie-maenner-1.3221388. Zugegriffen: 27. November 2017.

Batra, A., Müller, C. A., Mann, K., & Heinz, A. (2016). Abhängigkeit und schädlicher Gebrauch von Alkohol: Diagnostik und Behandlungsoptionen. *Deutsches Ärzteblatt International* 113(17), 301–310.

Bauer, W., Klapp, E., & Rosenbohm A. (2000). *Der Fliegenpilz. Traumkult, Märchenzauber, Mythenrausch*. Basel: AT-Verlag.

Baumeister, R. F., & Leary, M. R. (1995). The need to belong: desire for interpersonal attachments as a fundamental human motivation. *Psychological Bulletin* 117(3), 497–529.

Baumeister, R. F., DeWall, C. N., Ciarocco, N. J., & Twenge, J. M. (2005). Social exclusion impairs self-regulation. *Journal of Personality and Social Psychology* 88(4), 589–604.

Blätter, A. (2005). Rausch und Extase zwischen Normalität und Achtung. Das Parlament. Beitrag vom 17. Januar 2005. http://webarchiv.bundestag.de/archive/2010/0824/dasparlament/2005/03/Thema/002.html. Zugegriffen: 27. November 2017.

Bundeszentrale für gesundheitliche Aufklärung (BZgA). (2017a). Alkohol? Kenn dein Limit. Alkoholprobleme bei Senioren nehmen zu. https://www.kenn-dein-limit.de/alkohol/aktuelles/artikel/alkoholkonsum-im-alter/. Zugegriffen: 27. November 2017.

Bundeszentrale für gesundheitliche Aufklärung (BZgA). (2017b). Alkohol? Kenn dein Limit. Eine Wanne voll Alkohol. https://www.kenn-dein-limit.de/alkohol/weltdrogentag-alkoholkonsum/. Zugegriffen: 27. November 2017.

Bundeszentrale für gesundheitliche Aufklärung (BZgA). (2017c). Alkohol? Kenn dein Limit. Wie wirkt Alkohol? http://www.kenn-dein-limit.info/wie-wirkt-alkohol.html. Zugegriffen: 27. November 2017.

Darley, J. M., & Latané, B. (1968). Bystander Intervention in Emergencies. Diffusion of Responsibility. *Journal of Personality and Social Psychology* 8, 377–383.

Deutsche Hauptstelle für Suchtfragen (DHS). (2016). Alkohol und Jugendliche. DHS Factsheet. Stand: Juni 2016. http://www.dhs.de/fileadmin/user_upload/pdf/Factsheets/Factsheet_Alkohol_und_Jugendliche.pdf. Zugegriffen: 27. November 2017.

Deutsche Hauptstelle für Suchtfragen (DHS). (2017a). Aktionswoche Alkohol – „Alkohol? Weniger ist besser!". http://www.dhs.de/projekte/aktionswoche-alkohol.html. Zugegriffen: 27. November 2017.

Deutsche Hauptstelle für Suchtfragen (DHS). (2017b). Alkohol begünstigt Gewalt. http://www.aktionswoche-alkohol.de/hintergrund-alkohol/gewalt/. Zugegriffen: 27. November 2017.

Die Presse (2010). Mozart war Spitzenverdiener, kein armer Schlucker. Artikel vom 06. April 2010. http://diepresse.com/home/kultur/klassik/556410/Mozart-war-Spitzenverdiener-kein-armer-Schlucker. Zugegriffen: 27. November 2017.

Dubach, M. (2009). *Trunkenheit im Alten Testament: Begrifflichkeit – Zeugnisse – Wertung*. Stuttgart: Kohlhammer.

Eigner, D., & Scholz, D. (1985). Ayahuasca – Liane der Geister. *Pharmazie in Unserer Zeit* 14, 65–76.

Eisenberger, N. I., Lieberman, M. D., & Williams, K. D. (2003). Does rejection hurt? An fMRI study of social exclusion. *Science* 302(5643), 290–292.

Engels, J. (1998). *Funerum sepulcrorumque magnficentia: Begräbnis-und Grabluxusgesetze in der griechisch-römischen Welt mit einigen Ausblicken auf Einschränkungen des funeralen und sepulkralen Luxus im Mittelalter und in der Neuzeit*. Stuttgart: Franz Steiner.

Feest, C. F. (1998). Beseelte Welten. Die Religionen der Indianer Nordamerikas. In: A. T. Khoury (Hrsg.), *Kleine Bibliothek der Religionen* (S. 200–203). Freiburg: Herder.

Human Capital Care (2015). Manager zwischen Alkohol und Gesundheitswahn? Beitrag vom 19. November 2015. http://www.hcc-magazin.com/manager-zwischen-alkohol-und-gesundheitswahn/15437. Zugegriffen: 27. November 2017.

Kerler, W., & Lünenschloß, V. (2016). Alkoholkonsum: Milliardenkosten für die Gesellschaft. plusminus. Sendung vom 12. Oktober 2016. http://www.daserste.de/information/wirtschaft-boerse/plusminus/videos/alkoholkonsum-milliardenkosten-fuer-die-gesellschaft-100.html. Zugegriffen: 27. November 2017.

Klosterbrauerei Weltenburg GmbH (2017). Die Klosterbrauerei. https://www.weltenburger.de/die-klosterbrauerei/. Zugegriffen: 27. November 2017.

Köbler, G. (1995). *Deutsches Etymologisches Wörterbuch*. Tübingen: Utb.

Kutz, K. (2017). (Erwachsene) Kinder und alkoholabhängige/suchtkranke Eltern. http://www.psychotherapie-kutz.de/erwachsenekinder_und_alkoholabhaengige__suchtkrank.html. Zugegriffen: 27. November 2017.

Neuscheler, T. (2016). Wie kam der Mönch zum Bier? *Frankfurter Allgemeine Zeitung*. Artikel vom 15. März 2016. http://blogs.faz.net/bierblog/2016/03/15/wie-kam-der-moench-zum-bier-304/. Zugegriffen: 27. November 2017.

Özsöz, F. (2014). Gewalt im Alkoholrausch. *Bayerns Polizei* 1, 31–33.

Sartoris, C. (1893). *Das Kottabos-Spiel der alten Griechen*. München.

Schwaner, B. (2001). Fröhlicher Umtrunk unter Männern. *Wiener Zeitung*. Artikel vom 01. März 2005. http://www.wienerzeitung.at/themen_channel/wz_reflexionen/kompendium/215181_Fr-und-oumlhlicher-Umtrunk-unter-M-und-aumlnnern.html. Zugegriffen: 27. November 2017.

Suchthilfe Wien gGmbH (2016). Alkohol. Infofolder. http://www.checkyourdrugs.at/substanzen/alkohol/. Zugegriffen: 27. November 2017.

Tajfel, H., & Turner, J. C. (2004). The social identity theory of intergroup behavior. In: J. Jost, & J. Sidanius (Eds.), *Political psychology: Key readings* (pp. 276–293). New York: Psychology Press.

Tratscbke (1975). Man muß immer trunken sein. *Die Zeit*. Artikel vom 31. Januar 1975. http://www.zeit.de/1975/06/man-muss-immer-trunken-sein. Zugegriffen: 27. November 2017.

Wachsmann, O. (2017). Meine Sammlung zum Thema Alkohol. https://www.alktuell.de/alkohol/religionen/. Zugegriffen: 27. November 2017.

Wechsler, H., Davenport, A., Dowdall, G., Moeykens, B., & Castillo, S. (1994). Health and behavioral consequences of binge drinking in college: A national survey of students at 140 campuses. *Journal of the American Medical Association* 272(21), 1672–1677.

15

Gesundheitsrituale

Kimberly Breuer

© Springer-Verlag GmbH Deutschland, ein Teil von Springer Nature 2018
D. Frey (Hrsg.), *Psychologie der Rituale und Bräuche*,
https://doi.org/10.1007/978-3-662-56219-2_16

16.1   Einleitung

» Nur die Gesundheit ist das Leben.

So postulierte es schon der deutsche Dichter Friedrich von Hagedorn im 17. Jahrhundert. Solche und ähnliche Zitate finden sich bereits in frühen Gedichten und Werken unserer Zeit und zeigen, dass Gesundheit seit jeher einen essenziellen Teil unseres Lebens darstellte. Man könnte sogar behaupten, es handele sich um eine notwendige Bedingung für Leben im Sinne des Überlebens.

Gesundheit ist weder einem bestimmten Lebensabschnitt, einer bestimmten Kultur noch einem konkreten historischen Ereignis zuzuordnen. Hingegen handelt es sich um einen Zustand, der ständiger Begleiter menschlichen Daseins und unseres Alltags ist. Der gesundheitliche Zustand bestimmt maßgeblich die Qualität unseres Lebens.

Neben diversen Maßnahmen, die zur Aufrechterhaltung der Gesundheit herangezogen werden, haben sich außerdem unterschiedliche Rituale im Kontext von Gesundheit entwickelt. Rituale stellen einen bedeutsamen Anteil im menschlichen Leben dar, nicht zuletzt, weil sie aus psychologischer Perspektive betrachtet Sicherheit und Struktur bieten, die der Mensch mit dem instinktiven Wunsch, zu überleben, stets zu erhalten versucht. Im folgenden Kapitel soll auf Rituale, die der Mensch mit Hoffnung auf Erhaltung und Zurückerlangung von Gesundheit nutzt, eingegangen und deren psychologischer Hintergrund beleuchtet werden.

16.2   Definition und geschichtlicher Hintergrund von Gesundheit

16.2.1   Definition

Die WHO (1948) definiert das Konzept der Gesundheit als einen „Zustand völligen, psychischen, physischen und sozialen Wohlbefindens und nicht nur [als] das Freisein von Krankheit und Gebrechen." Demgegenüber wird Gesundheit im **medizinischen Modell**, d. h. unter der Annahme, dass jede Krankheit eine naturwissenschaftlich erklärbare und erkennbare Ursache besitzt, als „Abwesenheit von Krankheit" definiert und dadurch auf die Dimension des Physischen reduziert (Pschyrembel, 2014).

Neben dem Ausschluss pathologischer Symptome spielt außerdem die **subjektive Perspektive** (menschliche Psyche) eine wesentliche Rolle, die nachweislich Einfluss auf physische Prozesse nimmt. So ist beispielsweise nachgewiesen, dass negative Gedanken und Stress durch eine erhöhte Ausschüttung des Hormons Kortisol zu einer verringerten Immunabwehr führen (Schedlowski u. Schmidt, 1996). Anders ausgedrückt: Gedanken besitzen die Stärke, den physischen Gesundheitszustand zu beeinflussen.

Eine weitere zu berücksichtigende Dimension im Gesundheitskonzept liefert die Perspektive der gesellschaftlichen Ethik, derer zufolge Gesundheit als **„höheres Gut"** gilt, das stark mit dem Begriff des Glücks verknüpft ist. Dieser Sichtweise zufolge ist Gesundheit nicht immer beeinflussbar, sondern gleichzeitig ein Zufallsprodukt.

Die Definitionen verdeutlichen, dass Gesundheit ein mehrdimensionales Konstrukt darstellt, das sich nicht auf eine einzelne Dimension reduzieren lässt und über physisches Empfinden hinausgeht. Unabhängig vom Bedeutungskontext handelt es sich vielmehr um einen subjektiv empfundenen Zustand, der sich nicht zwingend diagnostisch nachweisen lässt.

Zur weiteren Erschließung des Gesundheitsbegriffs lässt sich dieser ebenfalls in einen historischen Kontext einbetten, der sowohl gesellschaftlich als auch kulturell geprägt ist.

16.2.2   Historischer Kontext

So war Gesundheit noch vor dem Mittelalter stark religiös geprägt und galt als göttliche Fügung. Ein Zustand, auf den der Mensch selbst keinen Einfluss zu haben schien. Dies wandelte sich während des Übergangs vom Mittelalter zur Neuzeit: Gesundheit wurde zunehmend als ein vom Menschen beeinflussbarer Zustand wahrgenommen. Zu Zeiten der Aufklärung erhielt die Definition eine darüber hinausgehende Bedeutung: Gesundheit wurde nicht mehr nur als beeinflussbar, sondern als selbst zu verantwortender Zustand physischen Wohlbefindens definiert. Trotz erster Anzeichen für die Erkenntnis, Gesundheit als etwas Steuerbares zu betrachten, dominierte im 18. Jahrhundert innerhalb medizinischer Schriften nach wie vor die Definition des „natürlichen Zustandes". Gesund zu sein wurde als natürlich hingenommen und nicht als ein Zustand, den es zu pflegen/aufrechtzuerhalten galt.

Erst im Zuge der naturwissenschaftlichen Erfolge des 19. Jahrhunderts nahm das Konzept der Gesundheit eine signifikante Wandlung. Der Körper wurde objektiv messbar und Gesundheit innerhalb des biomedizinischen Modells, das die Behandlung von Krankheit in den Mittelpunkt stellt, als „Abwesenheit von (physischer) Krankheit" bezeichnet.

Im späten 20. Jahrhundert erhielt das medizinische Modell die bereits erwähnte weitere soziale Dimension, der zufolge Gesundheit sowohl das psychische als auch das soziale Wohlbefinden beinhaltet – ein wesentlicher Aspekt, der innerhalb der westlichen Auffassung von Gesundheit nicht immer Aufmerksamkeit erhielt. In östlichen Kulturen hingegen gilt Gesundheit seit jeher als ganzheitliches Konzept, in dem der Mensch als Einheit von Psyche und Körper verstanden wird. Ein Beispiel hierzu findet sich in der traditionellen chinesischen Methode der Akupunktur, in der Körper und Seele zugleich stimuliert werden, um ganzheitliche Gesundheit zu erschaffen (Schümchen, 2017).

Zusammenfassend zeigt sich, dass die Auffassung von Gesundheit als mehrdimensionales Konstrukt einen historischen und kulturellen Entwicklungshintergrund besitzt, in dem sich die Definition des Konzeptes Gesundheit von einem Zufallszustand bis hin zu einem stark subjektiv geprägten Zustand, der auch psychisches Wohlbefinden mit einbezieht, entwickelte. Trotz der unterschiedlichen Sichtweisen innerhalb der einzelnen Epochen bleibt die subjektive Bedeutsamkeit von Gesundheit für Menschen unumstritten.

16.2.3 Gesundheit als Grundbedürfnis

Mit Blick auf die Evolutionsbiologie, die uns lehrt, dass der Urinstinkt eines Menschen „Überleben" sei, ist die enorme subjektive Bedeutsamkeit eines gesunden Zustandes leicht ersichtlich – dieser sorgt für unsere Existenz und erfüllt damit eines unserer Grundbedürfnisse.

Und sobald es um existenzielle Bedürfnisse geht, spielt auch das psychologische **Bedürfnis der Sicherheit** eine wesentliche Rolle. Der Sichtweise in der Psychotherapie zufolge, sei das menschliche Gehirn stets auf der Suche nach Struktur (Groß, 2006), denn diese vermittle Sicherheit, die wiederum als hinreichende Bedingung für unser Überleben betrachtet werden kann. Strukturen, z. B. in Form von Assoziationen zwischen Reizen und Ereignissen, ermöglichen, Gefahrensituationen im Vorhinein einzuschätzen. Könnte man nicht auf Assoziationen zurückgreifen, wäre Überleben mehr oder weniger ein Zufallsprodukt.

Da Menschen jedoch in der Lage sind, ihr Überleben zu gewissen Ausmaßen mitzubestimmen, und Sicherheit zur Erfüllung dieses Urinstinkts beiträgt, entwickelten sie Möglichkeiten, um Sicherheit zu schaffen. Eine dieser Möglichkeiten sind Rituale, die Menschen nutzen, um in ihrem Leben Struktur und Halt zu finden.

Vor allem im Hinblick auf die Gesundheit, die eine notwendige Bedingung für Überleben darstellt, lassen sich einige Rituale finden, die zur Aufrechterhaltung psychischer und physischer Gesundheit herangezogen werden und gleichzeitig das psychologische Bedürfnis nach Sicherheit und Struktur zu stillen vermögen. Es zeigt sich, dass Rituale auf psychologische Bedürfnisse zurückzuführen sind und letztlich zur Erfüllung grundlegender Urbedürfnisse beitragen.

16.3 Formen und Beschreibung

Im Folgenden sollen einige Rituale im Zusammenhang mit dem Erhalt und der Wiederherstellung von Gesundheit dargestellt und vor dem Hintergrund psychologischer Phänomene näher beleuchtet werden. Unterschieden wird hierbei zwischen Ritualen während einer Krankheit (Wiederherstellung von Gesundheit) und Ritualen bei bestehender Gesundheit (Prävention).

16.3.1 Rituale zur Wiederherstellung von Gesundheit

Rituale in der Psychotherapie

Ein Beispiel der Anwendung von Ritualen im Kontext von Gesundheit stellen Rituale innerhalb der Psychotherapie dar. Aufgrund ihrer strukturierenden und sicherheitsgebenden Effekte können Rituale bei der Behandlung von psychischen und physischen Erkrankungen helfen. So üben Psychotherapeuten beispielsweise mit Patienten, die unter Phobien oder Depressionen leiden, **feste Verhaltensweisen für Notfälle** ein (z. B. 3-maliges tiefes Ein- und Ausatmen, Selbstinstruktionen: „Ich habe es schon einmal geschafft, ich schaffe es auch dieses Mal" usw.). An diesen können sich die Betroffenen festhalten, wenn es ihnen schlecht geht.

Andererseits können Rituale auch in **Gruppentherapien** nutzbar gemacht werden und durch rituelle Handlungen, z. B. Versöhnungsgesten innerhalb von Familientherapien, den Zusammenhalt der Gruppe stärken (z. B. Umarmung zum Abschluss, positives Feedback zu Beginn, ein Lob zum Abschluss usw.; Groß, 2006).

Demnach können Rituale den Patienten helfen, in schwierigen Situationen Brücken zu schlagen, und tragen somit zur Steigerung von Therapieerfolg und Genesung bei (Schröder u. Albrecht, 2017).

Heilungsrituale

Als weiteres Beispiel lassen sich Heilungsrituale, ausgeführt durch sog. Schamanen, nennen. Diese sind dem Bereich der **alternativmedizinischen Behandlungsmethoden** zuzuordnen und finden ihren Ursprung vor allem in östlichen oder afrikanischen Kulturen, in denen mithilfe von Ritualen Krankheiten geheilt oder gelindert werden sollen.

Beispielsweise führt ein Schamane wiederholte Arm-/Handbewegungen über dem Patienten aus. Durch diese sollen Energien zur Heilung gebündelt und mittels Berührungen mit dem Patienten an diesen weitergeleitet werden. Dies kann außerdem durch das wiederholte Aufsagen von bestimmten Sätzen begleitet sein. Heilungsrituale werden sowohl für physische als auch für psychische Krankheiten eingesetzt. Ein wesentlicher Bestandteil dieser Art der Behandlung ist der Glaube daran, dass die Freisetzung eigener Energien zur Genesung von Krankheiten beitragen kann.

In westlichen Kulturen ist die Wirksamkeit von Heilungsriten aufgrund mangelnder Evidenz immer noch stark umstritten. Dennoch zeigt die Forschung, dass Gedanken durch Beeinflussung bestimmter Hormone maßgeblich auf Heilungsprozesse oder die Immunabwehr einwirken. Diese sowie diverse positive Erfahrungsberichte sprechen für die Wirksamkeit solcher Rituale und unterstreichen die Bedeutsamkeit der Gedanken des Individuums selbst.

Rituale in der Schulmedizin

Auch in der klassischen, westlichen Schulmedizin finden sich Rituale, die sich beispielsweise auf die Arzt-Patient-Beziehung sowie die Einnahme von Medikamenten beziehen. So bestehen zwischen Arzt und Patient häufig festgelegte Abläufe, Erwartungen und Rollen, die Teil jeder **Behandlung** sind (z. B. Begrüßungsrituale: „Wie geht es Ihnen heute?", „Bitte nehmen Sie wie gewohnt Platz.", Ausfüllen eines Behandlungsbogens usw.). Der Arzt versucht, dem Patienten durch den rituellen Charakter seiner Behandlung Sicherheit und ein beruhigendes Gefühl zu vermitteln. Für den Patienten kann dies Vertrauen und positive Gefühle schaffen, die sich im Umkehrschluss positiv auf seinen Gesundheitszustand auswirken können.

Auch in der westlichen Naturmedizin finden sich rituelle Züge. So folgt das Potenzierungsverfahren der **Homöopathie**, das eine selektive Steigerung von erwünschten Wirkungen verspricht, streng festgelegten Abläufen (z. B. die tägliche

Einnahme von Globuli), die als rituelle Handlung verstanden werden können.

Rituale stellen somit einen wesentlichen Bestandteil von westlichen Behandlungsmethoden dar. Zusammenfassend können die genannten Behandlungsrituale als Teil förderlicher Gesundheitsrituale aufgefasst werden.

Individuelle Rituale

Hinsichtlich der Rituale zur Wiederherstellung von Gesundheit lassen sich weiterhin solche nennen, die individuell definiert sind und mitunter abergläubische Züge enthalten. So entwickeln Menschen häufig eigenständig Verhaltensweisen oder Maßnahmen, die sie ausführen, während sie krank sind, in der Hoffnung, dadurch zu einer schnelleren Genesung beizutragen.

Beispielsweise verwenden einige Menschen **Talismane** oder **Glücksbringer**, die sie bei sich tragen oder neben ihr Kopfkissen legen, da sie glauben, diese könnten Glück in Form von Gesundheit begünstigen. Andere wiederum fangen an, **regelmäßig zu beten**, und nutzen diese Form von Ritual, um Genesung zu erschaffen. Wieder andere erschaffen persönliche Rituale, die positive Gedanken und Gefühle erzeugen sollen, z. B. das morgendliche Aufzählen von 3–5 Aspekten, für die man Dankbarkeit empfindet.

Die genannten Beispiele zeigen, dass neben bestehenden Ritualen, die in diversen Therapiemethoden Anwendung finden, ebenfalls wirksame Rituale auf individueller Ebene im Kontext von Gesundheit existieren. Nichtsdestotrotz sind diese nicht kontextspezifisch und von abergläubischen Ritualen nur schwer zu trennen.

16.3.2 Rituale zum Erhalt von Gesundheit

Eine weitere Form von Ritualen stellen jene dar, die zur Prävention und zum Erhalt von Gesundheit genutzt werden. Ein Beispiel dafür sind aktuelle Gesundheitstrends sowie altbekannte und kulturell geprägte Rituale wie Heilfasten und Meditationen.

Gesundheitstrends

Aktuelle Gesundheitstrends sind häufig charakterisiert durch medial geprägte Empfehlungen, die eine Anleitung für gesundes Verhalten liefern sollen. So solle man beispielsweise mindestens 3 Mal pro Woche Sport ausüben, jeden Morgen 1 Glas warmes Wasser oder täglich grünen Tee zur Entgiftung trinken. Gesundheit wird in diesem Zusammenhang nicht mehr nur als Abwesenheit pathologischer Symptome verstanden, sondern vielmehr als Lebenseinstellung, charakterisiert durch ein starkes Bewusstsein für persönliche Balance und Zufriedenheit.

Ein weiteres aus dem neuen Trend heraus entstandenes Beispiel mit rituellem Charakter stellt das sog. **Selftracking** dar. In Zeiten der modernen Technologie nutzen Menschen Apps, Smartphones oder Smartwatches, um ihre physische Gesundheit selbstständig zu überprüfen (◘ Abb. 16.1). Dazu gehören beispielsweise eine täglich erreichte Anzahl an Schritten oder ein täglich erreichter Anteil von Flüssigkeitszufuhr (in Form von Wasser). Das konsequente Abhaken der durch die Technologie vorgegebenen Maßnahmen entwickelt sich zum täglichen Ritual und gibt seinen Nutzern hinlänglich ein Gefühl von Kontrolle über die eigene Gesundheit.

Heilfasten

Heilfasten bezeichnet eine Form des Fastens durch die nachweislich Wohlbefinden und Gesundheit gefördert werden kann. Sie dient der Entschlackung und Regeneration des Körpers. Rituelle Charakteristiken finden sich einerseits im Prozess des Fastens (festgelegte Aufnahme von Nährstoffen zu bestimmten Uhrzeiten, Steigerung der Nährstoffzunahme über einen festgelegten zeitlichen Rahmen), andererseits in der Terminierung des Fastens. Diese unterscheidet sich in verschiedenen Religionen. Im Christentum ist es üblich zwischen Aschermittwoch und Ostern zu fasten, während beispielsweise im Islam während des Fastenmonats (Ramadan) gefastet wird. In beiden Religionen steht hierbei jedoch nicht die Gesundheit im Fokus, sondern das Bekenntnis zur jeweiligen Religion (► Kap. 14). Das Heilfasten hingegen

◼ Abb. 16.1 Selftracking mit dem Smartphone (© Monkey Business / stock.adobe.com)

hat sich aus diesen Ursprüngen entwickelt, ist an keine Terminierung gebunden und hat den Erhalt von Gesundheit zum Ziel.

Meditation

Auch Meditationen dienen nachweislich der Prävention von beispielsweise Burn-out und dem Erhalt von Gesundheit (Michalak et al., 2006). Meditationen haben sich bereits mehrfach als wirksam für die Reduktion von Stress und die Steigerung psychischen Wohlbefindens erwiesen. Immer häufiger verwenden Menschen sowohl im Privat- als auch im Berufsleben meditative Rituale, um Krankheiten vorzubeugen und die eigene Gesundheit zu stärken.

Beispielhaft zu nennen sind kurzfristige **Achtsamkeitsmeditationen** (intendierte und wertfreie Konzentration auf den aktuellen Moment; Kabat-Zinn, 2003), die innerhalb von 10 Minuten durchgeführt werden können. Diese erlangen auch im wirtschaftlichen Kontext zunehmend an Bedeutung und werden immer häufiger von Managern als Ritual eingeführt, um zum täglichen Abschalten und der Reduktion von Stress beizutragen (Friesinger, 2014).

Auch innerhalb von Psychotherapien, beispielsweise bei Patienten mit Depressionen, finden meditative Rituale Anwendung. Durch kurze Achtsamkeitsmeditationen, in denen Patienten sich ausschließlich auf ihre Atmung konzentrieren sollen, werden negative Emotionen und Kognitionen reduziert und dadurch

krankheitsaufrechterhaltende Gedankenmuster eliminiert (Michalak et al., 2006).

16.4   Psychologische Phänomene und Theorien

Im Folgenden sollen mögliche psychologische Phänomene, die zur Erklärung der Wirksamkeit von Gesundheitsritualen herangezogen werden können, näher beleuchtet werden. Nicht zuletzt lässt sich die Erweiterung der Definition von Gesundheit auf die soziale/psychische Dimension vornehmlich den wissenschaftlichen Ergebnissen zu dem viel beforschten Zusammenhang von Krankheitserleben und menschlicher Psyche zuschreiben. So zeigt **evidenzbasierte Forschung** (empirische Nachweise dienen als Grundlage der Forschung), dass Erwartungshaltungen, Kontrollempfindungen und Konditionierungsprozesse maßgeblich Einfluss auf das menschliche Erleben von Krankheit bzw. von Gesundheit nehmen.

Die hier vorgestellten Rituale in Bezug auf Gesundheit zeigen durchaus Wirksamkeit: Beispielsweise basieren einige klassische Gesundheitsrituale (regelmäßiger Sport, Grüner Tee für ein langes Leben) auf wissenschaftlicher Evidenz, die gezeigt hat, dass körperliche Aktivität die Immunabwehr stärkt oder Katechine, die in grünem Tee enthalten sind, die Gesundheit fördern, da sie die zellschädigende Wirkung freier Radikale verhindern und die Blutversorgung von Tumorzellen vermindern (Crespy u. Williamson, 2004; Puta et al., 2017).

Dennoch lassen sich viele der genannten Rituale nur teilweise auf physiologische Mechanismen zurückführen. So belegen einige Studien, dass Rituale maßgeblich zur Veränderung psychologischer Erregungszustände beitragen. Rituale helfen beispielsweise dabei, die wahrgenommene Kontrolle zu steigern und subjektiv empfundenen Stress zu senken (Brentrup u. Kupitz, 2015). Die Erkenntnisse legen nahe, dass psychologische Mechanismen plausible Erklärungen für die Wirksamkeit der genannten Rituale liefern könnten. Im Folgenden werden mögliche psychologische Hintergründe diskutiert und deren Zusammenhänge mit den genannten Gesundheitsritualen näher beleuchtet.

16.4.1 Placeboeffekt

Placeboeffekte sind in der medizinischen und psychologischen Forschung lange bekannt und untersucht. Charakteristisch ist, dass bereits der Glaube an die Wirkung eines Medikaments oder eines speziell durchgeführten Rituals zum gesteigerten Wohlbefinden des Patienten beiträgt. Moderne neurowissenschaftliche Erkenntnisse bestätigen weiterhin, dass sich die Hirnaktivität in Verbindung mit Placebowirkungen in einer ähnlichen Weise wie bei der Gabe echter Medikamente verändert. Das Erleben von Schmerzen verändert sich demnach nicht nur subjektiv, sondern auch objektiv.

Als mögliche Wirkfaktoren des Placeboeffekts werden hauptsächlich Erwartungshaltungen und Konditionierungsprozesse angenommen (Price et al., 2008).

Erwartungen sind dabei die Annahmen, die bezüglich des Ergebnisses einer Behandlung bestehen. Je nachdem, ob diese positiv oder negativ sind, fällt das Ergebnis der Behandlung aus. So kann beispielsweise die Annahme, dass die regelmäßige Einnahme von Globuli in einer homöopathischen Therapie wirksam ist, zu einer positiven Auswirkung auf die Gesundheit der Patienten führen. Das bedeutet, dass

Erwartungshaltungen einen maßgeblichen Teil des Placeboeffekts darstellen und mitunter das Ergebnis der Behandlung beeinflussen.

Konditionierungsprozesse hingegen sind spezifische Assoziationen bestimmter Stimuli mit bestimmten Ereignissen oder Verhaltensweisen, die im Gedächtnis gespeichert werden. Beispielsweise kann die Einnahme von „Medikamenten" mit einer therapeutischen Wirkung verknüpft sein. Das kann dazu führen, dass bereits die rituelle Ausführung der Einnahme genügt, um eine signifikante Wirkung zu erzeugen, selbst dann, wenn kein Wirkstoff vorhanden ist.

Mit Blick auf die hier vorgestellten Rituale ist daher anzunehmen, dass die positive Wirkung ritueller Handlungen, die in Heilungsritualen oder homöopathischen Therapien enthalten sind, u. a. auf den Placeboeffekt als Ursache zurückgeführt werden kann.

16.4.2 Kontrollüberzeugung

Neben Erwartungshaltungen und Konditionierungsprozessen, die das menschliche Empfinden von Gesundheit prägen, steht auch die selbst wahrgenommene Kontrolle über äußere Umstände in signifikantem Zusammenhang mit der positiven Entwicklung bei Krankheiten (Averill, 1973; Rodin, 1986). So zeigen Menschen verringertes Stresserleben, wenn sie **aversive** (schädigende) Stimuli als kontrollierbar erfahren.

In der Psychologie wird das Erleben von Kontrolle unter dem Konstrukt der Kontrollüberzeugung zusammengefasst (Rotter, 1966). Hierbei wird unterschieden zwischen **internaler und externaler Kontrolle**. Erlebt die Person Ereignisse als Konsequenzen des eigenen Verhaltens, handelt es sich um interne Kontrolle, während die Zurückführung der Ereignisse auf äußere Umstände oder andere Personen als externale Kontrolle bezeichnet wird. Je nach Ausprägung (internal/external) hat die empfundene Kontrolle Einfluss auf die eigene Wahrnehmung und die weitere Entwicklung von Verhalten oder Zuständen. Mehrfach konnte gezeigt werden, dass internale Kontrolle positiv mit dem Entwicklungsverlauf von Krankheiten oder verringertem Stressempfinden korrelieren (vgl. Reich u. Infurna, 2016).

Die Wirksamkeit und Bedeutsamkeit von Ritualen, die natürlicherweise Struktur und Sicherheit liefern, könnten somit auf die Theorie der Kontrollüberzeugung zurückgeführt werden. Die rituellen Handlungen erzeugen ein Gefühl internaler Kontrolle und können im Zusammenhang mit Gesundheitsaspekten eine positive Wirkung erzielen.

Eine weitere Erklärung im Zusammenhang mit Kontrolle liefert die **Theorie der kognizierten Kontrolle** (Frey u. Jonas, 2002). Dieser zufolge sind Menschen bestrebt, Ereignisse und Zustände ihrer Umgebung vorherzusagen und beeinflussen zu können, da sie Situationen so als kontrollierbar und sich selbst als autonom erleben. Rituale vermitteln Menschen den Eindruck, genau diesen Einfluss zu besitzen. Durch die wiederholte Ausführung von Verhaltensweisen, die zu einem vorherigen Zeitpunkt ein bestimmtes Ergebnis erzeugt haben, entsteht ein Gefühl von kontrollierbarer Kontingenz (z. B. „Wenn ich täglich meinen Talisman bei mir trage, dann kann ich mich nicht anstecken und bleibe immer gesund").

Zustände, die als kontrollierbar wahrgenommen werden, können zu positiven und unkontrollierbar wahrgenommene Situationen zu negativen Konsequenzen hinsichtlich Einstellungen und Verhalten führen, beispielsweise in Form von frühzeitigem Aufgeben, Apathie oder Rückzug bei Erkrankungen, die als unkontrollierbar empfunden wurden (vgl. Kanning et al., 2010). Ein subjektives Kontrollgefühl hingegen, das durch Rituale geschaffen werden kann, sollte sich folglich positiv auf die Gedanken und Gefühle auswirken und dadurch zu einer schnelleren Genesung und stärkeren Immunabwehr beitragen.

16.4.3 Heuristiken

Als weitere Erklärung für die Wirksamkeit von Ritualen im Kontext von Genesungsprozessen lassen sich sog. Heuristiken anführen.

Heuristiken besagen, dass Menschen **kognitive Abkürzungen** nutzen, um schneller und effizienter Entscheidungen bzw. Schlussfolgerungen treffen zu können (Werth, 2010). Kognitive Abkürzung bedeutet, dass Schlussfolgerungen beispielsweise auf Basis leicht verfügbarer oder repräsentativer Informationen getroffen werden. So kann es sein, dass Personen die Wirksamkeit viel beworbener Gesundheitsrituale als wahrscheinlich wahrnehmen, da sie einerseits leicht abrufbar sind, und andererseits repräsentativ für das Thema Gesundheit stehen (Bierhoff u. Frey, 2011).

Der Vorteil der Nutzung von Heuristiken besteht in dessen ressourcensparendem Charakter, der es erlaubt, Schlussfolgerungen auf Basis weniger vorhandener Informationen zu treffen, die in den meisten Lebenssituationen eine hinreichende Güte besitzen. So kann es vorkommen, dass die Wirksamkeit alltäglicher Gesundheitsrituale (regelmäßiger Sport, Grüner Tee zur Entgiftung) als sehr wahrscheinlich angenommen wird, da sie leicht abrufbar und repräsentativ erscheinen. Möglicherweise schlussfolgern Menschen aus der hohen Präsenz solcher „Trends", dass diese bei mangelnder Wirksamkeit womöglich nicht denselben Bekanntheitsgrad erlangt hätten.

Dabei werden Faktoren wie die mediale Verbreitung gezielter Werbestrategien, die maßgeblich zur erhöhten Präsenz beitragen, allgemein wenig berücksichtigt. Daher besteht die Gefahr, dass gerade in komplexen Situationen voreilige und verzerrte Schlüsse gezogen werden, weil nicht hinreichend Informationen gesucht bzw. genutzt werden. So sollte die Wirksamkeit der Befolgung bekannter Gesundheitstrends mit Vorsicht angenommen werden, da sie nicht immer auf hinreichenden Informationen basieren und nicht als wissenschaftlich fundiert angesehen werden können. Als Beispiel sei hier das lauwarme Wasser am Morgen zu nennen: Zwar besteht in der Traditionellen Chinesischen Medizin die Annahme, dass warmes Wasser auf nüchternen Magen eine gesundheitsförderliche Wirkung besitzt, dennoch gibt es hierzulande bisher keine empirische Evidenz dieser Annahme.

Unabhängig bestehender oder fehlender wissenschaftlicher Fundierung liefert die Theorie der Heuristiken eine mögliche Erklärung dafür, dass Menschen Gesundheitstrends eine große Bedeutsamkeit zuschreiben und dazu tendieren, ihnen leichthin Glauben zu schenken. Nicht grundlos erlebte beispielsweise die Fitness- und Nahrungsmittelindustrie innerhalb der letzten Jahre einen enormen Aufschwung, der sicherlich teilweise auf Marketingstrategien zurückzuführen ist, die sich gezielt die Wirksamkeit von Ritualen innerhalb ihrer Kampagnen zunutze machten.

16.5 Fazit

Zusammenfassend lässt sich sagen, dass Rituale im Generellen psychologische Bedürfnisse zu erfüllen vermögen und im spezifischen Kontext von Gesundheit durchaus zu einer förderlichen Entwicklung beitragen können. Die hier dargestellten psychologischen Phänomene sollen einen Überblick über die möglichen Hintergründe von Gesundheitsritualen geben und damit zur Erklärung des Phänomens „Ritual" beitragen. Gleichzeitig sei erwähnt, dass es sich in dieser Darstellung nur um einen ausgewählten Teil von möglichen Ritualen und Phänomenen handelt und die Komplexität des Themas innerhalb dieses Rahmens nicht vollständig abgedeckt werden kann.

Unumstritten bleibt, dass die menschliche Psyche eine wesentliche Rolle im Kontext von Ritualen spielt. Vor allem in dem hier dargestellten Rahmen von Ritualen und psychologischen Phänomenen wird die Bedeutsamkeit der Kraft der eigenen Gedanken auf messbare Ergebnisse (physiologische Effekte) deutlich. Rituale stellen eine Möglichkeit dar, diesen Einfluss zu verstärken, und sollten daher keinesfalls unterschätzt werden. Denn vor allem hinsichtlich der Gesundheit, die unser Überleben sichert, sollte der Mehrwert und die positive Wirkung von unterstützenden Ritualen berücksichtigt werden. Gesundheit hängt somit nicht nur von medizinischen bzw. messbaren Faktoren ab, sondern beinhaltet ebenfalls eine psychische Dimension, die es uns Menschen ermöglicht, persönlich Einfluss zu nehmen. Auf diese Weise können wir selbst Verantwortung für unser Wohlbefinden übernehmen und beispielsweise mittels Ritualen einen Beitrag zur Erhaltung unserer eigenen seelischen und körperlichen Gesundheit leisten.

Literatur

Averill, J. R. (1973). Personal control over aversive stimuli and its relationship to stress. *Psychological Bulletin* 80, 286–303.

Brentrup, M., & Kupitz, G. (2015). *Rituale und Spiritualität in der Psychotherapie*. Göttingen: Vandenhoeck & Ruprecht.

Bierhoff, H. W., & Frey, D. (2011). *Sozialpsychologie-Individuum und soziale Welt*. Göttingen: Hogrefe.

Crespy, V., & Williamson, G. (2004). A review of the health effects of green tea catechins in in vivo animal models. *The Journal of Nutrition* 134(12), 3431–3440.

Frey, D., & Jonas, E. (2002). Die Theorie der kognizierten Kontrolle. *Theorien der Sozialpsychologie* 3, 13–50.

Friesinger, G. M. (2014). Innenansichten eines Chefs. *Manager Magazin*. Artikel vom 19. Mai 2015. http://www.manager-magazin.de/magazin/artikel/meditation-innenansichten-eines-chefs-a-979688.html. Zugegriffen: 27. November 2017.

Groß, J. (2006). Rituale in Beratung und Therapie. Arbeit zur Erlangung des Grades NLP-Mastercoach. Kassel: NLP-Ausbildungsinstitut Harald Brill.

Kabat-Zinn, J. (2003). Mindfulness-based interventions in context: Past, present, and future. *Clinical Psychology: Science and Practice* 10(2), 144–156.

Kanning, U. P., von Rosenstiel, L., & Schuler, H. (Hrsg.). (2010). *Jenseits des Elfenbeinturms: Psychologie als nützliche Wissenschaft*. Göttingen: Vandenhoeck & Ruprecht.

Michalak, J., Heidenreich, T., & Bonus, M. (2006). Achtsamkeit und Akzeptanz in der Psychotherapie: Gegenwärtiger Forschungsstand und Forschungsentwicklung. *Zeitschrift für Psychiatrie, Psychologie und Psychotherapie* 54(4), 241–253.

Price, D. D., Finniss, D. G., & Benedetti, F. (2008). A comprehensive review of the placebo effect: recent advances and current thought. *Annual Review of Psychology* 59, 565–590.

Pschyrembel, W. (2014). *Pschyrembel Klinisches Wörterbuch* (266. Aufl.). Berlin: De Gruyter.

Puta, C., Gabriel, B., & Gabriel, H. (2017). Sport und Immunsystem. In: M. Wonisch, P. Hofmann, H. Förster, H. Hörtnagl, E. Ledl-Kurkowski, & R. Pokan (Hrsg.), Kompendium der Sportmedizin: Physiologie, Innere Medizin und Pädiatrie (2. Aufl., S. 389–415). Wien: Springer.

Reich, J. W., & Infurna, F. J. (2016). *Perceived Control: Theory, Research, and Practice in the First 50 Years*. Oxford University Press.

Rodin, J. (1986). Aging and health: Effects of the sense of control. *Science* 233, 1271–1276.

Rotter, J. B. (1966). Generalized expectancies for internal versus external control of reinforcement. *Psychological Monographs: General and Applied* 80(1),1–28.

Schedlowski, M., & Schmidt, R. E. (1996). Stress und Immunsystem. *Naturwissenschaften* 83(5),214–220.

Schümchen, L. (2017). Die Verbindung zwischen westlicher und östlicher Medizin. Praxis für Traditionelle Chinesische Medizin. http://www.tcm-arzt-berlin.de/traditionelle-chinesische-medizin/westliche-und-oestliche-medizin. Zugegriffen: 27. November 2017.

Schröder, T., & Albrecht, C. (2017). Wie Rituale die Gesundheit fördern können. http://oberplanitze-rapotheke.de/koerper-seele/gesund-leben/rituale-die-gesundheit-foerdern.html. Zugegriffen: 27. November 2017.

Werth, L. (2010). *Psychologie für die Wirtschaft: Grundlagen und Anwendungen*. Wiesbaden: Spektrum Akademischer Verlag.

World Health Organization (WHO). (1948). *Verfassung der Weltgesundheitsorganisation*. New York, NY: WHO.

16

Schönheitsrituale

Ricarda Victoria Spohr

© Springer-Verlag GmbH Deutschland, ein Teil von Springer Nature 2018
D. Frey (Hrsg.), *Psychologie der Rituale und Bräuche*,
https://doi.org/10.1007/978-3-662-56219-2_17

17.1   Einleitung

» Wenn es sich für etwas zu leben lohnt, dann ist es die Betrachtung des Schönen. (Platon)

Die Vorstellung davon, was als schön gilt und wie man dieses erstrebenswerte Attribut erreichen kann, divergiert abhängig von Person, Kulturkreis und Zeitalter. In diesem Kapitel geht es darum, das abstrakte Konstrukt Schönheit – sowie damit einhergehende Rituale – greifbarer zu machen und mit psychologischen Theorien zu erklären.

Menschen fühlen sich seit jeher vom Schönen angezogen und reagieren darauf mit Staunen oder Freude – sei es auf schöne Landschaften, Gemälde oder Menschen. Der Mensch nimmt im Vergleich zu anderen Säugetieren die meisten Sinneseindrücke mit seinen Augen auf, demzufolge spielen optische Reize für ihn eine wichtige Rolle.

Der Fokus in diesem Kapitel liegt insbesondere auf der physischen Attraktivität von Menschen der westlichen Gesellschaft, welche anhand verschiedener Komponenten wie Gesicht und Körper beurteilt werden kann. Die meisten Schönheitsrituale tragen dazu bei, sein Äußeres positiv darzustellen und somit einem bestimmten Ideal von Schönheit möglichst nahezukommen. Natürlich wird die wahrgenommene Attraktivität eines Menschen auch durch weitere Aspekte wie Mimik oder Ausstrahlung (Charisma) beeinflusst, die in diesem Kapitel allerdings ausgeklammert werden.

17.2   Definition von Schönheit

Das Zitat „Schönheit liegt im Auge des Betrachters" stammt von dem antiken griechischen Historiker Thukydides (ca. 400 v. Chr.) und prägt noch heute unsere Sichtweise, dass die Definition von Schönheit dem subjektiven Empfinden unterliegt. Auch in der philosophischen Ästhetik wurde die menschliche Schönheit insbesondere im 18. und 19. Jahrhundert als einer der zentralen ästhetischen Begriffe verstanden; in der zeitgenössischen Ästhetik sind menschliche Schönheit sowie Schönheit allerdings kein großes Thema mehr.

Betrachtet man das Phänomen Schönheit von der wissenschaftlichen Seite, stößt man auf die These, dass schöne Gesichter durchschnittliche und **symmetrische Gesichter** sind (Langlois u. Roggman, 1990). In Studien wurden mehrere Fotos von Gesichtern übereinander gelegt, sodass man ein gemitteltes Durchschnittsgesicht erhielt (Morphing).

ⓘ Morphing ist der Fachbegriff für den technischen Prozess, bei dem ein Durchschnittsgesicht durch die mathematische Mittelung verschiedener Fotografien erstellt wird.

Wichtig ist, dass diese Gesichter nicht hinsichtlich ihrer Attraktivität durchschnittlich waren, sondern lediglich in Bezug auf ihre physischen Merkmale. Durch das Morphing verschwanden nämlich individuelle Eigenheiten sowie Unregelmäßigkeiten, sodass ein besonders symmetrisches Gesicht entstand. Diese „durchschnittlichen Gesichter" wurden von Versuchspersonen am positivsten bewertet.

Ein weiteres objektives Attraktivitätsmaß hinsichtlich der idealen Figur wurde in den 1990er-Jahren von Singh (1993) aufgestellt: das Taille-Hüft-Verhältnis (Umfang der Taille dividiert durch den Umfang der Hüfte): Bei Frauen sollte dieses Verhältnis kleiner als 0,85 sein, bei Männern kleiner als 1. Betrachtet man allerdings die zeitliche Entwicklung von Schönheitsidealen, wird deutlich, dass die Bevorzugung schlanker (Frauen-)Körper einen historischen Wandel mitgemacht hat.

Laut Jefferson (2004) gibt es unabhängig von Alter, Geschlecht und Rasse einen universellen Standard für schöne Gesichter, welche den sog. **Goldenen Schnitt** („divine proportion") von 1 zu 1,618 (Breite zu Länge) aufweisen sollten. Gesichter, die diese Proportionen haben, sind automatisch auch symmetrisch. Auch die bekannte bildliche Darstellung der idealen Proportionen des menschlichen Körpers von Leonardo da Vinci, der vitruvianische Mensch, entspricht dem Goldenen Schnitt (◻ Abb. 17.1).

Darüber hinaus galten laut Attraktivitätsforscher Dr. Martin Gründl (2013) Symmetrie,

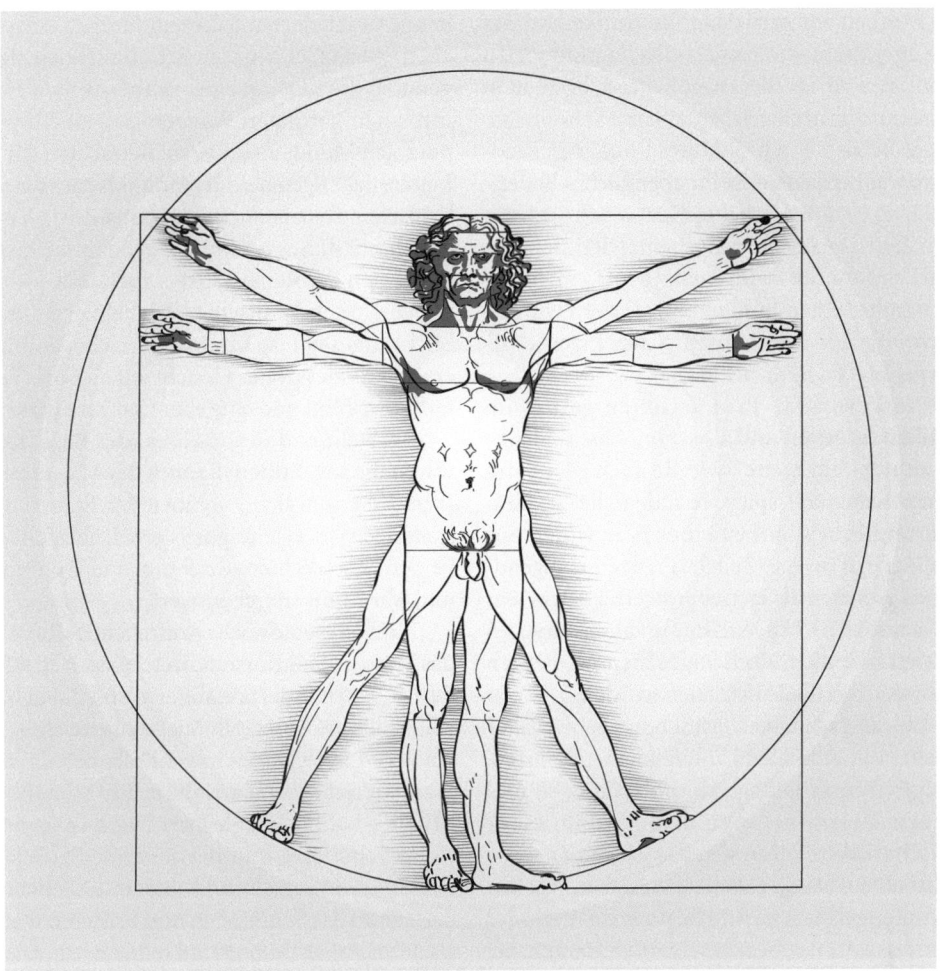

Abb. 17.1   Der vitruvianische Mensch nach Leonardo da Vinci (© Peter Hermes Furian / stock.adobe.com)

Jugendlichkeit und eine ebenmäßige, glatte Haut in allen Kulturen und zu allen Zeiten als schön. Gemein haben diese Merkmale, dass sie aus evolutionsbiologischer Sicht als attraktiv gelten, weil sie Rückschlüsse auf die Fitness und den Reproduktionserfolg zulassen.

17.3   Schönheitsrituale im Wandel der Zeit

In diesem Abschnitt folgt ein kurzer chronologischer Überblick über einige Schönheitsrituale und -ideale im damaligen Abendland (westliches Europa) und deren Entwicklung im Laufe der Geschichte. In Anbetracht der thematischen Eingrenzung werden Rituale anderer Kulturen mitunter erwähnt, aber nicht vertiefend dargestellt.

17.3.1   Historische Entwicklung

Ob die 1908 entdeckte Skulptur eines Frauenkörpers aus der Altsteinzeit namens „Venus von Willendorf" ein Fruchtbarkeitssymbol, eine Götterstatue oder steinzeitliche Erotika darstellt, ist umstritten. Deutlich wird allerdings, dass zu jener Epoche vor allem üppige weibliche Körper als schön galten.

Denken wir zurück an die Antike und das alte ägyptische Ptolemäerreich, kommt vielen **Kleopatra VII.** als Ideal weiblicher Schönheit in den Sinn, die nachweislich intensiv Schönheitspflege betrieb. Ein berühmtes Ritual von Kleopatra war beispielsweise ihr abendliches Baderitual in Eselsmilch, um ihre Haut weich und rein zu halten. Darüber hinaus dienten Reinigungs- und Schminkrituale im alten Ägypten nicht nur dem ästhetischen Empfinden, sondern wurden auch aufgrund ihrer antiseptischen Eigenschaften genutzt (z. B. Kajalstifte).

Ausgewogene Proportionen galten im **antiken Griechenland** als schön. Eine schlanke „Sanduhr-Silhouette", wie sie auch Kleopatra gehabt haben soll, spiegelte zudem die Gesundheit und Fruchtbarkeit einer Frau wider. Für Männer galt zu jener Zeit die Figur eines jugendlichen Athleten als erstrebenswert. Zudem war ein haarloser Körper schon im alten Ägypten sowie im antiken Rom angesehen, weswegen Enthaarungsrituale betrieben wurden.

Ein sehr schlanker, fast schon knabenhafter Körper mit schmalen Hüften, kleinen Brüsten, rosigen Wangen, langen blonden Locken und blauen Augen entsprach dem Ideal im **europäischen Mittelalter**. Um das Ziel einer möglichst edlen, blassen Haut zu erreichen wurden mitunter gefährliche Rituale praktiziert wie der Aderlass oder das Gesichtsemailleverfahren, bei dem eine Paste aus Blei und Arsen auf die Haut aufgetragen wurde und diese glatt und weich erscheinen ließ. Eine helle Haut konnten sich nämlich nur diejenigen leisten, die nicht auf den Feldern arbeiten mussten. Viele der Anforderungen wurden auch den Männern im Mittelalter zuteil, deren Figur außerdem eine nach vorn geschwellte Brust aufweisen sollte. Damen im Spätmittelalter pflegten zudem das Ritual, sich Haare auszureißen, da eine hohe Stirn als besonders attraktiv galt.

Im **Zeitalter der Renaissance** fand eine Rückbesinnung auf antike Ideale statt: Üppigere Frauenkörper sowie goldblonde Haare wurden favorisiert. Schönheitsrituale wie das Bleichen der Haare mithilfe des Sonnenlichts, speziellen Tinkturen oder auch das Einflechten von gelben oder weißen Seidenbändern wurden häufig praktiziert, um diesem Ideal zu entsprechen. Zusätzlich wurden Schminkrituale dazu genutzt, die Illusion einer schneeweißen Haut mit leicht geröteten Wangen und einem purpurroten Munds zu kreieren. Betrachten wir im Louvre das Ölgemälde der **Mona Lisa** aus der italienischen Renaissance von Leonardo da Vinci, entspricht dieses teilweise den Schönheitsvorstellungen der Renaissance. Mona Lisa, welche mit einem geheimnisvollen Lächeln und Silberblick dargestellt ist, besticht durch ein anmutig erscheinendes ovales Gesicht, einen porzellanfarbenen Teint und eine eher üppigere Figur.

Bezeichnend für das Ideal der Barockzeit waren die sog. **Rubensfiguren** des Malers Peter Paul Rubens, welche wohlbeleibte Frauen darstellen. Zu jener Zeit signalisierte Leibesfülle bei beiden Geschlechtern Reichtum und Wohlstand und war somit erstrebenswert.

Ein auch heute noch anzutreffendes Ritual ist das Tragen eines Korsetts, welches sich ab Mitte des 17. Jahrhunderts etablierte und dabei half, eine sanduhrförmige Silhouette zu erreichen. Zu jener Zeit investierten sowohl Männer als auch Frauen gleichermaßen Mühe in ihre Schönheitsrituale – beide Geschlechter trugen beispielsweise gepuderte und parfümierte Perücken. Dieser Trend verschwand ab dem 19. Jahrhundert, denn das Schminken und Frisieren wurde als unmännlich tituliert und seitdem hauptsächlich von Frauen praktiziert.

Im **Zeitalter der Romantik** wurden Blässe und Zerbrechlichkeit zelebriert. Um eine zierliche Figur zu haben, begannen Frauen beispielsweise mit Diäten, die den Konsum von Essig und Zitronen beinhalteten. Demgegenüber wurde im viktorianischen Bürgertum weiterhin Körperfülle als Signal des Wohlstands gewertet. Schönheitsrituale blieben zu der Zeit vorwiegend den Frauen vorbehalten, denn diese galten als das „schöne Geschlecht". Männer, die Schönheitsrituale ausübten, bezeichnete man damals als verweichlicht.

Ende des **19. Jahrhunderts** verschwand der Trend zu fülligen Körper beinahe vollständig, da Schlankheit sowohl mit Erfolg als auch mit Leistungswillen in Verbindung gebracht wurde – Fett dagegen mit Trägheit.

Im **20. Jahrhundert** sollte das Ideal eines schlanken und jugendlichen Körpers vor allem durch sportliche Betätigung erreicht werden, und im Gegensatz zu dem lange idealisierten blassen Teint entwickelte sich der Trend zu einer natürlichen Bräune. Jetzt waren nämlich die Industriearbeiter blass, und nur die Wohlhabenden konnten sich in der Sonne bräunen.

Nach der Jahrhundertwende findet sich eine große Variation hinsichtlich der Präferenzen des Aussehens. Diese reichen von dem Ideal einer bubenhaften, sehr schlanken Figur mit kurz geschorenen Haaren in der 1920er-Jahren über favorisierte, üppigere Formen nach dem Zweiten Weltkrieg – verkörpert durch Personen wie Marylin Monroe und Brigitte Bardot –, einer Bevorzugung von sehr schlanken Figuren wie bei dem Model Twiggy in den 1960er-Jahren bis hin zu einem Bodybuilding-Trend in der 1980er-Jahren.

Zusätzlich entstand die Bezeichnung **Lookismus**, welche beschreibt, dass Aussehen als Indikator für den Wert eines Menschen genutzt wird. Personen, die der gesellschaftlichen Schönheits- oder Attraktivitätsnorm nicht entsprechen, werden demnach häufiger diskriminiert.

17.3.2 Moderne Schönheitsrituale verschiedener Kulturkreise

Auch heute gibt es sehr verschiedene Schönheitsrituale in unterschiedlichen Kulturen. Das Ritual vieler Hindu-Frauen, ein Bindi zu tragen, hat sich heutzutage teilweise auch in Form von Schmuckbindis im Westen durchgesetzt.

Im asiatischen Raum wird – anders als bei uns – **Blässe** eine große Bedeutung zugemessen; denn wer dunkle Haut hat, verrichtet keinen sog. White-Collar-Job, also eine Bürotätigkeit, sondern ist z. B. ein Landarbeiter. In Indien werden in Heiratsanzeigen häufig explizit hellhäutige Mädchen gesucht, und fast zwei Drittel aller Frauen zwischen 16 und 35 Jahren nutzen Bleichprodukte, da helle Haut mit Wohlstand, Attraktivität und gesellschaftlichem Ansehen assoziiert wird. Davon profitieren auch Konzerne wie Unilever, L'Oréal und die Beiersdorf

AG, die speziell auf diesen Trend zugeschnittene Bleichprodukte vertreiben. Zudem gibt es in China Modegeschäfte, die sog. Facekinis verkaufen, um das Gesicht vor einer Bräunung der Haut schützen.

Bis ins 20. Jahrhundert hinein waren in China außerdem die **Lotosfüße** ein verbreitetes Schönheitsideal. Mit Bandagen wurden bei jungen Mädchen die Füße abgebunden und diese in extrem kleine Schuhe gezwängt sowie die Zehen gebrochen, um die Füße am Wachstum zu hindern und zu deformieren: Denn möglichst kleine und zierliche Füße wurden von den Männern geschätzt. Ähnlich wie die vornehme Blässe symbolisierten kleine Füße, dass man nicht Teil einer Bauernfamilie war und keine weiten Strecken zu Fuß zurücklegen musste.

Anders als im westlichen Kulturkreis werden in afrikanischen Ländern (z. B. Mauretanien) ausgeprägte Rundungen und auch Übergewicht als attraktiv angesehen, sodass viele junge Bräute vor ihrer Hochzeit das **Ritual des Mästens** durchlaufen, denn schlanke Frauen gelten dort als arm oder kränklich. In sog. Mastzelten erhalten sie eine besonders kalorienreiche Ernährung, die u. a. auf Maisbrei, Kuh- und Kamelmilch basiert.

Der zeitliche Abriss illustriert, dass die Definition physischer Attraktivität und Rituale sich mitunter auffallend verändert haben. Die Quintessenz ist allerdings, dass Schönheitsrituale stets dazu genutzt wurden, dem Ideal der jeweiligen Region sowie Epoche zu entsprechen, und vor sich und anderen zu demonstrieren, dass man schön und attraktiv ist.

17.4 Aktuelle Schönheitsrituale

In diesem Kapitel liegt der Fokus auf Schönheitsritualen der westlichen Gesellschaft, da es die Vielfalt von Ritualen in unterschiedlichen Kulturkreisen unmöglich macht, einen vollständigen Überblick zu geben. Zunächst geht es um spezifische Schönheitsrituale bei Frauen und Männern und anschließend werden geschlechtsunabhängige Rituale diskutiert.

17.4.1 Schönheitsrituale bei Frauen

Den Anfang stellt zunächst das morgendliche **Schminkritual** dar, welches sich bei vielen Frauen oder jugendlichen Mädchen als fester Bestandteil der Morgentoilette etabliert hat. Dieses Ritual beginnt häufig mit der **Körper- und Haarpflege** unter der Dusche, abhängig von individuellen Präferenzen (Morgen- oder Abenddusche). Darüber hinaus zählen das Auftragen von Tagescreme und/oder Make-up, das Lackieren der Nägel, das Bürsten, Föhnen und Legen der Haare sowie die Wahl der Kleidung für den Tag zu diesem morgendlichen Ritual. Die Abendroutine stellt sich in einer ähnlichen Art und Weise dar – mit dem Unterschied, dass weniger der Aspekt des Herrichtens als der des Reinigens und Pflegens im Vordergrund steht. Viele Kosmetikunternehmen erneuern in regelmäßigen Abständen ihr Sortiment um neue Produkte mit extravaganten Düften (z. B. abgestimmt auf die Jahreszeit) oder neuen Funktionen (z. B. eine Bodylotion, welche bereits unter der Dusche aufgetragen werden kann). Zum einen soll so dem Gewöhnungseffekt beim Konsumenten entgegenwirkt werden, und zum anderen nutzen auch Marketingexperten das Wissen über Rituale. Ist ein Produkt erst einmal in eine rituelle Handlung eingebunden, steigt die Wahrscheinlichkeit enorm, dass Konsumenten dieses immer wieder kaufen.

Eine akkurate **Frisur** am Morgen ist für viele westliche Frauen von enormer Bedeutung, wenn der Tag kein „bad hair day" (engl. Redewendung: „Tag, an dem alles schiefgeht") werden soll; daher nutzen viele von ihnen ein Glätteisen, Lockenstäbe oder föhnen ihre Haare aufwendig. Auch im Kongo lassen sich viele Frauen beim Friseur über Stunden ihre Haare zu straffen Zöpfen flechten. Anfangs können viele Damen sogar schlecht schlafen, bis sich die Zöpfe etwas gelockert haben, was sie neben dem teuren Preis allerdings in Kauf nehmen.

Ein weiteres Schönheitsritual, welches häufig kontrovers diskutiert wird, ist die **Enthaarung**. Hier finden sich sowohl generationsbedingte, kulturelle als auch zeitliche Unterschiede in der Auffassung darüber, welche Körperzonen enthaart werden sollten und welche nicht. Gerade wenn Methoden wie Epilation oder Waxing zur Sprache kommen, fällt oft das Sprichwort „Wer schön sein will, muss leiden", welches in seiner Bedeutung später noch genauer untersucht werden wird. Im arabischen Raum hat die Enthaarung vor allem hygienische Gründe und ist zudem eine religiöse Reinlichkeitsregel. In Korea hingegen wird Schambehaarung als Zeichen einer weiblichen und fruchtbaren Frau gesehen; so gibt es sogar Möglichkeiten sich Haare im Intimbereich implantieren zu lassen.

Hinsichtlich kultureller Unterschiede stößt die Präsenz von Sonnenstudios in der westlichen Welt bei vielen Asiaten auf Unverständnis, wobei dieser Bräunungstrend (u. a. bedingt durch zunehmende gesundheitliche Bedenken) bereits abgenommen hat.

17.4.2 Schönheitsrituale bei Männern

Nicht nur der weibliche Part der westlichen Gesellschaft pflegt seine Schönheitsrituale im Alltag; auch für viele Männer haben entsprechende Rituale zunehmend an Bedeutung gewonnen.

Die vermehrte Nachfrage spiegelt sich auch in einem erhöhten Angebot an Pflegeprodukten für Männer in Drogeriemärkten wider. Viele Männer färben sich graue Ansätze nach oder nutzen Haarwuchsmittel gegen anlagebedingten Haarverlust, lassen sich ihre Augenbrauen professionell zupfen oder nutzen besonders innovative Rasierer oder Trimmer.

In vielen Städten bieten Schönheitssalons sowohl für Männer als auch für Frauen ein umfassendes Dienstleistungsspektrum an: Dazu gehören professionellen Enthaarung, Maniküre und Pediküre, nichtinvasive Faltenreduktion sowie Zahnaufhellungen.

17.4.3 Geschlechtsunabhängige Schönheitsrituale

Ein weiteres, bei beiden Geschlechtern sehr prominentes Thema, ist der sog. **„Fitness-Lifestyle"**. Dieser findet insbesondere bei Instagram starken Zuwachs und hat sich dort als Trend etabliert.

ℹ️ Seit 2010 können Nutzer den Online-Dienst Instagram zum Teilen von Fotos und Videos nutzen. Die veröffentlichten Fotos können auch in anderen sozialen Netzwerken verbreitet werden.

Einzelne Accounts spezialisieren sich häufig auf einen bestimmten Bereich wie gesunde Ernährung (z. B. in Verbindung mit innovativen, gesunden Rezepten) oder Fitness und Sport (häufig kombiniert mit Fotos des eigenen Körpers). Verallgemeinert gesprochen lässt sich der Trend auf folgende zentrale Aspekte herunterbrechen: Zum einen werden nicht verarbeitete, gesunde und appetitlich angerichtete Mahlzeiten favorisiert, zum anderen gilt ein schlanker, durch Sport definierter und trainierter Körper als erstrebenswert.

Im Gegensatz dazu soll eine afrikanische Frau sichtbare Kurven haben – insbesondere an ihrem Po. Daher finden sich beispielsweise in Nairobi Geschäfte, die Jeans mit „afrikanischer Passform" anbieten. Zudem finden sich an der Elfenbeinküste sogar Schönheitsmittel, die angeblich dabei helfen, den Po zu vergrößern.

„Kleider machen Leute", heißt es außerdem häufig – sowohl für Männer als auch Frauen ist die Wahl ihrer Kleidung ein etabliertes Ritual des Zurechtmachens. Die richtigen Kleidungsstücke helfen nicht nur, die Figur in Szene zu setzen (oder gewisse Stellen zu kaschieren), sondern auch den Status (z. B. durch das Tragen bestimmter Marken) zu repräsentieren.

17.5 Psychologische Hintergründe

Der folgende Abschnitt widmet sich nun möglichen zugrunde liegenden psychologischen Phänomenen, welche die Schönheitsrituale und das Streben nach Schönheit erklären können. Attraktivität ist augenscheinlich für viele Menschen sehr wichtig – und Schönheitsrituale können dabei helfen, diese Ideale zu erreichen bzw. aufrechtzuerhalten. Die enorme Faszination und Beschäftigung mit Schönheit hat dazu geführt, dass sich seit dem 20. Jahrhundert ein eigenständiger Forschungsbereich in den Sozialwissenschaften entwickelt hat – die **Attraktivitätsforschung**.

17.5.1 Mere-Exposure-Effekt

Die eingangs beschriebene Präferenz für durchschnittliche (hinsichtlich ihrer physischen Merkmale) und symmetrische Gesichter lässt sich mit dem Mere-Exposure-Effekt, d. h. dem Effekt wiederholter Darbietung, erklären, wonach allein die wiederholte Wahrnehmung eines Objekts, einer Person oder in diesem Fall eines Gesichts zu einer positiveren Bewertung oder Einstellung führt (Zajonc, 1986).

In einem Experiment von Mita et al. (1977) wurden Paaren 2 Fotos von ihrem Partner gezeigt, eine normale Version (wie andere einen wahrnehmen) und eine spiegelverkehrte Version des Bildes (wie man sich selber im Spiegel sieht). Das spiegelverkehrte Bild wurde häufiger von der darin abgebildeten Person bevorzugt, während dieselbe Person sich eher für die normale Version bei ihrem Partner entschied. Die Präferenz ging somit zu jener Orientierung des Bildes, die Personen im alltäglichen Leben am häufigsten wahrnehmen.

ℹ️ Wer die Wirkung des Effekts im alltäglichen Leben überprüfen möchte, könnte sich in künftigen Situationen an folgendem Zitat aus einem Lehrbuch der Psychologie orientieren: „Wenn du nicht schön bist, oder eine Person deine Gefühle nicht erwidert, bleibe hartnäckig und in der Nähe. Nähe und Vertrautheit sind deine mächtigsten Waffen." (Atkinson et al., 2000, S. 629, Übersetzung der Autorin).

Allerdings gelten auch Einschränkungen für den Mere-Exposure-Effekt: Zu häufige Darbietungen oder Wahrnehmungen können entweder zu einem Gewöhnungseffekt führen oder sogar eine verminderte Präferenz zur Folge haben – so wie wir uns auch an manchen Liedern nach einiger Zeit „satthören" können.

17.5.2 „Was schön ist, ist auch gut"

Ein weiterer Aspekt, der die hohe Relevanz von Attraktivität erklären kann, ist, dass schöne Menschen häufig Vorteile im Leben genießen und besser behandelt werden. Die Kernaussage des **Nimbus-Effekts** lautet: „Was schön ist, ist auch gut", und beschreibt, dass attraktive Menschen als kompetenter wahrgenommen und positiver bewertet werden (Jackson et al., 1995). Eine gute Eigenschaft strahlt sozusagen auf die anderen Attribute einer Person aus. So führt das Attraktivitätsstereotyp dazu, dass hübsche Kinder in der Schule bessere Noten bekommen (Rost, 1993) und attraktive Bewerber im Auswahlprozess bevorzugt werden, weil man ihnen höhere Kompetenzen zuschreibt (Chiu u. Babcock, 2002).

Dass die Präferenz für Schönheit nicht erst durch (Medien-)Sozialisation entsteht, zeigt sich dadurch, dass schon Säuglinge und kleine Kinder Gesichter länger betrachten, welche auch von Erwachsenen als attraktiv bewertet werden (Langlois et al., 1987). Die evolutionsbiologische Erklärung für dieses Phänomen folgt weiter unten.

Dadurch, dass das soziale Umfeld schönen Menschen automatisch Kompetenz und Charisma attestiert, kann ein weiterer Effekt auftreten, der sich **selbsterfüllende Prophezeiung** nennt (Merton, 1948). Erfahren Personen mehr Freundlichkeit von anderen oder haben sie es leichter im Leben, verhalten sie sich in Reaktion darauf oft automatisch positiver, was ihre Ausstrahlung und vorteilhafte Behandlung durch andere Menschen noch weiter verstärkt.

Allerdings lassen sich auch diese positiven Befunde nicht generalisieren wie der **Beauty-is-beastly-Effekt** demonstriert (Braun et al., 2012). Dieser zeigt, dass attraktive Frauen, die sich für eine Führungsposition bewerben, insbesondere in Männerdomänen für weniger kompetent gehalten werden als weniger attraktiv aussehende Frauen, da mit einer höheren Attraktivität eher weibliche Charaktereigenschaften assoziiert werden. Daneben fällt insbesondere das Urteil zur Führungskompetenz anderer Frauen nachteilig für die attraktive Bewerberin aus. Dies kann damit erklärt werden, dass für Männer gutes Aussehen, z. B. bei Partnerinnen, wichtiger ist als andersherum, und Frauen somit in diesem Bereich stärker untereinander konkurrieren (Campbell, 2004). Bei Männern findet diese Konkurrenz eher in Bezug auf Status und Ressourcen statt.

Laut dem Stereotyp „think manager – think male" werden Personen mit maskulinen, attraktiven Merkmalen für führungskompetenter gehalten, da das typische Bild der erfolgreichen Führungskraft stärker mit dem männlichen Stereotyp assoziiert ist (von Rennenkampf, 2015). Durch diese geschlechtsstereotype Wahrnehmung ergibt sich besonders für attraktive Frauen ein stärkerer Widerspruch zwischen assoziierten weiblichen Eigenschaften und vermuteter Führungskompetenz. Attraktive Männer werden hingegen (auch von anderen Männern) eher für Führungspositionen eingestellt und bekommen auch ein höheres Gehalt.

17.5.3 „Wer geschminkt ist, ist auch gut"

Der erste Eindruck ist sehr wichtig und wird größtenteils auf Grundlage der äußeren Erscheinung einer Person gebildet. Wie bereits erwähnt, signalisiert ein attraktives Aussehen Disziplin, aber auch seit jeher Wohlstand, da man es sich leisten kann, sich um sein Äußeres zu kümmern. Eine Möglichkeit, sich selber herzurichten, stellt das Auftragen von Schminke dar (bei Männern wäre dies eher die Bart- oder Haarpflege).

In einer Studie wurde zunächst mittels Morphing ein Durchschnittsgesicht aus verschiedenen Fotografien erstellt (▶ Abschn. 17.2), wodurch automatisch Hautunreinheiten, Unebenheiten und Falten verschwanden (Mönch, 2003). Die regelmäßiger erscheinende Hautbeschaffenheit simulierte somit das Auftragen von Make-up. In einer anschließenden Bewertung der Bilder stuften Versuchspersonen sowohl eine gleichmäßigere Oberfläche des Gesichts als auch eine auffälligere Farbtönung, also die stärker „geschminkten" Varianten, als attraktiver ein (und beurteilten jene Gesichter sogar hinsichtlich der mütterlichen Qualitäten positiver). Angelehnt an „Was schön ist, ist auch gut" lässt sich hier somit ableiten: „Wer geschminkt ist, ist auch gut".

17

Im folgenden Absatz wird die evolutionäre Präferenz für eine reine Haut näher thematisiert.

17.5.4 Evolutionäre Bedeutung von Attraktivität

Noch heutzutage sind für Männer Aspekte wie Attraktivität und Jugendlichkeit einer Frau häufig ein wichtigeres Kriterium für die Partnerwahl als andersherum. In Hinblick auf evolutionäre Reproduktionsstrategien erlebten Männer eine Restriktion durch den Zugang zu fruchtbaren Frauen. Bei Frauen hingegen bezog sich die Limitation eher auf den eigenen Körper, da die Zeitspanne ihrer Fruchtbarkeit kürzer ist. Das äußere Erscheinungsbild einer Frau konnte so besonders Männern bei der Entscheidung helfen, mit wem eine Paarung lohnenswert wäre, um so letztendlich das Fortbestehen der eigenen Gene zu sichern (Singh, 1993).

Auf der anderen Seite bewirkte diese sexuelle Selektion auch, dass die Darstellung der eigenen Attraktivität wichtiger wurde, um als Partner ausgewählt zu werden. Eine glatte, ebenmäßige Haut signalisierte z. B. Gesundheit und Jugendlichkeit. Weitere Kennzeichen für ein attraktives weibliches Gesicht sind große Augen und eine hohe Stirn, hohe, betonte Wangenknochen (sog. Reifezeichen) und volle Lippen (möglicherweise als Ergebnis eines erhöhten Östrogenspiegels; Thornhill u. Moller, 1997). Dies kann auch erklären, warum insbesondere Frauen durch Schminke versuchen, die eigene Attraktivität zu steigern.

Demgegenüber sind typisch männliche Merkmale ein markantes Kinn oder ein kräftiger Unterkiefer, welche dem Einfluss von Testosteron unterliegen (Thornhill u. Gangestad, 1996). Frauen achten auf diese Attribute, da sie Rückschlüsse auf Macht und körperliche Stärke erlauben und suggerieren, dass ihr Partner den Schutz des Nachwuchses gewährleisten kann. Frauen sind tendenziell eher bereit, sozialen Status und Charaktereigenschaften über Kriterien der visuellen Attraktivität zu stellen. Generell sind laut Dr. Martin Gründl (2013) Aspekte eines attraktiven Männergesichts schwieriger zu definieren, da die Varianz in Untersuchungen sehr groß ist. Mitunter können sehr maskuline Gesichter auch mit negativen Eigenschaften wie Aggressivität konnotiert werden.

Evolutionär betrachtet helfen als schön definierte Attribute dabei, sich ein Bild von dem Gesundheits- und Fruchtbarkeitszustand potenzieller Partner zu verschaffen, da Schönheit biologische Gesundheit signalisiert. Personen mit Gesichtern, welche dem göttlichen Verhältnis entsprechen (▶ Abschn. 17.2), weisen beispielsweise häufig weniger gesundheitliche Probleme auf (Jefferson, 2004).

17.5.5 Wieso streben wir nach dem, was wir nicht haben?

Wie eingangs bereits erwähnt, genießen nicht alle Schönheitsrituale eine positive Konnotation. Das altbekannte Zitat: „Wer schön sein will, muss leiden", unterstreicht, dass das Streben nach Schönheit auch schmerzhaft sein kann. Schon Wilhelm Busch beschrieb mit seiner Aussage: „Ein jeder Wunsch, wenn er erfüllt, kriegt augenblicklich Junge", den Drang der menschlichen Natur, nach mehr zu streben. Grund dafür könnte sein, dass biologisch bedingt ein gewisser **Optimierungsdrang** die Grundlage für Entwicklung und Fortschritt darstellt.

Betrachtet man die Wahrnehmung von Schönheit vor dem Hintergrund der zeitlichen Veränderung, so wird deutlich, dass bei beiden Geschlechtern stets das als erstrebenswert galt, was schwierig zu erreichen war (z. B. Figur, Blässe). Illustrieren lässt sich dies besonders gut am Beispiel der körperlichen Statur. In Nachkriegszeiten galten insbesondere fülligere und kurvigere Körper als attraktiv, denn ausreichende Nahrung war ein seltenes Gut. Demgegenüber steht uns in unserer heutigen (westlichen) Gesellschaft ein Überschuss an Nahrung zur Verfügung. Vor diesem Hintergrund wird gerade der Verzicht auf ungesunde Lebensmittel angestrebt, und bei Männern und Frauen gelten schlanke Figuren als Idealbild.

Psychologische Faktoren erklären, dass menschliches Verhalten häufig im Spannungsfeld zwischen sich widersprechenden Verhaltensmöglichkeiten steht (Hofmann et al., 2011): Die eine Seite verkörpert das, was wir langfristig für gut und vernünftig halten, die andere das, was uns im jeweiligen Moment Spaß macht. Personen, die es schaffen, kurzfristige Belohnungen (z. B. ungesundes Essen) aufzuschieben und sich auf ihre langfristigen Ziele wie einen schlanken Körper zu konzentrieren, demonstrieren gesellschaftlich angesehene Eigenschaften wie Disziplin und Ausdauer.

17.5.6   Bedürfnistheorien

Das Streben nach Schönheit lässt sich auf primäre menschliche Bedürfnisse zurückführen: zum einen auf das Bedürfnis, ein stabiles, positives Selbstbild aufrechtzuerhalten, und zum anderen auf das Bedürfnis nach Kontrolle.

Durch ein attraktives Äußeres können Personen ein **positives Selbstbild** von sich selber aufbauen, was sich sowohl auf ihr Selbstbewusstsein als auch auf ihr Wohlbefinden auswirkt.

Schönheitsrituale können auch das Bedürfnis nach **Kontrolle** befriedigen. Individuen wird ein Gefühl von Selbstbestimmung zu eigen, denn zu einem gewissen Ausmaß können sie ihr Aussehen nach eigenen Vorstellungen selber gestalten (häufig geprägt durch gesellschaftlich vermittelte Normen und Ideale). Zudem kann laut Psychologin Dr. Cordula Krüger auch die gefühlte Selbstwirksamkeit erhöht werden, indem man sein ästhetisches Schicksal selber in die Hand nehmen kann – vor allem wenn dieses für den beruflichen Erfolg wichtig ist.

Insbesondere bei **Essstörungen** spielt das Bedürfnis nach Kontrolle über den eigenen Körper häufig eine bedeutsame Rolle, da versucht wird, darüber das Selbstbewusstsein zu steuern. Die Kontrolle über den eigenen Körper fungiert als Ersatz für andere Aspekte des Lebens, die weniger kontrollierbar und beeinflussbar sind wie beispielsweise das Finden eines Partners.

17.5.7   Sozialer Vergleich

Das **äußere Erscheinungsbild** – insbesondere Körpergestalt und -gewicht – steht oft im Fokus der Gesellschaft, da es – im Gegensatz zu anderen

Faktoren des Aussehens – zu einem Großteil von einem selbst kontrolliert werden kann. Gerade unser Körperselbstbild hat einen erheblichen Einfluss auf unsere Selbstakzeptanz, soziale Selbstsicherheit und den erwarteten Erfolg bei potenziellen Sexualpartnern und beeinflusst somit auch unser Selbstwertgefühl. Gerade für junge Frauen fungieren Models in der Werbung oder im Internet als Rollenmodelle in Bezug auf physische Attraktivität und geben Orientierung (Petersen, 2005).

Soziale Vergleiche (z. B. auf Instagram) können in verschiedene Richtungen vorgenommen werden. **Aufwärtsgerichtete Vergleiche** mit sehr attraktiven und schlanken Models resultieren laut der Theorie des sozialen Vergleiches häufig in einer negativeren Selbsteinschätzung, da man sich selber als unterlegen wahrnimmt (Hannover et al., 2004). Im Gegensatz dazu vermitteln **abwärtsgerichtete Vergleiche** mit weniger attraktiven Personen eher ein Gefühl der Überlegenheit und führen somit zu einer positiveren Selbsteinschätzung.

Insbesondere Frauen mit einem **geringen Selbstwertgefühl** fühlen sich nach einem Aufwärtsvergleich unzufrieden, wohingegen ein Abwärtsvergleich dazu führt, dass sie mit ihrem eigenen Aussehen zufriedener sind. Dies könnte daran liegen, dass bei Personen mit einem geringen Selbstwertgefühl, Gedanken an eine Unterlegenheit präsenter sind und insbesondere durch Aufwärtsvergleiche aktiviert werden (Wood et al., 2000). Ist das Selbstwertgefühl einer Person vorwiegend von ihrem Aussehen abhängig, kann die Rezeption sehr attraktiver Models für mehr Unzufriedenheit sorgen als bei Personen, deren Selbstwertgefühl auf anderen Aspekten basiert (Patrick et al., 2004).

17.6   Kritische Betrachtungsweise

Der enorme Stellenwert von Schönheit und vor allem die intensive Beschäftigung damit werden in unserer Gesellschaft häufig kontrovers diskutiert, weswegen auch kritische Aspekte nicht außer Acht gelassen werden sollen. Cameron Russell (2013), ein sehr erfolgreiches Model, erklärt, dass neben vielen positiven Aspekten des Modeljobs auch Unsicherheiten unter den Models häufig sind, denn jeden Tag stelle man sich die Frage: „Wie sehe ich aus?" Außerdem werden Fotos in Magazinen meist retuschiert und Make-up-Artists, sorgfältig ausgewählte Kleidung und Belichtung sowie die eingenommene Pose des Models sorgen dafür, dass die Bilder zu Konstruktionen werden, die häufig nicht mit der Realität übereinstimmen.

Schönheitschirurgische Eingriffe dienen selbstverständlich nicht ausschließlich dem Zweck, mitunter unrealistische Ideale zu erreichen, sondern unterstreichen vielmehr das Phänomen, dass der Körper zu einem Besitztum geworden ist, für dessen Instandhaltung gesorgt werden muss. Kritisch wird es, wenn die Zufriedenheit mit sich selber und dem eigenen Aussehen nach einem kosmetischen Eingriff rasch wieder abnimmt, neue Makel entdeckt werden und sich ein Teufelskreis abzeichnet. Viele Schönheitsrituale (z. B. Bleichmittel im Mittelalter oder extremes Diäthalten) bergen neben gesundheitlichen auch psychische Risiken.

Der unaufhaltbare Prozess des Alterns und damit verbundene Veränderungen des Aussehens können manche Menschen sehr belasten, denn gerade Jugendlichkeit ist – wie bereits thematisiert – ein wesentliches Ideal der Schönheit. Das **Dorian-Gray-Syndrom** beschreibt die psychische Unfähigkeit zu altern und manifestiert sich in einer mangelnden Akzeptanz des eigenen Aussehens. Nicht selten kann so auch das Wohlbefinden der Personen enorm getrübt werden und mitunter in eine Depression münden.

17.7 Fazit

Was kann uns dieses Kapitel mit auf den Weg geben? Zum einen ist es nicht ratsam, sein gesamtes Selbstwertgefühl vom Aussehen abhängig zu machen. Zum anderen kann der Vorwurf der Oberflächlichkeit der heutigen Gesellschaft teilweise mit dem Argument entkräftet werden, dass unabhängig von Kultur und Zeitalter als schön definierte Merkmale eine evolutionsbiologische Bedeutung für den Menschen

hatten. Schönheitsrituale bieten die Möglichkeit, sein eigenes Aussehen positiv herauszustellen und eventuell nachteilige Merkmale durch Schminke oder Kleidung zu kompensieren. Bei der Vielfalt an Ritualen kann somit jeder seine individuelle Auswahl treffen – je nachdem, wie wichtig einem Schönheit ist.

Literatur

Atkinson, R. L., Atkinson, R. C., Smith, E. E., Bem, D. J., & Nolen-Hoeksema, S. (2000). *Hilgard's introduction to psychology* (13th ed.). Fort Worth, TX: Harcourt College Publishers.

Braun, S., Peus, C., & Frey, D. (2012). Is beauty beastly? Gender-specific effects of leader attractiveness and leadership style on followers' trust and loyalty. *Zeitschrift für Psychologie* 220(2), 98–108.

Campbell, A. (2004). Female competition: Causes, constraints, content, and contexts. *Journal of Sex Research* 41(1), 16–26.

Chiu, R. K., & Babcock, R. D. (2002). The relative importance of facial attractiveness and gender in Hong Kong selection decisions. *International Journal of Human Resource Management* 13(1), 141–155.

Gründl, M. (2013). 5 Fragen an Martin Gründl. *Report Psychologie*. Interview vom 05. Juni 2013. http://www.report-psychologie.de/fileadmin/user_upload/Thema_des_Monats/6-13_Gruendl.pdf. Zugegriffen: 27. November 2017.

Hannover, B., Mauch, M., & Leffelsend, S. (2004). Sozialpsychologische Grundlagen. In: R. Mangold, P. Vorderer, & G. Bente (Hrsg.), *Lehrbuch der Medienpsychologie* (S. 175–197). Göttingen: Hogrefe.

Hofmann, W., Friese, M., Müller, J., & Strack, F. (2011). Zwei Seelen wohnen, ach, in meiner Brust – Psychologische und philosophische Erkenntnisse zum Konflikt zwischen Impuls und Selbstkontrolle. *Psychologische Rundschau* 62, 147–166.

Jackson, L. A., Hunter, J. E., & Hodge, C. N. (1995). Physical attractiveness and intellectual competence: A meta-analytic review. *Social Psychology Quarterly* 58, 108–122.

Jefferson, Y. (2004). Facial beauty – Establishing a universal standard. International Journal of Orthodontics 15(1), 9–22.

Langlois, J. H., & Roggman, L. A. (1990). Attractive faces are only average. *Psychological Science* 1, 116–121.

Langlois, J. H., Roggman, L. A., Casey, R. J., Ritter, J. M., Rieser-Danner, L. A., & Jenkins, V. Y. (1987). Infant Preferences for Attractive Faces: Rudiments of a Stereotype? *Developmental Psychology* 23(3), 363–369.

Merton, R. K. (1948). The self-fulfilling prophecy. *Antioch Review* 8, 193–210.

Mita, T. H., Dermer, M., & Knight, J. (1977). Reversed facial images and the mere exposure hypothesis. *Journal of Personality and Social Psychology* 35, 597–601.

Mönch, D. (2003). Color me beautiful – Hautbeschaffenheit und Persönlichkeitseindruck. Unveröffentlichte Dissertation. Saarbrücken: Universität Saarbrücken.

Patrick, H., Neighbors, C., & Knee, C. R. (2004). Appearance-related social comparisons: The role of contingent self-esteem and self-perceptions of attractiveness. *Personality and Social Psychology Bulletin* 30, 501–514.

Petersen, L. E. (2005). Der Einfluss von Models in der Werbung auf das Körperselbstbild der Betrachter/innen. *Zeitschrift für Medienpsychologie* 17, 54–64.

Rost, D. H. (1993). Attraktive Grundschulkinder. In: M. Hassebrauck, & R. Niketta (Hrsg.), *Physische Attraktivität* (S. 271–306). Göttingen: Hogrefe.

Russell, C. (2013). Aussehen ist nicht alles. Glauben Sie mir, ich bin ein Model. TED[x] MidAtlantic. Video auf YouTube[DE], veröffentlicht am 13. Januar 2013. https://www.youtube.com/watch?v=KM4Xe6Dlp0Y. Zugegriffen: 27. November 2017.

Singh, D. (1993). Adaptive significance of female physical attractiveness: role of waist-to- hip ratio. *Journal of Personality and Social Psychology* 65, 293–307.

Thornhill, R., & Gangestad, S. W. (1996). The evolution of human sexuality. *Trends in Ecology and Evolution* 11, 98–102.

Thornhill, R., & Moller, A. P. (1997). Developmental stability, disease and medicine. *Biological Reviews of the Cambridge Philosophical Society* 72, 497–548.

von Rennenkampf, A. (2005). Aktivierung und Auswirkungen geschlechtsstereotyper Wahrnehmung von Führungskompetenz im Bewerbungskontext. Unveröffentlichte Dissertation. Mannheim: Universität Mannheim.

Wood, J. V., Michaela, J. L., & Giordano, C. (2000). Downward comparison in everyday life: Reconciling self-enhancement models with the mood-cognition priming model. *Journal of Personality and Social Psychology* 79, 563–579.

Zajonc, R. B. (1968). Attitudinal effects of mere exposure. *Journal of Personality and Social Psychology* 9, 1–27.

17

Führen von Tagebüchern

Corinna Hilbert

© Springer-Verlag GmbH Deutschland, ein Teil von Springer Nature 2018
D. Frey (Hrsg.), *Psychologie der Rituale und Bräuche*,
https://doi.org/10.1007/978-3-662-56219-2_18

18.1   Einleitung

„Mein liebes Tagebuch …" – mancher Leser
wird sich bei diesen Worten in seine Jugendzeit
zurückversetzt fühlen. Waren Tagebücher nicht
die Gefährten aus Papier, die zuhörten, wenn
der damalige Schwarm einen nicht beachtet hat,
denen wir unsere intimsten Geheimnisse anver-
traut haben oder die sich wie kein anderer für
unseren Tagesablauf interessierten? Besonders
bekannt sind die Tagebücher historischer Figuren
wie das von Johann Wolfgang von Goethe, Erich
Kästner, Adolf Hitler oder auch Kurt Cobain. Sie
üben weltweit Faszination aus, da sie einen besonders nahen Einblick in das Denken und Fühlen
bemerkenswerter Persönlichkeiten erlauben, wie
es wohl keine andere historische Quelle vermag.

Seit 1998 gibt es in Emmendingen den
Verein „Deutsches Tagebucharchiv e.V.", in
dem Funde aus Nachlässen, aber auch Aufzeichnungen von Zeitgenossen eingesendet werden
können. Schon Oscar Wilde riet im 19 Jahrhundert: „Jeder sollte ein Tagebuch schreiben!" Und
auch heute wird in Internetforen, Lebensratge-
bern oder von Coaches die vielversprechende
Wirkung einer Tagebuchführung für ein glückliches Leben betont. In der Frauenzeitschrift
Für Sie findet sich z. B. ein Beitrag mit dem Titel
„Tagebuch – Streicheleinheiten für die Seele".

Welche Potenziale stecken wirklich hinter
dem Ritual? Die Beantwortung der Frage erfolgt
in diesem Kapitel aus einer psychologischen Perspektive. Nach einer geschichtlichen und inhaltlichen Einordnung des Rituals werden die wichtigsten psychologischen Phänomene hinter dem
Tagebuchschreiben erläutert. Zudem wird auf
die Gefahren des Tagebuchschreibens hingewiesen, denn bei falscher Ausführung kann sich das
Ritual auch negativ auswirken. Darauf folgt ein
Leitfaden für die persönliche Tagebuchführung.

◖ Abb. 18.1   Tagebuchschreiben (© anyaberkut /
stock.adobe.com)

ist individuell verschieden, übergreifend besitzt
es aber einen intimen Charakter (◖ Abb. 18.1).

Oftmals finden sich in Tagebüchern nur
bruchstückhafte Schilderungen, denn entgegen
dem Wort „Tage-buch" schreiben einige Diaristen nicht regelmäßig, sondern vorwiegend zu
bestimmten Anlässen. Diese können von persönlichen Krisenzeiten bis hin zu traumhaft
schönen Lebensphasen, z. B. Reisen, reichen.
Zwei Schreibgruppen lassen sich also oberflächlich unterscheiden: Die regelmäßig schreibenden Personen, die eine kontinuierliche Tagebuchpraxis über verschiedene Lebensphasen
hinweg kennzeichnet, und die unregelmäßig
schreibenden Diaristen, die vorwiegend aus
einem positiven und/oder negativen Anlass
heraus das Tagebuch nutzen.

Abzugrenzen ist das Ritual Tagebuchschreiben von der Tagebuchliteratur, welche größtenteils zum Zwecke einer Veröffentlichung und
somit zu einem Großteil aus extrinsischer Motivation heraus verfasst wird.

Anmerkung   Die Informationen in folgenden Abschnitten basieren, sofern nicht anders
angegeben, auf einigen Quellen aus dem
Internet.

18.2   Geschichte, Verbreitung und Anwendung

Ein Tagebuch, häufig wird es auch als Diarum oder
Memoire bezeichnet, ist ein autobiografisches
Selbstzeugnis. Das Ritual des Tagebuchschreibens

18.2.1   Historische Entwicklung

Historisch blickt die Tagebuchtradition auf
eine lange Vergangenheit. Bereits in der Antike
haben Herrscher in tagebuchähnlichen Schriften

das Kriegsgeschehen festgehalten und Träume gedeutet.

Im Mittelalter sind Aufzeichnungen von Mystikerinnen, Chroniken und Logbücher für die Schifffahrt weitere Vorreiter des Tagebuches. In Europa gewannen mit der Entwicklung eines Ich-Bewusstseins in der Renaissance eigene Erlebnisse und die Möglichkeit zum Selbstausdruck an Bedeutung. Zudem stand den Menschen nun das Schreibmaterial Papier anstatt des teuren Pergaments zur Verfügung. Größtenteils wurden in den damaligen Tagebüchern jedoch nur oberflächliche Beobachtungen anstatt Selbstreflexionen festgehalten. Dazu findet sich beispielsweise das Schiffstagebuch des spanischen Seefahrers und Amerikaentdeckers Christoph Kolumbus. Auch in anderen Kulturen, beispielsweise in Japan, wird das Schreiben von Tagebüchern bis in das 10. Jahrhundert zurückdatiert.

In der ersten Hälfte des 20. Jahrhunderts herrscht in Deutschland durch die beiden Weltkriege und die nationalsozialistische Diktatur eine Ausnahmesituation, in der das Tagebuch als wichtiges Medium zum Ausdruck der eigenen Erfahrungen und Erlebnisse diente. Es entstehen Tagebücher von Opfern von Krieg und Gewalt wie auch das der Anne Frank.

» Letztlich komme ich immer wieder auf mein Tagebuch zurück, das ist mein Anfang und mein Ende, denn Kitty ist immer geduldig. (Frank, 2012, S. 74)

Auch finden sich gehäuft Soldatentagebücher verschiedener Wehrmächte aus dem Ersten und Zweiten Weltkrieg.

Bis heute hat sich das Ritual erhalten. Überall auf der Welt schreiben Menschen mittlerweile Tagebuch, sofern sie über Schreibmaterialien verfügen. Das Tagebuch des pakistanischen Schulmädchens Malala Yousafzai, in dem sie ein Leben unter dem Druck der Taliban beschreibt, hat z. B. für weltweites Aufsehen erregt. Wenn auch wenige Quellen über die Geschichte des Tagebuches in anderen Weltkulturen vorliegen, so kann man dennoch – zumindest heute – von einem globalen Brauch ausgehen.

Tagebuchinhalte reichen von Beschreibungen des Tagesablaufes, intimen Geheimnissen, Sorgen, Wünschen, Ideen bis hin zu neuen Erkenntnissen und dem Ausspruch von Dankbarkeit. Das Tagebuch besitzt eine inhaltlich und formal höchst freie Form. Häufig finden sich Einträge in Alltagsprosa, aber auch poetische Texte, Bilder und eingeklebte Erinnerungsstücke sind möglich. Tagebuchschreiben könnte also jeder, wann, wie und wo er möchte.

Neben dem klassischen Papiertagebuch haben sich, der Digitalisierung geschuldet, neue Tagebuchformen wie Online-Tagebücher, öffentliche Tagebuch-Blogs oder -Apps entwickelt. Fraglich ist, ob nicht eine zunehmende Verflüssigung des Rituals in seinem ursprünglichen Charakter stattfindet, beispielsweise durch die öffentliche Einsicht in Online-Tagebücher.

18.2.2 Verbreitung

Gibt es Geschlechts- und Alterstrends beim Tagebuchschreiben? Eine weibliche Tendenz zum Tagebuchschreiben zeichnet sich vor allem in jungen Jahren ab. Obwohl die Prozentsätze zwischen Studien schwanken, kann man ein Verhältnis von einem Drittel männlichen zu zwei Drittel weiblichen Tagebüchern annehmen. Mädchen beginnen auch etwas früher mit dem Tagebuchschreiben, die jüngsten mit etwa 10 Jahren (Burt, 1994). Bei jungen Männern finden sich vermehrt Beschreibungen des Tagesablaufs mit viel Informationsgehalt wieder, Frauen hingegen schreiben vorwiegend gefühlsbetont, wenn Probleme auftreten. Des Weiteren zeigte sich, dass Frauen nicht nur öfter über ihre Gefühle schreiben, sondern auch mehr davon profitieren als Männer, die ihre Emotionen schriftlich festhalten (Burt, 1994). Die Gründe wurden noch nicht ausreichend untersucht, allerdings lässt sich eine Verbindung zu spezifisch männlichen und weiblichen Persönlichkeitsmerkmalen vermuten.

Tagebuchschreiben tritt in jungen Jahren besonders häufig auf. So zeigte sich in einer Studie, dass 72 % der weiblichen und 52 % der männlichen Studenten in Australien zumindest schon einmal Tagebuch geschrieben haben (Burt, 1994). Eine beliebte Erklärung für die verstärkte Tagebuchnutzung in der Adoleszenz ist der krisendurchzogene Charakter dieser Entwicklungsphase, in der das Tagebuch begleitend zur Seite stehen kann. Häufigkeitsverteilungen über Diaristen im Erwachsenenalter lassen sich leider kaum finden. Der Kultcharakter des Tagebuches reduziert sich zwar in höherem Alter, gleichzeitig könnten aber immer mehr Frauen und Männer auf der Suche nach einem erfüllten Leben das Tagebuch als Unterstützung bei der eigenen Selbstverwirklichung nutzen. Dabei werden sich vermutlich auch die Häufigkeiten der männlichen und weiblichen Diaristen angleichen.

Gibt es Verbindungen zwischen dem Tagebuchschreiben und bestimmten Persönlichkeitsmerkmalen? In einer Studie von Seiffge-Krenke (1985) zeigte sich, dass kreativ veranlagte Teenager im Vergleich zu weniger kreativen Köpfen häufiger und über längere Zeiträume das Tagebuch nutzten. Die kreativen Jugendlichen verfügten allerdings auch über ein instabileres Selbstbild, mit der Folge einer höheren Unzufriedenheit und bedrückter Stimmungslage. Ein Grund, warum diese Gruppe verstärkt Tagebücher nutzt, könnte das Tagebuch in seiner Rolle als Problemlöser und Unterstützer sein. Die kreativen Tagebuchschreiber wiesen zudem eine hohe Sensibilität und Empathie für ihre soziale Umwelt auf. Diese Tagebuchschreiber scheinen grundsätzlich über eine erhöhte Empfindsamkeit gegenüber ihrer Umwelt zu verfügen. Es ist einzuräumen, dass sich sonst kaum Untersuchungen für die Verbindung zwischen Persönlichkeitsmerkmalen und Tagebuchschreiben finden lassen, sodass spannende Fragen offen bleiben. Interessant wäre z. B. die Frage, ob ein Unterschied in der Tagebuchnutzung zwischen introvertierten und extrovertierten Personen besteht.

18.2.3   Anwendungsbereiche

Tagebücher werden neben dem ganz privaten Gebrauch auch im Gesundheitsbereich sinnvoll eingesetzt. Sie fungieren z. B. als Bewegungs-,

Ernährungs-, Traum- oder Therapietagebücher. Die Tagebuchführung wird oftmals fachmännisch angeleitet und dient den Schreibenden zur Bewusstwerdung über Gedanken und Handlungen bezogen auf ein bestimmtes Thema, z. B. das Essverhalten. Von diesem Punkt aus dienen sie auch als Ansatzpunkt für eine Verhaltensänderung. Mitunter wird das Tagebuch deshalb auch als **„therapeutisches Instrument"** bezeichnet (Seemann, 1997, S. 20). Als unterstützende Begleitung in der Behandlung von Essstörungen, Depressionen oder Drogenabhängigkeit werden verschiedene Arten von Therapietagebüchern bereits erfolgreich genutzt (Alexander, 2017; Neumann, 1985; Suhr et al., 2017).

Auch in der Wissenschaft werden **Probandentagebücher** als neues Datenerhebungsformat im Rahmen von wissenschaftlichen Studien eingesetzt. Der Vorteil dieser Methode ist die äußerst präzise und subjektive Datenerfassung über einen längeren Zeitraum (Zittoun u. Gillespie, 2012). Mithilfe der Tagebuchmethode konnte beispielsweise erforscht werden, inwieweit sich der Selbstwert von berufstätigen Liebespartnern täglich überschneidet oder wie diese ihre verfügbare Zeit auf Arbeit und Privatleben aufteilen (Neff et al. 2012; Unger et al., 2013).

Tagebuchschreiben lässt sich zusammenfassend als ein traditionelles, facettenreiches und kulturübergreifendes Schreibritual beschreiben, das geprägt ist von Intimität und subjektiver Bedeutsamkeit.

18.3   Psychologische Hintergründe

In diesem Kapitel wird Ihnen ein globaler Überblick über die wichtigsten psychologischen Hintergründe des Tagebuchschreibens gegeben, wobei dieser in Anbetracht der Vielzahl an möglichen psychologischen Motiven hinter dem Ritual keinen Anspruch auf Vollständigkeit erhebt.

In Anlehnung an Seiffge-Krenke (1985) werden 3 zentrale Motive zum Schreiben eines Tagebuches erläutert: das Tagebuch als Gedächtnisstütze, als imaginärer Gefährte sowie als

Strategie, um mit psychischem Stress umzugehen. Diese Motive wirken meist in Kombination, wobei je nach Schreibanlass auch ein einzelnes Motiv in den Vordergrund rücken kann.

18.3.1 Tagebuch als Gedächtnisstütze

Kennen Sie das, wenn Sie sich beim Blättern durch das Jugendtagebuch an längst vergessene Momente zurückerinnern, Sie manches Mal leicht beschämt Lächeln oder lauthals Lachen und gleichzeitig erfüllt sind von Faszination und Stolz über die eigene Lebensentwicklung? Tagebuchschreiben hilft im Kampf gegen das Vergessen und liefert ein einzigartiges Zeugnis des persönlichen Wachstums (Raffelsiefer, 2003).

Die Arbeitsweise des Gedächtnisses erklärt, warum Menschen auf das Tagebuch vertrauen. Das **Gedächtnis** beinhaltet die Fähigkeit des Gehirns, Informationen aufzunehmen, zu behalten, zu ordnen und schließlich wieder abzurufen. Konzeptionell unterscheidet man die folgenden Gedächtnisarten (Hoffmann u. Engelkamp, 2016):

— Das explizite Gedächtnis ist das bewusste Gedächtnis. Dort speichert das episodische Gedächtnis Ereignisse aus unserem Leben ab wie den letzten Urlaub oder den Tag der Einschulung. Das semantische Gedächtnis beinhaltet das bewusste Faktenwissen wie „3×3 = 9", Vokabeln oder Geschichtsdaten.

— Neben dem expliziten Gedächtnis speichert das implizite Gedächtnis unbewusste Erinnerungen ab, z. B. die Bewegungsabfolgen beim Laufen oder Fahrradfahren.

Tagebuchinhalte gehören meist dem episodischen Gedächtnis an, da sie vorwiegend von persönlichen Thematiken handeln.

Unter **Erinnerung** versteht man das mentale Wiedererleben vergangener Erlebnisse und Erfahrungen. Dabei unterlaufen dem Gedächtnis Fehler: Abgespeicherte Informationen können blockiert und Erinnerungen an Geschehnisse aus der Vergangenheit verzerrt

werden (Lehrner et al., 2006). Kennen Sie den Ausspruch: „Komisch, das hatte ich ganz anders in Erinnerung." Das liegt mitunter daran, dass der Mensch ständig neuen Erfahrungen und Informationen ausgesetzt ist, die er in sein Leben integrieren muss. Dafür konstruiert er seine Welt und Vergangenheit kontinuierlich neu, sodass Erinnerungen im Nachhinein verzerrt werden können. Ein weiteres Gedächtnisphänomen ist die Transienz, d. h. eine verringerte Verfügbarkeit von Gedächtnisinhalten nach längerer Zeit durch einfaches Vergessen (Lehrner et al., 2006). Gut, wenn die Erinnerungen dann wenigstens im Tagebuch abgespeichert wurden. Zusammenfassend sind Tagebücher also deshalb wertvolle Begleiter, da sie unsere oft begrenzte Fähigkeit, Ereignisse und Erlebnisse vollständig und richtig zu erinnern, unterstützen. Sie sind sozusagen ein extern verlagertes Gedächtnis.

Andererseits lässt sich gerade durch den Prozess des Aufschreibens unser **Erinnerungsvermögen** steigern. Neuropsychologen sehen in der Enkodierung, der mentalen Verarbeitung von Informationen, einen wichtigen Einflussfaktor für den Erinnerungserfolg von Informationen (Myers u. Wilson, 2014). Je tiefer Inhalte im Gedächtnis verarbeitet werden, desto erfolgreicher können sie abgerufen werden. Da die schriftliche Fixierung die Informationsverarbeitung intensiviert, könnte das Aufschreiben einer Erfahrung auch eine Chance sein, diese später besser zu erinnern. Sogar die Tageszeit hat einen Einfluss darauf, wie gut wir unsere Eintragungen erinnern können. Die besten Erinnerungsleistungen sollen auftreten, wenn der tägliche Tagebucheintrag abends vor dem Schlafengehen geschrieben wird (Szőllősi et al., 2015). Zusammengefasst: Wer Tagebuch schreibt, sichert seine Erinnerungen für die Zukunft und fördert gleichzeitig die Erinnerungsfähigkeit.

„Heute würde ich anders reagieren" – auch im **Lesen des Tagebuches** verbirgt sich ein wertvoller Effekt. Durch das spätere Nachverfolgen der persönlichen Aufzeichnungen kann eine Einsicht in die persönliche Entwicklung entstehen. Schwarz auf weiß zu lesen, dass z. B. Krisensituationen gemeistert wurden, stellt einen wesentlichen Vorteil des Schreibens im Vergleich zum reinen Erzählen dar. Das Gelesene kann zudem im Nachhinein neu bewertet und in die Lebensgeschichte integriert werden (Raffelsiefer, 2003).

18.3.2 Tagebuch als illusionärer Gefährte

Über manche Dinge können und wollen wir mit niemand anderem sprechen. Schambesetzte Themen kennen wir alle. Häufig verbirgt sich hinter Scham die Angst vor Ablehnung und Bewertung, eine der grundlegendsten und meistverbreiteten sozialen Ängste überhaupt. Ablehnung bedroht das menschliche Grundbedürfnis nach langfristigen, stabilen Beziehungen, ohne die der Mensch auf lange Sicht hin vereinsamen und schließlich sterben würde. In der Psychologie spricht man bei dem **Bedürfnis nach Zugehörigkeit** auch von dem „need-to-belong" (Baumeister u. Leary, 1995). Wo kann die Verbindung zum Tagebuchschreiben hergestellt werden? Tagebücher vereinen 2 wertvolle Eigenschaften in sich: Zum einen bewerten sie nicht, zum anderen sind sie immer für einen selbst da. Zugegebenermaßen ist ein Tagebuch nicht mit einem echten Menschen vergleichbar, doch erfüllt es oftmals die Rolle eines „illusionären Gefährten" (Seiffge-Krenke, 1985, S. 144).

Um die Rolle des fiktiven Dialogpartners zu verstärken, beginnen viele Tagebucheinträge mit der Eingangsfloskel „Liebes Tagebuch" oder „Liebe(r) … ". Erwähnenswert ist in diesem Zusammenhang, dass Männer und Frauen öfter einen weiblichen als männlichen Dialogpartner wählen (Seiffge-Krenke, 1985). Anne Frank nannte ihre Tagebuchgefährtin „Kitty", die sie stellvertretend für eine in ihrer Situation fehlende Freundin behandelte. Die Zuschreibung menschlicher Eigenschaften zu nicht menschlichen Gegenständen oder Lebewesen nennt man in der Psychologie **Anthropomorphismus** (Waytz et al., 2010). Das Anthropomorphisieren gilt als eine angeborene Tendenz der menschlichen Psyche.

In einer qualitativen Tagebuchstudie hat sich gezeigt, dass Tagebuchschreiben zudem positiv auf die **Selbstakzeptanz** wirken kann (Raffelsiefer, 2003). Da die Tagebuchschreibenden oftmals über ein instabileres Selbstbild (Seiffge-Krenke, 1985) verfügen, lässt sich im Schreiben also auch eine Chance für ein besseres Selbstbild erkennen. Beim Schreiben besteht die Möglichkeit, bedrohliche und beschämende Inhalte ohne Wertung zuzulassen. Eine Studienprobandin äußerte treffend: „Ich werde dafür nicht bewertet oder eingeschätzt" (Raffelsiefer, 2003, S. 179). Indem sich eine Person im Schreiben so darstellen kann, wie sie wirklich ist, kann die Selbstakzeptanz für die eigene Person gestärkt werden. Dieser nicht bewertende Charakter des zuhörenden Gefährten könnte auch die oft berührende Intimität der Tagebucheinträge erklären.

Tagebücher sind zwar keine Menschen, doch erfüllen sie bei intimen Themen oder situativ fehlenden Dialogpartnern die Rolle eines Gefährten, dem wir menschliche Eigenschaften zusprechen. Die Selbstakzeptanz kann durch die nicht wertende Eigenschaft des Tagebuches außerdem gestärkt werden.

18.3.3 Tagebuchschreiben als Copingstrategie

In diesem Abschnitt wird auf die Funktion des Tagebuches als strukturierende Hilfe bei gedanklichem Chaos eingegangen. Menschen verspüren oftmals den Wunsch nach einer Ordnung und bewussten Reflexion von nichtgreifbaren Empfindungen oder Problemen (Raffelsiefer, 2003). Dies kann z. B. bei Entscheidungen, Sorgen, Unzufriedenheit, Liebeskummer oder Zukunftsängsten auftreten.

Verglichen mit der gesprochenen Sprache werden schriftlich formulierte Gedanken präziser und in einem sinnvollen Zusammenhang dargestellt. Diffuse Gedanken erhalten so eine nachvollziehbare Struktur, die wiederum für Entlastung beim Schreibenden sorgt. Somit ist Tagebuchschreiben eine vielversprechende Möglichkeit, um die eigenen **Bewertungs- und Erlebensmuster** aufzudecken, zu ordnen und auch als Ansatzpunkt für Veränderung zu nutzen. „So habe ich die Dinge zuvor nicht gesehen" (Raffelsiefer, 2003, S. 177), dieses Zitat einer Diaristin zeigt, dass sich im Schreiben durch das bewusste Erkennen nichtbewusster Gedanken entlastende Denkgewohnheiten entwickeln können (Raffelsiefer, 2003).

Mit dem Bedürfnis nach Struktur in Verbindung steht meiner Ansicht nach auch der Wunsch nach gefühlter Kontrolle über die aktuellen Lebensumstände. Eine **Kontrollüberzeugung** ist der Glaube eines Menschen, über sein Leben selbst bestimmen zu können, wobei Rothbaum et al. (1982) primäre und sekundäre Kontrollstrategien unterscheiden. Primäre Strategien zielen auf die direkte Beeinflussung der äußeren Situation ab, wohingegen sekundäre Kontrollstrategien eine Veränderung innerhalb der Person bedeuten, um das innere Kontrollerleben aufrechtzuerhalten. Tagebuchschreiben lässt sich in diesem Zusammenhang als sekundäre Kontrollstrategie einordnen, da Schreiben vorwiegend Änderungen im Inneren einer Person hervorruft. Zu den sekundären Kontrollstrategien zählen u. a. kognitive Umstrukturierungen, die Suche nach Erklärungen für Vergangenes und das Streben nach Vorhersehbarkeit für zukünftige Geschehnisse (Frey u. Jonas, 2002). Wenn Diaristen ihre Wünsche, Befürchtungen, Enttäuschungen oder Ängste schriftlich in einem Tagebuch fixieren, zielt das also genau betrachtet auf einen Zuwachs an Erklärbarkeit und Vorhersehbarkeit der Geschehnisse ab. Sowohl durch einen präzisen, schriftlichen Ausdruck als auch durch die sinnstiftende Strukturierung des gedanklichen Chaos beim Tagebuchschreiben wird das subjektive Kontrollempfinden letztlich gestärkt.

Schließlich möchte ich noch erwähnen, dass Schreiben auch Entlastung schaffen kann, weil die mitunter belastenden Gedanken im Tagebuch einen Ort finden, wo sie abgelegt werden können. Psychologisch spricht man von einer erlebten **Externalisierung**. Sind geistige Inhalte erst einmal schriftlich fixiert, können sie sozusagen auch gedanklich abgelegt werden. So distanziert sich der Schreibende von seiner Problemtrance. Tagebuchschreiben bedeutet also auch im Dialog zu sein und einen Perspektivwechsel vom Erleben zum Betrachten vorzunehmen

(Raffelsiefer, 2003). In einer Studie wurde sogar nachgewiesen, dass das Schreiben über belastende Ereignisse noch mehr Entlastung schaffen würde, wenn neben Berichten aus der Ich-Perspektive auch die Du- und Es-Erzählhaltung eingenommen werden würden (Chang et al., 2013). Die Wortwahl unterstützt zusätzlich die Externalisierung der Gedanken.

Zusammenfassend lässt sich Tagebuchschreiben als Copingstrategie bezeichnen. **Coping** ist in der Psychologie ein Sammelbegriff für Maßnahmen, die darauf abzielen, psychischen Stress zu bewältigen. Der Tagebuchschreibende verspricht sich durch die Strukturierung und die Externalisierung von diffusen Gedanken innere Kontrolle, Entlastung und somit Schutz vor psychischem Stress. Vermutlich wird eine Kombination der beschriebenen Effekte auftreten, die je nach Individuum, Anliegen und Schreibstil variiert.

18.3.4 Glückstagebücher

Vielleicht entsteht bei Ihnen der Eindruck, dass Tagebuchschreiben hauptsächlich in Krisenzeiten sinnvoll ist. Warum auch durch Schreiben Zeit verschwenden, wenn es einem doch gut geht? Es ist richtig, dass viele Diaristen hauptsächlich in Krisenzeiten schreiben, unvollständig ist es aber zu behaupten, Tagebücher würden ausschließlich in grauen Zeiten nützlich sein. Reisetagebücher beweisen z. B. das Gegenteil: Geschrieben wird auch explizit in den Hochphasen des Lebens, um Erinnerungen für die Zukunft zu sichern und das bewusste Erleben auf Reisen zu fördern. Eine differenzierte Sichtweise auf die Potenziale des Tagebuches ist angemessen. Im Folgenden werde ich deshalb eine besondere Form des Tagebuches vorstellen, die dem erwähnten Vorurteil weiter entgegenwirkt.

Vielleicht ist Ihnen der Begriff des Glückstagebuches, u. a. geprägt durch den Schriftsteller, Moderator und Mediziner Eckart von Hirschhausen, schon einmal begegnet? Bei Einträgen in das Glückstagebuch werden täglich ausschließlich **positive Inhalte** festgehalten, z. B. Glücksmomente, Dinge für die man dankbar ist und eigene Ressourcen (von Hirschhausen, 2009). Das Konzept ist mit verschiedenen Schwerpunkten zu finden, beispielsweise als Dankbarkeits-, Ressourcen- oder Freudentagebuch. Das regelmäßige Schreiben eines Glückstagebuches kann Menschen dabei helfen, sich eine optimistische und bewusste Einstellung zum eigenen Leben anzueignen. Die Verbesserungen im Bereich der Befindlichkeit und des Glückserlebens wurden bereits in Pilotstudien bestätigt (Laireiter et al., 2012).

Aber wer schreibt Glückstagebücher? Zum einen werden sie im therapeutischen Setting genutzt, z. B. bei depressiven Patienten als Methode zur Prävention und mentalen Stabilisation nach stationären Aufenthalten (Suhr et al., 2017). Zudem werden Glückstagebücher aber insbesondere im Lifestyle-Bereich als wirkungsvolle Methode für ein glückliches und bewusstes Leben propagiert. Gerade in der heutigen Leistungsgesellschaft verlieren Menschen leicht das Bewusstsein für die schönen Dinge im Alltag. Glückstagebuchschreiben trainiert die positive innere Ausrichtung und ist für diesen Zweck auch ohne konkretes Anliegen, Problem oder Erkrankung sinnvoll einsetzbar. Eingebettet in die tägliche Handlungsroutine kann der „normale" Bürger durch ein Glückstagebuch also beeinflussen, wie bewusst und dankbar er lebt.

Wie kann man sich den positiven Effekt erklären? In der Sozialpsychologie geht man davon aus, dass Einstellungen einen Einfluss auf unsere Wahrnehmung und Aufnahme von Umweltinformationen besitzen. Menschen suchen nach einstellungsunterstützenden anstatt widersprechenden Informationen (Frey u. Rosch, 1984). Die **optimistische Einstellung**, die sich durch das Schreiben von rein positiven Inhalten entwickelt, hat einen entscheidenden Einfluss darauf, mit welcher Wahrnehmungsbrille wir durch die Welt schreiten. Eine erhöhte Glückswahrnehmung durch das Schreiben von Glückstagebüchern klingt vielversprechend. Je öfter wir über positive Dinge schreiben, desto leichter fällt es, eine positive Grundhaltung einzunehmen. Denn Einstellungen lassen sich über die Zeit trainieren und festigen (Wänke et al., 2011).

Glückstagebücher stellen eine inhaltlich besondere Form des Tagebuches dar, weil sie sich auf positive und unterstützende Inhalte fokussieren. Deutlich wurde zudem, dass Glückstagebücher ohne Anlass und in jeder Stimmung geschrieben werden können, was dem Vorurteil des Tagebuches als reiner Krisenbegleiter entgegenwirkt. An dieser Stelle möchte ich optimistisch betonen, dass sowohl das Glücks- als auch das „klassische" Tagebuch nützlich sein können. Die Wahl der Methode hängt dabei von dem individuellen Anliegen und Interesse einer Person ab.

18.3.5 Gefahren der Tagebuchführung

Berechtigterweise werden Sie sich fragen, ob es bei all den positiven Effekten der Tagebuchführung nicht auch den einen oder anderen Haken gibt. Die Überschrift eines Artikels der Welt lautet: „Tagebuchschreiben kann krank machen" (Zittlau, 2009). Leider ist das nicht vollkommen auszuschließen. Auch Tagebuchschreiben kann bei fehlerhafter Umsetzung zu negativen Konsequenzen führen.

Tagebuchschreiben kann den Effekt des „Sich-fest-Schreibens" (Raffelsiefer, 2003, S. 99) bewirken. Das tritt vorwiegend beim Schreiben über problem- und sorgenbehaftete Themen auf. Zu betonen ist hier: Es kann sich negativ auswirken, muss aber nicht. Vor allem **fordernde Dialoge und Selbstvorwürfe**, in denen Wörter wie „müssen" oder „unbedingt" auftreten, können die Versagensängste und innere Anspannung der Diaristen verstärken. Ein Teufelskreis entsteht, in dem sich hohe Erwartungen und ein strenger, innerer Dialog gegenseitig beeinflussen.

Ich beschreibe dies als **destruktive Tagebuchführung**. Beim Schreiben verweilt der Diarist hier mitten in seinem Problem, anstatt neue Lösungsmöglichkeiten zu entwickeln. Die Folgen sind falsche Überzeugungen, die ein ungünstiges Erleben und Verhalten aufrechterhalten oder verstärken (Raffelsiefer, 2003). Die Entwicklung von positiven Denkweisen, z. B. durch Strukturierung und Externalisierung der Gedanken (s. o.), kann bei ungünstiger

Selbstkommunikation also auch in die entgegengesetzte Richtung wirken. Grübeleien im Tagebuch ziehen weitere Grübeleien nach sich und so setzt sich die gedankliche Abwärtsspirale fort.

In diesem Zusammenhang interpretiere ich auch das Ergebnis einer Studie von Duncan und Sheffield (2008). Dort wirkt das Niederschreiben traumatischer Erlebnisse nicht erlösend, sondern provoziere Kopfschmerzen, Schlafstörungen und andere psychosomatische Probleme. Ich vermute, dass diese Krankheitserscheinungen vor allem dann auftreten, wenn durch ein „Sich-fest-Schreiben" keine ausreichende Distanzierung von den traumatischen Erlebnissen stattfinden kann.

Problematisch kann Tagebuchschreiben zudem werden, wenn das Tagebuch vor allem in schwierigen Phasen den einzigen Kommunikationspartner darstellt.

> » Wer seine Probleme nur durch Schreiben
> […] löst, setzt sich der Gefahr aus, geistig
> und emotional zu vereinsamen. (Scheid,
> 1996, zitiert nach Raffelsiefer, 2003, S. 99)

Ohne echten Dialogpartner fehlt den Diaristen der bereichernde Blick auf die eigenen Themen von außen. Es besteht die Gefahr, innerhalb der eigenen Denkschemata zu verweilen. Vom Scheidt (1989) gibt sogar zu bedenken, dass nur zu schreiben, eine Flucht vor jeder Veränderung und dem echten Leben sein kann. Ausnahmen sind situativ fehlende Gesprächspartner und äußerst schambesetzte Themen. Hier ist Tagebuchschreiben besser als überhaupt kein Dialog.

18.4 Leitfaden für eine konstruktive Tagebuchführung

Nach den vorangegangenen Schilderungen möchte ich die wichtigsten Chancen und Gefahren der Tagebuchführung in Form eines Leitfadens für Ihre eigene Tagebuchpraxis zusammenfassen:

1. Das Tagebuch hilft bei der Strukturierung von Gedanken und ermöglicht die Entwicklung neuer Denkweisen. Nutzen Sie ein Tagebuch für mehr Klarheit im Kopf.

2. Es ist entscheidend, wie Sie über belastende Themen schreiben. Der Bericht in negativen Gedankenschleifen kann ein „Sich-fest-Schreiben" in Problemen bewirken. Nutzen Sie Ihr Tagebuch bei problembehafteten Themen deshalb als neutralen, lösungsorientierten Raum, anstatt in Forderungen zu verharren.

3. Betrachten Sie Ihr Tagebuch als einen Ort, an dem Sie belastende Gedanken ablegen und sich von ihnen distanzieren können. Durch das schriftliche Fixieren im Tagebuch werden Gedanken externalisiert, was wiederum für Entlastung sorgen kann. Um den Effekt zu verstärken, können Sie ergänzend in der 2. oder 3. Person schreiben.

4. Ein Tagebuch speichert Erinnerungen im Vergleich zu unserem Gedächtnis wahrheitsgetreu. Es dient daher für die Zukunft als Zeugnis der Vergangenheit und des eigenen Wachstums. Durch Schreiben, vor allem am Abend, stellen Sie zudem sicher, dass die Inhalte tiefer im Gedächtnis eingespeichert werden.

5. Ein Tagebuch kann als Dialogpartner für schambesetzte Themen dienen und gleichzeitig die Selbstakzeptanz steigern. Nutzen Sie das Tagebuch jedoch nicht als vollständigen Kommunikationsersatz, da die Gefahr besteht, emotional und geistig zu vereinsamen.

6. Ein Glückstagebuch bietet bei regelmäßigem Gebrauch die Chance, sich eine positive und bewusste Lebenseinstellung anzueignen. Dies kann sowohl in schwierigen Phasen als auch im normalen Alltag hilfreich sein.

18.5 Fazit

Wenn Sie, lieber Leser, nun ihren eigenen Tagebuchstil besser verstanden oder auch einfach „nur" Ihr Wissen rund um Tagebücher und ihre psychologischen Hintergründe erweitert wurde, dann erfüllt dieses Kapitel seine Intention. Tagebuchschreiben als ein intimes, traditionelles und trotzdem beständiges Ritual wird meist in Jugendjahren begonnen und kann bis ins hohe Alter fortgesetzt werden. Dabei haben sich viele inhaltliche und formale Abwandlungen von der klassischen Form des Tagebuchs entwickelt, z. B. digitale Tagebücher oder Glückstagebücher.

Es wurden folgende zentrale, psychologische Motive für die Ritualausübung fokussiert: Erstens dient die Führung eines Tagebuches aufgrund unserer eingeschränkten Erinnerungsfähigkeit als Gedächtnisstütze für die Zukunft, gleichzeitig werden Erfahrungen durch Aufschreiben aber auch tiefer verarbeitet. Zweitens fungiert das Tagebuch vor allem bei schambesetzten Themen oder bei fehlenden Dialogpartnern als Gefährte, der unser fundamentales Bedürfnis nach Zugehörigkeit, das „need to belong", erfüllt. Vor allem nutzen wir Tagebücher aber für die Strukturierung, Externalisierung und Veränderung von belastenden Gedanken. Hier kann Tagebuchschreiben als Copingstrategie vor psychischem Stress schützen.

Es zeigte sich, dass Tagebücher oftmals zu bestimmten Anlässen bzw. bei Problemen geschrieben werden. Daneben verspricht die kontinuierliche Tagebuchführung, beispielsweise in Form von Glückstagebüchern, aber auch positive Effekte für die eigene Lebenseinstellung. Leider kann Tagebuchschreiben negative Gedanken auch verstärken, wenn nur problemfokussiert geschrieben wird. Dennoch möchte ich positiv mit einem Zitat von Gustave Flaubert zum Nachsinnen abschließen:

» Jeder Mensch ist einen Roman wert.

Literatur

Alexander, J. (2016). *Using writing as a therapy for eating disorders: The diary healer*. London: Routledge.

Baumeister, R. F., & Leary, M. R. (1995). The need to belong: desire for interpersonal attachments as a fundamental human motivation. *Psychological Bulletin* 117(3), 497–529.

Burt, C. D. (1994). An analysis of a self-initiated coping behavior: Diary-keeping. *Child Study Journal* 24(3), 171–189.

Chang, J. H., Huang, C. L., & Lin, Y. C. (2013). The psychological displacement paradigm in diary-writing (PDPD) and its psychological benefits. *Journal of Happiness Studies* 14(1), 155–167.

Duncan, E., & Sheffield, D. (2008). Diary keeping and well-being. *Psychological Reports* 103(2), 619–621.

Frank, A. (2012). Tagebuch. Frankfurt am Main: Fischer.

Frey, D., & Jonas, E. (2002). Die Theorie der kognizierten Kontrolle. In: D. Frey, & M. Irle (Hrsg.), *Theorien der Sozialpsychologie. Band III: Motivations-, Selbst- und Informationsverarbeitungstheorien* (S.13–50). Bern: Huber.

Frey, D., & Rosch, M. (1984). Information seeking after decisions: The roles of novelty of information and decision reversibility. *Personality and Social Psychology Bulletin* 10(1), 91–98.

von Hirschhausen, E. (2009). *Mein Glück kommt selten allein. Glück kommt mit deinem persönlichen Glückstagebuch!* Reinbek bei Hamburg: Rowohlt.

Hoffmann, J., & Engelkamp, J. (2016). *Lern-und Gedächtnispsychologie*. Berlin, Heidelberg: Springer.

Laireiter, A. R., Spitzbart, K., & Raabe, L. (2012). Glückstagebücher als Methoden gesundheitspsychologischer Intervention – zwei Pilotstudien. *Empirische Pädagogik* 26(2), 312–332.

Lehrner, J., Pusswald, G., Fertl, E., Strubreither, W., & Kryspin-Exner, I. (Hrsg.). (2006). *Klinische Neuropsychologie: Grundlagen – Diagnostik – Rehabilitation*. Berlin, Heidelberg: Springer.

Myers, D. G., & Wilson, J. (2014). Gedächtnis. In: D. G. Myers (Hrsg.), *Psychologie* (S. 327–365). Berlin, Heidelberg: Springer.

Neff, A., Sonnentag, S., Niessen, C., & Unger, D. (2012). What's mine is yours: The crossover of day-specific self-esteem. *Journal of Vocational Behavior* 81(3), 385–394.

Neumann, J. K. (1985). Diary writing as a means to increased self-evaluation. *Journal of Substance Abuse Treatment* 2(4), 221–223.

Raffelsiefer, G. (2003). Zwischen den Zeilen – im Schreiben sich selbst entdecken: eine qualitative Studie zu psychologischen und therapeutischen Wirkungen des Tagebuchschreibens. Frankfurt: Lang.

Risch, A. K., & Wilz, G. (2013). Ressourcentagebuch: Verbesserung der Emotionsregulation und der Ressourcenrealisierung durch therapeutisches Schreiben im Anschluss an eine Psychotherapie. *Zeitschrift für Klinische Psychologie und Psychotherapie: Forschung und Praxis* 42(1), 1–13.

Rothbaum, F., Weisz, J. R., & Snyder, S. S. (1982). Changing the world and changing the self: A two-process model of perceived control. *Journal of Personality and Social Psychology* 42(1), 5–37.

vom Scheidt, J. (1989). *Kreatives Schreiben. Texte als Wege zu sich selbst und zu anderen.* Frankfurt am Main: Fischer.

Seemann, H. (1997). Tagebuchverfahren- Eine Einführung. In: G. Wilz, & E. Brähler (Hrsg.), *Tagebücher in Therapie und Forschung. Ein anwendungsorientierter Leitfaden* (S. 13–33). Göttingen: Hogrefe.

Seiffge-Krenke, I. (1985). Die Funktion des Tagebuches bei der Bewältigung alterstypischer Probleme in der Adoleszenz. In: R. Oerter (Hrsg.), *Lebensbewältigung im Jugendalter* (S. 131–159). Weinheim: Verlagsgesellschaft VCH.

Suhr, M., Risch, A. K., & Wilz, G. (2017). Maintaining mental health through positive writing: Effects of a resource diary on depression and emotion regulation. *Journal of Clinical Psychology.* https://doi.org/10.1002/jclp.22463.

Szőllősi, Á., Keresztes, A., Conway, M. A., & Racsmány, M. (2015). A diary after dinner: How the time of event recording influences later accessibility of diary events. *The Quarterly Journal of Experimental Psychology* 68(11), 2119–2124.

Unger, D., Niessen, C., Sonnentag, S., & Neff, A. (2014). A question of time: Daily time allocation between work and private life. *Journal of Occupational and Organizational Psychology* 87(1), 158–176.

Wänke, M., Reutner, L., & Bohner, G. (2011). Einstellung und Verhalten. In: H. W. Bierhoff, & D. Frey (Hrsg.), *Sozialpsychologie – Individuum und soziale Welt* (S. 211–231). Göttingen: Hogrefe.

Waytz, A., Morewedge, C. K., Epley, N., Monteleone, G., Gao, J. H., & Cacioppo, J. T. (2010). Making sense by making sentient: effectance motivation increases anthropomorphism. *Journal of Personality and Social Psychology* 99(3), 410–435.

Zittlau, J. (2009). Tagebuchschreiben kann krank machen. Welt N24. Artikel vom 18. Dezember 2009. https://www.welt.de/wissenschaft/article5573899/Tagebuchschreiben-kann-krank-machen.html. Zugegriffen: 27. November 2017.

Zittoun, T., & Gillespie, A. (2012). Using diaries and self-writings as data in psychological research. In: E. Abbey, & S. E. Surgan (Eds.), *Emerging Methods in Psychology* (S. 1–26). London: Transaction Publishers.

Abergläubische Rituale

Sarah Alicia Boecker

© Springer-Verlag GmbH Deutschland, ein Teil von Springer Nature 2018
D. Frey (Hrsg.), *Psychologie der Rituale und Bräuche*,
https://doi.org/10.1007/978-3-662-56219-2_19

19.1   Einleitung

Zu Beginn möchte ich Sie fragen: Sind Sie abergläubisch?

Bevor wir tiefer in die Materie einsteigen, ist zunächst folgende Frage zu klären: Was ist überhaupt Aberglaube? Laut Duden online (2017) ist Aberglaube ein als „irrig angesehener Glaube an die Wirksamkeit übernatürlicher Kräfte in bestimmten Menschen und Dingen". Der Begriff „irrig" lässt zunächst eine negative Konnotation vermuten. Dennoch stellt der Aberglaube für viele auch etwas Positives dar, nämlich wenn er Hoffnung und Zuversicht spendet.

Bereits im 12. Jahrhundert konnte das deutsche Wort Aberglaube, aus dem Lateinischen „superstitio" übersetzt, zum ersten Mal belegt werden. Zunächst beschrieb die Kirche damit abwertend religiöse Vorstellungen, die sich von der christlichen Lehre unterschieden. Im 16. Jahrhundert wurde es dann als Kampfbegriff gegen Ketzer und Häretiker verwendet. Im 19. Jahrhundert wurde dem Begriff eine weniger negative Bedeutung zugewiesen, und der Aberglaube galt als Vorstellung der einfachen Bevölkerung („Volksglaube"). Mit dem Beginn des 20. Jahrhunderts versuchten Humanwissenschaftler die soziokulturellen und psychologischen Hintergründe des Aberglaubens zu erforschen (Konradin Medien GmbH, 2017).

Zusammengefasst beschreibt der Aberglaube eine Glaubensform, die von der allgemeingültigen Religion und Weltanschauung abweicht. Was die „allgemeingültige Religion und Weltanschauung" ist, hängt dabei vom Standpunkt des Betrachters ab. Fest steht dennoch, dass Aberglaube und abergläubische Rituale das Leben und Handeln von Menschen aller Zeiten und Kulturen begleitet haben (Konradin Medien GmbH, 2017).

19.2   Länder-, kultur- und zeitübergreifender Aberglaube

Es gilt die **Gleichförmigkeit des Okkulten**. Dieser von dem Parapsychologen Hans Bender (1971) geprägte Ausdruck beschreibt die Tatsache, dass Phänomene wie der Aberglaube in allen Ländern, Kulturen und Epochen berichtet werden. Um dies aufzuzeigen, geht es im Folgenden zunächst um die Verbreitung verschiedener Aberglauben in unterschiedlichen Ländern und Kulturen. Danach werden exemplarisch abergläubische Rituale der heutigen Zeit, die auf historische Epochen zurückzuführen sind, vorgestellt.

19.2.1   Verbreitung abergläubischer Rituale

„Immer mehr Deutsche sind abergläubisch" – das fand eine Studie des Meinungsforschungsinstitut Allensbach heraus (Spiegel online, 2005). Dabei scheinen die Deutschen besonders an vermeintliche Glücks- und Pechbringer zu glauben. Die Befragung durch Das Institut für Demoskopie (IfD) Allensbach zeigt, dass 43 % der Befragten dem vierblättrigen Kleeblatt, 40 % der Befragten der Sternschnuppe und 35 % dem Schornsteinfeger eine besondere Bedeutung als Glücksbringer beimessen. Auch der Glaube an Pechbringer scheint relativ weitverbreitet, so misst ca. jeder 4. Deutsche der schwarzen Katze oder Freitag dem 13. die Bedeutung bei, Unheilvolles mit sich zu bringen (◐ Abb. 19.1).

Doch gemäß der Gleichförmigkeit des Okkulten sind nicht nur die Deutschen abergläubisch. Während die Deutschen beispielhaft Freitag den 13. fürchten, glauben Spanier daran, dass Dienstag der 13. Unheilvolles mit sich bringt. Für Israeliten gilt die Zahl 13 hingegen als Glückzahl (FAZ, 2006).

Wie kommt es zu solch unterschiedlichen Vorstellungen? In der christlichen Kultur wird Freitag dem 13. aus religiösen Gründen ein negativer Ruf beigemessen: Jesus Kreuzigung fand an einem Freitag statt, und Jesus wurde durch den 13. Apostel beim letzten Abendmahl verraten. Im israelisch-jüdischen Kalender gilt der 13. nicht als Unglückstag, denn die Zahl 13 steht als Symbol für Gottes Namen. In Spanien steht zwar die Zahl 13 für Unglück, jedoch nicht ein Freitag; denn „viernes" (span. „Freitag") steht für die Liebesgöttin Venus. „Martes" (span. „Dienstag")

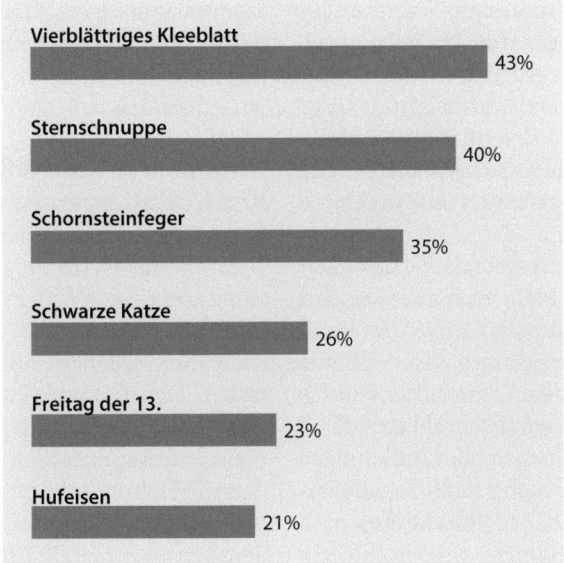

Abb. 19.1 Prozent der befragten Deutschen, die dem jeweiligen Aberglauben eine besondere Bedeutung beimessen. Daten aus einer Befragung des IfD Allensbach (Statista, 2000)

dagegen steht für den Kriegsgott Mars und eignet sich demnach besser für einen Pechtag. Auch im spanischsprachigen Argentinien wird man am Dienstag den 13. auf dem Standesamt gefragt, ob man wirklich an einem solch verrufenen Tag heiraten wolle. In Indonesien glaubt man dagegen, dass an Tagen, an denen der Kliwon-Tag (ein Festtag des in Indonesien weitverbreiteten Pawukon-Kalenders) auf einen Freitag fällt, Geister versuchen in die menschlichen Körper vorzudringen (FAZ, 2006).

19.2.2 Aberglaube im Alltag

Ich habe Sie zu Anfang gefragt, ob Sie abergläubisch sind. Wenn Sie diese Frage verneint haben, ist Ihnen vielleicht gar nicht bewusst, wie oft Sie Rituale ausführen, die in ihrem Ursprung abergläubischer Natur sind. Diese Verbindung möchte ich Ihnen im Folgenden anhand von alltäglichen Beispielen bewusst machen.

Wer kennt die Situation nicht? Man erzählt jemandem, dass man bis zum jetzigen Zeitpunkt Glück gehabt hat, z. B. sich bisher noch keinen Knochen gebrochen hat – und klopft dann schnell 3 Mal aufs Holz. Man möchte sein Glück mit diesem Ritual besiegeln. Aber was hat es mit dem Holz auf sich? Eine mögliche Erklärung findet sich im Christentum: Im Mittelalter verkauften viele Kirchen ein Stück Holz als „Teil von Jesus". Man erzählte, dass es Glück bringt, dieses Holz zu berühren (Kingston, 2017).

Sicherlich sind Sie auch schon in der Situation gewesen, mit Gläsern klirrend anzustoßen: „Zum Wohl", „Cheers", „Santé". In den verschiedensten Ländern der Welt wird dieses Ritual ausgeführt. Aber wussten Sie, dass das mit einem Prosit begleitete Anstoßen auf reinen Aberglauben zurückzuführen ist? Denn früher glaubte man, mit dem Klirren von Gläsern und Scherben Dämonen verjagen zu können (Hasinger et al., 2017).

Haben Sie sich schon mal gefragt, warum man eigentlich jemandem die Daumen drücken soll, der etwas Besonderes vorhat? Auch dieses Ritual ist auf antike Zeiten zurückzuführen. Früher glaubte man, dass der stärkste Finger mit überirdischen Fähigkeiten ausgestattet sei. Auch wenn wir heute nicht mehr an die übernatürlichen Kräfte unseres Daumens glauben, sagen wir doch hin und wieder: „Drück mir die

Daumen", bevor wir uns einer großen Herausforderung stellen (Hasinger et al., 2017). Im angelsächsischen Raum dagegen kreuzt man seine Finger als glückbringendes Ritual. Diese Geste ist auf einen religiösen Ursprung zurückzuführen: Die gekreuzten Finger stehen metaphorisch für das Kruzifix und gelten als Bitte für Gottes Schutz (Pütter, 2014).

Wir sehen also, dass Aberglaube und abergläubische Rituale ein Phänomen jeder Religion, Kultur und jeden Landes sind. Diese Universalität lässt sich dadurch begründen, dass sich hinter abergläubischen Praktiken generell der Wunsch verbirgt, „Unbekanntes und Bedrohliches durch beschwörende Handlungen oder Äußerungen zu bannen oder Glück herbeizuführen" (Konradin Medien GmbH, 2017). Dieses Streben nach Glück und die Vermeidung von Bedrohlichem und Unbekanntem sind ein alle Epochen überdauerndes grundlegendes Motiv des Menschen, unabhängig von ihrer Kultur und Herkunft.

19.3   Psychologische Hintergründe

19.3.1   Unsicherheitsvermeidung als grundlegendes Motiv des Aberglaubens

Die Allgegenwärtigkeit unbekannter und bedrohlicher Situationen beschreibt der amerikanische Psychologe Vyse (1997, S. 12f.) wie folgt:

» Wir gehen Risiken ein, wenn wir Auto fahren, Geld anlegen, den Arbeitsplatz wechseln oder uns verlieben. Die Folgen unseres Handelns mögen erfreulich sein, traurig, oder keines von beiden, *vorhersehbar* sind sie jedoch nur selten. Die Unberechenbarkeit ist ein unausweichlicher Bestandteil jeder menschlichen Erfahrung, und jeder löst das Problem auf seine Weise.

Aberglaube hilft, mit solch unberechenbaren und unbekannten Situationen umzugehen. Innerhalb der psychologischen Forschung

konnte demnach ein Zusammenhang zwischen der **Kontrollüberzeugung** und **Selbstwirksamkeit** mit dem Ausmaß an Aberglauben nachgewiesen werden.

Kognizierte Kontrolle und Kontrollüberzeugung

Je unsicherer eine Situation ist, desto wahrscheinlicher ist abergläubisches Verhalten (Rudski et al., 1999). Der Grund hierfür könnte sein, dass Individuen dazu neigen, die Kontrolle über unsichere Situationen erlangen zu wollen. Dabei ist nicht zwingend eine objektiv vorhandene Kontrolle gemeint, sondern vielmehr eine **kognizierte Kontrolle**. Mit diesem Begriff beschreiben Frey und Jonas (2009) eine psychologische Kontrolle, die weder tatsächlich bestehen noch ausgeübt, sondern eben nur subjektiv wahrgenommen werden muss.

Weiter unterscheidet man in der Psychologie eine **internale** von einer **externalen Kontrollüberzeugung** (Rotter, 1966): Dies beschreibt das Ausmaß, zu dem Individuen glauben, dass sie selbst (internal) die Kontrolle über eine Situation haben oder dass diese von außerhalb (external) kontrolliert wird. Forschungsergebnisse zeigen, dass eine externale Kontrollüberzeugung stärker mit abergläubischem Verhalten einhergeht (Vyse, 1997). Das heißt, dass jemand der glaubt, nicht selbst die Kontrolle über die Ereignisse in seinem Leben zu haben, eher an abergläubischen Überzeugungen festhält. Daher sind besonders solche Individuen und Gruppen abergläubisch, deren Situationslage stark von äußeren Bedingungen abhängig ist. Demnach greifen Soldaten, Bauern, Seeleute, Schauspieler und Sportler oft auf abergläubische Rituale zurück, so wie etwa der Fußballstar Klose, der das Spielfeld ritualisiert zuerst mit dem rechten Fuß betritt, oder der Profigolfer Tiger Woods, der am letzten Turniertag auf sein rotes Hemd besteht (Jiménez, 2012).

Selbstwirksamkeit

Auch die Überzeugung einer Person, schwierige Situationen aus eigener Kraft erfolgreich bewältigen zu können, d. h. ihre wahrgenommene Selbstwirksamkeit („self-efficacy"; Bandura,

1977), hat Auswirkung auf das Ausmaß abergläubischer Ansichten. So fanden Tobacyk und Shrader (1991), dass erhöhte Selbstwirksamkeit mit weniger abergläubischen Ansichten einhergeht. Das heißt im Umkehrschluss, je weniger ein Individuum glaubt, Herausforderungen selbstständig meistern zu können, desto höher ist die Wahrscheinlichkeit, dass der- oder diejenige abergläubisch ist.

Aus diesen empirischen Befunden können wir schließen, dass Menschen unterschiedliche Bewältigungsstrategien in unsicheren Situationen aufweisen: Einige glauben, selbst Herr der Situation zu sein und diese erfolgreich meistern zu können, während andere einen Aberglauben entwickeln, um eine Art Scheinkontrolle herzustellen. Abergläubische Rituale sind eine Strategie, der unberechenbaren Welt entgegenzuwirken, auch wenn es nur eine Illusion bestärkt, das Schicksal ein wenig kontrollieren zu können.

19.3.2 Entstehung des Aberglaubens durch Konditionierung

Um ein Gefühl der Kontrolle herzustellen, versucht unser Gehirn aus den Unmengen von Reizen und Informationen, mit denen wir täglich überflutet werden, Verbindungen herzustellen. Dabei interpretiert das Gehirn zeitlich beieinander auftretende Ereignisse als kausal zusammenhängend. In der Psychologie beschreibt man diesen Mechanismus des Lernens als Konditionierung, welcher sowohl bei Tieren als auch bei Menschen beobachtet werden kann.

So lieferte der amerikanische Lernforscher Skinner (1992) einen der ersten wissenschaftlichen Befunde zum Aberglauben, indem er zeigte, dass selbst Vögel durch das Erlernen einer vermeintlichen Ursache-Wirkungs-Beziehung abergläubisches Verhalten zeigen können. Hierfür hielt Skinner nahrungsdeprivierte Tauben in einer Kiste mit automatischer Futterzufuhr. Genau zu dem Zeitpunkt, an dem sie das Futter bekamen, führten sie zufälligerweise eine bestimmte Verhaltensweise – z. B. drehten sie sich im Kreis – aus. Dieser Zufall

wurde so interpretiert, als führte die Bewegung zur gewünschten Futtergabe (Skinner, 1992).

Auch beim Menschen konnte der zugrunde liegende Mechanismus experimentell nachgewiesen werden. So dachten sich z. B. Kinder Bewegungsabfolgen aus und schnitten Grimassen, weil sie glaubten, so einen Spielzeug-Clown zum Murmeln ausspucken zu bewegen (Wagner u. Morris, 1987).

Das Erlernen abergläubischen Verhaltens mag zwar irrational sein, kann aber dennoch Gewinn bringen: Im täglichen Leben hängt ein Ereignis oft mit einem vorausgehenden Verhalten zusammen. Im Zweifelsfall kann man also besser das Verhalten ausführen, was vielleicht – vielleicht aber auch nicht – zu dem gewünschten Ergebnis geführt haben könnte. Ist sich die Taube also unsicher, ob das Drehen im Kreis tatsächlich zu Futter führt, oder weiß das Kind nicht sicher, ob das Grimassen schneiden Murmeln einbringen könnte, überwiegt oft der potenzielle Nutzen (der Erhalt von Futter oder Murmeln) die potenziellen Kosten (dieses Verhalten umsonst ausgeführt zu haben, da es nicht mit dem Erhalt von Futter oder Murmeln zusammenhängt).

19.3.3 Speicherung des Aberglaubens im selektiven Gedächtnis

Wenn ein ausgeführtes Verhalten nicht zu dem erwarteten Ereignis führt, wird das Ritual des Aberglaubens trotzdem selten angezweifelt, sondern oft weiter ausgeführt. Führt es dann zufälligerweise wieder zu dem gewünschten Ergebnis, wird dieses intensiv als Bestätigung registriert – eine Speicherung im selektiven Gedächtnis findet statt (Lehnen-Beyel, 2004).

Nehmen wir an, eine Mutter spuckt ihrem Kind 3 Mal über die Schulter als Geste des Glückbringens vor jeder Prüfung. Ab und zu vergessen Mutter und Kind, dieses Ritual vor einer Prüfung durchzuführen. Solange alles gut geht, wird das vorherige Auslassen dieses Rituals schnell vergessen. Scheitert das Kind jedoch danach an einer Prüfung, wird der Misserfolg auf das Unterlassen des Rituals attribuiert.

Dieser mit dem Auslass des Rituals verbundene Misserfolg wird im selektiven Gedächtnis gespeichert, der Glaube an ein abergläubisches Ritual manifestiert sich.

Der Psychologe Seymour Epstein der University of Massachusetts bezeichnet diesen Mechanismus unseres Gehirns als **intuitives Erfahrungssystem**: Wir speichern nur diejenigen Erfahrungen in unserem selektiven Gedächtnis ab, die die zuvor gelernte vermeintliche Ursache-Wirkungs-Beziehung bestätigen; nicht aber solche, die die Auswirkung des Rituals infrage stellen (Lehnen-Beyel, 2004).

Was passiert, wenn wir zu dieser Auswirkung gegensätzliche Informationen wahrnehmen, zeigt Festingers Theorie der kognitiven Dissonanz (1957).

19.3.4 Aufrechterhaltung des Aberglaubens zur Reduktion kognitiver Dissonanz

Festinger (1957) postuliert, dass die Kognitionen eines Menschen **konsonant** oder **dissonant** zueinander stehen können. Als Beispiel für eine konsonante Erfahrung nennen Bierhoff und Frey (2006) dabei miteinander vereinbare Kognitionen wie „ich möchte abnehmen" und „ich treibe jeden Tag Sport". Dagegen entsteht kognitive Dissonanz, wenn der Mensch mehrere nicht miteinander vereinbare Kognitionen wie „ich möchte abnehmen" und „ich esse gerne Süßigkeiten" erfährt. Diese Dissonanz wird als unangenehm empfunden. Um die Dissonanz zu reduzieren, neigen Menschen dazu, Fakten zu ignorieren, die nicht im Einklang mit dem eigenen Verhalten, Einstellungen oder (Aber-) Glauben stehen. Dieses Phänomen stellten Festinger et al. (1956) exemplarisch in ihrem Buch *When prophecy fails* vor: Sie berichten von einer Sekte, die den Weltuntergang durch eine Flut vorhersagte, vor der nur die Sektenanhänger von fliegenden Untertassen gerettet werden würden. Um die kognitive Dissonanz – die durch die Diskrepanz des Glaubens an den Weltuntergang

und dessen Ausbleiben entstand – zu minimieren, behaupteten sie, dass ihre Gebete zu Gott die Apokalypse abwenden konnten, statt den Irrtum einzugestehen.

In diesem Beispiel wurde der Aberglaube also aufrechterhalten, **obwohl** die Sektenmitglieder im Vergleich zur restlichen Gesellschaft mit ihrem Aberglauben in der Minderheit waren. Es scheint also von Bedeutung zu sein, dass auch die Gesellschaft und Medien zu einer Aufrechterhaltung und Verbreitung von Aberglauben beitragen.

19.3.5 Verbreitung des Aberglaubens durch Urteilsheuristiken

An dieser Stelle möchte ich Sie etwas fragen: Was glauben Sie ist wahrscheinlicher, der Tod durch Unfälle oder der Tod durch Diabetes?

Wenn Ihre Antwort „Tod durch Unfälle" lautete, so sind Sie gerade Opfer der sog. **Verfügbarkeitsheuristik** geworden. Das Verhältnis von Todesopfern durch Unfälle zu dem durch Diabetes liegt tatsächlich bei 1:4, der Tod durch Diabetes ist demnach 4 Mal wahrscheinlicher als der Tod durch einen Unfall. Fühlen Sie sich dennoch nicht ertappt, denn Sie sind mit dieser Fehleinschätzung nicht alleine: In aktuellen Gesundheitsstatistiken schätzen Probanden das Todesrisiko durch Unfälle 300 Mal höher ein (Kahneman 2011, S. 174).

Doch wie kommt dieser Fehlschluss zustande? Nicht immer haben wir die nötigen Ressourcen – sei es ein Mangel an Informationen, Zeit, Motivation oder Gedächtniskapazitäten – eine gut durchdachte und optimale Lösung für eine Fragestellung zu finden. Demnach bedient sich der Mensch an **Heuristiken**, um auch mit begrenztem Wissen eine praktikable Lösung zu finden. Wenn wir nun eine Einschätzung über die Häufigkeit eines Ereignisses treffen möchten, bedienen wir uns oft der Verfügbarkeitsheuristik: Fällt es uns leicht, ein Beispiel für das Auftreten des Ereignisses zu finden, so muss die Häufigkeit hoch sein. Bei der Frage

19

nach der Wahrscheinlichkeit der Todesursache sind Sie wahrscheinlich im Gedächtnis Ihnen bekannte Todesfälle durch Unfälle und Diabetes durchgegangen. Dadurch, dass die Medien viel häufiger von Ersteren berichten, ziehen wir den Rückschluss, dass die uns im Gedächtnis stärker verfügbare Todesursache diejenige mit höherer Auftretenswahrscheinlichkeit ist.

Das eben beschriebene Gedankenexperiment lässt sich auch auf verschiedenste Aberglauben übertragen: Glauben Sie z. B., dass es statistisch gesehen, mehr Glücksfälle oder Unglücksfälle an den Freitagen im Jahr gibt, die auf den 13. des Monats fallen? Auch wenn statistisch gesehen an diesem Tag nicht mehr Unglücksfälle registriert werden als an jedem anderen beliebigen Tag des Jahres, so wird trotzdem eher von Unglücksfällen, die an einem Freitag den 13. passieren, berichtet.

Es ist aber nicht nur die Menge der Berichterstattung, sondern auch die Einbettung entscheidend. Damit ist gemeint, dass bei der Berichterstattung von Unglücksfällen explizit betont wird, dass diese eben auf den speziellen Unglückstag gefallen sind. Als Gegenfrage: Haben Sie jemals die Zeitung aufgeblättert und eine Schlagzeile gesehen: „Massenkarambolage am **Montag den 15.**"? Wahrscheinlicher ist es, dass ein solch „unbedeutender" Tag nicht explizit, sondern eher nebensächlich genannt wird.

Eine einseitige Berichterstattung der Gesellschaft verstärkt also, dass wir Informationen für zuverlässiger halten, da sie leichter zugänglich sind. So erhalten wir eine falsche Vorstellung über die Existenz gewisser Vorkommnisse, z. B. der Gefahr von Zucker versus Unfällen oder der Häufigkeit von Unfällen an einem Freitag den 13.

Zusammenfassend lässt sich sagen, dass zugrunde liegende psychologische Mechanismen dazu beitragen, dass der Aberglaube erlernt, aufrechterhalten und in der Gesellschaft weiterverbreitet wird. Im Folgenden geht es um die positiven und negativen Auswirkungen dieses Teufelskreises.

19.3.6 Entwicklung des Aberglaubens zur selbsterfüllenden Prophezeiung

Selbsterfüllende Prophezeiungen als positive Rückkopplung

Am Anfang dieses Kapitels wurde Aberglaube als eine im heutigen Sprachgebrauch negativ gewertete Glaubensform beschrieben. Jedoch darf nicht vergessen werden, dass Aberglaube auch durchaus positive Konsequenzen mit sich bringt.

So haben abergläubische Rituale auch im Sport einen großen Stellenwert. Die einen küssen den Rasen vor einem Spiel, andere waschen ihre Socken nicht. Der Fußballtrainer Arsene Wenger fasst die Macht abergläubischer Rituale zusammen (zitiert in Hornig, 2014, S. 3; vgl. auch ▶ Kap. 24):

> » Um die persönliche Bestleistung zu erreichen, muss man sich selbst beibringen, mit einer Intensität zu glauben, die jede logische Rechtfertigung weit hinter sich lässt. Ohne diesen irrationalen Optimismus wird niemand zum Spitzensportler.

Die meisten von Ihnen werden sich denken, dass dies doch alles nichts bringt. Vielleicht wird Sie das Experiment von Damisch et al. (2010) vom Gegenteil überzeugen. Hierfür wurden Studenten gebeten, einen persönlichen Talisman zu einem Gedächtnistest mitzubringen. Es wurden nur diejenigen Studenten eingeladen, die einen Talisman besaßen. Der Hälfte der Teilnehmer wurde der Talisman jedoch vor Beginn des Gedächtnistests abgenommen, während die andere Hälfte den Talisman während des Tests bei sich behalten durfte. Dies wirkte sich tatsächlich darauf aus, wie die Studenten im Gedächtnistest abschnitten: Diejenigen, die den Talisman behalten durften, erzielten ein signifikant besseres Ergebnis im Gedächtnistest als diejenigen, die den Talisman abgeben mussten. Der Besitz des Talismans wirkte sich also positiv auf die Gedächtnisleistung aus. Die Erkenntnisse ihrer Studie fasst Damisch wie folgt zusammen (zitiert nach Hornig, 2014, S. 3):

» Aberglaube oder ein Talisman helfen in Situationen, in denen jemand unsicher ist oder Stress empfindet, etwa in Prüfungen oder bei einem sportlichen Wettkampf. Er stärkt in erster Linie die Zuversicht in die eigene Leistung, aber auch, dass schon alles gut gehen wird.

Der positive Effekt abergläubischer Rituale ist demnach nicht nur auf psychologische Mechanismen wie Stressregulationen durch Unsicherheitsvermeidung beschränkt; auch die Leistung – z. B. das Ergebnis in dem Gedächtnistest – kann nachweislich gesteigert werden. Es ist also nicht verwunderlich, dass abergläubische Rituale bei Personen mit häufigem Leistungsdruck weitverbreitet sind wie bei Studenten und Athleten (Damisch et al., 2010).

Doch wie ist der positive Effekt auf die Leistung zu erklären? In der Psychologie nennt man dieses Phänomen **selbsterfüllende Prophezeiung** („self-fulfilling prophecy"): Glaubt man an das Eintreten eines Ereignisses, ist es wahrscheinlicher, sich so zu verhalten, dass sich die Prophezeiung erfüllt. So entsteht eine positive Rückkopplung zwischen Erwartung und Verhalten (Merton, 1948).

Dennoch ist klar: Die eigene Zukunft positiv zu prophezeien, wird uns nicht alleinig zu Glück und Erfolg verhelfen. Würden sich Studenten künftig nur noch gut zureden, dass sie die Prüfung schon schaffen, ohne zu lernen, oder Athleten davon ausgehen, dass sie auch ohne Training die olympischen Spiele meistern könnten, hätte das gewiss fatale Folgen. Es ist wie so oft wohl ein gesunder Mix gefragt: Eine gute Portion Ehrgeiz und ein gewisses Maß an Zuversicht, dass alles schon gut gehen wird.

Selbsterfüllende Prophezeiungen als Selbstblockade

Mit der Vermittlung von Zuversicht haben wir nun also die positiven Konsequenzen des Prinzips selbsterfüllender Prophezeiungen beleuchtet. Wie bei so vielem im Leben hat die Medaille jedoch 2 Seiten, so auch selbsterfüllende Prophezeiungen: Versteift man sich beispielsweise darauf, dass ein Talisman Glück bringt, und attribuiert den anschließenden Erfolg leichtfertig auf den Talisman, bedeutet das, dass man nicht daran glaubt, selbst für den Erfolg verantwortlich zu sein. Geht der Talisman nun verloren, oder man wird spontan vor eine herausfordernde Aufgabe gestellt, ohne den Talisman parat zu haben, kann das dazu führen, dass man nicht genügend Selbstvertrauen in die eigene Stärke hat. Dieser Mangel an Selbstvertrauen führt im Sinne der selbsterfüllenden Prophezeiung dann dazu, keinen Erfolg erzielen zu können. Aberglaube kann also zu einer Selbstblockade führen.

Außerdem kann natürlich auch ein Glaube an Pechbringer negative Konsequenzen mit sich bringen. Glaubt man z. B. daran, dass eine schwarze Katze, die einem von rechts über den Weg läuft, Pech bringt, verhält man sich oft so, dass sich die negative Prophezeiung mit höherer Wahrscheinlichkeit erfüllt. Dieses Phänomen lässt sich dadurch erklären, dass sich Menschen unter Angst selbst blockieren: Die Erwartung des Eintretens von Unglück führt zur Angst, sodass sich der Körper und Geist des Menschen auf diesen Angstzustand fokussieren. Dem Sprichwort, „vor Angst gelähmt (zu) sein", wird Bedeutung verliehen.

Hieraus wird ersichtlich, dass Aberglaube zur selbsterfüllenden Prophezeiung werden kann. Auf der einen Seite kann dies positive Konsequenzen bergen, nämlich dann, wenn der Aberglaube Zuversicht in die eigene Zukunft spendet. Die Kehrseite birgt jedoch auch negative Konsequenzen, nämlich dann, wenn der Aberglaube zur Selbstblockade führt.

19.4 Aberglaube und die moderne entzauberte Welt

Es ist das Jahr 2017 – wir leben in einer (vermeintlich) aufgeklärten Welt. Einer Welt, die geprägt ist von einem Drang nach Rationalität. Gleichzeitig können wir auch eine Zunahme des Aberglaubens beobachten (Spiegel online,

2005), jedoch nicht nur in seiner „klassischen" Form, z. B. mit dem Glauben an glücksbringende Kleeblätter und pechbringende Katzen. Auch die Vielfalt des Aberglaubens nimmt zu, wie unzählige Verschwörungstheorien zeigen. Kaube (2015) äußert sich hierzu wie folgt:

> » Immer steckt hinter dem, was gerade unfassbar erscheint, vom Terrorismus über Epidemien bis zu Finanzkrisen, eine benennbare, hoch steuerungskräftige und sich zugleich verbergende Macht: wahlweise Amerika, der Mossad, Russland, das Kapital, die Lügenpresse, die Linke, die Rechte, die Freimaurer, die Juden. Willkommener noch ist es, wenn man diese Akteure verknüpfen kann und sich dann beispielsweise vorstellt, dass „die Banken" in Absprache mit „der Politik" unter Hinzuziehung „der Medien" dafür sorgen, dass geschieht, was geschieht.

Im Zuge der aktuellen Medienentwicklung steigt zudem die Verbreitungsgeschwindigkeit solcher Verschwörungstheorien und anderer Aberglauben.

Auch wenn es zunächst paradox scheint, dass wir trotz der aktuellen Entwicklungen der Wissenschaft und dem Drang nach Rationalität abergläubisch sind, mag genau in dieser Entwicklung der Ursprung des modernen Aberglaubens liegen. So beschreibt der deutsche Sozialökonom Max Weber die zunehmende Intellektualisierung und Rationalisierung als „Entzauberung der Welt" (zitiert nach Anter, 2014). Demnach dient der Aberglaube als Mittel zur Wiederverzauberung der Welt, der unserem Sehnen nach einer (vermeintlichen) Existenz verborgener Mächte und Geheimnisse entgegenkommt.

Ein bisschen mehr Zauber in unserer Welt ist dabei auch nicht zwingend negativ: Denn wie wir gelernt haben, kann Aberglaube im Sinne der selbsterfüllenden Prophezeiung auch positive Folgen haben, sofern diese nicht zur Selbstblockade führt.

Aber wie kann man den Aberglauben und seine negativen Folgen reduzieren? Um dem Aberglauben nicht ohnmächtig zu unterliegen,

sollten wir die Aufklärung nicht als selbstverständlich gegeben betrachten. Nein, wir müssen den Status quo herausfordern und uns kritisch mit abergläubischen Phänomenen auseinandersetzen. So sollte das Erkennen von Irrtümern, Lügen und Verschwörungstheorien als Teil der Erziehung im familiären und schulischen Kontext implementiert werden. Die Gratwanderung zwischen einer Entzauberung und Aufklärung der Welt mag eine Herausforderung sein, ist aber gleichzeitig eine Voraussetzung, negative Folgen des Aberglaubens zu minimieren.

19.5   Fazit

Hinter abergläubischen Ritualen verbirgt sich das grundlegende Motiv des Menschen, unbekannte Situationen zu umgehen. Um in einer unberechenbaren Welt trotzdem die (Illusion der) Kontrolle herzustellen, sucht unser Gehirn demnach nach Verbindungen und Mustern: Wir erlernen (vermeintliche) Ursache-Wirkungs-Beziehungen. Ob das nun zu mehr Futter oder Murmeln führt, sei dahingestellt. Doch auch wenn wir keinen Erfolg mit unserem abergläubischen Ritual erzielen konnten, verdanken wir es unserem voreiligen intuitiven Erfahrungssystem und der Tendenz, dissonante Erfahrungen auszublenden, dass wir ein abergläubisches Ritual so schnell nicht aufgeben.

Der Aberglaube kann zur selbsterfüllenden Prophezeiung werden, was unterschiedliche Folgen haben kann: Sofern man an die positiven Effekte von Glücksbringern und Co. glaubt, kann man damit erfolgreicher, optimistischer und mit mehr Selbstvertrauen durch die Welt gehen; gleichzeitig bedeutet dies jedoch auch, dass das Unterlassen von glücksbringenden Ritualen oder dem Begegnen von Pechbringern dazu führt, dass sich die Menschen selbst blockieren und somit pessimistischer und weniger erfolgreich den Herausforderungen des Lebens begegnen.

Vielleicht haben Sie die Frage zu Beginn des Kapitels, ob Sie abergläubisch sind, stillschweigend verneint. Der Grund hierfür mag gewesen sein, dass Sie nicht zu denjenigen gehören wollten, die solch irrationalen Vorstellungen verfallen. Doch wie wir gelernt haben, gilt die Gleichförmigkeit des Okkulten. Auch wenn es weltweit Uneinigkeiten gibt, ob wir uns nun vor Dienstag oder vor Freitag dem 13. fürchten oder uns gar darauf freuen sollten, eines steht fest: Aberglaube ist zeit-, kultur- und sogar speziesübergreifend. So schreibt auch der Psychologe Vyse (1997, S. 27), dass man den Menschen für seinen Aberglauben nicht pauschal verurteilen soll:

» Es ist leichter, abergläubisch zu sein, als dies zuzugeben.

Literatur

Anter, A. (2014). Max Weber als Diagnostiker der Moderne: Entzauberung und Berechenbarkeit. *Neue Zürcher Zeitung*. Artikel vom 18. April 2014. https://www.nzz.ch/entzauberung-und-berechenbarkeit-1.18286303. Zugegriffen: 27. November 2017.

Bandura, A. (1977). Self-efficacy: Toward a unifying theory of behavioral change. *Psychological Review* 84(2), 191–215.

Bender, H. (1971). *Unser sechster Sinn: Telepathie, Hellsehen und Psychokinese in der parapsychologischen Forschung*. Stuttgart: Deutsche Verlags-Anstalt.

Bierhoff, H. W., & Frey, D. (2006). *Handbuch der Sozialpsychologie und Kommunikationspsychologie*. Göttingen: Hogrefe.

Damisch, L., Stoberock, B., & Mussweiler, T. (2010). Keep your fingers crossed! How superstition improves performance. *Psychological Science* 21(7), 1014–1020.

Duden online. (2017). Aberglaube, seltener Aberglauben, der. http://www.duden.de/rechtschreibung/Aberglaube. Zugegriffen: 27. November 2017.

Festinger, L. (1957). *A theory of cognitive dissonance*. Stanford, CA: Stanford University Press.

Festinger, L., Riecken, H. W., & Schachter, S. (1956). *When prophecy fails*. Minneapolis, MN: University of Minnesota Press.

Frankfurter Allgemeine Zeitung. (FAZ). (2006). Internationaler Aberglaube: Freitag, der 13. Artikel vom, 13. Januar 2006. http://www.faz.net/aktuell/gesellschaft/internationaler-aberglaube-freitag-der-13-1305886.html. Zugegriffen: 27. November 2017.

Frey, D., & Jonas, E. (2009). Die Theorie der kognizierten Kontrolle. In: D. Frey, & M. Irle (Hrsg.), *Theorien der Sozialpsychologie. Band III: Motivation und Informationsverarbeitung* (S. 13–50). Bern: Huber.

Hasinger, C., Troelsen, M., & Engelen, E. (2017). Aberglaube früher und heute. http://www.awg.musin.de/comenius/14_7_1_d__Aberglaube_frueher_und_heute.html. Zugegriffen: 27. November 2017.

Hornig, V. F. (2014). Aberglaube bei der Fußball-WM: Ein Glückshemd alleine reicht nicht, Jogi! *Focus*. Artikel vom 01. Juli 2014. http://www.focus.de/gesundheit/experten/hornig/rituale-gluecksbringer-und-andere-marotten-wie-der-aberglaube-die-fussball-wm-beherrscht_id_3957197.html. Zugegriffen: 27. November 2017.

Jiménez, F. (2012). Psychologie: Orakel und Aberglaube geben Gefühl von Sicherheit. Welt N24. Artikel vom 20. Juni 2012. https://www.welt.de/gesundheit/psychologie/article106632055/Orakel-und-Aberglaube-geben-Gefuehl-von-Sicherheit.html. Zugegriffen: 27. November 2017.

Kahneman, D. (2011). *Schnelles Denken, langsames Denken*. München: Siedler.

Kaube, J. (2015). Moderne und Aberglaube: Die Dummheit blüht. *Frankfurter Allgemeine Zeitung*. Artikel vom 07. Februar 2015. http://www.faz.net/aktuell/feuilleton/moderne-und-aberglaube-die-dummheit-blueht-13414273.html. Zugegriffen: 27. November 2017.

Kingston, L. (2017). Auf Holz klopfen. *Geolino*. http://www.geo.de/geolino/redewendungen/1585-rtkl-auf-holz-klopfen. Zugegriffen: 27. November 2017.

Konradin Medien GmbH. (2017). Lexikon: Aberglaube. http://www.wissen.de/lexikon/aberglaube. Zugegriffen: 27. November 2017.

Lehnen-Beyel, I. (2004). Psychologie: Die Macht des Aberglaubens. Spiegel online. Artikel vom 12. März 2004. http://www.spiegel.de/wissenschaft/mensch/psychologie-die-macht-des-aberglaubens-a-290219.html. Zugegriffen: 27. November 2017.

Merton, R. K. (1948). The self-fulfilling prophecy. *The Antioch Review*, 8(2), 193. https://doi.org/10.2307/4609267

Pütter, M. (2014). Die kleinen Unterschiede: 2. Daumen kreuzen, Finger drücken. *The Basel Journal*. Artikel vom 26. März 2014. http://baseljournal.ch/ohne-kategorie/die-kleinen-unterschiede-2-daumen-kreuzen-finger-drucken/. Zugegriffen: 27. November 2017.

Rotter, J. B. (1966). Generalized expectancies for internal versus external control of reinforcement. *Psychological Monographs: General and Applied* 80(1), 1–28.

Rudski, J. M., Lischner, M. I., & Albert, L. M. (1999). Superstitious rule generation is affected by probability and type of outcome. *The Psychological Record* 49, 245–260.

Skinner, B. F. (1992). "Superstition" in the pigeon. Journal of Experimental Psychology: General, 121(3), 273–274.

Statista. (2007). Welcher Aberglaube hat für Sie eine Bedeutung, auf welchen geben Sie selbst immer acht? https://de.statista.com/statistik/daten/studie/830/umfrage/persoenlich-bedeutsamer-aberglauben/. Zugegriffen: 27. November 2017.

Spiegel online. (2005). Studie: Immer mehr Deutsche sind abergläubisch. Pressemitteilung vom 26. April 2005. http://www.spiegel.de/panorama/studie-immer-mehr-deutsche-sind-aberglaeubisch-a-353489.html. Zugegriffen: 27. November 2017.

Tobacyk, J., & Shrader, D. (1991). Superstition and self-efficacy. *Psychological Reports* 68(3), 1387–1388.

Vyse, S. A. (1997). *Believing in magic: the psychology of superstition*. New York: Oxford University Press.

Wagner, G. A., & Morris, E. K. (1987). "Superstitious" behavior in children. *The Psychological Record* 37(4), 471–488.

Zwischenmenschliche Rituale

Inhaltsverzeichnis

Partnerschaftliche Rituale

Katalin Keller

© Springer-Verlag GmbH Deutschland, ein Teil von Springer Nature 2018
D. Frey (Hrsg.), *Psychologie der Rituale und Bräuche*,
https://doi.org/10.1007/978-3-662-56219-2_20

20.1 Einleitung

Vielleicht wundert man sich manchmal über die Interaktion von befreundeten Paaren untereinander – darüber, wie sie sich begrüßen (stürmische Umarmung oder knappes Hallo), streiten (sich laut vor allen anderen anschreien oder anschweigen) oder freuen (gemeinsam oder jeder für sich). Von Zeit zu Zeit beneidet man sie vielleicht auch, z. B. um kreative Kosenamen, oder ärgert sich über ihr gemeinsames Verhalten, z. B. anstrengende „Babysprache". Ein anderer Teil eingespielter Interaktionen wiederum bleibt für Außenstehende unbemerkt. Was vielen dieser Interaktionen gemein ist: Es handelt sich um partnerschaftliche Rituale (◘ Abb. 20.1).

Verhaltensweisen können als Ritual bezeichnet werden, sobald sie zu bestimmten Anlässen stattfinden und eine Bedeutung aufweisen, die über die Handlung selbst hinausgeht (Schindler, 2004). Dabei unterscheiden sie sich in ihrem Ritualrhythmus: Sowohl einmalige als auch tägliche Handlungen können als Ritual betrachtet werden (Schindler, 2004). Außerdem unterscheiden sie sich im Grad ihrer Bewusstheit (Turner, 1989): Viele Rituale sind dem Paar bewusst (z. B. wer den Abwasch macht, die Kinder ins Bett bringt), einige aber auch nur teilbewusst bzw. gänzlich unbewusst (wie verhalten wir uns z. B., wenn wir streiten).

Partnerschaftliche Rituale können gewollt geschaffen werden, im Laufe der Beziehung

◘ **Abb. 20.1**   Liebesschlösser als Ritual unter Verliebten (© vulcanus / stock.adobe.com)

beiläufig oder genauso zufällig entstehen. Sie sind als paarspezifisch zu betrachten (Kogler, 2011), und entwickeln sich z. B. in Abhängigkeit von Alter, Herkunft, und Lebensstil der Partner (Maurer, 2013). Dabei können sie nicht als fixe Interaktionsmuster betrachtet werden. Im Laufe einer partnerschaftlichen Beziehung unterliegen gewohnte Rituale Veränderungen, kommen neue hinzu und fallen einige wieder weg (Maurer, 2013).

20.2 Kategorisierung und Beschreibung

Partnerschaftliche Rituale lassen sich in Kategorien zusammenfassen. Imber-Black (1998) nennt dabei 4 Subgruppen, die voneinander unterschieden werden können:

1. Als erstes handelt es sich um Feierrituale, die durch die jeweilige Kultur und Religion geprägt sind, beispielsweise sichtbar an der Ausgestaltung von Feiertagen wie Weihnachten (► Kap. 7) oder Ostern (► Kap. 5). Hierbei handelt es sich um Rituale, die sich in sehr ähnlicher Weise auch in Familien finden lassen.
2. Zweitens werden Rituale des Lebenszyklus genannt, die häufig einen Rollenübergang markieren, beispielsweise die Hochzeit, bei der aus Partnern Ehepartner werden (► Kap. 11).
3. Darauf folgend können paarspezifische Ereignisse zu einer weiteren Kategorie zusammengefasst werden, die in der Regel Höhe- bzw. Wendepunkte in der Paarbeziehung symbolisieren, beispielsweise der Jahrestag.
4. Und zuletzt werden alltägliche Rituale als weiteres wichtiges Element genannt, die oftmals unbewusst ablaufen. Thematisch decken sie in der Regel die Bereiche Freizeit, Essen, Schlafen und Sexualität ab.

Dieses Buchkapitel befasst sich mit letzten 3 Formen, d. h., es schließt vor dem Hintergrund der thematischen Eingrenzung Feierrituale aus.

Grund hierfür ist der nicht eindeutig abgrenzbare partnerschaftliche Bezug zu den familiären Ritualen, die in anderen Kapiteln behandelt werden. Außerdem stehen heterosexuelle Paare im Fokus, wobei davon auszugehen ist, dass homosexuelle Paare ähnliche Interaktionsmuster und somit Paarrituale haben. Zusätzlich soll an dieser Stelle darauf hingewiesen werden, dass dieses Kapitel partnerschaftliche Rituale westlicher Kulturen umfasst und somit z. B. Partnerschaften, in denen mehrere Ehefrauen Partnerinnen desselben Mannes sind, bewusst außen vor lässt.

Im Folgenden soll jeweils kurz auf Rituale aus den zuvor genannten Kategorien eingegangen werden. Zu beachten ist, dass die Kategorienzugehörigkeit nicht immer eindeutig ist bzw. sich manche Rituale mehreren Kategorien zuordnen lassen.

20.2.1 Alltagsrituale

Die häufigsten und vielleicht bekanntesten Rituale betreffen den Beziehungsalltag.

Begrüßungsrituale lassen sich häufig auch als Außenstehender gut erkennen: der Begrüßungskuss, eine innige Umarmung. Sie grenzen die gemeinsame Zeit von der getrennt verbrachten Zeit ab (Birnbaum, 2013). Ob und wie dieses Ritual ausgeführt wird, hängt vom Status der Beziehung ab und spiegelt gleichzeitig die aktuelle Beziehungsstimmung wider: Wie vertraut ist man sich schon, freut man sich wirklich über das Treffen mit dem anderen, ist man noch vom letzten Streit verstimmt, ist man sich in der Zeit des Nichtsehens fremd geworden? Begrüßungsrituale sind als Start- und Ausgangspunkt für die kommende gemeinsame Zeit zu verstehen und dienen der Orientierung, wie diese Zeit verlaufen wird.

Es gibt viele Arten von **Abschieden**: Abschied auf Zeit, Abschied von der Herkunftsfamilie, Abschied vom idealisierten Partner, Abschied von Verantwortung, Abschied vom Kinderwunsch, Trennung, Tod des gemeinsamen Kindes oder des Partners selbst. Diesen verschiedenen Formen von Abschied ist gemein, dass sie ritualisiert ablaufen (können) und das Loslassen erleichtern sollen. Wird z. B. der Abschied auf Zeit betrachtet, stellt sich zunächst immer die Frage, für welche Dauer sich verabschiedet wird: für die kurze Zeit des Einkaufens, den Arbeitstag oder eine längere Reise? Welche Abschiedsrituale als adäquat eingestuft werden, hängt häufig davon ab, welche in der Herkunftsfamilie (wie) erlebt wurden. Die eigenen Eltern bilden somit eine Basis dafür, wie man sich später von seinem Partner verabschieden möchte.

Im Bereich der Konflikte hat sich bei vielen Paaren eine sog. **Streitkultur** etabliert, d. h. wie und von wem Streit- und Problemthemen angesprochen werden, wie darüber verhandelt und wie sich schlussendlich wieder versöhnt wird. Weiter unterscheiden sich Paare bei den Fragen, ob Konflikte vor Publikum oder in Zweisamkeit, in welchem Ton, wie körperlich, an welchem Ort, wann und in welcher Dauer ausgetragen werden. Dabei muss zwischen konstruktiven und destruktiven Ritualen unterschieden werden. Erstere fördern eine gesunde Streitkultur, die dazu beiträgt, Wünsche und Bedürfnisse zu klären, Meinungsverschiedenheiten auszudiskutieren. Die Würde des anderen soll dabei gewahrt werden, und das Ziel ist es, wieder Harmonie herzustellen. Im Gegensatz dazu dienen Letztere der Machtdemonstration, der Verletzung des anderen oder seiner Provokation. Die wenigsten Paare bedienen sich ausschließlich konstruktiver Rituale, es ist jedoch erstrebenswert, ihr Dasein in partnerschaftlichen Konflikten beidseitig zu fördern und aktiv zu erlernen. Zuletzt soll an dieser Stelle noch darauf hingewiesen werden, dass „rituelle Gewalt in der Partnerschaft […] nichts mit einem Streitritual zu tun [hat], sondern […] ein Zeichen für Zerstörtheit [ist]." (Schindler, 2004, S. 86).

Balancerituale spielen immer eine Rolle, wenn das Geben und Nehmen der Partner betrachtet wird: angefangen bei der Aufteilung des Haushalts, über Konflikte bis hin zum Treuebruch. Hierbei setzt das Paar fest, mithilfe welcher Rituale es (wieder) für eine ausgeglichene Beziehungsbilanz sorgen kann und will.

20.2.2 Feierrituale

Neben alltäglichen Ritualen gibt es Rituale, die paarspezifischen Anlässen feierlich Bedeutung verleihen. Ein Paar kann dabei vielfältige Ereignisse feiern, z. B. den Hochzeitstag (► Kap. 11), den Jahrestag oder überstandene Krankheiten und Krisen.

20.2.3 Rituale des Lebens- bzw. Beziehungszyklus

Die letzte Kategorie umfasst Rituale, welche im Lebens- bzw. Beziehungszyklus des Paares ein- und mehrmalig stattfinden können. Es gibt z. B. Werberituale, Rituale der Verliebtheitsphase sowie Rituale der Sexualität. Wichtige Übergangsrituale, die ein Symbol für das Loslassen oder Willkommenheißen darstellen, können das Zusammenziehen, die Hochzeit, die Elternschaft, den Auszug der Kinder bzw. den Ruhestand umfassen.

20.3 Psychologische Hintergründe

So vielfältig partnerschaftliche Rituale sind, können in ihren psychologischen Funktionen bzw. Bedeutungen Gemeinsamkeiten gefunden werden.

20.3.1 Struktur, Verlässlichkeit und Kontinuität

In erster Linie geben beschriebene Verhaltensmuster einer Partnerschaft Struktur, Stabilität (Schindler, 2004), Verlässlichkeit, Beständigkeit und Kontinuität.

Indem Max jeden Morgen seiner Marie einen Kuss gibt, fühlt sie sich geliebt. Wenn sie sein Frühstück vorbereitet, während er duscht, fühlt er sich wertgeschätzt. Bei der gemeinsamen Tagesplanung am Frühstückstisch entsteht ein gemeinsames Bild davon, was den beiden jeweils getrennt voneinander bevorsteht und was es eventuell zu erledigen gilt. Mit der Abschiedsumarmung zeigen sich Max und Marie gegenseitig, dass sie sich den Tag über vermissen werden und dem anderen Kraft für einen guten Tag geben möchten.

Dieses Morgenritual gibt den beiden die Sicherheit, dass alles Wichtige für den Tag angesprochen wurde und strukturiert ihren Morgen. Außerdem stabilisiert es ihre Beziehung, indem ritualisiert Wertschätzung und Zärtlichkeit Raum gegeben wird.

20.3.2 Gruppenzugehörigkeit und soziale Identität

Paarrituale dienen auch der Abgrenzung des Paares von „den anderen", indem sie eine Ingroup-Outgroup-Kategorisierung etablieren können (Moses, 2015): Wir sind die Ingroup, die anderen werden zur Outgroup. Das Paar demonstriert durch diese gemeinsame soziale Identität sich selbst und anderen seine Vertrautheit und sein Eingespieltsein durch die Anwendung paarspezifischer Rituale. Wenn Max und Marie sich in der Öffentlichkeit mit Kosenamen ansprechen, deren Bedeutung nur sie beide kennen, schließen sie damit bewusst die anderen aus und zeigen sich, dass sie eine höhere gemeinsame Einheit bilden, in der kein Platz für Dritte ist.

An dieser Stelle sollte auch deutlich werden, dass viele Paarrituale selbst erfunden wurden, um das **Gefühl der Einzigartigkeit** („uniqueness") der Partner zu erhöhen. Unter Einzigartigkeit versteht man den Wunsch, unverwechselbar im Vergleich zu und abgrenzbar von anderen zu sein und damit etwas Besonderes, Einmaliges darzustellen (Wiswede, 2004). Dieses Gefühl lässt sich nicht nur in individuellen Bestrebungen nachweisen, sondern findet sich genauso auch in Partnerschaften wieder, wo sich 2 Menschen gemeinsam von den anderen abgrenzen wollen.

20.3.3 Wertschätzung und Aufmerksamkeit

Paarrituale können auch dem Ausdruck von Wertschätzung und Aufmerksamkeit dienen.

Wenn Max z. B. jeden Abend mit einem warmen Tee auf Marie wartet, zeigt er ihr damit, dass er bemerkt und verstanden hat, dass sie nach ihrem Arbeitstag zum Entspannen und Abschließen des Beruflichen gerne einen Tee trinkt und somit den gemeinsamen privaten Abend einläutet. Max zeigt damit seine Wertschätzung für dieses Ritual, indem er sie dabei unterstützt, wenn er schon mit dem Tee auf sie wartet, und sich z. B. nicht darüber lustig macht.

Auf diese Art und Weise können Rituale greifbar machen, dass man Signale des anderen wahrgenommen und akzeptiert hat.

20.3.4   Kommunikation

Obige Beispiele verdeutlichen, dass partnerschaftliche Rituale in einem wesentlichen Anteil auch als **Kommunikationsmittel** verstanden werden können und müssen (Birnbaum, 2010). Es können damit dem Partner Wertschätzung und Zuneigung kommuniziert, genauso jedoch auch Ärger und Verletztsein ausgedrückt werden. An dieser Stelle ist es wichtig, zu verstehen, dass keine Kommunikation auch Kommunikation darstellt (Watzlawick et al., 1967), genauso wie unterlassenes Handeln auch als Handeln zu interpretieren ist und entsprechende Wirkung auf das Gegenüber hat.

Wenn sich Max und Marie am Abend gestritten haben, verwehrt sie ihm morgens den Kuss und macht ihm kein Frühstück. Er wiederum gibt ihr zum Abschied keine Umarmung und erwartet sie abends nicht mit ihrem Entspannungstee.

Andersrum kann es auch ein Signal zum **Wunsch der Versöhnung** sein, wenn eines dieser Rituale trotz des Streits ausgeführt wird. Wenn Marie für Max das Frühstück zubereitet, signalisiert sie ihm damit, dass sie nicht mehr wütend auf ihn ist und sich gerne mit ihm aussprechen möchte. Max könnte mit dem ritualisierten Abendtee zeigen, dass er sich den Streit den Tag über durch den Kopf hat gehen lassen und ihn gerne beiseitelegen würde.

20.3.5   Gedächtnisentlastung

Paarrituale dienen gleichzeitig ganz simpel der Entlastung des Gedächtnisses, indem nicht jedes Mal neu über Handlungen nachgedacht werden muss, sondern bestimmte **ritualisierte Interaktionen** (fast) automatisch ablaufen können. Wenn Max und Marie essen gehen und sich der eine verspätet, wissen beide genau, was sie für den anderen bestellen können.

Zudem können Rituale dabei helfen, dass sich der Einzelne weniger merken muss. Da Marie geschickt beim Organisieren ist, kümmert sie sich um die Wochenplanung der beiden. Max fallen finanzielle Angelegenheiten leicht, weshalb Rechnungen in seinen Aufgabenbereich gehören. So müssen sich nicht beide um alle Aspekte kümmern, vielmehr sind die Rollen entsprechend der Stärken verteilt, jeder muss nur noch einen Anteil des insgesamt zu Erledigenden erinnern.

Diese wechselseitige Kenntnis des anderen bezüglich seiner Fähigkeiten und Schwächen, wird auch als transaktives Wissen bzw. **transaktives Gedächtnis** bezeichnet (Moreland u. Myaskovsky, 2000) und unterstützt ein organisiertes und effizientes Miteinander.

20.3.6   Abgrenzung zu früheren Beziehungen

Wird eine Beziehung beendet und nachfolgend eine neue begonnen, können Paarrituale zur Abgrenzung zu früheren Beziehungen dienen (Schindler, 2004). Konkret bedeutet das, dass Rituale aus vorhergehenden Partnerschaften in der Regel nicht übernommen werden.

Marie hat ihren Ex-Partner liebevoll Bär genannt, was sie in ihrer Beziehung mit Max bewusst nicht macht. Max war mit seiner Ex-Partnerin immer beim gleichen Italiener, zu dem er mit Marie bewusst nicht gehen wird. Beide können dadurch für sich bewusst eine Linie zwischen der vergangenen und der aktuellen Beziehung ziehen.

Umgekehrt kann es den Partner verletzen, wenn alte Rituale aufrechterhalten werden und ihm das Gefühl geben, dass der andere noch an der vorangegangenen Beziehung hängt. Nicht allen ist eine so klare Trennung jedoch gleich wichtig. Die Bedeutung hängt z. B. mit dem Selbstwert, der Persönlichkeit und auch der Lebensphase der Beteiligten zusammen.

20.3.7 Fremdwahrnehmung der Partnerschaft

Wenn es in einer Partnerschaft Probleme gibt, möchten diese viele in einem privaten Raum behalten und nicht nach außen tragen. Paarrituale können dabei helfen, das positive Bild nach außen aufrechtzuerhalten (Schindler, 2004).

Max und Marie sind jeden Sonntag bei Maries Eltern zum Kuchen eingeladen, wo sie ritualisiert von ihrer gemeinsamen Woche erzählen. Diesen Besuch machen sie auch dann, wenn sie gerade Probleme miteinander haben, weil sie sich sonst den (Schwieger-)Eltern erklären müssten, was sie nicht möchten. Das Einhalten dieses festen Termins sowie das ritualisierte gemeinsame Essen hilft den beiden also dabei, eine vermeintliche Harmonie nach außen zu präsentieren.

20.3.8 Machtlegitimierung

Rituale können auch zur Machtlegitimierung dienen, indem sie einem Part Macht zu- und dem anderen absprechen. Damit dienen sie der Aufrechterhaltung eines bestimmten Beziehungsgefüges (Moch u. Huff, 1983).

Max genießt es z. B., am Steuer darüber bestimmen zu können, über welche Route und in welchem Tempo in den Urlaub gefahren wird. Bei den beiden gilt die Regel: Der Fahrer darf bestimmen. Indem Marie einkaufen geht, kann sie wiederum darüber bestimmen, welche Lebensmittel zu Hause im Kühlschrank stehen.

20.4 Chancen und Risiken

Rituale für sich genommen sind elementar für eine Beziehung. Die allermeisten Funktionen partnerschaftlicher Rituale sind positiv besetzt.

So können sie, wie bereits erläutert, für Struktur und Stabilität in der Partnerschaft sorgen, dem Paar seine Einmaligkeit symbolisieren, Wertschätzung und Aufmerksamkeit Ausdruck verleihen, das Gedächtnis entlasten sowie den Beginn einer neuen Beziehung markieren und damit eine Grenze zur alten ziehen. Außerdem dienen sie der Beziehungspflege bzw. -reparatur (Schneewind et al., 1999).

Wenn man sich die Frage stellt, welche Persönlichkeitstypen sich als Partner aussuchen, können **ähnliche Ritualvorstellungen** einen Hinweis auf eine anhaltende Partnerschaft geben. Möchte der eine morgens seinen Tag mit dem anderen besprechen, während der andere morgens Ruhe braucht? Möchte der eine am Wochenende möglichst viel unternehmen, während sich der andere nach einer entspannten Zeit in den eigenen vier Wänden sehnt? Durch das Entdecken solcher und ähnlicher individueller Wünsche lässt sich einschätzen, wie sehr die Vorstellungen übereinstimmen und wie leicht es sich darstellen wird, die einzelnen Partner gleichermaßen zufriedenzustellen.

Partnerschaftliche Rituale sind jedoch nicht ausschließlich positiv besetzt, sondern bergen auch das ein oder andere Risiko.

Fehlt die emotionale Beteiligung bei der Ausführung des Rituals, verlieren Rituale ihre Bedeutung und werden zu **leeren Ritualen** (Schindler, 2004). Gibt Max Marie seinen Morgenkuss nicht mehr aus voller Zuneigung, sondern während er schon im Kopf seinen Tag plant, verliert dieses Morgenritual seine Bedeutung.

Außerdem **blockieren** Rituale das partnerschaftliche Miteinander, sofern sie nicht den Lebensumständen bzw. dem Entwicklungsstand der Beziehung angepasst werden (Schindler, 2004). Als Max und Marie frisch zusammengekommen waren, hat er sie jeden Tag kurz in ihrer Mittagspause angerufen, um ihr zu sagen, dass er an sie denkt. Mittlerweile braucht sie diese Bestätigung nicht mehr in dieser Intensität und fühlt sich durch die Anrufe eingeengt, da sie sich dafür die Pause freihalten muss.

Eingangs wurde beschrieben, dass es in der Natur der Rituale liegt, sich mit der Zeit zu verändern. Was passiert jedoch, wenn sie sich in ihrer Bedeutung nicht synchron für beide Partner verändern, sondern nur für einen? Das kann unter gegebenen Umständen verletzend für denjenigen sein, der noch an dem Ritual hängt, und birgt in jedem Fall Konfliktpotenzial. So kann die **Kündigung eines Rituals** eine Bedrohung für die Beziehung darstellen (Maurer, 2013). Zusätzlich sollte auch immer hinterfragt werden, was der Grund für den Bedeutungsverlust ist. Max hängt nach wie vor an diesem kurzen Telefonanruf, da er dadurch das Gefühl vermittelt bekommt, dass er Marie immer noch wichtig genug ist, ihre Pause für ihn zu reservieren. Würde Marie dieses Ritual einfach aufkündigen, wäre Max sehr verletzt und würde womöglich seine Bedeutung für Marie hinterfragen.

Werden verloren gegangene Rituale nicht durch neue, passendere ersetzt, geht auch ihre Funktion verloren.

» Der Verlust von Partnerschaftsritualen geschieht nicht zufällig, sondern sagt etwas über den Status der Beziehung aus und kann als Alarmsignal gewertet werden. (Schindler, 2004, S. 28)

Max und Marie haben mit der Zeit ihr Frühstücksritual vernachlässigt und frühstücken mittlerweile häufig alleine unterwegs. Um das gemeinsame Planen und Sprechen jedoch aufrechtzuerhalten, gehen sie neuerdings morgens zusammen joggen und besprechen ihren bevorstehenden Tag beim Sport.

Ein weiterer häufig genannter negativer Aspekt bezogen auf Paarrituale ist der der **Einengung**. Durch den ritualisierten Ablauf von bestimmten Interaktionen gehen die Flexibilität und Spontanität verloren. Der fest ausgemachte Sonntagstermin bei Maries Eltern schränkt die beiden bei der Wochenendplanung ein und macht spontane Wochenendausflüge schwer.

Rituale können auch beängstigenden Weiterentwicklungen im Weg stehen und damit zwar in einem ersten Schritt der **Angstvermeidung** dienen, langfristig jedoch dysfunktional werden (Schindler, 2004). Marie hat es nie geschafft, sich von ihren Eltern zu lösen und ein selbstbestimmtes Leben mit Max zu starten. Der Besuch zum Kuchen hält ihre Verbindung zum Elternhaus aufrecht, obwohl sie sich mehr Freiraum wünscht. Das wiederum wäre mit einem konfliktbehafteten Gespräch mit den Eltern verknüpft.

Rituale enthalten **(versteckte) Botschaften** (Schindler, 2004). Schwierig wird dies, sobald der eine diese Botschaft nicht (an-)erkennt, der andere sie jedoch sehr wohl interpretiert. Das gemeinsame Joggen kostet Marie Überwindung, sie möchte Max jedoch beweisen, dass sie sich für ihn überwindet und gemeinsam Sport treiben möchte. Max versteht nicht, warum es jemandem keinen Spaß machen kann, Sport zu treiben, und sieht es deshalb nicht als bedeutungsvolle Geste an, dass Marie mit ihm laufen geht.

Die Gewohnheit, die mit Paarritualen einhergeht, kann dazu führen, dass viele Verhaltensweisen nicht mehr hinterfragt werden. Max war immer schon der Fahrer, wenn es in den Urlaub ging. Früher ist Marie auch gerne gefahren, aber weil sich das bei den beiden irgendwie so etabliert hat, wird es nicht mehr hinterfragt.

Der ein oder die andere war vielleicht schon einmal neidisch auf ein zärtliches oder witziges Ritual bei befreundeten Paaren. In diesem Zusammenhang können manche Paarrituale auch gezwungenermaßen entstehen und unter starkem **Erwartungsdruck** zustande kommen. Max nannte Marie früher gerne bei ihrem Namen, Kosenamen findet er kitschig und unnatürlich. Nachdem Maries Freundinnen jedoch Kosenamen von ihrem Partner bekamen, beschwerte sie sich und wünschte sich auch einen besonderen Spitznamen. Marie möchte Max nicht in der Öffentlichkeit küssen, ihre Freundinnen verstehen das nicht und machen sich darüber lustig, weshalb sie sich doch dazu überwindet.

Rituale in Partnerschaften können folglich einen klaren Faktor für Konflikte darstellen. Sie bergen jedoch auch enorme Chancen und unterstützen eine Partnerschaft in vielfältiger Weise.

20.5 Historische Veränderung vor dem Hintergrund der Emanzipation und Moderne

Betrachtet man Rituale in der Partnerschaft, stellt sich unweigerlich die Frage, ob und wie sie historischem bzw. gesellschaftlichem Wandel unterliegen. Fest vorgeschriebene Aufgaben und Rollen wichen flexibleren Rollenvorstellungen. Während über Jahrtausende hinweg ein klares geschlechterspezifisches Rollenverständnis dominierte, lässt sich beobachten, wie die Grenzen nach und nach verschwimmen und neue Stereotype entstehen.

Selbstverständlich beeinflussen solche gesellschaftlichen Veränderungen auch Ritualinhalte bzw. -formen. Betrachtet man z. B. Werberituale, wird der Dame Frau heutzutage selten noch klassisch über längere Zeit hinweg der Hof gemacht. Viele Paare ziehen mehrere Jahre nicht zusammen, und auch Fernbeziehungen sind keine Ausnahme mehr, genauso wenig wie uneheliche Kinder. Heiratsanträge (wenn überhaupt noch geheiratet wird), können mittlerweile auch von der Frau in die Hand genommen werden. In den letzten Jahrzehnten fand ein starker Wandel in den westlichen Kulturen statt. Der Haushalt wird häufig gemeinsam erledigt bzw. untereinander aufgeteilt, ebenso die Erziehung der Kinder sowie das Sorgen für das Haushaltseinkommen. Die Tatsache, dass auch Paarrituale **gesellschaftlichen Veränderungen** unterliegen, kann nicht verleugnet werden.

Es stellt sich jedoch die Frage, wie sich das bewerten lässt. Können die Anzahl wechselnder Partner, die hohen Scheidungsraten und vielen Singles damit in Zusammenhang gebracht werden? Könnte dieser Wandel folglich einen Belastungsfaktor darstellen, weil es mehr Unklarheit und somit einen größeren Raum für Missverständnisse und Konflikte gibt? Eine eindeutige Antwort auf diese Frage lässt sich nicht finden, das bewusste Einführen von Paarritualen kann den potenziellen negativen Auswirkungen auf lang anhaltende, stabile Partnerschaften jedoch entgegenwirken.

20.6 Fazit

Vorliegendes Kapitel hatte zum Ziel, die psychologische Bedeutung partnerschaftlicher Rituale zu untersuchen. Außerdem sollte es auf ihre Chancen, Risiken und ihren historischen Wandel eingehen.

> » Paare, denen befriedigende, tägliche Rituale fehlen, konstruieren unbefriedigende. (Imber-Black, 1998, S. 156)

Dies unterstreicht die essenzielle Bedeutung von Paarritualen für eine funktionierende Partnerschaft. Zusammenfassend sollten folgende Aspekte unterstrichen werden: Paarrituale haben einen unterstützenden und stabilisierenden Charakter, können jedoch auch ein Risiko darstellen. Damit das nicht geschieht, sollte darauf geachtet werden, dass bei den Partnern synchrone Vorstellungen von Ritualen vorliegen, sie verbalisiert, bewusst hinterfragt, modifiziert und adaptiert werden und genügend Raum für Flexibilität zulassen.

Kleine Alltagsübungen für Paare – gut investierte 5 Stunden (nach Gottman, 1999)

Abschiede und Trennungen
Bevor Sie sich morgens von Ihrem Partner verabschieden, achten Sie darauf, dass Sie von wenigstens einer Sache erfahren haben, die an diesem Tag für Ihren Partner anstehen wird und wichtig ist.
Zeit: 2 Minuten täglich, 5 Arbeitstage lang, insgesamt: 10 Minuten

Wiedersehen und den Tag ausklingen lassen
Beenden Sie jeden Arbeitstag gemeinsam, indem Sie sich entspannt zusammensetzen.
Zeit: 20 Minuten täglich, 5 Arbeitstage lang, insgesamt: 1 Stunde 40 Minuten

Bewunderung und Anerkennung
Nehmen Sie sich jeden Tag Zeit, um gegenüber Ihrem Partner Ihre ehrliche Bewunderung und Anerkennung auszudrücken.
Zeit: 5 Minuten täglich, 7 Tage lang, insgesamt: 35 Minuten

Zuneigung
Küssen, streicheln, umarmen und berühren Sie einander zärtlich. Starten Sie damit in

den Tag und beenden Sie ihn gemeinsam, bevor Sie schlafen gehen.

Zeit: 5 Minuten täglich, 7 Tage lang, insgesamt: 35 Minuten

Wöchentliche Verabredungen

Verabreden Sie sich miteinander, auch wenn Sie schon in einer Beziehung miteinander sind, und stärken Sie dadurch Ihre Verbundenheit. Bringen Sie sich dadurch gegenseitig auf den aktuellsten Stand und wenden Sie sich ohne störende Ablenkungen nur einander zu.

Zeit: 2 Stunden in der Woche, insgesamt: 2 Stunden

Summe insgesamt: (nur) 5 Stunden

Literatur

Birnbaum, A. (2010). Rituale. Ihre Bedeutung für die Paarbeziehung. Familienhandbuch des Staatsinstituts für Frühpädagogik. Erstellt am 08. April 2004, zuletzt geändert am 29. März 2010. http://www.familienhandbuch.de/familie-leben/partnerschaft/gelingend/RitualeihreBedeutungfuerdiePaarbeziehung.php. Zugegriffen: 27. November 2017.

Birnbaum, A. (2013). Die Vielfalt von Ritualen im Alltag von Paaren. Familienhandbuch des Staatsinstitut für Frühpädagogik. Erstellt am 31. August 2004, zuletzt bearbeitet am 26. Februar 2013. http://www.familienhandbuch.de/familie-leben/partnerschaft/gelingend/DieVielfaltvonRitualenimAlltagvonPaaren.php. Zugegriffen: 27. November 2017.

Gottman, J. M. (1999). *The marriage clinic: A scientifically based marital therapy.* New York, NY: W. W. Norton & Co.

Imber-Black, E., Roberts, J., & Whiting, R.A. (1998). *Rituale. Rituale in Familien und Familientherapie* (3. Aufl.). Heidelberg: Carl-Auer.

Kogler, R. (2011). Rituale in Paarbeziehungen. Eine qualitative Studie zur Bedeutung ritualisierter Handlungen für die Konstruktion von Paarwelt. Masterarbeit. Wien: Universität Wien.

Maurer, S. (2013). Partnerschaft: Wenn bestimmte Gewohnheiten nur noch nerven. Welt N24. Artikel vom 18. Dezember 2013. https://www.welt.de/gesundheit/psychologie/article123060853/Wenn-bestimmte-Gewohnheiten-nur-noch-nerven.html. Zugegriffen: 27. November 2017.

Moch, M., & Huff, A. S. (1983). Power enactment through language and ritual. *Journal of Business Research* 11(3), 293–316.

Moreland, R. L., & Myaskovsky, L. (2000). Exploring the performance benefits of group training: Transactive memory or improved communication? *Organizational Behavior and Human Decision Processes* 82(1), 117–133.

Moses, J. F. (2015). Social identity in close relationships. Dissertation. Minnesota: University of Minnesota.

Schindler, M. (2004). *Heute schon geküsst? So bleibt Ihre Partnerschaft lebendig und stabil.* Freiburg: Velber.

Schneewind, K. A., Graf, J., & Gerhard, A.-K. (1999). Paarbeziehungen: Entwicklung und Intervention. In: L. von Rosenstiel, C.M. Hockel, & W. Molt (Hrsg.), *Handbuch der Angewandten Psychologie* (S. 1–20). Landsberg: ecomed.

Turner, V. (1989). *Das Ritual. Struktur und Antistruktur.* Frankfurt am Main: Campus.

Watzlawick, P., Bavelas, J. B., & Jackson, D. D. A. (1967). *Pragmatics of human communication. A study of interactional patterns, pathologies, and paradoxes.* New York, NY: W. W. Norton & Company.

Wiswede, G. (2004). *Sozialpsychologie-Lexikon.* München: Oldenbourg Wissenschaftsverlag.

Schenken

Elena Aßmann

© Springer-Verlag GmbH Deutschland, ein Teil von Springer Nature 2018
D. Frey (Hrsg.), *Psychologie der Rituale und Bräuche*,
https://doi.org/10.1007/978-3-662-56219-2_21

21.1   Einleitung

Die Deutschen geben im Jahr 27 Milliarden Euro für Geschenke aus, das sind pro Person rund 400 Euro (Kilian u. Krell, 2011). Angesichts der vielen Anlässe erscheint diese Zahl vielleicht gar nicht einmal so hoch. Denn in unserer Gesellschaft ist es Brauch, sich zu Festen oder bestimmten Ereignissen ein Geschenk zu machen (◘ Abb. 21.1).

So schenken wir im Jahresverlauf zum Valentinstag Rosen, zu Ostern Schokoladenhasen und Ostereier, zum Muttertag Blumen und verfallen dann an Weihnachten endgültig in den Geschenkerausch. Nicht zu vergessen sind außerdem die Geschenke zu speziellen Feierlichkeiten: Stofftiere oder Babykleidung zur Geburt und Taufe, Kuchen am Geburtstag, Schultüten zur Einschulung, Brot und Salz zum Einzug, eine Halskette mit Kreuz zur Kommunion oder Konfirmation, Geld zur Hochzeit und Blumenkränze zur Beerdigung. Dass zu bestimmten Anlässen häufig immer wieder das Gleiche verschenkt wird, also quasi ein „Standardgeschenk" existiert, kann bereits als Ritual angesehen werden.

Doch welche Rituale gibt es – sowohl in unserer als auch in anderen Kulturen – beim Schenken noch? Die Beantwortung dieser Frage erfolgt nach der Darstellung von 2 Theorien zur Entstehung des Brauchtums Schenken. Die psychologische Vertiefung der vorgestellten Rituale erfolgt dann im Laufe des restlichen Kapitels, welches sich u. a. mit der Fragestellung

beschäftigt, warum wir auch heutzutage noch schenken. Ist ein Geschenk, wie im Brockhaus definiert, wirklich eine „ohne Entgelt dargereichte Sache ohne Absicht auf Gegenleistung", oder gilt doch eher der Spruch „do ut des" – Ich gebe damit du gibst? Außerdem wird der aktuelle psychologische Forschungsstand zur optimalen Geschenkauswahl vorgestellt. Zuletzt werden Empfehlungen für das eigene Schenkverhalten im Rahmen eines Fazits gegeben.

21.2   Ursprung des Schenkens

21.2.1   Rituale der Vergangenheit

Es gibt verschiedene Theorien zur Entstehung des Brauchtums Schenken. Der Forscher Dr. Friedrich Rost (2000) behauptet beispielsweise, dass wir die Rituale der **„Vornehmen nachahmen"**. So wurde bereits in den Homerischen Gesängen berichtet, dass die geladenen Gäste bei Festen ihren wertvollen Trinkbecher mit nach Hause nehmen durften. Mithilfe von Geschenken wurden im antiken Griechenland und später auch Rom freundschaftliche und strategische Bündnisse geschlossen, familiäre Beziehungen aufrechterhalten, aber auch Loyalität vorgetäuscht und Richter bestochen.

Besitztümer, die verschenkt wurden, stammten häufig aus Kämpfen und Raubzügen. Die Angegriffenen konnten den Raub nur verhindern, wenn sie sich durch das Anbieten eines Geschenks unterwarfen. Der Anführer beteiligte seine Kämpfer anschließend an der Beute und beschenkte sie darüber hinaus, um ihre Treue zu ihm zu festigen (Rost, 2000).

Bei den Merowingern wurden Geschenke sogar offiziell eingeführt, denn die Freien Merowinger sahen es als Demütigung, dass sie genau wie die Unfreien Steuern an den König zahlen sollten. Man einigte sich schließlich darauf, dass die Freien anstatt der Steuerabgabe dem König ein Geschenk überreichen sollten, dessen Inhalt und Wert sie selbst festlegen konnten. Dies führte wiederum zu einem Wettbewerb der Großzügigkeit, da jeder versuchte, den anderen zu übertrumpfen, um so zu Ruhm zu gelangen.

◘ Abb. 21.1   Übergabe eines Geschenks (© mallmo / stock.adobe.com)

Erst die christliche Kirche mahnte zur Mäßigung und bewirkte teilweise auch einen Sinneswandel. Viele Menschen verschenkten ihre Besitztümer dann allerdings zu Ehren Gottes an die Kirche und gefährdeten damit sogar die Existenz der Nachkommen (Rost, 2000).

Im Abendland der Vormoderne gehörten Geschenken ebenfalls zum Herrschaftssystem. Den Untergebenen wurde das Schenken teilweise sogar verboten, oder es gab eine Obergrenze bezüglich des Wertes, um die Oberschicht klar abzugrenzen. Erst mit der Industrialisierung und dem Aufstieg des Bürgertums entwickelte sich das moderne Schenkverhalten (Schmied, 1996).

21.2.2 Soziobiologische Sicht

Eine alternative Theorie zum Ursprung des Schenkens bietet die Soziobiologie, nach welcher das Schenken aus dem **Werben um einen Partner** stammt. Grundsätzlich möchte jeder Geschlechtspartner möglichst optimal seine Gene weitergeben. Da rein biologisch betrachtet für Frauen ein höherer Aufwand in Bezug auf die Nachkommen erforderlich ist als für Männer, müssen sie ihren Partner entsprechend umsichtig auswählen. Der Mann kann durch Geschenke zeigen, dass er genügend Ressourcen besitzt, um für die Mutter und das Kind zu sorgen (Schmied, 1996).

Evidenz für diese Theorie findet sich in der Tierwelt, z. B. bei Schimpansen. So haben Forscher des Max-Planck-Instituts aus Leipzig herausgefunden, dass männliche Schimpansen, die regelmäßig ihr erbeutetes Fleisch mit den Weibchen teilen, sich deutlich häufiger paaren als ihre „geizigen" Artgenossen (Max-Planck-Gesellschaft, 2009).

21.3 Rituale des Schenkens in der Gegenwart

21.3.1 In der deutschen Kultur

Wenn wir jemanden ein Geschenk machen oder selber eins erhalten, führen wir automatisch Rituale aus, die typisch für unsere Kultur sind.

So wickelt jeder nicht allzu faule Mensch sein Präsent in schönes Geschenkpapier ein und verziert es dann beispielsweise mit einer Schleife, bevor er es dem Empfänger überreicht. Der Beschenkte muss das Geschenk dann annehmen und direkt öffnen, um nicht unhöflich zu sein. Ferner wird von ihm erwartet, Freude und Dankbarkeit zu zeigen – unabhängig davon, ob ihm das Geschenk auch wirklich gefällt.

Normalerweise beruht das Schenken außerdem auf Gegenseitigkeit, d. h., man sollte sich nicht nur beschenken lassen, sondern bei Gelegenheit etwas zurückschenken. Als Geschenke zählen dabei nicht nur materielle, sondern auch immaterielle Geschenke, beispielsweise ein Lob, welches man auch annehmen sollte.

21.3.2 In anderen Kulturen

Wie erläutert, gehört der Brauch des Schenkens schon seit Jahrtausenden zum menschlichen Miteinander. Was, wie und wann etwas verschenkt wird, hängt stark von der jeweiligen Kultur ab. Dementsprechend lauern im Ausland viele Fettnäpfchen, sofern man sich vorher nicht über die Gepflogenheiten informiert, wie folgende Beispiele aus dem asiatischen und arabischen Raum illustrieren.

So sollte man in China beispielsweise auf keinen Fall eine Uhr verschenken. Denn diese bedeutet sinngemäß: „Deine Zeit ist abgelaufen!" Ähnlich negativ besetzt sind Regenschirme („Trennung") und grüne Hüte. Letztere unterstellen einem verheirateten Mann, dass dieser nichts ahnend von seiner Frau betrogen wird. Kritisch sind außerdem in vielen asiatischen Ländern Blumen. Diese erinnern an Beerdigungen und könnten so fehlinterpretiert werden, dass man der Beschenkten den Tod wünsche.

In China und Japan ist es zudem allgemein üblich, ein Geschenk nicht sofort auszupacken. Um nicht habgierig zu erscheinen, enthüllt der Empfänger es erst später, wenn er wieder alleine ist. Auf diese Weise erspart er sich gleichzeitig, bei Missfallen des Präsents Freude vortäuschen zu müssen. Denn könnte man die Enttäuschung über ein schlechtes Geschenk in seiner Mimik sehen, würde er sein Gesicht verlieren.

Generell gilt im asiatischen Raum, dass die Geschenkbilanz ausgeglichen sein muss. Erhält man wertvolle Präsente, sind billige Gegengaben deplatziert. Umgekehrt sollte das eigene Geschenk nicht zu teuer sein, weil es den Beschenkten sonst unter Druck setzt, was wiederum als unhöflich gilt.

In Japan wird außerdem sehr viel Wert auf eine schöne Verpackung gelegt. Diese sollte aufwendig sein und möglichst das Logo einer hochwertigen Marke aufweisen. Weißes Geschenkpapier ist unangebracht, da dies in vielen asiatischen Ländern die Farbe der Trauer ist. Schließlich wird das Präsent unaufdringlich mit beiden Händen überreicht, um zu zeigen, dass es von Herzen kommt. Niemals verschenkt werden sollten Quartette, d. h. beispielsweise 4 Bücher, da die Zahl vier in der Aussprache dem Wort „Tod" gleicht. Ebenso unpassend sind Messer, da diese für das Lösen (freundschaftlicher) Bindungen stehen.

In arabischen Ländern wird das Geschenk genau wie im asiatischen Raum häufig nicht direkt in der Anwesenheit des Schenkenden geöffnet, um bei Nichtgefallen nicht unhöflich zu wirken. Gastgeschenke sind üblich, werden aber nicht unbedingt erwartet. Wichtig ist vor allem, keine zu teuren oder zu günstigen Geschenke auszuwählen. Auf keinen Fall verschenken sollte man etwas mit Alkohol oder Schwein, also beispielsweise auch alkoholhaltige Pralinen oder eine Tasche aus Schweinsleder, sofern der Beschenkte ein Muslim ist. Überreicht werden die Geschenke mit der rechten Hand, da die linke als unrein gilt.

Bei Einladungen nach Hause ist zu beachten, dass der männliche Gast dem Mann und nicht der Frau des Hauses das Präsent übergibt. Riskant wird es, wenn man Gegenstände in der fremden Wohnung zu sehr lobt oder bewundert. Denn aufgrund der sehr ausgeprägten Gastfreundlichkeit der Araber könnten sich diese dann gezwungen fühlen, es dem Gast zu schenken. Falls dies passiert, sollte man es nicht ablehnen, um den Gastgeber nicht auch noch zu beleidigen. Stattdessen wird empfohlen, sich herzlich

zu bedanken, und es später beim Verlassen des Hauses bewusst „zu vergessen".

Speziell in Syrien sollte man ein Geschenk direkt auspacken, um nicht gleichgültig und damit unhöflich zu erscheinen. Hier ist es besonders wichtig, dass die Geschenke wertvoll und nicht nur symbolisch sind. Im Gegensatz zu Deutschland werden in Syrien auch keine Gutscheine verschenkt.

21.4 Psychologische Hintergründe

21.4.1 Reziprozität

Genau wie bei der Frage zur Entstehung des Schenkens existieren auch hierzu verschiedene Theorien und Sichtweisen.

Eine klassische Antwort ist die **Schenkökonomie**. Dieser Begriff wurde erstmals in der berühmten wissenschaftlichen Abhandlung *Die Gabe* des französischen Soziologen und Ethnologen Marcel Mauss (1968) erwähnt. Mauss untersuchte den Austausch und die Verteilung von Gaben in archaischen Gesellschaften. Sein bekanntestes Beispiel ist der Potlatch, ein Fest des exzessiven Schenkens der amerikanischen Indianer der nordwestlichen Pazifikküste.

Bei dieser ritualisierten Zeremonie verschenkt ein gastgebender Häuptling übermäßig viele Besitztümer an einen anderen Clan. Dieser muss anschließend versuchen, die Geschenkorgie zu überbieten, um seine Ehre nicht zu verlieren. Teilweise werden die Güter nicht ausgetauscht, sondern öffentlich zerstört oder verbrannt, sogar Tiere getötet und Sklaven ins Meer geworfen. Diese extreme Form des Gabentauschs dient einerseits dazu, die eigene Überlegenheit zu zeigen und so die gesellschaftliche Position zu verteidigen. Andererseits ist es eine Methode der Umverteilung der Güter, sodass kein Clan zu große Besitztümer ansammeln kann.

Mauss (1968) sah das Schenken daher als eine Art „Gesellschaftsvertrag der Naturvölker" zur Förderung des Friedens. Die Grundidee seiner Geschenkökonomie besteht darin, dass die Handlung des Schenkens mit der Überreichung der Gabe noch nicht abgeschlossen ist. Stattdessen folgt zwangsläufig die Annahme und – häufig zeitlich verzögert – die Erwiderung des Geschenks. Bei Letzterem geht es jedoch nicht um wirtschaftliche Vorteile, sondern um Vertrauen. Wenn man beispielsweise einem Freund hilft, erwartet man keine direkte Gegengabe. Stattdessen vertraut man darauf, dass man weiterhin befreundet ist. Oder man vertraut darauf, dass man irgendwann etwas aus der Gesellschaft zurückbekommt. Durch kleine Geschenke werden die Aufmerksamkeit und das Bewusstsein beim Gegenüber und damit die Wahrscheinlichkeit auf ein Gegengeschenk erhöht.

Das Ritual der Gegengabe entspricht dem **Prinzip der Gegenseitigkeit** („wie du mir, so ich dir"), welches in der Psychologie Reziprozität genannt wird. Es ist das Bedürfnis von Menschen, auf positive oder negative Handlungen anderer in ähnlicher Weise zu reagieren bzw. so zu handeln, wie man es vom Gegenüber erwarten würde (Frey u. Bierhoff, 2011). Reziprozität gilt als kulturübergreifende, universelle Norm (Bierhoff, 2010) und erleichtert das menschliche Miteinander.

Neben diesem positiven Aspekt hat das Prinzip der Reziprozität jedoch auch eine Kehrseite, da es als Manipulationstechnik angewendet werden kann und vor allem in der Werbepsychologie bzw. im Verkauf auf diese Weise häufig (aus-)genutzt wird. Ein klassisches Beispiel hierfür sind Werbegeschenke, z. B. Parfümproben. Denn unabhängig davon, ob diese vom potenziellen Käufer verlangt wurden, fühlt sich dieser automatisch unter Druck, die Gefälligkeit zu erwidern und lässt sich eher zu einem Kauf überreden. Teilweise reicht ein besonders freundliches und zuvorkommendes Verhalten des Verkäufers bereits aus, beim Interessenten ein schlechtes Gewissen hervorzurufen, welches die Kaufentscheidung beeinflussen kann. Und auch Hilfsorganisationen nutzen dieses Prinzip vorzugsweise vor Weihnachten, indem sie kleine Geschenke wie Kalender oder Postkarten ungefragt an potenzielle Spender senden.

Häufig wird also auch geschenkt, weil man auf ein möglichst gleichwertiges oder sogar höherwertiges **Gegengeschenk** hofft. Dabei

können, wie bereits angedeutet, die ursprüngliche und die erwiderte Gabe sowohl materiell als auch immateriell sein. So wird beispielsweise bei Bestechungen im Gegenzug zu Geld oder teuren Geschenken häufig Loyalität vom Gegenüber erwartet. Während Korruption bei Beamten strengstens verfolgt wird, ist es in der Industrie nach wie vor verbreitet, um Kundenaufträge zu akquirieren.

21.4.2 Bedürfnis nach Zugehörigkeit

Die Hauptfunktion von Geschenken wird aber in der **Erhaltung und Stärkung sozialer Beziehungen** gesehen, da die Gaben Sympathie und Wertschätzung für den Empfänger vermitteln. Diese Beziehungen sind wiederum wichtig, um unser „need to belong", also unser Bedürfnis nach Zugehörigkeit, zu stillen.

Nicht jedes Geschenk ist allerdings förderlich für Freundschaften. So sollte es entsprechend des Anlasses weder zu groß noch zu klein sein. Denn ein zu wertvolles Geschenk kann den Empfänger unter großen Druck setzen, die Gabe in ähnlich hohem Maße zu erwidern. Kann oder möchte er dies nicht, entsteht ein ungleiches Verhältnis, das zu einer sozialen Hierarchie führt bzw. diese festigt. Anstatt die Freundschaft zu bekräftigen, transportiert das Geschenk in diesem Fall vor allem immaterielle Werte wie Prestige und Macht. Ein zu kleines Geschenk bzw. gar keines, obwohl es erwartet wird, ist ebenfalls kontraproduktiv für Beziehungen, da sich das Gegenüber nicht angemessen wertgeschätzt fühlt.

Das Extrem unpassender Geschenke ist das sog. **Danaergeschenk**. Der Begriff leitet sich vom Trojanischen Pferd ab und ist als Unheil bringende Gabe definiert. Vor allem umstrittene politische Entscheidungen, z. B. der Mindestlohn, werden in den Medien manchmal als solches bezeichnet. Aber auch kränkende Geschenke wie beispielsweise Uhren für immer Verspätete oder ein Duden für Menschen mit Rechtschreibschwierigkeiten fallen in diese Kategorie und wirken sich in der Regel negativ auf die Beziehung aus.

Des Weiteren verfehlt ein Geschenk seine beziehungsfördernde Funktion, wenn der Beschenkte sich nicht gebührend darüber freut bzw. es ablehnt. Daher lernt jedes Individuum in der Kindheit, dass es – unabhängig davon, ob ihm das Geschenk tatsächlich gefällt – positiv emotional in Form von Freude und Überraschung reagieren sollte. In Experimenten der Entwicklungspsychologie zeigte sich, dass Kleinkinder die sozial erwünschte Reaktion in der Regel noch nicht beherrschen, da sie im Gegensatz zu Erwachsenen ihre Enttäuschung bei einem unerfreulichen Geschenk nicht verbergen und auch keine Dankbarkeit vortäuschen. Erst im Alter von ca. 3 Jahren haben sie im Rahmen der emotionalen Sozialisation die sog. **Darbietungsregeln** von Bezugspersonen erlernt (Glüer, 2013). Diese kulturabhängigen Regeln für den Emotionsausdruck in Abhängigkeit von der Situation führen zu einer freudigen Reaktion auf ein Geschenk, sodass auch hier von einem Ritual gesprochen werden kann.

21.4.3 Lernen durch Verstärkung

Reagiert der Beschenkte also (gezwungenermaßen) positiv auf das Geschenk, freut sich der Schenkende über seine gelungene Wahl des Präsents und die Freude des Gegenübers. Damit kommt allerdings die Frage auf, ob wir tatsächlich nur schenken, um andere Menschen glücklich zu machen, oder ob dies auch egoistische Gründe hat.

Die aktuelle Forschung gibt Hinweise auf eine Art Kreislauf des Schenkens und **Glücklichseins**: So wurde gezeigt, dass Menschen, die sich für andere Personen engagiert oder diesen etwas geschenkt haben, glücklicher sind. Gleichzeitig wurde festgestellt, dass glückliche Menschen mehr schenken als unglückliche Menschen (Aknin et al., 2012).

Der Schenkende merkt also, dass sich das Schenken gut anfühlt und möchte diese positive Stimmung aufrechterhalten oder wieder herbeiführen. Daher wird er zukünftig gerne noch mehr verschenken. In der Psychologie nennt man dieses Phänomen Lernen durch

Verstärkung, da die Handlung „Schenken" durch die entstehenden eigenen positiven Gefühle verstärkt, d. h. belohnt, und dadurch erlernt wird. Zusammengefasst ist das Schenken daher mitnichten nur altruistisch, sondern macht auch den Schenkenden glücklicher. Dr. Friedrich Rost bezeichnet das Schenken deswegen auch als „soziales Handeln par excellence", da es auf andere gerichtet ist, sich aber in der Regel auf beide positiv auswirkt (Rost, 2010).

Interessanterweise macht es Menschen sogar glücklicher, Geld für andere auszugeben anstatt für sich selbst. So wurde in einer Studie von Dunn et al. (2008) den Versuchspersonen 5 oder 20 US-Dollar gegeben, die sie entweder für sich selbst oder für andere nutzen sollten. Die Gruppe, die etwas für andere Menschen kaufte, war im Nachhinein glücklicher. Die Höhe des Geldes hatte keinen Effekt auf das Glücksempfinden, obwohl andere Versuchspersonen glaubten, dass die 20 US-Dollar generell glücklicher machen. Der Zusammenhang wurde in 120 von 136 Ländern gefunden. Sogar ärmere Versuchspersonen aus Südafrika, die teilweise für sich selber nicht genügend zum Essen hatten, waren glücklicher, wenn sie eine Tüte mit Essen an ein krankes Kind spendeten, anstatt diese zu behalten (Aknin et al., 2013).

Außerdem wurde herausgefunden, dass es glücklicher macht, Geld für die Familie und enge Freunde auszugeben als für weniger gute Freunde oder Fremde (Aknin et al., 2011). Gleichzeitig bietet der Brauch des Schenkens vor allem in der Familie viel Konfliktstoff, da verschiedene Generationen und Interessen aufeinandertreffen. Häufig bestehen außerdem spezifische familieninterne Rituale, Regeln oder Vereinbarungen bezüglich des Geschenkwertes. So werden Geschwister in der Regel ähnlich hoch beschenkt.

21.5 Was macht ein gutes Geschenk aus?

Das richtige Geschenk zu finden, kann sehr anstrengend sein und viel Zeit und Mühe kosten. Denn man braucht Fantasie und die Fähigkeit, sich in den anderen hineinzuversetzen, um sich ein passendes Geschenk ausdenken zu können. Die folgenden psychologischen Studien geben Hinweise darauf, was ein gutes Geschenk ausmacht.

- **Ist ein teures Geschenk besser als ein preisgünstiges?**

Flynn und Adams (2009) fanden in 3 Studien heraus, dass die Meinungen zu dieser Frage zwischen Schenkenden und Beschenkten stark divergieren. So waren die Männer der ersten Studie der Ansicht, dass sich ihre Freundinnen umso mehr über einen Verlobungsring freuen, je teurer dieser ist. Tatsächlich wurde dieser Zusammenhang bei den Frauen aber nicht gefunden, da sich diese unabhängig vom Preis freuten. Auch in den beiden anderen Studien ergaben sich die gleichen asymmetrischen Denkweisen. Ein teureres Geschenk ist also nicht automatisch besser als ein günstigeres.

- **Freut sich der Beschenkte über individuell ausgewählte Geschenke am meisten?**

Viele Menschen glauben, dass nur ein individuell überlegtes Geschenk ausdrückt, wie viel Mühe und Sorgfalt sie sich bei der Auswahl gegeben haben. Die Schenkenden in der Studie von Gino und Flynn (2011) waren daher der Meinung, dass ein persönlich ausgewähltes Präsent beim Gegenüber genauso wertgeschätzt wird wie ein explizit gewünschtes. Ähnlich wie bei der vorherigen Frage existieren aber auch hier unterschiedliche Vorstellungen, die von der Geschenksituation abhängen: So freuten sich die Beschenkten über ein Geschenk von ihrer Wunschliste mehr als über ein anderes, das sie sich nicht explizit gewünscht hatten. Bei der Auswahl eines Geschenks sollte man daher vor allem auf die Wünsche des anderen achten.

- **Sind Geldgeschenke tabu?**

Früher waren Geldgeschenke innerhalb der Familie vor allem deswegen verpönt, weil man die Dienstboten mit Geld beschenkte. Nur älteren Menschen war es erlaubt, den Enkeln Geld zu überreichen, damit sie kein Geschenk besorgen mussten. Heutzutage divergieren die Meinungen zu Geldgeschenken stark: Während

sich die Generationen Y und Z (Geburtsjahrgänge 1980–2010) in der Regel über Geld freuen, gibt es nach wie vor Menschen, die Geldgeschenke langweilig und unpersönlich finden. Doch kommen sie beim Beschenkten wirklich so schlecht an? Eine weitere Studie von Gino und Flynn (2011) zeigt, dass dies nicht so ist. Überraschenderweise freuten sich die Beschenkten sogar mehr über Geld als über ein gewünschtes Geschenk.

- **Ist ein praktisches oder ein ausgefallenes Geschenk besser?**

In der Studie von Baskin et al. (2014) sollten die Versuchspersonen ein Geschenk für einen Freund aussuchen. Sie hatten u. a. die Wahl zwischen einem Gutschein für ein sehr gut bewertetes, exklusives Restaurant, das aber weiter entfernt lag, und einem gleichwertigen Gutschein für ein näheres, aber schlechter bewertetes Restaurant. Die meisten Probanden wählten den Gutschein für das schicke Restaurant aus, weil sie glaubten, dass sich die Beschenkten darüber mehr freuen würden. Umgekehrt wurden andere Versuchspersonen gefragt, welchen Gutschein sie denn lieber bekommen würden. Hier tendierte die Mehrzahl zu dem einfacheren, aber in der Nähe liegenden Restaurant. Das Kriterium der Praktikabilität sollte bei der Geschenkauswahl also nicht vernachlässigt werden.

- **Je mehr Geschenke, desto besser?**

Intuitiv wird häufig angenommen, dass 2 oder mehr Geschenke beim Gegenüber mehr Freude erzeugen als ein einziges Geschenk. Deswegen fügen viele Menschen ihrem Hauptgeschenk noch ein paar Kleinigkeiten hinzu. Oftmals kann man in den Geschäften auch gleich Geschenksets kaufen, beispielsweise eine Teekanne zusammen mit Tee. In einer Studie (Weaver et al., 2012) mussten die Probanden schätzen, wie viel Geld sie für einen iPod alleine und für ein Geschenkset bestehend aus iPod und Gutschein für einen kostenlosen Musik-Download ausgeben würden. Interessanterweise hätten die Probanden für den iPod 242 US-Dollar gezahlt, während ihnen das Set nur 176 US-Dollar wert war. Das kleine Geschenk entwertet aus Sicht des

Beschenkten also das Hauptgeschenk. Dieses Phänomen wird in der Psychologie auch als **„Presenter's Paradox"** bezeichnet. Bei Geschenken gilt daher, dass weniger manchmal doch mehr ist.

- **Zählt wirklich nur der „gute Gedanke" beim Schenken?**

Wie die obigen Studien bereits andeuten, ist es für den Beschenkten eher nebensächlich, wie gut das Geschenk gemeint war. Für ihn ist hauptsächlich wichtig, ob er sich das Geschenk gewünscht hat bzw. auch gebrauchen kann. Bei guten Präsenten ist es dem Empfänger generell relativ egal, ob sich der Schenkende etwas dabei gedacht hat. Bei schlechten Geschenken kann der Effekt auftreten, aber nur, wenn sich die beiden Menschen nahestehen. Schenkt uns ein guter Freund ein völlig unbrauchbares Geschenk, sind wir motiviert, über seine Beweggründe nachzudenken. Kommen wir zu dem Schluss, dass er es ja gut gemeint hat, wertet dies das Geschenk tatsächlich ein wenig auf. Bei Personen, die wir nicht so gut kennen, tritt der Effekt nicht auf, und das Geschenk verfehlt seine beziehungsfördernde Wirkung (Zhang u. Epley, 2012).

- **Ist das Ritual der Geschenkverpackung wirklich nötig?**

Für viele Menschen ist ein Geschenk erst dann ein richtiges Geschenk, wenn es schön in Papier verpackt wurde, am besten mit einer Schleife in einer passenden Farbe. Tatsächlich zeigen Studien (Howard, 1992), dass ein Präsent mehr Freude bereitet, wenn es zuvor hübsch eingepackt wurde. Dabei sollte man es jedoch auch nicht übertreiben. Denn eine zu spektakuläre Verpackung könnte bei dem Beschenkten Erwartungen wecken, die das Geschenk eventuell nicht erfüllt. Die Enttäuschung wäre dann beim Empfänger umso größer.

21.6   Fazit

Der Brauch zu Schenken ist wichtig für uns und vor allem für unser Zusammenleben mit anderen Menschen, da er uns glücklich macht und unsere Freundschaften stärkt. Ein passendes

Präsent zu finden, kann aber auch sehr anstrengend sein. Das beste Beispiel hierfür ist die weihnachtliche „Geschenkschlacht". Die aktuelle Überflussgesellschaft verleitet uns dazu, das Schenken maßlos zu übertreiben. Schon Wochen vor Weihnachten sind wir gestresst, für sämtliche Verwandte und Freunde schöne Geschenke zu besorgen, eilen durch die Einkaufsstraßen und durchforsten Online-Shops. Gleichzeitig grübeln wir darüber, was den anderen wohl am meisten erfreuen würde und wie wertvoll die Gegengabe sein wird, um ein Geschenk im ähnlichen Preissegment auswählen zu können. Dabei machen wir uns selber mehr Stress, als wir es müssten.

Gerade innerhalb der Familie und unter Freunden sollte es nicht darauf ankommen, ob das eigene Geschenk genauso viel wert ist wie das des anderen. Vielmehr sollte die Hauptintention darin bestehen, dem Familienmitglied oder Freund eine Freude zu bereiten. Und dafür muss das Geschenk weder individuell noch hochpreisig sein, sondern es reicht, auf die expliziten Wünsche des Gegenübers zu achten und diese zu erfüllen.

Außerdem sollte man nicht nur schenken, weil man es aufgrund eines Festes muss. Besonders schöne Geschenke findet man häufig eher zufällig und nicht zu einem konkreten Anlass. Die Freude beim Gegenüber über das unerwartete Geschenk ist dann oftmals umso größer.

> Sieh! So kommen sie meinen Wünschen zuvor, so suchen sie alle die kleinen Gefälligkeiten der Freundschaft auf, die tausendmal werther sind als jene blendenden Geschenke, wodurch uns die Eitelkeit des Gebers erniedrigt. (Johann Wolfgang von Goethe, 1832, S. 98)

Literatur

Aknin, L. B., Sandstrom, G. M., Dunn, E. W., & Norton, M. I. (2011). It's the recipient that counts: Spending money on strong social ties leads to greater happiness than spending on weak social ties. *Public Library of Science one* 6(2), e17018.

Aknin, L. B., Dunn, E. W., & Norton, M. I. (2012). Happiness runs in a circular motion: Evidence for a positive feedback loop between prosocial spending and happiness. *Journal of Happiness Studies* 13(2), 347–355.

Aknin, L. B., Barrington-Leigh, C. P., Dunn, E. W., Helliwell, J. F., Burns, J., Biswas-Diener, R., Kemeza I, et al. (2013). Prosocial spending and well-being: Cross-cultural evidence for a psychological universal. *Journal of Personality and Social Psychology* 104(4), 635–652.

Baskin, E., Wakslak, C. J., Trope, Y., & Novemsky, N. (2014). Why feasibility matters more to gift receivers than to givers: A construal-level approach to gift giving. *Journal of Consumer Research* 41(1), 169–182.

Bierhoff, H. W. (2010). *Psychologie prosozialen Verhaltens*. Stuttgart: Kohlhammer.

Dunn, E. W., Aknin, L. B., & Norton, M. I. (2008). Spending money on others promotes happiness. *Science* 319(5870), 1687–1688.

Flynn, F. J., & Adams, G. S. (2009). Money can't buy love: Asymmetric beliefs about gift price and feelings of appreciation. *Journal of Experimental Social Psychology* 45(2), 404–409.

Frey, D., & Bierhoff, H. W. (2011). *Sozialpsychologie – Interaktion und Gruppe*. Göttingen: Hogrefe.

Gino, F., & Flynn, F. J. (2011). Give them what they want: The benefits of explicitness in gift exchange. *Journal of Experimental Social Psychology* 47(5), 915–922.

Glüer, M. (2013). *Geschenkfreude im Kleinkindalter: Eine empirische Studie zur emotionalen Sozialisation von Kleinkindern in einer Geschenksituation*. Hamburg: Diplomica.

von Goethe, J. W. (1832). *Die Leiden des jungen Werther*. Leipzig: Wengandsche Buchhandlung.

Howard, D. J. (1992). Gift-wrapping effects on product attitudes: A mood-biasing explanation. *Journal of Consumer Psychology* 1(3), 197–223.

Kilian, E., & Krell, J. (2011). Management Report: So schenkt Deutschland. Frankfurt am Main: Messe Frankfurt Exhibition GmbH. https://creativeworld.messefrankfurt.com/content/dam/messefrankfurt-redaktion/ambiente/general/management-reports/2017/manrep-schenken-deutschland.pdf. Zugegriffen: 27. November 2017.

Mauss, M. (1968). *Die Gabe: Form und Funktion des Austauschs in archaischen Gesellschaften*. Frankfurt am Main: Suhrkamp.

Max-Planck-Gesellschaft. (2009). Geschenke fördern die Beziehung. Männliche Schimpansen, die regelmäßig ihre Beute mit Weibchen teilen, paaren sich deutlich häufiger als „geizige" Artgenossen. Pressemitteilung vom 08. April 2009. https://www.mpg.de/570964/pressemitteilung20090406. Zugegriffen: 27. November 2017.

Rost, F. (2000). Ars donandi. Eine (Kurz-)Geschichte des Schenkens. Artikel vom 04. Dezember 2000. http://userpage.fu-berlin.de/~rostfu/online-texte/ars_donandi.htm. Zugegriffen: 27. November 2017.

Rost, F. (2010). Institutionalisiertes Schenken. Stand: 29. Dezember 2010. http://userpage.fu-berlin.de/~rostfu/online-texte/eus.htm#Überblick. Zugegriffen: 27. November 2017.

Schmied, G. (1996). *Schenken: über eine Form sozialen Handelns*. Opladen: Leske + Budrich.

Weaver, K., Garcia, S. M., & Schwarz, N. (2012). The presenter's paradox. *Journal of Consumer Research* 39(3), 445–460.

Zhang, Y., & Epley, N. (2012). Exaggerated, mispredicted, and misplaced: When "it's the thought that counts" in gift exchanges. *Journal of Experimental Psychology: General* 141(4), 667–681.

Bräuche und Rituale der Anerkennung

Kathrin Verena Ridder

© Springer-Verlag GmbH Deutschland, ein Teil von Springer Nature 2018
D. Frey (Hrsg.), *Psychologie der Rituale und Bräuche*,
https://doi.org/10.1007/978-3-662-56219-2_22

22.1 Einleitung

> » Das Leben ist ein einziges Ringen um
> Anerkennung. (Steiner, 2009, S. 32)

Dieses Zitat vom Schweizer Autor Bernhard Steiner mag zwar im ersten Moment oberflächlich klingen, es hat jedoch einen wahren Kern. Unsere Suche nach Anerkennung beginnt bereits im Kindesalter. Das erste Lächeln, die ersten Schritte oder der erste Milchzahn, der unter dem Kopfkissen auf die Zahnfee wartet – all das wird durch die Anerkennung der Eltern initiiert und belohnt. Später in der Jugend sind gute Schulnoten oder Sportmedaillen der Maßstab, an dem die Anerkennung der Lehrer, Trainer oder Eltern bemessen wird.

Dieses Streben nach Wertschätzung und Bestätigung legen wir auch im Erwachsenenalter nicht ab – im Gegenteil: Für berufliche Leistungen wollen wir nicht nur monetär, sondern auch über positives Feedback entlohnt werden, wir möchten, dass uns der Partner nicht nur partnerschaftlich unterstützt, sondern auch seine Wertschätzung uns gegenüber zum Ausdruck bringt, oder versuchen, Freunde mit unseren schönsten Urlaubsfotos auf Facebook und Co. zu beeindrucken. Das Bedürfnis nach Anerkennung und damit verbunden auch die Angst vor sozialer Ablehnung spielen offenbar unser Leben lang eine wichtige Rolle und beeinflussen unser Handeln.

Um bestimmte Verhaltensweisen zu legitimieren und ihre soziale Akzeptanz zu sichern, werden oft Bräuche und Rituale genutzt. Es ist daher nicht verwunderlich, dass wir Menschen viele Rituale durchführen und Bräuche pflegen, die darauf ausgerichtet sind, Anerkennung zu erhalten oder sie den Menschen in unserem Umfeld entgegenzubringen. Auch Selbstrespekt und die Anerkennung der eigenen Person sind von grundsätzlicher Bedeutung für ein gesundes Selbstwertgefühl und ein erfülltes Leben – auch hierzu gibt es eine Vielzahl an Ritualen.

Erst einmal stellt sich jedoch die Frage, was sich genau hinter dem Konzept der Anerkennung verbirgt.

22.2 Definition

Das Thema Anerkennung begleitet uns offensichtlich ein ganzes Leben lang und findet sich in vielen unserer Bräuche und Rituale wieder – doch was genau bedeutet Anerkennung?

Im Duden wird der Begriff Anerkennung in zwei Unterpunkte gegliedert. Im akademischen Sinne bedeutet er „(offizielle) Bestätigung, Erklärung der Gültigkeit, Billigung" und „Zustimmung", im sozialen Kontext „Würdigung, Lob, Achtung, Respektierung" (Duden online, 2017).

Da die meisten Bräuche auf zwischenmenschlichen Interaktionen und Beziehungen basieren, liegt auch der Fokus dieses Kapitels auf dem psychologischen Aspekt des Anerkennungskonzeptes: der **sozialen Anerkennung**. Siegrist (2008) definiert soziale Anerkennung als das Erhalten von Bestätigung für die eigene Person und ihr Handeln durch signifikante Andere. Dies geschieht in Form von positiver Rückmeldung. Soziale Anerkennung können wir auf verschiedenen Wegen erhalten. Das kann von bestimmten Eigenschaften, die wir besitzen, über Gegenstände, die wir unser eigen nennen können, bis hin zu Leistungen, die wir erbringen, reichen (Esser, 1999).

Nach Frischmann (2009) ist Anerkennung allerdings nicht nur mit Wertschätzung gleichzusetzen. Vielmehr definiert sie eine Anerkennungsbeziehung als „[j]ede soziale Beziehung, in der sich Personen oder kulturelle Gruppen einander unter dem Aspekt der Achtung ihrer Autonomie und ihrer soziokulturellen Identität begegnen" (Frischmann, 2009, S. 161).

Die Auslegung des Anerkennungskonzeptes im Sinne der Achtung und Respektierung spielte schon in der *Kritik der praktischen Vernunft* des Philosophen Immanuel Kant (1724–1804) eine bedeutende Rolle. Er fordert, dass jeder Mensch „niemals bloß als Mittel, sondern zugleich selbst als Zweck zu gebrauchen" sei (Kant, 1838, S. 202). Dieses „moralische Gesetz", wie er es nennt, leitet er von seinem berühmten kategorischen Imperativ ab – „Handle so, daß die Maxime deines Willens jederzeit zugleich als

Prinzip einer allgemeinen Gesetzgebung gelten könne" (Kant, 1838, S. 130) – und begründet es auf der „Autonomie [des freien] Willens" eines jeden Individuums (Kant, 1838, S. 73).

Dieser Gedanke ist auch in unserem Grundgesetz verankert. Bereits in Artikel 1, Absatz 1, heißt es: „Die Würde des Menschen ist unantastbar. Sie zu achten und zu schützen ist Verpflichtung aller staatlichen Gewalt." (BMJV, 1949). Anerkennung umfasst also auch die Achtung von und den Respekt vor unseren Mitmenschen.

22.3 Kategorisierung und Beschreibung

Wie erhalten wir Anerkennung von den Menschen in unserem Umfeld? Wie können wir anderen Anerkennung zollen? Und warum ist diese für uns Menschen überhaupt so wichtig, dass wir sie so stark in unseren Alltag integrieren?

Wie bereits eingangs beschrieben stellt die Suche nach Anerkennung eine bedeutende Komponente unseres Lebens dar. Die Wichtigkeit dieses Konzeptes spiegelt sich auch in einer Vielzahl an Bräuchen und Riten wider. Die meisten dieser Bräuche begegnen uns im Alltag: Wir schütteln anderen die Hände, um sie zu begrüßen oder ihnen zu gratulieren, wir klatschen als Zeichen des Applauses für eine gute Leistung oder bekommen einen Pokal überreicht, wenn wir im Sport erfolgreich sind. Andersherum kaufen wir uns Statussymbole wie Uhren oder Autos, um von anderen bewundert zu werden, stehen stundenlang im Bad, um uns schön zu machen, bevor wir uns unters Volk mischen, oder bearbeiten unsere Selfies, bevor wir sie ins Netz stellen, um möglichst viel positive Resonanz zu bekommen.

Es gibt viele Arten, anderen Anerkennung zu zollen oder selbst Anerkennung zu erlangen. Sie lassen sich grob in 4 Kategorien einteilen: Anerkennung durch Leistung, durch sozialen Status, im Beziehungskontext und Selbstanerkennung.

22.3.1 Anerkennung durch Leistung

Zum einen kann Anerkennung durch erbrachte Leistung erzielt werden. Dies ist oft im sportlichen, künstlerischen, akademischen und beruflichen Bereich der Fall. Leistungsanerkennung kann sowohl auf materielle Art erfolgen, z. B. durch Bonuszahlungen oder über Preisgelder, Pokale, Schärpen und Medaillen in Wettkämpfen, als auch auf immaterielle Weise, z. B. durch Lob oder die Ausstellung eines Kunstwerks. Auch Klatschen, Jubeln und Pfeifen haben die immaterielle Anerkennung von Leistung zum Ziel. In diesem Fall geschieht sie oft synchron. Das bedeutet, dass die Erbringung der Leistung und deren Würdigung zeitlich miteinander einhergehen.

22.3.2 Anerkennung durch sozialen Status

Ein beliebtes Mittel, um von anderen anerkannt zu werden, ist die **Zurschaustellung von sozialem Status**. Schon Max Weber (1978) erkannte, dass dieser oft durch soziale Schichten auf Basis sozialer Ungleichheiten gewahrt wird. Die Zugehörigkeit zu einer bestimmten Schicht kann durch Statussymbole ausgedrückt werden. Getreu dem Motto „Mein Haus, mein Auto, mein Boot" scheinen viele Menschen gerne ihren Reichtum und ihre Besitztümer zu zeigen.

Anerkennung durch sozialen Status lässt sich jedoch nicht nur durch materielle Dinge gewinnen. Auch Hierarchien und die **Demonstration von Macht und Autorität** – sei es im Arbeits- oder Privatleben – tragen dazu bei, dass sich Personen bestätigt und in ihrer Position gewürdigt fühlen. Im Berufsleben gibt es typische Bräuche, wie beispielsweise das Ritual, dass die rangniedrigere Person stets zuerst dem Ranghöheren vorgestellt wird. Des Weiteren haben Personen höheren Ranges oft ihr eigenes Büro, welches Rangniedrigere nur nach Anklopfen oder mit Termin betreten dürfen.

Im **politischen Kontext** folgen beispielsweise Inaugurationsfeiern zur Würdigung und Anerkennung neuer Präsidenten/-innen einem ritualisierten Ablauf. Auch offizielle Auftritte vieler Machthaber basieren oft auf Bräuchen. Militärparaden zur Begrüßung eines Staatsoberhauptes sind ein Beispiel für ein Ritual, das dazu dient, diesem Anerkennung zu zollen.

ℹ️ **Wussten Sie schon?** Bei der Inauguration von Staatspräsidenten wird in vielen Staaten traditionell ein Amtseid abgelegt. Bei diesem Schwur verspricht der angehende Präsident ein Amt zu achten und seine Pflichten bestmöglich zu erfüllen. Als der ehemalige amerikanische Präsident Barack Obama in sein Amt eingeführt wurde, vertauschte der oberste Richter, dem Obama den Eid nachsprechen sollte, die Position zweier Worte. Obama legte den Amtseid zwar sinngemäß korrekt, jedoch nicht wortwörtlich ab. Um die Ernsthaftigkeit und Wichtigkeit des Rituals zu betonen, legte er ihn am darauffolgenden Tag noch einmal ab – diesmal mit dem korrekten Wortlaut.

Ein Beispiel abseits der klassischen beruflichen Hierarchie ist die strenge Rangfolge in **Studentenverbindungen**. Meist ist genau festgelegt, in welcher Abfolge welche Positionen durchlaufen werden und welche Rituale auf den einzelnen Stufen durchgeführt werden. Diese unterscheiden sich von Verbindung zu Verbindung und reichen von Mutproben, wie nackt über den Campus rennen, bis hin zu Trinkbräuchen, bei denen z. B. das Bierglas auf ein bestimmtes Kommando ausgetrunken und laut auf den Tisch gestellt wird. Wer das Ritual nicht korrekt durchführt, wird mitsamt seinem Stuhl auf den Tisch gesetzt und für den Rest des Abends vom Trinken ausgeschlossen.

ℹ️ **Wussten Sie schon?** Am britischen Königshof gibt die Queen den Ton an – und die Geschwindigkeit! Legt die Queen beim Essen die Gabel hin, so sind sämtliche Gäste bei Tisch ebenfalls dazu angehalten, mit dem Essen aufzuhören. Da bleibt nur zu hoffen, dass es der ältesten Repräsentantin Großbritanniens gut schmeckt.

Auch in **Königshäusern** spielen Anerkennungsrituale eine wichtige Rolle. Spätestens seit den Sisi-Filmen ist es kein Geheimnis mehr, dass in Wien ein strenges Hofzeremoniell herrschte, das dazu diente, dem Kaiserpaar und weiteren Vertretern der Monarchie die entsprechende Anerkennung und Würdigung entgegenzubringen. Ein berühmtes Beispiel ist der sog. „Wiener Handkuss". Der oft nur angedeutete Kuss, der mit einem Knicks oder einer Verbeugung einherging, drückte die Untergebenheit und Anerkennung der betreffenden Person aus.

ℹ️ **Wussten Sie schon?** In Thailand wird den Königen sogar noch nach ihrem Ableben mit einer einjährigen Staatstrauer Achtung und Anerkennung entgegengebracht. Nach dem Tod von König Bhumibol († 13. Oktober 2016) trugen die Thailänder 1 Jahr lang nur schwarze oder weiße Kleidung, viele ließen sich sein Porträt tätowieren und Millionen kamen zum Palast, um für das verstorbene Staatsoberhaupt zu beten.

Auch heute noch ist in vielen Monarchien genau festgelegt, wer wem wie Anerkennung zu zollen hat. Aber auch für den Ablauf von beispielsweise der Krönung von Königinnen und Königen, Prinzessinnen und Prinzen gibt es strenge Vorschriften.

Ähnlich ist es bei **kirchlichen Ämtern**. Auch hier gibt es genaue Vorschriften, wer beispielsweise dem Papst oder anderen Geistlichen wann und wie seine Aufwartung machen darf.

ℹ️ **Wussten Sie schon?** Den katholischen Glauben verbindet man mit einer Vielzahl an Ritualen und Vorschriften. Insbesondere im Vatikanstaat läuft das Leben nach genau festgelegten Regeln ab. So ist es beispielsweise Gang und Gebe, dass runde Geburtstage im großen

Stil gefeiert werden. Papst Benedikt XVI. feierte seinen 80. Jahrestag mit aufwendig verzierten Torten, eigens zu seinen Ehren veranstalteten Konzerten und angesehenen Gästen. Papst Franziskus dagegen lehnt solche Bräuche ab. Das einzige, was er sich anlässlich seines 80. Geburtstags wünschte, war eine Stunde länger zu schlafen. Außerdem saßen beim Frühstück 8 Obdachlose mit am Tisch. Wenn es allerdings darum geht, anderen Anerkennung und Achtung entgegenzubringen, geht Papst Franziskus sogar so weit, dass er bestehende Rituale erweitert. Traditionell wäscht der Papst am Gründonnerstag 12 Priestern die Füße. Dieses Ritual soll Achtung und Demut ausdrücken und an Jesus erinnern, der seinen Jüngern beim letzten Abendmahl die Füße wusch. Papst Franziskus wollte der Welt zeigen, dass er jeden Menschen gleichermaßen anerkennt und respektiert – und wusch deshalb statt Priestern schon Häftlingen, Behinderten und Flüchtlingen die Füße. Er geht sogar noch einen Schritt weiter: Seit Januar 2016 dürfen nun auch offiziell Frauen am Ritual teilnehmen. Und das ist nicht das einzige Ritual, das Papst Franziskus verändert hat: In seinem im April 2016 veröffentlichten Schreiben Amoris laetitia (zu Deutsch: „Die Freuden der Liebe") plädiert er dafür, dass verheiratete Geschiedene ebenfalls wieder die Kommunion empfangen dürfen – ein Ritual, von dem diese bislang ausgeschlossen waren.

22.3.3 Anerkennung im Beziehungskontext

Auch im Kontext privater Beziehungen spielt Anerkennung eine große Rolle. In Paarbeziehungen (▶ Kap. 20) gibt es zum einen Bräuche, welche der Wertschätzung des Partners dienen, z. B. am Jahres- oder Valentinstag (▶ Kap. 4). Zum anderen bestehen häufig Rituale, welche die Akzeptanz des Partners bzw. die Anerkennung

der Beziehung durch das soziale Umfeld zum Ziel haben. Dies kann z. B. über Händchenhalten in der Öffentlichkeit oder eine Verlobung geschehen.

Oft treten ritualisierte Handlungen zur Anerkennungsbekundung auch in Freundschaften und innerhalb von Familien auf. Zu den Freundschaftsritualen zählen u. a. das Tragen von Freundschaftsarmbändern, Begrüßungsrituale wie ein personalisierter Handschlag oder das Trinken auf Brüderschaft, die allesamt der Wertschätzung der Freundschaft dienen.

Familienrituale umfassen beispielsweise ritualisierte Abläufe bei traditionellen Festen wie Weihnachten (▶ Kap. 7) und Ostern (▶ Kap. 5) oder Geschenke (▶ Kap. 21) zum Mutter- und Vatertag.

22.3.4 Selbstanerkennung

Ein letzter Punkt sind Rituale, die der Steigerung des eigenen Selbstwertes dienen, d. h. Handlungen mit der Intention, sich selbst Anerkennung zu zollen. Oft heißt es, wer die eigene Person nicht anerkennt und wertschätzt, der kann auch niemand anderen anerkennen – und von niemandem anerkannt werden.

Rituale, die in diese Kategorie fallen, sind solche, die das eigene Wohlbefinden erhöhen und das Selbstbewusstsein stärken. Das kann dadurch erzielt werden, dass Personen sich bewusst Zeit für sich selbst nehmen und z. B. meditieren, ein ausgiebiges Bad nehmen oder ein gutes Buch lesen – wahrscheinlich haben auch Sie ein ganz persönliches Ritual, das Sie nutzen, um kurzzeitig dem Alltag zu entfliehen.

Manche dieser Bräuche sind allerdings nicht ausschließlich auf die eigene Person ausgerichtet. Rituale wie das tägliche Schminken oder die Pflege des eigenen Körpers dienen oft dazu, die physische Attraktivität zu erhöhen. Wer als schön und attraktiv wahrgenommen wird, erfährt häufig ein großes Maß an Anerkennung und Wertschätzung. Um diesen Effekt zu unterstützen – sei es bewusst oder unbewusst – investieren einige Menschen viel Zeit in Schönheitsrituale (▶ Kap. 17).

22.4   Psychologische Hintergründe

Soziale Anerkennung gilt als ein „zentrales menschliches Grundbedürfnis, dessen Befriedigung als Konsequenz auf erwünschtes Verhalten ein optimales Mittel des instrumentellen Lernens ist" (Spektrum Akademischer Verlag, 2017, S. 1). Die Frage danach, wer nach Anerkennung sucht, beantwortet sich hiermit: jeder einzelne von uns. Schon Maslow (1954) definierte soziale Anerkennung und Wertschätzung in seiner Bedürfnishierarchie als eines der primären menschlichen Bedürfnisse. Im Zuge dessen wird die Suche nach Anerkennung in einem Atemzug mit grundlegenden physiologischen Bedürfnissen wie Nahrung, Schutz und Sexualität genannt.

Soziale Anerkennung stellt also eine bedeutende Komponente unseres Daseins dar. Es stellt sich nun die Frage, warum sie für uns so wichtig ist. Wir alle können nachvollziehen, dass physiologische Bedürfnisse von grundlegender Bedeutung sind – sie dienen schlicht und einfach dem Überleben. Die Bedeutung sozialer Anerkennung ist dagegen weniger offensichtlich. Folgende Forschungsfelder liefern Erklärungsansätze: die Evolutions-, Sozial- und Neuropsychologie.

22.4.1   Evolutionspsychologischer Ansatz

Evolutionär gesehen dient alles Verhalten, das nicht pathologisch ist, denselben Zielen: dem eigenen Überleben sowie der Weitergabe der eigenen Gene. Die **Zugehörigkeit** zu einer Gruppe, die Schutz und Sicherheit gewährt, und die dafür nötige Anerkennung seitens der anderen Gruppenmitglieder, ist für viele Spezies daher ein wichtiger Überlebensfaktor. Ein Beispiel dafür sind Schwarmfische, deren Überlebenswahrscheinlichkeit bei einem Haiangriff durch das Schwimmen im Schwarm statistisch gesehen steigt.

Das Gegenstück zur Zugehörigkeit zu einer Gruppe – **soziale Exklusion** (Ausgrenzung)

– kann dagegen tödlich sein: Rothunde, die von ihrem Rudel verstoßen werden, haben eine hohe Mortalitätswahrscheinlichkeit (Johnsingh, 1982). Das Streben nach Anerkennung durch das soziale Umfeld zählt daher zu adaptivem Verhalten, welches die eigenen Überlebenschancen erhöht.

22.4.2   Sozialpsychologischer Ansatz

Die Angst vor der Ablehnung durch unser soziales Umfeld hat sich bis heute in uns gehalten. Nicht von ungefähr kommt die Redewendung, jemandem den „sozialen Tod" zu wünschen. Haben wir das Gefühl, von einer Gruppe abgelehnt und ausgeschlossen zu werden, läuft im Gehirn die gleiche Reaktion ab, die auch beim Empfinden physischer Schmerzen aktiviert wird (Eisenberger u. Lieberman, 2004) – und das sogar dann, wenn wir die Mitglieder der Gruppe nicht kennen oder die Ausgrenzung virtuell geschieht und nicht persönlich gemeint ist (Eisenberger et al., 2003).

> **ℹ Wussten Sie schon?** Schon die alten Griechen hatten die Wichtigkeit sozialer Akzeptanz und Anerkennung erkannt. Unliebsame Mitbürger konnten beim sog. Scherbengericht (Ostrakismos) quasi „aussortiert" werden. Dafür wurden die Namen derjenigen, die aus der Gesellschaft ausgeschlossen werden sollten, in Tonscherben eingeritzt und anschließend ausgezählt. Die Person mit den meisten Stimmen wurde für 10 Jahre verbannt.

Diese Befunde erklärt die Sozialpsychologie mit dem **Bedürfnis nach Zugehörigkeit** („need to belong"; Baumeister u. Leary, 1995). Diese Theorie besagt, dass wir Menschen danach streben, positive, andauernde und bedeutsame Beziehungen zu anderen Personen zu haben.

Dieses Ziel ist dann erreicht, wenn wir häufigen und positiven Kontakt zu Menschen in unserem Umfeld haben und das Verhältnis dabei stabil ist und auf Gegenseitigkeit beruht. Fehlt uns das Gefühl der Zugehörigkeit, so hat das verschiedene negative Konsequenzen. Zum einen fühlen wir uns schlecht: Wir sind einsam (Jones, 1990), werden ängstlicher (Baumeister u. Tice, 1990) und unser Selbstbewusstsein sinkt (Leary, 1990). Doch damit nicht genug – soziale Isolation beeinträchtigt langfristig auch die physische Gesundheit: Das Risiko für einen Herzinfarkt steigt (Case et al., 1992) und die Schlafqualität sinkt (Cacioppo et al., 2002). Es ist daher nachvollziehbar, dass wir diese schädlichen psychischen und physischen Konsequenzen vermeiden wollen und nach sozialer Zugehörigkeit und Anerkennung streben.

Durch Bräuche, z. B. für die Leistungsanerkennung, werden die damit verbundenen Handlungen zu legitimen und allgemein angesehenen Mitteln, um über soziale Anerkennung ein Zugehörigkeitsgefühl zu erfahren.

Das **Bedürfnis nach sozialer Anerkennung**, in der psychologischen Fachliteratur auch „need for social approval" genannt, wird als zeitlich überdauerndes, situationsunabhängiges Persönlichkeitsmerkmal gesehen (Gergen, 1973). Es gibt dementsprechend einige Personen, die großen Wert auf die Anerkennung und Akzeptanz durch ihr soziales Umfeld legen, also eine hohe Ausprägung dieses Merkmals haben. Andere Personen haben nur eine geringe Ausprägung, ihnen ist es weniger wichtig, ob sie anerkannt werden. Wie das Zitat zu Beginn dieses Abschnittes allerdings feststellt, zählt soziale Anerkennung zu unseren menschlichen Grundbedürfnissen.

> **»** Nur weil niemand die eigenen Taten würdigt, sind diese doch nicht weniger bewundernswert. (Herteux, 2014, S. 61)

Diese Aussage des deutschen Autors Andreas Herteux mag zwar der Wahrheit entsprechen, wir verhalten uns jedoch nicht dementsprechend. Soziale Anerkennung ist für uns existenziell: Selbst Personen, die ein geringes Bedürfnis nach Anerkennung haben, können nicht gänzlich ohne sie.

Kollektivistische versus individualistische Kulturen

Kollektivismus beschreibt – im Gegensatz zum Individualismus – eine „gesellschaftspolitische Auffassung", bei der „sich der Einzelne […] den Interessen der Gemeinschaft oder der Gruppe (dem Kollektiv) unterordnen und seine persönlichen Bedürfnisse und Wünsche zurückstellen [muss]" (bpb, 2016). Im Gegensatz zu individualistischen Kulturen, bei denen das Individuum mit seinem Drang nach Selbstverwirklichung und Autonomie im Vordergrund steht, spielt in kollektivistischen Kulturen die Gemeinschaft die Hauptrolle. Pfundmair et al. (2015) haben herausgefunden, dass vor allem Personen aus individualistischen (hier aus Deutschland und den USA), aber nicht aus kollektivistischen Kulturen (hier aus der Türkei und Indien) eine statistisch signifikante, emotionale Reaktion auf soziale Ausgrenzung zeigen. Sie vermuten, dass Mitglieder kollektivistischer Gesellschaften soziale Ausgrenzung möglicherweise nicht als (starke) Bedrohung des eigenen Selbst sehen.

Auch religiöse Menschen leiden weniger stark unter sozialer Ausgrenzung. Aydin et al. (2010) konnten zeigen, dass die Glaubenszugehörigkeit dann als stärker empfunden wird. Das wirkt wiederum wie ein Puffer und fängt den Schmerz ab, der durch soziale Ausgrenzung entsteht.

22.4.3 Neuropsychologischer Ansatz

Was passiert eigentlich in unserem Gehirn, wenn wir Anerkennung erhalten? Und wie kann es sein, dass manche Menschen so sehr von der Anerkennung anderer abhängig sind, dass ihr Verhalten pathologisch wird?

Die Neuropsychologie beschäftigt sich mit dem Einfluss physiologischer auf psychische

Prozesse. Eine wichtige Rolle spielen dabei die sog. Neurotransmitter. Sie sind Botenstoffe, die im Gehirn ausgeschüttet werden und Informationen von einer Nervenzelle zur nächsten transportieren. Neuropsychologen haben herausgefunden, dass bei Personen, die eine Belohnung erhalten, das mesolimbische System im Gehirn aktiviert ist (Spreckelmeyer et al., 2009). Sie vermuten, dass diese Aktivität durch die Ausschüttung des Neurotransmitters Dopamin ausgelöst wird (Berkefeld u. Braus, 2011; Dixon et al., 2005). Es spielt dabei keine Rolle, ob die Belohnung in Form von monetärer oder sozialer Anerkennung erfolgt (Spreckelmeyer et al., 2009). Allerdings zeigen sich Geschlechtsunterschiede in der Stärke der Aktivierung: Während es für Frauen keine Rolle spielt, in welcher Form der Anreiz geboten wird, reagieren Männer stärker auf monetäre Anreize als auf soziale Anerkennung.

Der Mechanismus hinter sozialer Anerkennung funktioniert vermutlich über **Belohnungslernen** (auch instrumentelles Lernen oder operante Konditionierung). Legen wir sozial erwünschtes Verhalten an den Tag, wird dieses anschließend oft mit sozialer Anerkennung „belohnt". Dabei wird das Belohnungszentrum in unserem Gehirn aktiviert, Dopamin ausgeschüttet und wir fühlen uns gut. Infolgedessen werden wir das Verhalten häufiger zeigen. Oder wie der österreichische Philosoph Ludwig Wittgenstein es ausdrückte:

» Leistung allein genügt nicht. Man muss auch jemanden finden, der sie anerkennt.

Entwicklung des Bedürfnisses nach sozialer Anerkennung
In einer Metaanalyse haben Twenge und Im (2007) die Entwicklung des Bedürfnisses nach sozialer Anerkennung über 43 Jahre hinweg untersucht. Es wurde mit einer Skala erfasst, die misst, wie sehr eine Person darauf achtet, sozial erwünschtes Verhalten zu zeigen und sich anzupassen, um anerkannt zu werden.

Die Stärke des Bedürfnisses nach sozialer Anerkennung nahm bis 1980 ab und blieb danach relativ stabil. Es stand in positivem Zusammenhang zu geringen Scheidungs-, Verbrechens- und Arbeitslosigkeitsraten.

Die Autoren erklären diesen Befund wie folgt: Sind diese Raten gering, lässt das auf eine sozial integrierte Gesellschaft mit engen Beziehungen schließen. Demzufolge ist auch das Bedürfnis danach, sich als Teil der Gesellschaft zu fühlen und Anerkennung zu erfahren, entsprechend hoch. Kommt es dagegen häufig zu Verbrechen und Scheidungen und ist die Arbeitslosigkeit hoch, lässt das auf eine sozial schwach integrierte Gesellschaft schließen, in der Beziehungen eher lose sind. Das Bedürfnis, soziale Anerkennung zu erfahren, und der Wunsch, sich anzupassen, sind dementsprechend geringer.

Es gilt allerdings zu beachten, dass die Befunde Korrelationen, d. h. Zusammenhänge, sind. Es lässt sich keine Aussage über die Kausalität (Wirkungsrichtung) machen. Man kann daher nicht feststellen, ob eine sozial stark integrierte Gesellschaft das Bedürfnis nach sozialer Anerkennung steigert oder ob umgekehrt ein hohes Bedürfnis nach sozialer Anerkennung dafür sorgt, dass die Gesellschaft sozial integriert ist.

22.5 Übermäßiges Streben nach Anerkennung – warum Sisi heute Selfies machen würde

Das Streben nach sozialer Anerkennung hat jedoch nicht nur positive Seiten, sondern birgt auch Gefahren. Im Extremfall kann es pathologisch werden und zu einer regelrechten Sucht führen. Ein pathologisches Bedürfnis nach Anerkennung ist z. B. bei der narzisstischen und der histrionischen Persönlichkeitsstörung zu erkennen:

Personen mit einer **narzisstischen Persön-lichkeitsstörung** leiden unter übermäßigen Streben nach Anerkennung, über die sie sich selbst zu definieren versuchen. Gleichzeitig neigen sie dazu, sich selbst und die eigenen Fähigkeiten extrem zu überschätzen. Ihr Einfühlungsvermögen ist meist stark eingeschränkt, genauso wie die Fähigkeit, intime Bindungen zu anderen Personen einzugehen.

Wer eine **histrionische Persönlichkeits-störung** hat, hat ebenfalls ein krankhaftes Bedürfnis nach Aufmerksamkeit und Anerkennung durch andere. Es geht einher mit übermäßiger Emotionalität und einem Hang zum Theatralischen. Personen mit dieser Störung zeigen sich anderen gegenüber oft provokant und verführerisch, was in vielen Fällen als unangemessen wahrgenommen wird.

Außerdem kann durch den Mechanismus des Belohnungslernens ein übermäßiges Streben nach der Anerkennung von Leistung entstehen. Der oft kritisierte **Leistungsdruck** in unserer Gesellschaft hat in den letzten Jahren stark zuge-nommen – darauf lassen zumindest die Entwick-lungen der Krankschreibungen aufgrund von Burn-out in den letzten Jahren schließen (BPtK, 2012). Covington (2000) kritisiert in seiner Selbst-werttheorie, dass Leistung in unserer Gesellschaft mit dem Wert eines Individuums gleichgesetzt wird und sich der Wert des Einzelnen ausschließ-lich über unsere Leistungsfähigkeit bemisst.

Doch Leistungsdruck ist bei Weitem nicht der einzige soziale Druck, dem wir ausgesetzt sind. Schon Asch (1951) zeigte in einem Expe-riment, dass sich Personen in einer Gruppe stark von **Konformitätsdruck** beeinflussen lassen. Das resultierende, teils irrationale Ver-halten geht u. a. auf das Bedürfnis nach sozialer Anerkennung zurück. Gerade bei Jugendlichen, die oft noch unsicher und weniger selbstbewusst sind, spielt Gruppenzwang bzw. -druck („peer pressure") eine wichtige Rolle. Dies spiegelt sich in Trends wie Rauchen oder Alkoholkon-sum wider: Laut dem Bericht der Drogenbe-auftragten der Bundesregierung (2016) haben

Alkohol- und Tabakkonsum bei den 12- bis 17-Jährigen zwar abgenommen, beide sind aber nach wie vor besorgniserregend hoch.

Ein weitere gesellschaftliche Entwicklung, die eng mit dem Bedürfnis nach sozialer Anerken-nung verknüpft ist, ist das Phänomen **Social Media**. Die Bedeutung sozialer Netzwerke äußert sich beispielsweise in der starken Zunahme der Anzahl an Social Network Websites seit 2003 (Ellison, 2007). Besonders beliebt sind die sog. **Selfies** – Selbstporträts, meist mit dem Smart-phone aufgenommen. Der Begriff Selfie hat in etwa seit 2011 den Einzug in unseren Wortschatz gefunden, 2012 wurde er vom Times Magazine unter die Top 10 Buzzwords gewählt und im dar-auffolgenden Jahr erhielt er vom *Oxford English Dictionary* den Titel „Wort des Jahres 2013".

Einer Studie des Digitalverbands Bitkom zufolge machten 2014 bereits rund 25 Millionen Deutsche Selfies – Tendenz steigend (Lutter u. Krösmann, 2014). Knapp 60 % teilen ihre Selfies anschließend auf sozialen Netzwerken wie Face-book, Instagram oder Snapchat. Der „Gefällt-mir"-Button bei Facebook fungiert dabei als eine direkte Operationalisierung zur Befriedigung des Bedürfnisses nach sozialer Anerkennung – was allerdings nicht immer den gewünschten Effekt hat. Es gibt bislang keinen Beleg dafür, dass das Teilen von Selfies und anderen Fotos in sozialen Netzwerken im Zusammenhang mit tatsächli-cher sozialer Anerkennung steht.

Viele „Gefällt-mir"-Angaben unter einem neuen Profilbild sagen also noch nichts darüber aus, ob die Person von ihrem Umfeld anerkannt und geschätzt wird. Vielmehr charakterisiert es sie selbst: Das Teilen von Selfies steht in posi-tivem Zusammenhang dazu, wie stark wir uns danach sehnen, bedeutsam zu sein und bewun-dert zu werden (Sorowski et al., 2015). Bei Männern hängt es zudem positiv mit hohen Nar-zissmuswerten zusammen.

Das Konformitätsexperiment von Asch (1951)

Stellen Sie sich vor, Sie nehmen an einem Experiment teil und bearbeiten folgende

Aufgabe: Der Versuchsleiter zeigt Ihnen ein Bild mit unterschiedlich langen Linien (◘ Abb. 22.1). Sie sollen nun identifizieren, welche der 3 rechten Linien die gleiche Länge wie die Linie links hat. Alle Teilnehmer sitzen dabei an einem Tisch und geben jede Runde nacheinander ihre Einschätzung ab. Sie werden vermutlich auf einen Blick erkennen, dass die korrekte Antwort im Beispiel „A" ist. Was nun, wenn plötzlich alle anderen voller Überzeugung sagen, dass „C" richtig ist? Würden Sie trotzdem „A" wählen?

So erging es auch den Versuchspersonen bei dem Konformitätsexperiment von Asch (1951). In zwei Drittel der Durchgänge wählten die anderen Teilnehmer plötzlich die falsche Option. Was die Versuchspersonen nicht wussten: Alle Personen außer ihnen selbst waren eingeweiht und instruiert, sich einstimmig falsch zu entscheiden. Man sollte meinen, dass sich die Versuchspersonen bei solch einer einfachen Aufgabe nicht durch andere beeinflussen lassen, und dennoch taten sie es. Bei etwa einem Drittel der Durchgänge mit falschem Urteil der Verbündeten passten sich die Versuchspersonen diesem Urteil an.

Als ein weiterer Punkt im Kontext der Gefahren des Bedürfnisses nach sozialer Anerkennung ist der **Korrumpierungseffekt** zu nennen. Er beschreibt das Risiko, dass die intrinsische Motivation (von innen heraus) einer Person, ein Ziel zu erreichen, verloren geht und durch extrinsische Motivation (durch äußere Anreize) ersetzt

wird. Das Streben nach sozialer Anerkennung fungiert in diesem Fall als extrinsischer Motivator, der unser Handeln steuert. Auch dieser Effekt muss im ersten Moment nicht negativ sein, kann unser Verhalten allerdings unbewusst in Richtungen lenken, in die wir eigentlich nicht möchten.

22.6　Fazit

Hätten Sie vermutet, dass uns Rituale der Anerkennung im Alltag so häufig begegnen? Die Zahl und auch die Vielfalt an Bräuchen und Ritualen, die dazu dienen, Anerkennung auszudrücken oder zu erzielen, können anfangs überraschen. Wirft man allerdings einen Blick auf die zugrunde liegenden psychologischen Mechanismen und auf die Tatsache, dass das Bedürfnis nach sozialer Anerkennung ein zentrales, menschliches Grundbedürfnis ist, wird klar, warum die Suche nach Anerkennung in unserer Gesellschaft eine derart bedeutende Rolle spielt. Trotzdem sollten wir nie außer Acht lassen, dass unser Streben nach Anerkennung nicht immer gesund ist. Leistungsdruck, Gruppenzwang oder der Korrumpierungseffekt können uns negativ beeinflussen. Im Extremfall kann das Bedürfnis nach sozialer Anerkennung sogar pathologisch werden und im Kontext psychischer Störungen auftreten.

Viele Anerkennungsbräuche und -rituale bestehen schon lange und sind fest in unserer Gesellschaft verankert. Applaus, Lob oder auch die feierliche Vereidigung neuer Staatsoberhäupter sind ein wichtiger Bestandteil unseres alltäglichen und gesellschaftlichen Lebens und tragen dazu bei, uns unser Miteinander zu erleichtern und soziale Anerkennung zu erfahren. Wir sollten jedoch nicht außer Acht lassen, dass gerade neuere Trends, mithilfe derer wir soziale Anerkennung erzielen wollen, oft Gefahren bergen. Wir müssen uns darüber im Klaren bleiben, dass beispielsweise das Teilen von Selfies in sozialen Netzwerken zwar ein Ausdruck unseres Strebens nach sozialer Anerkennung ist, uns diese aber nicht unbedingt beschert.

Keiner kann das Grundbedürfnis nach sozialer Anerkennung ablegen – worauf wir jedoch

◘ **Abb. 22.1**　Konformitätsexperiment: Gruppierung der einzelnen Elemente

Einfluss haben, ist die Art, wie wir danach suchen. Intensive und langfristige Beziehungen zu Familie, Freunden und Partnern und ein gesundes Selbstwertgefühl tragen dazu bei, dass wir uns wertvoll fühlen und uns selbst anerkennen. Sollten wir uns doch einmal in einem Tief wiederfinden und uns ungeliebt oder ausgeschlossen fühlen, lohnt es sich, das Smartphone zur Seite zu legen und stattdessen ein gutes Essen zu kochen, ein heißes Bad zu nehmen oder ein anderes, ganz persönliches Anerkennungsritual zu zelebrieren!

Literatur

Asch, S. E. (1951). Effects of group pressure on the modification and distortion of judgments. In: H. Guetzkow (Ed.), *Groups, leadership and men* (pp. 177–190). Pittsburgh, PA: Carnegie Press.

Aydin, N., Fischer, P., & Frey, D. (2010). Turning to god in the face of ostracism: effects of social exclusion on religiousness. *Personality and Social Psychology Bulletin* 36(6), 742–753.

Baumeister, R. F., & Leary, M. R. (1995). The need to belong: desire for interpersonal attachments as a fundamental human motivation. *Psychological Bulletin* 117(3), 497–529.

Baumeister, R. F., & Tice, D. M. (1990). Anxiety and social exclusion. *Journal of Social and Clinical Psychology* 9, 165–195.

Berkefeld, A. K., & Braus, D. F. (2011). Neurobiological correlates of social exclusion and social pain. In: M. Linden, & A. Maercker (Eds.), *Embitterment: societal, psychological, and clinical perspectives* (pp. 101–117). Wien: Springer.

Bundesministerium der Justiz und für Verbraucherschutz (BMJV). (1949). Grundgesetz für die Bundesrepublik Deutschland. Ausfertigungsdatum: 23. Mai 1949, zuletzt geändert durch Artikel 1 des Gesetzes vom 13. Juli 2017. https://www.gesetze-im-internet.de/gg/BJNR000010949.html. Zugegriffen: 27. November 2017.

Bundespsychotherapeutenkammer (BPtK). (2012). BPtK-Studie zur Arbeitsunfähigkeit – Psychische Erkrankungen und Burnout. http://www.bptk.de/uploads/media/20120606_AU-Studie-2012.pdf. Zugegriffen: 27. November 2017.

Bundeszentrale für politische Bildung. (bpb). (2016). Kollektivismus. http://www.bpb.de/nachschlagen/lexika/lexikon-der-wirtschaft/19795/kollektivismus. Zugegriffen: 27. November 2017.

Cacioppo, J. T., Hawkley, L. C., Berntson, G. G., Ernst, J. M., Gibbs, A. C., Stickgold, R., & Hobson, J. A. (2002). Lonely days invade the nights: Social modulation of sleep efficiency. *Psychological Science* 13, 385–388.

Case, R. B., Moss, A. J., Case, N., McDermott, M., & Eberly, S. (1992). Living alone after myocardial infarction: A prospective, population–based study of the elderly. *Journal of the American Medical Association* 267, 515–519.

Covington, M. V. (2000). Goal theory, motivation, and school achievement: An integrative review. *Annual Review of Psychology* 51(1), 171–200.

Die Drogenbeauftragte der Bundesregierung. (2016). *Drogen- und Suchtbericht: Juni 2016*. Paderborn: Bonifatius GmbH.

Dixon, A. L., Prior, M., Morris, P. M., Shah, Y. B., Joseph, M. H., & Young, A. M. J. (2005). Dopamine antagonist modulation of amphetamine response as detected using pharmacological MRI. *Neuropharmacology* 48(2), 236–245.

Duden online. (2017). Anerkennung, die. https://www.duden.de/rechtschreibung/Anerkennung. Zugegriffen: 27. November 2017.

Eisenberger, N. I., & Lieberman, M. D. (2004). Why rejection hurts: a common neural alarm system for physical and social pain. *Trends in Cognitive Sciences* 8(7), 294–300.

Eisenberger, N. I., Lieberman, M. D., & Williams, K. D. (2003). Does rejection hurt? An fMRI study of social exclusion. *Science* 302, 290–292.

Ellison, N. B. (2007). Social network sites: Definition, history, and scholarship. *Journal of Computer, Mediated Communication* 13(1), 210–230.

Esser, H. (1999). *Soziologie: Spezielle Grundlagen. Band 1: Situationslogik und Handeln*. Frankfurt am Main: Campus.

Frischmann, B. (2009). Zum Begriff der Anerkennung: philosophische Grundlegung und pädagogische Relevanz. *Soziale Passagen* 1, 145–161.

Gergen, K. J. (1973). Social psychology as history. *Journal of Personality and Social Psychology* 26(2), 309–320.

Herteux, A. (2014). *Aus dem Leben eines Teufels*. Hamburg: tredition.

Johnsingh, A. J. T. (1982). Reproductive and social behaviour of the dhole, Cuon alpinus (Canidae). *Journal of Zoology, London* 198, 443–463.

Jones, W. H. (1990). Loneliness and social exclusion. *Journal of Social and Clinical Psychology* 9, 214–220.

Kant, I. (1838). *Immanuel Kant's Grundlegung zur Metaphysik der Sitten: Kritik der praktischen Vernunft*. Leipzig: Modes und Baumann.

Leary, M. R. (1990). Responses to social exclusion: Social anxiety, jealousy, loneliness, depression, and low self-esteem. *Journal of Social and Clinical Psychology* 9, 221–229.

Lutter, T., & Krösmann, C. (2014). 25 Millionen Deutsche machen Selfies. bitkom. Beitrag vom 27. Juni 2014. https://www.bitkom.org/Presse/Presseinformation/25-Millionen-Deutsche-machen-Selfies.html. Zugegriffen: 27. November 2017.

Maslow, A. H. (1954). *Motivation and personality*. New York, NY: Harper & Row.

Pfundmair, M., Graupmann, V., Frey, D., & Aydin, N. (2015). The different behavioral intentions of collectivists and individualists in response to social exclusion. *Personality and Social Psychology Bulletin* 41(3), 363–378.

Siegrist, J. (2008). Soziale Anerkennung und gesundheitliche Ungleichheit. In: U. Bauer, U. H. Bittlingmayer, & M. Richter (Hrsg.), *Health Inequalities. Determinanten und Mechanismen gesundheitlicher Ungleichheiten* (S. 220–235). Wiesbaden: Verlag für Sozialwissenschaften.

Sorowski, P., Sorowska, A., Oleszkiewicz, A., Frackowiak, T., Huk, A., & Pisanski, T. (2015). Selfie posting behaviors are associated with narcissism among men. *Personality and Individual Differences* 85, 123–127.

Spektrum Akademischer Verlag. (2017). Lexikon der Psychologie: soziale Anerkennung. http://www.spektrum.de/lexikon/psychologie/soziale-anerkennung/14492. Zugegriffen: 27. November 2017.

Spreckelmeyer, K. N., Krach, S., Kohls, G., Rademacher, L., Irmak, A., Konrad, K., Kircher, T., & Gründer, G. (2009). Anticipation of monetary and social reward differently activates mesolimbic brain structures in men and women. *Social Cognitive and Affective Neuroscience* 4(2), 158–165.

Steiner, B. (2009). *Nachtsicht: Ansichten und Behauptungen*. Norderstedt: Books on Demand.

Twenge, J. M., & Im, C. (2007). Changes in the need for social approval, 1958–2001. *Journal of Research in Personality* 41(1), 171–189.

Weber, M. (1978). *Society and economy: an outline of interpretive sociology*. Berkeley, CA: University of California Press.

Rituale zur Schuldbefreiung

Anna Maria Fuhrmann

© Springer-Verlag GmbH Deutschland, ein Teil von Springer Nature 2018
D. Frey (Hrsg.), *Psychologie der Rituale und Bräuche*,
https://doi.org/10.1007/978-3-662-56219-2_23

23.1 Einleitung

» Das Leben ist der Güter höchstes nicht, Der Uebel größtes aber ist die Schuld. (Friedrich Schiller, 1803)

Mit diesen Worten besingt der Chor in Friedrich Schillers Drama *Die Braut von Messina* im vierten und letzten Akt den Selbstmord von Don Cesar, der sich aus Schuldgefühlen für den Mord an seinem Bruder selbst richtet. An diesem Beispiel wird deutlich, welche drastischen Auswirkungen es haben kann, wenn eine Person keine geeigneten Bewältigungsstrategien für den Umgang mit Schuldgefühlen anwendet.

Das vorliegende Kapitel widmet sich daher nach einer kurzen Definition von Schuld im psychologischen Sinne der Frage, wie Menschen sich verhalten, wenn sie Schuldgefühle haben. Welche symbolischen Handlungen oder ritualisierten Verhaltensweisen zeigen sie? Es werden Rituale betrachtet, die Individuen vollziehen, um sich selbst von der Schuld zu befreien. Die Befreiung anderer von ihrer Schuld (Vergebung) ist explizit nicht Bestandteil dieses Kapitels.

23.2 Schuld und Schuldgefühle

In der psychologischen Literatur existieren sehr viele unterschiedliche Definitionen für den Begriff „Schuld", denen jedoch gemein ist, dass das Gefühl von Schuld als Folge einer – realen oder vorgestellten – moralischen Verfehlung hervorgerufen wird (Tilghman-Osborne et al., 2010).

Diese Verfehlung kann sowohl in einer Handlung als auch in der Unterlassung einer Handlung, die nach subjektivem Empfinden moralisch angebracht gewesen wäre, bestehen. Dabei ist es unbedeutend, ob die Handlung bzw. Unterlassung absichtlich oder aus Fahrlässigkeit entstanden ist. Es muss nicht einmal eine wirkliche Handlung vorliegen, Schuldgefühle können ebenso rein aufgrund von Gedanken entstehen.

Izard (1994, S. 471f.) definiert Schuld folgendermaßen:

» Gewöhnlich fühlen Menschen sich schuldig, wenn sie gewahr werden, dass sie eine Regel übertreten oder ihre eigenen Normen oder Überzeugungen verletzt haben. […] Schuldgefühl tritt in Situationen auf, in denen man sich persönlich verantwortlich fühlt.

Demzufolge erfordert das Erleben von Schuld als Voraussetzung die Abweichung von einem persönlichen moralischen Standard, der von Person zu Person und von zu Kultur zu Kultur unterschiedlich sein kann (Izard, 1994).

Außerdem entsteht Schuld erst dann, wenn die Person sich selbst als verantwortlich für das Ergebnis der Handlung begreift. Das Empfinden von Schuldgefühlen setzt also eine bestimmte kognitive Deutung durch die Person selbst voraus. Nach der Emotionstheorie von Weiner (1986) entsteht Schuld, wenn die Ursache eines normativ als negativ bewerteten Ereignisses auf die eigene Person (internal) zurückgeführt wird und es keine rechtfertigenden Umstände gibt, die außerhalb des eigenen Einflussbereichs (external) liegen.

Was ist der Unterschied zwischen Schuld und Verantwortung?

Bei der Definition von Schuld stößt man im Kontext von Gerechtigkeit und moralischem Verhalten auch immer wieder auf den Begriff der **Verantwortung**. Verantwortung kann eine Person nur dann übernehmen, wenn sie einen gewissen Handlungsspielraum hat und Entscheidungen selber treffen kann. Somit ist Verantwortung auch eng mit Freiheit verbunden und positiv belegt. Mit einem Menschen, der Verantwortung trägt und sich dabei an moralischen Grundregeln ausrichtet, assoziiert man das Potenzial, gegenwärtig und zukünftig „Gutes" zu tun.

Erfüllt ein Mensch seine Verantwortung nicht, sich gerecht bzw. seinem Gewissen entsprechend zu verhalten, so wird er zum Schuldigen. Der Begriff der **Schuld**

> ist negativ besetzt. Schuld bezieht sich immer auf vergangenes Verhalten, für das es gesellschaftlich als gerechtfertigt angesehen wird, die Person mit einer Strafe zu belegen.

Schuldgefühle entstehen auf Basis eines inneren Prozesses, der nicht voraussetzt, dass einer anderen Person tatsächlich Schaden zugefügt wurde, und können sehr intensiv und quälend sein (Izard, 1994). Oft wiederholen Personen, die sich schuldig fühlen, das betreffende Ereignis immer wieder im Kopf und wünschen sich, sich anders verhalten zu haben.

Schuld hat auch die Funktion, wiedergutmachendes, entschädigendes Verhalten hervorzurufen (Reis u. Sprecher, 2009). Darunter fallen beispielsweise das Bekenntnis, die Entschuldigung und der Versuch, den Schaden rückgängig zu machen oder auf andere Art und Weise zu kompensieren, was sich u. a. in ritualisierten Verhaltensweisen ausdrückt.

23.3 Kategorisierung und Beschreibung der Rituale

Laut Turner (2007) kann Schuld dazu führen, dass Personen „repair rituals", das bedeutet **Rituale zur Wiedergutmachung**, initiieren. Häufig wird durch derartige Rituale ein Verhalten gezeigt, um die Handlung oder Unterlassung, aufgrund derer man sich schuldig fühlt, auszugleichen.

Dabei ist es möglich, die Schuld direkt zu kompensieren, indem das schuldauslösende Geschehen unmittelbar bearbeitet wird. Dies kann z. B. durch die Reparatur eines Gegenstandes geschehen, den man beschädigt hat. Alternativ ist auch eine indirekte Form der Kompensation denkbar, bei der das Ritual gar nicht mit der ursprünglichen schuldauslösenden Situation in Verbindung stehen muss. Hier ist es beispielsweise vorstellbar, dass man einer unbeteiligten Person gegenüber besonders freundlich ist, obwohl man sich aufgrund eines Vorfalls in

einer anderen zwischenmenschlichen Beziehung schuldig fühlt.

Die in diesem Kapitel vorgestellten Rituale können in die Kategorien finanzielle Kompensation, proaktive Kompensation, spirituell-religiöse Kompensation und selbstbestrafende Kompensation unterteilt werden. Im Folgenden werden exemplarisch einige Rituale vorgestellt, wobei die Gliederung den eben genannten vier Kategorien folgt. In ▶ Abschn. 23.4 werden die psychologischen Hintergründe und mögliche Funktionen der vorgestellten Rituale beleuchtet.

23.3.1 Finanzielle Kompensation

In der römisch-katholischen Kirche existiert das Konzept, dass zeitliche Sündenstrafen (beispielsweise die Zeit im „Fegefeuer") erlassen werden können: der Ablass (Libreria Editrice Vaticana, 1997). Während Ablass in der heutigen Zeit beispielsweise durch Beichten, Beten und Pilgern, d. h. durch spirituell-religiöse Kompensation (s. u.), erreicht werden kann, wurde das Konzept im 15. und 16. Jahrhundert bis zum Verbot 1562 durch den sog. **Ablasshandel** missbraucht (Zippelius, 2009). Dabei wurde Gläubigen ein Ablass von ihren Sündenstrafen versprochen, wenn sie gegen Geld Ablassbriefe erwarben. Die dadurch eingenommenen Gelder wurden u. a. zum Bau von Kirchen eingesetzt. Eine wichtige Einschränkung des Ablasses ist, dass die Sünde selbst nicht getilgt werden kann, sondern lediglich die Strafe im „Fegefeuer" verkürzt wird. Auch heutzutage wird eine ähnliche Vorgehensweise beispielsweise von den „Narcos" (Drogenmafia) in Lateinamerika praktiziert, die viel Geld an die Kirche zahlen, damit ihre Sünden vergeben werden (Cave, 2011).

Im europäischen Raum ist diese Praxis veraltet, dennoch ist es üblich, Geld an karitative Organisationen zu **spenden**. Dies muss nicht, kann aber ebenfalls eine schuldinduzierte Handlung sein. Hinter dieser Aussage steht die Vermutung, dass Personen mehr oder häufiger spenden, wenn sie Schuldgefühle haben. Die Schuldgefühle müssen nicht objektiv berechtigt sein; wie bereits zu Beginn erwähnt, entstehen sie aufgrund einer subjektiven Bewertung. Im Fall des Spendenverhaltens könnte der Gedankengang lauten: „Mir geht es so gut, ich habe alles was ich benötige, während andere Menschen täglich leiden, hungern und sterben" (▶ Abschn. 23.4). Aus diesem Schuldgefühl heraus, das absolut konträr zum juristischen Schuldverständnis ist, kann eine erhöhte Spendenbereitschaft resultieren. Ebenso ist es denkbar, dass eine Person sich tatsächlich aufgrund eines Geschehens oder aufgrund von bestimmten Gedanken schuldig fühlt, und dieses Gefühl durch die „gute Tat" des Spendens kompensiert. Außerdem ist Spendenverhalten häufig ritualisiert, z. B. die sonntägliche Kollekte in der Kirche, Basare und Benefizveranstaltungen sowie Hausbesuche durch Mitarbeiter von Spendenorganisationen.

◘ **Abb. 23.1**   Schriftlich fällt es manchmal leichter, um Entschuldigung zu bitten (© thingamajiggs / stock. adobe.com)

23.3.2   Proaktive Kompensation

Ein typisches Ritual zur Schuldbefreiung ist das **Entschuldigen**. Gewöhnlich geht die sich entschuldigende Person dabei auf den anderen Menschen zu und macht somit den ersten Schritt. Damit signalisiert sie, dass sie ihr Fehlverhalten eingesteht und bereit ist, es wiedergutzumachen. Zerlegt man das Entschuldigungsritual in seine einzelnen Bestandteile, so erfolgt nach einer Einleitung, in der die betreffende Situation thematisiert wird, eine Entschuldigung und ein Angebot zur Kompensation. Daraufhin muss das Gegenüber die Entschuldigung annehmen (erfolgreich abgeschlossenes Entschuldigungsritual) oder ablehnen (Turner, 2007). Wird die Entschuldigung angenommen, kommt es zu einer Versöhnung. Bei sich nahestehenden Personen geht die Versöhnung häufig mit körperlicher Nähe (z. B. einer Umarmung) einher, was dazu beiträgt, die durch den Vorfall entstandene Distanz wieder zu verringern.

Gemäß dem bekannten Stück „Sorry Seems To Be The Hardest Word" von Elton John fällt es vielen Menschen nicht leicht, sich persönlich zu entschuldigen. Daher ist ein weiteres Ritual, das den ersten Schritt der Entschuldigung erleichtern kann, das **Schreiben von Entschuldigungskarten** (◘ Abb. 23.1). Das hat den Vorteil, dass

man sich die Worte genau zurechtlegen kann und das Gegenüber keine sofortige, möglicherweise impulsive Reaktion zeigen muss.

Eine weitere Möglichkeit, Schuldgefühlen zu begegnen, ist das **Vollbringen guter Taten** als Form der Wiedergutmachung. Die guten Taten können als direkte Kompensation darauf ausgerichtet sein, die begangene Schuld wieder auszugleichen. Ein Beispiel dafür ist, dass eine Person einen Gegenstand beschädigt, sich jedoch im Nachhinein dazu bekennt und die Reparatur vornimmt. Dies ist ein Beispiel, bei dem der Ausgangszustand vollständig wiederhergestellt werden kann, sodass danach keine Schuldgefühle mehr vorhanden sind. Andererseits muss im Fall einer indirekten Kompensation die gute Tat nicht direkt mit dem schuldauslösenden Geschehen verbunden sein. Jemand kann beispielsweise schlecht über eine andere Person sprechen und sich deswegen schuldig fühlen. Daraufhin hilft sie spontan einem hilfsbedürftigen Menschen über die Straße. Ob durch eine solche indirekt kompensierende Handlung, die häufig unbewusst ausgelöst wird, das Schuldgefühl beseitigt wird, hängt wiederum von der subjektiven Wahrnehmung und Bewertung der beiden unterschiedlichen Situationen ab. Bei der indirekten Kompensation besteht die Gefahr, dass bereits vollbrachte gute Taten als moralische Berechtigung für das Verüben schlechter Taten missbraucht werden. Dieses Phänomen wird in der Psychologie als **Guthabeneffekt** („licensing effect") bezeichnet (Monin u. Miller, 2001).

23.3.3 Spirituell-religiöse Kompensation

Im spirituell-religiösen Bereich spielt die Befreiung von Schuld eine große Rolle. In der christlichen – insbesondere in der katholischen – Religion ist das **Beichten** ein zentraler Bestandteil. Dabei legt man seine Sünden dem Priester offen und führt anschließend die von ihm auferlegte Buße, die häufig Gebete und gute Taten umfasst, aus. Eine wichtige Voraussetzung für die Absolution sind allgemein im christlichen Glauben tatsächlich empfundene Reue sowie eigene Anstrengungen, die Schuld wiedergutzumachen.

Schuld im Geist des Calvinismus
Die theologische Bewegung des Calvinismus hat die protestantische Kirche stark beeinflusst. Ein wichtiges calvinistisches Konzept im Zusammenhang mit Schuld ist die Prädestination: die Vorbestimmung des Schicksals jedes Menschen. Nun könnte man zunächst meinen, dass sich Protestanten dann entspannt zurücklehnen könnten, da ihr Schicksal, unabhängig von den Sünden, bereits vorbestimmt ist. Max Weber vertrat jedoch die These, dass Protestanten ständig mit der Angst vor der Ungewissheit, ob sie erwählt wurden oder nicht, konfrontiert seien (Winckelmann, 1975). Da Protestanten diese Angst nicht durch die Beichte ablegen können, versuchen sie – Webers These folgend –, die Ungewissheit durch eine hohe Arbeitsmoral zu reduzieren, da sich die Prädestination durch Erfolg im Diesseits ausdrücke – wer nicht arbeite, verschwende seine Gnadengabe.

Ein weiteres, religiöses Ritual zur Schuldbefreiung ist **Beten**. Im christlichen „Vaterunser" findet sich die Passage „und vergib uns unsere Schuld, wie auch wir vergeben unseren Schuldigern". Auch Segenssprüche können eine schuldbefreiende Wirkung haben. Durch den österlichen Segen „Urbi et orbi" des Papstes kann nach katholischem Glauben ein Ablass erteilt werden – sogar per Radio oder Fernsehen. In der jüdischen Tradition gibt es den Brauch Taschlich. Am Neujahrstag (Rosch Haschana) wirft man dabei Brotkrumen, die symbolisch für die Sünden stehen, aus den Taschen in fließendes Wasser und spricht dabei Gebete zur Schuldbefreiung (Rothschild, 2006).

Auch das **Darbringen von Opfern** gilt in einigen Religionen als Ritual zur Schuldbefreiung. Die Tieropfer sollen stellvertretend für den Menschen die Sünden auf sich nehmen. Ein Beispiel dafür ist der jüdische Brauch Kapparot, bei dem am Vorabend des Versöhnungstages (Jom Kippur) ein lebendiges Huhn um den Kopf geschwenkt wird, während Gebete gesprochen werden. Das Huhn wird anschließend geschlachtet und an Bedürftige gespendet. Dieser Brauch dient der Befreiung von Sünden, indem die persönlichen Sünden in den Gebeten auf das Tier übertragen werden (Herlitz u. Kirschner, 1929).

Pilgern hat in vielen Religionen der Welt eine Bedeutung und mehr als nur das Ziel der Sündenvergebung. Ein bekanntes Beispiel ist der Haddsch, die islamische Pilgerfahrt nach Mekka, die jeder Muslim einmal im Leben antreten soll (▶ Kap. 13). Junrei ist ein japanischer Sammelbegriff für religiöse Rundreisen, die z. B. in den Religionen Schintoismus und Buddhismus eine Rolle spielen. Auch im Christentum und im Judentum (z. B. Sukkot) finden sich Beispiele für Pilgerfeste. Dabei wird oftmals ein in der jeweiligen Religion als heilig angesehener Ort besucht, und die Befreiung von der Schuld ist Teil der vielen positiven Auswirkungen, die die Gläubigen durch die Pilgerfahrt erreichen wollen.

Welche Unterschiede existieren bezüglich Schuld in anderen Kulturen und Religionen?
Hinsichtlich des Schuldempfindens zeigen sich grundlegende Unterschiede zwischen individualistisch und kollektivistisch geprägten Kulturen. Während individualistische Kulturen stärker als Schuldkulturen

gelten, kann man in kollektivistisch geprägten Ländern eine Schamkultur beobachten.

Auch in den verschiedenen Weltreligionen wird Schuld unterschiedlich betrachtet. Im Islam existiert das Konzept der Reue, das als private Angelegenheit zwischen dem Gläubigen und Gott (Allah) angesehen wird. Dieser vergibt alle Sünden, sofern man die starke Absicht hat, sich in Zukunft zu bessern. Im Judentum ist die Gemeinschaft ein wichtiger Bestandteil, wenn es um Schuldgefühle geht. Schuldgefühle entstehen, wenn die Erwartungen von anderen verletzt werden. Während im Christentum das Konzept der Erbsünde existiert, das besagt, dass alle Menschen als Nachfahren von Adam und Eva an deren Sündenfall teilhaben, wird im Buddhismus und Hinduismus von dem Begriff der „Sünde" Abstand genommen, und Menschen sollen sich nicht grundsätzlich schuldig fühlen. Vielmehr gibt es in diesen Religionen richtige und falsche Handlungen, durch die dementsprechendes Karma gesammelt wird. Wenn eine Person Schuld empfindet, soll diese akzeptieren, was sie getan hat, und daraus lernen. Das bedeutet auch, dass sie ihr Verhalten für die Zukunft anpasst.

23.3.4 Selbstbestrafende Kompensation

Eine weitere, destruktive Form der Kompensation von Schuldgefühlen ist die selbstbestrafende Kompensation. Sie steht im extremen Gegensatz zur proaktiven Kompensation (s. o.), weil sie weder daran ansetzt, die schuldauslösende Handlung ungeschehen zu machen, noch anderen Personen hilft; sie richtet sich nur gegen die eigene Person als „Täter". Es gibt Menschen, die dazu neigen, sich aufgrund von Schuldgefühlen selbst zu bestrafen, indem sie sich entweder selbst Vergnügen verwehren oder Leid zufügen, wenn es subjektiv keine andere Möglichkeit gibt, die Schuld zu begleichen (Nelissen u. Zeelenberg, 2009).

In sehr extremer Form kann man diese Tendenz in Überschneidung zu spirituell-religiösen Ritualen in Form von **Selbstgeißelungsritualen** beobachten, die beispielsweise im Rahmen der Osterprozessionen auf den Philippinen abgehalten werden. Besonders bekannt dafür ist der Pilgerort Kapitangan, wo während der Karwoche einige Gläubige Rituale wie Selbstgeißelung (Flagellation) und Kreuzschleppen bis hin zur Selbstkreuzigung vollziehen (Bräunlein, 2010). Das Ritual der Selbstkreuzigung wurde 1962 auf den Philippinen erfunden. Bei dieser extremen Form der Selbstgeißelung lassen sich Menschen im Rahmen von organisierten Passionsspielen an ein Kreuz nageln oder binden, um an die Leiden Jesu Christi zu erinnern und ihre Sünden zu sühnen. Die Menschen werden im Anschluss wieder vom Kreuz heruntergenommen und die Wunden versorgt; viele Menschen nehmen sogar mehrfach in ihrem Leben an diesem Ritual teil.

23.4 Psychologische Hintergründe

Da sich kulturübergreifend viele verschiedenartige Rituale entwickelt haben, um Schuld zu begleichen, liegt die Vermutung nahe, dass das Bedürfnis nach Schuldbefreiung in der menschlichen Psyche verankert ist. Im Folgenden werden daher psychologische Hintergründe erläutert, die den oben beschriebenen Ritualen zugrunde liegen könnten.

23.4.1 Theorie der kognitiven Dissonanz

Die Theorie der kognitiven Dissonanz wurde von Leon Festinger (1962) geprägt. Festinger ging dabei davon aus, dass sich Menschen nicht rational, sondern rationalisierend verhalten. Kognitive Dissonanz entsteht, wenn man Wahrnehmungen oder Einstellungen hat, die nicht miteinander vereinbar sind, z. B. „Ich sehe mich selbst als guten Menschen, habe aber Schlechtes getan". Dieser Zustand ist mit einem unangenehmen Gefühl verbunden, weshalb man versucht, die Dissonanz zu reduzieren

(Frey u. Gaska, 1993). Eine Reduktion der Dissonanz erfolgt, indem man z. B. den Sachverhalt ändert oder Informationen als weniger wichtig umbewertet oder leugnet. Ziel der Dissonanzreduktion ist es, den konsonanten, stimmigen Zustand („Ich sehe mich selbst als guten Menschen und tue Gutes") wiederherzustellen, wozu alle in diesem Kapitel beschriebenen Rituale dienen können.

Bei Betrachtung der psychologischen Definition von Schuld, die diesem Kapitel zugrunde liegt, wird deutlich, dass Schuldgefühle in sich kognitive Dissonanz beinhalten. Die schuldauslösende Handlung oder Unterlassung ist unvereinbar mit dem subjektiven moralischen Standard: „Wie kann ich als moralischer Mensch das verursacht haben?" Wenn eine Person einen Mitmenschen beispielsweise im Affekt durch Worte oder Taten verletzt, steht diese Handlung gegebenenfalls im Widerspruch zu ihrer inneren Moralvorstellung, alle Menschen wertschätzend und fair zu behandeln und niemandem Schaden zuzufügen. Dadurch erlebt die Person kognitive Dissonanz. Diese versucht sie in der Folge zu reduzieren, indem sie sich bei der betreffenden Person entschuldigt und gegebenenfalls zusätzlich andere Rituale zur Kompensation anwendet. Rituale zur Schuldbefreiung dienen somit dazu, die Abweichung zwischen dem tatsächlichen Verhalten und dem moralisch subjektiv erwünschten Verhalten wieder auszugleichen und somit die kognitive Dissonanz zu reduzieren.

23.4.2 Gerechte-Welt-Glaube

Der Begriff Gerechte-Welt-Glaube bezeichnet die Erwartung, dass in der Welt Gerechtigkeit herrscht und jede Person das bekommt, was ihr zusteht (Lerner, 1980). Diese Annahme ist bei verschiedenen Menschen unterschiedlich stark ausgeprägt und liegt einigen Ritualen zur Schuldbefreiung zugrunde.

Schuldgefühle entstehen häufig aufgrund eines wahrgenommenen Gerechtigkeitsungleichgewichts. Dieses gilt es – ähnlich wie bei der Theorie der kognitiven Dissonanz – durch

ein Ritual zur Schuldbefreiung wieder auszugleichen. Beim Spendenverhalten wird das besonders deutlich: Menschen, denen es finanziell gut geht, geben etwas von ihrem Vermögen für arme Menschen ab. Dafür gibt es viele Gründe, z. B. Mitleid oder die Freude daran, dass es anderen Menschen gut geht. Ein möglicher Grund dafür könnte jedoch auch sein, dass sie ihren Wohlstand selbst als ungerecht empfinden, da es gleichzeitig so viel Leid auf der Welt gibt. Durch ihre Spende tragen sie gefühlt dazu bei, das vorhandene Gerechtigkeitsungleichgewicht in eine ausgewogenere Richtung zu beeinflussen.

Das Prinzip des Gerechte-Welt-Glaubens lässt sich jedoch auch in eine negative Richtung auslegen. So könnten Personen die wahrgenommene Gerechtigkeit auch dadurch wiederherstellen, dass sie sich selbst einreden, dass die geschädigte Person es teilweise verdient habe. Durch diese Argumentation wird die Notwendigkeit einer Kompensation hinfällig.

23.4.3 Streben nach Selbstkonsistenz

Das **Selbstkonzept** bezeichnet in der Psychologie die subjektive Theorie eines Menschen über sich selbst, also die Wahrnehmung und das Wissen über die eigene Person. Nach Carl Rogers (1983) streben Menschen dabei nach Selbstkonsistenz, das bedeutet, nach widerspruchsfreien, stabilen Selbstwahrnehmungen. Dafür ist eine Übereinstimmung zwischen Selbstkonzept und Verhalten notwendig. Stimmen diese nicht überein, entsteht ein Konflikt. Dieser kann dadurch gelöst werden, dass bestimmte selbstbezogene Wahrnehmungen, die in Konflikt mit dem Selbstkonzept stehen, entweder kognitiv umgedeutet oder ignoriert und somit nicht in das Selbstkonzept integriert werden.

Schuldgefühle bedrohen als Reaktion auf ein als negativ bewertetes Ereignis die Selbstkonsistenz einer Person mit positivem Selbstkonzept – also einer Person, die sich selbst als „guten Menschen" wahrnimmt. Daher führt die Person in der Folge ausgleichende Handlungen – u. a. die oben beschriebenen Rituale – aus, um das mit dem Selbstkonzept in Konflikt stehende Verhalten zu kompensieren. Dies führt dazu, dass es nicht mehr notwendig ist, das ursprüngliche mit dem Selbstkonzept in Konflikt stehende Verhalten zu ignorieren oder kognitiv umzudeuten. Denn das kompensierende Verhalten kann wiederum in Einklang mit dem Selbstkonzept gebracht und in dieses integriert werden, ohne das positive Selbstkonzept zu bedrohen.

Einige Menschen schützen ihr Selbstkonzept auch unbewusst dadurch, dass sie dem sog. **Actor-Observer-Bias** verfallen. Das bedeutet, dass sie ihr Verhalten immer auf die jeweilige Situation und die äußeren Umstände zurückführen und niemals auf ihre Person bzw. Disposition beziehen. Somit bleibt ihre Selbstkonsistenz erhalten, da sie negatives Verhalten immer in der Situation begründen und ihr Selbstkonzept nicht bedroht wird.

23.4.4 Schmerz zur Schuldbefreiung

Im Folgenden wird besonders auf die Rituale der selbstbestrafenden Kompensation (▶ Abschn. 23.3) und deren psychologischen Hintergrund eingegangen.

Empirische Studien haben gezeigt, dass das Empfinden von Schmerz tatsächlich zur Reduktion der empfundenen Schuld dienen kann (Bastian et al., 2011; Nelissen u. Zeelenberg, 2009). Personen, die zunächst aufgefordert wurden, an eine Situation zu denken, in der sie sich unmoralisch verhalten hatten, „bestraften" sich selbst in der Folge dadurch, dass sie ihre Hand länger in Eiswasser hielten als die Probanden in der Vergleichsgruppe. Ihr subjektives Schuldempfinden wurde durch das Aushalten dieses Schmerzes reduziert (Bastian et al., 2011). Der Schmerz erfüllt hier gemäß der Autoren verschiedene Funktionen: Zum einen dient er als Kompensation für den Moralverstoß und ist eine Signalfunktion nach außen, um die eigene Reue zu zeigen. Außerdem dient das Aushalten des Schmerzes als Zeichen von Stärke dazu, das positive Selbstbild wiederherzustellen.

23.5 Vom Umgang mit Schuld im alltäglichen Leben

23.5.1 Relevanz für Erziehung

Schuldgefühle spielen eine wichtige Rolle bei der Entwicklung persönlicher und sozialer Verantwortung (Izard, 1994) und somit auch in der Erziehung. Denn die angestrebte Vermeidung von den als unangenehm empfundenen Schuldgefühlen trägt u. a. dazu bei, dass Menschen sich moralisch verhalten. Auch wenn das negative Verhalten bereits aufgetreten ist und es in der Folge um die Befreiung von der Schuld geht, rufen Schuldgefühle auf die Zukunft gerichtete, proaktive Handlungen zur Wiedergutmachung hervor, die die sozialen Beziehungen stärken (Tangney u. Dearing, 2003). Schuldgefühle erfüllen im menschlichen Zusammenleben also eine wichtige Funktion.

Insofern ist es in der Erziehung wichtig, darauf zu achten, dass das Kind ein gesundes Schuldbewusstsein entwickelt. Dafür ist es notwendig, dass die Handlungen der Eltern klaren Regeln folgen. Willkürliche Bestrafungen, die für das Kind nicht nachvollziehbar sind, können sich negativ auswirken und zu dauerhaften, pathologischen Schuldgefühlen, wie sie beispielsweise bei Zwangsstörungen und Depressionen auftreten (s. u.), führen. Um dies zu vermeiden, sollte das Kind lernen, positive Rituale zur Schuldbefreiung auszuführen, beispielsweise sich zu entschuldigen, und proaktive Handlungen zur Wiedergutmachung auszuwählen.

23.5.2 Relevanz für Führung

Bezogen auf Führung ist Schuldbefreiung ebenfalls ein wichtiges Thema. Die gängige Praxis, anderen Personen die Schuld zuzuschieben, sodass diese die Folgen ausbaden müssen, wird sowohl die Stimmung im Team als auch den objektiv messbaren Erfolg schmälern.

Vielmehr braucht es eine **offene Fehlerkultur**, in der Fehler – und somit die Schuld – nicht tabuisiert werden, sondern konstruktiv nach Lösungen gesucht wird. Eine Kultur, in der sich die Mitarbeiter innerhalb transparenter Grundregeln (ohne Mikromanagement) bewegen und in der gegenseitiges Vertrauen und Verantwortungsübernahme groß geschrieben werden, dient als Basis für gegenseitiges Feedback. In einem solchen förderlichen Umfeld ist es auch möglich, bei Verletzungen moralischer Standards die Größe zu haben, sich im Nachhinein zu entschuldigen und proaktives Verhalten zur Wiedergutmachung zu zeigen. Auf diese Art und Weise werden Schuldgefühle nicht lange mit sich herumgetragen, sondern zum Wohl des Teams aufgearbeitet und abgelegt.

Sind alle Menschen gleich empfänglich für Schuldgefühle?

Schuldgefühle haben als innere Korrekturinstanz eine wichtige Funktion, indem sie dafür sorgen, dass aus Verletzung von Grundregeln des Zusammenlebens und der ethisch-moralischen Standards Konsequenzen gezogen werden. Beobachtet man unterschiedliche Menschen im eigenen Umfeld, so entsteht der Eindruck, dass einige Menschen sich schon wegen Kleinigkeiten schuldig fühlen, während andere nie Schuldgefühle zu haben scheinen.

Forschungsergebnisse zeigen, dass Menschen je nach Persönlichkeitsausprägung tatsächlich unterschiedlich anfällig für das Empfinden von Schuld sind: Schuldgefühle weisen Zusammenhänge mit den Persönlichkeitseigenschaften Gewissenhaftigkeit und Verträglichkeit auf (Cohen et al., 2012). Das bedeutet, dass Personen, die gewissenhaft und verträglich sind, häufiger Schuldgefühle empfinden. Personen, die weniger anfällig für Schuldempfinden sind, sind zudem eher unehrlich und arrogant (Cohen et al., 2012).

Interessanterweise trifft man vergleichsweise viele Personen mit geringer Anfälligkeit für Schuldgefühle in der Führungsetage an (Babiak et al., 2010). Gleichzeitig belegen Studien jedoch, dass das Empfinden von Schuldgefühlen ein kritisches Merkmal einer guten Führungskraft ist (Schaumberg u. Flynn, 2012). Daher sollte bei der Auswahl von Führungskräften mehr Wert darauf gelegt werden, Individuen mit einem gesunden Schuldempfinden auszuwählen.

23.5.3   Relevanz für Therapie und Coaching

Einige Menschen empfinden kaum Schuldgefühle – umgekehrt gibt es jedoch auch ein Zuviel an Schuldempfinden. In beiden Fällen kann ein therapeutisches Eingreifen notwendig werden. Während bei Menschen, die selbst keine Schuldgefühle empfinden, eher die Mitmenschen darunter leiden, benötigen Personen, die extrem von Schuldgefühlen geprägt sind, Hilfe in ihrer Lebensgestaltung.

Bei Depressionen und Zwangsstörungen spielen irrationale Schuldgefühle eine wichtige Rolle. Personen mit Zwangsstörungen beispielsweise haben typischerweise die Vorstellung, dass anderen Personen etwas zustößt, falls sie ihre persönlichen Rituale – bestimmte Zwangshandlungen wie sehr häufiges und ausführliches Händewaschen – nicht vollständig erfüllen. Ist die Zwangsstörung sehr stark ausgeprägt, können die betroffenen Personen oft nicht einmal mehr am gesellschaftlichen Leben teilnehmen, da ihre Zwangshandlungen sehr viel Zeit in Anspruch nehmen und immer wiederholt werden müssen. Hier müssen in der Therapie oder einem Coaching Wege gefunden werden, der Person nahezubringen, dass nicht sie für alles Unheil der Welt Verantwortung übernehmen kann und muss.

23.5.4   Relevanz für kollektive Verantwortung und Zivilcourage

Viele Deutsche fühlen sich aufgrund der Ereignisse in der nationalsozialistischen Vergangenheit schuldig, auch dann, wenn sie selbst zu diesem Zeitpunkt noch nicht einmal geboren

waren und somit das Geschehen nicht beeinflusst haben können. Dies ist ein Beispiel für kollektiv empfundene Schuld. Die Geschichte an
sich ist unumkehrbar. Wichtig ist jedoch, daraus
zu lernen und die Verantwortung dafür zu übernehmen, ähnliche Ereignisse in der Zukunft zu
vermeiden. So äußerte sich auch die deutsche
Bundeskanzlerin, Angela Merkel, in ihrer Rede
vor der israelischen Knesset am 18. März 2008
(Welt N24, 2008, S. 1):

» Nur wenn Deutschland sich zu seiner
immerwährenden Verantwortung für die
moralische Katastrophe in der deutschen
Geschichte bekennt, können wir die
Zukunft menschlich gestalten. Oder anders
gesagt: Menschlichkeit erwächst aus der
Verantwortung für die Vergangenheit.

Die Übernahme von Verantwortung kann sich
z. B. darin äußern, in Situationen, in denen dis-
kriminierendes Verhalten beobachtet wird, ein-
zugreifen und Zivilcourage zu zeigen.

23.6   Fazit

„Nobody is perfect" – Fehler passieren, und
Menschen verhalten sich nicht durchgängig
moralisch. Rituale zur Schuldbefreiung bieten
unterschiedliche Bewältigungsstrategien für
den Umgang mit Schuld. Viele der genannten
Rituale haben Entsprechungen in unterschiedlichen Ländern, was für die kulturübergreifende
Bedeutung der Schuldthematik spricht. Einige
Rituale helfen uns nur selbst, mit den Schuldgefühlen umzugehen, andere können förderlich für
zwischenmenschliche Beziehungen sein. Selbstreflexion und ein bewusster Umgang mit Schuldgefühlen sind eine wichtige Basis für ein funktionierendes menschliches Zusammenleben.

Literatur

Babiak, P., Neumann, C. S., & Hare, R. D. (2010). Corporate psychopathy: Talking the walk. *Behavioral Sciences & the Law* 28(2), 174–193.

Bastian, B., Jetten, J., & Fasoli, F. (2011). Cleansing the soul by hurting the flesh: The guilt-reducing effect of pain. *Psychological Science* 22(3), 334–335.

Bräunlein, P. J. (2010). *Passion/Pasyon: Rituale des Schmerzes im europäischen und philippinischen Christentum.* Paderborn: Wilhelm Fink.

Cave, D. (2011). Mexican church takes a closer look at donors. *The New York Times.* Artikel vom 06. März 2011. Abgerufen unter http://www.nytimes.com/2011/03/07/world/americas/07church.html. Zugegriffen: 27. November 2017.

Cohen, T. R., Panter, A. T., & Turan, N. (2012). Guilt proneness and moral character. *Current Directions in Psychological Science* 21(5), 355–359.

Festinger, L. (1962). *A theory of cognitive dissonance.* Evanston, IL: Row, Peterson.

Frey, D., & Gaska, A. (1993). Die Theorie der kognitiven Dissonanz. In: D. Frey, & M. Irle (Hrsg.), *Theorien der Sozialpsychologie. Band I: Kognitive Theorien* (S. 275–325). Bern: Huber.

Herlitz, G., & Kirschner, B. (1929). *Jüdisches Lexikon: ein enzyklopädisches Handbuch des jüdischen Wissens in vier Bänden.* Berlin: Jüdischer Verlag.

Izard, C. E. (1994). *Die Emotionen des Menschen: eine Einführung in die Grundlagen der Emotionspsychologie.* Weinheim: Beltz, Psychologie-Verlags-Union.

Libreria Editrice Vaticana. (1997). Die Ablässe. In Katechismus der Katholischen Kirche (1471). Abgerufen unter http://www.vatican.va/archive/DEU0035/_INDEX.HTM. Zugegriffen: 27. November 2017.

Lerner, M. (1980). *The belief in a just world: A fundamental delusion.* New York, NY: Springer US.

Monin, B., & Miller, D. T. (2001). Moral credentials and the expression of prejudice. *Journal of Personality and Social Psychology* 81(1), 33–43.

Nelissen, R. M. A., & Zeelenberg, M. (2009). When guilt evokes self-punishment: Evidence for the existence of a Dobby Effect. *Emotion* 9(1), 118–122.

Reis, H. T., & Sprecher, S. (2009). *Encyclopedia of Human Relationships.* Thousand Oaks: SAGE Publications.

Rogers, C. R. (1983). *Der neue Mensch.* Stuttgart: Klett-Cotta.

Rothschild, W. (2006). Taschlich. Das wissenschaftliche Bibellexikon im Internet. http://www.bibelwissenschaft.de/stichwort/32498/. Zugegriffen: 27. November 2017.

Schaumberg, R. L., & Flynn, F. J. (2012). Uneasy lies the head that wears the crown: The link between guilt proneness and leadership. *Journal Of Personality and Social Psychology* 103(2), 327–342.

Schiller, F. (1803). Die Braut von Messina oder Die feindlichen Brüder. Friedrich Schiller Archiv. http://www.friedrich-schiller-archiv.de/die-braut-von-messina-oder-die-feindlichen-brueder/4-akt-10-auftritt-3/. Zugegriffen: 27. November 2017.

Tangney, J. P., & Dearing, R. L. (2003). *Shame and Guilt.* New York: Guilford Press.

Tilghman-Osborne, C., Cole, D. A., & Felton, J. W. (2010). Definition and measurement of guilt: Implications for clinical research and practice. *Clinical Psychology Review* 30(5), 536–546.

Turner, J. H. (2007). *Human emotions: A sociological theory*. London: Routledge.

Weiner, B. (1986). An attributional theory of achievement motivation and emotion. In: B. Weiner (Ed.), *An attributional theory of motivation and emotion* (pp. 159–190). New York, NY: Springer US.

Welt N24. (2008). Das sagte Kanzlerin Angela Merkel vor der Knesset. Die Rede von 2008 im Wortlaut. Beitrag vom 18. März 2008. https://www.welt.de/politik/article1814071/Das-sagte-Kanzlerin-Angela-Merkel-vor-der-Knesset.html. Zugegriffen: 27. November 2017.

Winckelmann, J. (Hrsg.). (1975). *Max Weber: Die protestantische Ethik*. Hamburg: Siebenstern Taschenbuch Verlag.

Zippelius, R. (2009). *Staat und Kirche: eine Geschichte von der Antike bis zur Gegenwart*. Tübingen: Mohr Siebeck.

Rituale im Spitzensport

Moritz Valentin Fischer

© Springer-Verlag GmbH Deutschland, ein Teil von Springer Nature 2018
D. Frey (Hrsg.), *Psychologie der Rituale und Bräuche*,
https://doi.org/10.1007/978-3-662-56219-2_24

24.1 Einleitung

In diesem Kapitel werden zunächst Rituale von Sportlern und danach Rituale von Zuschauern beschrieben sowie aus psychologischer Perspektive analysiert. Die beschriebenen Sportrituale sind dabei keinesfalls vollständig erschöpft, sondern stellen eine Auswahl der am weitesten verbreiteten Rituale und Bräuche im Spitzensport dar. Dabei stellt dieses Kapitel Rituale in den Vordergrund, die unmittelbar mit dem Erleben und Verhalten im Sport verknüpft sind. Eine allgemeinere psychologische Betrachtung zu Wettbewerben findet sich in ▶ Kap. 25. Ebenso ist übersteigertes Sporttreiben im Sinne von „Sportsucht", wie es z. B. im Bodybuilding auftritt, kein Gegenstand dieses Kapitels, da dies in das Feld der klinischen Psychologie fällt.

24.2 Rituale von Sportlern

24.2.1 Abergläubische Rituale

Wenn sich der beste Torschütze der deutschen Fußball-Nationalmannschaft aller Zeiten, Miroslav Klose, auf ein Spiel vorbereitete, folgte er dabei immer einem strengen Plan: Er zog den rechten vor dem linken Fußballschuh an und betrat den Platz mit dem rechten Fuß zuerst.

Darauf angesprochen berichtete Klose, dies habe eine beruhigende Wirkung auf ihn.

Auch andere Sportler nutzen vor oder während ihrer Wettkämpfe häufig abergläubische Rituale oder Glücksbringer. Verschiedene Beispiele zeigen die Vielfältigkeit der Rituale und Bräuche im Spitzensport: Tennisprofi Serena Williams wechselt während eines Turniers nie ihre Socken, und der ehemalige Basketballstar Michael Jordan trug während seiner gesamten Karriere dieselben Shorts seines ersten College-Teams unter der eigentlichen Sportshorts. Der französische Fußballer Laurent Blanc küsste während der Europameisterschaft 2000 vor Anpfiff jedes Spiels die Glatze seines Torhüters Fabien Barthez (◘ Abb. 24.1) – mit Erfolg: Frankreich wurde Europameister.

Eine Studie unter Profisportlern im Fußball, Hockey und Volleyball ergab, dass insgesamt 80 % aller Sportler regelmäßig abergläubische Handlungen ausführen, wobei durchschnittlich von ca. 2 oder 3 abergläubischen Handlungen pro Wettkampf ausgegangen werden kann (Schippers u. Van Lange, 2006). Am häufigsten wurden dabei das Essen bestimmter Lebensmittel, spezifische Entspannungsaktivitäten vor dem Wettkampf und das Tragen spezieller Kleidung unter den Trikots genannt. Weitere weitverbreitete abergläubische Gestiken sind beispielsweise das Betreten des Spielfelds in einer

◘ **Abb. 24.1**   Laurent Blanc küsst die Glatze von Fabien Barthez (© Sven Simon / picture alliance)

festgelegten Reihenfolge, sich vor Spielbeginn zu bekreuzigen oder das Spielfeld zu küssen.

Kognizierte Kontrolle

Doch weshalb sind abergläubische Handlungen so beliebt? Die psychologische Forschung kann hierauf eine Antwort geben: Sie zeigt, dass der Wunsch, die eigene Zukunft kontrollierbar zu gestalten und Unsicherheiten zu vermeiden, ein fundamentales menschliches Motiv darstellt. **Kontrolle** kann hierbei als „die Überzeugung bzw. das Bestreben einer Person, erwünschte Zustände herbeiführen und aversive Zustände vermeiden oder zumindest reduzieren zu können" (Frey u. Jonas, 2009, S. 13), verstanden werden. Der Ausgang eines sportlichen Wettkampfes ist meist höchst unsicher. Einerseits macht dies Sportveranstaltungen für Sportler und Zuschauer attraktiv, andererseits bewirkt diese Unsicherheit ein hohes Stresserleben für die Sportler.

Whitson und Galinsky (2008) konnten in mehreren psychologischen Experimenten zeigen, dass mangelnde Kontrolle über ein bevorstehendes Ereignis zur Wahrnehmung von illusionären Ursache-Wirkungs-Prinzipien führt. Klopft man beispielsweise vor einem wichtigen Wettkampf auf Holz und gewinnt diesen anschließend, kann dies irrtümlich als Ursache für den Sieg interpretiert werden. Führt ein Sportler nun vor den folgenden Wettkämpfen weiterhin diese Handlung aus, erlangt er oder sie auf diese Weise „Kontrolle" – auch wenn sie illusionär ist – über den Ausgang der Wettkämpfe zurück.

Auch das eingangs beschriebene Rituale von Miroslav Klose könnte so entstanden sein: Es lässt sich mutmaßen, dass Klose zu Beginn seiner Karriere einmal vor Anpfiff eines wichtigen Spiels den Platz zuerst mit dem rechten Fuß betrat und dies unwillkürlich bemerkte. Da dieses Spiel gewonnen werden konnte, könnte so ein wahrgenommener, aber objektiv illusionärer Zusammenhang zwischen Betreten des Platzes und Spielausgang entstanden sein, der Klose ein beruhigendes Gefühl im Sinne einer **selbsterfüllenden Prophezeiung** für das jeweils nächste Spiel vermittelt hat.

Diese Idee bestätigt auch eine weitere Studie von Schippers und Van Lange (2006): Sportler schrieben abergläubischen Ritualen eine höhere Bedeutung zu, wenn der Gegner als überlegen eingeschätzt wurde und der Ausgang des Wettkampf somit unsicher war. Abergläubische Rituale erhöhen demnach die wahrgenommene Kontrolle über den Ausgang eines Wettkampfs und vermeiden aversive, insbesondere ängstliche Zustände seitens der Sportler.

Selbstwirksamkeit

Doch welche Auswirkungen haben abergläubische Rituale auf die Leistung von Sportlern? Damisch et al. (2010) gingen dieser Frage nach, indem sie Probanden Golfschläge auf ein 100 cm entferntes Loch ausführen ließen. Dabei variierten die Forscher lediglich mit welchen Worten der Versuchsleiter den Probanden den Golfball überreichte. Es zeigte sich, dass diejenigen Probanden besser abschnitten, bei denen der Versuchsleiter den Golfball mit den Worten überreichte: „Hier ist dein Ball. Dieser Ball hat sich bisher als Glücksball erwiesen." Probanden, die den Golfball mit den Worten: „Hier ist der Ball, den bisher alle Spieler benutzt haben", überreicht bekamen, schnitten durchweg schlechter ab. Die Ergebnisse legen somit nahe, dass Aberglaube die Leistung von Sportlern verbessern kann. Die Autoren erklären dies mit einer gestiegenen **Selbstwirksamkeitserwartung** der Probanden mit dem „Glücksball": Diese Probanden waren stärker davon überzeugt ein gutes Ergebnis erreichen zu können, als die Probanden mit dem „herkömmlichen" Ball.

Aberglaube stellt für viele Sportler eine wirksame Strategie dar, um Spannung und Unsicherheit über den Ausgang eines Wettkampfes zu reduzieren. Dabei ist diese Strategie denkbar einfach: Jegliches Verhalten kann diesen Zweck erfüllen, solange der Sportler selbst davon überzeugt ist, dass es den Ausgang positiv beeinflusst. Metaphorisch könnte man abergläubische Handlungen daher auch als „psychologisches Placebo" bezeichnen. Auch wenn abergläubische Rituale für Außenstehende irrational wirken mögen, bewirken sie doch häufig für Sportler eine Leistungssteigerung.

24.2.2 Macht demonstrierende Rituale

Wer einmal ein Spiel der neuseeländischen Rugby-Nationalmannschaft verfolgt hat, wurde noch vor Kick-off Zeuge eines außergewöhnlichen Rituals: Vor Beginn jedes Spiels führt das Team den sog. „Haka", einen historischen Kriegstanz der Maori, auf. Dieser Tanz ist durch verschiedene Macht und Dominanz demonstrierende Gestiken wie weit ausgebreitete Arme, lautes Geschrei, geballte Fäuste, breitbeiniger Stand und weit geöffnete Augen gekennzeichnet, die hoch koordiniert ausgeführt werden (◘ Abb. 24.2). Auch die Basketball-Nationalmannschaft, die Fußball-Nationalmannschaft der Frauen sowie eine Junioren-Eishockeymannschaft Neuseelands zeigten diesen Tanz bereits vor ihren Spielen. Es ist wohl davon auszugehen, dass dies eine einschüchternde Wirkung auf den Gegner und eine stärkende Wirkung auf das eigene Team haben soll.

Auch in anderen Sportarten gibt es Rituale, die ein ähnliches Ziel verfolgen, z. B. der heroisch wirkende Einlauf beim Boxen oder die „üblichen" Schlägereien zwischen Spielern während eines Eishockeyspiels.

Dieses psychologische Phänomen ist in der Wissenschaft als **Power-Posing** bekannt. Posen, die große soziale Macht ausdrücken, vergrößern die Körperfläche, beispielsweise durch ausgebreitete Arme, während eine Verkleinerung der Körperfläche durch Verschränkung der Arme mit niedriger sozialer Macht verbunden wird (Hall et al., 2005; ▶ Kap. 26). Forschung zur Wirkung dieser Gestik zeigt, dass Power-Posing auf emotionaler Ebene zu einem „Gefühl der Macht" führt, auf Verhaltensebene risikoreichere Entscheidungen fördert und auf hormoneller Ebene die Produktion des Sexualhormons Testosteron begünstigt sowie die Ausschüttung des Stresshormons Kortisol hemmt (Carney et al., 2010). Diese Kombination aus niedrigem Kortisol- und hohem Testosteronspiegel konnte in Zusammenhang mit dominantem Verhalten in sozialen Situationen gebracht werden (Mehta, u. Josephs, 2010).

Nun stellt sich die Frage, inwiefern sich Power-Posing oder sonstiges Macht demonstrierendes Verhalten auf die beobachtenden Personen auswirkt. Tiedens und Fragale (2003) untersuchten dies und fanden heraus, dass Menschen tendenziell mit komplementären Körperhaltungen auf ihr Gegenüber reagierten: Führte die beobachtete Person eine ausbreitende, Macht demonstrierende Geste aus, wählten die Probanden eher eine verschränkte, devote Körperhaltung. Hatte die beobachtete Person hingegen eine

◘ **Abb. 24.2**   Haka-Tanz der neuseeländischen Rugby-Nationalmannschaft (© Jean Marc Collignon / dpa / picture alliance)

devote Körperhaltung eingenommen, reagierten die Probanden eher mit Macht demonstrierenden Gesten. Dabei gaben diejenigen Probanden, die solch komplementäre Gesten gewählt hatten, an, sich wohler in der Situation gefühlt zu haben, als jene, die die Gestik des Gegenübers „gespiegelt" und dieselbe Körperhaltung wie ihr Gegenüber angenommen hatten. Die Autoren nehmen daher an, dass sich auf diese Weise soziale Hierarchie etabliert, die von beiden Parteien implizit akzeptiert und positiv bewertet wird.

Die neuseeländischen Rugbyspieler zeigen ihrem gegnerischen Team somit durch ihren Haka-Tanz, dass sie im anstehenden Spiel dominant auftreten wollen und möchten damit bewirken, dass die Spieler des gegnerischen Teams daraufhin eine devote Rolle annehmen und diese auch in den Wettkampf übertragen.

24.2.3 Jubelrituale

Es gehört zu jeder Sportveranstaltung einfach dazu: Nach Siegen oder Punktgewinnen wird ausgiebig gejubelt. Bei Mannschaftssportarten formieren sich die Teams oft zu einer „Traube", um gemeinsam zu jubeln. Beim Olympiasieg 2016 im Beachvolleyball der Damen von Laura Ludwig und Kira Walkenhorst konnte man gut beobachten, wie sich beide Spielerinnen nach jedem Punktgewinn gegenseitig abklatschten. Im Fußball bleibt der Jubel nach dem Siegtor durch Mario Götze in der Nachspielzeit des Finales der Fußball-Weltmeisterschaft 2014 gegen Argentinien (◘ Abb. 24.3) wohl unvergessen. Die Emotionen sind nach einem derart bedeutsamen Erfolg sicherlich so stark, dass sie „einfach mal raus" wollen und daher durch eine Jubelgeste ausgedrückt werden.

Es gibt zudem wissenschaftliche Hinweise dafür, dass bestimmte Jubelgesten darüber hinausgehende Funktionen beinhalten. Eine Studie von Moll et al. (2010) zeigte, dass die Art des Jubels nach einem Elfmeter im Fußball mit dem Erfolg beim nächsten Elfmeter sowie dem endgültigen Spielausgang assoziiert ist. Spieler, die mit ausgestreckten Armen, geballten Fäusten oder einer geweiteten Brust jubelten, waren mit einer größeren Wahrscheinlichkeit in dem Team, das am Ende gewann. Weiterhin waren Spieler, die nach einem Tor nicht auf den Boden schauten, ebenfalls eher im Gewinnerteam. Die Körpersprache, die Sportler nach einer erfolgreichen Aktion zeigen, springen demnach auf die Mitspieler über – man könnte von emotionaler Übertragung sprechen (Moll et al., 2010).

◘ **Abb. 24.3** Torjubel von Mario Götze nach dem Siegtor im Finale der Weltmeisterschaft 2014 gegen Argentinien (© Markus Gilliar / GES-Sportfoto / picture alliance)

24.2.4 Rituale des sozialen Vergleichs

Bei Marathonläufen ist auffällig, dass die Teilnehmer von mehreren Läufern in Trikots mit der Aufschrift „Pace" angeführt werden (◘ Abb. 24.4). Diese sog. Pacemaker (Tempo- bzw. Schrittmacher) laufen außerhalb der Wertung und sind vom Veranstalter eigens dafür engagiert worden, ein bestimmtes Tempo vorzugeben, an dem sich die anderen Läufer orientieren können. Sie werden oft als wichtige Voraussetzung für Bestzeiten und Weltrekorde gesehen. Doch wieso eigentlich? Ein Pacemaker sorgt dafür, dass ein Läufer eine konstante Zeit laufen kann und nicht zu stark in seinem Tempo variiert. Weiterhin läuft der Pacemaker immer exakt die vereinbarte Geschwindigkeit, sodass der Läufer dahinter die eigene Geschwindigkeit nicht mehr überprüfen muss.

Doch diese Faktoren können allein nicht den gesamten Nutzen von Pacemakern erklären, denn weitere wichtige Wirkmechanismen sind psychologischer Natur. Die **Theorie des sozialen Vergleichs** kann diesen Effekt erklären. Sie postuliert, dass Menschen bestrebt sind, sich selbst möglichst präzise einschätzen zu können, und sich daher mit anderen Menschen vergleichen (Festinger, 1954). Ja, traurig, aber wahr: Wir machen die Bewertung unserer Leistung von anderen Menschen abhängig. Doch, mit wem und wie vergleichen wir uns? Die Wissenschaft unterscheidet Vergleichsprozesse mit leistungsstärkeren (**aufwärtsgerichteter Vergleich**) und -schwächeren Mitmenschen (**abwärtsgerichteter Vergleich**; Smith u. Mackie, 2007, S. 111). Vergleiche mit leistungsstärkeren Personen spornen uns an, noch besser zu werden, können aber auch Gefühle des Neids auslösen. Vergleiche mit leistungsschwächeren Personen können unseren Selbstwert stärken und die Zufriedenheit mit der derzeitigen Leistung erhöhen. Der Pacemaker beim Marathonlauf löst daher einen Vergleichsprozess mit einem schnelleren, leistungsstärkeren Läufer aus und spornt den Marathonläufer weiter an, schneller zu laufen.

Passend zu dieser Idee konnte eine Studie unter Olympiateilnehmern zeigen, dass bei der Siegerehrung Drittplatzierte glücklichere Gesichtsausdrücke zeigten als Zweiplatzierte, obwohl sie objektiv betrachtet weniger gute Leistungen gezeigt hatten (Medvec et al., 1995). Die Autoren erklären mit der Theorie der sozialen Vergleichsprozesse: Die Zweitplatzierten verglichen sich womöglich eher mit dem Erstplatzierten und fühlten sich ungut, nicht den 1. Platz und somit die Goldmedaille erreicht zu haben. Die Drittplatzierten jedoch verglichen sich womöglich eher mit dem Viertplatzierten und freuten sich darüber, überhaupt eine Medaille errungen zu haben.

◘ **Abb. 24.4** Spitzengruppe und Pace-Maker beim Frankfurt-Marathon 2012 (© Eibner / imago)

24.2.5 Mentale Vorbereitungsrituale

Natürlich gibt es eine Menge Bräuche, die sehr funktional sind, beispielsweise gutes Training oder hohe mentale Konzentration um nur 2 Beispiele zu nennen. Die Wahl eines Brauches oder Rituals zur Vorbereitung auf einen Wettkampf ist jedoch von Sportler zu Sportler sehr unterschiedlich.

Einerseits ist von dem dreifachen Welttorhüter Oliver Kahn bekannt, dass er vor jedem Spiel versuchte, sich mit höchster Konzentration vorzubereiten und alles andere im Sinne eines „mentalen Tunnels" auszublenden. Kahns grimmiger Blick und seine resolute Körpersprache waren berühmt und bei Gegenspielern berüchtigt. Nationalspieler Thomas Müller kann man hingegen vor Spielbeginn oft beim Scherzen und Herumalbern mit seinen Mannschaftskollegen beobachten, wobei er meist sehr locker wirkt. Obwohl Kahn und Müller sich mental absolut konträr auf ein Spiel vorbereiten, scheinen beide mit ihrer jeweiligen Strategie viel Erfolg gehabt zu haben.

Was ist daher zu empfehlen – die Konzentration steigern oder sich mit Scherzen von der Anspannung ablenken? Das **Yerkes-Dodson-Gesetz** aus der psychologischen Grundlagenforschung sagt aus, dass die Leistungsfähigkeit maximal ist, wenn das emotionale Erregungsniveau ein mittelhohes Maß hat (Yerkes u. Dodson, 1908). Bei einem zu geringen Erregungsniveau wird das Leistungsvermögen durch Unterforderung nicht vollends ausgeschöpft, während bei einem zu hohen Erregungsniveau das maximale Leistungsvermögen durch Gefühle der Angst oder Überforderung gemindert wird. Die mentalen Vorbereitungsstrategien von Kahn und Müller zielen scheinbar darauf ab, das sehr individuell beste Erregungsniveau zu erreichen: Während Kahn sich durch seinen „mentalen Tunnel" in einen höheren Erregungszustand bringt, könnte Müller seiniges durch Späße mit Kollegen potenziell mindern und so sein maximales Leistungsniveau erreichen.

24.3 Rituale von Zuschauern

24.3.1 Allgemeine Rituale von Fans

Rituale von Fans und Zuschauern bei Sportveranstaltungen sind zahlreich und divers. Bei Mannschaftssportarten ist es üblich, sich in den Trikots der bevorzugten Mannschaft zu kleiden und gemeinsam Fangesänge zu singen.

Gruppenzugehörigkeit und Selbstwert

Dass dieses Verhalten nicht nur selbstloser Natur im Sinne der Unterstützung der Mannschaft ist, zeigt sich beim Public Viewing oder vergleichbaren Veranstaltungen, bei denen die Sportler die Fans nicht unmittelbar erleben. Vielmehr ist das Verhalten auch für die Zuschauer angenehm, da laut der **Theorie der sozialen Identität** Menschen generell Selbstwerterhöhungen aus ihren Gruppenzugehörigkeiten gewinnen können (Tajfel, 2010).

Der psychologische Effekt des **Basking in Reflected Glory** („sich in fremdem Ruhm sonnen") beschreibt die Strategie, den eigenen Selbstwert zu erhöhen, indem man sich mit den Erfolgen oder positiven Eigenschaften anderer Gruppenmitglieder identifiziert (Smith u. Mackie, S. 196). Er ist somit ein Erklärungsansatz für kollektives Fan-Verhalten: Da sich ein Fan stark mit seiner Mannschaft identifiziert und sich dementsprechend kleidet und verhält, kann ein Erfolg dieser Mannschaft eine Selbstwerterhöhung des Fans bewirken.

In einer Studie konnte gezeigt werden, dass Studierende häufiger das Pronomen „wir" benutzten, wenn sie über einen Sieg, nicht die Niederlage ihres Teams sprachen (Cialdini et al., 1976). In einer weiteren Studie zeigte sich, dass die Studierenden nach einem Sieg „ihres" Teams häufiger einen Pullover trugen, der beispielsweise das Logo des Teams zeigte (Cialdini et al., 1976). Personen können so ein Gefühl von Stolz entwickeln, wenn die eigene Mannschaft gewinnt, obwohl sie selbst keinen direkten Einfluss auf den Spielausgang hatten. Diese

Selbstwerterhöhung ist meist nicht an die Gruppensituationen gebunden, aus der er entstanden ist, sondern ist eher überdauernd und auch auf die private Identität übertragbar.

Gruppendenken und Aggression

Neben den genannten positiven Effekten von Fan-Verhalten sei an dieser Stelle erwähnt, dass es auch negative, teils folgenschwere Verhaltensweisen von Fans gibt. Gewalt und Aggressionen gegenüber Fans des gegnerischen Teams ist ein massives Problem: In der Saison 2014/15 wurden in Deutschland bei Profi-Fußballspielen über 1.200 Personen verletzt und mehr als 8.000 Strafverfahren eingeleitet (LZPD Nordrhein-Westfalen, 2015).

Diese Konflikte und Aggressionen zwischen Fangruppen sind einerseits durch den hohen Stellenwert eines erfolgreichen Wettkampfes für den individuellen Selbstwert einiger Fans, andererseits durch Faktoren wie Alkoholkonsum, Lärm und Dunkelheit erklärbar. Diese Umstände begünstigen die Entstehung von aggressivem und gewalttätigem Verhalten, indem sie das Phänomen des **Gruppendenkens** („groupthink") fördern. Dies beschreibt die reduzierte Qualität von Gruppenentscheidungen, wenn der Druck, einen Konsens zu erreichen, überwiegt und das individuelle Korrektiv ausgeschaltet wird (Smith u. Mackie, 2007, S. 486). Unter diesen Umständen wird das individuelle Verhalten nicht mehr ausreichend reflektiert, sondern eher als „Mitläufer" agiert. So kann es erklärt werden, dass Tendenzen, das gegnerische Team und ihre Fans innerlich abzuwerten, nicht hinreichend reflektiert und korrigiert werden, sodass daraus aggressives, teils gewalttätiges Verhalten resultieren kann.

Heimvorteil

Für Sportler ist die Anwesenheit von Fans von Vorteil, denn generell ist die Wahrscheinlichkeit einen sportlichen Wettkampf im eigenen, „heimischen" Stadion zu gewinnen höher als in fremden Stadien. Umfangreiche Datenanalysen ergaben, dass die Wahrscheinlichkeit für einen Sieg der Heimmannschaft konsistent über verschiedene Sportarten größer als 50 % ist. Dieser Wert variiert zwischen 54,3 % im Baseball und 68,3 % im Fußball, wenn man Spiele, die Unentschieden endeten, aus der Analyse ausschließt (Nevill u. Holder, 1999).

Dieser Effekt ist im Volksmund, aber auch in der wissenschaftlichen Literatur als Heimvorteil bekannt. Insbesondere in schwierigen Phasen, z. B. bei zwischenzeitlichen Misserfolgen wie einem Gegentor oder einem Satzgewinn des Gegners, können enthusiastische Zuschauer einer Mannschaft „den Rücken stärken". Es wurden auch zahlreiche weitere Gründe für den Heimvorteil diskutiert wie Reisestrapazen oder die Vertrautheit mit der Sportstätte, die teilweise, aber eher in geringem Maß zum Heimvorteil beitragen (Nevill u. Holder, 1999).

Einen vergleichsweise großen Effekt hat hingegen die leichte, aber systematische Bevorzugung der Heimmannschaft durch den Schiedsrichter, die umso größer ist, je mehr Zuschauer sich im Stadion befinden (Nevill u. Holder, 1999). Unkelbach und Memmert (2010) konnten in einer Untersuchung zeigen, dass der Schiedsrichter vor allem dann mehr gelbe Karten für die Auswärtsmannschaft verteilte, wenn das Stadion besonders gut ausgelastet und das Publikum somit potenziell sehr laut war. Die Ergebnisse weisen somit auf eine systematische Bevorzugung der Heimmannschaft durch den Schiedsrichter hin.

Leistungsdruck durch Fans

Auch wenn zahlreiche empirische Daten zeigen, dass ein Wettkampf vor eigener Kulisse in den meisten Fällen vorteilhaft ist, gibt es andererseits den Effekt des **Versagens unter Druck** („choking under pressure"), der postuliert, dass die Leistung bei übersteigertem Leistungsdruck sinken kann (Baumeister, 1984). Da starke Unterstützung der Zuschauer zu Leistungsdruck für die Sportler führen kann, ist unter bestimmten Umständen somit auch die Leistung von Spitzensportlern bedroht.

Als der FC Bayern München im Jahr 2012 im sog. „Finale dahoam" der UEFA Champions League im eigenen Stadion gegen den FC Chelsea antrat, war die Erwartungshaltung riesig. In der Bundesliga musste man sich zuvor Borussia Dortmund geschlagen geben wie bereits im Finale des DFB-Pokals. Mannschaftskapitän

Philipp Lahm hatte zuvor erklärt, dass „[e]ine Saison ohne Titel […] bei Bayern eine verlorene Saison [sei], auch wenn man in zwei Finals stand und Zweiter in der Meisterschaft war" (Kneer u. Kielbassa, 2012, S. 1). Der Leistungsdruck war für die Mannschaft enorm. Als es nach regulärer Spielzeit 1:1 stand, ging es in die Verlängerung, in der dem FC Bayern ein Elfmeter zugesprochen wurde, den Franck Ribéry jedoch verschoss. Nach Ablauf der Verlängerung gab es Elfmeterschießen, in dem Ivica Olic und Bastian Schweinsteiger verschossen und der FC Chelsea den Titel gewann.

Aus psychologischer Sichtweise könnte dies durch den Choking-under-Pressure-Effekt erklärt werden. Hoher Leistungsdruck führt dazu, dass sich Sportler vor allem darauf konzentrieren, Fehler zu vermeiden, anstatt mit aller Kraft den Sieg anzustreben. Dies kann dazu führen, dass automatisierte Abläufe und Bewegungen gestört werden und die Sportler an der Ausübung ihrer bestmöglichen Leistung gehindert werden (Wallace et al., 2005).

24.3.2 Religiöse Rituale von Fans

„Es war der Kopf Maradonas und die Hand Gottes", sagte Diego Maradona nach dem Viertelfinale der Fußball-Weltmeisterschaft 1986 gegen England, nachdem er den Ball irregulär mit der Hand zum 1:0 für Argentinien ins Tor befördert hatte – eine kreative Umschreibung der Spielsituation, denn wahrhaftig hatte Maradonas Hand den Ball wohl eher ohne Gottes Hilfe ins Tor befördert (◘ Abb. 24.5).

Die Verbindung zwischen Sport und Religion besteht jedoch nicht erst seit diesem Ereignis. Religiöses Vokabular ist insbesondere in der Berichterstattung zum Fußball tief verwurzelt: Die Fans „pilgern" in die Stadien, eine Mannschaft betritt den „heiligen Rasen", ein frühes Tor wird als „Erlösung" gefeiert, und mit einem wichtigen Tor macht man sich „unsterblich". In mehreren deutschen Fußballstadien kann man mittlerweile Hochzeit feiern, der FC Schalke 04 unterhält einen eigenen Fan-Friedhof und der 1. FC Köln feiert vor dem 1. Heimspiel der Saison 2016/17 einen Fan-Gottesdienst im Kölner Dom, an dem über 1.000 Fans teilnahmen. Das Wort „Fan" lässt sich von dem lateinischen Wort „fanaticus" ableiten, was so viel wie „göttlich begeistert" bedeutet.

Angesichts dieser zahlreichen Verbindungen zwischen Sport und Religion stellt sich die Frage, ob und inwiefern Fußball als „Ersatzreligion" fungiert. Gemeinsamkeiten zwischen Sport und Religion liegen in rituellen Verhaltensweisen und Symbolen sowie der Stiftung von Gemeinschaft, Wertordnung und Lebenssinn. Andere religiöse Aspekte wie ein starker Transzendenzbezug fehlen jedoch eindeutig im Sport (Klein u. Schmidt-Lux, 2006).

◘ **Abb. 24.5** Maradonas irreguläres Tor im Viertelfinale der Weltmeisterschaft 1986 (© Joe Pepler / empics / dpa / picture alliance)

Angesichts der abnehmenden Bedeutung von Kirche und Religion in westlicher Kultur, die sich in sinkenden Kirchenmitgliedschaften und Gottesdienstbesuchen zeigt, sowie der zunehmenden Beliebtheit von Sportveranstaltungen, ist es aufgrund der funktionalen Ähnlichkeit von Sport und Religion denkbar, dass einige Bedürfnisse, die ehemals von Religion befriedigt wurden, zunehmend von Sport kompensiert werden. Diese Idee wurde von Schäfer u. Schäfer (2009) erstmals empirisch geprüft und die Ergebnisse legen nahe, dass insbesondere atheistische Personen den Wunsch nach sozialer Verbundenheit durch die Beschäftigung mit Sport ersetzen.

Der Wunsch sich mit anderen Personen verbunden zu fühlen, auch als **Zugehörigkeitsbedürfnis** („need to belong") bekannt, stellt also ein menschliches Grundbedürfnis dar (Baumeister u. Leary, 1995), dem durch Kontakt zu Mitmenschen in religiösen oder sportlichen Gemeinschaften entsprochen werden kann.

Hinsichtlich der gemeinsamen Werteordnung und der Stiftung von Lebenssinn sind die empirischen Ergebnisse weniger eindeutig. Während es in religiösen Gemeinschaften explizite und universell gültige Werteordnungen gibt, beispielsweise die 10 Gebote im Juden- und Christentum, sind die Werteordnungen bei Fan-Gemeinschaften eher implizit und auf den Geltungsbereich des Sports beschränkt (Schäfer u. Schäfer, 2009). Es lässt sich resümieren, dass einzelne Bedürfnisse wie der Wunsche nach Zugehörigkeit zunehmend von weltlichen Organisationen, z. B. im Bereich des Sports, anstelle von religiösen Institutionen befriedigt werden. Sport kann Religion allerdings nicht gänzlich im Sinne einer „Ersatzreligion" substituieren, da beide Bereiche sehr unterschiedliche Funktionen wie etwa ihre Werteordnungen aufweisen.

Unabhängig davon, ob Sport nun eine Art Religion ist oder nicht, emotionalisiert Sport und Wettkampf die Menschen. Sport stiftet Identität und wird damit zum Teil des Selbst.

24.4 Fazit

Anhand der beschriebenen Rituale aufseiten der Sportler und Fans ist die hohe Bedeutung von psychologischen, insbesondere sozialpsychologischen Prozessen im Sport erkennbar. Verschiedene Rituale, seien sie abergläubischer, mental-vorbereitender, sozial-vergleichender, Macht demonstrierender oder jubelnder Natur können helfen, den enormen Anforderungen im Leistungssport gerecht zu werden.

Vor dem Hintergrund des stattfindenden gesellschaftlichen Wertewandels weg von Pflicht- und Akzeptanzwerten (z. B. Disziplin, Gehorsam oder Fleiß) hin zu Selbstentfaltungs- und Autonomiewerten (z. B. Genuss, Spontanität oder Abenteuer) haben sich auch die Anforderungen an den Spitzensport verändert: Spitzensportler müssen noch flexibler, selbstständiger, reaktionsschneller, verantwortlicher und teamorientierter sein, um im Wettbewerb um Publikum und Sponsoren bestehen zu können (Frey, 1996). Im Vergleich zu anderen Lebensbereichen ist der Spitzensport dabei durch eine enorme Schnelllebigkeit gekennzeichnet: Erfolge und Misserfolge treten unmittelbar in Form von Siegen oder Niederlagen auf und werden zumeist emotional sehr stark erlebt. Fehlentwicklungen oder Schwächephasen rächen sich meist sehr schnell und setzen Sportler unter starken Druck (Frey, 1996).

Diesen Druck manipulierbar, wenn möglich sogar beherrschbar zu machen, ist Aufgabe von modernen Sportpsychologen. Die beschriebenen Rituale und Bräuche im Spitzensport liefern dafür Ansätze, indem sie Motive von Sportlern beschreiben und mögliche psychologische Wirkmechanismen analysieren, auf deren Grundlage psychologische Unterstützung für Spitzensportler konstruiert werden kann.

Sport wirkt zudem identitätsstiftend und selbstwertsteigernd auf die Fans und Zuschauer und stiftet einen moralischen Wertekanon im Sinne von „Fair Play" – Sport hat somit auch gesellschaftlich eine wichtige Funktion inne.

Literatur

Baumeister, R. F. (1984). Choking under pressure: self-consciousness and paradoxical effects of incentives on skillful performance. *Journal of Personality and Social Psychology* 46(3), 610–620.

Baumeister, R. F., & Leary, M. R. (1995). The need to belong: desire for interpersonal attachments as a fundamental human motivation. *Psychological Bulletin* 117(3), 497–529.

Carney, D. R., Cuddy, A. J., & Yap, A. J. (2010). Power posing brief nonverbal displays affect neuroendocrine levels and risk tolerance. *Psychological Science* 21(10), 1363–1368.

Cialdini, R. B., Borden, R. J., Thorne, A., Walker, M. R., Freeman, S., & Sloan, L. R. (1976). Basking in reflected glory: Three (football) field studies. *Journal of Personality and Social Psychology* 34(3), 366–374.

Damisch, L., Stoberock, B., & Mussweiler, T. (2010). Keep your fingers crossed! How superstition improves performance. *Psychological Science* 21(7), 1014–1020.

Festinger, L. (1954). A theory of social comparison processes. *Human Relations* 7(2), 117–140.

Frey, D. (1996). Notwendige Bedingungen für dauerhafte Spitzenleistungen in der Wirtschaft und im Sport: Parallelen zwischen Mannschaftssport und kommerziellen Unternehmen. In: A. Conzelmann, H. Gabler, & W. Schlicht (Hrsg.), *Soziale Interaktionen und Gruppen im Sport* (S. 3–28). Köln: bps-Verlag.

Frey, D., & Jonas, E. (2009). Die Theorie der kognizierten Kontrolle. In: D. Frey, & M. Irle (Hrsg.), *Theorien der Sozialpsychologie. Band III: Motivations-, Selbst- und Informationsverarbeitungstheorien* (S. 13–50). Bern: Huber.

Hall, J. A., Coats, E. J., & LeBeau, L. S. (2005). Nonverbal behavior and the vertical dimension of social relations: a meta-analysis. *Psychological Bulletin* 131(6), 898–924.

Klein, C., & Schmidt-Lux, T. (2006). Ist Fußball Religion? Theoretische Perspektiven und Forschungsbefunde. In: E. Thaler (Hrsg.), *Fußball. Fremdsprachen. Forschung* (S. 18–35). Aachen: Shaker.

Kneer, C., & Kielbassa, M. (2012). Der FC Bayern vor dem Finale – Flutlicht auf dem Mount Everest. *Süddeutsche Zeitung*. Artikel vom 19. Mai 2012. http://www.sueddeutsche.de/sport/der-fc-bayern-vor-dem-finale-flutlicht-auf-dem-mount-everest-1.1360781. Zugegriffen: 27. November 2017.

Landesamt für Zentrale Polizeiliche Dienste (LZPD) Nordrhein-Westfalen. (2015). Zentrale Informationsstelle Sporteinsätze: Jahresbericht Fußball Saison 2014/15. Berichtszeitraum 01. 07.2014–30.06.2015. http://www.presseportal.de/download/document/340143-zzz151001-2zis-jahresbericht2014-2015mit-diagrammenundvorwortfinalstand011020150900uhr.pdf. Zugegriffen: 27. November 2017.

Medvec, V. H., Madey, S. F., & Gilovich, T. (1995). When less is more: counterfactual thinking and satisfaction among Olympic medalists. *Journal of Personality and Social Psychology* 69(4), 603–610.

Mehta, P. H., & Josephs, R. A. (2010). Testosterone and cortisol jointly regulate dominance: Evidence for a dual-hormone hypothesis. *Hormones and Behavior* 58(5), 898–906.

Moll, T., Jordet, G., & Pepping, G. J. (2010). Emotional contagion in soccer penalty shootouts: Celebration of individual success is associated with ultimate team success. *Journal of Sports Sciences* 28(9), 983–992.

Nevill, A. M., & Holder, R. L. (1999). Home advantage in sport: An overview of studies on the advantage of playing at home. *Sports Medicine* 28, 221–236.

Schippers, M. C., & Van Lange, P. A. M. (2006). The psychological benefits of superstitious rituals in top sport: A study among top sportspersons. *Journal of Applied Social Psychology* 36, 2532–2553.

Schäfer, M. S., & Schäfer, M. (2009). Abseits-Religion. Fußball als Religionsersatz? Sozialwissenschaftliche Fußballforschung: Fan und Kultur. http://www.zhb.tu-dortmund.de/wilkesmann/fussball/_publi/Schaefer%20_Abseitsreligion.pdf. Zugegriffen: 27. November 2017.

Smith, E. R., & Mackie, D. M. (2007). *Social Psychology* (4th ed.). New York, NY: Psychology Press.

Tajfel, H. (2010). *Social identity and intergroup relations*. Cambridge: Cambridge University Press.

Tiedens, L. Z., & Fragale, A. R. (2003). Power moves: complementarity in dominant and submissive nonverbal behavior. *Journal of Personality and Social Psychology* 84(3), 558–568.

Unkelbach, C., & Memmert, D. (2010). Crowd noise as a cue in referee decisions contributes to the home advantage. *Journal of Sport and Exercise Psychology* 32(4), 483–498.

Wallace, H. M., Baumeister, R. F., & Vohs, K. D. (2005). Audience support and choking under pressure: A home disadvantage? *Journal of Sports Sciences* 23(4), 429–438.

Whitson, J. A., & Galinsky, A.D. (2008). Lacking control increases illusory pattern perception. *Science* 322, 115–117.

Yerkes, R. M., & Dodson, J. D. (1908). The relation of strength of stimulus to rapidity of habit-formation. *Journal of Comparative Neurology and Psychology* 18, 459–482.

Wettbewerbsrituale

Timo Koch

© Springer-Verlag GmbH Deutschland, ein Teil von Springer Nature 2018
D. Frey (Hrsg.), *Psychologie der Rituale und Bräuche*,
https://doi.org/10.1007/978-3-662-56219-2_25

25.1   Einleitung

Das Prinzip von Wettbewerb ist tief in unseren Genen verwurzelt und wird als als einer der Haupttreiber in der Evolution und Wirtschaft betrachtet. Zunächst werden in diesem Kapitel die Ursprünge der Entstehung von Wettbewerb und dessen psychologische Funktion untersucht. Im Anschluss begeben wir uns auf eine Reise durch verschiedene Domänen, in denen Wettbewerbsrituale zu beobachten sind, und ergründen deren psychologische Hintergründe.

25.2   Ursprünge von Wettbewerb

Wettbewerb entsteht, wenn zwei oder mehrere Parteien (z. B. Einzelpersonen, Gruppen, Unternehmen oder ganze Staaten) um beste Leistungen im Rahmen einer bestimmten Aufgabenstellung bzw. Zielsetzung oder um knappe Ressourcen oder gar das eigene Überleben kämpfen. Wettbewerb ist letztendlich auch immer ein Interessenkonflikt, der, wenn er ungesunde Züge annimmt, durch gezieltes Konfliktmanagement wieder gelöst werden muss.

Bei sportlichen Leistungen spricht man meist von Wettkämpfen, während im Kontext von kulturellen oder wirtschaftlichen Leistungen häufiger der Wettbewerbsbegriff verwendet wird. Da sich das ▶ Kap. 24 speziell mit Ritualen im sportlichen Wettkampf beschäftigt, wird im Folgenden primär der Wettbewerbsbegriff verwendet.

25.2.1   Biologie und Evolution

Das Konzept von Wettbewerb ist tief in unserer Biologie verwurzelt. Bereits auf zellulärer Ebene in unserem Körper konkurrieren die verschiedenen Körperzellen um begrenzte Energieressourcen (Johnston, 2009).

In der Evolutionsökologie zählt das Wettbewerbsprinzip zu den stärksten Treibern der Evolution: Man unterscheidet zwischen dem Wettbewerb zwischen verschiedenen Spezies (interspezifisch), z. B. um dieselben Beutetiere, und innerhalb einer Spezies (intraspezifisch), z. B. um denselben Lebensraum.

Beim interspezifischen Wettbewerb hängen mehrere Arten von denselben begrenzten Ressourcen ab. Infolgedessen sterben nach Charles Darwin die Arten aus, die für diese Konkurrenzsituation weniger gut angepasst sind. Nach diesem Prinzip des „Survival of the Fittest" überleben die am besten an die Umweltbedingungen angepassten Spezies (Darwin, 1993). Der Wettbewerb zwischen Mitgliedern einer Art (intraspezifisch) um Ressourcen wie Nahrung, Wasser, Territorium und Sonnenlicht begünstigt hingegen die Variante einer Art innerhalb einer Population, die für das Überleben und die Reproduktion am besten geeignet ist.

Innerhalb von sozialen Tiergruppen, z. B. bei Menschenaffen, erfüllt Wettbewerb weiterhin eine wichtige Rolle bei der Ermittlung von Hierarchien und Rangordnungen. Diejenigen Individuen, die sich bei Rangwettkämpfen durchsetzen, bilden die Spitze der sozialen Hierarchie und führen die Gruppe an.

25.2.2   Wirtschaft

In der Wirtschaft sind zahlreiche Parallelen zum darwinistischen Modell zu beobachten: Neue Geschäftsmodelle verdrängen alte, und das sich am besten an aktuelle Markttrends angepasste Unternehmen erzielt mehr Umsätze als andere. Joseph Schumpeter, einer der einflussreichsten Ökonomen des 20. Jahrhunderts, taufte diesen Prozess 1912 „schöpferische Zerstörung", der zufolge jede ökonomische Entwicklung auf der Zerstörung vergangener Strukturen basiert (Röpke u. Stiller, 2006). Auch Adam Smith (1776), der Begründer der modernen Ökonomie, sprach dem Wettbewerb eine zentrale Rolle in der wirtschaftlichen Entwicklung zu. Er sah im Wettbewerbsmechanismus eine dynamische Kraft, die als „unsichtbare Hand" den Markt antreibt und dafür sorgt, dass aus egoistischem, rationalem Handeln Wohlstand für die ganze Bevölkerung entsteht (Sunderland, 2008).

Diese Grundidee hat noch bis heute Bestand und gilt besonders in liberalen Kreisen als

Manifest für deren Wirtschaftspolitik. So gehörten auch für Ludwig Erhard (1957), Ex-Bundeskanzler und Vater des deutschen Wirtschaftswunders, „Wohlstand für alle" und „Wohlstand durch Wettbewerb" untrennbar zusammen, da Letzteres den Weg kennzeichnet, der zu Ersterem führt.

In welchem Maße der Wettbewerb zu einer optimalen Wohlstandsverteilung führt, wird zwischen Experten und Politikern kontrovers diskutiert. Auf der einen Seite stehen die eher liberal eingestellten Vertreter, die sich für einen möglichst freien Wettbewerb einsetzen, und auf der anderen Seite die sozial orientierten, die sich für eine möglichst weitreichende Regulierung des Wettbewerbs stark machen.

Wie stark die **Wettbewerbsregulierung des Marktes** ausgeprägt ist, variiert nicht nur zwischen den Parteiprogrammen, sondern auch von Staat zu Staat. In Deutschland etwa spricht man von einer sozialen Marktwirtschaft, bei der der Staat den Wettbewerb reguliert und neben einem gewissen Maß an Umverteilung auch für eine weitgehende Absicherung benachteiligter Einzelpersonen durch ein Sozialsystem sorgt. In den USA hingegen können die Marktkräfte viel ungebremster wirken und das soziale Auffangnetz ist deutlich grobmaschiger.

Konsens unter den Wirtschaftsexperten herrscht jedoch über die Annahme, dass ein ausreichendes Maß an Wettbewerb zwischen den Unternehmen förderlich für die Konsumenten ist. Denn wenn nur ein Unternehmen am Markt ist, hat jenes eine Monopolstellung sowie die alleinige Kontrolle über das Warenangebot und kann die Preise beliebig festlegen. Wenn hingegen ein Polypol vorliegt, sprich mehrere Unternehmen am Markt konkurrieren, kommt es zu einer Preisbildung am Markt, die ein Gleichgewicht zwischen Angebot und Nachfrage findet.

25.2.3 Wettbewerb versus Kooperation

Die Entscheidung, ob wir konkurrieren oder kooperieren sollen, überlassen wir vermeintlich unserem Bauchgefühl. Aber welche konkreten Faktoren entscheiden, ob wir kooperieren oder in Wettbewerb treten? Diese Fragestellung wurde in der Sozialpsychologie und Entscheidungsforschung in Laborsimulationen, die alltägliche Entscheidungssituationen abbilden sollen, ausführlich untersucht.

In dem entsprechenden Forschungsbereich, der sog. **Spieltheorie**, unterscheidet man zwischen zwei Arten von Szenarien mit unterschiedlichen Ergebnissen: Nullsummenspielen und Nicht-Nullsummenspielen. Bei Nullsummenspielen ergeben die aufaddierten (positiven) Gesamtgewinne und (negativen) Verluste null – es gibt also einen klaren Gewinner und einen klaren Verlierer. Dadurch entsteht zwingend eine Wettbewerbssituation. Dies ist etwa beim Spiel Schach der Fall, wo es am Ende einen Gewinner und einen Verlierer gibt. In Nicht-Nullsummenspielen ist die Summe der Gesamtgewinne und -verluste ungleich null. Bei erfolgreicher Kooperation erhalten hier beide Spieler einen Gewinn. Zu einem solchen Szenario kommt es meist in wirtschaftlichen Kontexten, bei denen eine Kooperation der Teilnehmer zu einem insgesamt größeren Endergebnis für alle Parteien führt.

Das bekannteste Paradigma zur Untersuchung von solchen Nicht-Nullsummenspielen ist das sog. **Gefangenendilemma**, bei dem zwei Gefangene isoliert inhaftiert sind und eines Verbrechens beschuldigt werden. Beide werden getrennt voneinander verhört und wissen nicht, wie der andere jeweils aussagt. Wenn beide kooperieren und keiner das Verbrechen gesteht, erhält jeder eine kurze Haftstrafe von 2 Jahren. Gestehen beide, erhält jeder eine lange Haftstrafe von 4 Jahren. Wenn einer gesteht, aber der andere nicht, wird demjenigen, der gesteht, auf Basis der Kronzeugenregelung eine symbolische Strafe von 1 Jahr gegeben, während der andere eine lange Haftstrafe von 6 Jahren erhält. Es besteht in diesem Beispiel ein klarer Vorteil für beide Gefangenen in der Option der Kooperation, da so beide nur eine verhältnismäßig leichte Strafe von 1 Jahr verbüßen müssen (◘ Abb. 25.1). Auf die exakte Anzahl der zu verbüßenden Jahre kommt es hierbei weniger an als auf das Verhältnis der Strafen zueinander in den unterschiedlichen Kooperationsmöglichkeiten.

		Häftling 2	
		Gestehen	Nicht gestehen
Häftling 1	Gestehen	4,4	1,6
	Nicht gestehen	6,1	2,2

◘ Abb. 25.1 Gefängnisstrafen (in Jahren) im Gefangenendilemma in Abhängigkeit vom Verhalten der Gefangenen (Gestehen oder Nicht-Gestehen)

In solchen Nicht-Nullsummenspielen liegt es an den Teilnehmern und den Rahmenbedingungen, ob es zu Kooperation oder Konkurrenz kommt. Es wurden stabile Persönlichkeitsunterschiede (z. B. Gewissenhaftigkeit oder Offenheit) entdeckt, die mitbestimmen, ob eine Person primär konkurriert, kooperiert oder der Strategie der anderen Person folgt (Boone et al., 1999). Zudem ist die Möglichkeit zur Kommunikation ein weiterer wichtiger Faktor. Wichman (1970) fand heraus, dass bei dem Gefangenendilemma etwa 40 % der Ergebnisse kooperativ waren, wenn es keine Möglichkeit zur Kommunikation gab. Wenn allerdings eine mündliche Kommunikation erlaubt war, stieg die Kooperationsrate auf rund 70 %. Auch die Größe der Gruppe erklärt einen Unterschied, wenn es zur Entscheidung zwischen Kooperation und Wettbewerb kommt. Als das Gefangenendilemma auf ganze Gruppen erweitert wurde, fanden Forscher heraus, dass mit zunehmender Gruppengröße die Kooperationsbereitschaft sinkt (Komorita u. Lapworth, 1982).

Es lässt sich somit zusammenfassend festhalten, dass sowohl die Person als auch die spezifische Situation und das gesellschaftliche Umfeld einen signifikanten Einfluss auf das Entstehen von Wettbewerb haben. Der Stellenwert von Wettkämpfen variiert zudem zwischen verschiedenen Kulturkreisen. In individualistischen Kulturen wie den Vereinigten Staaten, in denen die individuelle Leistung stark hervorgehoben wird, gibt es mehr kompetitives Verhalten als in kollektivistischen Kulturen wie Südkorea (Leibbrandt et al., 2013).

25.3 Psychologische Funktion von Wettbewerb

Warum begeben wir uns eigentlich in Wettbewerbssituationen? Im folgenden Abschnitt geben die 3 psychologischen Funktionen von Wettbewerb eine Antwort auf genau diese Frage.

25.3.1 Sozialer Vergleich

Eine psychologische Erklärung für das Aufsuchen von Wettbewerbssituationen liefert die **Theorie des sozialen Vergleichs** von Festinger (1954): Laut ihr haben Menschen das Bedürfnis Informationen über sich selbst zu gewinnen, indem sie sich mit anderen vergleichen. Gegenstand eines solchen Vergleichs können die eigenen Leistungen, Fähigkeiten oder Emotionen sein. Je nach Situation wählen wir dabei eine der 3 folgenden Vergleichsrichtungen (Frey u. Irle, 1993):

— Wenn wir uns verbessern wollen, kommt es zu einem Aufwärtsvergleich mit Leistungsstärkeren.
— Für die Suche nach realistischen Informationen ziehen wir einen Horizontalvergleich mit ähnlichen Leistungsstarken heran.
— Um das eigene Selbstwertgefühl zu schützen oder zu verbessern, vergleichen wir uns abwärts mit auf dem relevanten Merkmal unterlegenen Personen.

Im Wettbewerbskontext sagt Festingers Theorie vorher, dass Individuen durch einen unidirektionalen Antrieb „nach oben" vorangetrieben werden, um ihre Leistung zu verbessern und gleichzeitig Diskrepanzen zwischen ihnen und ihrem Ziel zu minimieren. Diese Maßnahmen zur Reduzierung von Diskrepanzen interagieren mit dem genannten unidirektionalen Grundantrieb und erzeugen wetteiferndes Verhalten. Daher ist nach Garcia et al. (2013) das Wettbewerbsverhalten als Manifestation des sozialen Vergleichsprozesses zu sehen.

25.3.2 Motivation

Wettbewerb hilft uns, Motivation für ein bestimmtes Ziel zu entwickeln und diese auch beizubehalten. Durch den direkten Vergleich mit anderen oder der eigenen Leistung setzen wir Energie frei, die uns zu neuen Höchstleistungen antreibt. Jedoch hängt es von den spezifischen Rahmenbedingungen ab, ob Wettbewerb eher motivationssteigernd oder -senkend ist. So wirkt Wettbewerb bei Männern eher motivierend als bei Frauen, und eine geringere Anzahl an Wettbewerbern erhöht die Motivation der Einzelnen (Weinschenk, 2012). Ist der Konkurrenzdruck jedoch zu hoch, kommt es zu Leistungseinbußen und häufigerem unfairem Verhalten der Teilnehmer (Schwieren u. Weichselbaumer, 2010).

25.3.3 Persönlichkeitsentwicklung

Daneben bietet Wettbewerb eine ideale Möglichkeit zur Persönlichkeitsentwicklung, denn er erfordert einen „gesunden" Umgang mit Niederlagen, sprich dem Lernen aus eigenen Fehlern.

Ganz besonders bei Kindern und Jugendlichen erfüllen Wettkämpfe eine wichtige pädagogische Rolle, denn sie bieten die Möglichkeit, sich mit ihresgleichen zu messen und dabei eigene Stärken und Schwächen zu entdecken und weiterzuentwickeln. Dabei dienen harmlose Wettkämpfe in Form von Spielen als Vorbereitung für die größeren Herausforderungen, auf die man im späteren Leben trifft.

Je nach persönlichen Erfahrungen mit vergangenen Wettbewerbssituationen lernen Kinder und Jugendliche, ob und wie sie damit umgehen. Zum Beispiel wird durch das positive Erlebnis eines Wettbewerbserfolges die Teilnahme an einem Wettbewerb durch **operante Konditionierung** (Skinner, 1953) positiv verstärkt. Nun ist es wahrscheinlicher, dass jenes Kind ein ähnliches Verhalten bezüglich Wettbewerb in Zukunft zeigen wird, da es einen positiven Ausgang erwartet. Es wird mit der Zeit Spaß am Wettbewerb finden und ähnliche Wettbewerbssituationen aufsuchen, wodurch es zu einer **selbsterfüllenden Prophezeiung** (Merton, 1948) kommt: Dadurch, dass sie eine positive Erwartung dem Wettbewerb gegenüber haben, ist es wahrscheinlicher, dass sie Wettbewerbssituationen aufsuchen und in diesen ihre Leistung abliefern können, wodurch erneutes kompetitives Verhalten wiederum verstärkt wird. Im Gegensatz dazu meiden Kinder, die in Wettbewerbssituationen eine negative Erfahrung gemacht haben, solche Situationen. Als Resultat können Furchtreaktionen, z. B. Prüfungsangst, entstehen.

Durch die zuvor genannten Erfahrungen und persönlichkeitsbedingte Unterschiede, etwa ob eine Person eine stärkere Tendenz hat, Erfolge aufzusuchen als Misserfolg zu vermeiden (**Theorie der Leistungsmotivation**; Atkinson, 1957), wird bestimmt, ob eine Person eher Wettbewerbssituation aufsucht und daraus resultierend auch die Chance zur persönlichen Entwicklung erhält.

25.4 Wettbewerbsrituale

Menschen nutzen Rituale in den unterschiedlichsten Wettbewerbskontexten. Im Folgenden werden die wichtigsten in den Bereichen Bildungswesen, Geschäftswelt, Kunst und Kultur, soziale Stellung sowie Politik vorgestellt.

25.4.1 Bildungswesen

Von der 1. Klasse bis zur möglichen Promotion stehen Schüler, Studierende und Auszubildende im Wettbewerb mit ihren Kommilitonen oder Mitstreitern. In diesem Umfeld helfen ihnen Rituale, um mit den Erwartungen an ihre Leistung umzugehen. Diese reichen von dem Mitbringen von ganz persönlichen Glücksbringern zu Prüfungen wie etwa Kuscheltieren oder dem „Klausurstift" bis zu bestimmten Lernritualen zur **Motivationssteigerung** und Belohnung. Diese sollen in Zeiten von ständigen Ablenkungsmöglichkeiten Struktur in den Lernalltag bringen und beinhalten etwa das Hören von ganz bestimmten Musiktiteln am Ende des Lerntags oder das Verfassen eines Lernplans. Vor der Prüfung folgen viele Studierende ihren ganz persönlichen rituellen Vorbereitungshandlungen: Sie nehmen immer dasselbe Frühstück zu sich, tragen dieselbe Kleidung und nehmen ihre spezielle Verpflegung mit.

Aber auch die Lehrer und Dozenten nutzen spezifische Rituale im Unterricht und den Prüfungen. Dies beginnt bei dem noch weitverbreiteten Aufstehen und Begrüßen des Lehrers zu Beginn der Stunde. In den Vereinigten Staaten von Amerika fungiert das gemeinsame Singen der Nationalhymne in manchen Schulen als Ritual zum Einläuten des Schultags.

Auch die Prüfungen selbst halten sich an klare rituelle Abfolgen: Die Prüfungsteilnehmer betreten den Raum, setzten sich auf ihren zugewiesenen Platz, alle fangen gleichzeitig an, regelmäßig wird die Zeit angegeben und am Ende bleiben alle sitzen, bis die Klausurbögen eingesammelt wurden. Falls die Noten nicht den Erwartungen der Geprüften entsprechen, haben diese die verschiedensten Erklärungsrituale parat: Es lag natürlich an dem Professor, der eine besonders unfaire Klausur gestellt hat, oder dem hustenden Sitznachbarn, der die eigene Konzentration zunichtegemacht hat.

Neben den Schülern und Studierenden stehen auch Wissenschaftler und die akademischen Bildungseinrichtungen selbst im Wettbewerb um Drittmittel und Reputation. Fast schon rituell werden erhaltene Auszeichnungen und Rankingergebnisse als Zeichen der eigenen Überlegenheit und Fähigkeit nach außen getragen und kommuniziert.

25.4.2 Geschäftswelt

Die Geschäftswelt ist geprägt von ständigem Wettbewerb: Unternehmen konkurrieren um Aufträge und die fähigsten Talente. Mitarbeiter auf der anderen Seite wetteifern um Beförderungen, Boni oder begehrte Arbeitsplätze.

Dabei begegnet man kulturübergreifenden Geschäftsgebaren: Dazu gehören Mikrorituale, wie etwa festgelegte Sitzungsroutinen, die eine starre Sitzordnung, akzeptierte Umgangsformen (Duzen oder Siezen), Sprechreihenfolgen und zeitliche Abläufe bei Sitzungen auf allen Ebenen vorsehen. Makrorituale hingegen beinhalten Abläufe, die eine ganze Organisation betreffen, z. B. jährlich stattfindende Betriebsfeste und Jahreshauptversammlungen, das monatliche Teamfrühstück und standardisierte Feedbackprozesse.

Schwarz (2006) bezeichnet sogar die „Evaluation als modernes Ritual", da in der heutigen Geschäftswelt scheinbar alles und jeder überwacht und bewertet wird. Besonders leistungsstarke Mitarbeiter, z. B. aus dem Vertrieb, werden dann im Rahmen von rituell inszenierten Feierlichkeiten etwa zum „Mitarbeiter des Monats" ausgezeichnet. Auch im Veränderungsmanagement werden vermehrt Rituale genutzt. Dazu zählen etwa „Dranbleiben"-Rituale, z. B. das Sichtbarmachen von Teilerfolgen durch ein kleines Fähnchen, das auf dem an der Wand hängenden Projektplan immer ein Stück weiter gerückt wird (Echter, 2011).

Morgens um 4:30 Uhr aufstehen, 30 Minuten Joggen gehen, kalt duschen, 10 Minuten meditieren, positive Affirmationen wiederholen und nach dem Genuss des morgendlichen Kaffees mit einem Schuss Kokosöl in die Arbeit fahren – neben den Ritualen, die von dem Arbeitgeber gesteuert werden, schwören viele erfolgreiche Jungunternehmer und Manager auf ganz persönliche **Produktivitätsrituale**. Sie sollen der

Leistungselite, die sich im ständigen Wettbewerb befindet, die körperlichen und psychologischen Voraussetzungen geben, um täglich Höchstleistungen abliefern zu können.

25.4.3 Kunst und Kultur

Wer landet den nächsten Nummer-eins-Hit? Wer bietet die beste Bühnenshow? Wer schreibt den nächsten Bestseller? Auch Künstler, Musiker und Schriftsteller stehen im Wettbewerb um die Gunst des Publikums oder der Kritiker.

In Kunst und Kultur findet man außerdem die wohl bizarrsten individuellen Wettbewerbsrituale (Currey, 2013). Die US-amerikanische Sängerin Lady Gaga schläft angeblich die Nacht vor jedem Auftritt mit ihren Tanzschuhen. Chris Martin, Leadsänger der Band Coldplay, putzt sich vor jedem Konzert die Zähne. Die drei Mitglieder der Electronic-Musikgruppe Glitch Mob meditieren gemeinsam vor ihren Shows und konzentrieren sich dadurch auf den anstehenden Auftritt. Die großen kulturellen Figuren früherer Zeit hatten ebenso für ihren kreativen Schaffungsprozess einen erstaunlich ritualisierten Tagesablauf: Wolfgang Amadeus Mozart war bereits um 6 Uhr früh frisiert, um 7 Uhr ganz angekleidet und schrieb dann bis 9 Uhr. „Franz Kafka turnte zur Anregung seines Schreibflusses nackt und bei offenem Fenster. Und Friedrich Schiller lagerte verfaulte Äpfel in seiner Schreibtischschublade, weil er ‚den Geruch des Verfalls zum Schreiben brauchte'." (Schnurrenberger, 2014).

25.4.4 Soziale Stellung

Ähnlich wie bei Tieren gibt es auch bei Menschen einen ausgeprägten Wettbewerb um die soziale Stellung. Dieser wird allerdings weniger durch körperliche Auseinandersetzungen ausgetragen, sondern vor allem durch das Erlangen von Status und Macht.

In diesem Wettbewerb kommt den meisten Ritualen eine **Signalwirkung** zu, die zeigen soll, dass man bereits ein bestimmtes Level erreicht hat. Dazu zählen das Verkehren in bestimmten Kreisen, das Verwenden einer speziellen Sprache oder das Besitzen bestimmter Statussymbole wie teure Autos oder Uhren. Zudem werden machtvollen Personen verschiedene Privilegien überlassen: Im Wirtschaftskontext haben sie etwa feste Sitzplätze und mehr Stimmrecht bei Besprechungen, tragen eindrucksvolle Titel und dürfen spezielle Parkplätze ihr Eigen nennen.

25.4.5 Politik

Politischer Wettbewerb ist gekennzeichnet von Interessenkonflikten zwischen Nationen und Parteien sowie dem Wettbewerb um die Gunst der Wähler.

In der Weltpolitik findet man dabei die unterschiedlichsten Rituale im **Wettstreit der Nationen**. Oft bezwecken diese eine Demonstration der eigenen Macht, z. B. durch eindrucksvolle Militärparaden oder pompöse Staatsgeschenke. Aber auch Staatsempfänge, Antrittsbesuche neuer Staatsoberhäupter oder Gedenkveranstaltungen an Opfer früherer Kriege – die gewalttätigste Form des Wettbewerbs zwischen Nationen – folgen klar definierten Ritualen.

Deutlich friedlicher geht es im **Wettbewerb zwischen Parteien** oder einzelnen Politikern um die begehrten Wählerstimmen zu. Wenn es bereits weit vor der eigentlichen Wahl in den Wahlkampf geht, lassen sich weitere rituelle Handlungen beobachten, die sich teilweise stark je nach Wahlsystem von Land zu Land unterscheiden. In den Vereinigten Staaten finden z. B. zahlreiche, medial inszenierte Wahlkampfveranstaltungen bereits viele Monate vor der eigentlichen Wahl statt, und Wahlkampfversprechen werden auf Wahlplakaten, in Podiumsdiskussionen, öffentlichen Reden und Auftritten und Interviews hinausgetragen. In Ländern mit Wahlrecht ist es für einen Großteil der Bürger ein Ritual, alle Jahre wieder ihre Stimme abzugeben. Und auch die Wahlkandidaten werfen am Tag der Wahl mit großem Medienaufgebot ihre Stimme in die Wahlurne.

25.5 Psychologische Funktion der Rituale

Die zuvor genannten Rituale erfüllen in dem jeweiligen Wettbewerbskontext verschiedene psychologische Funktionen, die dem Einzelnen helfen, mit der Wettbewerbssituation umzugehen. Die verschiedenen Wirkungsweisen von Ritualen werden in diesem Abschnitt genauer dargelegt.

25.5.1 Schaffung von Strukturen

Durch die fest vereinbarten Ablaufmuster und aufeinander aufbauenden Verhaltenssequenzen von Ritualen erfahren wir Stabilität, Sicherheit und Struktur im Wettbewerbskontext: Sie zeigen an, an welchem Punkt der Wettbewerb, z. B. in Form von Verhandlungen im Geschäftskontext, beginnt und wo er aufhört.

Zudem erleichtern Rituale das Einhalten von Disziplin und Trainingsgewohnheiten. Zum Beispiel strukturieren tägliche Lernrituale die Vorbereitung auf eine Klausur. Rituale machen jegliches Training zum festen Bestandteil des eigenen Tagesablaufs und fördern somit das gewünschte Trainingsverhalten.

25.5.2 Individuelle mentale Vorbereitung für den Leistungsabruf

Auf individueller Ebene unterstützen Rituale die Wettbewerber, ihre Leistung auf den Punkt abzurufen. Viele Akteure im Wettbewerb haben eigens entwickelte Rituale, um sich optimal auf diesen Moment vorzubereiten.

Eine weitverbreitete Technik zur Leistungssteigerung ist das **mentale Training** vor dem Wettbewerb. Dabei geht der Akteur die Wettbewerbssituation immer wieder im Geist durch. Befunde haben gezeigt, dass die neuronalen Aktivitäten bei den vorgestellten Handlungen und tatsächlich ausgeführten Handlungen ähnlich sind und sogar Bewegungslernen allein durch die mentale Vorstellung der Bewegung entstehen kann (Gentili et al., 2010). Außerdem

kann man durch die aktive Vorstellung der Situation mit dem Leistungsdruck besser umgehen, da es eine Gewöhnung an diese gibt und die tatsächliche Wettbewerbssituation vertrauter erscheint. Aber auch ganz bestimmte Abläufe, z. B. Berührungen an bestimmten Körperstellen oder das Hören bestimmter Musikstücke vor einem Wettbewerb, die positive Emotionen stimulieren und Angst reduzieren, gehören dazu (Fadera, 2017).

Eine Erklärung für solches Verhalten liefert die **Theorie der kognizierten Kontrolle** (Frey u. Jonas, 2002): Menschen haben laut ihr ein Bedürfnis, Ergebnisse vorherzusagen und zu beeinflussen. Da der Ausgang eines Wettbewerbs äußerst ungewiss ist, bieten diese Vorbereitungsrituale eine gute Gelegenheit, eben jene Kontrolle über die Geschehnisse wenigstens teilweise zurückzugewinnen.

Auch die Wirkung von Meditation und autogenem Training wird zur Wettbewerbsvorbereitung sehr geschätzt, da sie angstreduzierend wirken.

In **Gruppenwettbewerben** steigern gemeinsame Rituale den Zusammenhalt des gesamten Teams wie z. B. die zuvor genannten Rituale von Musikbands vor ihrem Auftritt (▶ Abschn. 25.4).

25.5.3 Signalwirkung auf Kontrahenten

Rituale haben nicht nur eine leistungsfördernde Wirkung auf die Wettbewerber selbst, sondern nehmen auch Einfluss auf Kontrahenten, denn sie sollen das Können oder die Überlegenheit der ausführenden Seite demonstrieren.

Ein eindrucksvolles Auftreten im Kollektiv oder Einzeln kann zur Einschüchterung anderer Wettbewerber führen und bei einem einheitlichen Erscheinungsbild im Kollektiv einen gewissen **Wiedererkennungswert** schaffen.

Eine Sitzordnung, z. B. der Vorstandsvorsitzende oder das Familienoberhaupt am Tischende, kann als Indikator für **Hierarchien** dienen und die Reaktionen und Handlungen anderer Diskussionsteilnehmer beeinflussen. Die Person auf diesem „power seat" wird als Führungsperson wahrgenommen und als Kontrollinstanz akzeptiert (Tirado, 2012).

25.5.4 Erklärung und Bewertung des Ergebnisses

Studierende schreiben eine schlechte Note der vom Professor absichtlich unfair gestellten Klausur zu, Politiker schieben die Wahlniederlage auf die vermeintliche Wahlmanipulation durch die gegnerische Partei, und Manager sehen den Ursprung vom Umsatzrückgang im letzten Quartal in der angespannten Lage der Gesamtwirtschaft.

Auch im Gehirn, auf neurobiologischer Ebene, unterscheiden sich die Prozesse zwischen Verlierern und Gewinnern. Bei dem Gewinner werden die Hormone Dopamin – verantwortlich für das Glücksgefühl – und Testosteron ausgeschüttet. Bei Verlieren hingegen kommt es nur zu einem rapiden Abfall des Testosteronspiegels, wodurch ein Gefühl der Enttäuschung erzeugt wird (Booth et al., 1989).

Um mit den psychologischen Folgen des Wettbewerbsergebnisses umzugehen, verlangt unser Gehirn nach einer Erklärung. Dabei kommt es oft zu ritualisierten **selbstwertdienlichen Verzerrungen**, wie sie in den anfänglich genannten Beispielen zu finden sind. Personen schreiben hierbei die Niederlage externen Faktoren zu. Bei Erfolgen hingegen wird der Gewinn auf interne Faktoren, d. h. die eigene Fähigkeit, zurückgeführt (Whitley u. Frieze, 1985).

Bei der Zuschreibung von Erfolg und Misserfolg spielt der eigene Kulturkreis eine Rolle: Bei kollektivistischen Kulturen wird Erfolg weniger der Fähigkeiten der eigenen Person zugeschrieben als bei individualistischen Kulturen (Choi et al., 1999). Häufig schreiben erfolgreiche Wettbewerber einen großen Anteil ihrer Erfolge den Personen zu, die ihnen nahestehen. Bei Siegesreden, z. B. bei der Oscar-Verleihung, gibt es das Ritual, eben jenen Personen (meist Partner und Familie) öffentlich zu danken. Als vorheriger Empfänger von Unterstützung fühlt man sich im Sinne der **Reziprozität** verpflichtet, den Unterstützern durch die öffentliche Danksagung etwas zurückzugeben.

25.6 Fazit

» Der Sinn des Wettbewerbs liegt nicht darin, jemanden zu besiegen, sondern aus jedem Mitspieler das Beste herauszuholen. (Walter H. Wheeler; zitiert nach Krems, 2012)

Im Verlauf des vorliegenden Kapitels wurde herausgearbeitet, wo die Ursprünge von Wettbewerb liegen und in welchen unterschiedlichen Bereichen wir auf Wettbewerbssituationen treffen. In diesem Kontext schaffen Rituale Struktur, helfen bei der mentalen Vorbereitung für den Leistungsabruf, haben eine Signalwirkung auf die Kontrahenten und erleichtern das Bewerten von Ergebnissen.

In der heutigen Leistungsgesellschaft, die geprägt ist von verstärktem Konkurrenzdenken, besteht die Herausforderung darin, die Kooperationspotenziale zu erkennen und den „gesunden", motivierenden und persönlichkeitsfördernden Wettbewerb zu unterstützen – sei es in der Erziehung, Bildung oder Mitarbeiterführung. Denn nur so können wir ganz im Sinne von Walter H. Wheeler unsere Bestleistungen erreichen.

Literatur

Atkinson, J. W (1957). Motivational determinants of risk-taking behavior. *Psychological Review* 64(6), 359–372.

Boone, C., De Brabander, B., & van Witteloostuijn, A. (1999). The Impact of personality on behavior in five prisoner's dilemma games. *Journal of Economic Psychology* 20, 343–377.

Booth, A., Shelly, G., Mazur, A., Tharp, G., Kittok, R. (1989). Testosterone, and winning and losing in human competition. *Hormones and Behavior* 23, 556–571.

Choi, I., Nisbett, R. E., & Norenzayan, A. (1999). Causal attribution across cultures: Variation and universality. *Psychological Bulletin* 125, 47–63.

Currey, M. (2013). *Daily Rituals: How artists work*. New York: Knopf Doubleday Publishing Group.

Darwin, C. (1993). *The origin of species*. New York, NY: Random House.

Echter, D. (2011). *Führung braucht Rituale*. München: Vahlen.

Erhard, L. (1957). *Wohlstand für alle*. Düsseldorf: Econ-Verlag.

Fadera, A. (2017). The power of rituals: They calm nerves and boost performance. Research Digest. Artikel vom 25. Januar 2017. https://digest.bps.org.uk/2017/01/25/the-power-of-rituals-they-calm-nerves-and-boost-performance/. Zugegriffen: 27. November 2017.

Festinger, L. (1954). A theory of social comparison processes. *Human Relations* 7, 117–140.

Frey, D., & Irle M. (1993). *Theorien der Sozialpsychologie. Band I: Kognitive Theorien*. Bern: Huber.

Frey, D., & Jonas, E. (2002). *Die Theorie der kognizierten Kontrolle*. In: D. Frey & M. Irle (Hrsg.), *Theorien der Sozialpsychologie, Band III: Motivations-, Selbst- und. Informationsverarbeitungstheorien*. (S 13–50). Bern: Huber.

Garcia, S. M., Tor, A., & Schiff, T. (2013). The psychology of competition: A social comparison perspective. *Perspectives on Psychological Science* 8, 634–650.

Gentili, R., Han, C. E., Schweighofer, N., & Papaxanthis C. (2010). Motor learning without doing: Trial-by-trial improvement in motor performance during mental training. *Journal of Neurophysiology* 104(2), 774–783.

Johnston, L. A. (2009). Competitive interactions between cells: Death, growth, and geography. *Science* 324(5935), 1679–1682.

Komorita, S. S., & Lapworth, C. W. (1982). Alternative choices in social dilemmas. *Journal of Conflict Resolution* 26, 692–708.

Krems, B. (2012). Wettbewerb (Konkurrenz). Online-Verwaltungslexikon. Beitrag vom 21. Mai 2012. http://www.olev.de/w/wettbewerb.htm. Zugegriffen: 27. November 2017.

Leibbrandt, A., Gneezy, U., & List, J. A. (2013). Rise and fall of competitiveness in individualistic and collectivistic societies. *Proceedings of the National Academy of Sciences of the United States of America* 110(23), 9305–9308.

Merton, R. K. (1948). The self-fulfilling prophecy. *Antioch Review* 8, 193–210.

Röpke, J, & Stiller, O. (Hrsg.). (2006). *Joseph Schumpeter – Theorie der wirtschaftlichen Entwicklung*. Berlin: Duncker & Humblot.

Schnurrenberger, S. (2014). Die seltsamen Rituale der großen Künstler. Welt N24. Artikel vom 08. April 2014. https://www.welt.de/kultur/literarischewelt/article126697427/Die-seltsamen-Rituale-der-grossen-Kuenstler.html. Zugegriffen: 27. November 2017.

Schwieren, C., & Weichselbaumer, D. (2010). Does competition enhance performance or cheating? A laboratory experiment. *Journal of Economic Psychology* 31(3), 241–253.

Schwarz, C. (2006). *Evaluation als modernes Ritual. Zur Ambivalenz gesellschaftlicher Rationalisierung am Beispiel Virtueller Universitäten*. Münster: Lit.

Skinner, B. F. (1965). *Science and human behavior*. New York, NY: Free Press.

Sunderland, K. (Hrsg.). (2008). *Adam Smith – wealth of nations. An inquiry into the nature and causes of the wealth of nations*. Oxford: Oxford University Press.

Tirado, B. (2012). The power seat: Where you sit matters. *Psychology Today*. Artikel vom 15. Oktober 2012. https://www.psychologytoday.com/blog/digital-leaders/201210/the-power-seat-where-you-sit-matters. Zugegriffen: 27. November 2017.

Weinschenk, S. (2012). When competition helps and hurts motivation. *Psychology Today*. Artikel vom 11. Oktober 2012. https://www.psychologytoday.com/blog/brain-wise/201210/when-competition-helps-and-hurts-motivation. Zugegriffen: 27. November 2017.

Whitley, B. E., & Frieze, I. H. (1985). Children's causal attributions for success and failure in achievement settings: A meta-analysis. *Journal of Educational Psychology* 77(5), 608–616.

Wichman, H. (1970). Effects of isolation and communication on cooperation in a two-person game. *Journal of Personality and Social Psychology* 16(1), 114–120.

25

Machtrituale

Carina Kemmer

© Springer-Verlag GmbH Deutschland, ein Teil von Springer Nature 2018
D. Frey (Hrsg.), *Psychologie der Rituale und Bräuche*,
https://doi.org/10.1007/978-3-662-56219-2_26

26.1   Einleitung

» Wo ich Lebendiges fand, da fand ich
Willen zur Macht; und noch im Willen des
Dienenden fand ich den Willen, Herr zu
sein. (Friedrich Wilhelm Nietzsche, 1954)

Machtbeziehungen sind in allen Lebensbereichen zu finden. Egal ob am Arbeitsplatz, in Freundesgruppen, in der Partnerschaft oder in der Politik – Interaktionen sind geprägt von gegenseitiger Einflussnahme. Nach klassischer Auffassung von Max Weber (1947, S. 28) ist Macht „jede Chance, innerhalb einer sozialen Beziehung den eigenen Willen auch gegen Widerstreben durchzusetzen, gleichwohl worauf diese Chance beruht". Diese Definition ist zunächst sehr negativ konnotiert; Macht kann aber auch im Sinne der Interessen der Untergebenen ausgeübt werden und dabei helfen, gemeinsame Ziele voranzubringen.

Grundsätzlich dient Macht dazu, soziale Beziehungen zu regeln und zu strukturieren. Evolutionsbiologen gehen von einem impliziten sozialen Vertrag zwischen Führern und Anhängern aus, bei dem die Gruppenmitglieder einen Teil ihrer Ressourcen aufgeben und der Führer im Gegenzug dazu im besten Interesse der Gruppe handelt und diese verteidigt (Van Vugt, 2006). In der Tierwelt lassen sich leicht entsprechende Beispiele finden: Wölfe leben etwa in Rudeln und haben eine feste Rangordnung, die dabei hilft, den Fortbestand der Gruppe zu sichern. Das Alpha-Tier zeichnet sich durch große körperliche Kräfte aus und erfüllt als Leittier besondere Pflichten wie die Abwehr von Gefahren, das Führen der Gruppe zu Futter sowie das Schlichten von Streitigkeiten. Ein solches Verhalten ist evolutionär adaptiv und hilft, Kraft und Zeit kostende Kämpfe zwischen Gruppenmitglieder zu minimieren. Zur Feststellung des Ranges ist die Körpersprache sehr wichtig. Tiere zeigen ihre Subdominanz, indem sie das Verhalten akzeptieren und keine effektive Gegenwehr zeigen. Hin und wieder kommt es jedoch zu Rangkämpfen, wenn sich die Kräfteverhältnisse ändern und ein rangniedrigeres Tier versucht, die Führungsposition einzunehmen. Dabei führen die Kämpfe nicht bis zum Tod eines Tieres. Durch Drohgebärden oder Rangeleien findet ein Kräftemessen statt, und das Aufgeben wird durch Unterwürfigkeitsgesten wie das Präsentieren der Kehle signalisiert.

Auch im menschlichen Verhalten lassen sich spezielle Machtrituale feststellen. Doch wie sehen diese genau aus? Und wodurch gelangen Menschen an Machtpositionen? Nicht alle Menschen streben gleichermaßen nach Macht. Welche psychologischen Hintergründe gibt es, die interindividuelle Unterschiede im Streben nach Macht erklären? Was führt dazu, dass manche Menschen ihre Macht missbrauchen? Und welche Randbedingungen unterstützen die Machtausübung im Sinne positiver Einflussnahme? Diese Fragen sollen im Laufe des Kapitels beantwortet werden, beginnend mit der Beschreibung menschlicher Machtrituale.

26.2   Kategorien und Beschreibung

Wie von Nietzsche in seinem Zitat zu Beginn des Kapitels dargestellt, ist Macht im menschlichen Verhalten und Denken allgegenwärtig. Zum Ausdruck von Macht haben sich, wie in des Tierwelt, auch im menschlichen Verhalten Rituale entwickelt, die kulturell geprägt sind und von uns meist unbewusst angewandt werden. Forscher sprechen in diesem Zusammenhang von einem kulturellen Code zur Symbolisierung von Machtverhältnissen (Pongratz, 2003). Trotz kultureller Variationen in Ausdruck und Bedeutung gibt es dennoch große kulturübergreifende Parallelen, die universell verständlich sind und auf einen evolutionären Ursprung hinweisen.

Im Folgenden sollen nun menschliche Machtrituale auf individueller Ebene, in Beziehungen sowie strukturelle Manifestationen dargestellt und deren Ursprünge und Wirkungen auf den Machthabenden selbst und das Umfeld erläutert werden.

26.2.1   Individuelle Machtsignale

Eine Person vermittelt Macht durch verbale und nonverbale Signale. Häufig hängen diese auch mit physiologischen Reaktionen im Körper zusammen, was auf einen frühen, evolutionären Ursprung entsprechender Verhaltensweisen hinweist. Diese Signale werden von den Wenigsten bewusst wahrgenommen oder übermittelt und haben dennoch einen bedeutenden Einfluss auf die Wahrnehmung einer Person. Im nächsten Abschnitt werden verbale und nonverbale Machtsignale nun genauer dargestellt.

Nonverbales Verhalten

Stellen Sie sich hierbei zunächst ein ganz einfaches Gedankenexperiment vor. Sie geben Ihrem Gegenüber die Hand und schütteln diese lange und kräftig. Nun halten Sie inne und schauen sich Ihre Handstellung und die Ihres Gegenübers an. Ist Ihre Hand oben? Mithilfe des **Händedrucks** vermittelt man bereits bei der Begrüßung einen Eindruck über das vorliegende Machtverhältnis. Zeigt die Hand mit dem Handrücken nach oben, ist dies ein Zeichen von Dominanz. Die Hand des anderen wird so in die „Demutshaltung" gebracht (◘ Abb. 26.1). Verweilt der andere so, zeigt er, dass er Ihre Führungsrolle akzeptiert. Er könnte das Spiel aber auch weiterführen und seine andere Hand auf Ihre legen. Vordergründig vermittelt dies vielleicht einen besonders herzlichen Eindruck, ist jedoch nichts anderes als ein Machtspiel. Hirn- und Verhaltensforscher haben herausgefunden, dass die Handposition Signale an das Gehirn sendet, die die Wahrnehmung und das Verhalten

◘ **Abb. 26.1**   Die linke Hand stellt die Hand des dominanteren Partners dar, da der Handrücken nach oben zeigt; die rechte Hand die des Unterlegenen

beeinflussen. Zeigt die Handfläche nach oben, vermittelt dies, dass man dominiert wird, und führt dazu, dass man sich eingeschüchtert fühlt und unterordnet (Groll, 2013).

Eine weitere Ausdrucksform von Macht stellt der **Blickkontakt** dar. Im Normalfall lässt eine Person im aktiven Gespräch gelegentlich den Blick zur Seite schweifen. Will man hingegen seinen Worten besonderen Nachdruck verleihen und seine Macht demonstrieren, kennzeichnet sich dies durch einen festen, fokussierenden Blick. Dabei sollte man jedoch nicht übertreiben, da dies vom Gegenüber schnell auch als unangenehm, unhöflich und/oder abwertend wahrgenommen wird. Vor allem in asiatischen Kulturkreisen erzeugt ein langer Blickkontakt negative Gefühle beim Gesprächspartner. In China und Japan beispielsweise wird ein langer Blickkontakt als mangelnder Respekt gewertet.

Zum nonverbalen Ausdruck von Macht gehören auch spezielle **Machtposen** (Power-Posing; ▶ Kap. 24). Eine offene und entspannte Körperhaltung, die viel Raum einnimmt, beispielsweise durch eingestützte Arme, vermittelt dem Gegenüber Selbstsicherheit und Dominanz (◘ Abb. 26.2). Auch auf die Person selbst hat die Körperhaltung einen Einfluss. Das Verweilen von nur 25 Minuten in einer Machtpose führt dazu, dass der Testosteronspiegel im Gehirn steigt und der Kortisolspiegel sinkt, was ein gesteigertes Gefühl von Stärke und Risikotoleranz bei der Person auslöst (Carney et al., 2010). Machtposen spiegeln also nicht nur Macht wider, sondern verhelfen gleichzeitig auch dazu, dass eine Person sich dominanter und mächtiger fühlt.

Verbales Verhalten

Ein bedeutendes verbales Signal stellt die Stimme dar. Eine **tiefe, laute Stimme** ist assoziiert mit Stärke und Macht. Biologischer Hintergrund dafür ist, dass Stimme und Körperbau miteinander zusammenhängen. Ein großer, starker Körper geht mit einer kräftigen, tiefen Stimme einher, wohingegen ein kleiner Körper mit einer höheren Stimme einhergeht. In der

◘ Abb. 26.2   Zwei Beispiele für Machtposen

Tierwelt stehen die größten und kräftigsten Tiere ganz oben in der Rangfolge. Auch beim Menschen konnte gezeigt werden, dass Personen mit tiefer Stimme eher als Führungskraft gewählt werden, da ihnen vermehrt Eigenschaften wie Stärke, soziale Dominanz, Vertrauenswürdigkeit und Kompetenz zugeschrieben werden (Klofstad et al., 2012).

Eine weitere Form, Macht zu vermitteln, stellt die **Ausdrucksweise** dar. Personen, die Fachbegriffe verwenden und einen elitären Sprachstil aufweisen, werden kompetenter wahrgenommen. Darüber hinaus hat eine Studie gezeigt, dass eine abstrakte Ausdrucksweise Macht signalisiert, da eine Person so den Eindruck vermittelt, das große Ganze zu überblicken (Palmeira, 2015).

Weiterhin stellen **Sprechanteil und Sprechfolge** verbale Machtsignale dar. Machtüberlegene haben einen höheren Sprechanteil, initiieren bzw. beenden eher Gespräche, unterbrechen häufiger, warten länger mit Antworten und lassen mehr Pausen entstehen. Umgekehrt senden Machtunterlegene Fügsamkeitssignale, indem Sie um Gesprächszeit bitten, sich unterbrechen lassen oder rasch antworten. Es herrscht

also eine Asymmetrie in der Verfügung über die Zeit.

Zuletzt vermittelt auch der Gebrauch von **Sie versus Du** das Machtverhältnis zwischen 2 Personen. Siezt man eine Person, ist das ein Zeichen von Respekt. Einseitiges Duzen wird häufig angewendet, um unterschiedliche Machtverhältnisse zu demonstrieren. Die höhergestellte Person wird im Normalfall solange gesiezt, bis sie der unterlegenen Person das Du anbietet. Dabei bestimmen meist Alter oder vorgegebene Hierarchien den Status einer Person.

26.2.2   Macht in Beziehungen

Soziale Gruppen und Partnerschaften kennzeichnen sich durch Machtgefüge, die das Zusammenleben regeln und strukturieren sollen. Vor allem das Verhältnis zwischen Mann und Frau ist aufgrund der Rollentrennung durch eine starke gegenseitige Abhängigkeit geprägt. Zwar ist die Rollentrennung heutzutage nicht mehr so ausgeprägt vorhanden, aber trotzdem lassen sich noch immer deutliche Abhängigkeiten im Miteinander feststellen. Im Folgenden soll nun ein tieferer Einblick in die Machtrituale auf interpersoneller Ebene sowohl in der Partnerschaft als auch in sozialen Gruppen generell gegeben werden.

Entscheidungen

In sozialen Gruppen zeigt sich häufig, dass es eine oder mehrere wenige Personen gibt, die vorrangig Entscheidungen treffen. Bei einem ausgeglichenen Machtverhältnis wechseln sich Personen je nach Kompetenzbereich im Treffen von Entscheidungen ab. Hat jedoch ein Partner/Gruppenmitglied bei der Mehrzahl der Entscheidungen das letzte Wort, liegt ein unausgeglichenes Machtverhältnis vor. Dies kann einerseits zu Unzufriedenheit und Konflikten führen, andererseits kann sich ein Machtungleichgewicht aber auch positiv auf die Leistung einer Gruppe auswirken, wenn dieses an eine höhere Kompetenz des Machthabenden gekoppelt ist (Tarakci et al., 2016).

Kontrolle und Einflussnahme

Darüber hinaus manifestiert sich Macht in gegenseitiger Kontrolle und Einflussnahme. Partner/Gruppenmitglieder nehmen beispielsweise Einfluss darauf, wie der andere sich kleidet, welche Normen relevant sind und wie der andere seinen Alltag gestaltet. Häufig findet der Einfluss auch passiv statt, beispielsweise wenn eine Person beim täglichen Einkauf die Präferenzen des Partners stärker berücksichtigt als die eigenen.

Machtkämpfe

Eine weitere Ausdrucksform von Macht in interindividuellen Beziehungen stellen Machtkämpfe dar. Diese können bereits aus einer kleinen Meinungsverschiedenheit heraus entstehen, z. B. wenn eine Person unbedingt versucht, die andere zu überzeugen. Am Ende ist nicht mehr entscheidend, **was** getan wird, sondern **wer** es schafft, seine Position zu behaupten und sich gegen den anderen durchzusetzen.

Häufig steigt die Risikobereitschaft von Personen dabei extrem an, was sich beispielsweise beim Drängeln auf der Autobahn leicht beobachten lässt: Lässt der Autofahrer vor dem Drängler

diesen nicht vorbei, sondern bleibt beharrlich auf der Spur, initiiert er dadurch einen Machtkampf. Der Drängler versucht daraufhin auf der rechten Spur zu überholen, wohingegen der Fahrer auf der linken Spur versucht sein Tempo zu erhöhen, damit der andere nicht so leicht wieder einscheren kann. Die Gefahren eines solchen Machtspiels ignoriert der Fahrer in dem Moment, da er primär daran interessiert ist, seine Dominanz zu beweisen.

Machtkämpfe kennzeichnen sich durch 2 grundlegende Motive: die Defensive und die Offensive. Bei der **Defensive** geht es darum, nicht in die Position des Unterlegenen zu geraten und die eigene Position zu wahren. Wer **offensiv** ist, will die eigene Überlegenheit beweisen, den anderen provozieren und ihn die eigene Stärke spüren lassen (Berner, 2004).

26.2.3 Macht in Strukturen

Macht manifestiert sich nicht nur in individuellen Signalen oder Beziehungen, sondern auch in festen Strukturen von Organisationen oder Gemeinschaften. Um in der Gemeinschaft akzeptiert und beruflich erfolgreich sein zu können, ist es wichtig, solche Strukturen zu kennen und zu berücksichtigen. Im Folgenden werden entsprechende Erscheinungsformen von Macht in Strukturen genauer dargestellt.

Bürogröße

Eine entscheidende Ausdrucksform der eigenen Machtposition stellt die Bürogröße dar. Evolutionärer Hintergrund dabei ist, dass ein großes Büro für einen größeren **Territorialanspruch** einer höhergestellten Person steht.

Eine Studie in mehreren Unternehmen verschiedener Branchen bestätigt diesen Zusammenhang: Es wurde gezeigt, dass die Bürogröße mit dem Rang einer Person im Unternehmen proportional ansteigt (Durand, 1977). Darüber hinaus weisen Signale wie das Betreten des Büros eines Mitarbeiters ohne Anklopfen ebenfalls auf einen erweiterten Territorialanspruch einer Person hin.

Sitzordnung

Einen weiteren Aspekt stellt die Sitzordnung bei einer Konferenz oder einem Meeting dar. Stammplätze signalisieren wiederum Territorialansprüche von Personen und stehen vor allem Mitarbeitern mit langer Betriebszugehörigkeit oder hohen Positionen zu.

Einen bedeutenden Platz kennzeichnet außerdem das **Kopfende eines Tisches** („head of the table"). Personen, die diesen Platz einnehmen, werden vermehrt Führungseigenschaften wie Überzeugungskraft, Intelligenz und Selbstvertrauen zugeschrieben und werden eher als Führungsperson für eine Aufgabe gewählt (Davenport et al., 1971; Jackson et al., 2005).

Hierarchien

Zuletzt manifestiert sich Macht auch in Hierarchien eines Unternehmens oder einer Gemeinschaft. Mithilfe von Hierarchien können Machtverhältnisse auf Dauer gefestigt und die soziale Ordnung geregelt werden. Hierarchien und Hierarchiestufen sind fest in der Organisationsstruktur verankert und weisen Mitarbeitern bestimmte Befugnisse und Privilegien zu. Entsprechende Titel (z. B. Junior/Senior Manager) dienen dabei als Anhaltspunkt, um zu erkennen, welche Machtposition eine Person innehat.

Vor allem bei großen Gruppen bringen Hierarchien Vorteile, da Zuständigkeiten und Befugnisse fest geregelt sind und Entscheidungen schnell getroffen werden können. Bei kleineren Gruppen lösen sich Hierarchien eher auf und Eins-zu-eins-Beziehungen zwischen Personen treten in den Vordergrund.

Die dargestellten Rituale zeigen, dass Macht in vielfältiger Weise und in allen Bereichen des Lebens relevant ist und dabei helfen kann, das Zusammenleben zu regeln und zu strukturieren. Natürlich lässt sich die Auflistung noch weiterführen, was jedoch den Rahmen des Kapitels übersteigen würde. Beispielsweise lassen sich auch in der Politik zahlreiche ritualisierte Formen der Machtausübung, z. B. in Wahlen oder Kriegen, finden, auf die in ▶ Kap. 27 näher eingegangen wird.

26.3 Psychologische Hintergründe

Macht ist ein in der Psychologie breit erforschtes Phänomen, und Forscher haben zahlreiche Theorien zu den zugrunde liegenden Mechanismen entwickelt. Ziel dieses Abschnittes ist es zunächst, grundlegende psychologische Mechanismen aufzuführen sowie interindividuelle Unterschiede im Streben nach Macht zu identifizieren. Im Anschluss werden Mittel der Machtanwendung dargelegt und schließlich eine integrative Sichtweise auf Macht vorgestellt.

26.3.1 Grundlegende Mechanismen

Die im Folgenden aufgeführten Theorien sollen dabei helfen, die psychologischen Mechanismen individueller Machtsignale, Machtverhältnisse in Beziehungen sowie strukturelle Manifestationen von Macht in Form von Territorialansprüchen besser zu verstehen.

Macht als zentrale Bewertungsdimension

Die vorhergegangene Darstellung individueller Machtsignale hat gezeigt, dass es kulturübergreifende Rituale gibt, die zum großen Teil evolutionären Ursprung haben und automatische Reaktionen im Gehirn auslösen. Forscher konnten auf Basis der Analyse menschlichen Erlebens und Verhaltens 3 zentrale Dimensionen herausarbeiten, auf denen Menschen Interaktionen unbewusst bewerten:

1. Evaluation: freundlich versus feindlich
2. Dominanz: dominant versus submissiv
3. Aktivierung: aktiv versus passiv

Dominanz/Macht stellt also eine unbewusste Bewertungsdimension im zwischenmenschlichen Verhalten dar und ist tief im menschlichen Erleben verwurzelt (Osgood et al., 1957). Universelle Rituale zur Vermittlung von Macht helfen hier dabei, Situationen schneller einschätzen zu können und Missverständnisse zu vermeiden.

Kontrolle und Abhängigkeit

Menschliche Beziehungen sind durch eine wechselseitige Abhängigkeit geprägt. Die **Interdependenztheorie** von Kelley und Thibaut (1978) basiert auf der Annahme, dass Menschen nicht nur Waren, sondern auch Interaktionen austauschen, die mit bestimmten Kosten und Nutzen verbunden sind. Die Differenz zwischen Kosten und Nutzen stellt das Ergebnis einer Interaktion dar, welches in Relation zu einem gewissen Vergleichsniveau gesetzt wird. Das allgemeine Vergleichsniveau bestimmt, wie zufrieden eine Person mit einer Austauschbeziehung ist. Liegt das Ergebnis (Outcome) über dem allgemeinen Vergleichsniveau, ist sie zufrieden. Liegt es darunter, entsteht Unzufriedenheit.

Unzufriedenheit führt aber nicht zwangsläufig dazu, dass eine Person die Beziehung verlässt. Entscheidend dabei ist das Vergleichsniveau der Handlungsalternativen. Ist der Outcome zwar unter dem allgemeinen Vergleichsniveau, aber trotzdem noch über dem Vergleichsniveau der Alternativen, bleibt eine Person weiterhin in der Beziehung. Darüber hinaus gilt: Je höher der Abstand zum Vergleichsniveau der Alternativen ist, desto größer ist auch die Abhängigkeit einer Person von der anderen Person bzw. die Macht/Kontrolle der anderen Person über die entsprechende Person. Eine Person A ist also dann von einer anderen Person B abhängig, wenn Person B Ergebnisse liefern kann, die über dem Vergleichsniveau der Alternativen von A liegen (Kelley u. Thibaut, 1978; ◻ Abb. 26.3).

Latentes Extensionsmotiv

Individuen, Gruppen und soziale Systeme sind stets bestrebt, ihren eigenen Einflussbereich auszuweiten. Ausdehnungsbestrebungen können dabei sowohl auf größere territoriale Kontrolle abzielen, beispielsweise ein größeres Büro oder die Übernahme eines Landes, aber auch auf mehr Kontrolle über Menschen oder mehr finanzielle Kontrolle. Dieses Streben wird als latentes Extensionsmotiv bezeichnet und stellt die Grundlage der **Extensionstheorie** von Frey und Schulz-Hardt (1999) dar. Es wird angenommen, dass Menschen durch die Ausdehnung von Macht und Kontrolle Befriedigung erlangen und die Ausdehnung präventiv für mögliche Verluste wirkt. Das Motiv wird aufrechterhalten, indem der Vergleichsmaßstab immer weiter steigt und somit stets die Aufmerksamkeit auf die nächstbessere Alternative gerichtet wird.

Gemäß der Extensionstheorie verfügen alle Menschen über ein latentes Extensionsmotiv, das unter bestimmten Randbedingungen mehr oder weniger stark aktiv ist. Darüber hinaus konnte aber auch gezeigt werden, dass nicht nur situative Faktoren, sondern auch bestimmte Persönlichkeitsfaktoren entscheidend für interindividuelle Unterschiede im Machtstreben sind. Welche das sind, wird nun im Folgenden genauer dargestellt.

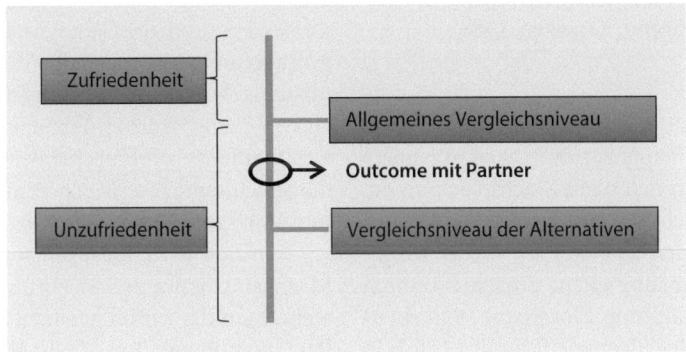

◻ **Abb. 26.3** Person A ist von Partner B abhängig, da die Beziehung mit ihm zu einem höheren Outcome führt als das Vergleichsniveau der Alternativen. Dennoch ist Person A unzufrieden, da das Outcome unter dem allgemeinen Vergleichsniveau liegt

26.3.2 Interindividuelle Unterschiede im Streben nach Macht

Menschen unterscheiden sich in ihrem Streben, Einfluss auf Personen oder Situationen auszuüben. Diese interindividuellen Unterschiede lassen sich vor allem durch 3 zentrale Persönlichkeitsfaktoren erklären.

Machtmotiv

Menschliches Verhalten ist nach McClelland (1985) auf das Macht-, Leistungs- und Zugehörigkeitsmotiv zurückzuführen. In Abhängigkeit von der Lebenserfahrung und der Kultur dominieren bei einer Person meist 1 oder 2 dieser Motive.

Das Machtmotiv beschreibt die Motivation einer Person, andere Personen oder Situationen zu beeinflussen und zu kontrollieren. Studien haben gezeigt, dass die Kombination aus einem hoch ausgeprägten Macht-, einem mittleren Leistungs- sowie einem geringen Zugehörigkeitsmotiv den größten Führungserfolg mit sich bringt. Je höher die Position einer Person ist, desto weniger wichtig wird dabei das Leistungsmotiv und umso mehr rückt die Fähigkeit, andere zu beeinflussen in den Mittelpunkt (McClelland u. Boyatzis, 1982).

Darüber hinaus konnte gezeigt werden, dass machtmotivierte Personen in Diskussionen überzeugender und streitlustiger auftreten und eher frustriert sind, wenn sie das Gefühl haben, eine Situation nicht zu kontrollieren oder machtlos zu sein (Conger u. Kanungo, 1988).

Dominanz

Neben einem ausgeprägten Machtmotiv hängt auch eine dominante Persönlichkeit mit einem verstärkten Streben nach Macht zusammen. Charakteristisch für eine dominante Persönlichkeit sind Eigenschaften wie Durchsetzungsfähigkeit, Unabhängigkeit, Entschlossenheit und Selbstbehauptung. Dominanz stellt ebenfalls eine wichtige Eigenschaft für den Erfolg in Führungspositionen dar.

Untersuchungen haben gezeigt, dass erfolgreiche Manager meist eine hohe Ausprägung auf der Persönlichkeitseigenschaft Dominanz aufweisen. Auch Unternehmertum und Kreativität gehen mit einer hohen Dominanzausprägung einher (Cattell u. Mead, 2008).

Machiavellismus

Machiavellismus gehört neben Narzissmus und Psychopathie zur dunklen Triade der Persönlichkeit und bezeichnet die Eigenschaft einer Person, andere zu manipulieren, um sich selbst einen Vorteil zu verschaffen.

Machiavellisten kennzeichnet dabei eine geringe Orientierung an Werten und Moral, eine geringe affektive Beteiligung in zwischenmenschlichen Beziehungen sowie geringe moralische Bedenken über die Langzeitfolgen ihres Handelns (Christie u. Geis, 1970). Sie nutzen Macht dazu, persönliche Ziele zu erreichen, ohne im Sinne des Gemeinwohls zu agieren. Studien haben gezeigt, dass Machiavellismus mit unethischem und kontraproduktivem Arbeitsverhalten, geringer Empathie und geringer emotionaler Intelligenz sowie einem nicht unterstützenden Führungsstil zusammenhängt (DeShong et al., 2017).

Eine hohe Machtmotivation, eine hohe Dominanzausprägung und/oder eine machiavellistische Persönlichkeit erklären also, warum manche Menschen ein stärkeres Verlangen haben, Einfluss auf andere auszuüben, und wozu Menschen ihre Macht nutzen. Es zeigt sich, dass Macht einerseits im Sinne positiver Einflussnahme ausgeübt werden kann, um das Gemeinwohl voranzubringen, aber andererseits auch die Möglichkeit bietet, missbraucht zu werden, um eigene Ziele zu erreichen. Wichtig ist daher, auf Führungsebene Instanzen und Kontrollmechanismen zu schaffen, die gemeinsame Ziele in den Vordergrund stellen und Machtmissbrauch verhindern.

Deutlich wird der Drahtseilakt zwischen Macht als Chance und Machtmissbrauch auch, wenn man die Mittel genauer betrachtet, die Personen nutzen, um Macht zu erlangen, auf die im Folgenden genauer eingegangen wird.

26.3.3 Basen der Macht

Die Machtbasen nach French und Raven (1959) stellen eine klassische Taxonomie dar, die 5 (später 6) Mittel der Machtausübung umfasst:

1. Bei der **Macht durch Belohnung** hat eine Person die Möglichkeit, andere für ihre Folgeleistung zu belohnen, z. B. durch finanzielle Mittel, aber auch durch Lob, Zuwendung oder Aufmerksamkeit. Entscheidend dabei ist der Anreiz der Belohnung für andere.

2. Demgegenüber steht die **Macht durch Zwang**. Eine Person setzt hierbei ihre Zielvorstellungen durch die Ausübung von Zwang oder die Ankündigung von Strafen durch. Die Untergebenen fügen sich demnach aus Furcht vor negativen Folgen.

3. Über **legitime Macht** verfügt eine Person aufgrund formaler Strukturen in einer Organisation oder Gruppe und ihrer relativen Position darin. Sie ist abhängig von der Überzeugung der Untergebenen, dass der Vorgesetzte Anrecht auf die Position hat, und dessen Akzeptanz als Stelleninhaber. Legitimation kann z. B. durch Wahl, Rechtsprechung oder andere Verfahren gegeben werden. Die Macht eines Vorgesetzten aufgrund seiner Position in einer festgelegten Organisationshierarchie stellt ein Beispiel hierfür dar.

4. **Identifikationsmacht** basiert auf den charismatischen Fähigkeiten einer Person, bei Bezugspersonen ein Gefühl der Verbundenheit hervorzurufen. Die Untergebenen identifizieren sich mit dem Machtausübenden als Vorbild. Entsprechende verbale und nonverbale Signale (z. B. Machtposen) können dabei helfen, die eigene charismatische Ausstrahlung zu verstärken.

5. Die **Expertenmacht** einer Person entspringt aus deren Fähigkeiten oder Erfahrung in einem spezifischen Bereich, die andere Personen nicht haben. Rituale wie die Verwendung von Fachbegriffen können die Wahrnehmung der eigenen Expertise durch die Untergebenen verstärken.

Raven (1993) ergänzte die 5 Machtbasen später noch um die **Informationsmacht**. Hierbei erlangt eine Person Macht durch den Zugang zu Informationen und die Kontrolle über Informationskanäle.

Die Machtbasen unterscheiden sich im Hinblick darauf, welches Ausmaß an Kontrolle und Restriktion die Untergebenen wahrnehmen. Expertenmacht, Identifikationsmacht und Informationsmacht werden dabei als relativ kontrollierbar und weniger restriktiv wahrgenommen. Man spricht hier von einer unterstützenden Einwirkung durch den Machthabenden, die im Einklang mit den Interessen der Untergebenen stattfindet. Demgegenüber weisen Macht durch Belohnung, legitime Macht und Macht durch Zwang eine immer geringere Kontrollierbarkeit und immer höhere Restriktivität auf. Eine geringe Kontrollierbarkeit versetzt eine Person aufgrund des angeborenen Kontrollbedürfnisses (Skinner, 1995) in einen aversiven Zustand und kann bei wiederholter Erfahrung sogar bis hin zur erlernten Hilflosigkeit – einem Zustand von Passivität und Lethargie – führen (Wortman u. Brehm, 1975). Diese Form der Machteinwirkung wird von den Untergebenen als einschränkend wahrgenommen.

Dieser Aspekt verdeutlicht auch die 2 Facetten der Macht: Macht kann, wie zuvor bereits dargestellt, zum einen missbraucht werden, um persönliche Interessen voranzubringen, und dabei negative Auswirkungen auf Untergebene bis hin zur erlernten Hilflosigkeit haben. Zum anderen kann Macht aber auch vom Machthabenden dazu genutzt werden, um gemeinschaftliche Interessen voranzubringen und Untergebene zu fördern.

Nun stellt sich die Frage, ob und wie sich positive Formen der Machtausübung fördern lassen, um ein funktionierendes Zusammenleben zu begünstigen. Im Folgenden soll eine integrative Sichtweise auf Macht vorgestellt werden,

die beide Facetten umfasst und Möglichkeiten
aufzeigt, wie die positive Seite gestärkt werden
kann.

26.3.4 Integrative Sichtweise auf Macht

Netzel et al. (2016) beschreiben Macht als vielfäl-
tiges Potenzial einer Person/Gruppe A auf eine
andere Person/Gruppe B einzuwirken. Dieses
Potenzial kann entweder auf funktionale (pro-
duktive) oder dysfunktionale (repressive) Weise
genutzt werden:

- Der **funktionale Pfad** geht mit einer
  Einflussnahme im Sinne der Interessen der
  Untergebenen einher und wird aufseiten
  des Machthabenden durch ein hohes
  Verantwortungsgefühl, hohe Rechtschaf-
  fenspflicht, ein hohes sozialisiertes Machtmotiv, Orientierung an Ethik und Moral,
  die Salienz (Auffälligkeit) gemeinsamer
  Ziele sowie das Gefühl einer legitimen
  Machtposition begünstigt. Machtausübung führt bei den Untergebenen zu
  positiven Emotionen, Commitment,
  Handlungsfähigkeit und Generierung
  neuen Wissens.
- Der **dysfunktionale Pfad** geht mit einer
  Machtausübung gegen die Interessen der
  Untergebenen einher und wird aufseiten
  des Machthabenden umgekehrt durch
  ein geringes Verantwortungsgefühl
  etc. begünstigt. Machtausübung führt
  bei den Untergebenen zu Widerstand,
  langfristig zu Hilflosigkeit, Ohnmacht und
  Handlungsunfähigkeit.

Ziel sollte sein, in zwischenmenschlichen Interaktionen entsprechende Rahmenbedingungen
wie eine hohe Rechtschaffenspflicht, beispielsweise durch Kontroll- und Feedbacksysteme, zu
schaffen, um den funktionalen Pfad zu stärken
und Machtmissbrauch seitens der Machthabenden zu verhindern.

26.4 Fazit

Macht wird häufig in Form von universellen ver-
balen und nonverbalen Signalen vermittelt, die
auf einen evolutionären Ursprung zurückzuführen sind. Auch in Beziehungen und Strukturen manifestieren sich Machtrituale. Macht
ist adaptiv und dient dazu zwischenmenschliche Beziehungen zu regeln und zu strukturieren.

Bei der Analyse psychologischer Grundlagen
von Machtmechanismen zeigt sich, dass Macht eine
zentrale Bewertungsdimension für menschliche
Interaktionen darstellt und Beziehungen stets durch
gegenseitige Kontrolle und Abhängigkeit geprägt
sind. Personen verfügen außerdem über ein latentes Extensionsmotiv, das das menschliche Streben
nach Macht erklärt. Ein unterschiedlich stark aus-
geprägtes Machtmotiv, eine dominante sowie eine
machiavellistische Persönlichkeit erklären darüber
hinaus interindividuelle Differenzen im Verlangen
nach Macht. Die Taxonomie der 6 Machtbasen stellt
dar, welche Mittel Personen nutzen können, um
Macht auszuüben. Je nach Mittel, kann die Ausübung von Macht unterschiedliche Auswirkungen
auf die Untergebenen haben. Anhand einer integra-
tiven Sichtweise auf Macht, die die beiden Facetten
– funktional und dysfunktional – umfasst, wurden
Rahmenbedingungen aufgezeigt, die dabei helfen,
den funktionalen Pfad zu stärken.

Der Einblick in die Rituale und psychologischen Grundlagen von Macht verdeutlicht, dass
Macht in allen Bereichen des Lebens allgegenwärtig ist und die eigene Position im Gefüge oft
unbewusst, meist bereits bei der Begrüßung,
festgelegt wird. Macht man sich diese Rituale
bewusst, kann man durch einfache Gesten wie
eine weite, offene Körperhaltung bewusst seine
Position stärken und die führende Rolle in der
Interaktion übernehmen.

Der Begriff Macht ist heutzutage meist
negativ konnotiert, da Berichterstattungen von
Machtmissbrauch, beispielsweise von Staatschefs oder Autoritätspersonen, häufig in den
Medien vorkommen. Macht stellt aber auch
eine Chance dar und kann genutzt werden, um

eine Gruppe weiterzubringen und Widerstand zu überwinden. Wichtig ist, positive Machtausübung zu fördern, denn nur wenn alle Gruppenmitglieder zufrieden sind, kann langfristig ein stabiles Machtgefüge in einer Gemeinschaft aufrechterhalten und ein funktionierendes Zusammenleben gesichert werden.

Literatur

Berner, W. (2004). Machtkämpfe: Wie „persönliche Dinge" die Sache in den Hintergrund drängen. http://www.umsetzungsberatung.de/konflikte/machtkampf.php. Zugegriffen: 27. November 2017.

Carney, D. R., Cuddy, A. C., & Yap, A. J. (2010). Power posing: Brief nonverbal displays affect neuroendocrine levels and risk tolerance. *Psychological Science* 21, 1363–1368.

Cattell, H. P., & Mead, A. D. (2008). The sixteen personality factor questionnaire (16PF). In: G. J. Boyle, G. Matthews, & D. H. Saklofske (Eds.), *The SAGE handbook of personality theory and assessment, Vol 2: Personality measurement and testing* (pp. 135–159). Thousand Oaks, CA: Sage Publications.

Christie, R., & Geis, F. L. (1970). *Studies in machiavellianism*. New York, NY: Academic Press.

Conger, J., & Kanungo, R. (1988). The empowerment process: Integrating theory and practice. *The Academy of Management Review* 13, 471–482.

Davenport, W. G., Brooker, G., & Munro, N. (1971). Factors in social perception: Seating position. *Perceptual And Motor Skills* 33, 747–752.

DeShong, H. L., Helle, A. C., Lengel, G. J., Meyer, N., & Mullins-Sweatt, S. N. (2017). Facets of the dark triad: Utilizing the five-factor model to describe machiavellianism. *Personality And Individual Differences* 105, 218–223.

Durand, D. E. (1977). Power as a function of office space and physiognomy: Two studies of influence. *Psychological Reports* 40, 755–760.

French, J. J., & Raven, B. (1959). The bases of social power. In: D. Cartwright (Ed.), *Studies in social power* (pp. 150–167). Ann Arbor, MI: University of Michigan.

Frey, D., & Schulz-Hardt, S. (1999). Extension: Ein Modell zur Erklärung und Vorhersage der Ausdehnungsbestrebungen von Individuen, Gruppen und größeren sozialen Systemen. In: W. Hacker, & M. Rinck (Hrsg.), *Bericht über den 41. Kongress der Deutschen Gesellschaft für Psychologie in Dresden 1998. Schwerpunktthema „Zukunft gestalten"* (S. 216–228). Lengerich: Pabst.

Groll, T. (2013). Dauerschüttler trifft toten Fisch. Zeit online. Artikel vom 10. April 2013. http://www.zeit.

de/karriere/beruf/2013-03/haendedruck-bedeutung-typen. Zugegriffen: 27. November 2017.

Jackson, D., Engstrom, E., & Hassenzahl, D. M. (2005). Effects of sex and seating arrangement on selection of leader. *Perceptual And Motor Skills* 100, 815–818.

Kelley, H. H., & Thibaut, J. W. (1978). *Interpersonal relations: A theory of interdependence*. New York, NY: Wiley-Interscience.

Klofstad, C., Anderson, R., & Peters, S. (2012). Sounds like a winner: voice pitch influences perception of leadership capacity in both men and women. *Proceedings of the Royal Society B: Biological Science* 279, 2698–2704.

McClelland, D. C. (1985). *Human motivation*. Glenview, IL: Scott, Foresman.

McClelland, D. C., & Boyatzis, R. E. (1982). Leadership motive pattern and long-term success in management. *Journal of Applied Psychology* 67, 737–743.

Netzel, J., Braun, S., & Frey, D. (2016). Macht – Grundlagen, Folgen und Prozesse eines komplexen Phänomens. In: D. Frey, & H.-W. Bierhoff (Hrsg.), *Enzyklopädie der Sozialpsychologie*. Göttingen: Hogrefe.

Nietzsche, F. (1954). Also sprach Zarathustra. In: F. Nietzsche (Hrsg), *Werke in drei Bänden* (Bd. 2, S. 369–372). München: Hanser. http://www.zeno.org/nid/20009254889. Zugegriffen: 27. November 2017.

Osgood, C. E., Suci, G. J., & Tannenbaum, P. H. (1957). *The measurement of meaning*. Urbana, IL: University of Illinois Press.

Palmeira, M. (2015). Abstract language signals power, but also lack of action orientation. *Journal of Experimental Social Psychology* 61, 59–63.

Pongratz, H. J. (2003). *Die Interaktionsordnung von Personalführung: Inszenierungsformen bürokratischer Herrschaft im Führungsalltag*. Wiesbaden: Springer VS.

Raven, B. H. (1993). The bases of power: Origins and recent developments. *Journal of Social Issues* 49, 227–251.

Skinner, E. A. (1995). *Perceived control, motivation, & coping*. Thousand Oaks, CA: Sage Publications.

Tarakci, M., Greer, L. L., & Groenen, P. F. (2016). When does power disparity help or hurt group performance? *Journal of Applied Psychology* 101, 415–429.

Van Vugt, M. (2006). Evolutionary origins of leadership and followership. *Personality and Social Psychology Review* 10, 354–371.

Weber, M. (1947). *Wirtschaft und Gesellschaft. Grundriss der verstehenden Soziologie*. Tübingen: Mohr Siebeck.

Wortman, C. B., & Brehm, J. (1975). Responses to uncontrollable outcomes: An integration of reactance theory and the learned helplessness model. In: L. Berkowitz (Ed.), *Advances in experimental social psychology* (8th ed., pp. 277–336). New York: Academic Press.

Riten, Sitten und Gebräuche in der Politik

Benjamin Kiver

© Springer-Verlag GmbH Deutschland, ein Teil von Springer Nature 2018
D. Frey (Hrsg.), *Psychologie der Rituale und Bräuche*,
https://doi.org/10.1007/978-3-662-56219-2_27

27.1 Einleitung

Ein Verständnis der offiziellen und inoffiziellen Regeln des eigenen Staates ist eine Grundvoraussetzung für politische Teilhabe, zu der jeder Bürger eines Staates angeregt werden sollte. Das Ziel dieses Kapitels soll sein, ein Bewusstsein für die psychologischen Hintergründe von Riten, Sitten und Gebräuchen in der Politik zu schaffen und somit die „inoffiziellen" Spielregeln transparenter zu machen.

In diesem Kapitel können nicht alle der vielfältigen Riten aufgezählt werden, daher beschränkt sich die Darstellung auf die „wichtigsten" Riten in Ländern, Institutionen und Staatsformen. Behandelt werden vorwiegend Riten, Sitten und Gebräuche in **Demokratien** der westlichen Welt mit Fokus auf Deutschland als Beispiel. Kontextbezogen wird dabei auch auf andere Demokratien bzw. andere Systeme eingegangen. Dieser Schwerpunkt wurde gewählt, weil die kritische Auseinandersetzung mit politischen Spielregeln und die Teilhabe an Entscheidungsprozessen des Staates vorwiegend in funktionierenden Demokratien möglich sind. Zu einer funktionierenden Demokratie gehören neben der Gewaltenteilung (Legislative, Judikative und Exekutive) auch die Presse- und Meinungsfreiheit sowie das Recht zu Demonstrationen. Auch werden in einer funktionierenden Demokratie der Minderheit Rechte (z. B. Redezeit im deutschen Bundestag oder im Senat der Vereinigten Staaten von Amerika) zugestanden und Kompromisse (überparteilicher Konsens) gesucht. Es ist Sitte, sich um einen anständigen Umgang miteinander zu bemühen. Ein sog. „schmutziger" Wahlkampf stößt z. B. auf ein negatives Echo in der Bevölkerung und Presse.

In diesem Kapitel geht es vor allem um Riten im Alltag von Staatenlenkern, nicht um den Bereich der Kommunal-, Landes- und Bundespolitik. Nach jedem beschriebenen Ritus schließt sich eine Beschreibung des zugrunde liegenden psychologischen Mechanismus an, um die vielfältigen Riten, Sitten und Gebräuche übersichtlich darzulegen.

Der Begriff **Politik** leitet sich vom griechischen Wort „politiká" ab und kann als jegliche Einflussnahme, Gestaltung und Durchsetzung von Forderungen und Zielen in öffentlichen oder privaten Bereichen bezeichnet werden (Schmidt, 2004), wobei hauptsächlich der öffentliche Bereich gemeint ist. Auch in unserer heutigen Zeit ist es noch eine große Frage, was der Staat regulieren soll. In verschiedenen Ländern gibt es große Unterschiede im Verständnis darüber, was öffentlich ist und somit hauptsächlich vom Staat reguliert werden sollte und was ausschließlich in den privaten Bereich fällt. In welchem Maß der Staat in das Leben seiner Bürger eingreifen darf, unterscheidet sich somit erheblich. So wird die Meldepflicht in Deutschland sehr rigide gehandhabt, die in den Vereinigten Staaten von Amerika in dieser Form nicht existiert. Auch in Deutschland gibt es eine lebhafte Diskussion, was der Staat darf und was nicht, wie Debatten um z. B. die Vorratsdatenspeicherung zeigen.

Unsere Vorstellung von Politik (in Deutschland) ist oftmals mit einer Demokratie verbunden. Dies gibt die Definition allerdings nicht wieder, da auch Diktaturen und andere Regierungsformen das öffentliche Leben regeln. Selbst bei der „Mutter aller Demokratien" Griechenland kann man eigentlich nicht von einer Demokratie im heutigen Sinne sprechen. Nur vollwertige Bürger hatten Stimmrecht, Frauen und Sklaven durften nicht abstimmen (Eder u. Auffarth, 1995). Dies hat nicht mehr viel mit einer Demokratie wie der oben beschriebenen gemein.

In einer Demokratie können zumeist alle erwachsenen Staatsbürger teilhaben am politischen Prozess. Diese Teilhabe erfolgt durch Wahlen, in denen wir unseren Willen darüber bekunden, in welche Richtung sich unser Staat orientieren und welchen Themen sich der Staat vorrangig widmen soll. Mit der Umsetzung des Volkswillens werden Repräsentanten beauftragt, die ihr Mandat dazu durch Wahl in ein politisches Amt erlangt haben. Die einzelnen Repräsentanten des Staates sind Vertreter im In- und Ausland. Damit wird ihnen auch die Pflicht zuteil, die mit dem Amt einhergehenden Riten, Sitten, Gebräuche und die dem Amt immanente Würde zu bewahren.

27.2 Beschreibung und psychologische Hintergründe

27.2.1 Eingestehen von Wahlniederlagen

Deutschland und andere Demokratien haben eine lange Tradition und entsprechend gibt es sehr viele politische Riten, Sitten und Gebräuche. Diese fangen im Umgang miteinander in der Innenpolitik an. Es liegt in der menschlichen Natur, sich einen anständigen und fairen Umgang miteinander zu wünschen. In einer Demokratie wie der oben beschriebenen wünschen wir uns daher auch, dass die Politik Anstand und Fairness besitzt.

Die Frage ist, ob wir in der Realität, während und nach einer Wahl ebenfalls einen wertschätzenden und anständigen Umgang miteinander pflegen? Im Wahlkampf in den Vereinigten Staaten im Jahr 2016 war dies sicher nicht der Fall, in Deutschland war dies bisher überwiegend der Fall. Der Bürger kann hier durchaus seinen Teil dazu beitragen, indem er darauf achtet, wie er mit anderen z. B. im Internet kommuniziert (Stichwort: „Hass-Posts"). Die Presse kann helfen, indem sie ihren Informationspflichten neutral nachkommt und sich gleichzeitig für die Tugenden der Fairness und des Anstands einsetzt.

Wertschätzender und anständiger Umgang zeigt sich u. a. darin, dass bei einer demokratischen Wahl der Unterlegene im Normalfall seine Niederlage eingesteht und dem Gewinner gratuliert. Diese Sitte erfüllt mehrere psychologische Funktionen. Zum einen soll das Vertrauen in einen **gerechten demokratischen Prozess** gestärkt werden. Das funktioniert deswegen, weil Menschen ungern Schwächen eingestehen. Sollte nun der unterlegene Kandidat bestätigen, dass er fair verloren hat, glauben die Menschen eher, dass der Wahlprozess an sich gerecht und transparent war. Zum anderen kann der Verlierer auch ein **positives Selbstbild** von sich wahren, z. B. mit der Kognition „Ich bin ein fairer Verlierer" und die Niederlage in einen ehrenvollen Kampf umdeuten, indem man sich gut geschlagen hat, beispielsweise wenn eine kleine Partei eine prozentuale Hürde nicht überschreitet, aber ein persönliches Rekordergebnis erzielt. Dadurch kann man mit der eigenen Anhängerschaft einen Erfolg feiern, obwohl man – insgesamt betrachtet – das gesteckte Ziel (noch) nicht erreichen konnte.

Demokratie heißt nicht zuletzt, dass im schlechtesten Fall 49,9 % nicht das bekommen was sie wollen. Wenige Unzufriedene sind für die Stabilität des Staates kein Problem, 49 % haben aber die Macht, den Frieden im Land nachhaltig zu stören. Allerdings ist es wesentlich wahrscheinlicher, dass eine Minderheit den Frieden im Land stört, wenn ihre Meinung ignoriert und unterdrückt wird, als wenn – wie normalerweise in Demokratien – die Menschen ein Forum haben und ihren Unmut frei äußern dürfen (z. B. durch Demonstrationen) bzw. in den nächsten Wahlen neu abstimmen können. Auch der Glaube an einen fairen Prozess trägt zur Beruhigung der Lage bei, ebenso ein respektvoller und kompromissbereiter Umgang.

Der **Respekt** vor dem Mitkonkurrenten soll mit dem Eingestehen der Niederlage und der Gratulation zum Ausdruck gebracht werden. Gleichzeitig soll der Wille auch für die eigenen Anhänger bekräftigt werden, zusammenzuarbeiten und Einigkeit für das Land zu demonstrieren. Es zeigt sich, dass viel mehr in dieser Symbolik steckt und psychologische Wirkung auf den Zusammenhalt und das Vertrauen in das politische System als Ganzes hat. Gleichzeitig erfordert es enorme Überwindung einer einzelnen Person, seine Niederlage einzugestehen. Wie schon erwähnt, reden Menschen allgemein nicht gerne über Niederlagen. Selbst in der psychologischen Forschung scheint es, als ob man auf den Begriff „Erfolg" häufiger trifft als auf den Begriff „Misserfolg und Scheitern" (Morgenroth u. Schaller, 2004). Eine Erklärung für diesen Umgang mit Niederlagen kann sein, dass die Erwartung an unsere Handlungen und das Konzept unseres eigenen Ich miteinander verknüpft sind. Für jede Handlung, die ein Mensch ausführt, legt er ein Erfolgskriterium an, sowohl wenn er wählt als auch wenn er sich um ein Amt bewirbt. Manche Menschen schaffen es eher,

Niederlagen in ihr Selbstkonzept zu integrieren und ihren **Selbstwert** zu bewahren (Elbe, 2016). Den meisten fällt es aber schwer, Niederlagen mit einem positiven Selbstkonzept zu vereinbaren. Natürlich scheitern Politiker nicht ganz allein, sondern in der Gruppe. Das hat den psychologischen Vorteil, dass man sich durch die Trennung der Niederlage vom Selbstkonzept und die Verteilung der Verantwortung in der Eigengruppe besser fühlt, nicht zuletzt deswegen, weil man mit dem Scheitern nicht allein ist.

In einer gesunden Demokratie fallen die Eitelkeiten eines Politikers nicht auf das politische System zurück, sondern auf seine eigene charakterliche Schwäche, wie z. B. Gerhard Schröders Weigerung, die Wahlniederlage 2005 anzuerkennen und stattdessen die Tatsachen anzuzweifeln, illustriert: Danach wurde von den meisten nicht der politische Prozess, sondern sein Charakter angezweifelt (Klein u. Ohr, 2001). In einer aufgeheizten Atmosphäre kann eine solche öffentliche Infragestellung der Rechtmäßigkeit von Wahlergebnissen, dem Wahlprozess und der Verweigerung von Zusammenarbeit ein Land entzweien und das Vertrauen in die Politik erschüttern. Jüngstes Beispiel ist auch hier der Wahlkampf in den Vereinigten Staaten 2016.

27.2.2   Wahl eines Nachfolgers

Immer wieder müssen in der Politik für Stellen Nachfolger gefunden werden. Dies kann z. B. durch Rücktritt oder Abwahl nötig werden. Nimmt man z. B. die Wahl des Bundeskanzlers: Der Kandidat für das Amt des Bundeskanzlers wird nicht direkt vom Volk, sondern vom Bundestag gewählt. Der Kandidat der stärksten Partei wird in der Regel Bundeskanzler, er ist programmatisch eng mit der Partei verbunden und vertritt ihre Position.

Unter psychologischen Gesichtspunkten hat die Beteiligung der Bevölkerung an der Besetzung des nächsten Bundeskanzlers viele Vorteile. Zum einen stärkt es die **Akzeptanz** der gewählten Person, es gibt den Menschen das Gefühl von Selbstwirksamkeit und führt in der Folge

zu einer größeren Akzeptanz für die Entscheidungen der Regierung.

Selbst wenn die Menschen mit der Regierung unzufrieden sind und sie nicht gewählt haben, sind sie mit der Wahl zufriedener als Menschen, die keine Wahlmöglichkeit haben. Zum Vergleich: In China wird der Staatschef vom Politbüro der Kommunistischen Partei Chinas bestimmt, dabei wird das Volk nicht mit einbezogen.

27.2.3   Die Vereidigung

Wenn der Staatschef gewählt ist, steht die Amtseinführung bevor. Dazu gehört das Ablegen des Amtseides. Der Amtseid für den deutschen Bundeskanzler lautet wie folgt (BMJV, 1949):

》 Ich schwöre, daß ich meine Kraft dem Wohle des deutschen Volkes widmen, seinen Nutzen mehren, Schaden von ihm wenden, das Grundgesetz und die Gesetze des Bundes wahren und verteidigen, meine Pflichten gewissenhaft erfüllen und Gerechtigkeit gegen jedermann üben werde. So wahr mir Gott helfe. (Grundgesetz für die Bundesrepublik Deutschland, Artikel 56)

Der Eid wird vor den versammelten Mitgliedern des Bundestages abgelegt und kann auch ohne religiöse Beteuerung geleistet werden. Im Gegensatz zu anderen Länder gibt es in der Bundesrepublik Deutschland zwar keinen Straftatbestand der Verletzung des Amtseides (er erfüllt allerdings mehrere unten genannte psychologische Funktionen), doch wird er immer wieder bei schwierigen Entscheidungen einbezogen, beispielsweise von Angela Merkel, die sich am 27. Februar 2012 in Bezug auf die Euro-Rettung und einen möglichen Austritt Griechenlands auf ihren Amtseid berief, indem sie sagte:

》 Als Bundeskanzlerin der Bundesrepublik Deutschland soll und muss ich zuweilen Risiken eingehen; Abenteuer darf ich aber nicht eingehen: Das verbietet mein Amtseid.

Deutschland ist mit der Tradition des Amtseides seit langer Zeit verbunden. Er befindet sich schon in der Paulskirchenverfassung vom 28. März 1849 (§ 190, Abschnitt VII, Artikel I) und in der Weimarer Verfassung vom 11. August 1919 (Artikel 42). Auch der Reichskanzler der Weimarer Republik musste einen Eid ablegen. Ebenso ist der Amtseid im Grundgesetz, Artikel 56, festgeschrieben.

Amts- und Diensteide haben global betrachtet eine noch weitaus ältere Tradition, die weit in die Zeit vor der Aufklärung zurückreicht. Der Beginn von Eiden ist im antiken Griechenland im 4. Jahrhundert vor Christi Geburt zu suchen. Ihr wesentlicher Sinn und Zweck bestand darin, mit dem Amtseid eine Art „Vertrag" zu bekräftigen, der zwischen dem Volk und dem Eidleistenden (meist vor Gott als einer höheren Instanz) geschlossen wird. Oft wurde darin auch die Strafe für eine Fehlleistung eingeschlossen, in die auch die Familie mit einbezogen war (Avilés, 2010).

Der Amtseid hat, anders als z. B. eine Eidesstattliche Erklärung vor Gericht, in Deutschland keine rechtliche Bindung. In anderen Ländern wird ihm eine höhere Bedeutung beigemessen: So musste Barack Obama seinen Amtseid wiederholen, als ihm eine falsche Version vorgesprochen wurde und man sich nicht sicher war, ob er ohne den im Wortlaut korrekten Eid rechtlich zweifelsfrei Präsident gewesen wäre (▶ Kap. 22).

Der Eid erfüllt mehrere psychologische Funktionen. Anders als in Amerika in dem die Passage „So help me God" fest integriert ist, gibt es in Deutschland die Möglichkeit, den Eid ohne **religiöse Bezeugung** zu sprechen. Sollte dies jedoch erfolgen, beweist es allen, die eine religiöse Überzeugung haben, dass hier ein nicht zu brechendes Versprechen geleistet wurde. Gläubige Menschen integrieren die Religiosität in ihren Charakter, und es wird zu ihrer Überzeugung und moralischen Haltung, dass sie nicht gegenüber Gott sündigen (Grom, 2009). Auch heutzutage sind in Deutschland nur ca. ein Drittel konfessionslos. Das bedeutet, zwei Drittel der Deutschen sind Anhänger einer Kirche.

Der vermutlich entscheidende psychologische Effekt in Bezug auf den Eid ist der **Verstärkungseffekt,** da in der westlichen Kultur Wahrheit und Ehrlichkeit sowie das Einhalten von Versprechen und besonders Eiden als moralisch erstrebenswert gilt. Verstärkt wird mit dem Eid zum einen das eigene Pflichtgefühl und die Verantwortung für den Erfolg (es wird gleichzeitig das Engagement gesteigert), denn wir wollen integer sein. Darüber hinaus symbolisieren wir anderen, dass wir mit unserer Ehre für unser Versprechen einstehen (Nitzsche, 2004). Zum anderen wird bei den Zeugen (in diesem Fall der Bevölkerung) des Eides, dem eine große Bedeutung beigemessen wird, eine hohe Erwartungshaltung an die Person, die den Eid ablegt, und an ihre zukünftige Leistung aufgebaut, die durchaus bei Enttäuschung zu großer Frustration führen kann.

27.2.4 Die Neujahrsansprache

Die Neujahrsansprache existierte bereits im Deutschen Reich und in der Weimarer Republik. Auch in der Bundesrepublik Deutschland ist die Neujahrsansprache des Bundeskanzlers eine Tradition. Neujahrsansprachen sind heutzutage weitverbreitet und nicht abhängig von der Kultur oder Regierungsform. Sie existieren z. B. in anderen europäischen Ländern wie Großbritannien oder Frankreich sowie den Vereinigten Staaten, Nordkorea und China.

Die Möglichkeit der jährlichen Neujahrsansprache ist für einen Staatschef eine wichtige Werbefläche. Er kann diese Zeit nutzen, um seine Politik zu bekräftigen, einen moralischen Weg zu weisen und die letzten 12 Monate seiner Amtszeit Revue passieren zu lassen. Durch den besonderen Anlass und die große Reichweite seiner Fernsehansprache kann er im psychologischen Sinne sowohl Sympathien bei seinen Unterstützern als auch bei den anderen Wählern wecken (Neumann, 2006).

Anders als Neujahrsansprachen, die zu einem gewissen Grad internationalisiert wurden, gibt es auch rein kulturelle Riten, Sitten und Gebräuche, beispielsweise religiöse Feiertage. Ein außergewöhnliches Beispiel für einen geteilten kulturellen Brauch stellt der sog. **Weihnachtsfrieden** dar. Der Weihnachtsfrieden war eine von der Heeresleitung nicht autorisierte Waffenruhe während des Ersten Weltkrieges am 24. Dezember 1914 und an den folgenden Tagen. Sie fand an einigen Abschnitten der Westfront statt, vor allem zwischen Deutschen und britischen Truppen kam es zur spontanen Verbrüderung und zu gemeinsamen Feiern des Weihnachtsfestes (▶ Kap. 7). Dies zeigt die außergewöhnliche psychologische Kraft von kulturellen Gemeinsamkeiten zwischen Ländern (Brown u. Seaton, 1999). Hierbei wird die eigene Gruppe über Landesgrenzen hinweg erweitert. In diesem Fall sind sogar der Krieg und die Treue und Pflichterfüllung gegenüber der eigenen Gruppe in den Hintergrund gerückt. Man kann daran sehen, wie sehr das gemeinsame Streben nach Frieden Brücken schlagen kann.

27.2.5 Historische Verantwortung für begangene Taten

In verschiedenen Ländern gibt es unterschiedliche ritualisierte Entschuldigungen, öffentliche Eingeständnisse von Schuld und Erinnerungen an Taten, für die man als Staatsdiener im Namen des Volkes einzustehen hat.

Die **Schuld** resultiert aus der eigenen Geschichte oder der Geschichte anderer Länder, deren Taten man verurteilt. Beispielsweise ist die deutsche Bundesregierung bemüht, die Erinnerung an die Schuld Deutschlands am Zweiten Weltkrieg und die Vernichtung von 6 Millionen Juden aufrechtzuerhalten, um zu verhindern, dass so etwas jemals wieder vorkommt. Japans Präsident drückte kürzlich seine Trauer gegenüber der Versklavung von südkoreanischen Frauen in den Soldatenbordellen der japanischen Kaiserarmee im Zweiten Weltkrieg aus und bat um Entschuldigung. Dies legte bis heute bestehende politische Spannungen bei – bisher wurden die Frauen euphemistisch als „Trostfrauen" bezeichnet. Auch heutzutage führt gerade das Fehlen von einem Eingeständnis oder die Anschuldigung anderer Staaten, Verbrechen begangen zu haben, zu großen diplomatischen Verwicklungen (z. B. Völkermord an den Armeniern).

Durch öffentliches Eingestehen von Schuld versuchen wir häufig, Vergebung zu erreichen. Diese Methode wenden nicht nur Einzelpersonen an, sondern auch der Staat durch seine Vertreter, dem das Ansehen und der gute Ruf ebenfalls wichtig sind. Zugleich kann auch ein Staat einem anderen Staat durch die Verurteilung von Gräueltaten sein moralisches Verständnis aufzeigen und so gewissermaßen eine öffentliche Achtung erzielen.

Indem der Staat durch seinen Repräsentanten Schuld eingesteht, die aus der eigenen Geschichte erwachsen ist, symbolisiert er der eigenen Gruppe (den Bürgern seines Staates), dass ihre Gefühle geteilt werden und sie mit der Schuld nicht allein sind, was den Gemeinschaftssinn stärkt und einen Synergieeffekt erzeugt. Nach außen symbolisiert dies den Willen zur Besserung, die Bereitschaft, Fehler zu akzeptieren und Wiedergutmachung zu leisten, sowie die Bitte um Vergebung (Schockenhoff, 2011).

27.2.6 Umgang mit anderen Ländern

Politik ist in unserer heutigen Zeit nicht mehr auf eine Stadt, einen Bundstaat oder ein Land beschränkt. In einer globalisierten Welt müssen vielerlei Probleme durch **internationale Zusammenarbeit** gelöst werden.

Das bedeutet, ein Staatschef muss mit verschiedenen Ländern und Kulturen sowie deren Regierungen zusammenarbeiten und das trotz eventueller Vorbehalte gegenüber der anderen Kultur oder der Person, die ein Amt als politischer Repräsentant ausfüllt. Gleichzeitig ist es schwer, persönliche Animositäten aus der internationalen Politik herauszuhalten. So verschlechterte sich das Verhältnis von Israel zu Amerika beispielsweise wegen der gegenseitigen Abneigung zwischen Barack Obama und Benjamin Netanjahu.

Abgesehen von persönlichen Sympathien gibt es in vielen Ländern ein genaues **Protokoll**, wie andere Staatsgäste empfangen werden sollen, sowie Regeln im generellen Umgang. In Deutschland gilt beispielsweise ein Staatsbesuch als ein herausgehobener Besuch eines

Staatsoberhauptes, dem bei dieser Gelegenheit alle protokollarischen Ehren gewährt werden. Hierzu gehören die Begrüßung mit militärischen Ehren, die Kranzniederlegung an der Neuen Wache und ein Staatsbankett. Auch wer zuerst begrüßt wird, wer nach einer erfolgreichen Wahl als erstes angerufen wird und wie dem anderen die Hände geschüttelt werden, hat symbolische Bedeutung. Manche dieser Traditionen haben einen sehr konkreten Hintergrund wie das Abnehmen von Militärparaden mit dem Gast, die zeigen, über welche Kampfkraft die eigene Armee verfügt.

Jedes dieser Rituale hat handfeste psychologische Hintergründe. Mit dem Zeigen der Armee symbolisiert man zum einen, dass man dem anderen vertraut, da ihm einen Einblick in die eigene Ausrüstung gewährt wird, zum anderen kann man angeben und den anderen von feindlichen Handlungen abschrecken (durch überlegene Ausrüstung). Durch die Art, wie man Hände schüttelt, kann man dem Gegenüber Macht vermitteln und beeindrucken (▶ Kap. 26). Auch kann man dem eigenen Volk in den Medien zeigen, dass man die Kontrolle hat. Das Machtmotiv ist bei Politikern stark ausgeprägt, es geht immer auch um Dominanz im Politikbetrieb. Durch die Regeln beim Begrüßen und Anrufen können Sympathien und besondere Beziehungen herausgehoben werden; dabei geht es um die Botschaft „Du und dein Land sind uns wichtig".

27.2.7 Internationale Institutionen

Ein Staatschef hat nicht nur die Aufgabe, persönlich mit anderen Staatschefs zu verhandeln, sondern ist mit seinem Land in diverse internationale Institutionen eingebunden. Diese haben sich oft traditionell aus militärischen Zweckgemeinschaften und Handelsbündnissen entwickelt und sind heutzutage Plattformen für den Austausch von Militär- und Handelspartnern. Sie bestehen aus einem exklusiven Kreis und beinhalten ritualisierte Treffen.

Ein frühes Beispiel für ein **Handelsbündnis** ist die Hanse. Sie ist die Bezeichnung für die zwischen Mitte des 12. Jahrhunderts und Mitte des 17. Jahrhunderts bestehenden Vereinigungen niederdeutscher Kaufleute, deren Ziel die Sicherheit der Überfahrt und die Vertretung gemeinsamer wirtschaftlicher Interessen war, besonders im Ausland. Später entwickelten sich ganze Hansestädte (Pitz, 2001).

Neuere Beispiele sind die „Group of Seven" (G7, ein informeller Zusammenschluss der zu ihrem Gründungszeitpunkt im Jahr 1975 wirtschaftlich bedeutendsten Industrienationen der westlichen Welt, mit Deutschland, Frankreich, Italien, Japan, Kanada, dem Vereinigten Königreich und den Vereinigten Staaten), die „North Atlantic Treaty Organization" (NATO, ein Defensivbündnis) oder die „United Nation Organization" (UNO). In diesen Institutionen gibt es zusätzlich Interessensgemeinschaften aus eng befreundeten Ländern.

Der Hintergrund für die rituellen Zusammenkünfte so eines Bündnisses ist zum einen die Demonstration von **Verlässlichkeit**. Gleichzeitig können Bündnisse als Gruppen verstanden werden. Es gibt die Eigen- („ingroup") und Fremdgruppe („outgroup"). Eigengruppen können ihr **Verbundenheitsgefühl** stärken und dafür sorgen, dass sich eine Fremdgruppe ausgeschlossen fühlt. Dadurch kann allerdings eine Polarisierung und Konfrontation mit der Fremdgruppe entstehen, beispielsweise durch den Ausschluss von Russland aus den G8 oder der Versuch der Ukraine, sich dem Westen anzunähern (also die Gruppe zu wechseln).

Wie stark die psychologische Wirkung von Gruppeneffekten ist, macht eine Studie von Tajfel und Turner (2004) deutlich, die zeigte, dass selbst eine minimale, persönlich nicht besonders wichtige Gemeinsamkeit mit der eigenen Gruppe (in der Studie war dies derselbe Lieblingsmaler, der vorgegeben war) die Menschen dazu bringt, diese Gruppe gegenüber der Fremdgruppe zu bevorzugen.

27.2.8 Staatstrauer

In der Amtszeit eines Staatschefs kann es zu einem Todesfall in der eigenen Regierung, dem Tod des Kanzlers selbst oder dem Regierungschef eines anderen Landes kommen. Es kann eine Staatstrauer angeordnet werden.

In Deutschland kann der Bundespräsident anordnen, dass die Flaggen auf Halbmast gesetzt werden, zu einer Stilllegung des öffentlichen Lebens wie in anderen Ländern ist der Bundespräsident nicht befugt. Staatstrauer kann auch nach Terroranschlägen oder anderen tragischen Vorkommnissen angeordnet werden. Staatstrauern wurden schon im alten Griechenland veranlasst.

Durch eine angeordnete Staatstrauer können für den Staat mehrere positive Aspekte im Sinne der Psychologie erreicht werden. Zum einen kann den betroffenen Menschen symbolisiert werden, dass sie mit ihrer Trauer nicht alleine sind. Diese Verbundenheit führt zu einem Zusammenwachsen der Menschen im Land und zu einer Stärkung des Verbundenheitsgefühls mit der Gemeinschaft. Im Falle von befreundeten Staaten kann die gezeigte Anteilnahme Gefühle von Verbundenheit und Sympathien wecken und sich positiv auf andere Bereiche auswirken (z. B. Handel; Busch, 2009).

Psychologisch wird auch die beerdigte Person durch die große Aufmerksamkeit und die besondere Ehrerbietung rückwirkend noch einmal als Mensch aufgewertet und teilweise als Vorbild stilisiert (beispielsweise Märtyrer). Dies basiert u. a. auf den sog. **Halo Effekt**. Dabei wird der Gesamteindruck einer Person vor dem Hintergrund einer wichtigen Eigenschaft bewertet, die alles andere überstrahlt (Fischer u. Wiswede, 2009). Im Trauerfall kann das heißen, dass die besondere Anteilnahme durch Staatstrauer und ein Staatsbegräbnis auf seine gesamte Lebenszeit bezogen wird und diese zu etwas Besonderem macht.

27.2.9 Vergleich von Demokratien mit Autokratien und Monarchien

Riten, Sitten und Gebräuche gibt es natürlich nicht nur in Demokratien, sondern auch in allen anderen Staatsformen. Vielfach ähneln sich die Rituale. So gibt es natürlich auch in Monarchien, Diktaturen und autokratischen Regimes Amtsübergaben, Staatsbegräbnisse, Militärparaden, Feiertage etc. Im Unterschied zu Demokratien ist dabei allerdings ein ausgesprochener

Personenkult zu beobachten. Da die Amtszeit teilweise wesentlich länger und die Verehrung für den Regenten größer ist, bilden sich eigene Rituale um den Herrscher/Monarchen, beispielsweise die Untertanen von Kim Jong Un ihm teilweise übermenschliche Fähigkeiten zu. Geburtstage von Kindern werden prunkvoll gefeiert und zu einem Staatsereignis erhoben. Straßen werden nach den Regenten benannt (es gab im Dritten Reich dutzende Straßen, die den Namen von Adolf Hitler trugen). Es wird Sitte, dass die Kinder die Amtsgeschäfte übernehmen. Im Todesfall gibt es eine mehrwöchige Staatstrauer. Überspitzt ausgedrückt sind die Rituale, die sich sowohl in Autokratien als auch in Demokratien finden, in Regimes überdimensional ausgelegt.

Psychologisch entspricht dies einer (geforderten) **Zentrierung auf den Alleinherrscher**. Die Traditionen werden größtenteils aufgebaut, um die eigene Stärke zu demonstrieren und den Führungsanspruch zu behaupten. Das ist u. a. deswegen notwendig, da Autokratien oft von westlichen Mächten kritisiert und sanktioniert werden und von traditionellen Bündnissen des Handels und der Verteidigung ausgeschlossen sind. Daher machen viele Autokraten traditionell Stimmung gegen „den Westen" und verkaufen sich als Außenseiter, der von ausländischen Mächten bekämpft wird. Dadurch schaffen sie eine Bild, in dem die eigene Gruppe von der anderen Gruppe bekämpft wird, und stärken den Zusammenhalt der eigenen Gruppe und die Kontrolle über diese.

Insgesamt geht es in den Ritualen von Autokraten um die **Kontrolle** des Volkes, beispielsweise durch Furcht (demonstrieren militärischer Stärke) oder Bewunderung (Feiertage zu Geburtstagen). In Demokratien steht hingegen die Überzeugung und Einbindung des Volkes in den politischen Prozess im Vordergrund.

27.3 Fazit

In diesem Kapitel wurden verschiedene Beispiele für Riten, Sitten und Gebräuche in der Politik aufgeführt, die verdeutlichen, dass Rituale nicht grundlos durchgeführt werden, sondern verschiedene psychologische Funktionen erfüllen. Das kann z. B. die Stärkung der Gruppenidentität sein. Die Bräuche können den Zusammenhalt im Land fördern, aber auch die internationale Zusammenarbeit befördern oder – im Gegenteil – stören und zu Konflikten zwischen Ländern führen (Schuldzuweisungen). Es bleibt festzuhalten, dass auch in einer Demokratie viel vom Charakter des ersten Mannes im Staat abhängt und von seinem Umgang mit Ritualen, da viele Traditionen auf ihn zugeschnitten sind. In einer Demokratie sind diesem allerdings durch fest etablierte Institutionen (Gewaltenteilung, freie Presse) Grenzen gesetzt.

Dem mündigen und politischen Bürger obliegt es, das politische Geschehen zu beobachten und Riten in der Politik kritisch zu hinterfragen. Zugleich ist der Bürger, wenn er den psychologischen Hintergrund der Riten, Sitten und Gebräuche in der Politik verstanden hat, auch davor gefeit, unwissentlich beeinflusst zu werden. Nicht zuletzt soll dieses Kapitels ein Bewusstsein dafür schaffen, dass wir das politische Klima entscheidend mitgestalten. Wenn uns auch in Zukunft eine Demokratie mit wertschätzendem und anständigem Umgang wichtig ist, müssen wir auf der einen Seite kritische Bürger und eine kritische Presse haben, auf der anderen Seite müssen wir auch jemanden, der eine andere politische Meinung vertritt, mit Wertschätzung und Anstand begegnen.

Literatur

Avilés, D. (2010). *Altgriechische Gesetze*. Doctoral dissertation. Freiburg, Schweiz: Université de Fribourg.

Brown, M., & Seaton, S. (1999). *Christmas Truce: The Western Front December 1914*. London: Pan Macmillan.

Busch, H. J. (2009). *Politische Kultur und Politische Psychologie. Politische Kultur. Forschungsstand und Forschungsperspektiven*. Frankfurt, Berlin, Bern, Bruxelles, New York, Oxford, Wien: Peter Lang.

Bundesministerium für Justiz und Verbraucherschutz. (BMJV). (1999). *Grundgesetz für die Bundesrepublik Deutschland*. Ausfertigungsdatum: 23.05.1949, zuletzt geändert am 13.07.2017. https://www.gesetze-im-internet.de/gg/BJNR000010949.html. Zugegriffen: 27. November 2017.

Eder, W., & Auffarth, C. (1995). *Die Athenische Demokratie im 4. Jahrhundert v. Chr: Vollendung oder Verfall einer Verfassungsform?* Stuttgart: Franz Steiner.

Elbe, M. (2016). *Scheitern und Identität*. Berlin, Heidelberg: Springer.

Fischer, L., & Wiswede, G. (2009). *Grundlagen der Sozialpsychologie* (3. Aufl.). München: Walter de Gruyter.

Grom, B. (2009). *Religionspsychologie*. München: Kösel.

Klein, M., & Ohr, D. (2001). Die Wahrnehmung der politischen und persönlichen Eigenschaften von Helmut Kohl und Gerhard Schröder und ihr Einfluß auf die Wahlentscheidung bei der Bundestagswahl 1998. In: Klingemann, H.-D., & Kaase, M. (Hrsg.), *Wahlen und Wähler: Analysen aus Anlass der Bundestagswahl 1998* (S. 91–132). Wiesbaden: VS Verlag für Sozialwissenschaften.

Merkel, A. (2012). Regierungserklärung von Bundeskanzlerin Merkel zu Finanzhilfen für Griechenland und Europäischer Rat am 1./2. März 2012 in Brüssel. Beitrag vom 27. Februar 2012. https://www.bundeskanzlerin.de/ContentArchiv/DE/Archiv17/Regierungserklaerung/2012/2012-02-27-merkel.html. Zugegriffen: 27. November 2017.

Morgenroth, O., & Schaller, J. (2004). *Zwischen Akzeptanz und Abwehr: Psychologische Ansichten zum Scheitern*. Wiesbaden: VS Verlag für Sozialwissenschaften.

Neumann, H. G. (2006) Konfidenz- und Faszinationskommunikation. Promotion. Berlin: Universität der Künste Berlin.

Nitzsche, F. (2004). Ehrenwort oder Moral? Die Relevanz vormoderner Werte in Politik und Gesellschaft. In: Bellers, J., & Königsberg, M. (Hrsg.), *Skandal oder Medienrummel: Starfighter, Spiegel, Flick, Parteienfinanzierung, AKWs, „Dienstreisen", Ehrenworte, Mehmet, Aktenvernichtungen* (S. 24–50). Münster: LIT.

Pitz, E. (2001). *Bürgereinung und Städteeinung: Studien zur Verfassungsgeschichte der Hansestädte und der deutschen Hanse* (Bd. 52). Köln, Weimar: Böhlau.

Schmidt, M. G. (2004). *Wörterbuch zur Politik*. Stuttgart. Kröner.

Schockenhoff, E. (2011). Schuldeingeständnis ohne Hoffnung auf Vergebung? Zu einer neuen Form öffentlicher Rituale. Communicatio Socialis. *Communicatio Socialis* 44(2): 188–198.

Tajfel, H., & Turner, J. C. (2004). *The social identity theory of intergroup behavior*. In: J. T. Jost, & J. Sidanius, (Eds.), *Political psychology: Key readings, Key readings in social psychology* (pp. 276–293). New York, NY: Psychology Press .

Konfliktbehaftete Gruppenrituale

Kriegsrituale

Larissa Sust

© Springer-Verlag GmbH Deutschland, ein Teil von Springer Nature 2018
D. Frey (Hrsg.), *Psychologie der Rituale und Bräuche*,
https://doi.org/10.1007/978-3-662-56219-2_28

28.1 Einleitung

Ebenso alt wie die Menschheit selbst sind kriegerische Auseinandersetzungen zwischen den Menschen. Kriege entstehen, wenn die Interessen verschiedener Parteien im Konflikt miteinander stehen und friedliche Verhandlungen gescheitert sind. Die Gründe solcher Interessenkonflikte sind zahlreich und variabel. So werden Kriege beispielsweise aufgrund von Herrschaftsinteressen, territorialen Ansprüchen, sozioökonomischer und ethnischer Heterogenität oder, besonders häufig, aufgrund von Ressourcenknappheit geführt. Die nach außen kommunizierten Gründe eines Kriegs stimmen meist nicht mit den wahren Motiven der beteiligten Parteien überein. So werden viele Kriege unter dem Vorwand ethisch-moralischer Werte geführt, welcher die eigentlichen (oft wirtschaftlichen) Interessen verschleiert. Besonders religiöse Gründe dienen häufig zur Rechtfertigung kriegerischer Handlungen. Die beteiligten Parteien sind dabei zumeist überzeugt, ihr Gegner sei der Verursacher des Kriegs und ihr eigenes Eingreifen moralisch notwendig.

Im Lauf der Geschichte hat sich im Krieg eine Vielzahl an Ritualen entwickelt. Diese Kriegsrituale haben neben augenscheinlichen, pragmatischen Funktionen auch eine starke psychologische Wirkung auf das Erleben und Verhalten des Menschen im Krieg. Sie haben sich trotz des Wandels der Kriegsformen (von der Mann-gegen-Mann-Schlacht über Frontenkriege bis zu Guerillakämpfen) lange Zeit als funktional erwiesen. Ihre Kontinuität scheint auch der Technifizierung von Kriegen (z. B. durch Drohnen) standzuhalten, sodass die Kriegsrituale nach wie vor relevant sind und in einem psychologischen Werk über Rituale nicht fehlen dürfen.

In diesem Kapitel werden zunächst einige Rituale im Zusammenhang mit Kriegsführung vorgestellt. Dabei handelt es sich keinesfalls um eine vollständige Sammlung aller denkbaren Kriegsrituale, sondern um eine Auswahl derer, die aus psychologischer Sicht besonders interessant sind. Anschließend werden die diesen Kriegsritualen zugrunde liegenden psychologischen Prozesse erläutert.

28.2 Rituale im Krieg und Militär

28.2.1 Schlachtrufe

Ein Schlachtruf ist ein von den Angehörigen einer Armee verwendeter lauter Ausruf. Schlachtrufe dienten vor der Einführung von Uniformen primär als Erkennungszeichen der Krieger in der Schlacht (Pierer, 1858, S. 170), während sie heutzutage vor allem während Übungen, auf Zeremonien und auf Beerdigungen verwendet werden, um Zustimmung oder Respekt auszudrücken.

Schlachtrufe werden rein mündlich überliefert, sodass ihre Herkunft und Bedeutung oft unbekannt sind. So sind beispielsweise Bedeutung und Schreibweise des Rufs „Hoo-Yah" der US-amerikanischen Navy nicht eindeutig gesichert (Smith, 2016). Bekannte Schlachtrufe wurden bereits sehr früh überliefert, z. B. der lateinische Ausruf „Feri! Feri!" der alten Römer („Schlage! Schlage!") oder die von den mittelalterlichen Kreuzrittern verwendete Parole „Deus vult!" („Gott will es"). Ein bekannter Schlachtruf des Zweiten Weltkriegs stammt von den japanischen Kamikaze-Piloten, die „Teno Heika Banzai" riefen, was bedeutet „Lang lebe das Kaiser" (Andrews, 2015). Nicht alle Schlachtrufe enthalten jedoch eine inhaltliche Botschaft. So handelt es sich bei dem „Rebel Yell" der Konföderierten im amerikanischen Bürgerkrieg um einen einfachen Schrei, ähnlich dem eines heulenden Kojoten.

28.2.2 Marschieren

Als Marschieren bezeichnet man das geordnete Fortbewegen von Soldaten als geschlossene Truppe in einem gleichmäßigem Rhythmus (Duden online, 2017), meist im Gleichschritt. In Deutschland wurde das Marschieren im Gleichschritt erstmals im 17. Jahrhundert als Mittel zur Disziplinierung der Soldaten eingeführt (Stein, 1984). Die Regelungen zur Ausführung waren damals sehr streng: So waren die Körperhaltung, die exakte motorische Ausführung des Schritts und das Tempo, also die Anzahl von Schritten innerhalb einer Minute, vorgegeben. Heute wird das Marschieren in weniger strenger Form weltweit bei militärischen Übungen praktiziert.

Darüber hinaus wird das Marschieren zu Schauzwecken eingesetzt, um **Geschlossenheit** und **Ordnung** nach außen zu demonstrieren. Das wohl berühmteste Beispiel hierfür ist „Trooping the Colour", die alljährliche Militärparade im britischen Königreich, welche die Bindung der Garde an den königlichen Oberbefehl symbolisiert. Die ursprüngliche Fortbewegungsfunktion des Marschierens ist schon seit der Neuzeit im akuten Kampfeinsatz nicht mehr sinnvoll.

28.2.3 Uniformierung

Die Uniform eines Soldaten umfasst eine komplette Garnitur an Bekleidung, wobei zwischen Felduniformen für den aktiven Kampfeinsatz und Ausgehuniformen für formelle Anlässe unterschieden wird. Uniformen bewirken eine Vereinheitlichung des Erscheinungsbildes der Soldaten einer Armee, geben aber auch Auskunft über individuelle Merkmale wie Name oder Dienstgrad.

Aus historischer Sicht handelt es sich um ein jüngeres Kriegsritual (Troschke, 1967): Zwar gab es vereinzelt bereits in der Antike spezielle Kleidung für Krieger (z. B. im alten China), jedoch kämpften die Menschen im späten Mittelalter und der Neuzeit vorwiegend in ihrer Privatkleidung. Erst mit der Aufstellung stehender Heere im 17. Jahrhundert kam es zur flächendeckenden Uniformierung der Soldaten. Die einheitliche Kleidung war zunächst jedoch nur ein Nebenprodukt der Massenproduktion des Staates. Mit steigender Truppengröße wurde die wichtigste Funktion der Uniform dann die **Unterscheidung zwischen Freund und Feind**.

Das Aussehen der Uniformen war anfangs an die zeitgenössische Zivilmode angepasst und eher bunt, um eine Identifizierung auch bei starker Rauchentwicklung (die bei den damaligen Feuerwaffen auftrat) zu ermöglichen. Die mit dem technischen Fortschritt einhergehende erhöhte Treffgenauigkeit von Schusswaffen machte dann unauffällige Uniformen zur besseren Tarnung im Gelände notwendig, weshalb z. B. Deutschlands Uniformen im Ersten Weltkrieg „feldgrau" waren. Heute sind Uniformen stets an die Umgebung des Kampfeinsatzes angepasst (z. B. grau-beige Uniformen in Afghanistan, ◼ Abb. 28.1).

Mit der Zeit wurde Krieg immer mehr zur Regierungsangelegenheit, und der Uniformierung kam eine neue Funktion zu: die eindeutige **Abgrenzung von Soldaten und Zivilisten** zum Schutz der Zivilbevölkerung (Troschke, 1967). In diesem Sinne sind Soldaten im Auslandseinsatz nach der Genfer Konvention zum Tragen einer Uniform verpflichtet (Zusatzprotokoll I, Artikel 44, Absatz 3).

◼ Abb. 28.1 Ein Soldat des deutschen ISAF-Kontingents in der Umgebung von Faisabad in Afghanistan (© Maurizio Gambarini / dpa)

28.2.4 Kriegsbemalung

Ein sehr altes Kriegsritual ist es, dass in die Schlacht ziehende Krieger ihr Gesicht oder den ganzen Körpers einfarbig, mit detaillierten Mustern oder mit Schrift bemalen. Bekannte Beispiele von Kriegsbemalung sind die indigoblaue Gesichtsbemalung der Kelten oder die rote Körperbemalung der Indianer, die ihnen den Beinamen „Rothäute" einbrachte. Jedoch wurde das Ritual der Kriegsbemalung nicht in allen Kulturen praktiziert.

Kriegsbemalung erfüllt einerseits pragmatische Zwecke, indem sie beispielsweise einen Sonnenschutz darstellt, eine optimale Tarnung ermöglicht oder die eigene Identität verschleiert. Andererseits kann sie ästhetische oder religiöse Gründe haben: So glaubten die Indianern, dass das Bemalen mit Erdfarbe ihre Verbundenheit zu Mutter Natur stärke und bestimmte Symbole ihnen Schutz oder Kraft verleihen (Navalkar, 2016). Auch heute bemalen sich Soldaten noch für Kampfhandlungen, wenn sie zur Tarnung Gesicht und Hals schwarz oder in Tarnfarbe einfärben.

28.2.5 Kriegsvergewaltigungen

Als Kriegsvergewaltigungen bezeichnet man das Phänomen, dass es in Kriegszeiten zu einem starken Anstieg der Vergewaltigungsquoten kommt. Kriegsvergewaltigungen sind meist ritualisiert, d. h., sie folgen immer dem gleichen Muster, und sind in das Glaubens- oder Wertesystem der Täter eingebettet. Die Täter sehen es als ihr Recht oder sogar ihre Pflicht an, die Frauen des Feindes zu vergewaltigen. Beispielsweise ist die Vergewaltigung minderjähriger, „ungläubiger" Opfer für die Angehörigen der Terrormiliz Islamischer Staat Teil einer religiösen Zeremonie und wird durch Gebete begleitet (Callimachi, 2015).

Die Ursachen von Kriegsvergewaltigungen sind das Ergebnis komplexer Dynamiken verschiedener Faktoren. Eine wichtige Rolle spielen dabei Merkmale der Täter und der Opfer, insbesondere ihre **ethnische Herkunft und Religion** (wie am Beispiel des Islamischen Staates deutlich wird). Relevant sind außerdem die Motive der Täter, also ob z. B. auf Befehl oder aus individuellen Bedürfnissen heraus gehandelt wird (bpd, 2011). Die Auswirkungen von Kriegsvergewaltigungen sind vielfältig und destruktiv: Sie schädigen die physische und psychische Gesundheit der Opfer, aber auch deren familiäre und gesellschaftliche Strukturen.

Generell werden Kriegsvergewaltigungen oft als Nebenwirkung des Verfalls rechtlicher und sozialer Normen in Kriegsgebieten gesehen. Darüber hinaus werden Kriegsvergewaltigungen auch als systematische **Methode der Kriegsführung** eingesetzt, z. B. zum Zweck der ethnischen Säuberung bei Völkermorden (Cohen, 2013). Im Rahmen der Kriege in Bosnien und Herzegowina sowie in Ruanda wurde sexuelle Gewalt erstmals als „Kriegswaffe" bezeichnet.

Einerseits sind Kriegsvergewaltigungen ein zeitloses Phänomen, das historisch immer eine Rolle gespielt hat, beispielsweise in antiken mythologischen Geschichten (z. B. der Raub der Sabinerinnen), in der Bibel oder bei den Wikingern. Andererseits besteht die Vermutung, dass Kriegsvergewaltigungen seit dem ausgehenden 20. Jahrhundert zugenommen haben (bpd, 2011). Auch heute kommen Kriegsvergewaltigungen weltweit in Kriegsgebieten vor (z. B. in Kolumbien und dem Sudan), obwohl der Internationale Strafgerichtshof sie als Kriegsverbrechen (Römer Statut, Artikel 8, Absatz 2b) behandelt.

28.2.6 Weitere Ausschreitungen in Kriegsgebieten

Neben der bereits erwähnten sexuellen Gewalt kommt es im Krieg zu weiteren ritualisierten kriminellen oder unmoralischen Ausschreitungen.

Hierzu gehören einerseits besonders grausame **Hinrichtungsmethoden**, z. B. das Blutadler-Ritual der Wikinger, bei dem die Rippen des lebendigen Opfer von der Wirbelsäule getrennt und zur Seite geklappt wurden, um an Adlerflügen zu erinnern. Auch die systematische Tötung durch Vergasung, die im Zweiten Weltkrieg von den Nationalsozialisten zum Massenmord an den Juden angewandt wurde, muss hier genannt werden. Grausame Hinrichtungen finden auch heute noch im Krieg statt, beispielsweise durch die Terrormiliz Islamischer Staat, die ihre Gefangenen in zeremoniell inszenierten Exekutionen tötet. Als Hinrichtungsmethoden dienen dabei nach strengen Regeln durchgeführte Enthauptungen, Steinigungen oder Verbrennungen. Beispielsweise müssen die Steine einer Steinigung gerade so groß sein, dass sie schmerzhafte, aber nicht sofort tödliche Verletzungen verursachen.

Auch nach dem Tod des Gegners gibt es grausame Rituale im Umgang mit dessen Leiche, die **Leichenschändung**. Das wohl bekannteste Beispiel dürfte das indianische Ritual des Skalpierens sein. Dabei wurde ein kreisrundes Stück Haut zwischen den Brauen und dem Hinterkopf inklusive Haare vom Schädel abgeschnitten. Der Skalp wurde anschließend getrocknet, aufgespannt und bemalt. Er galt als Statussymbol und wurde in weitere rituelle Handlungen, wie Skalptänze, eingebunden (Axtell u. Sturtevant, 1980). Auch heute kommt es noch zu Leichenschändungen auf dem Schlachtfeld. So sorgen regelmäßig Soldaten für Schlagzeilen, indem sie z. B. auf die Leichen der gefallenen Feinde urinieren oder für Fotos mit diesen posieren.

28.3 Psychologische Hintergründe

28.3.1 Gruppenkohäsion und Gruppendenken

Eine Gruppe besteht aus 2 oder mehr Personen, die miteinander interagieren und gemeinsame Ziele verfolgen. Die Soldaten militärischer Einheiten bilden somit Gruppen. Das Ausmaß an Verbundenheit und Zusammenhalt, das „Wir-Gefühl", innerhalb einer Gruppe bezeichnet man als **Gruppenkohäsion** (Aronson et al., 2014). Es besteht ein positiver Zusammenhang zwischen der Kohäsion einer Gruppe und ihrer Leistung bei Aufgaben, die Kooperation erfordern (Gully et al., 1995). Da militärischen Einheiten zum Zweck der kooperativen Arbeit gebildet werden, sollten sie somit kohäsiv sein.

Eine hohe Gruppenkohäsion kann jedoch auch schädlich sein und die Entscheidungsprozesse in Gruppen beeinträchtigen. So kommt es vor, dass Gruppen häufig trotz vorhandener Informationen mitunter verheerende Fehlentscheidungen treffen, die von außen betrachtet offensichtlich falsch sind. Dieses Phänomen erklärte Irving Janis (1972) in seiner **Theorie des Gruppendenkens** („groupthink"; zitiert nach Aronson et al., 2014, S. 326): Gruppendenken entsteht, wenn den Mitgliedern einer Gruppe die Kohäsion wichtiger ist als die rationale Berücksichtigung aller Tatsachen. Dabei zeigen die Gruppenmitglieder konformes Verhalten, d. h., sie passen ihr eigenes Verhalten an das der Gruppe an, um weiterhin von dieser akzeptiert zu werden. Hat eine Gruppe einen autoritären Führer und ist von externen Meinungen abgeschnitten, begünstigt dies das Entstehen von Gruppendenken. Da diese Bedingungen in militärischen Einheiten gegeben sind, ist davon auszugehen ist, dass dieses Phänomen häufig auftritt, u. a. wenn militärische Gruppen sich entscheiden, ausschreitendes Verhalten zu zeigen.

28.3.2 Soziale Kategorisierung

Ein Phänomen, das die Gruppenkohäsion verstärkt ist die soziale Kategorisierung. Darunter versteht man die Tendenz des Menschen, die soziale Welt in Kategorien aufzuteilen (Aronson et al., 2014): Wir segmentieren zwischen Eigengruppen (Ingroups), denen wir angehören, und Fremdgruppen (Outgroups), denen wir nicht angehören.

Dies erleichtert einerseits die Informationsverarbeitung, da wir in weniger Einheiten denken müssen, und fördert andererseits eine positive **soziale Identität**. Die soziale Identität ist ein Teil unseres Selbstkonzeptes, der Wissen über unsere Mitgliedschaft in Gruppen und deren Wert enthält. Unser Ziel ist es, durch die positive Abgrenzung der Eigen- von der Fremdgruppe eine positive soziale Identität zu erlangen. Hierbei kommt es zur selbstwertdienlichen Eigengruppenverzerrung (Aronson et al., 2014): Die Mitglieder der eigenen Gruppe werden stark bevorzugt, während die Angehörigen der Fremdgruppe abgewertet werden.

Im Krieg findet dieser Prozess statt und führt zu einer Überbetonung und Verherrlichung der eigenen Einheit, die sich in den individualistischen, teils selbstverherrlichenden Schlachtrufen (z. B. der Behauptung, Gott habe das eigene Handeln befohlen) ausdrückt. Zudem möchten Soldaten ihre Mitgliedschaft in der positiv bewerteten Eigengruppen nach außen sichtbar signalisieren, wobei ihnen Uniform und Kriegsbemalung helfen.

Darüber hinaus fördert auch der sog. **Fremdgruppenhomogenitätseffekt** die positive soziale Identität (Aronson et al., 2014): Wir nehmen an, dass die Mitglieder von Fremdgruppen einander ähnlicher seien, als die Angehörigen unserer Eigengruppe. Dieser Prozess wird durch die äußerliche Vereinheitlichung im Krieg unterstützt: Die Soldaten fremder Einheiten wirken aufgrund der Uniformen sehr homogen und charakterlos, während man die eigenen Kameraden persönlich kennt und weiß, dass (trotz Uniform) individuelle Charaktere bestehen. Es kommt gewissermaßen zur Entmenschlichung der gegnerischen Truppen.

28.3.3 Synchronie

Synchronie bezeichnet das simultane Handeln von Personen, z. B. beim Klatschen im Takt. Auch Soldaten synchronisieren ihre Bewegungen, indem sie im Training oder zu Schauzwecken im Gleichschritt marschieren. Synchronie hat eine Reihe positiver Auswirkungen für Gruppen: Sie steigert das Gefühl von **sozialer Verbundenheit** und zwischenmenschlicher Nähe (Fessler u. Holbrook, 2014).

Zudem konnte experimentell gezeigt werden, dass synchrones Verhalten das **Vertrauen** und die **Kooperation** innerhalb von Gruppen erhöht: Studenten kooperierten in einem Spiel um Geld stärker miteinander und waren eher bereit, eigene Verluste zugunsten des Gruppenwohls in Kauf zu nehmen, wenn sie zuvor im Gleichschritt (statt im normalen Gang) miteinander marschiert waren (Wiltermuth u. Heath, 2009).

Darüber hinaus bewirkt Synchronie, dass wir die Bedrohlichkeit möglicher Feinde geringer einschätzten (Fessler u. Holbrook, 2014). Sie dient dabei als Signal an die Mitglieder der synchronen Gruppe, dass die Möglichkeit zu kooperativer Verteidigung besteht. Außerdem scheint Synchronie eine Art kollektives Denken, ähnlich dem Gruppendenken, zu bewirken. Sie könnte somit auch schädlich sein, wenn sie zu einer Unterschätzung des Feindes führt.

Daneben kann Synchronie negative Auswirkungen auf Zwischengruppenebene haben: Sie erhöht die **Fügsamkeit** gegenüber den Aufträgen von Mitgliedern der synchronen Gruppe, sich aggressiv (s. u.) gegenüber Fremdgruppen zu verhalten (Wiltermuth, 2012). Synchronie ist somit ein Werkzeug um Menschen manipulativ zu unethischem Verhalten zu bewegen.

Soldaten, die gemeinsam marschieren, profitieren also von höherem Gruppenzusammenhalt und mehr kooperativem Verhalten und ihre Feinde erscheinen ihnen weniger angsteinflößend. Gleichzeitig steigert das Marschieren ihren Gehorsam gegenüber Befehlen innerhalb der Einheit, auch wenn diese unethisches Verhalten fordern.

28.3.4 Deindividuation

Deindividuation beschreibt einen Zustand, in dem Menschen das Bewusstsein für das eigene Selbst verlieren, und es zu einer Lockerung von gesellschaftlichen Verhaltensstandards kommt. Sie enthemmt das individuelle Verhalten, sodass wir Handlungen ausführen, die wir sonst nie begehen würden (Aronson et al., 2014).

Deindividuation tritt typischerweise auf, wenn Menschen das Gefühl haben, Teil einer Gruppe zu sein und voll in ihr unterzugehen. Alternativ kann auch die starke Identifikation mit einer Rolle zu Deindividuation führen. Im Falle von Kriegen wirken beide Mechanismen: Soldaten sind Teil einer sehr kohäsiven Gruppe und identifizieren sich gleichzeitig mit ihrer Rolle als Krieger. Da Verkleidung und Maskierung Deindividuation nachweislich begünstigen (Zimbardo, 1969), unterstützen Uniformen und Kriegsbemalung diesen Prozess. Es kommt zu einer Vereinheitlichung des Erscheinungsbildes, und individuelle Merkmale wie Kleidungsstil oder sozioökonomischer Status verschwinden. Zudem verstärkt das Tragen von Uniform die Identifizierung mit der Soldatenrolle.

Deindividuation bewirkt, dass Menschen in verstärktem Ausmaß den Normen ihrer Eigengruppe bzw. **rollenkonformen Normen** folgen (Postmes u. Spears, 1998). Stehen diese Normen im Konflikt mit gesellschaftlichen Normen, so werden die Gruppen- bzw. Rollennormen höher gewichtet. Dieser Prozess ist im Krieg nützlich: Soldaten müssen gemäß militärischer Normen handeln, die u. a. das Töten anderer Menschen verlangen, was wiederum moralischen und religiösen Normen widerspricht. Durch die Deindividuation fällt das gruppen- bzw. rollenkonforme Verhalten leichter und gesellschaftliche Normen treten zurück.

Handelt es sich bei den Gruppen- bzw. Rollennormen um aggressive Normen, wie es im Krieg der Fall ist, führt Deindividuation somit zu aggressivem Verhalten (z. B. Zimbardo, 1969; s. u.). Speziell im Kriegskontext konnte diese aggressionsförderliche Wirkung von Deindividuation bestätigt werden (Watson, 1973): Über 24 Kulturen hinweg zeigten Krieger, die ihre Identität durch Kriegsbemalung oder Kleidung verbargen (also deindividualisiert waren), im Krieg aggressiveres Verhalten. Sie tendierten stärker zu Mord, Folter und Verstümmelung als Krieger, die ihre Identität nicht verbargen.

Dass auch die starke Identifizierung mit der sozialen Rolle durch Deindividuation zu aggressivem Verhalten führen kann, zeigte eines der bekanntesten Experimente der Psychologie, das **Stanford-Prison-Experiment** (Haney et al., 1973): Gewöhnliche Studenten sollten für 14 Tage in einem simulierten Gefängnis die ihnen zufällig zugeteilte Rolle als Wärter oder Häftling einnehmen. Die Teilnehmer verinnerlichten ihre Rollen in einem so starken Ausmaß, dass das Experiment nach nur 6 Tagen abgebrochen werden musste. Die „Wärter" verhielten sich äußerst bösartig gegenüber den „Häftlingen" und schikanierten diese, während die Häftlinge sich immer willenloser fügten. Hier veranlasste die Identifizierung mit der Rolle als „Wärter" die Studenten, sich aggressiv zu verhalten.

Deindividuation erklärt sich durch die **Anonymität** des Einzelnen in der Gruppe bzw. Rolle, die mit einem verminderten Verantwortungsgefühl für die eigenen Taten einhergeht: In Gruppen können einzelne Individuen aufgrund schlechter Identifizierbarkeit kaum zu Rechenschaft gezogen werden (Postmes u. Spears, 1998), und bei rollenkonformen Handeln liegt eine Legitimation des Verhaltens durch die Rolle vor.

Deindividuation stellt somit eine mögliche Erklärung für die aggressiven Ausschreitungen und Vergewaltigungen im Krieg dar: Die Anonymität der Gruppe bzw. die Rollenidentifikation begünstigen aggressives Verhalten und die Soldaten begehen Taten, die sie in ihrem zivilen Leben, wenn sie „sie selbst sind", nicht begehen würden.

28.3.5 Aggression

Aggression bezeichnet ein absichtliches Handeln, das darauf abzielt, jemandem einen körperlichen oder physischen Schmerz zuzufügen (Aronson et al., 2014). Da das Ziel von Kriegen das gewaltsame Ausschalten eines Gegners ist, stellt aggressives Verhalten gewissermaßen die **Essenz von Krieg** dar.

Körperliche Aggression hat insbesondere bei Männern eine biologische Verankerung. Darüber hinaus gibt es auch physiologische Einflussfaktoren wie Schmerz oder Hitze und situative Hinweisreize wie Schusswaffen, welche die Hemmschwelle für aggressives Verhalten senken (Aronson et al., 2014).

Generell herrschen im Krieg somit aggressionsförderliche Bedingungen, da vorwiegend männliche Soldaten, oft bei großer Hitze und Schmerz und unter ständiger Anwesenheit von Schusswaffen kämpfen. Da erstaunt es nicht, dass im Krieg neben den inhärenten aggressiven Handlungen auch übertrieben aggressive Rituale wie Folter, Hinrichtungen und Kriegsvergewaltigungen praktiziert werden.

28.3.6 Gehorsam

Gehorsam, also Aufträgen von Autoritätspersonen Folge zu leisten, spielt im Militär eine große Rolle. Es gibt eine ausgeprägte Hierarchie, und Gehorsam ist notwendig, um ein koordiniertes Handeln großer Gruppen von Soldaten zu ermöglichen.

Ähnlich wie beim Gruppendenken kommt es auch beim Gehorsam zur **Anpassung des eigenen Verhaltens**, um nicht ausgeschlossen oder bestraft zu werden. Auch Gehorsam kann zu fatalen Entscheidungen und Taten führen, wie der Psychologe Stanley Milgram (1963) in einem Experiment zeigte: Auf Befehl eines Versuchsleiters verabreichten Versuchspersonen anderen Menschen Stromstöße von hoher bis letaler Intensität (welche natürlich nur inszeniert waren; zitiert nach Aronson et al., 2014, S. 292). Er bewies damit, dass auch „gute" Menschen durch ausgeprägten sozialen Druck zu grausamen Taten verleitet werden.

Auch Soldaten im Krieg sind außergewöhnlichen Drucksituationen ausgesetzt, in denen sie teilweise nicht in der Lage sind, den Befehl eines Vorgesetzten, jemanden beispielsweise auf grausame Weise hinzurichten, zu verweigern. Dass der Gehorsam im Militär unvorstellbare Ausmaße annehmen kann, machten die Vergehen der Nationalsozialisten während des Zweiten Weltkriegs allzu deutlich. Gehorsam stellt somit einen weiteren potenziellen Ansatz zur Erklärung (nicht zur Entschuldigung) unmoralischer Kriegsrituale dar.

28.3.7 Einstellungen im Zusammenhang mit Kriegsvergewaltigungen

Morris (1996) beschrieb, dass sich im US-amerikanischen Militär einige Einstellungen finden, die mit einer erhöhten Bereitschaft zu Vergewaltigung einhergehen, beispielsweise die **Gleichsetzung von Maskulinität mit Aggression**, ein ausbeuterisches Bild von Sexualität und eine generelle Feindseligkeit gegenüber Frauen. Es ist davon auszugehen, dass derartige Einstellungen weltweit in militärischen Institutionen mehr oder weniger verbreitet sind und eine Rolle im Rahmen von Kriegsvergewaltigungen spielen.

Diese Einstellungen könnten das Produkt von Selbstselektion in militärischen Institutionen sein: Personen, die sich dazu entscheiden, im Krieg zu kämpfen, haben häufig sehr maskuline und aggressive Tendenzen, die mit Voreinstellungen zu Gewalt, insbesondere gegenüber Frauen, einhergehen (Morris, 1996). Es ist also denkbar, dass einzelne Soldaten mit solchen Einstellungen das Entstehen **gewaltverherrlichender Normen** im Militär fördern und Soldaten ohne diese Voreinstellungen mittels Gruppenkohäsion sozialisiert werden.

Mit der zunehmenden Emanzipation der Frauen im Militär sollte es zwar zum Rückgang derartiger Einstellungen kommen, ein gezielter Abbau sexueller und geschlechtsbezogener Normen im Militär ist dennoch gezielt zu fördern.

28.3.8 Rechtfertigung von Verhalten

Die **Theorie der kognitiven Dissonanz** von Leon Festinger erklärt, wie Soldaten ihr Handeln im Krieg rechtfertigen und dadurch unmoralische Kriegsrituale ermöglichen. Menschen haben das Bedürfnis nach einem stabilen, positiven Selbstbild und diesbezüglich bestimmte Einstellungen, sog. Kognitionen. Wenn wir uns schändlich, z. B. aggressiv, gegenüber anderen verhalten, entstehen Kognitionen, die diesem positiven Selbstbild widersprechen, und es kommt zu kognitiver Dissonanz. Diese bewirkt ein Gefühl des Unwohlseins, das wir (vorwiegend) unbewusst versuchen zu reduzieren (Frey u. Gaska, 1993).

Es gibt mehrere Wege zur Dissonanzreduktion: Wir verändern unser Verhalten, um es in Einklang mit der dissonanten Kognition zu bringen, oder wir ändern die unvereinbare Kognition bzw. fügen eine neue Kognition hinzu, um unser Verhalten zu rechtfertigen. Da sich Soldaten im Krieg häufig unmoralisch verhalten, erleben sie verstärkt kognitive Dissonanz: Die Kognition „Ich habe jemanden getötet" ist unvereinbar mit der Kognition „Ich bin ein guter Mensch". Eine Möglichkeit ihr Handeln zu rechtfertigen ist, dessen negative Aspekte zu bagatellisieren und die Einstellung zum fraglichen Verhalten (z. B. Töten) zu verändern. Dies führt zu einer **Veränderung ihres Wertesystems**.

Eine andere Möglichkeit ist es, sich davon zu überzeugen, dass die Handlung gegenüber dieser speziellen Person bzw. Gruppe nicht schändlich war. Hierfür werden deren negative Seiten betont, um sich einzureden, dass die Person bzw. Gruppe die Handlung verdient hat. Dies verringert die aktuelle Dissonanz, bereitet gleichzeitig aber zukünftige unmoralische Handlungen vor. Hat man erst einmal erfolgreich Gründe zur **Rechtfertigung** von Aggression gegenüber einer Person bzw. Gruppe gefunden, fällt es umso leichter, dem Opfer später erneut Schaden zuzufügen (Aronson et al., 2014). Die Gewalt wurde ja bereits legitimiert.

Dieses Prinzip lässt sich auch zur Erklärung von Kriegsvergewaltigungen und anderen Ausschreitungen heranziehen. Die Rechtfertigung der (angemessenen) Handlungen innerhalb des eigentlichen Gefechts führt zu einer Verschiebung des Wertesystems bzw. zu einer Legitimierung der Gewalt gegenüber diesem Gegner und bereitet den Weg für darüber hinausgehende aggressive Handlungen. Unterstützt wird die Dissonanzreduktion z. B. durch die Entmenschlichung des Gegners mit abwertender Sprache. Auch das mantraartige Wiederholen von Schlachtrufen fördert Dissonanzreduktion, indem die Soldaten sich selbst eine zu ihrem Verhalten passende Kognition vorsagen.

aggressives Verhalten hervorrufen und verhindern, dass Soldaten eigenverantwortlich handeln. Eine Abschaffung der Kriegsrituale zum Zweck einer Humanisierung von Krieg scheint dennoch unrealistisch. Einerseits ist es kaum möglich, die über Jahrhunderte etablierten Rituale einfach abzustellen, und andererseits ist das gewaltsame Vorgehen ein notwendiges Übel, wenn Kriege aus humanitärer Notwendigkeit (z. B. zur Befreiung von Unterdrückung) geführt werden.

Sinnvoller wäre es, das Entstehen von Kriegen im Vorhinein durch (psychologische) Mittel der **Konfliktmoderation** zu begrenzen. Dies geschieht bereits teilweise in Institutionen wie den Vereinten Nationen oder der Europäischen Union. Deren Institutionalisierung von Konfliktregelung scheint effektiv zu sein, da wir auf europäischem Grund eine mittlerweile 70 Jahre anhaltende Friedensperiode verzeichnen können. Darüber hinaus geben Einrichtungen wie der Internationale Gerichtshof Spielregeln für den Krieg vor, sodass einige der zweifelsohne moralisch unvertretbaren Rituale wie Kriegsvergewaltigungen und das Einbeziehen der Zivilbevölkerung mittlerweile völkerrechtlich verboten sind.

28.4 Betrachtungen zur Notwendigkeit von Kriegsritualen

Kriegsrituale haben durch die ihnen zugrunde liegenden psychologischen Mechanismen einen großen Nutzen für den Kriegszweck: Indem sie beispielsweise kooperatives und normkonformes Verhalten der Soldaten unterstützen, machen sie die militärischen Einheiten effektiver. Außerdem erleichtern sie den Soldaten die Rechtfertigung ihrer kriegerischen Handlungen und tragen somit zu ihrer psychischen Gesundheit bei. Kriegsrituale sind für die jeweiligen militärischen Gruppen also vorteilhaft, da sie das unmoralische, aber dennoch notwendige gewaltsame Verhalten im Krieg ermöglichen.

Für das einzelne Individuum wirken sich die Kriegsrituale jedoch destruktiv aus, da sie z. B.

28.5 Fazit

Wie wir sehen konnten, liegt den Ritualen im Krieg und Militär eine Vielzahl komplexer psychologischer Mechanismen zugrunde. Alle diese Rituale steigern die Effektivität von Soldaten im Krieg und erleichtern die Rechtfertigung ihres Handelns als Krieger. Ihre Auswirkungen auf das Erleben und Verhalten von Soldaten ermöglichen die dem Krieg inhärente Gewalt, weshalb die Kriegsrituale wohl oder übel notwendig sind.

Dennoch sind sie für die persönliche Entwicklung der Soldaten abträglich. Deshalb ist es wichtig, dass der einzelne Soldat trotz der Rituale und psychologischen Effekte auch im Krieg weiterhin als Mensch und verantwortungsbewusst handelt. Nach Auhagen (2001) sollte er deshalb stets ethische Standards berücksichtigen und sich selbst in der Rechenschaft für die Folgen seines Handelns sehen (zitiert nach Graupmann et al., 2011, S. 113). Letztlich ist es im Krieg, ebenso wie im Frieden, wichtig, einer Verantwortungsethik zu folgen und sich zu fragen, was man selbst unternehmen kann, um die Dinge zum Positiven zu verändern.

Literatur

Andrews, E. (2015). History Stories: 8 Legendary Battle Cries. History. Artikel vom 21. Mai 2015. http://www.history.com/news/history-lists/8-legendary-battle-cries. Zugegriffen: 27. November 2017.

Aronson, E., Wilson, T. D., & Akert, R. M. (2014). *Sozialpsychologie*. München: Pearson.

Axtell, J., & Sturtevant, W. C. (1980). The unkindest cut, or who invented scalping. *The William and Mary Quarterly* 37(3), 451–472.

Bundeszentrale für politische Bildung (bpb). (2011). Sexuelle Gewalt in bewaffneten Konflikten. BICC 09/2011 http://sicherheitspolitik.bpb.de/krieg-und-gewaltkonflikte/hintergrundtexte-m1/sexuelle-gewalt-in-bewaffneten-konflikten. Zugegriffen: 27. November 2017.

Callimachi, R. (2015). ISIS enshrines a theology of rape. *The New York Times*. Artikel vom 13. August 2015. https://www.nytimes.com/2015/08/14/world/middleeast/isis-enshrines-a-theology-of-rape.html?_r=0. Zugegriffen: 27. November 2017.

Cohen, D. K. (2013). Explaining rape during civil war: Cross-national evidence (1980–2009). *American Political Science Review* 107(3),461–477.

Duden online. (2017). marschieren. http://www.duden.de/rechtschreibung/marscieren. Zugegriffen: 27. November 2017.

Fessler, D. M., & Holbrook, C. (2014). Marching into battle: Synchronized walking diminishes the conceptualized formidability of an antagonist in men. *Biology Letters* 10(8), pii: 20140592.

Frey, D., & Gaska, A. (1993). Die Theorie der kognitiven Dissonanz. In: D. Frey, & M. Irle (Hrsg.), *Theorien der Sozialpsychologie. Band I: Kognitive Theorien* (S. 275–325). Bern: Huber.

Graupmann, V., Osswald, S., Frey, D., Streicher, B., & Bierhoff, H.-W. (2011). Positive Psychologie: Zivilcourage, soziale Verantwortung, Fairness, Optimismus, Vertrauen. In: D. Frey, & H.-W. Bierhoff (Hrsg.), *Sozialpsychologie – Interaktion und Gruppe* (S. 107–129). Göttingen: Hogrefe.

Gully, S. M., Devine, D. J., & Whitney, D. J. (1995). A meta-analysis of cohesion and performance effects of level of analysis and task interdependence. *Small Group Research* 26(4), 497–520.

Haney, C., Banks, C., & Zimbardo, P. (1973). Interpersonal dynamics in a simulated prison. *International Journal of Criminology and Penology* 1, 69–97.

Morris, M. (1996). By force of arms: Rape, war, and military culture. *Duke Law Journal* 45(4),651–781.

Navalkar, T. (2016). Native Indian War Paint Symbols and Their Meanings – Just Wow!. Buzzle. Artikel vom 13. September 2016. http://www.buzzle.com/articles/native-indian-war-paint-symbols-and-their-meanings.html. Zugegriffen: 27. November 2017.

Pierer, H. A. (Hrsg.) (1858). *Universal-Lexikon der Gegenwart und Vergangenheit oder Neuestes encyclopädisches Wörterbuch der Wissenschaft, Künste und Gewerbe* (Bd. 5). Altenburg: HA Pierer.

Postmes, T., & Spears, R. (1998). Deindividuation and antinormative behavior: A meta-analysis. *Psychological Bulletin* 123(3), 238–259.

Smith, S. (2016). Origins of „Hooah" in the U.S. Military. The balance. Artikel vom 14. Oktober 2016. https://www.thebalance.com/origins-of-hooah-3354119. Zugegriffen: 27. November 2017.

Stein, H. P. (1984). *Symbole und Zeremoniell in deutschen Streitkräften vom 18. bis zum 20. Jahrhundert*. Bonn: Herford.

Troschke, J. (1967). Die Bedeutung der Uniformen und Kennzeichen im Kriegsvölkerrecht. Dissertation. Würzburg: Universität Würzburg.

Watson, R. I. (1973). Investigation into deindividuation using a cross-cultural survey technique. *Journal of Personality and Social Psychology* 25(3), 342–345.

Wiltermuth, S. S. (2012). Synchronous activity boosts compliance with requests to aggress. *Journal of Experimental Social Psychology* 48(1), 453–456.

Wiltermuth, S. S., & Heath, C. (2009). Synchrony and cooperation. *Psychological Science* 20, 1–5.

Zimbardo, P. G. (1969). The human choice: Individuation, reason, and order versus deindividuation, impulse, and chaos. In: W. J. Arnold, & D. Levine (Eds.), *Nebraska symposium on motivation* (pp. 237–309). Lincoln: University of Nebraska Press.

28

Menschenunwürdige Initiationsrituale

Franziska Mann

© Springer-Verlag GmbH Deutschland, ein Teil von Springer Nature 2018
D. Frey (Hrsg.), *Psychologie der Rituale und Bräuche*,
https://doi.org/10.1007/978-3-662-56219-2_29

29.1 Einleitung

Häufig ist es schwer, Gemeinsamkeiten in sehr unterschiedlichen Gruppierungen, Religionen oder Kulturen zu finden. Was haben amerikanische Studentenverbindungen, einheimische Stämme in Afrika, Straßengangs, Sportmannschaften, religiöse Gruppierungen und Sekten, manche Einheiten der Bundeswehr, Jugendbanden und die Mafia gemein? Auf den ersten Blick scheint diese Frage nur mit „nichts" beantwortet werden zu können. Betrachtet man jedoch die psychologischen Mechanismen in diesen Gruppierungen, erkennt man Ähnlichkeiten. Ein Phänomen, das sich in allen in der einen oder anderen Form findet, ist das Initiationsritual. Eine Initiation ist laut Duden die Aufnahme eines Neulings in eine Standes- oder Altersgemeinschaft, einen Geheimbund oder Ähnliches, die meist durch bestimmte Bräuche bzw. Rituale geregelt wird (Duden online, 2017).

Es gibt viele unterschiedliche Gruppierungen wie die soeben genannten, die bekanntermaßen Initiationsrituale durchführen, und vermutlich ebenso viele, von denen solche Praktiken nicht bekannt sind. Außerdem werden Initiationen häufig hinter geschlossenen Türen durchgeführt und Details gelangen nur durch Berichte von Beteiligten an die Öffentlichkeit. Die Suche nach Prävalenzzahlen und nach dem geschichtlichen Beginn von Initiationsritualen gestaltet sich demnach sehr aufwendig und kann nur für einzelne Gruppierungen oder spezifische Initiationsrituale gelten (▶ Abschn. 29.2). Bei genauerem Hinsehen sind Initiationsrituale in der einen oder anderen Form nahezu überall, wo sich Menschen zu Gruppen zusammenschließen, sowie in der ganzen Menschheitsgeschichte zu finden.

Es muss jedoch eine Unterscheidung getroffen werden: Initiationsrituale können entweder positive oder negative Erfahrungen für die Initianden darstellen. Häufig ist dies abhängig von der Gruppierung, die die Rituale durchführt. Beispielsweise stellen die Taufe (▶ Kap. 8) und die Kommunions- bzw. Konfirmationsfeier im Christentum, die Bar Mitzwa im Judentum (▶ Kap. 10) oder auch der erste Schultag Initiationen dar, die zumeist mit einer positiven Erfahrung für die Initianden einhergehen. Es ist leicht nachvollziehbar, warum solche Initiationsrituale bereits seit Jahrhunderten durchgeführt werden: Die Aufnahme des Neulings wird feierlich in der Gemeinschaft zelebriert und ist für alle Beteiligten ein positives Erlebnis.

Oftmals stellen Initiationen jedoch auch negative Erfahrungen für die Initianden dar. In den meisten amerikanischen Studentenverbindungen, in Teilen der Bundeswehr und in Straßengangs gehören brutale, sadistische und teilweise sogar fatale Rituale zur Initiation neuer Mitglieder dazu. Anders als bei den zuvor beschriebenen Initiationsritualen lässt sich nicht so einfach nachvollziehen, warum diese menschenunwürdigen Initiationsrituale durchgeführt werden und warum die Initianden diese über sich ergehen lassen. Im Folgenden werden daher hauptsächlich menschenunwürdige und – um Schlussfolgerungen für unsere heutige Gesellschaft ziehen zu können – aktuelle Initiationsrituale beleuchtet.

Um mögliche Gründe für deren Existenz aufzudecken, werden zuerst einige menschenunwürdige Initiationsrituale beschrieben und dann in diesem Zusammenhang relevante psychologische Mechanismen diskutiert. Zuletzt werden Chancen und Risiken von menschenunwürdigen Initiationsritualen dargestellt.

29.2 Beschreibung

Geht es um menschenunwürdige Initiationsrituale, könnten vielen Lesern als erstes Schlagzeilen rund um die sog. **Hell Week** an US-amerikanischen Universitäten in den Sinn kommen. In dieser Woche müssen diejenigen Studenten, die in eine Studentenverbindung aufgenommen werden wollen, unterschiedliche Prozeduren über sich ergehen lassen. Dabei testen die älteren Mitglieder die Grenzen der physischen, psychischen und sozialen Belastbarkeit der Initianden aus (Cialdini, 2013). Hierzulande liest man immer wieder von fragwürdigen Initiationsritualen in der Bundeswehr.

Die Durchführung erniedrigender Einführungsrituale wird als **Hazing** (Schikane) bezeichnet. Dabei wird der Initiand entweder zu Handlungen gezwungen, oder die Mitglieder der entsprechenden Gruppierung führen Handlungen an dem Initianden durch (Finkel, 2002). Die Wurzeln des Hazing lassen sich bis in die Antike und das Mittelalter zurückverfolgen (Finkel, 2002); heutzutage werden Hazing-Rituale in den meisten Studentenverbindungen, in Sportmannschaften, in der Bundeswehr und in Straßengangs praktiziert. Auch wenn sie mit negativen psychischen und physischen Folgen für die Initianden einhergehen, gelangt nur ein Bruchteil der Fälle aufgrund der zumeist ausgeprägten Schamgefühle der Initianden an die Öffentlichkeit (Finkel, 2002). Daher muss mit einer hohen Dunkelziffer gerechnet werden, wenn es um die Prävalenz von Hazing-Praktiken geht. Bisher haben sich nur wenige Studien damit befasst; nach einer Studie von Hoover (1999; zitiert nach Finkel, 2002) berichteten jedoch 80 % der befragten College-Athleten, dass sie im Rahmen der Initiation in ihre Sportmannschaften fragwürdigen und unzumutbaren Handlungen unterzogen wurden.

Die angewandten Methoden zur Initiierung neuer Mitglieder variieren selbstverständlich zwischen den einzelnen Gruppierungen. Jedoch werden immer wieder ähnliche Muster beschrieben, die Finkel (2002) zusammengetragen hat. Im Folgenden werden einige der üblichen Methoden kurz beschrieben, wobei keinesfalls Anspruch auf Vollständigkeit oder Objektivität erhoben wird.

29.2.1 Schläge

Häufig werden Initianden durch Schläge in eine Gemeinschaft aufgenommen. Bei der sog. Atombombe muss der Initiand beispielsweise die Hände über den Kopf heben, während ihn die zukünftigen Genossen immer wieder gleichzeitig in den Magen und in den Rücken boxen (Cialdini, 2013). In Gangs ist das sog. **Jump-in** oder **Beat-in** gängig, wobei der Initiand eine bestimmte Zeit lang Schläge von den anderen Gangmitgliedern ertragen muss (Finkel, 2002).

29.2.2 Verzehr ekelerregender oder schädlicher Substanzen

Initianden müssen im Rahmen ihrer Aufnahme häufig Ekelerregendes zu sich nehmen, wie beispielsweise im Rahmen einer Militärinitiation, in der Schamhaare oder Cornflakes gemischt mit dem Blut der Initianden verspeist werden sollten (Finkel, 2002). Bei den Gebirgsjägern in Mittenwald sollen Rekruten im Jahr 2009 gezwungen worden sein, rohe Schweineleber und Rollmöpse mit Frischhefe zu essen. Die Frischhefe bewirkte, dass sich die Betroffenen innerhalb kürzester Zeit heftig übergeben mussten (*Stern*, 2010).

29.2.3 Psychologischer Missbrauch

Eine weitere Praktik im Rahmen von Initiationsritualen ist die des psychologischen Missbrauchs. Initianden werden häufig gedemütigt, angeschrien, beschimpft und gezwungen, peinliche Kleidung zu tragen, persönliche Dienste für die älteren Mitglieder auszuführen oder demütigende Handlungen zu vollführen, z. B. auf allen vieren in den Speiseraum zu kriechen (Cialdini, 2013). Auch Todesdrohungen gehören laut Cialdini (2013) zu den Initiationsritualen: So musste sich beispielsweise ein Student am Strand sein eigenes Grab schaufeln und sich hineinlegen.

29.2.4 Sexuelle Gewalt

Im Rahmen von Hazing-Praktiken kommt es laut Finkel (2002) häufig auch zu sexueller Gewalt. Initianden werden beispielsweise gezwungen, Objekte an ihren Genitalien zu befestigen oder sich mit Objekten (oft anal) vergewaltigen zu lassen. Beim sog. **Butting** reiben die Mitglieder den Initianden ihre Gesäße ins Gesicht. Um in eine Gang aufgenommen zu werden, werden Initianden beim sog. **Being sexed in** dazu gezwungen, Geschlechtsverkehr mit bereits existierenden Gangmitgliedern zu haben.

In einem Fallschirmjäger-Bataillon in Zweibrücken soll es zwischen 2004 und 2006 bei Aufnahmefeiern zu obszönen Praktiken gekommen sein: Demnach mussten sich frisch ernannte Unteroffiziere bei dem Ritual nackt ausziehen, woraufhin ihnen Dörrobst ins Gesäß geschoben und dann mit einem Paddel darauf geschlagen wurde. Andere Soldaten sollen die Früchte dann herausgeleckt haben (*Stern*, 2006).

29.3 Psychologische Hintergründe

Aus den vorangegangenen Beispielen wird deutlich, dass menschenunwürdige Initiationspraktiken in vielen verschiedenen Gruppierungen auftreten. Cialdini (2013) stellte fest, dass häufig angewandte Initiationsrituale amerikanischer Studentenverbindungen in der Hell Week im Wesentlichen mit den Initiationsritualen eines Stammes im Süden Afrikas übereinstimmen. Demnach mussten sich Initianden in beiden Fällen 6 Arten von Proben stellen: Schlägen, Kälte, Durst, dem Verzehr ekelerregender Nahrung, Bestrafungen und Todesdrohungen.

Unabhängig von Kultur (amerikanische Studenten versus südafrikanischer Stamm) und Bildungsstand (Studenten an Eliteuniversitäten versus Mitglieder einer Straßengang) werden solche Rituale also in ähnlicher Weise und teilweise trotz Unterbindungsversuchen durchgeführt. In den Vereinigten Staaten wird beispielsweise seit Beginn des 20. Jahrhunderts versucht, Hazing von Colleges und Universitäten zu verbannen – leider mit wenig Erfolg (Finkel, 2002). Versuche, die Hell Week durch eine **Help Week** zu ersetzen, in der die Initianden soziale Dienste ableisten müssen, oder die Initiationsrituale von Universitätsleitungen direkt überwachen zu lassen, scheiterten (Cialdini, 2013).

Es stellt sich also die Frage, warum sich diese brutalen Praktiken so beständig halten und nicht auszulöschen sind. Steckt dahinter etwa ein krankhaftes Bedürfnis, andere zu verletzen und zu erniedrigen? Dass die Praktiken kultur- und bildungsübergreifend stattfinden, spricht dagegen. Außerdem wurde die These, dass Mitglieder der jeweiligen Gruppierungen psychische und soziale Probleme hätten, welche sie zu diesen Taten bewegten, durch Studien entkräftet, wonach Mitglieder

von Studentenverbindungen psychisch eher etwas gesünder als andere College-Studenten waren (Cialdini, 2013). Außerdem sind Studentenverbindungen laut Cialdini (2013) dafür bekannt, sich in gemeinnützigen Projekten zu engagieren. Er fasst den Sachverhalt treffend zusammen:

> » Anscheinend handelt es sich also bei denjenigen, die diese grausamen Praktiken ausüben, um ganz normale Menschen, die in der Regel psychisch stabil und sozial engagiert sind, jedoch als Gruppe zu einem bestimmten Zeitpunkt eine außergewöhnliche Rohheit an den Tag legen, nämlich unmittelbar bevor ein neues Mitglied in die Gemeinschaft aufgenommen wird. Alles deutet darauf hin, dass die Zeremonie selbst schuld daran ist. (Cialdini, 2013, S. 133)

Cialdini (2013) schließt daraus, dass die Aufnahmerituale lebenswichtig für die Gruppe sein und die Brutalität eine Funktion haben muss.

Im Folgenden werden 2 Perspektiven betrachtet: Warum führen Gruppen auf der einen Seite solch brutale Initiationsrituale durch, und warum lassen sich Individuen auf der anderen Seite auf diese Rituale ein?

29.3.1 Gruppenkontext

Im Folgenden werden die in diesem Zusammenhang wichtigsten psychologischen Mechanismen diskutiert.

Steigerung der Attraktivität durch kognitive Dissonanzreduktion

Die im Zusammenhang mit Initiationsritualen am häufigsten genannte Studie ist die von Aronson und Mills (1959). Die beiden Wissenschaftler hatten in einem Experiment gezeigt, dass Personen, die peinliche Initiationsrituale durchlaufen mussten, um in eine Gruppe aufgenommen zu werden, diese Gruppe mehr wertschätzten und attraktiver fanden als Personen, die keine oder nur leichte Initiationsrituale durchlaufen mussten (sog.

Severity-Attraction-Hypothese: je schwerwiegender das Initiationsritual, desto größer die wahrgenommene Attraktivität). In einer Folgestudie, in der die Initiation nicht peinlich, sondern schmerzhaft war, zeigten sich ebensolche Ergebnisse (Cialdini, 2013).

Aronson und Mills (1959) erklären ihren Befund mit der **Theorie der kognitiven Dissonanz** von Festinger (1957; zitiert nach Aronson & Mills, 1959): Egal wie attraktiv eine Gruppe einem Individuum erscheinen mag, es gibt meist auch Aspekte, die dem Individuum nicht gefallen. Wenn ein Individuum nun eine schwere Initiation durchlaufen muss, um in der Gruppe aufgenommen zu werden, entsteht eine kognitive Dissonanz: Wieso sollte man eine so schwerwiegende Initiation durchlaufen haben, um zu einer Gruppe zu gehören, die durchaus auch negative Aspekte birgt? Diese Dissonanz kann auf folgende Weisen gemindert werden: Zum einen kann das Individuum sich selbst überzeugen, dass die Initiation eigentlich gar nicht so negativ gewesen sei – je schwerer die Initiation jedoch tatsächlich war, desto schwieriger wird diese Option. Zum anderen kann das Individuum die Attraktivität der Gruppe überbewerten, sich also davon überzeugen, dass die Gruppe eigentlich viel mehr positive Aspekte innehat und die negativen Aspekte sehr gering sind (einen guten Überblick über die Theorie der kognitiven Dissonanz bieten Frey u. Gaska, 1993; Vogrincic-Haselbacher et al., 2016).

Aus der Theorie der kognitiven Dissonanz heraus wurde das Paradigma der **Aufwandsrechtfertigung** („effort justification") entwickelt. In diesem Fall entsteht eine Dissonanz zwischen dem Aufwand, den ein Individuum für etwas aufbringen musste und der subjektiven Belohnung für diese Mühe. Ist die Belohnung geringer als in Anbetracht der Mühe erwartet, so wird der subjektive Wert des Erreichten erhöht, um die Dissonanz aufzulösen.

Steigerung des Zugehörigkeitsbedürfnisses

Lodewijkx et al. (2005) erklären die Ergebnisse der Studie von Aronson und Mills etwas anders: Laut ihnen entsteht umso mehr **Bedürfnis nach Zugehörigkeit**, je schwerwiegender eine Erfahrung ist. Dabei reicht auch schon die Erwartung einer gefährlichen Situation aus, um ein starkes Zugehörigkeitsbedürfnis hervorzurufen (Lodewijkx et al., 2005). Die nach dem Initiationsritual gesteigerte wahrgenommene Attraktivität der Gruppe kommt demnach durch das zuvor gesteigerte Zugehörigkeitsbedürfnis zustande.

Diese sog. **Severity-Affiliation-Attraction-Hypothese** (je schwerwiegender das Initiationsritual, desto größer das Bedürfnis nach Zugehörigkeit und somit auch die wahrgenommene Attraktivität) geht auf die Beobachtung von Schachter (1959, zitiert nach Lodewijkx et al., 2005) zurück, dass Menschen in Gefahrensituationen die Nähe anderer Menschen aufsuchen, um ihre emotionale Unsicherheit durch soziale Vergleiche zu mindern.

Erhöhung des Commitments

Cialdini (2013) schließt aus dem Experiment von Aronson und Mills (1959), dass mit den harten Initiationsritualen das **Commitment**, also die innere Verpflichtung der neuen Mitglieder gegenüber ihrer Gruppe, erhöht wird. Bringt man einen Menschen dazu, aktiv und öffentlich ein Commitment einzugehen (z. B. sich auf ein Initiationsritual einlassen), so kann damit sein Selbstbild und sein zukünftiges Verhalten geändert werden (Cialdini, 2013).

Besonders effektiv sind Commitments, die mit großer Mühe einhergehen, und zu denen derjenige, der es eingeht, steht bzw. für die er keine externe Rechtfertigung hat. Dies erklärt laut Cialdini (2013) auch, warum die Einführung einer Help Week nicht erfolgreich war: Ein unangenehmer sozialer Dienst als Aufnahmeritual hätte den Initianden eine externe Rechtfertigung bieten können. Sie könnten sich in diesem Fall vormachen, dass sie dies alles nur über sich hatten ergehen lassen, weil es ja für eine gute Sache geschehen war.

Den Studentenverbindungen geht es aber nicht darum, den Initianden irgendein Commitment abzuringen, sondern sie sollen auch die volle innere Verantwortung dafür übernehmen. Cialdini fasst die Beweggründe, die Gruppen zu harten Initiationsritualen bewegen, folgendermaßen zusammen:

» [Die Gruppenmitglieder] sind keine Sadisten; sie tun etwas, das dem Überleben der Gruppe dient. Auch wenn es auf den ersten Blick unverständlich anmutet, mit dem, was sie tun, sorgen sie dafür, dass die zukünftigen Mitglieder der Gemeinschaft die Gruppe attraktiver und lohnender finden. […] Die Loyalität und die Hingabe derer, die sie hinter sich bringen, stärkt den Zusammenhalt der Gruppe und letztlich ihre Überlebenschancen. (Cialdini, 2013, S. 134f.)

Förderung gewisser Fertigkeiten und Differenzierung

In einer Feldstudie fanden Keating et al. (2005) Indizien dafür, dass den Initianden im Rahmen der Initiation relevante Fertigkeiten und Einstellungen beigebracht werden. So berichteten Sportteams, deren Erfolg vom physischen **Durchhaltevermögen** der einzelnen Mitglieder abhängt, häufiger von Initiationsritualen mit körperlich anstrengenden und mit Schmerzen verbundenen Aufgaben als Studentenverbindungen. Diese zeichnen sich dadurch aus, dass sie ein exklusives soziales Netzwerk bilden. Demnach sind Initiationsrituale stärker durch peinliche und „unnormale" Aufgaben gekennzeichnet, um die **Einzigartigkeit** der Verbindung zu betonen.

Initiationsrituale haben somit auch eine Differenzierungsfunktion: Es werden nur diejenigen in die Gruppe aufgenommen, die in der Initiation unter Beweis stellen, dass sie die grundsätzlichen Voraussetzungen (z. B. physisches Durchhaltevermögen) erfüllen. Außerdem wird mithilfe unangenehmer Rituale überprüft, ob der Initiand wirklich motiviert ist, ein Teil der Gruppe zu sein, und sogar Schmerzen über sich ergehen lässt, um dazuzugehören.

Verbundenheit durch Schmerzen

Speziell für Initiationsrituale, die mit Schmerzen einhergehen (z. B. Schläge), könnte ein Befund von Bastian et al. (2014) eine Erklärung bieten: In verschiedenen Experimenten sollten Versuchspersonen in kleinen Gruppen schmerzhafte Aufgaben erfüllen. Die Autoren fanden

heraus, dass in diesen Gruppen nach dem gemeinsamen Erledigen der Aufgaben mehr Verbundenheit und Kooperation gezeigt wurde als in Gruppen, die keine schmerzhaften Erfahrungen geteilt hatten.

Es könnte natürlich eingewendet werden, dass bei Initiationsritualen nicht alle Gruppenmitglieder gemeinsam Schmerzen erleiden – lediglich dem Initianden werden Schmerzen zugefügt. Jedoch mussten die älteren Mitglieder zumeist dieselben Rituale durchlaufen, um in die Gruppe aufgenommen zu werden, und haben daher dieselben Schmerzen durchlitten. Auf gewisse Weise wurden die Schmerzen also gemeinsam ertragen. Dieser Aspekt könnte auch das Gefühl der Verbundenheit der Mitglieder und somit die **Eigen-** („ingroup" – „Wir haben alle dasselbe Schicksal durchlitten") gegenüber der **Fremdgruppe** („outgroup") stärken.

Enthemmung durch Alkohol

Alkoholabusus ist laut Finkel (2002) im Zusammenhang mit Hazing häufig ebenfalls ein entscheidender Faktor: Laut einer Studie war in 49 % der Hazing-Vorfälle Alkohol im Spiel (Finkel, 2002). Ein exzessiver Alkoholkonsum der älteren Mitglieder vor und während der Initiationsrituale und die damit verbundene Enthemmung könnte eine Erklärung für die Brutalität bieten, die teilweise an den Tag gelegt wird.

29.3.2 Individuelle Beweggründe

Nachdem einige Erklärungsansätze dargestellt wurden, warum Gruppen menschenunwürdige Initiationsrituale durchführen, soll im Folgenden mithilfe von 3 weiteren Ansätzen erörtert werden, warum sich Individuen auf diese Rituale einlassen.

An dieser Stelle muss zuerst angemerkt werden, dass es vereinzelt sicherlich auch Widerstand aufseiten der Initianden gibt. Jedoch dürften sich diese Fälle nicht häufen, nachdem – wie bereits erwähnt – bei Regelbrüchen meist mit Strafen zu rechnen ist. Außerdem wissen die meisten Initianden vermutlich recht genau, worauf sie sich einlassen, wenn sie die Mitgliedschaft in einer Gruppe anstreben. Schließlich berichten die älteren Gruppenmitglieder von ihren Erfahrungen und auch über die Medien gelangen Informationen über – meist besonders brutale – Praktiken an die Öffentlichkeit (Lodewijkx et al., 2005). Warum also lassen sich die Initianden auf die teils brutalen Praktiken ein, obwohl sie genau wissen, was sie erwartet?

Positive Aspekte der Gruppenzugehörigkeit

Eine Erklärung bietet die Theorie von Baumeister und Leary (1995): Demnach hat jeder Mensch das **Bedürfnis nach Zugehörigkeit** („need to belong"), also nach häufigen, affektiv positiven Interaktionen mit anderen Personen, die im Idealfall durch gegenseitiges Interesse und Fürsorge gekennzeichnet sind. In Gruppen kann das Zugehörigkeitsbedürfnis besonders effektiv gestillt werden: Sie bieten soziale Unterstützung, sozialen Austausch und die Möglichkeit zu sozialen Vergleichen.

Studentenverbindungen sind dafür bekannt, dass sich ihre Mitglieder als eine Art Familie empfinden, worauf bereits die gängigen Begriffe Bruderschaft und Schwesternschaft hindeuten (◘ Abb. 29.1). Wie bereits erwähnt, zeichnen

sich Studentenverbindungen auch dadurch aus, dass sie ein exklusives soziales Netzwerk bilden. Diese **Exklusivität** wird durch harte Initiationsrituale noch verstärkt: Nicht jeder darf Teil der Gruppe sein, und nur ein ausgewählter Kreis erhält die Ehre, in die Verbindung aufgenommen zu werden.

Für die Initianden könnte dies auch mit einer **Aufwertung** des Selbstkonzeptes einhergehen: Sie müssen zwar eine harte Initiation durchstehen, dann werden sie jedoch mit Stolz, Prestige und Ruhm belohnt. Die Zugehörigkeit zu einer Gruppe bzw. speziell einer Studentenverbindung kann also viele positive Aspekte mit sich bringen, weshalb es erstrebenswert ist, Teil einer Gruppe zu sein – auch wenn dazu Hürden genommen werden müssen.

Belohnungsaufschub und Vergänglichkeit der Strapazen

Laut Mischel et al. (1989) sind Menschen zum **Belohnungsaufschub** fähig. In Hinblick auf eine spätere Belohnung können wir auf eine sofortige Belohnung verzichten und trotzdem weiterhin ein zielgerichtetes Verhalten zeigen. Beispielsweise muss man diszipliniert Sport treiben, um in der Zukunft eine schlanke Figur zu haben. Obwohl die Belohnung nicht sofort erfolgt, nehmen wir

◘ Abb. 29.1   Initiation einer Bruderschaft (© everettovrk / stock.adobe.com)

Unannehmlichkeiten mit dem Wissen in Kauf, dass wir eines Tages dafür belohnt werden.

Ebenso mag es sich im Rahmen von Initiationsritualen verhalten. Die Initiierung ist zwar unangenehm, jedoch lockt am Ende eine große Belohnung: die Zugehörigkeit zur Gruppe. Wie bereits erwähnt, ist eine Möglichkeit der kognitiven Dissonanzreduktion, dass sich das Individuum selbst davon überzeugt, dass die Initiation gar nicht so negativ gewesen sei. Die Strapazen der Initiierung werden also gewissermaßen vergessen. Auch das in der klinischen Psychologie bekannte Phänomen der Verdrängung traumatischer Ereignisse spielt in diesem Zusammenhang sicherlich eine Rolle.

Zudem werden Erinnerungen oftmals verklärt. Das Phänomen der sentimentalen **Vergangenheitsverklärung** („rosy retrospection"; Mitchell et al., 1997) beschreibt, dass Erinnerungen im Nachhinein positiver eingeschätzt werden, als sie es tatsächlich waren. All diese Faktoren dürften dazu beitragen, dass Initianden sich Folgendem bewusst sind: Die Initiierung ist zwar hart, aber sie ist vergänglich und spielt keine Rolle mehr, sobald die Belohnung erreicht wurde.

Erhöhte Risikobereitschaft durch Alkohol

Wie bereits erwähnt, ist Alkoholabusus im Zusammenhang mit Hazing recht häufig (Finkel, 2002). Neben der bereits genannten enthemmenden Wirkung auf die älteren Mitglieder könnte der Konsum von Alkohol auch für die Initianden eine wichtige Rolle spielen. Alkohol kann bekanntermaßen zu einer deutlichen Erhöhung der Risikobereitschaft führen, sodass sich Initianden den Mut antrinken bzw. teilweise auch dazu gezwungen werden, um das Initiationsritual durchzustehen.

29.4   Warum gibt es keine Gegenwehr?

Aus den in ▶ Abschn. 29.3 diskutierten Erklärungsansätzen geht hervor, dass Initiationsrituale Vorteile für die sie durchführenden Gruppen bringen. Dennoch wird im Rahmen von Initiationen immer wieder auf massivste Weise die Menschenwürde verletzt, und es werden mehr und mehr Fälle bekannt, bei denen Personen während ihrer Initiation ums Leben gekommen sind. Es stellt sich also die Frage, warum es keinen bzw. nur wenig Widerstand vonseiten der älteren Mitglieder gibt.

Ein möglicher Grund ist, dass die älteren Mitglieder aus diversen Gründen gar kein Unrechtsbewusstsein haben, wenn es um die Durchführung von Initiationsritualen geht. Hier spielt sicherlich das in vielen Gruppierungen stark ausgeprägte **Traditionsbewusstsein** eine Rolle. Die älteren Mitglieder sind sich meist einig, dass die neuen Mitglieder ähnliche Rituale wie sie selbst und davor schon Generationen von früheren Gruppenmitgliedern durchlaufen sollten (Keating et al., 2005). Außerdem kann mit der **Theorie des Gruppendenkens** (Janis, 1972) das Zustandekommen unangemessener Entscheidungen in Gruppen erklärt werden: Abweichende Positionen werden besonders in kohäsiven Gruppen zugunsten eines gemeinsamen Konsenses unterdrückt.

Eine weitere Begründung für den geringen Widerstand gegen Initiationsrituale ist, dass manche Mitglieder zwar ein Unrechtsbewusstsein haben, dies jedoch aus verschiedenen Gründen nicht äußern. Zum einen könnte der in Gruppen häufig auftretende **Konformitätsdruck** (Gruppenzwang) dafür sorgen, dass ein Individuum sein Verhalten an die jeweilige Gruppennorm anpasst. Außerdem zeigte sich in einem bekannten Experiment von Milgram (1963) zum Gehorsam, dass Personen Handlungen ausführen, die in direktem Widerspruch zu ihrem Gewissen stehen (z. B. einer anderen Person Stromschläge geben), wenn sie von einer Autoritätsperson dazu angewiesen werden. Je nach Gruppierung muss bei Regelverstößen, wie gegen die Gruppennormen aufzubegehren, auch mit Strafen gerechnet werden.

29.5   Fazit

Wie bereits erwähnt, scheiterten bisher die meisten Versuche, menschenunwürdige Initiationsrituale zu unterbinden. Dies darf jedoch keinesfalls zu Resignation führen, wie es laut

Cialdini (2013) teilweise der Fall ist – demnach haben bereits viele Vertreter von amerikanischen Hochschulen den Versuch aufgegeben, die entwürdigende Hell Week abzuschaffen.

Sicherlich ist es kein einfaches, jedoch ein umso wichtigeres Unterfangen, solche unethischen und menschenunwürdigen Praktiken zu stoppen. Dazu braucht es vor allem mutige Personen innerhalb der Gruppen. Mitglieder, die die Zivilcourage haben, menschenunwürdigen Praktiken zu widersprechen. Natürlich ist dies aus den genannten Gründen nicht einfach, jedoch unbedingt notwendig. Denn solche Praktiken können nur fortbestehen, wenn es Personen gibt, die sie initiieren, mittragen und unterstützen. Sobald es genügend Mitglieder gibt, die den Mut haben, zu artikulieren, dass die Menschenwürde verletzt wird und sich dagegenstellen, kann eine Veränderung stattfinden. Es sollte daher auch noch mehr Berichterstattung über derartige Praktiken geben, sodass die Öffentlichkeit von der Brisanz und Relevanz dieses Themas erfährt. Dazu müssen sowohl die Opfer als auch ältere Mitglieder animiert werden, sich als eine Art Whistleblower zu Wort zu melden. Zudem braucht es Institutionen, die sich für Alternativen einsetzen.

Die Psychologie kann dabei helfen: Zum einen kann sie – wie in diesem Kapitel bereits begonnen – anhand psychologischer Mechanismen erklären, warum menschenunwürdige Initiationsrituale durchgeführt werden und welche Funktionen sie für die Gruppen erfüllen. Zum anderen kann die Psychologie zukünftig mithilfe dieses Wissens Alternativen entwickeln, die ebensolche Funktionen für die Gruppen erfüllen, dabei jedoch die Menschenwürde der Initianden achten.

Literatur

Aronson, E., & Mills, J. (1959). The effect of severity of initiation on liking for a group. *Journal of Abnormal and Social Psychology* 59, 177–181.

Bastian, B., Jetten, J., & Ferris, L. J. (2014). Pain as social glue: Shared pain increases cooperation. *Psychological Science* 25(11), 2079–2085.

Baumeister, R. F., & Leary, M. R. (1995). The need to belong: desire for interpersonal attachments as a fundamental human motivation. *Psychological Bulletin* 117(3), 497–529.

Cialdini, R. B. (2013). *Die Psychologie des Überzeugens* (7. Aufl.). Bern: Huber.

Duden online. (2017). Initiation, die. http://www.duden.de/rechtschreibung/Initiation. Zugegriffen: 27. November 2017.

Finkel, M. A. (2002). Traumatic injuries caused by hazing practices. *The American Journal of Emergency Medicine* 20(3), 228–233.

Frey, D., & Gaska, A. (1993). Die Theorie der kognitiven Dissonanz. In: D. Frey, & M. Irle (Hrsg.), *Kognitive Theorien der Sozialpsychologie* (2. Aufl., S. 275–325). Bern: Huber.

Janis, I. L. (1972). *Victims of groupthink*. Boston: Houghton Mifflin.

Keating, C. F., Pomerantz, J., Pommer, S. D., Ritt, S. H., Miller, L. M., & McCormick, J. (2005). Going to college and unpacking hazing: A functional approach to decrypting initiation practices among undergraduates. *Group Dynamics: Theory, Research, And Practice* 9(2), 104–126.

Lodewijkx, H. F. M., Van Zomeren, M., & Syroit J. E. M. M. (2005). The anticipation of a severe initiation – gender differences in effects on affiliation tendency and group attraction. *Small Group Research* 36(2), 237–262.

Milgram, S. (1963). Behavioral Study of obedience. *The Journal of Abnormal and Social Psychology* 67(4), 371–378.

Mischel, W., Shoda, Y., & Rodriguez, M. L. (1989). Delay of gratification in children. *Science* 244(4907), 933–938.

Mitchell, T. R., Thompson, L., Peterson, E., & Cronk, R. (1997). Temporal adjustments in the evaluation of events: The „rosy view". *Journal Of Experimental Social Psychology* 33(4), 421–448.

Stern (2006). Fallschirmjäger: Obst in den Po und Paddel drauf. Pressemitteilung vom 21. Juni 2006. http://www.stern.de/panorama/gesellschaft/fallschirm-jaeger-obst-in-den-po-und-paddel-drauf-3593684.html. Zugegriffen: 27. November 2017.

Stern (2010). Skandal in Mittenwald: Gebirgsjäger – ein Fall für den Staatsanwalt. Pressemitteilung vom 10. Februar 2010. http://www.stern.de/panorama/stern-crime/skandal-in-mittenwald-gebirgsjae-ger---ein-fall-fuer-den-staatsanwalt-3893740.html. Zugegriffen: 27. November 2017.

Vogrincic-Haselbacher, C., Asal, K., Fischer, P., & Frey, D. (2016). Theorie der kognitiven Dissonanz. In: H.-W. Bierhoff, & D. Frey (Hrsg.), *Enzyklopädie der Psychologie: Sozialpsychologie. Band II: Soziale Motive und Soziale Einstellungen* (S. 469–490). Göttingen: Hogrefe.

Abschluss-, Austritts- und Ausstoßriten

Mariella Theresa Stockkamp

© Springer-Verlag GmbH Deutschland, ein Teil von Springer Nature 2018
D. Frey (Hrsg.), *Psychologie der Rituale und Bräuche*,
https://doi.org/10.1007/978-3-662-56219-2_30

30.1   Einleitung

Denken wir an Riten, die Gemeinschaften und Gruppen betreffen, kommen uns meist feierliche Schwüre zur Aufnahme in geheime Zirkel in den Sinn. Aber welche Rituale gibt es, die den Abschluss, den Austritt oder gar den Ausstoß zelebrieren?

Zunächst muss unterschieden werden, um welche Art des Verlassens einer Gruppe es sich handelt. Geht es um einen Abschluss, also ein Ritual, das ganz natürlich das Ende eines Lebensabschnittes markiert? Geht es um einen Austritt, also um eine aktive Entscheidung, eine Gruppe zu verlassen, zu der man noch länger zugehörig sein könnte? Oder ist es ein Ausstoß, das unfreiwillige Verlassen einer Gruppe?

Je nachdem, um welche dieser 3 Arten des „Abschieds" es sich handelt, haben die Rituale einen unterschiedlichen Hintergrund und eine unterschiedliche Funktion. Sie spielen nicht nur eine Rolle für die Austretenden, sondern auch für die in der Gruppe Verbleibenden. Je nach Art des Austritts steht die eine oder andere Partei im Fokus. Während bei Abschlussriten vor allem diejenigen gefeiert werden, die die Gruppe verlassen, erfüllen Austrittsriten (beispielsweise der Ausstand) eine Funktion für beide Parteien: Hier steht eine wechselseitige Beziehung im Vordergrund. Ausstoßrituale werden vor allem zur Abschreckung eingesetzt, um den Zusammenhalt der Verbleibenden zu stärken.

30.2   Abschlussriten

30.2.1   Hintergrund und Entstehung

Abschlussriten haben, wie viele andere Riten, ihren Ursprung in der Religion. Nicht umsonst ist die Übersetzung des Wortes „ritus" aus dem lateinischen „religiöse Vorschrift oder Zeremonie".

Katholischen Kirchgängern begegnet ein Abschlussritus jeden Sonntag, nämlich der sog. „ritus conclusionis", der das Ende der Eucharistiefeier darstellt. Kernelement ist hier der Entlassungsruf „Ite missa est" (deutschsprachige Fassung: „Gehet hin in Frieden"). Diese formale Aufhebung der liturgischen Versammlung ist bereits in den römischen Ordines belegt, von denen die älteste auf 650 n. Chr. datiert ist.

Auch das Ende eine **Pilgerreise** wird oft feierlich mit einem speziellen Abschlussgottesdienst beendet. Dieser soll helfen, den Weg symbolisch zu beschließen sowie die erworbenen Erfahrungen und Eindrücke zu reflektieren. Zudem gibt es noch weitere ortsabhängige Abschlussriten, um eine Pilgerreise zu beenden. Pilger, die beispielsweise auf dem Jakobsweg bis zum Meer gehen, betrachten traditionell den Sonnenuntergang in Finisterre (Joos, 2013). Der Abschluss der (Tages-)Reise der Sonne scheint symbolisch den Abschluss der Pilgerreise widerzuspiegeln (▶ Kap. 13).

Im **universitären Kontext** gab es lange Zeit formale Riten zum feierlichen Abschluss. Diese wurden Ende der 1960er-Jahre aber zunächst abgeschafft. Hintergrund war der Protest gegen Universitäten, die viele Ex-Nazis als Professoren beschäftigten, und das Bestreben, den universitären Mittelbau zu stärken. Leitspruch dieser Generation, die sich nicht mehr mit Doktorhut und Co. identifizieren wollte, war: „Unter den Talaren der Muff von 1.000 Jahren". Aus dem englischsprachigen Raum, wo der Abschluss auch heute noch mit Kniefall und universitätseigenen Ritualen gefeiert wird, kommen seit einigen Jahren formale Abschlussfeiern an deutsche Hochschulen zurück. Oft auch in neuer Form: Während der Doktorhut früher für alle gleich aussah, wird er heute als ein von den Kollegen liebevoll personalisiertes Exemplar überreicht.

Ferner gibt es auch **regionale Bräuche**, den Abschluss zu feiern, wie das Übergangsritual, das in Norwegen den Austritt aus der Schule markiert und durch einen einwöchigen Rausch gekennzeichnet ist (Sande, 2002).

Die wohl bekanntesten Rituale haben ihren Ursprung im **Abschluss der Lehre**, auch Freisprechung oder Lossprechung genannt. Hier werden den Lehrlingen ihre Gesellenbriefe überreicht. Dieser Brauch geht auf das Spätmittelalter zurück – der Abschluss ist hier gleichzeitig der

Abschied (das Lossprechen) von dem Meister. Der Lehrling verließ den Familienverband seines Meisters. Besonders bekannte Abschlussriten sind das Gautschen („Taufen" der Buchdrucker in der Bütte; ◘ Abb. 30.1) und die Walz (Wanderjahre nach der Lehrzeit). Die Tradition des Gautschens hat sich im 16. Jahrhundert etabliert und bis heute gehalten. Das jährliche Gautschen der Absolventen des grafischen Gewerbes der Mainzer Berufsschule zieht Tausende Besucher an. Die Zeremonie ist so weit ritualisiert, dass es feste Rollen gibt: Der ehemalige Lehrling ist der Gäutschling, es gibt einen Gautschmeister, der die Zeremonie mit einem „Packt an!" einleitet, den 1. und 2. Packer und die Schwammhalter (Buchdruck-Museum Hannover, 2017). Außerdem wird die Zeremonie von Zeugen beobachtet, die auf dem Gautschbrief unterschreiben. Meistens werden alle Beteiligten ziemlich nass (nicht nur der Gäutschling). Der Gäutschling muss für die Kosten des Gautschfestes nicht selbst aufkommen, wenn es ihm gelingt, den Packern zu entwischen. Je mehr er sich allerdings wehrt, desto nasser wird er gemacht. Das Gautschen gilt auch als symbolische Maßnahme: Schlechte Lehrlingsgewohnheiten sollen hier abgewaschen werden (Kenter, 2017).

Interessanterweise ist der ritualisierte Abschluss oftmals ein Übergang, sei es bei der Lossprechung, die gleichzeitig den Übertritt in die Gruppe der Gesellen darstellt, oder im Privaten beim Abschluss des Arbeitstages und dem Start in den Feierabend durch ein „Feierabendbier".

30.2.2　Psychologische Bedeutung

Durch das Feiern des Abschlusses in der Gruppe wird ein sehr wichtiges psychologisches Grundbedürfnis befriedigt: Das **Zugehörigkeitsbedürfnis** („need to belong"; Baumeister u. Leary, 1995). Der gemeinsame Abschluss macht uns zu Absolventen. Das empfinden wir als angenehm, da so das Zugehörigkeitsbedürfnis erfüllt wird.

Tajfel und Turner (1979) postulieren, dass jede Person neben ihrer eigenen privaten Identität noch eine weitere, die **soziale Identität**, besitzt. Diese wird über die Gruppe definiert und bestärkt unser Selbstwertgefühl, indem die Eigengruppe gegenüber anderen Gruppen systematisch als positiver bewertet wird. Dies geht soweit, dass sich in Alumni-Netzwerken, Veteranengruppen oder den „Alten Herren" der Studentenverbindungen ganze Gruppen „Ausgetretener" vereinigen. Auch Klassentreffen haben diesen Charakter. Wir verlassen die Gruppen, denen wir einst zugehörig waren, nie ganz. Das Zugehörigkeitsbedürfnis ist hier die zentrale Motivation für dieses Verhalten: Jeder

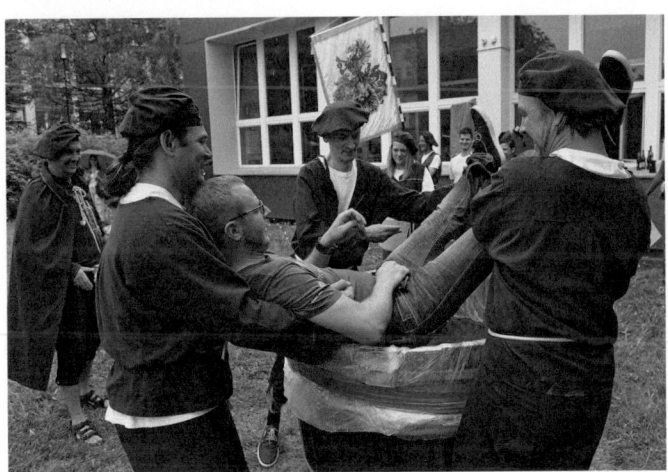

◘ **Abb. 30.1**　Traditionelles Gautschfest des Instituts für Print- und Medientechnik der Technischen Universität in Chemnitz 2017 (© Hendrik Schmidt / dpa-Zentralbild / ZB / picture alliance)

Abschied ist in diesem Sinne eher ein „auf Wiedersehen".

Allerdings verlieren wir auch einen Teil der sozialen Identität, wenn wir eine Gruppe verlassen. Durch den von Abschlussriten bewusst gemachten **Verlust der sozialen Identität** entsteht Raum für die Entwicklung einer neuen. Dieser Vorgang besteht aus 3 Phasen:

- Trennung
- Orientierungsverlust
- Eingliederung

Anthropologen nehmen an, dass diese Phasen nicht nur kulturübergreifend, sondern auch epochenübergreifend sind. Dieser Prozess wiederholt sich nach dem Schulabschluss, dem Abschließen der Lehre, der Hochschule, von Praktika und schließlich auch in Berufen – er begleitet uns ein Leben lang (Wresch u. Pondell, 2015). Austrittsriten helfen dabei, die Phase der Trennung von der alten sozialen Identität besser zu akzeptieren, um sich auf eine neue einzulassen. So entsteht durch den klaren Abschluss eine Möglichkeit zur persönlichen Weiterentwicklung.

Beim Erwerben eines Abschlusses verändert sich auch die **private Identität**. Hier scheinen soziale Medien eine neue Rolle zu spielen und weitere private Riten zu entstehen: Das Posten eines Fotos von sich und dem Abschlusszeugnis oder der Bachelorarbeit vor einem Wahrzeichen der Universität scheint ein neuer Trend zu sein, der sich als Ritus etablieren könnte. Hier ist auch die Außenwirkung klar: die Botschaft an andere, was erreicht wurde, das Bild als neues Statussymbol.

Auch **motivationstheoretische Faktoren** spielen hier eine Rolle: Solche Bilder und die Abschlussfeier verstärken die Bedeutung des erworbenen Abschlusses. Eine gewisse Note auf dem Abschlusszeugnis zu erreichen, ist ein spezifisches, messbares, terminiertes Ziel. Wird dieses Ziel realistisch gesetzt und akzeptiert, kann eine solche Zielsetzung die Leistung steigern (Locke u. Latham, 1990). Gleichzeitig sind Geschenke und die Abschlussfeier Belohnung und damit auch **externer Motivator**, der die Leistung erhöhen kann.

Hier zeigt sich auch die Funktion des Ritus für die Personen, die in der Gruppe verbleiben. Die feierliche Zeremonie kann ein Ansporn sein, seinen Abschluss zu erreichen und gute Noten zu erhalten. Das Bekenntnis (**Commitment**) zur Universität könnte außerdem gesteigert werden, wenn die „gefeierten" Absolventen erfolgreich sind. Gleichzeitig wird durch die feierliche Zeremonie ein Gefühl von Stolz geweckt, dieser Gruppe zugehörig zu sein, die die erfolgreichen Absolventen hervorgebracht hat.

30.3 Austrittsriten

30.3.1 Hintergrund und Entstehung

Es gibt auch Austritte, die wiederkehrende Begleiter auf dem Lebensweg sind. Hier ist vor allem der Ausstand für die Kollegen bei einem Jobwechsel zu nennen. Auch dieses Ritual geht auf das Mittelalter zurück – daher auch der Name. Im Mittelalter war die Gesellschaft in Ständen organisiert. Der Ausstand war also der Ritus zum Verlassen des einen Standes, während der Einstand die rituelle Aufnahme in einen (anderen) Stand darstellte. Beim Ausstand werden die Kollegen zu einem kleinen Umtrunk eingeladen und nicht selten werden auch Geschenke überreicht. Verbunden mit diesem Ritual sind Dankes- und Respektsgesten, man blickt auf die gemeinsame Zeit zurück. Beim Ausstand in den Ruhestand wird gleichermaßen die Zielerreichung, eine Lebensleistung, gefeiert. Dabei werden auch die gemeinsamen Erfolge nicht unerwähnt gelassen – das Ritual hat also einen starken Charakter von gegenseitiger Bestärkung.

Auffällig ist, dass bei Austrittsriten nur Positives genannt wird. Die meisten Verabschiedungs- und sogar Beerdigungsrituale (▶ Kap. 12) sind auf ein Wiedersehen, wenn auch in einer spirituellen Welt, ausgelegt.

Bei Studentenverbindungen, Sekten, dem Militär etc. fällt auf, dass Austrittsriten fehlen. Was passiert bei einem Austritt aus einer Gemeinschaft, die auf lebenslange Mitgliedschaft ausgelegt ist? Die Redensart „Man verlässt die Mafia nur im Sarg" fasst die Einstellung einiger Gemeinschaften treffend zusammen. Oft wird der Austritt nur akzeptiert, wenn die Verpflichtung gegenüber der Organisation weiterhin garantiert ist. So müssen Geheimnisse oder Beweise für die Schuld an bestimmten Taten hinterlegt werden, die den Austretenden schwer belasten. Durch dieses Pfand wird die Bindung und Treue auch nach dem Austritt garantiert.

Während bei Sportvereinen der Fan seinem Verein lebenslang die Treue hält, ist er für den Sportler ein normaler Arbeitsplatz (▶ Kap. 24). So entsteht ein Spannungsfeld aus unterschiedlichen Treuevorstellungen. Wohlwollende Abschiedsspiele mit Ehrung sind oft nur bei letzten Spielen vor dem „Ruhestand" zu beobachten. Gerade in schwierigen Phasen wird der Spieler, der den Verein wechselt, oft als „Verräter" beschimpft.

30.3.2 Psychologische Bedeutung von Austrittsriten

Zentraler psychologischer Mechanismus des Austrittsrituals ist die **Gegenseitigkeit** (Reziprozität) (Stegbauer, 2002). Eine in den Ruhestand gehende Person gibt ihren Ausstand und bedankt sich so bei den Kollegen. Gleichzeitig werden oft (gegenseitige) Abschiedsgeschenke überreicht – ein Zeichen der Wertschätzung und wohl auch ein Brauch, der gegen das beiderseitige Vergessen wirken soll. So fällt der Abschied leichter.

Manchmal wird sogar ein Ausstand für ungeliebte Kollegen veranstaltet. Das Zeigen von Wertschätzung kann hier nicht Motivator für das Ausführen des Rituals sein. Vielmehr spricht dies dafür, dass der Ausstand beim Verlassen des Jobs eine internalisierte **soziale Norm** (Fechtenhauer, 2011) ist. Verletzen wir soziale Normen, werden wir von Dritten bestraft, z. B. durch abfällige Bemerkungen oder indem sie uns ignorieren. Dieser Bestrafung versuchen wir zu entgehen. Zudem wurden wir in unserem Berufsleben so weit sozialisiert, dass die soziale Norm des Ausstandes **internalisiert** ist. Der

Ausstand gibt hier das Gefühl, dass der Wechsel toleriert oder akzeptiert ist. Gibt es besondere Gründe für einen Austritt, werden diese durch das Fehlen eines Ausstandes nur weiter problematisiert: Gerüchte entstehen.

Grund für diese soziale Norm ist der sog. **psychologische Vertrag** (Rousseau, 1989). Dieser beschreibt das Beziehungsverhältnis zwischen Arbeitnehmer und Arbeitgeber als Pendant zum „echten" Arbeitsvertrag. Zentral ist die Wechselseitigkeit dieses Vertrags wie loyales Verhalten und Fairness. Der Ausstand führt diese wechselseitige Beziehung gewissermaßen zu einem guten Abschluss.

30.3.3 Psychologische Bedeutung von Austrittshürden

Wieso ist es so schwer, aus Sekten oder ähnlichen Gruppen auszutreten?

Das oben beschriebene **Zugehörigkeitsbedürfnis** (Baumeister u. Leary, 1995) wird verletzt, da Austritte meist als Einzelperson begangen werden. Man hat also nicht während des Austritts bereits die Möglichkeit, sich einer neuen Gruppe zugehörig zu fühlen. Dies machen sich Organisationen zunutze, die das Austreten von Mitgliedern verhindern wollen. Mit dem Zugehörigkeitsbedürfnis temporär zu brechen, um sich von der Gruppe zu lösen, scheint besonders schwer, wenn die **soziale Identifikation** (Tajfel u. Turner, 1979) mit der Gruppe besonders stark ist. Das kann so weit gehen, dass die persönliche Identität als das private Pendant zur sozialen Identität verschwinden kann. Die einzelne Person wird völlig von der Gruppe absorbiert.

Autorität und **Autoritätsgehorsam** (Milgram, 1974) spielen eine wichtige Rolle beim Befolgen des Austrittsverbots. Das Befolgen von Anweisungen von Personen, die einen hohen sozialen Rang haben, geht so weit, dass sogar gegen grundlegende Wertvorstellungen verstoßen wird – bis hin zu Verbrechen.

Insbesondere bei Sekten, „Hooligans" im Fußball, Studentenverbindungen oder ähnlichen Gruppen, scheint die Identifikation mit der

Eigengruppe („ingroup") besonders bestärkt zu werden. Das Streben, der besten Gruppe von relevanten Vergleichsgruppen zugehörig zu sein, wird durch systematische Abwertung der betreffenden **Fremdgruppe** („outgroup") herbeigeführt (Tajfel u. Turner, 1979). Nicht verwunderlich ist vor diesem Hintergrund, dass der Macht- und Wettkampf unter solchen Gruppen eine große Rolle spielt – sei es in der kriegerischen Auseinandersetzung beim Militär, bei Prügeleien mit Hooligans oder beim „Wettsaufen" rivalisierender Studentenverbindungen. Die Abwertung der relevanten Fremdgruppe und die starke Identifikation mit der Eigengruppe führen zu einem großen Zusammenhalt der Mitglieder.

Die Abschottung von anderen Gruppen oder Menschen, die von vielen Anführern von Sekten sowohl räumlich als auch mental gefördert wird, bestärkt die soziale Identität zusätzlich, da durch Isolation und Kontaktverbot eine Akzeptanz und positive Einstellung gegenüber anderen gar nicht erst aufkommen kann. Man spricht von einer hohen **Gruppenkohäsion**.

Kritisch ist Gruppenkohäsion dann, wenn sie dazu führt, dass einzelne Mitglieder in ihrer Autonomie eingeschränkt werden. Hier spricht man vom **Gruppenzwang** oder, abgemildert, Gruppendruck – wir fühlen uns dann gezwungen, konform mit den Gruppenentscheidungen zu handeln (Aronson et al., 2008). Unter Gruppenzwang herbeigeführte Handlungen können aber auch ausgenutzt werden, um durch die damit verbundenen Scham- und Schuldgefühle Personen in der Gruppe zu halten. Es ist vorstellbar, dass der **Referenzrahmen** innerhalb einer Gruppe so verschoben sein kann, sodass man mit diesen Taten nur noch in der Gruppe akzeptiert wird.

Erschwert wird der Austritt aus einer solchen Gruppe auch, wenn die Aufnahme in diese besonders schwierig war. Nach der Theorie der **kognitiven Dissonanz** (Festinger, 2012), wird nach einer Entscheidung jede dieser Entscheidung widersprechende Information systematisch abgewertet. Der Gedanke der kognitiven Dissonanz erscheint logisch: Wenn man sich zunächst durch eine harte Anwärterzeit kämpft, möchte man die mühsam erworbene Rolle und

den damit verbundenen Status nicht wieder aufgeben. Der Fachbegriff für dieses Hemmnis ist die **Aufwandsrechtfertigung** („effort justification"): Die Anstrengungen, die wir unternommen haben, dürfen nicht umsonst gewesen sein. Wir nehmen die Gruppe als besonders wertig wahr, wenn wir uns besonders angestrengt haben (Aronson u. Mills, 1959).

30.3.4 Überwinden der Austrittshürden

Warum gelingt Menschen, trotz dieser starken psychologischen Motive für den Verbleib in Gruppen, der Austritt?

Nach der **Austauschtheorie** (Thibaut u. Kelley, 1959) sind für Entscheidungen immer das Vergleichsniveau („comparison level") und das Vergleichsniveau für Alternativen („comparison level for alternatives") relevant. Sind Personen in der Gruppe unzufrieden, verbleiben sie zunächst trotzdem in der Gruppe. Ein Austritt erfolgt erst dann, wenn die nächstbeste Alternative, nämlich der Beitritt zu einer anderen Gruppe oder das Alleinsein, attraktiver ist als das Vergleichsniveau der aktuellen Gruppe.

Ein weiteres Motiv für einen Gruppenaustritt ist der stark in der menschlichen Psyche verankerte Wunsch nach **Selbstbestimmung**. Nach der Selbstbestimmungstheorie (Deci u. Ryan, 2008) ist neben sozialer Eingebundenheit und Kompetenz auch die Autonomie ein grundlegendes menschliches Bedürfnis. Ist die soziale Eingebundenheit auf eine Weise erfüllt, die mit der Autonomie in Konflikt steht, kann das ein starker Grund dafür sein, eine Gruppe zu verlassen. Außerdem kommt ein Austritt infrage, wenn das Motiv der Eingebundenheit an anderer Stelle befriedigt werden kann, ohne die Autonomie zu beschädigen.

Auch **Rollenkonflikte** (Fechtenhauer, 2011) werden oft als sehr belastend wahrgenommen. Sie können eine hinreichende Motivation für den Austritt sein. Neben den fest zugewiesenen und betitelten Rollen (beispielsweise Offizier) hat jeder Mensch auch andere, private Rollen, die oft weniger bewusst sind (beispielsweise Familienvater oder „guter Freund"). Diese Rollen können nun stärker oder weniger stark miteinander in Konflikt stehen. Verursacht dieser Konflikt Stress, kann dies wiederum ein Grund sein, eine der Gruppen zu verlassen.

30.4 Ausstoßriten

30.4.1 Hintergrund und Entstehung

Der Ausstoß aus Gruppen geht auf eine lange Geschichte von Bestrafungsriten zurück. In der Antike auch Bann genannt, wurde er auf unterschiedlichste Weise vollführt. Schon im antiken Griechenland wurde der Bann im sog. **Scherbengericht** vollzogen. Die Bürger ritzten die Namen von unliebsamen Personen auf Tonscherben, die als Stimmzettel dienten. Die Person mit den meisten Stimmen wurde für 10 Jahre verbannt, allerdings durfte sie ihren Besitz und auch einige Rechte behalten (Siewert, 2002).

Im alten Rom gab es mehrere Formen der **Verbannung** (Exil), die 450 v. Chr. im Zwölftafelgesetz festgehalten wurden. Ab dem Kaiserreich gab es „deportatio", die gnadenloseste Verbannungsform. Der Verbannte verlor sämtlichen Besitz und seine Bürgerrechte und wurde oft schon vor der Ankunft am Verbannungsort ermordet.

Auch aus der Kirche (Exkommunikation), dem Militär (unehrenhafte Entlassung) und der Arbeitsstelle (Kündigung) kann man verstoßen werden. Die Exkommunikation hatte zudem den weltlichen Reichsbann (auch Reichsacht) zur Folge: Damit war der Ausgestoßene oft wirtschaftlich oder gesellschaftlich ruiniert.

Beim Militär gibt es regelrecht demütigende Rituale: Bei der unehrenhaften Entlassung werden beim sog. „Cashiering" sämtliche Orden und Rangabzeichen vor allen Anwesenden von der Uniform gerissen. Der Entlassene wird so öffentlich erniedrigt. Zudem hat die unehrenhafte Entlassung auch lebenslange negative Konsequenzen: Man ist gebrandmarkt, verliert jegliche Bezüge und Rentenansprüche.

30.4.2 Psychologische Bedeutung

Ein Ausstoß wird nicht umsonst als Bestrafungsmechanismus eingesetzt, denn es ist psychologisch gesehen ein äußerst brutaler Akt.

Der Grund ist die **soziale Exklusion**, die als extrem schmerzhaft erlebt wird. Sie ist so schmerzhaft, dass sie physischem Schmerz in nichts nachsteht und sogar in den gleichen Hirnarealen angesiedelt ist (Eisenberger et al., 2003). In Studien konnte gezeigt werden, dass Personen, die soziale Exklusion erlebt haben, stärker zu ungesundem Essen neigten (Baumeister et al., 2005). Die soziale Exklusion kann über die verminderte Fähigkeit zur Selbstregulation also sogar erhebliche negative gesundheitliche Folgen haben.

Zudem ergibt sich hier eine Teufelskreisproblematik. Dem Verstoßenwerden geht meist sozial unangepasstes Verhalten voraus. Durch den Ausstoß wird das Zugehörigkeitsbedürfnis nicht mehr befriedigt. Das beeinträchtigt in vielen Fällen die **Selbstregulation**, also die Fähigkeit sich selbst zu kontrollieren und sich beruhigen zu können. Ist diese Fähigkeit aber beeinträchtigt, führt das zu weiterem negativen Verhalten.

Bei der milden Form des „Verstoßenwerdens", einer Kündigung, gibt es eine gewisse **Reziprozität**. Diese können wir beispielsweise in der Zahlung einer Abfindung finden. Diese „Geste" ist nicht nur aus finanzieller Sicht pragmatisch. Sie mildert offenbar auch die soziale Exklusion. Psychologisch ist anzunehmen, dass sie so den Schmerz und die Beeinträchtigung der Selbstregulation abmildern kann. Wie schlimm eine Kündigung empfunden wird, ist der oben bereits erwähnten **Austauschtheorie** zufolge (Thibaut u. Kelley, 1959) auch abhängig vom Vergleichsniveau der Alternativen: Je nachdem, wie gut die Alternativen sind, die sich nach der Kündigung bieten, ist der „Absturz" mehr oder weniger tief.

Wenn Ausstoßrituale hingegen demütigend sind, verstärken sie die Wirkung der sozialen Exklusion. Dieser Mechanismus wurde auch bei antiken Verbannungsritualen genutzt, indem die Verbannung vor Gericht ausgesprochen wurde und als verhängte Strafe somit auch eine **Abschreckungsfunktion** erfüllte. Im Arbeitsalltag wäre das Äquivalent, seinen Schreibtisch vor allen räumen zu müssen. Diese Abschreckung stärkt den Zusammenhalt der Verbliebenen (Gruppenkohäsion), da sie Angst vor der Demütigung haben. Würden die Gruppenmitglieder die Motive für den Ausstoß hinterfragen, würden sie eventuell die Gruppenregeln in Zweifel ziehen.

30.5 Praktische Relevanz

Abschließend bleibt festzuhalten, dass Austrittsrituale so viele Facetten wie Funktionen haben. Das Festlegen von persönlichen Abschlussritualen wie dem Feiern des abgeschlossenen Projekts verleiht einen zusätzlichen **Motivationsschub**. Durch ein Ritual zum Feierabend können wir uns leichter von unserer Arbeit lösen, was das **Burn-out-Risiko** senken kann (Sonnentag et al., 2010). Natürlich sollte man bei der Wahl dieser Rituale darauf achten, dass das Ritual selbst entspannt oder Spaß macht und nicht gesundheitsschädigend ist.

Werden Personen verstoßen, ist es wichtig ihnen ein **soziales Netz** zur Verfügung zu stellen, das sie auffängt. Wird z. B. nach Entlassungen die soziale Exklusion nicht abgemildert, kann das unangepasstes Verhalten zur Folge haben, welches wiederum die Aufnahme einer neuen Berufstätigkeit erschweren könnte. Der Zahlung einer Abfindung kommt zwar eine wichtige Rolle zu, es sollte aber daneben weitere Angebote zur **sozialen Unterstützung** geben.

Durch das Befolgen ritualisierter **sozialer Normen** im Berufsleben können wir unseren Kollegen Wertschätzung und Dank entgegenbringen. Trotzdem kann es in manchen Situationen angebracht sein, das Handeln zu hinterfragen, beispielsweise ob man eigene Ideale verrät oder sich und andere in Gefahr bringt, nur um weiter in der Gruppe bleiben zu können. Durch die **Reflexion** der Faktoren, die uns dazu bringen, lange einer Gruppe zugehörig zu sein, gelingt es uns vielleicht, uns von den Gruppen

zu lösen, mit denen wir uns nicht länger (sozial) identifizieren möchten.

30.6 Fazit

Austritte sind überwiegend Übergänge, die oftmals mit einem (positiven) Wechsel des Standes verbunden sind. Das Ritual berücksichtigt sowohl den Rückblick als auch den Blick in die Zukunft. Wenn Einzelpersonen Austritte mit Riten unterlegen, spielen der „Kampf gegen das Vergessen werden", aber auch die Akzeptanz des Austritts durch die „Restgruppe" eine Rolle. Diese Funktion finden wir vor allem beim „Ausstand".

Gruppen, bei denen der Austritt „nicht vorgesehen" ist, haben starke Mechanismen, das Einzelmitglied vom Austritt abzuhalten. Geschieht der Austritt dennoch, erfolgt er in der Regel „in aller Stille" und ohne jegliche Rituale. Der Austretende ist ein „Verräter", der meist seine „Ex-Mitgliedschaft" verheimlicht.

Wird eine Person ausgestoßen, sind die Rituale demütigend. Hier spielt auch die Abschreckungsfunktion anderer Mitglieder eine Rolle. Das Verlassen der Gruppe hat dann eine deutliche Bestrafungsfunktion mit weitreichenden negativen (psychologischen) Konsequenzen.

Abschluss, Austritt, Ausstoß können in jedem Fall auch ein Neuanfang sein: Immer wenn sich eine Tür schließt, öffnet sich eine andere.

Literatur

Aronson, E., & Mills, J. (1959). The effect of severity of initiation on liking for a group. *Journal of Abnormal and Social Psychology 59*, 177–181.

Aronson, E., Wilson, T. D., & Akert, R. M. (2008). *Sozialpsychologie*. München: Pearson Higher Education.

Baumeister, R. F., & Leary, M. R. (1995). The need to belong: desire for interpersonal attachments as a fundamental human motivation. *Psychological Bulletin 117*(3), 497–529.

Baumeister, R. F., DeWall, C. N., Ciarocco, N. J., & Twenge, J. M. (2005). Social exclusion impairs self-regulation.

Journal of Personality and Social Psychology 88(4), 589–604.

Buchdruck-Museum Hannover (2017). Was ist Gautschen? http://www.buchdruckmuseum-hannover.de/Gautschen.html. Zugegriffen: 27. November 2017.

Deci, E. L., & Ryan, R. M. (2008). Self-determination theory: A macrotheory of human motivation, development, and health. *Canadian Psychology/Psychologie Canadienne* 49(3), 182–185.

Fechtenhauer, D. (2011) Die Gesellschaft in uns: Wie soziale Normen, soziale Rollen und sozialer Status unser Verhalten beeinflussen. In: D. Frey, & H. W. Bierhoff (Hrsg.), *Sozialpsychologie – Interaktion und Gruppe* (S. 202–219). Göttingen: Hogrefe.

Festinger, L. (2012). *Theorie der Kognitiven Dissonanz*. Bern: Huber.

Joos, R. (2013). *Pilgern auf den Jakobswegen*. Stein: Conrad.

Kenter, B. (2017). Eine uralte Tradition taucht wieder auf. *Neue Westfälische*. Artikel vom 20. Juli 2017. http://www.nw.de/lokal/kreis_herford/buende/buende/21859090_Eine-uralte-Tradition-taucht-wieder-auf.html. Zugegriffen: 27. November 2017.

Locke, E. A., & Latham, G. P. (1990). *A theory of goal setting and task performance*. Englewood Cliffs, NJ: Prentice-Hall.

Milgram, S. (1974). *Obedience to authority*. New York: Harper.

Eisenberger, N. I., Lieberman, M. D., & Williams K. D. (2003). Does rejection hurt? An fMRI study of social exclusion. *Science* 302 (5643), 290–292.

Rousseau, D. M. (1989). Psychological and implied contracts in organizations. *Employee Responsibilities and Rights Journal* 2, 121–139.

Sande, A. (2002). Intoxication and rite of passage to adulthood in Norway. *Contemporary Drug Problems* 29, 227–303.

Siewert, P. (2002). *Ostrakismos-Testimonien*. Stuttgart: Steiner.

Sonnentag, S., Kuttler, I., & Fritz, C. (2010). Job stressors, emotional exhaustion, and need for recovery: A multi-source study on the benefits of psychological detachment. *Journal of Vocational Behavior* 76, 355–365.

Stegbauer, C. (2002). *Reziprozität. Einführung in soziale Formen der Gegenseitigkeit*. Wiesbaden: Westdeutscher Verlag.

Tajfel, H., & Turner, J. C. (1979). An integrative theory of intergroup conflict. In: W. G. Austin, & S. Worchel (Eds.), *The social psychology of intergroup relations* (S. 33–47). Monterey, CA: Brooks/Cole.

Thibaut, J. W., & Kelley, H. H. (1959). *The social psychology of groups*. New York: Wiley.

Wresch, W., & Pondell, J. (2015). Assessing curricular impacts on the development of business student professionalism: Supporting rites of passage. *Journal of Education for Business* 90(3), 113–118.

Rituale in Gangs und kriminellen Vereinigungen

Filippo Candida

© Springer-Verlag GmbH Deutschland, ein Teil von Springer Nature 2018
D. Frey (Hrsg.), *Psychologie der Rituale und Bräuche*,
https://doi.org/10.1007/978-3-662-56219-2_31

31.1 Einleitung

Es ist Sonntag der 04. Januar 2007. Wir befinden uns in Akasaka, einem südwestlich gelegenen Stadtteil von Tokio in einem geräumigen Hinterzimmer eines gut besuchten Nachtklubs. Das Ambiente ist klassisch japanisch. Auch die 16 in einem Kreis versammelten und finster dreinschauenden Männer tragen traditionelle japanische Kleidung. Unter den Männern Ryoichi Sugiura, der Bandenchef der Sumiyoshi-kai, die zweitgrößte Yakuza-Vereinigung in Japan, welche etwa 20.000 Mitglieder umfasst und zu den einflussreichsten kriminellen Organisationen des Landes gehört. In der Mitte des Kreises kniet – in gebeugter Haltung – ein weiterer Mann vor dem Kumichō (japanisch für „Bandenchef") mit der linken Hand am Boden abgestützt. Sein kleiner Finger ist im Gegensatz zu restlichen Hand auf einem hölzernen Brett aufgelegt. Leicht schwitzend sieht er auf seine rechte Hand, in der er ein rasierklingenscharfes Messer hält, das er gerade langsam in Richtung kleiner Finger bewegt. Der Kumichō nickt mit dem Kopf und gibt damit das erwartete Zeichen. Der Mann wartet nicht lang, nimmt das Messer, drückt es mit der Spitze in das Brett und trennt, ohne zu zögern, den oberen Teil seines kleinen Fingers vom Rest der Hand ab. Dabei verzieht er keine Miene. Das Blut fließt wie aus Bächen, doch die Männer bleiben eiskalt und zeigen keine Gefühlsregung. Der Mann legt das Messer nieder, nimmt eine Serviette und wickelt sie um den blutenden Finger. Dann greift er mit seiner rechten Hand das abgetrennte Stück Finger, legt es fein säuberlich auf eine Seidenserviette und reicht es dem Kumichō. Mit Respekt, aber über seine Macht im Klaren, nimmt Ryoichi Sugiura das Fingerglied an sich und hält es an seine Brust. Mit dieser Geste zeigt er, dass er die Entschuldigung annimmt und leitet zugleich das traditionelle Mahl ein. Mit großem Appetit beginnen die Männer zu speisen, und auch der Mann, der seinen Finger abgetrennt hatte, begibt sich frohen Mutes wieder zu Tisch, er konnte seine Ehre und vermutlich auch sein Leben retten. Schnell eilen in Kimonos gekleidete Damen herbei, um den Verletzten zu verarzten.

Schmatzend winkt der Bandenchef eine der Damen zu sich her und zwingt sie, ihm beim Essen Gesellschaft zu leisten. …

So oder ähnlich könnte sich der letzte Abend des Bandenchefs abgespielt haben, denn am nächsten Tag wurde Ryoichi Sugiura von Kugeln durchlöchert in seinem Auto aufgefunden, offiziell erschossen durch Mitglieder der rivalisierenden Yamaguchi-Gumi-Bande, die wohl mächtigste Yakuza-Gang Japans (McCurry, 2007).

Nachdem in den bisherigen Kapiteln hauptsächlich traditionelle Handlungen normaler Bürger im Zentrum der Betrachtung standen, soll in diesem Kapitel auf die Bräuche und Riten krimineller Vereinigungen bzw. Gangs eingegangen werden, deren Durchführung nicht selten mit grausamen und unmenschlichen Handlungen verbunden ist. Um dies zu bewerkstelligen, soll zunächst der Begriff „Gang" geklärt werden.

Anmerkung   Folgende Beschreibungen der Gangrituale sind verschiedenen Internetquellen entnommen. Es handelt sich um eine repräsentative Auswahl ohne Anspruch auf Vollständigkeit.

31.2 Definition, Aufbau und Struktur von kriminellen Vereinigungen

31.2.1 Begriffsklärung und psychologische Perspektive auf Gruppen

Das Wort Gang kommt aus dem Englischen und ist gleichzusetzen mit dem Begriff Bande. Laut deutschem Strafrecht ist eine Bande die Bezeichnung für den Zusammenschluss mehrerer kooperierender Straftäter bzw. für die damit einhergehende kriminelle Vereinigung.

Nach einer Entscheidung des „Großen Senats" in Strafsachen umfasst der Begriff Bande das Vorhandensein mindestens dreier Bandenmitglieder, die sich mit dem Ziel verbündet haben, für eine bestimmte Dauer mehrere, eventuell noch ungewisse Straftaten des im Gesetz genannten Delikttyps zu begehen. Begründet wird dies mit einer damit zusammenhängenden Gruppendynamik, die aus dem Kooperieren mindestens dreier Beteiligten entstehen könnte und somit eine erhöhte Gefahr birgt (BGH, 2001).

Die Vereinigung zweier oder mehrerer Personen zu einer Gruppe gilt auch in der Psychologie als eigenständiges Konstrukt, an dem ein weit verbreitetes Interesse besteht. Um den Forschungsgegenstand klar zu definieren, wurden daher z. B. in der sozialpsychologischen Forschung gewisse Kriterien festgelegt: So darf erst von einer Gruppe gesprochen werden, wenn die Personen in einer direkten Interaktion zueinander stehen, die eine gewisse zeitliche Stabilität beinhaltet. Zudem sind klare Rollendifferenzierung, gemeinsame Ziele, Normen und Werte und ein damit verbundenes Wir-Gefühl weitere Kriterien (Werth u. Mayer, 2007).

Die innewohnenden Funktionen des Zusammenschlusses sind dabei wichtige Faktoren, die sich in verschiedene Aspekte aufteilen lassen (Werth u. Mayer, 2007):

- Die **Fähigkeit zu überleben** ist wohl eine der ältesten Funktionen, die von Anbeginn der Menschheit bis in die heutige Zeit an Aktualität nicht verloren hat. Gruppen bieten Schutz und Sicherheit, erleichtern die Nahrungsversorgung und ermöglichen Partnerschaften.
- Die **soziale Unterstützung** ist eine weitere Funktion der Gruppe, in der z. B. die Chancen, gemeinsame Ziele zu verwirklichen, infolge des Zusammenschlusses erhöht werden. Erhoffte Gefühle wie Zuneigung und Geborgenheit stärken dabei den Wunsch zum Eintritt in eine Gruppe.
- Die Funktionen des **sozialen Austauschs** und des **sozialen Vergleichs** beinhalten die Möglichkeit, die eigene Meinung und eigene Normen zu validieren und somit aus dem Erfahrungsschatz anderer zu lernen.
- Auch die **soziale Identität und ein positiver Selbstwert** können in einer Gruppe entstehen und heranwachsen.

Hierbei spielt vor allem die Identifikation mit anderen Gruppenmitgliedern eine zentrale Rolle, welche meist mit positiven Gefühlen gegenüber der eigenen Gruppe und dem damit verbunden Wir-Gefühl einhergeht.

- Eine weitere wichtige Funktion ist die gesteigerte **Produktivität**. Die Entwicklung und Verbesserung neuer Ideen und Produkte im Kontext der Gruppe ist auch im kriminellen Sinne meist hilfreich.

Viele kriminelle Vereinigungen entstanden bzw. resultierten aus den zuvor genannten Funktionen, was auch erklärt, warum es bis in die heutige Zeit viele solcher Vereinigung gibt und vermutlich immer geben wird. Die Mitgliedschaft in einer Gang ist meist an spezielle Bedingungen wie Verwandtschaft, Brüderschaft oder Freundschaft geknüpft, welche dazu beitragen, das Mitgliederverhalten über festgelegte Normen zu regulieren. Die Anwendung von Gewalt oder auch der Gebrauch von Bestechung in solchen Gruppierungen ist dabei gang und gäbe (Paul u. Schwalb, 2011). Bevor sich jedoch ein Individuum bzw. die Organisation auf eine Verbindung dieser Art einlässt, braucht es zunächst Vertrauen von beiden Seiten.

31.2.2 Illegalität und Vertrauen als zentrale Komponenten krimineller Organisationen

Die **Illegalität** ist ein Faktum, das alle kriminellen Organisationen in gewisser Weise miteinander verbindet. Diese lässt sich in 2 Aspekte aufteilen: Zum einen sind es die angebotenen Güter, die in fast jeder Organisation einen wichtigen Faktor bilden, zum anderen die gewählten Mittel, mit denen die Ziele durchgesetzt werden.

Statistisch bildet vor allem die Herstellung oder Bereitstellung illegaler Waren (z. B. Drogen, Waffen, widerrechtlich erworbene Ausweise, Kreditkartennummern etc.) und Dienstleistungen (z. B. Glücksspiel, Prostitution, Schmuggel, Schleusung, Kreditwucher, Mord oder Müllentsorgung) den wirtschaftlichen

Kern der organisierten Kriminalität. Zu den typischen rechtswidrigen Verhaltensweisen und Handlungen zählen dabei die Verschleierung illegal erworbener Vermögenswerte, insbesondere deren Investition in legale Unternehmen oder Frontbetriebe, Bestechung und vor allem die Anwendung von Gewalt (Hobbs, 2002).

Da bei Missachtung entsprechender Vereinbarungen weder rechtlich vorgegangen, z. B. mittels Anwalt, noch die Polizei oder Staatsanwaltschaft eingeschaltet werden kann, ist das Fundament, auf dem fast alle kriminellen Vereinigungen aufbauen, das **persönliche Vertrauen** zu den jeweiligen Geschäftspartnern, Kumpanen etc.

Auch in der Psychologie stellt das Vertrauen einen wichtigen Gegenstand dar und kann wie folgt definiert werden: Man unterscheidet zum einen das „generelle Vertrauen", also die allgemeine Erwartung, dass natürliche und moralische Regeln bestehen und auch erfüllt werden (hier z. B. im Sinne eines Verhaltenskodex der jeweiligen Organisation), und zum anderen das „spezifische Vertrauen", also „die Erwartung von guten Absichten bei einer anderen individuellen Person" (Frey u. Bierhoff, 2011, S. 123), also z. B. das Vertrauen in den direkten Interaktionspartner. Des Weiteren kann zwischen Systemvertrauen und persönlichem Vertrauen unterschieden werden.

Da das persönliche Vertrauen, im Unterschied zum gewohnten Systemvertrauen, nicht an die Identität eines Systems, sondern an die Identität einer Person gebunden ist, sind Probleme meist vorprogrammiert (Luhmann, 1968). Hier stellt sich die Frage, wer darüber entscheidet bzw. wem vertraut werden kann und wem nicht. Ähnlich wie in einer gewöhnlichen Organisation sind es meist die Ranghöchsten einer Vereinigung, welche gemeinsam über die Aufnahme eines Anwärters in die Familie bestimmen. Was die Zugehörigkeit zu einer kriminellen Organisation von der Zugehörigkeit zu einer gewöhnlichen Organisation unterscheidet, ist zum einen eine fehlende Trennung von Zweck und Motiv, zum anderen ihre Unkündbarkeit (Paul u. Schwalb, 2011). Denn wie sagt man so schön: „Die Mafia verlässt man nur im Sarg!" In

der Realität verläuft ein Austritt aus solch einer Organisation jedoch nicht immer gleich. Viele Faktoren, z. B. die Intensität der Freundschaft zwischen den Mitgliedern, die Charakterzüge von Rivalen, die Zeit selbst spielen dabei eine entscheidende Rolle.

Die Aufnahme in eine kriminelle Organisation ist meist mit rituellen Handlungen verbunden, die teils zu Beginn, aber auch im Laufe der Mitgliedschaft vollzogen werden. Das Spektrum dieser Rituale ist aufgrund der enormen Anzahl verschiedener Gangs bzw. krimineller Organisationen sehr vielfältig und kann daher in diesem Kapitel nur begrenzt erfasst bzw. beschrieben werden. In den nächsten Abschnitten sollen daher nur die berüchtigtsten und bekanntesten kriminellen Organisationen und deren Bräuche und Rituale diskutiert bzw. psychologisch interpretiert werden.

31.3 Cosa Nostra – sizilianische Mafia

Die sizilianische Mafia, auch Cosa Nostra („unsere Sache") genannt, gehört wohl zu einer der bekanntesten, berüchtigtsten und einflussreichsten kriminellen Organisationen unserer Zeit.

Der Begriff Mafia entstand anfänglich als Bezeichnung eines streng hierarchischen Geheimbundes, dessen Wurzeln im Sizilien des 19. Jahrhunderts liegen, und der seine Macht in erster Linie durch Gewalt, Erpressung und politische Einflussnahme konsolidierte.

31.3.1 Entstehung und Beschreibung

Der wahre Entstehungszeitpunkt der Cosa Nostra ist umstritten, da er sich nicht mehr genau rekonstruieren lässt. Aus diesem Grund muss in erster Linie auf bestehende Mythen und Erzählungen zurückgegriffen werden.

Eine innerhalb der Organisation sehr populäre Fassung besagt, dass die Cosa Nostra bereits im Mittelalter als Aufstandsbewegung gegen die französische Fremdherrschaft entstanden sein soll. Der Wahrheitsgehalt dieser Erzählung ist jedoch stark umstritten, was auch für Spekulationen, die den Ursprung im antiken Klientelwesen vermuten, gilt. Die wohl wahrscheinlichste Hypothese ist, dass sich die Cosa Nostra in den ersten Jahrzehnten des 19. Jahrhunderts im Westen Siziliens gebildet hatte und dabei nicht nur aus einer, sondern aus mehreren Familien, die sich zeitgleich und unabhängig voneinander entwickelt hatten, mehr oder weniger zusammenwuchs. Als Ursprungsort wird die Provinz Palermo angenommen, wo bis heute angeblich 50 % aller Familien der Cosa Nostra ihr Unwesen treiben. Die Existenz einiger Familien lässt sich hier teilweise sicher bis in die Anfänge des 19. Jahrhunderts zurückverfolgen.

Zur italienischen Mafia allgemein werden auch Verbrecherorganisationen wie die neapolitanische Camorra, die kalabrische 'Ndrangheta sowie die apulische Sacra Corona Unita zugeordnet, welche weltweit operieren und deren Einfluss u. a. aus der Kooperation mit anderen mafiaähnlichen Gruppen hervorgeht.

31.3.2 Riten und Bräuche

Die rituelle Einführung eines Novizen in den familiären Kreis der Mafia wird meist durch Initiationsrituale, z. B. Blut- oder Treueschwüre, ausgeführt. Das dabei älteste Aufnahmeritual reicht bis ins Jahr 1877 zurück und fand in einer Art früherer Mafiaorganisation, die den Namen **Stuppagghiari** trug, in Monreale (Sizilien) statt.

Mit der rituellen Aufnahme in eine Mafiagruppe ist der Novize bzw. Anwärter verpflichtet, dauerhaft eine neue Identität anzunehmen und seine Gefolgschaftstreue der Mafiamitgliedschaft unterzuordnen, um letztendlich ein „Mann der Ehre" zu werden. Wenn nötig, muss er auch dazu bereit sein, sein Leben für seine neue Familie zu opfern.

Die Einweihungszeremonie stellt dabei eine wichtige Funktion dar. Sie schafft ein Band der Bruderschaft unter den Mitgliedern einer Mafiafamilie und soll außerdem das Vertrauen zwischen den Mitgliedern stärken. Die neuen Rekruten werden zu Brüdern aller anderen Mitglieder, was Anthropologen auch ein **Regime der generalisierten Reziprozität** nennen, welches ein altruistisches Verhalten, also ein probrüderliches Handeln, ohne dafür – zumindest kurzfristig – eine Belohnung zu erwarten, voraussetzt (Paoli, 2004).

Ein Ritual das schon vor der Aufnahme in die Organisation vollzogen wird, ist – wie zuvor bereits kurz erwähnt – die Prüfung des Potenzials, der Einsatzbereitschaft und der Loyalität des Neulings, welches zunächst über eine Zeit lang durchgeführt wird. Um zu beweisen, dass der Novize kein verdeckter Ermittler ist und um wahrhaftig in den engeren Kreis der Familie aufgenommen zu werden, muss dieser bestimmte Prüfungen bestehen – in manchen Fällen sogar einen Mord begehen (Maas u. Bosco, 1997).

Ist der erste Schritt vollzogen, kommt das eigentliche **Aufnahmeritual**, in dem der Anwärter zumeist einen Anruf bekommt, in dem er aufgefordert wird, sich gut zu kleiden und sich für seine Abholung bereitzumachen. Nachdem er abgeholt wurde, wird er entweder allein oder mit anderen Neulingen in einen Raum gebracht, in der sich sein zukünftiger Anführer (Pate) mit mindestens einem weiteren hohen Mitglied der Vereinigung befindet. In der Aufnahmezeremonie selbst wird das neue Familienmitglied von dem Paten aufgenommen, indem er etwas Blut vom Zeigefinger (Abzugsfinger) oder Daumen des Anwärters auf ein Bild eines Heiligen (häufig die Jungfrau Maria) tropfen lässt, gleich darauf das Bild anzündet, zügig in die Hände des Anwärters legt und ihn dabei einen **Eid ablegen** bzw. auf die sog. Omertà („Schweigepflicht") schwören lässt. Der gesprochene Eid kann von Familie zu Familie variieren, klingt aber meist wie folgt: „So wie diese Karte brennt, soll auch meine Seele in der Hölle brennen, sollte ich den Eid der Omertà verraten", oder auch „So wie dieser Heilige brennt, so soll auch meine Seele verbrennen… Ich kam lebendig und werde mich erst mit meinem Tod von dieser Familie scheiden."

Aus psychologischer Sicht kann der Schwur auch als eine Form der **klassischen Konditionierung** gesehen werden, die dazu führt, dass der Gedanke an einen Verstoß gegen die Schweigepflicht und die damit verbundenen Höllenqualen eine tief liegende Angst erzeugt, was wiederum die Wahrscheinlichkeit für eine Handlung gegen den Schwur mindert. In Anbetracht der italienischen Kultur mit ihrer starken Bindung zur katholischen Kirche und zu den Heiligen ist die Art und Weise, in der der Schwur durchgeführt wird, psychologisch gut gewählt. So konnte z. B. nachgewiesen werden, dass religiöse Menschen sowohl implizit wie auch explizit Ritualen mehr Bedeutung beimessen als Menschen, die weniger religiös sind, wodurch die emotionale Bindung zu dem gegebenen Versprechen grundsätzlich stärker ist als bei Ungläubigen (Reusch, 2003). Da der katholische Glaube in der Psyche der meisten Italiener tief verankert ist, wirkt ein entsprechender Schwur tief greifender und nachhaltiger.

In diesem Zusammenhang ist es auch interessant, einen Blick auf weitere kriminelle Organisationen in anderen Kulturkreisen zu werfen.

31.4 Yakuza – japanische Mafia

Der Name Yakuza entstand ursprünglich aus einem alten und beliebten Kartenspiel namens „Oicho-kabu". Die Karten tragen einfache Bilder bzw. Symbole und besitzen je nach Karte unterschiedliche Werte. Die Art und Weise, in der das Spiel gespielt wird, ähnelt dem Black Jack: Sobald man 20 Punkte hat, hat man verloren. Der Name „Yakuza" ist die Abkürzung der Zahlenkombination 8-9-3, deren Summe 20 ergibt. In der japanischen Umgangssprache spricht man die Zahlen 8-9-3 als „ya-ku-za" aus – „ya" für „yattsi" = 8, „ku" für „kiu" = 9 und „za" für „san" = 3.

31.4.1 Entstehung und Beschreibung

Die Gründung der Yakuza ist wohl Banzuin Chobei zu verdanken, der als der Urahn aller Yakuza gilt. Dieser versammelte ca. im Jahr 1580 in der Stadt Edo – dem heutigen Tokio –

arbeitslose und herrenlose Samurai um sich, die sog. Rōnin („umherwandernder Mensch"). Mit ausdrücklicher Genehmigung der Polizei sollten diese zu einer Art Bürgerwehr formatiert werden, welche den vielen Banden in der Stadt das Handwerk legen sollte. Die dabei erbeuteten Reichtümer wurden allerdings nicht nur auf die Rōnin verteilt, sondern auch an die Armen und Bedürftigen der Stadt weitergegeben, wodurch Banzuin Chobei den Ruf einer Art japanischen Robin Hood erlangte. Dies ist u. a. ein Grund dafür, dass die Yakuza nach wie vor häufig Ansehen und Respekt bei der Bevölkerung genießen.

Der **Oyabun** („Vater") oder aus polizeilicher Sicht **Kumichō** („Bandenchef") ist in der Yakuza die altehrwürdige Führungsfigur, vergleichbar mit dem „Paten" der italienischen Mafia, der gegenüber Untergebene (**Kobun** = „Sohn") zum absoluten Gehorsam verpflichtet sind. Dieses Prinzip zieht sich durch nahezu alle Hierarchiestufen und stellt einen Teil des Yakuza-Syndikats dar.

Die größte, bekannteste und einflussreichste Gang Japans ist die Yamaguchi-gumi, die mit geschätzt 12.000 Mitgliedern in etwa 400 einzelnen Klubs etc. organisiert ist. Zudem genießt sie einen schrecklichen Ruf. Man sagt: „Sogar das schreiende Baby verstummt, wenn sie kommt." Der Gründer dieser Organisation war Yamaguchi Harukichi, ein einfacher Fischer, der sich in der Arbeitslosenkrise der 1920-Jahre in Kobe um Menschen kümmerte, die entweder keine Arbeit hatten oder nur schwer eine bekommen konnten. Darunter waren vor allem viele Burakumin („Unreine"), also Menschen, die entweder selbst oder ihre Vorfahren mit toten Tieren und Menschen gearbeitet hatten, z. B. Metzger, Kürschner, Gerber oder Leichenbestatter. Für diese Schicht war und ist es immer noch schwer, in „normale" Familien einzuheiraten oder an eine angesehene Arbeit zu gelangen. Da es zu jener Zeit viele dieser Menschen gab, konnte sich Yamaguchi Harukichi schnell eine große Gemeinschaft aufbauen.

Neben der Yamaguchi-gumi gibt es weitere Syndikate wie die Sumiyoshi-kai oder die Sekiguchi, welche zwar in erster Linie verfeindet sind, aber dennoch gemeinsame Bräuche, Rituale und Werte besitzen (Kirchmann, 1986).

31.4.2 Riten und Bräuche

Die Gangster Japans sehen sich als die geistigen Nachkommen der japanischen Ritterkaste, der Samurai, und pflegen daher auch deren Bräuche, Riten und Mythen. Da die erste Yakuza vermutlich Ende des 15. Jahrhunderts entstanden ist, sind diese fast 400 Jahre alt. Die Samurai unterlagen damals – wie die Yakuza heute – einem **Ehrenkodex**, den der größte Teil der japanischen Gesellschaft immer noch blind verehrt (Kirchmann, 1986).

Da die ersten Yakuza Samurai waren, trugen diese auch die Kleidung der Ritterkaste. Darunter verbargen sich meist die unauslöschlichen Zeichen ihrer Sippe, **Tätowierungen**, die kunstvoll verschlungene Dämonen, Blumen und verschiedene Schriftzeichen zeigten. Wer sich tätowieren lässt, ist bereit, intensive Schmerzen auszuhalten, und unterstreicht zugleich seine Zugehörigkeit zu einer Gruppe. Tätowierungen galten außerdem zur Zeit des japanischen Feudalismus als ein Zeichen der Bestrafung: Für jedes Delikt, das ein Verbrecher beging, erhielt er einen schwarztätowierten Armring. In diesem Sinne wurden für viele Menschen Tätowierungen zu einem Erkennungszeichen des Widerstandes bzw. zu einem Zeichen der Ehre. Auch heute noch sind viele Yakuza rituell von den Waden bis zum Nacken mit unvergänglichen Farbmustern bedeckt. Das Stechen dieser Tätowierungen erstreckt sich oft über viele Jahre, häufig verwendet werden Bilder von Samurai-Kämpfern, Blumen und Drachen, die große Teile des Körpers bedecken (Kaplan u. Dubro, 2003).

Auch die Yakuza pflegen ein aufwendiges **Aufnahmeritual**, in dem der zukünftige Kobun seinem Oyabun Loyalität und Treue bis in den Tod schwören muss (Kirchmann, 1986). Während der Zeremonie wird fast immer traditionelle Kleidung getragen, wobei der gemeinsame Genuss von Sake (japanischem Reiswein) einen wichtigen Bestandteil der Zeremonie darstellt. Es trinken sowohl der Anwärter als auch der Anführer eine Sake-Mischung, die aus dem Sake aller anderen Mitglieder zusammengemischt wurde. Im Anschluss werden die Becher getauscht und jeder trinkt aus dem Glas des anderen. Die Sake-Mischung beinhaltet möglicherweise sogar das Blut beider Parteien, wodurch der Anwärter mit dem Bandenchef eine enge Verbindung, ähnlich der von Sohn und Vater, eingeht.

Ein weiterer Brauch ist das Abschneiden des oberen Fingerglieds, beginnend mit dem kleinen Finger, was zugleich ein charakteristisches Erkennungszeichen eines Yakuza-Mitglieds ist. Dieses Ritual wird **Yubitsume** genannt und stammt ebenfalls aus der Zeit der Samurai. Der Sinn bestand darin, dass mit jedem begangenen Fehler bzw. mit jedem verlorenen Fingerglied das Schwert schlechter in der Hand lag und damit auch das Führen eines Schwertes mit jedem Mal schwieriger wurde. Bis heute wird es – wie eingangs beschrieben – als Ritual zum Zeichen absoluter Gefolgstreue, spontaner Unterwerfung oder zur Entschuldigung eines begangenen Fehlers eingesetzt. Dabei sollte auf keinen Fall Schmerz oder Angst gezeigt werden, da so die Ehre und Willensstärke angezweifelt werden könnten. Im Anschluss erhält der Oyabun das abgetrennte Fingerglied in einem Seidentuch. Nimmt dieser das Geschenk an und hält es an seine Brust, ist mit Vergebung zu rechnen. Sieht er darüber hinweg, dann kann der Fingerlose ziemlich sicher mit seinem baldigen Ableben rechnen. Aus diesem Grund besitzen einige der ranghöchsten Bandenchefs bereits Sammlungen kleiner Finger, welche die eigene Macht demonstrieren und zugleich die Gefolgstreue und Loyalität seiner Männer darstellen. Das Ritual hat außerdem dazu geführt, dass in den Kreisen der Yakuza künstliche Finger in Mode gekommen sind, die dabei helfen sollen, an Flughäfen oder anderen Orten nicht so leicht als Mitglied der Yakuza erkannt zu werden (Kirchmann, 1986).

Neben diesem Ritual werden in extremeren Fällen sogar Selbstmorde als Zeichen der Loyalität durchgeführt, was die kollektivistische Wertestruktur der asiatischen Kultur, in der die Gruppe mehr zählt als das Individuum, widerspiegelt.

Neben der Yakuza gibt es im asiatischen Raum noch viele andere kriminelle Gruppierungen, zu denen unter anderen die Triaden gehören.

31.5 Triaden – chinesische Mafia

31.5.1 Entstehung und Beschreibung

Auch die Triaden entstanden einst wie die italienische Mafia aus Geheimbünden, die sich ursprünglich als Widerstandsgruppen gegen die chinesischen Dynastien bildeten, welche in China vom frühen 17. Jahrhundert bis 1912 herrschten. Die Unterwanderung von öffentlichen Institutionen (Legislative und Exekutive) sowie Medien und Wirtschaftsunternehmen gehört bis heute zum Hauptbestreben der Organisation.

Typische Bräuche sind auch hier ein Schweigegebot gegenüber Dritten für Mitglieder bis in den Tod. Das Wort Triade ist eine englische Schöpfung, entstanden aus dem Emblem dieser Gesellschaft: Ein Dreieck, an dessen Seiten die 3 Grundelemente (Himmel, Erde und Menschheit) aufgeführt sind.

31.5.2 Riten und Bräuche

Ähnlich wie bei der Cosa Nostra oder Yakuza gibt es auch bei den Triaden rituelle Einweihungszeremonien, in der die Neulinge in den geheimen Bund der Organisation aufgenommen werden.

Eine typische Zeremonie findet an einem Altar mit Weihrauch und einem Tieropfer, meist ein Huhn, ein Schwein oder eine Ziege, statt, der Guan Yu gewidmet ist. Guan Yu war ein chinesischer General, der am Ende der Han-Dynastie und zur Zeit der Drei Reiche lebte. Nach dem Trinken von einer Mischung aus Wein und Blut leistet der Anwärter unter einem Bogen von Schwertern die 36 **Triadenschwüre**, die z. B. Verschwiegenheit, Loyalität und verschiedenste qualvolle Tode bei Verletzung der Schwüre beinhalten. Das Papier, auf dem die Eide geschrieben stehen, wird auf dem Altar verbrannt, um die Verbindlichkeit des neuen Mitglieds zur Erfüllung seiner Pflichten gegenüber den Göttern zu bestätigen. Dabei muss der Anwärter den Namen seiner Gemeinschaft laut rufen und 3 Finger seiner linken Hand (als Zeichen für die Triaden) nach oben, dem Himmel empor halten, was als geheime bzw. verbindliche Geste zur Verpflichtung gesehen werden kann (La Sorte, 2007).

31.6 Andere Gangs und ihre Rituale

Neben den zuvor genannten kriminellen Organisationen gibt es natürlich noch viele weitere Gangs, in denen sich weitere Bräuche und Rituale gebildet haben. Im Folgenden soll diesbezüglich ein kurzer, prägnanter Einblick gewährt werden:

- Ein Mann, der z. B. in die **Mara Salvatrucha** (MS-13), einem Zusammenschluss mehrerer Banden lateinamerikanischer Herkunft, eintreten möchte, muss sich angeblich zuvor mit mehreren Bandenmitgliedern gleichzeitig schlagen bzw. von ihnen zusammenschlagen lassen, bevor er in die Gang aufgenommen werden kann. Frauen hingegen haben beim Eintritt die Wahl, sich entweder von mehreren Mitgliedern zusammenschlagen oder sich von diesen vergewaltigen zu lassen. Ein weiterer Brauch in der MS-13 sind Tätowierungen, die sich teilweise nicht nur über den ganzen Körper, sondern bis in das Gesicht erstrecken.
- Der **Aryan Brotherhood**, eine neonationalsozialistisch eingestellte Gang, welche verstärkt in amerikanischen Gefängnissen aktiv ist, wird z. B. nachgesagt, dass jedes neue Mitglied einen Mord an einem nichtweißen Gefängnisinsassen begehen muss, bevor es in die Bruderschaft aufgenommen werden kann.

- Bei den amerikanischen **Hells Angels** ist es zum Eintritt angeblich Brauch, auf die Motorradjacke eines neuen Mitgliedes zu urinieren, welche er dann einen Tag lang tragen muss, bevor er sie später reinigen darf.
- Die **mexikanischen Kartelle** verlangen zur Aufnahme in die Gemeinschaft angeblich den Verzehr eines menschlichen Herzens.
- Ein Markenzeichen der **Bloods**, einer zum größten Teil aus afroamerikanischen Mitgliedern bestehenden Gang aus Los Angeles, ist es, dem Gegnern ein Lächeln „ins Gesicht zu zaubern", indem man ihm die Mundwinkel mit einem Teppichmesser aufschlitzt.

Hier zeigt sich besonders, dass die Bräuche und Rituale der Menschheit nicht nur eine helle, sondern auch eine dunkle Seite besitzen. Eventuell erweckt die Aufzählung den Anschein, Gangs und kriminelle Organisationen würde es nur im Ausland geben. Doch dem ist nicht so, auch in Deutschland gibt es viele Gangs und Streetgangs wie die Black Jackets oder auch Ableger der amerikanischen Hells Angels sowie lokale Gruppierungen, welche zum einen über eigene Rituale verfügen, und zum anderen – wie alle kriminellen Organisationen – systematisch gegen die demokratische Grundordnung verstoßen. Ein Merkmal, dass dabei viele dieser Gangs miteinander verbindet, ist die Machtstruktur.

31.7 Machtstrukturen in kriminellen Organisationen

Die Machtstrukturen in kriminellen Organisationen sind meist in Rangfolgen gegliedert, wie folgende Darstellung zeigt:

> Die Einheiten der (amerikanischen) Cosa Nostra, ihre „Familien", seien formal hierarchisch aufgebaut, mit einem Boss als oberste Instanz, einem Stellvertreter und einem Berater darunter, sowie den „Leutnants" und ihren „Soldaten" auf den unteren Hierarchieebenen. Daneben gibt es eine Reihe weniger formalisierter, für den Bestand der kriminellen Organisationen […] aber gleichwohl funktionaler und deshalb typische Rollen. Dazu gehören die Positionen des *buffers*, der als Vertrauensmann und Mittler die oberen von den etwaig geschwätzigen unteren Ebenen isoliert, die des *corrupters*, der z. B. durch Bestechung Einfluss auf die Strafverfolgungsbehörden nimmt, und die des *enforcers*, der die Regeln der Organisation mit Sanktionsmacht bewehrt. (Paul u. Schwalb, 2012, S. 329)

Da die geschäftlichen Territorien meist begrenzt sind und sich die Interessen verschiedener Clans häufig überschneiden, sind Rivalität und Machtkämpfe keine Seltenheit. Hier kommt es immer wieder vor, dass sich einzelne Gangs verbünden, um andere Vereinigungen aus dem Weg zu räumen. Dies wiederum bringt einen fliegenden Wechsel in der Führungsebene mit sich, der dazu führt, dass mächtige Bandenchefs hin und wieder das Zeitliche segnen, um Platz für den Nachwuchs zu machen. Das Überlaufen von Mitgliedern eines Clans in die Obhut eines anderen Clans ist dabei keine Seltenheit.

Derartige Machtstrukturen sowie die zuvor genannten Riten und Bräuche zeigen sich aber nicht nur in den großen kriminellen Organisationen, sondern lassen sich auch auf ganz normale kleinkriminelle Subgruppen übertragen, angefangen bei Kinderbanden, bei denen Mutproben den Eintritt in die Bande zusichern, bis hin zu Straßenbanden, die gewaltbereit, skrupellos und gnadenlos versuchen, ihren Willen durchzusetzen, und in denen gelegentlich ein schweres Verbrechen begangen werden muss, um in die Gruppe aufgenommen zu werden.

31.8 Fazit

Bezogen auf die Entstehungsgeschichte der Mafia, der Yakuza oder auch der Triaden lassen sich offensichtlich immer wieder ähnliche Muster erkennen. So sind es oft politische oder soziale Missstände, aus denen sich die zu Beginn geheimen und später kriminellen Organisationen bilden.

Des Weiteren spielen auch die soziale Stellung und Persönlichkeit eines Menschen für den Einstieg in eine mafiaähnliche Gruppierung eine wichtige Rolle. Menschen, die sich ausgeschlossen fühlen oder ausgeschlossen werden, sind eher anfällig für den Eintritt in diese Gruppierungen. Hier ist auch zu erwähnen, dass – obwohl wir uns in einem Zeitalter befinden, in der auch die Aufklärung einen weiteren Hochpunkt verzeichnen sollte – soziale und politische Missstände selbst bei uns keine Ausnahmen sind. Daher ist es ratsam und wichtig, z. B. soziale Ungerechtigkeit zu reduzieren, ein gutes Bildungsangebot zu schaffen und Menschen in reguläre Beschäftigungen zu integrieren, um den Zulauf in Banden und die Bandenbildung nachhaltig zu unterbinden, die eine Aussicht auf vermeintlich leicht verdientes Geld darstellen. Hier sind vor allem die politischen Akteure gefordert, die allerdings ebenfalls Bräuchen und Ritualen unterworfen sind, die einer Veränderung aktueller Verhältnisse entgegenwirken können (▶ Kap. 27).

Ein Blick in die Gegenwart und Zukunft stimmt wenig optimistisch: Eine große Umstrukturierung der Macht krimineller Vereinigungen steht uns bevor. Softwarefirmen wie Google, aber auch unabhängige Hacker und Hackergruppen werden dem geflügelten Wort „Wissen ist Macht" eine neue Bedeutung geben. Im sog. Darknet, einem verborgenen Netzwerk, schießen täglich neue Onlineshops wie Pilze aus dem Boden. So ist es auf Plattformen wie Silkroad fast jedem Menschen möglich, anonym mit illegalen Waren und Dienstleistungen zu handeln, was nicht nur den illegalen Handel und die damit verbundene Machtverteilung in kriminellen Milieus stark beeinflussen wird, sondern auch eine allgemeine Umverteilung der Macht mit sich bringt.

Literatur

Bundesgerichtshof (BGH). (2001). BGH-Urteil vom 22. März 2001 – GSSt 1/00. *Neue Juristische Wochenschrift*, 2266.

Frey, D., & Bierhoff, H. W. (2011). *Sozialpsychologie – Interaktion und Gruppe*. Göttingen: Hogrefe.

Hobbs, D. (2002). Organisierte Kriminalität und Gewalt. In: W. Heitmeyer, & J. Hagan (Hrsg.), *Internationales Handbuch der Gewaltforschung* (S. 846–874). Wiesbaden: VS Verlag für Sozialwissenschaften.

Kaplan, D. E., & Dubro, A. (2003). *Yakuza: Japan's criminal underworld*. Berkley, CA: University of California Press.

Kirchmann, H. (1986). Im Reich der Yakuza. *Zeit online*. Artikel vom 12. Dezember 1986. http://ww.zeit.de/1986/51/im-reich-der-yakuza. Zugegriffen: 27. November 2017.

La Sorte, M. (2007). The phenomenon of the Chinese triads. Artikel vom Februar 2007. http://www.americanmafia.com/Feature_Articles_378.html. Zugegriffen: 27. November 2017.

Luhmann, N. (1968). *Vertrauen: ein Mechanismus der Reduktion sozialer Komplexität*. Stuttgart: Ferdinand Enke.

Maas, P., & Bosco, P. (1997). *Underboss: Sammy the Bull Gravano's story of life in the Mafia*. New York, NY: Harper Collins.

McCurry, J. (2007). All-out turf war feared in Japanese underworld. *The Guardian*. Artikel vom 7. Februar 2007. https://www.theguardian.com/world/2007/feb/07/japan.justinmccurry. Zugegriffen: 27. November 2017.

Paoli, L. (2004). Italian organised crime: Mafia associations and criminal enterprises. *Global Crime* 6(1), 19–31.

Paul, A. T., & Schwalb, B. (2011). Wie organisiert ist das organisierte Verbrechen? *Leviathan* 39(1), 125–140.

Paul, A. T., & Schwalb, B. (2012). Kriminelle Organisationen. In: M. Apelt, & V. Tacke (Hrsg.), *Handbuch Organisationsformen* (S. 327–344). Wiesbaden: Springer VS.

Reusch. U. (2003). Rituale und ihre psychologische Bedeutung. Eine empirische Untersuchung. Diplomarbeit. Trier: Universität Trier.

Werth, L., & Mayer, J. (2007). *Sozialpsychologie*. Berlin, Heidelberg: Spektrum Akademischer Verlag.

31

Nachwort: Rituale als Chance für uns und die Gesellschaft

Katja Mayr und Dieter Frey

Literatur – 345

Das Buch hat an exemplarischen Beispielen aus 30 verschiedenen Themenbereichen gezeigt, dass Rituale sehr viele psychologisch-wissenschaftliche Erkenntnisse beinhalten und einen Spiegel der Erfahrung von Generationen von Menschen darstellen. Gleichzeitig zeigt sich, dass Rituale durchaus unterschiedlich interpretiert werden können und die in diesem Buch dargelegten Erklärungen aus Sicht der Psychologie nicht unbedingt die einzig richtige sein muss. Beispielsweise sind Sichtweisen aus den Bereichen der Philosophie, Theologie, Ethnologie und Soziologie natürlich genauso relevant.

Es bleibt eine weitere Herausforderung des Faches Psychologie, sich mit Ritualen zu beschäftigen, um zu eruieren, unter welchen Bedingungen sich ein Ritual im Laufe der Geschichte entwickelt hat und wie es modifiziert wurde. Die Autoren der Beiträge haben hier eine Vielzahl von inspirierenden Forschungen, je nach inhaltlichem Ritual, berichtet. Es hängt stark vom Ritual ab, in welchen Situationen und Kontexten es gültig ist, und das lehrt uns, differenziert zu denken. Im Laufe der Jahrhunderte hatten die Rituale vollkommen unterschiedliche Ausprägungen und haben sich oft in ihrem Stellenwert verändert. Tägliches Leben, Bildung, Erziehung, Arbeitsleben, internationale Zusammenarbeit – Rituale passen nahezu in jeden Kontext und können Erklärungen und Prognosen für unterschiedliche Situationen abgeben.

Unsere Hoffnung ist, dass der Herausgeber und die Autorinnen und Autoren dieses Buches dem Leser näherbringen konnten, welch wertvolles Wissen in diesen oft jahrhundertealten Ritualen steckt, und wir Sie davon überzeugen konnten, welche Chancen und Möglichkeiten, aber auch Gefahren uns Bräuche auch heutzutage bieten können.

Jedem Brauch liegt gewissermaßen die Weisheit vieler Jahrhunderte zugrunde. Diese Weisheit können wir manchmal nutzen, um eigene Episoden im Leben zu interpretieren und darüber hinaus Erkenntnisse zu gewinnen, wie wir unser Leben gestalten, strukturieren, organisieren, verändern und neu definieren können und möchten. Rituale bieten eine gute Gelegenheit zur Selbstreflexion und damit zu sinnvollem Handeln. Hoffentlich regen Rituale auch dazu an, darüber nachzudenken, was jeder Einzelne tun kann, um ein lebenswertes, sinnvolles und glückliches Leben zu führen, und auch darüber, welche Funktion oder Dysfunktion Rituale in der heutigen Zeit haben können, auch wenn sie schon über Jahrhunderte überlebt haben.

Wir haben die Rituale zudem kritisch hinterfragt, weil wir uns als Psychologen an einer humanistischen und positiven Psychologie orientieren wollen. Es geht nicht nur darum, die Welt zu erklären, sondern sie auch im Positiven zu verändern. Für dieses Handeln braucht man einen inneren Kompass oder einen moralischen Ankerpunkt, um erkennen zu können, was richtig und was falsch ist (Frey, 2015, 2016; Frey u. Schmalzried, 2013). Wichtig bei allen Ritualen ist deshalb auch eine humanistische Grundidee, die von Respekt und Wertschätzung zollt, sowie die Vorstellung einer Gesellschaft, die auf Toleranz, Menschlichkeit, Offenheit und Akzeptanz von Vielfalt beruht.

Psychologie ist u. a. eine Erkenntnis- und Erfahrungswissenschaft. Unser Ziel war und ist, Ihnen mit den Ritualen bestimmte Erkenntnisse zu vermitteln. Gleichzeitig ist die Psychologie auch eine Aufklärungswissenschaft, d. h., dass wir immer auch versucht haben, kritisch darzustellen, welche möglicherweise negativen Auswirkungen bestimmte Rituale haben. Manche Rituale können die positive Veränderung von Zuständen blockieren oder sogar die Menschenwürde verletzen. Ein Beispiel sind die Initiationsriten bestimmter Gruppen, deren Inhalt menschenverachtend ist und die dennoch dazu führen können, dass der Initiant die Gruppe mehr schätzt (Aronson u. Mills, 1959).

Um solche Mechanismen zu stoppen, braucht man Menschen, die nicht wegschauen, sondern aktiv sind, die einschreiten und Zivilcourage zeigen (Frey u. Graupmann, 2011; Frey et al., 2016). Wir haben uns daher nicht nur auf psychologische Analysen beschränkt, sondern darüber hinaus immer auch gezeigt, wie wir die Welt etwas besser machen wollen – und manchmal können Rituale der Ausgangspunkt für eine bessere Welt sein. Dabei kann es ausreichend sein, nur Kleinigkeiten der Rituale so zu verändern, dass sie zu einer besseren Gesellschaft oder zu mehr Wohlbefinden, Glück und Zufriedenheit beitragen.

Literatur

Aronson, E., & Mills, J. (1959). The effect of severity of initiation on liking for a group. *Journal of Abnormal and Social Psychology 59*, 177–181.

Frey, D. (2015). *Ethische Grundlagen guter Führung. Warum gute Führung einfach und schwierig zugleich ist.* München: Roman-Herzog-Institut.

Frey, D. (Hrsg.). (2016). *Psychologie der Werte. Von Achtsamkeit bis Zivilcourage – Basiswissen aus Psychologie und Philosophie.* Berlin, Heidelberg: Springer.

Frey, D., & Graupmann, V. (2011). Werte vermitteln – Sozialpsychologische Modelle und Strategien. In: R. Klein, & B. Görder (Hrsg.), *Werte und Normen im beruflichen Alltag. Bedingungen für ihre Entstehung und Durchsetzung* (S. 25–44). Berlin: LIT-Verlag.

Frey, D., & Schmalzried, L. (2013). *Philosophie in der Führung – Gute Führung lernen von Kant, Aristoteles, Popper & Co.* Berlin, Heidelberg: Springer.

Frey, D., Graupmann, V., & Fladerer, M. P. (2016). Zum Problem der Wertevermittlung und der Umsetzung in Verhalten. In: D. Frey (Hrsg.), *Psychologie der Werte* (S. 307–319). Berlin, Heidelberg: Springer.

Serviceteil

Stichwortverzeichnis